DIREITO DO GENOMA HUMANO

STELA MARCOS DE ALMEIDA NEVES BARBAS
Doutora em Direito pela Universidade Autónoma de Lisboa
Mestre em Direito pela Faculdade de Direito da Universidade de Coimbra
Professora Universitária

DIREITO DO GENOMA HUMANO

Reimpressão

*Dissertação de Doutoramento em Ciências
Jurídicas na Universidade Autónoma de Lisboa*

ALMEDINA

DIREITO DO GENOMA HUMANO

AUTORA

STELA MARCOS DE ALMEIDA NEVES BARBAS

EDITOR
EDIÇÕES ALMEDINA, SA
Rua Fernandes Tomás, 76-80
3000-167 Coimbra
Tel: 239 851 904
Fax: 239 851 901
www.almedina.net
editora@almedina.net

PRÉ-IMPRESSÃO
G.C. GRÁFICA DE COIMBRA, LDA.
IMPRESSÃO E ACABAMENTO
DPS - DIGITAL PRINTING SERVICES, LDA

Agosto, 2016

DEPÓSITO LEGAL
264467/07

Os dados e as opiniões inseridos na presente publicação
são da exclusiva responsabilidade do(s) seu(s) autor(es).

Toda a reprodução desta obra, por fotocópia ou outro qualquer processo,
sem prévia autorização escrita do Editor,
é ilícita e passível de procedimento judicial contra o infractor.

A meu Pai

AGRADECIMENTOS

- À Universidade Autónoma de Lisboa, de modo particular ao Magnífico Reitor, Prof. Doutor Justino Mendes de Almeida, ao Presidente da Direcção, Dr. Eduardo Costa, ao Director da Administração Escolar, Prof. Doutor Reginaldo de Almeida e ao Prof. Doutor Arlindo Donário, por todo o apoio e incentivo sempre manifestado.
- À Fundação para a Ciência e a Tecnologia e ao POCI-2010, pela bolsa concedida para investigação.
- Ao Professor Doutor Manuel da Costa Andrade, pelos seus contributos e estímulo.
- Ao júri constituído pelos senhores Professores Doutores Ana Roque (Universidade Autónoma de Lisboa), António Pinheiro Torres (Universidade do Porto), Carlos Pamplona Corte-Real (Faculdade de Direito da Universidade de Lisboa), Diogo Leite de Campos (Faculdade de Direito da Universidade de Coimbra), José Rueff Tavares (Faculdade de Ciências Médicas da Universidade Nova de Lisboa), Justino Mendes de Almeida (Universidade Autónoma de Lisboa), Luís Archer (Faculdade de Ciências e Tecnologia da Universidade Nova de Lisboa), pela disponibilidade manifestada.
- Ao meu Orientador, Prof. Doutor Leite de Campos, pelos ensinamentos com que sempre me distinguiu e a quem me sinto ligada por uma amizade de longa data.

INTRODUÇÃO
O PROBLEMA

Sumário

SECÇÃO I
Delimitação do objecto da dissertação

1. Os factos: genoma humano; a *tese* da vida
2. Tese: do Direito ao genoma humano ao Direito do genoma humano

SECÇÃO II
Plano da exposição

3. Ordem de análise

SECÇÃO I
Delimitação do objecto da dissertação

1. Os factos: genoma humano; a *tese* da vida
2. Tese: do Direito ao genoma humano ao Direito do genoma humano

1. Os factos: genoma humano; a *tese* da vida

I. Há que partir do *material* que vou tratar, definindo e delimitando o genoma humano.

II. O genoma humano, ou conjunto de material genético de uma pessoa, pode ser comparado a uma *tese* na qual estão escritas todas as instruções que orientam a formação do indivíduo e são transmitidas aos seus descendentes [1].

III. A *tese* está dividida em capítulos, os cromossomas [2]. As células humanas contêm 23 pares de cromossomas, sendo 23 do espermatozóide e 23 do ovócito que se unem na formação de uma pessoa.

IV. Os capítulos estão organizados em secções que correspondem aos genes. O gene [3] é uma unidade física e funcional de material

---

[1] Fazendo uma alusão a um livro, cfr. MATT RIDLEY, *Genoma. Autobiografia de uma espécie em 23 capítulos*, Gradiva, Lisboa, 2001, págs. 14-17.

[2] O cromossoma é a microscópica e filiforme parte da célula que contém dados hereditários em forma de genes.

[3] Mais concretamente, o gene é a secção da cadeia de DNA que determina a síntese das proteínas que dominam todos os processos da vida. O termo gene provém do grego e significa origem ou nascimento.

hereditário que determina uma característica do indivíduo e é transmitida de geração em geração. É composto de DNA ([4]). Calcula-se que existam cerca de 30 mil secções, isto é, genes, na *tese*.

V. Uma pequena parte das secções fornece a receita para a produção das proteínas ([5])([6]); chamemos-lhes palavras. O conteúdo das secções restantes é, ainda, desconhecido.

VI. As palavras, por seu turno, são constituídas por letras, chamadas bases. A *tese* é escrita apenas com as letras A, T, C, G que correspondem às iniciais dos nomes de quatro bases nitrogenadas: adenina (A), timina (T), citosina (C) e guanina (G). As letras estão impressas em correntes de açúcar e fosfato, as moléculas de DNA. Cada cromossoma é um par de moléculas muito longas de DNA.

VII. O genoma é o suporte e o caracterizador físico e psíquico da personalidade humana.

VIII. Cumpre, desde já, deixar claro que genoma humano e património genético são realidades distintas, partindo da noção por mim apresentada de património genético – Tese de Mestrado em Ciências Jurídicas entregue na Universidade de Coimbra em 1995 – universo de componentes físicos, psíquicos e culturais ([7]) que come-

---

([4]) Iniciais de ácido desoxirribonucleico. O DNA é uma macromolécula que tem a estrutura de uma dupla hélice. Representa o suporte químico da transmissão da hereditariedade e da sua expressão em RNA e proteínas.

([5]) A proteína é uma substância controlada e responsável pela activação dos genes. É a manifestação funcional da célula.

([6]) Como o código genético não pode indicar sempre quais as proteínas que se vão expressar, de que forma e em que quantidade, cada vez mais se fala na necessidade de se elaborar o mapa do Proteoma humano (a informação quantitativa e qualitativa das proteínas humanas).

([7]) Entre os componentes culturais deve contar-se necessariamente o chamado inconsciente colectivo no sentido definido por Jung. Isto é, o repositório da experiência ancestral, o eco de acontecimentos universais pré-históricos (os "incontáveis milhões de anos" na expressão daquele psicólogo) moldados a cada século e que como um conjunto de características e de padrões mentais é transmitido pela hereditariedade. No inconsciente colectivo estão ocultas as imagens, os símbolos, as figuras primordiais dos arquétipos correspondendo à poderosa massa psíquica herdada da evolução da Humanidade e

Introdução 13

çam no antepassado remoto, permanecem constantes embora com naturais mutações ao longo das gerações, e que, em conjugação com factores ambienciais e num permanente processo de interacção, passam a constituir a nossa própria identidade e que, por isso, temos o direito de guardar e defender e depois de transmitir.

O genoma humano determina o património genético porque se o genoma de um indivíduo for manipulado geneticamente (antes do seu próprio nascimento) este fica, à partida, alterado, condicionado às limitações impostas pelo genoma modificado. Ou seja, o património genético vai ser, desde logo, diferente porque cada pessoa vai ter o seu modo de ser, de pensar e de estar no mundo condicionado, *ab initio*, pelo que o genoma permite. Mas, por outro lado, o património genético transcende o genoma uma vez que abrange outras realidades para além do próprio genoma. O ser humano é um misto de carga genética e de sociabilidade, mas um misto desigual, no qual a primeira condiciona a segunda, e esta, por seu turno, transfigura aquela. O homem, desde a concepção até à morte, vive um permanente processo de personalização. O fenótipo é dinâmico, emerge da interacção do genótipo como um todo (milhares de genes) com o complexo ambiente. A pessoa é, por excelência, um ser circunstanciado.

IX. O conceito de genoma humano representa o conjunto de combinações ordenadas de sequências de DNA no tempo e no espaço que constituem o cerne da diversidade e das possibilidades de evolução genética da nossa espécie. O genoma é o grande Livro da Vida que contém o "registo" de todas as "vicissitudes" e "invenções" que caracterizam a história da "espécie" humana e dos seus "ancestrais" logo a partir dos seus primórdios. Há genes que foram objecto de várias modificações e que podem ser usados para escrever a "história das migrações" do ser humano nos "últimos milhares de anos" [8].

---

renascida em cada estrutura individual, manifestada por meio de sonhos, visões, dando origem a mitos e símbolos da história da Humanidade. Esses padrões e representações constituem a força, que embora oculta nas mais profundas camadas da mentalidade dos membros de uma raça, de um povo, age em cada um de nós. Cada pessoa tem, deste modo, uma memória emocional que constitui uma bagagem fundamental para a gestão do seu próprio eu. CARL GUSTAV JUNG, *A dinâmica do inconsciente*, Vol. VIII, Ed. Vozes, Petrópolis, 1998, págs. 5-7.

[8] MATT RIDLEY, *Genoma. Autobiografia de uma espécie em 23 capítulos*, Ob. cit., pág. 12.

Como conjunto estruturado de informações de que podemos dispor, tanto do passado como do presente e mesmo quanto ao futuro, o genoma pode ser considerado um espaço simbólico e um bem colectivo de toda a Humanidade.

X. Contudo, na medida em que o genoma é composto por sequências de DNA, de moléculas, define, de igual modo, um espaço material que difere de indivíduo para indivíduo e que é, no fundo, um bem individual.

O genoma universal coexiste com o genoma individual, ou, se preferível, o genoma é simultaneamente universal e individual. Isto é, a noção de genoma representa não só o conjunto dos genomas de todos os seres humanos passados, presentes e futuros como também o genoma de um indivíduo concreto, determinado.

Marca a singularidade das pessoas. Constitui uma carta de identificação de cada um de nós.

Se são os genes que caracterizam cada uma das espécies que existem na natureza e lhe conferem caracteres específicos que as individualizam das outras espécies, são ainda os genes que caracterizam o indivíduo e o distinguem dos restantes, marcando a sua identidade única, indivisível e irrepetível.

XI. O genoma é, assim, uma "herança" formada ao longo de muitas gerações.

2. Tese: do Direito ao genoma humano ao Direito do genoma humano

I. Tratemos estes dados com os valores e os instrumentos próprios da ciência jurídica. A primeira conexão que surge espontaneamente é entre o genoma e o sujeito de direitos. O genoma, sempre como elemento constitutivo do corpo, aparece como o *objecto* de tutela de um direito da pessoa; o Direito ao genoma humano não é um direito de "propriedade" ou "gozo" mas um direito de protecção da pessoa.

Introdução 15

II. Esta perspectiva *individualista* do Direito ao genoma enquanto direito da personalidade serviu de ponto de partida e largamente de base de sustentação do meu discurso. Contudo, pouco a pouco fui transitando para uma análise do estatuto jurídico do genoma humano inserido no tecido social e no tecido jurídico. Caminhei pois para um Direito do genoma humano, analisando capítulo a capítulo a sua inserção na multifacetada problemática sócio-jurídica que se me foi deparando, sem nunca ter esquecido o ponto de partida.

III. O Direito ao genoma humano na sua dimensão *personalista* é um direito destinado à protecção da pessoa, da sua dignidade. Tendo, nas concepções actuais, uma raiz individualista que é de procurar na concepção americana dos direitos fundamentais [9].

IV. O Direito do genoma humano enquadra o estatuto jurídico do ser humano nos quadros de um tecido jurídico justo, assente nas ideias de igualdade e fraternidade provenientes da dignidade da pessoa humana como ingredientes de um Direito mais justo.

V. Passemos ao diálogo entre o Direito ao genoma e o Direito do genoma.

VI. O genoma é não só um bem fundamental da pessoa como de toda a Humanidade; é o capital genético que é necessário proteger, tutelar e transmitir às gerações futuras.

Com efeito, a identidade genética do ser humano constitui em si mesma um património inalienável, sendo a salvaguarda da sua identidade uma condição, um requisito fundamental para a sobrevivência da nossa espécie.

No entanto, a consideração do genoma como um bem inalienável não deve prejudicar, de forma alguma, os avanços da Ciência. Pelo contrário, os progressos científicos devem beneficiar todas as pessoas, têm de ser postos ao serviço da Humanidade.

---

[9] PAULO MOTA PINTO/ DIOGO LEITE DE CAMPOS, *Direitos fundamentais "da terceira geração"*, in «Direito Contemporâneo Português e Brasileiro», Coord. Ives Gandra da Silva Martins/ Diogo Leite de Campos, Almedina, Coimbra, 2003, págs. 497 e seguintes.

O genoma deve ser objecto de uma protecção especial, já que a sua tutela tem como função salvaguardar a integridade da espécie humana e a dignidade e os direitos de cada um dos membros que a compõem. De modo que a sua consideração como Património Comum da Humanidade ([10]) tem de estar eminentemente imbuída pelo uso ético desses conhecimentos.

Cada país, segundo os seus valores éticos, culturais, sociais, económicos e, mesmo, religiosos, deverá tutelar o genoma de cada indivíduo não só a nível do DNA e do RNA ([11]) como também no aspecto intangível, isto é, da informação.

VII. O Direito ao genoma pode ser configurado como um direito essencial da personalidade porque naturalmente é um direito originário que se adquire desde a concepção. É um direito inalienável, irrenunciável e imprescritível.

O genoma é inseparável da pessoa da qual constitui um elemento essencial. O Direito ao genoma é intransmissível e, portanto, pessoalíssimo. É um direito inato no sentido de ser um direito pertencente ao indivíduo pela sua própria natureza. Deve ser catalogado como um direito essencial ao constituir o núcleo mais íntimo e profundo da pessoa.

O genoma é tutelado por um direito individual e intangível na medida em que a sua dotação genética é imutável e, portanto, mais uma manifestação da personalidade humana. O genoma é o término da referência da obrigação negativa que incumbe à generalidade, já que a intangibilidade do genoma é uma manifestação da própria inviolabilidade da pessoa na sua configuração mais intrínseca.

Assim sendo, deve impor o respeito de todos os outros seres humanos – *nomina significandorum hominum gratia reperta sunt* –.

([10]) O genoma humano e a informação nele contida foi proclamado Património Comum da Humanidade pela Declaração Universal sobre o Genoma Humano e os Direitos do Homem da UNESCO, de 11 de Novembro de 1997. Cfr. notas seguintes.

([11]) Iniciais de ácido ribonucleico.

Introdução 17

VIII. Com a Declaração Universal sobre o Genoma Humano e os Direitos do Homem da UNESCO, de 11 de Novembro de 1997 ([12]),

---

([12]) A Declaração Universal sobre o Genoma Humano e os Direitos do Homem da UNESCO, aprovada em 11 de Novembro de 1997, é um importante acréscimo à longa lista de Declarações e Convenções das Nações Unidas que teve início com a Declaração Universal dos Direitos Humanos em 10 de Dezembro de 1948.

Esta Declaração vem reafirmar que todas as pessoas devem ser respeitadas pela sua dignidade e direitos humanos, independentemente das suas características genéticas. A pessoa não pode ser reduzida às suas características genéticas, devendo ser garantida a sua singularidade e diversidade. O genoma humano, no seu estado natural, não deve ser objecto de exploração económica. Alerta para os riscos inerentes aos diagnósticos e tratamentos que afectam o genoma humano e impõe um controlo rígido dessas actividades. Exige o consentimento livre, prévio e informado das pessoas envolvidas. Garante o respeito ao direito de cada pessoa decidir se quer ou não ser informada do resultado das suas análises genéticas.

Na esteira das anteriores Declarações, tutela as liberdades individuais ao reconhecer que o Projecto do genoma humano e as investigações genéticas são manifestações da liberdade de pesquisa. Porém, só reconhece razão de ser a essas investigações se utilizadas para a promoção de interesses colectivos. Os benefícios decorrentes dos avanços da genética, da biologia e da medicina devem ser colocados à disposição de todos de forma a melhorar a saúde da Humanidade.

A Declaração determina que as práticas contrárias à dignidade humana, tais como a clonagem reprodutiva de seres humanos, não devem ser permitidas. Convida os países e organizações internacionais à mútua cooperação com o intuito de identificar eventuais práticas de clonagem, tomando as medidas necessárias para a sua proibição.

A Declaração proclamou o genoma humano Património Comum da Humanidade.

A UNESCO só tinha atribuído a figura de Património Comum da Humanidade a realidades físicas como a lua, o fundo do mar e monumentos com valor cultural para todos os povos. Surgiu uma noção e um conceito inteiramente novos, no âmbito do direito internacional, na medida em que a Humanidade, presente e futura, passa a ser sujeito de direitos. Com esta Declaração, salienta Daniel Serrão, *Nota sobre o Anteprojecto da Declaração da UNESCO sobre o Genoma Humano*, Conselho Nacional de Ética Para as Ciências da Vida, Lisboa, 1 de Abril de 1997, pág. 3, à figura jurídica da pessoa como sujeito de direitos, acrescenta-se uma nova figura: o genoma humano como sujeito de direitos. Cada país, segundo valores culturais, éticos, sociais, religiosos, económicos, etc, tutelará o conjunto de genes de cada pessoa, não só no aspecto tangível (DNA e RNA) como, também, no aspecto intangível (a informação). Tutela essa desde o momento em que estas estruturas e esta informação estão operacionais, isto é, desde a formação do zigoto. Pretende-se, nestes moldes, proteger a "integridade genómica da Humanidade". Como refere Daniel Serrão, *A Unesco e o Genoma Humano*, «Brotéria», Vol. 143, n.º 6, Lisboa, Dezembro de 1996, pág. 606, na prática o genoma é assumido como um recurso humano cuja utilização ficará sujeita a um Comité Internacional das Nações Unidas. É possível afirmar que este recurso tem um lugar físico que é a estrutura físico-química do gene e é composto pela informação que nele se encontra depositada. Esta informação, que é um componente reafirmaram-se os direitos e deveres de todos os seres humanos sobre o seu genoma, com o objectivo de o proteger, como um bem intransferível e irrenunciável, devendo assegurar-se que não seja objecto de nenhuma apropriação por parte de outro indivíduo ou do Estado.

Todo o ser humano, titular de pleno direito (desde a concepção) do seu genoma, deve dispor do direito tutelado de assegurar o seu desenvolvimento. Mas, também, tem a obrigação de o proteger, de o administrar como um *bonus pater familias*, não só em benefício próprio, mas, também, das gerações vindouras.

IX. A introdução dos *outros* no Direito ao genoma fez surgir o Direito do genoma. Ou seja, o estudo das relações do titular do direito com os outros, de modo a criar-se um tecido de relações jurídicas centradas no genoma. A minha tese versa este corte horizontal do Direito na perspectiva do genoma humano conduzindo à criação do Direito do genoma. Tese que, como se verá, se analisa na investigação de um campo novo e muito vasto do Direito, cindindo-se em diversas conclusões (cada uma delas uma (sub) tese). Julgo que o trabalho de organizar domínio tão amplo e tão importante da pessoa humana não é desprovido de interesse. O genoma humano é tratado do ponto de vista da sua relevância jurídica, através do trânsito por muitas das áreas do Direito onde se situa, não me tendo limitado a vê-lo no âmbito da concepção tradicional dos direitos da pessoa ou num único ramo do Direito.

X. Transitemos para o Direito do genoma humano que resultará melhor da análise do plano do presente trabalho. Na tese estabeleço um diálogo permanente entre o ser humano e a sociedade, situando-o nesta como sua dimensão necessária. Daqui resultou a integração do Direito ao genoma humano no Direito do genoma humano.

---

constitutivo da pessoa humana, passará a ser Património Comum da Humanidade e será entregue à guarda da Humanidade pelo seu órgão representativo, as Nações Unidas.

Em síntese, a Declaração tem como principal objectivo assegurar que o desenvolvimento da genética respeite a dignidade e os direitos da pessoa e seja benéfico para a Humanidade no seu todo.

SECÇÃO II
Plano da exposição

3. Ordem de análise

3. Ordem de análise

I. É cada vez maior a necessidade de se pensar e repensar o avanço científico, tendo em conta o modo como a intervenção do homem na natureza exige a criação de novas áreas do Direito, não de áreas do Direito que possam ter a pretensão de universalidade, mas que ajudem, de algum modo, a responder às ameaças concretas ou imagináveis à Humanidade, consequência de recentes descobertas e biotecnologias. No Direito do genoma humano caminhei no sentido da tentativa de construção de um discurso jurídico, dentro do qual possam encontrar algumas soluções os conflitos que ocorrem em virtude das relações jurídicas, políticas, económicas, culturais e sociais, oriundas dessas mesmas descobertas e até então desconhecidas pelo ser humano.

II. Nesta linha, na tese tive a preocupação de:
1.º Identificar os problemas jurídicos levantados pela nova tecnologia do genoma humano.
2.º Mostrar como as aplicações do genoma humano vêm pôr em causa regras, princípios e valores fundamentais do Direito.

III. Não tive a pretensão de esgotar, ou tentar esgotar, um ramo do Direito ou sequer uma disciplina jurídica. Pelo contrário, o Direito do genoma humano versa um corte horizontal do Direito na perspectiva do genoma humano. Ou, por outras palavras, o genoma é tratado do ponto de vista da sua relevância jurídica, através do trânsito por muitas áreas do Direito com que pode colidir. Acentua-se, consequentemente, o carácter interdisciplinar, multifacetado do Direito do genoma humano que vai beber em várias disciplinas do Direito, mas que simultaneamente se imiscui na Teoria Geral do Direito Civil, no Direito da Família, no Direito do Trabalho, no Direito dos Seguros, na Criminologia, no Direito Processual Penal, etc.

IV. Sem postergar este dado, é, no entanto, importante uma clareação tendo essencialmente em vista o aferir do seu conceito em termos jurídicos e, mais concretamente, a necessidade da consagração de um Direito do genoma com conteúdo autónomo.

Em sentido lato, é possível afirmar que a essência do Direito do genoma reside no conjunto de regras, princípios, valores, bem como de decisões, com relevância para as aplicações do genoma. O Direito do genoma humano tem como objecto o estudo das relações do titular do direito com os outros, de modo a criar-se um tecido de relações jurídicas centradas no genoma.

Existe, deste modo, e por outro lado, uma tentativa de libertação do Direito do genoma face aos demais. Dou destaque à imprescindibilidade deste corte para uma correcta delimitação do próprio conceito de Direito do genoma. Nomeadamente, acentuando a necessidade de mediação do Direito na resolução dos problemas e conflitos conexos com o genoma humano.

V. Uma vez enunciadas estas linhas principais e, agora, mais concretamente, é possível especificar que:

A dissertação divide-se em grandes eixos temáticos. O tema da dignidade humana ocupa o 1.º plano, constituindo o fundamento precípuo de todas as regras propostas e do exercício dos direitos delas decorrentes (artigos 1.º - 4.º).

Os referidos eixos temáticos são desenvolvidos começando pela explicitação de questões de teor científico e de princípios religiosos, bioéticos e jurídicos, e posteriormente, prevendo instrumentos jurídicos capazes de assegurar a observância desses mesmos princípios e dos direitos deles emergentes.

Introdução   21

VI. Nesta orientação, a tese desenvolve-se em duas partes precedidas desta Introdução, a saber: Genoma humano. Prolegómenos; Genoma humano e Direito.

As conclusões são autonomizadas e apresentadas no final da dissertação.

VII. Na parte I – Genoma humano. Prolegómenos – procedo ao enquadramento científico, religioso e bioético do genoma humano.

VIII. O enquadramento científico encontra-se subdividido em dois capítulos: descoberta do genoma humano e Projecto do genoma humano.

IX. Nesta linha, faço uma pequena incursão pela evolução da descoberta do genoma humano. *Contarei* a história [13] em duas partes: antes e depois do conhecimento da estrutura do grande marco científico – o DNA.

X. Para o estudo do Direito do genoma humano é necessário precisar, desde logo, a principal terminologia científica utilizada. A genética moderna é, frequentemente, apelidada de rico arbusto espinhoso de gíria. Justifica-se, assim, um capítulo próprio no enquadramento técnico-científico. Trata-se de uma abordagem necessariamente circunscrita e simplificada, uma vez que a sua finalidade será apenas a de clarificar alguns dos termos usados e que importam à exposição posterior.

XI. Nos enquadramentos religioso e bioético tento estabelecer as relações de independência e complementaridade do genoma com a Religião e a Bioética.

---

[13] O decurso da História foi, é, e será modificado por inúmeras alterações genéticas operadas nos reinos humano, animal e vegetal. A narrativa longa, característica da História deu lugar a narrativas curtas e incisivas. Encontramo-nos, assim, numa dimensão longínqua da do "fim da História" prevista por Francis Fukuyama. A engenharia genómica devolve-nos uma diferente História com toda a panóplia de novos direitos e deveres que daí necessariamente decorrem.

Da compreensão multicientífica dos relacionamentos interdependentes da biodiversidade emergem dúvidas acerca da *raiz*, da *fonte* de todo este extraordinário ordenamento. A descoberta do genoma humano vem acentuar a possibilidade ou, se preferível, a necessidade de uma inteligência superior na suprema organização dos códigos e operações nele contidas.

Mas, chegaremos ao dia em que a vida manipulada pelas novas tecnologias deixa de ser um *Dom*, para passar a ser uma coisa, uma *res* que se compra, vende, troca, manipula, destrói ao capricho das escolhas, fantasias e delírios pessoais?!...

A pessoa *liberta-se* do acaso das leis da natureza mas é *entregue* à ditadura, ao despotismo da era genómica?!...

Os notáveis avanços científicos a nível do genoma humano têm suscitado inúmeros problemas. O nascer *in vitro* e o morrer em máquina, a mercantilização do ser humano, os limites da investigação em seres humanos, a terapia somática e a germinal, a engenharia genética de melhoramento, a transgénese, a clonagem entre outros possíveis exemplos fizeram com que tivéssemos de abandonar a ideia errónea de já termos decifrado o mundo. Cada vez mais, o homem modifica o próprio homem!

A Bioética tem analisado estas questões tentando dar resposta.

É possível sustentar que os progressos operados na área do genoma humano deram origem a uma nova e diferente Bioética.

XII. Por sua vez, a parte II - Genoma humano e Direito – está dividida em três títulos: Genoma humano, pessoa e Biodireito; O princípio da autonomia privada posto em causa?; Tutela jurídica do genoma humano em especial.

XIII. Estamos perante um momento crucial da história da Humanidade. Eu diria, mesmo, que estamos numa *época de fazer época*, pela excepcional capacidade de mudança, de modificação que os recentes avanços científicos proporcionam.

Com efeito, os progressos da engenharia genética operados nas últimas décadas e os que são previsíveis num futuro próximo abrem diferentes horizontes não só para a investigação científica como para outros domínios, designadamente para o campo jurídico, explorando novas possibilidades para o melhor e para o pior. É, precisamente, na

Introdução 23

fronteira do melhor e do pior que o Biodireito deve tentar traçar e balizar um caminho que permita evitar os precipícios que prejudiquem a pessoa humana mas, também, que possibilite progredir até onde se quer chegar. A consciência ou o medo do risco pode tornar-se paralisante, impedindo ir mais além ou mesmo bloqueando o avanço. Todavia, por seu turno, a inconsciência do risco, a ânsia da aventura conduz, com frequência, a catástrofes das quais só se toma verdadeira consciência, muitas vezes, tarde de mais.

O Biodireito fornece, ou deve fornecer, critérios considerados fundamentais para a tomada de decisões e de acções.

XIV. A descoberta da herança genética que une as pessoas tem feito parte dos sonhos e, por vezes, delírios de cientistas, filósofos, historiadores, teólogos e juristas. É mesmo possível afirmar que tem sido uma constante da Humanidade o pensar quais as mutações genéticas que sofremos ao longo dos vários milénios da nossa existência e qual a influência do ambiente nessas alterações da espécie humana e, portanto, na própria delimitação do âmbito da pessoa.

Precisamente, no capítulo I do título I da parte II procedo a uma tentativa de delimitação conceptual da pessoa. A pessoa é existência unificadora de uma diversidade de faculdades vitais. A pessoa não existe apenas do ponto de vista genómico já que há nela uma dimensão racional, espiritual e uma vivência ambiental. A pessoa distingue-se de todos os outros seres porque, apesar de genomicamente constituída, não é apenas genoma. Nela o genoma é totalmente assumido e transformado pela sua integração numa nova ordem, já não somente genómica mas psíquica e sociocultural. A pessoa, ainda que integrando inteiramente a organização genómica, está em constante relação de abertura universal, está receptiva à cultura, ao ambiente, ao sagrado e ao profano, à Ciência, etc. É um ser em permanente construção.

A pessoa é um todo, uma unidade e não apenas uma parte. É o ponto de referência, o valor, o fim e não o meio para atingir o fim, é a realidade transcendente para o Direito, a Economia, a Política, a Ciência, a História.

A integridade do genoma humano participa na dignidade da pessoa. Consequentemente, o respeito incondicional pela integridade de cada genoma traduz, de modo especial, o respeito pelo indivíduo.

Concomitantemente, o desrespeito pela integridade genómica da pessoa conduz ao desrespeito pela dignidade do ser humano.

XV. Ao longo da História, desde a Antiga Grécia, passando pelo Direito Romano (nas suas várias fases) até à actualidade, subsistiu a questão de saber se o nascituro goza de personalidade jurídica. Os juristas sempre se encontraram divididos: uns concederam-lhe personalidade, outros, pelo contrário, negaram a sua existência. A constância, ou, se me é permitida a expressão, a *sobrevivência* desta *quase eterna* polémica por si só revela, já, a importância do tema proposto.

No capítulo II do título I desta parte procuro dar o meu modesto contributo para esta discussão.

Analiso diversas teorias existentes, tecendo as respectivas críticas.

A tomada de posição relativa ao momento a partir do qual estamos na presença de uma pessoa acarreta toda uma panóplia de consequências práticas, na medida em que quem afirma pessoa afirma personalidade pois não há dois tipos de pessoas: as jurídicas e as não jurídicas. E, por sua vez, quem afirma personalidade afirma direitos e obrigações, visto que a personalidade é a susceptibilidade de ser titular de direitos e obrigações.

Por outro lado, quem nega personalidade nega direitos e obrigações, concedendo ao nascituro somente uma expectativa de direitos. Nestes moldes, afigura-se contraditório o artigo 66.º do Código Civil, na medida em que a referida norma reconhece personalidade jurídica só a partir do nascimento completo e com vida, mas, noutras disposições, designadamente nos artigos 952.º e 2033.º do mesmo Diploma, confere direitos desde a concepção.

Defendo que a personalidade jurídica tem início com a concepção. O argumento da ectogénese para a sustentação desta teoria é da minha exclusiva responsabilidade.

XVI. No capítulo III do título I da parte II afirmo que o genoma humano não pode ser objectivado/reificado. A pessoa é sujeito de direitos e deveres; a coisa é objecto de propriedade. Porém, esta distinção está a ser subvertida com os progressos da biotecnologia. Vivemos a terceira vaga, visionada já há algum tempo pelo sociólogo Alvin Toffler.

Introdução   25

XVII. Por sua vez, no título II da parte II abordo a questão de saber se a partir do momento em que a engenharia genómica pode determinar, *fixar* a vontade e capacidade de perceber e decidir do ser humano, não estará em causa o princípio da autonomia privada, como expressão de um princípio mais amplo: a *grande máxima* da liberdade segundo a qual *é lícito tudo o que não é proibido*? Com os progressos na área do genoma humano chega-se à constatação de que a informação codificada no DNA é, em grande parte, responsável pelo nosso destino.

São cada vez mais os que perfilham uma teoria determinista do genoma humano: no genoma já está tudo definido. Quem somos e quem seremos está fixado desde o momento da concepção. É desta forma que encaram o sequenciamento dos genes e sustentam a ideia de aí estar a alma, cujo fatalismo, cujo destino está definido.

Para outros, o que é fundamental é o contributo fornecido pelo meio. Defendem que o homem é nada mais, nada menos que o produto do meio ambiente em que está inserido.

Isto é, para estes, também, existe determinismo. O determinismo genómico por eles criticado é substituído por um novo determinismo: o ambiental.

Nesta linha de orientação, penso poder questionar: se o determinante é um ou outro, ou talvez mesmo os dois, ou porque não eventualmente outros mais, onde fica a autonomia da pessoa humana?

A pessoa pode deixar de ser dona da própria consciência, de poder decidir livremente entre dois contrários possíveis? Um *homem novo* de vontade predeterminada por manipulação genómica não colidiria com toda a arquitectura do nosso Direito? O equacionar de problemas principais: o homem deixou de ser dono da sua própria consciência? Em causa, nestes moldes, o princípio essencial da autonomia privada?

A história do amanhã escrita já hoje quando, no presente, se visualiza o genoma do infante e se descobre parte do seu futuro. É o maravilhoso esplendor da inteligência, da descoberta, por definição, sem limites. É, desde logo, o fantasma da inquietação de saber se o Homem está preparado para avanços tão vertiginosos. Tento responder ao longo deste trabalho, tendo sempre presente que o absoluto é a pessoa e a Ciência só será legítima se for posta ao seu serviço.

Neste título II são avaliadas questões relativas, nomeadamente, ao eugenismo, ao consentimento informado para o conhecimento e intervenção no genoma humano, ao direito à autodeterminação informacional genómica, ao direito à privacidade genómica e à clonagem humana.

XVIII. No título III da parte II estudo a tutela jurídica do genoma humano em especial.

XIX. Antes de chegar ao Direito, sobretudo ao Direito Constitucional (cume, pelo menos garantístico, do sistema jurídico) é necessário percorrer um longo caminho antes do Direito, observando a realidade, a pessoa e a sociedade, o quadro de valores que construíram e ao qual devem obediência, no sentido de determinar alguns dos possíveis rectos caminhos a nível das pessoas, da sociedade, da família, etc. Só depois se poderá chegar a Direitos parcelares, como o Direito da Família, Direito Processual Penal, etc, para se culminar com alguns dos princípios gerais que devem ter sede a nível constitucional.

XX. Reitera-se, assim, a necessidade de fundamentar os problemas suscitados pelo Biodireito sob a perspectiva dos direitos constitucionais que tutelam a vida (artigo 24.º), a saúde (artigo 64.º), a integridade moral e física (artigo 25.º), a reserva da intimidade da vida privada e familiar (artigo 26.º), a identidade pessoal e genética (artigo 26.º), o desenvolvimento da personalidade (artigo 26.º), a universalidade (artigo 12.º), a igualdade (artigo 13.º), a liberdade e a segurança (artigo 27.º), a liberdade de consciência, de religião e de culto (artigo 41.º), entre outros.

XXI. Nesta esteira, e depois de um breve percurso pelo Direito Constitucional, a estrutura da tutela jurídica do genoma humano é, também, considerada no Direito da Família, no Direito do Trabalho, no Direito dos Seguros, na Criminologia e no Direito Processual Penal. A título de exemplo, no que diz respeito às repercussões da análise do genoma no Direito do Trabalho, abordo, entre outros problemas, a questão de saber se o trabalhador tem o dever de revelar a informação que detém sobre a previsibilidade da sua saúde futura e a entidade patronal tem o direito de exigir que o trabalhador se submeta a testes genéticos predizentes para efeitos de selecção ou de despedimento. Decisão essa que será tomada pelo empregador com base numa mera predição de doenças futuras ou predisposições, e em que o trabalhador é *rotulado*, *fichado* não por *aquilo* que é e que faz presentemente, mas por *aquilo* de que poderá vir a padecer futuramente. A análise do genoma envolve sempre o temor de poder ser uma técnica usada para fazer *catálogos*, *listagens* com os dados genómicos de cada indivíduo. O Direito tem de intervir para evitar discriminações genómicas, designadamente, no âmbito laboral, áreas onde essa discriminação tende a ser mais comum.

XXII. Chamo à colação estes diversos problemas para melhor enquadramento das diversas vertentes que se oferecem à Humanidade com os progressos realizados na área do genoma humano e para os quais o Direito tem um papel importante a desempenhar. De facto, o recurso aos testes genéticos, à terapia génica, à engenharia genética de melhoramento, à clonagem reprodutiva de seres humanos pode conduzir a uma determinada visão de Humanidade que é o fruto, o produto de prévias opções e acções.

São inúmeras as hipóteses com que nos deparamos e são múltiplos os meios que temos para as alcançar. Assim sendo, a problemática da escolha e da responsabilidade reveste-se de primordial importância. Nunca fomos tão responsáveis pelo nosso futuro e pelo das gerações vindouras.

XXIII. Que concepção de Humanidade se encontra subjacente designadamente aos testes genéticos, à terapia génica, à clonagem reprodutiva de seres humanos? Que concepção de Humanidade temos nós já hoje?

E, numa perspectiva preditiva ou predizente, que concepção de Humanidade queremos e teremos nós amanhã? Aquela que hoje nós, no domínio do subconsciente, inconsciente ou mesmo do consciente, escolhemos como sendo a mais idónea.

E, especificamente, quem é que na realidade escolhe? Quando? Como? Em que termos? Em que condições? Em obediência a algum modelo predeterminado?

Decidimos nas nossas práticas quotidianas: na investigação científica, na gestão de comportamentos, etc.

Os modelos padrão balizam as opções, marcam as metas, os limites em que nos movemos ou podemos vir a mover: num extremo, a segurança, a ordem, a vida predeterminada; no outro, a insegurança, a desordem, o imprevisto, o imprevisível.

De um lado, o homem programado, como dado constituído previamente manipulado, determinado, já construído, e, consequentemente podendo ser *fichado*, *classificado*, *rotulado* de uma vez por todas.

Por outro lado, o homem como ente livre e autónomo. Como algo ainda não construído, mas em permanente e incessante construção. O homem como produto da dinâmica interactiva entre genoma e meio ambiente.

Paralelamente, num extremo, uma sociedade programada, com os seus registos próprios, com todos os cidadãos *classificados*, *fichados*. Uma sociedade fundada na certeza, onde o acaso, o fortuito, o imprevisível, o imprevisto se encontram condicionados, direi mesmo, proibidos. Porque tudo está previamente regulamentado, pautado, disciplinado, enfim controlado...O paradigma dos regimes totalitários.

Do outro, a liberdade, a autonomia que ultrapassa as fronteiras impostas, a abertura ao imprevisto, ao acaso.

Que Humanidade teremos, então, nós amanhã?!...Já decidimos ontem para hoje, decidiremos também hoje para amanhã?!...Quais de entre nós decidirão?!...E decidiremos pelos outros?!...Os outros de ontem, hoje e de amanhã?!...Sem que eles tenham o direito de se manifestarem, de dizerem o que pensam, de revelarem se concordam ou não com as escolhas feitas antecipadamente por nós para eles?!...

Juridicamente correcto e aceitável?!...

XXIV. A complexidade destes temas exige, em última análise, uma postura baseada nos ensinamentos de Claude Lévy-Strauss: mais importante que avançar com respostas definitivas e categóricas é equacionar os verdadeiros problemas.

XXV. Um simples olhar pela história da Humanidade revela que o homem se caracteriza pela procura incessante em responder a questões concernentes à vida. Depois de ter descoberto terras, aberto minas, atravessado oceanos, explorado o fundo dos mares, conquis-

Introdução   29

tado o espaço, desembarcado na lua, chega à conclusão que a *viagem* principal ainda não foi por ele feita: a grande viagem de si, em si e para si.

Nesta *viagem*, o homem avança no conhecimento do próprio homem.

Decifra o código genético, desvenda mistérios, interfere neles, vislumbra novos e diferentes campos de actuação, perscruta o seu interior e decide sobre o seu presente e futuro.

O conhecimento do genoma, ao possibilitar o acesso à totalidade do nosso material genético, equaciona a grande aposta do século XXI, por passar a ser possível conhecer o homem, *ler* o seu passado, *confirmar* o seu presente, prever o seu amanhã e modificar o seu destino ([14]).

XXVI. O Projecto do genoma humano vem trazer novas esperanças a milhões de indivíduos que estariam predestinados a morrer por causa de uma doença genética. A simples hipótese de ver a sua situação clínica melhorada consubstanciaria, desde logo, um alento que, provavelmente, somente aqueles que padecem dessas enfermidades e as suas famílias saberão dimensionar.

([14]) Luís ARCHER, *Da Genética à Bioética*, Colectânea Bioética Hoje XI, Serviço de Bioética e Ética Médica, Faculdade de Medicina da Universidade do Porto, Gráfica de Coimbra, Coimbra, 2006, págs. 155-160.

PARTE I

GENOMA HUMANO. PROLEGÓMENOS

TÍTULO I
ENQUADRAMENTO CIENTÍFICO

Sumário

CAPÍTULO I
DESCOBERTA DO GENOMA HUMANO

SECÇÃO I
Antes do DNA

4. Até Mendel
5. Mendel e após Mendel

SECÇÃO II
Depois do DNA

6. Descoberta do DNA
7. "Segundo código genético"
8. Início do Projecto do genoma humano
9. Alguns avanços
10. Primeira divulgação do mapa do código genético
11. Lições do Livro da Vida
12. Descodificação de genomas de animais
13. Continuação da descodificação do genoma humano
14. Ainda em aberto

CAPÍTULO II
PROJECTO DO GENOMA HUMANO

SECÇÃO I
Introdução

15. Quarta revolução da Medicina
16. A investigação e os inalienáveis direitos fundamentais do ser humano
17. Objectivos do Projecto
18. Internacionalização do Projecto

SECÇÃO II
Medicina preditiva e testes genéticos

19. Medicina preditiva
20. Tipos de testes
    20.1. Diagnóstico pré-sintomático de doenças monogénicas
    20.2. Diagnóstico de predisposições
    20.3. Diagnóstico de predição de riscos para futuras gerações
    20.4. Rastreio

SECÇÃO III
Terapia génica e engenharia genética de melhoramento

21. Introdução
22. Terapia génica somática
23. Terapia génica germinativa
    23.1. Objecções
    23.2. Posição adoptada
24. Engenharia genética de melhoramento

CAPÍTULO I

DESCOBERTA DO GENOMA HUMANO

Sumário

SECÇÃO I
Antes do DNA

4. Até Mendel
5. Mendel e após Mendel

SECÇÃO II
Depois do DNA

6. Descoberta do DNA
7. "Segundo código genético"
8. Início do Projecto do genoma humano
9. Alguns avanços
10. Primeira divulgação do mapa do código genético
11. Lições do Livro da Vida
12. Descodificação de genomas de animais
13. Continuação da descodificação do genoma humano
14. Ainda em aberto

SECÇÃO I
Antes do DNA

4. Até Mendel
5. Mendel e após Mendel

4. Até Mendel

I. A genética é a ciência do século XXI, tal como a física o foi do século XX e a química do século XIX.

Se o século XX presenciou a extraordinária manipulação do átomo, o século XXI assistirá à ainda mais extraordinária manipulação: a dos genes de todos os seres vivos incluindo o próprio homem.

II. O desenvolvimento da mecânica no Renascimento possibilitou a invenção do microscópio no século XVII, mais concretamente, em 1650, e, por meio dele, a descoberta dos espermatozóides há três séculos.

No princípio do século XIX, os livros de Medicina referem-se ao homúnculus e figuram o espermatozóide como uma pequeníssima criança inserida na cabeça do espermatozóide, aguardando a nidação adequada para crescer.

III. O óvulo foi descoberto entre 1827 e 1828. Só a partir daí é que tivemos conhecimento da existência de secreções internas e de hormonas.

IV. Até finais do século XVIII, os objectos da natureza dividiam-se em três reinos: animal, vegetal e mineral.

Porém, graças ao conceito de organização desenvolvido no fim do século XVIII por Lamarck, Vicq d'Azyr, os três reinos foram reestruturados em dois: o orgânico (organizado) e o inorgânico (desorganizado).

Lamarck sustentou que os vegetais e os animais são todos principalmente corpos vivos e são os únicos seres desta natureza que existem no globo. Desta forma, unificaram-se animais e plantas na mesma noção elementar de biologia.

O conceito de organização contribuiu fortemente para a desmistificação científica da vida.

No século XVIII, consolidou-se a posição dos que desistiram da racionalização da vida feita por Descartes em virtude da dificuldade dos processos vitais.

Todavia, o reconhecimento da organização abria novos horizontes de análise científica.

Lamarck, em 1802, na *Investigations sur l'organisation des corps vivants*, veio propor o novo termo de biologia para designar a disciplina que inclui tudo o que concerne aos corpos vivos e, especialmente, à sua organização e desenvolvimento crescente no exercício prolongado dos movimentos da vida.

Treviranus, em 1802, publicou, na Alemanha, o livro *Biologia ou filosofia da natureza vivente*.

V. A desmontagem do organismo pelo estabelecimento da teoria celular ocorreu em meados do século XIX. Todas as manifestações da vida têm lugar numa célula isolada.

Usando palavras de Luís Archer, o "mito vital" transitou do "organismo para a célula" ([15]). Porém, posteriormente, "desmontou-se" a célula. Passou a ser possível fazer com que moléculas isoladas (enzimas e ácidos nucléicos) produzissem *in vitro* os mesmos processos biológicos de que estão encarregadas na célula. Assim, o "mito vital"

([15]) Luís ARCHER, *O Homem perante o Tecnocosmos emergente da biologia*, «Brotéria», Vol. 122, n.º 1, Lisboa, Janeiro de 1986, págs. 68-69, explica que se chegou à conclusão de que a célula é um pequeno organismo. Cada planta é um conjunto de células totalmente individualizadas e com existência própria. As células isoladas podem multiplicar-se *in vitro*, em determinados casos, diferenciando-se até à constituição de um indivíduo completo.

transitou da "célula para a molécula". Por sua vez, procedeu-se à "desmontagem" da molécula [16].

5. Mendel e após Mendel

I. Foi João Gregório Mendel quem, pela primeira vez, estabeleceu as bases científicas da hereditariedade. Há que reconhecer um impressionante acordo entre as previsões estabelecidas em harmonia com as leis daquele monge agostinho e as realidades fornecidas pela observação [17].

Assistiu-se ao triunfo do Mendelismo sobre o Darwinismo [18].

---

[16] Luís ARCHER, *O Homem perante o Tecnocosmos emergente da biologia*, «Brotéria», Ob. cit., págs. 68-69, esclarece que os blocos da molécula se manifestaram triviais e não muito numerosos e que a sequência do encadeamento desses blocos se revelou misteriosa. Constatou-se que a sequência é idêntica em todos os milhares ou milhões de cópias da mesma molécula. Porém, difere dum determinado tipo de molécula para outra, com diferente função bioquímica.

[17] MENDEL, aos 34 anos de idade, deu início a uma série de experiências com ervilhas que durou 8 anos e envolveu o cultivo de mais de 30 000 plantas diferentes. Cruzou diversas variedades de ervilhas. Verificou que todas não só produziam descendência pura como resultavam de genes únicos. Em cada caso, os híbridos obtidos eram semelhantes apenas a um dos progenitores. A essência do outro progenitor parecia ter desaparecido, o que na realidade não tinha acontecido: Mendel possibilitou que os híbridos se autofertilizassem e a essência do "avô" desaparecido reaparecesse intacta em cerca de um quarto dos casos. Posteriormente, realizou experiências idênticas com o milho e outras plantas, obtendo os mesmos resultados. Chegou à conclusão que as características não se misturam. Existe algo indivisível, quântico e infinitamente pequeno na base das características herdadas. Não há mistura de fluidos, ou de sangue. Pelo contrário, há uma junção temporária de muitos "berlindes" pequenos.

Só, assim, se compreende o facto de uma família poder ter uma criança com olhos castanhos e outra com olhos azuis.

Graças a Mendel descobriu-se que a única razão pela qual a maioria das características herdadas parece uma mistura se deve ao facto de envolverem mais do que uma partícula.

John Dalton, no início do século XIX, demonstrou que a água era constituída por biliões de pequenas coisas duras, irredutíveis, denominadas átomos. Tinha destruído, assim, a tese rival da continuidade.

Mendel provou a teoria atómica da biologia.

Cfr. R. DAWKINS, *River out of Eden*, Weidenfeld and Nicolson, London, 1995, págs. 27-31; W. BODMER/R. MCKIE, *The book of man*, Little, Brown, London, 1994, págs. 29-30; HORACE JUDSON, *The eight day of creation*, Jonathan Cape, London, 1979, págs. 21-22.

[18] As teses de Mendel surpreenderam a biologia. Nada sobre a teoria evolutiva exigia que a hereditariedade devia vir "em pedaços". Com efeito, esta ideia contrariava o que

II. São três as chamadas Leis de Mendel, defendidas, designadamente, por William Bateson [19], Thomas Hunt, Morgan, Davenport e Cuenot: uma garante a independência dos caracteres na sua transmissão hereditária, isto é, cada carácter é transmitido à descendência como se fosse um elemento distinto, uma unidade. Outra proclama o princípio da dominância, ou seja, quando os dois progenitores, de raça pura, diferem um do outro quanto a um carácter, cada filho dessa união só apresenta um dos caracteres, que é o dominante, embora o carácter, dito recessivo, do outro progenitor, continue no estado latente e possa reafirmar-se em ulterior descendência. Este reaparecimento surge nos termos de uma terceira lei por um processo de disjunção. O mendelismo acabou por ser aceite e constituiu a raiz de valiosíssimos progressos científicos.

Subsistem, é certo, algumas obscuridades e incertezas sobre a intimidade e energias determinantes de todos os processos biológicos, mas as teses de Mendel representam passo importantíssimo, nomeadamente para o reconhecimento de uma unidade orgânica que, ligando as gerações através de continuidades físicas e herança das características, formou o fundo para o aparecimento de fenómenos tais como o culto dos ancestrais, feudos e mesmo de racismo.

III. W. Flemming, através da utilização de uma substância colorante denominada cromatina, descobriu os cromossomas que se encontram nas células das diversas espécies em número fixo, unidos aos pares, e chegou à conclusão que nas células germinais essa carga cromossómica era de 50 % para cada célula. Estes resultados foram publicados em 1882.

Darwin tinha afirmado, uma vez que o Darwinismo tinha sustentado que a evolução era a acumulação de pequenas modificações aleatórias através da selecção. Se os genes eram realidades rígidas que podiam reaparecer intactas após terem estado escondidas uma geração, como seria possível que se modificassem gradual ou subtilmente? Não subsistiam agora dúvidas que as teses de Darwin tinham sido ultrapassadas por Mendel. O Mendelismo forneceu as peças que faltavam à estrutura edificada por Darwin.

Cfr. RONALD FISCHER, *The genetical theory of natural selection*, Oxford University Press, Oxford, 1930, págs. 34-37.

[19] W. BATESON, *Materials for the study of variation*, Macmillan, London, 1894, págs. 44-45; *Mendel's principles of heredity*, Cambridge University Press, Cambridge, 1909, págs. 24-35.

IV. W. S. Sutton, em 1902, fez justiça a Mendel ao confirmar, à luz da descoberta dos cromossomas, as leis de Mendel. Em cada par de cromossomas de um novo organismo, um cromossoma provém do pai, através do espermatozóide, e o outro da mãe, por meio do ovócito. Neste encontro e mistura dos cromossomas, toda a geração tem tendência para trazer à superfície os caracteres recessivos que se encontravam abafados por um carácter dominante. As combinações sempre novas produzem, portanto, aquelas variações que serão posteriormente aproveitadas pela selecção natural.

V. Ross Haerinson, em 1907, revelou como se manifestam células humanas fora do corpo.

VI. O zoólogo americano Thomas Hunt Morgan, em 1915, estabeleceu a teoria da hereditariedade com base nos cromossomas. Morgan descobriu que nos cromossomas se encontram partículas em ordem, do tamanho de uma molécula de proteína, que constituem a carga hereditária. Esses genes conseguem reproduzir-se conservando a individualidade e independência face a outros genes. Além disso, são responsáveis por caracteres específicos do indivíduo e podem ser recombinados de todas as formas possíveis. Morgan realizou já experiências com a *Drosophila melanogaster*.

VII. J. Müller, em 1927, concluiu que ao bombardear com raios X os gâmetas de animais e plantas se obtinham mutações dos genes respectivos de forma que a sua descendência tinha, por seu turno, novas deformações. As mutações podem ser génicas, cromossómicas e genómicas, dependendo dos elementos envolvidos na mutação. As alterações genómicas concernem às variações do próprio número de cromossomas.

Esta descoberta fez com que Müller ganhasse, posteriormente, o Prémio Nobel.

VIII. A mutação artificial de genes fez despoletar a genética moderna.

IX. George Beadle e Edward Tatum, em 1940, através dos raios X conseguiram criar versões mutantes de um bolor do pão. Os dois cientistas adiantaram um nova lei da biologia: um gene, uma enzima.

X. Em 1943, Linus Pauling descobriu que a anemia das células falciformes era provocada por uma falha no gene para a proteína hemoglobina. Foi, assim, possível chegar à conclusão de que as mutações eram, no fundo, proteínas modificadas feitas por genes modificados.

SECÇÃO II
Depois do DNA

6. Descoberta do DNA
7. "Segundo código genético"
8. Início do Projecto do genoma humano
9. Alguns avanços
10. Primeira divulgação do mapa do código genético
11. Lições do Livro da Vida
12. Descodificação de genomas de animais
13. Continuação da descodificação do genoma humano
14. Ainda em aberto

6. Descoberta do DNA

I. A descoberta do DNA [20], em 1944, por O. T. Avery, em Nova Iorque, veio clarificar o mecanismo de transmissão dos caracteres hereditários.

Em 1953, James Watson, Francis Crick, Rosalind Franklin e Maurice Wilkins descobriram a dupla cadeia polinucleotídica que constitui a molécula de DNA. Estas moléculas contêm a informação genética necessária para a codificação das características de uma pessoa.

Este facto revestiu tanta importância que é possível afirmar que a história da genética se divide em duas eras: antes do DNA e depois do DNA [21].

---

[20] Cfr. Introdução, Secção I, n.º 1.

[21] P. KNUDTSON, *Genética. Conflictos entre la Ingeniería Genética y los valores humanos,* trad. de J. Sanmarín/M. Vicedo, Tecnos, Madrid, 1991, pág. 42.

Direito do Genoma Humano

II. A partir da revelação do DNA em 1944 começou a ser estudada a estrutura química do gene, o código genético, a composição das frases de DNA, RNA [22] e proteínas [23], assim como as transformações metabólicas que afectam estas células.

O RNA distingue-se do DNA pela sua composição química uma vez que a sua estrutura parece ser a de um filamento único, cuja função é a de activar o mecanismo de transmissão genética.

III. A biologia molecular passou a analisar os mecanismos de formação das enzimas e das sequências dos aminoácidos nas proteínas, segundo a combinação das bases do DNA.

Em 1955, S. Ochoa sintetizou *in vitro* o RNA e, no ano seguinte, A. Kornberg obteve *in vitro* o DNA.

Em 1961, F. Jacob e J. Monod, demonstraram a existência do RNA mensageiro sintetizado nos moldes do DNA e que se revelava como uma espécie de fita (escrita em código de tripletos) que continha a sequência proteica.

Graças a M. W. Nirenberg e J. N. Matthaei foram determinados, nos anos sessenta, os diversos tipos de RNA: RNA ribossómico (rRNA), RNA mensageiro (mRNA), RNA solúvel ou de transferência (tRNA).

IV. Nos anos sessenta, os pioneiros da genética fizeram, pela primeira vez, proteínas em laboratório através do uso de DNA.

Har Gobind Khorana recebeu, em 1968, o Prémio Nobel da Medicina, pela sua obra que permitiu revelar o código genético. Os seus trabalhos contribuíram, de modo significativo, para a descoberta dos processos através dos quais as enzimas de uma sequência de aminoácidos determinam a função das células no desenvolvimento genético.

Foi anunciada, em 1969, a descoberta da endonuclease de restrição, uma enzima capaz de desempenhar a função de *bisturi* na divisão do DNA em pontos determinados, constituídos por breves sequências específicas de base. A partir daí foram identificadas e isoladas mais

---

[22] Cfr. Introdução, Secção I, n.º 2.
[23] Cfr. Introdução, Secção I, n.º 1.

de quatrocentas enzimas de restrição, permitindo o reconhecimento de uma enorme variedade de sequências.

7. "Segundo código genético"

I. A descoberta do denominado "segundo código genético" foi publicada, alguns anos mais tarde, mais concretamente em Maio de 1988, na revista «Nature», por P. Schimmel e Ya-Ming-Hou, investigadores do Massachussets Institute of Technology (MIT), em Boston. Este "segundo código genético" clarifica uma fase importante no processo de síntese das proteínas dentro da célula, possibilitando decifrar as modalidades de transmissão das instruções para o tRNA, instruções que especificam que aminoácido deve ser legado e, consequentemente, transportado ao lugar de síntese. Este sistema lógico é usado por todas as formas de vida e, segundo P. Schimmel e Ya-Ming-Hou, quanto mais se avançar na decifração deste código mais facilmente se irão conhecer os mecanismos da evolução das espécies.

II. Em 1970, Har Gobind Khorana chefiou a equipa de cientistas americanos que produziram o primeiro gene artificial, e sintetizou um gene composto por setenta e sete nucleotídeos. Porém, este gene não se revelou funcional.

Khorana, em 1973, conseguiu sintetizar um gene de 126 nucleotídeos. Este gene introduzido numa bactéria duplicou-se com êxito.

III. As técnicas de engenharia genética sofreram um grande impulso desde os anos setenta.

A primeira pedra da engenharia genética é lançada, em 1971, nos EUA, na Universidade de Stanford, com a combinação do DNA de dois organismos. O cientista Paul Berg criou a primeira molécula de DNA artificialmente recombinada, com o isolamento, *in vitro*, do DNA de dois diferentes organismos: um vírus cancerígeno frequente no macaco e outro de uma bactéria, denominada *Escherichia coli*, que vive normalmente no tubo digestivo do homem.

IV. Um ano depois, foram introduzidas em bactérias moléculas artificialmente recombinadas a partir de plasmídios de diversas origens.

Verificou-se que os dois tipos de DNA produzidos artificialmente eram capazes de se replicar indefinidamente na nova hospedeira e de aí expressar os genes transferidos. Passou a ser possível tirar genes de uma espécie para outra, mantendo-os activos, bem como manipular *in vitro* o DNA de um ser humano, que, posteriormente, se pode introduzir em células do seu organismo com o intuito de alterar de modo permanente uma porção de genoma.

V. O processo de descoberta de novos medicamentos melhorou significativamente na década de setenta, a partir do momento em que os cientistas começaram a utilizar a tecnologia do DNA recombinante para misturar e equiparar pedaços e peças de material hereditário. Passou a ser viável observar os genes a dirigir a construção de moléculas de RNA, que transcrevem as partes do código do DNA, que, por sua vez, compunham proteínas, enzimas e outras moléculas biológicas. As farmacêuticas podiam, assim, apontar a alvos definidos [24].

O DNA recombinado, em que há vida de fontes diferentes, tornou-se na base da biotecnologia e possibilitou a criação de drogas como a insulina humana [25] em quantidades ilimitadas.

VI. Em 1984, foi criado o primeiro teste de identificação genético, o DNA *fingerprinting*. Um ano depois, Alec Jefferys desenvolve a técnica de identificação de DNA, o "código de barras" de cada indivíduo.

VII. Nesse mesmo ano, o Department of Energy (DOE) dos Estados Unidos da América, numa reunião em Alta (Utah), sublinhou a necessidade de se estudarem os efeitos genéticos das radiações em exposições a baixo nível.

---

[24] Por exemplo, concentrando-se nos receptores da serotonina no cérebro, conseguiram o desenvolvimento do Prozac e de seus semelhantes para tratar a depressão.

As farmacêuticas, nos anos noventa, identificaram 500 alvos biológicos para medicamentos.

[25] A Genentech americana produziu a partir de bactérias a insulina humana recombinante.

VIII. Em 1985, um laboratório criou, pela primeira vez, porcos transgénicos, capazes de produzir a hormona humana do crescimento.

IX. Em 1986, o Prémio Nobel Renato Dulbecco publicou um artigo na revista «Science» que provocou grande impacto na comunidade científica ao sustentar que o conhecimento da sequência do nosso DNA podia ser fundamental para combater o cancro [26].

X. Os geneticistas, na década de oitenta, descobriram que determinadas perturbações da leitura estavam associadas a genes no cromossoma 15, e que a esquizofrenia tinha um aliado no cromossoma 5, a psicose no cromossoma 11, e a psicose maníaco-depressiva nos cromossomas 11 e X. Mais tarde, Keneth Blum, da Universidade do Texas, e Ernest P. Noble, da Universidade da Califórnia, revelaram a descoberta de uma ligação genética entre o alcoolismo e o gene mutante para o receptor dopamina - 2 (DRD2). Posteriormente, chegaram à conclusão que este, também, está associado ao autismo, à síndroma de *Tourett*, à toxicodependência e à hiperactividade infantil.

XI. Foi, precisamente, o progresso atingido em vários domínios da biologia molecular que fez com que alguns cientistas se consciencializassem da oportunidade de se fazer a sequenciação completa do genoma humano.

XII. Esses progressos iniciaram-se em 1972-1974 com a metodologia de isolamento e manipulação de genes em laboratório, seguida da detecção de sequências específicas por hibridação molecular em 1975 e a sequenciação propriamente dita em 1975 e 1977. Avanços significativos tiveram lugar com o mapeamento físico de cromossomas, em 1981; a publicação da chamada "bíblia laboratorial" neste domínio, em 1982; a sequenciação automática, em 1983; a reacção em cadeia por meio de polimerase (a actualmente ubíqua PCR), em 1985, e, posteriormente, a invenção de cromossomas artificiais de levedura (YACs).

---

[26] R. DULBECCO, *A turning point in cancer research: sequencing the human genome*, «Science», 231, 1986, págs. 1055-1056.

48   *Direito do Genoma Humano*

Porém, apesar de se ter tornado numa técnica de rotina não muito exigente para projectos dedicados a questões específicas, a sequenciação sistemática de genomas era considerada uma tarefa de outras dimensões, e exigia uma organização a nível mundial.

XIII. O Department of Energy, numa reunião no México (Santa Fé), em Março de 1986, pôs à disposição alguns dos seus laboratórios para funcionarem como sede central do Projecto de sequenciação do genoma humano.

8. Início do Projecto do genoma humano

I. O Congresso sobre *Molecular Biology of the Homo Sapiens* realizado, em 1986, em Nova York [27], dedicou uma sessão ao início do Projecto do genoma humano [28]. Mais concretamente, foram abordadas as vantagens do Projecto ser liderado pelo Department of Energy ou pelos National Institutes of Health (NIH).

Como decorrência imediata do referido Congresso sobre *Molecular Biology of The Homo Sapiens*, o Howard Hughes Medical Institute organizou uma reunião subordinada ao tema *Informational Forum on the Human Genome*, em 1987, em Bethesland [29]. Frisou-se a conveniência de intensificar esforços humanos e económicos para completar a sequenciação total do genoma humano dentro de pouco tempo.

II. Em 1988, os National Institutes of Health criaram a Office of Human Genome Research que tinha apenas funções consultivas e administrativas, sendo em 1989, transformada no National Center for

---

[27] O Congresso teve lugar de 28 de Maio a 4 de Junho de 1986, em Cold Spring Harbor.

[28] R. Lewin, *Proposal to sequence the human genome stirs debate*, «Science», 232, 1986, págs. 1598-1600; C. R. Cantor, *Orchestrating the Human Genome Project*, «Science», 248, 1990, pág. 49.

[29] A reunião decorreu na sede dos National Institutes of Health, em Bethesland (Maryland), no dia 23 de Julho de 1987.

Human Genome Research ([30]), sob a direcção do Prémio Nobel James Watson.

III. Em 1988, o Department of Energy e os National Institutes of Health concordaram em criar um sub comité encarregue de elaborar, para a Primavera de 1990, um Plano Nacional do Genoma que tinha sido solicitado pelo Congresso dos Estados Unidos da América com o intuito da sua incorporação nos pressupostos gerais da Nação de 1991. O referido Projecto visa a construção de mapas genéticos de ligação, mapas físicos de restrição e o desenvolvimento da tecnologia de sequenciação do DNA. Além disso, abrange os problemas éticos, informáticos, de formação de pessoal qualificado, de transferência de tecnologias e de cooperação nacional e internacional.

IV. Em 1988, foi criada a HUGO (Human Genome Organisation) ([31]) com o objectivo de promover a coordenação e cooperação internacional do Projecto do genoma humano. Inicialmente presidida pelo americano Victor A. Mckusick e, posteriormente, pelo inglês Walter Bodmer, é constituída por 42 membros de diversas nacionalidades incluindo vários Prémios Nobel, destacando-se Jean Dausset, Dulbecco, Walter Gilbert, Jacob e Watson.

A HUGO não tem poderes formais de decisão. É uma organização de consulta e coordenação entre as pessoas directamente envolvidas no Projecto e não entre governos ou instituições dos países membros. Não tem fins lucrativos nem financia a investigação. Interessante o facto de a HUGO se classificar a si própria como uma organização que "possibilita" mais do que "proporciona". Uma das suas funções é criar redes e canais através dos quais se deve promover a cooperação global e fluir a informação existente. É uma organização internacional não governamental (ONG) como a Amnistia Internacional. A HUGO está protegida pelo Convénio Europeu sobre o

---

([30]) Em 1997, o National Center for Human Genome Research (NCHGR) transformou-se no National Human Genome Research Institute (NHGRI).

([31]) C. McGOURTY, *A new direction for Hugo*, «Nature», 342, 1989, pág. 724; C. ANDERSON/P. ALDHOUS, *Human Genome Project. Still room for Hugo?*, «Nature», 355, 1992, págs. 4-5.

50   *Direito do Genoma Humano*

reconhecimento da personalidade jurídica das organizações internacionais não governamentais, de 1986, que entrou em vigor em 1 de Janeiro de 1991.

V. A partir de 1988, ao mesmo tempo que se constituía a HUGO, foram tomadas várias medidas para angariar fundos [32][33] públicos ou privados. O sector privado foi encorajado a responder às necessidades dos investigadores.

Acentuou-se, também, a imprescindível colaboração de esforços a nível internacional.

VI. Em 1990, o governo dos Estados Unidos da América aprovou o Projecto do genoma humano [34][35], sob a tutela dos National Institutes of Health e do Department of Energy.

9. Alguns avanços

I. Em 31 de Julho de 1990, o National Institutes of Health autorizou a terapia génica.

II. No dia 14 de Setembro de 1990, no National Institute of Health de Bethesda (Maryland), teve lugar a primeira intervenção autorizada deste tipo [36]. A terapia foi realizada numa criança de quatro anos de idade que, por deficiência no gene da desaminase da adenosina (ADA), não produzia anticorpos em quantidade suficiente para debelar infecções normais, correndo, deste modo, perigo de vida.

---

[32] Dois terços do total mundial em dinheiros públicos vieram do governo americano.

[33] O Department of Energy e os National Institutes of Health, em 1990, contribuíram para o financiamento do Projecto com 28 e 60 milhões de dólares, respectivamente.

[34] O Projecto do genoma humano é objecto de capítulo próprio. Cfr. Parte I, Título I, Capítulo II.

[35] O Projecto, na sua intencionalidade geral, tem as suas origens no período imediatamente a seguir à II Guerra Mundial. Cfr. Maria do Céu Patrão Neves, *O genoma e a identidade da pessoa*, in «Genoma e Dignidade Humana», Coord. Rui Nunes, Helena Melo, Cristina Nunes, Serviço de Bioética e Ética Médica, Faculdade de Medicina da Universidade do Porto, Gráfica de Coimbra, Coimbra, 2002, pág. 25.

[36] A autorização para este caso concreto foi dada pela Food and Drugs Administration (FDA) em 4 de Setembro de 1990.

Esta experiência veio revolucionar, por completo, a engenharia genética.

III. A partir daí a terapia génica começou a ser tentada em diversas enfermidades.

IV. Em 4 de Agosto de 1990, duas equipas (uma americana e outra francesa) anunciaram que localizaram o gene da doença de Werding Hoffmann, a forma mais frequente e mais aguda da amiotropia espinal.

V. A revista «Science», em 10 de Agosto de 1990, apresentou os resultados de Bert Vogelstein da Universidade John Hopkins (Baltimore) confirmando o papel inibidor da proliferação celular tumoral de um gene denominado antioncogeno, o gene p53 localizado no braço curto do cromossoma 17.

VI. Em Itália, o transplante génico por déficit de gene da desaminase da adenosina (ADA) foi realizado, pela primeira vez, em 1992, no Istituto Scientifico - Ospedale "S. Raffaele" de Milão.

VII. Os progressos realizados no domínio da engenharia genética permitem já desmontar alguns genes de um determinado organismo e remontar um ou vários nas células de outro organismo completamente diferente.

Existem genes humanos, animais ou vegetais, que se expressam nas bactérias onde são introduzidos.

Ainda na década de 90, foram criadas vacas capazes de produzir proteínas humanas no leite [37], e, assim, constituírem uma fonte barata para a produção de drogas [38]. Em Cambridge, os cientistas

---

[37] Tracy, a primeira ovelha transgénica com capacidade para produzir leite com proteínas humanas, nasceu em 1995.

[38] O chamado *pharming* tem suscitado muitos receios. É uma técnica que consiste na introdução de genes humanos em animais para que estes produzam hormonas humanas ou outros componentes destinados a utilizações farmacêuticas. Alguns cientistas temem que esses animais alterados geneticamente possam ser incubadoras de agentes de transmissão de novos trans-específicos vírus recombinados muito perigosos.

criaram porcos transgénicos cujos órgãos são passíveis de serem transplantados para o ser humano. A transgenia era utilizada há muito tempo nas plantas.

VIII. Além destas *peças naturais* (ou seja, da natureza) passou a ser plausível, também, a utilização de *peças artificiais* [39]) como é o caso do coração de plástico e de alguns compostos humanos com interesse comercial, produzidos por bactérias, por meio da engenharia genética. A título de exemplo, o gene que é introduzido numa bactéria e que produz insulina humana foi sintetizado artificialmente, a partir dos seus triviais blocos principais, ligados entre si por química orgânica total, de acordo com um plano teoricamente traçado como correspondente ao código genético. Assistimos, deste modo, à convivência íntima do artificial com o humano e à progressiva e interessante substituição parcial do humano pelo artificial.

IX. O Executive Board of UNESCO, em 1993, frisou a necessidade de desenvolver o intercâmbio de informação e realizar consultas numa perspectiva de intercâmbio cultural, com o intuito de identificar as questões envolvidas na política de controlo do genoma humano.

A Comissão dos Direitos Humanos da ONU adoptou, nesse mesmo ano, uma resolução sobre a necessidade de cooperação internacional com o objectivo de toda a Humanidade beneficiar dos contributos das ciências da vida e, também, para impedir ou prevenir utilização destes contributos científicos para fins diferentes da pessoa.

O Wellcome Trust britânico passou a integrar o Projecto do Genoma Humano. Investigadores da China, Japão, França e Alemanha aderiram ao Projecto. Craig Venter, um ano depois, fundou o Institute of Genomics Research (IGR) com financiamento privado.

---

[39]) A palavra artificial coloca, desde logo, o problema de saber o que se deve entender por *artificial*. Classicamente designa uma entidade não viva conseguida a partir de representações culturais humanas. É necessário alertar para esta delimitação, ou se preferível, diluição de limites, de fronteiras entre o artificial e o vivo induzidas pelos progressos genómicos. Surgem novas figuras como as células híbridas, animais e vegetais transgénicos e, consequentemente, aumenta a dificuldade da sua inserção em determinadas categorias essenciais como o artificial, o natural, o vivo e o não vivo.

Ainda em 1993, a ONU criou, através da UNESCO, o Comité International de Bioéthique.

Foram convidados 50 especialistas (incluindo 4 Prémios Nobel) na área da Medicina, Biologia, Genética, Direito, Filosofia e das Ciências Sociais e Humanas para analisar as consequências éticas, sócio-culturais e jurídicas suscitadas pela investigação genética.

X. A 27.ª Sessão da General Conference da UNESCO solicitou a este Comité que elaborasse uma declaração universal sobre a protecção do genoma humano considerado Património da Humanidade.

XI. Face ao secretismo dos negócios que envolviam a produção de colecções de EST [40], a Universidade de Washington e a Merck, em 1994, decidiram criar uma base de dados informática de EST para acesso público através da Internet, a dbEST. A dbEST pretendia estabelecer um *Index* completo de todos os genes que nos constroem, mantêm e destroem, desde a concepção até à morte. O estabelecimento desta base de dados acelerou, de modo significativo, a acumulação de EST de acesso público logo após o início de 1995. Esta ramificação permitiu responder a diversas questões quer a nível da teoria quer da aplicação clínica. A comunidade científica deve à dbEST e afins a faculdade de fazer estas investigações.

XII. O Council's Report Human Tissue: Ethical and Legal Issues, em 1995, trouxe um importante contributo a nível da utilização de tecidos humanos, não só para o contexto familiar da transplantação mas, também, para o processo de crescimento individual de células fora do corpo humano para produzir vacinas e medicamentos.

No ano seguinte, o Council analisou os aspectos éticos da xenotransplantação – o transplante de órgãos ou de tecidos de animais como um meio de fazer face ao reduzido número de órgãos e tecidos humanos para transplante –. No Relatório [41], publicado em

---

[40] *Expressed sequence tags* ou marcadores de sequências expressas.

[41] Animal – to – Human Transplants: The Ethics of Xenotransplantation; Nuffield Council on Bioethics, March 1996.

Posteriormente surgiu o Animal Tissue into Humans: Report by the UK Government's Advisory Group on the Ethics of Xenotransplantation, August 1996 (Together with the UK Government Response, January 1997).

54 *Direito do Genoma Humano*

Março de 1996, redigido pelo Council, foram considerados, entre outros aspectos do problema, os argumentos sobre o uso de primatas e porcos para xenotransplantação, tendo recomendado o estabelecimento do Advisory Committee nacional para supervisionar o vasto número de questões científicas e éticas suscitadas por esta técnica.

Na esteira de um inquérito de Janeiro de 1997, o Governo criou o United Kingdom Xenotransplantation Interim Regulating Authority (UKXIRA) e anunciou a sua intenção de produzir normas para regular este processo.

XIII. O European Federal of Biotechnology criou a Task Force on Public Perceptions of Biotechnology que se dedica à investigação, publica relatórios e organiza conferências. No campo da indústria diversas companhias europeias de biotecnologia começaram a desenvolver laços com organizações ambientais e grupos de consumidores com o objectivo de aumentar o mútuo entendimento.

XIV. Em 1996, nasceu a ovelha Dolly, o primeiro mamífero clonado.

XV. Em 1998, com a fundação da Celera Genomics teve início a disputa entre o sector público e o privado pelo pioneirismo do sequenciamento do genoma humano. Foi o grande ano da Bolsa para as empresas de engenharia genética.

XVI. No ano de 1999, a revista Nature anunciou a sequenciação do primeiro cromossoma humano, o 22 ([42]).

XVII. No Verão de 1999, foi descoberto o gene responsável pela dislexia, uma disfunção que afecta a leitura e a escrita. O gene DYX 3, localizado no cromossoma 2, provavelmente não será o único gene responsável por esta disfunção que atinge uma em cada vinte crianças. No entanto, a descoberta permitiu confirmar que a dislexia, tem, em muitas situações, uma base genética.

([42]) Cfr. Revista «Nature», 402, 1999, pág. 230.

Toril Fagerheim, da Universidade Hospital de Tromsoe, na Noruega, declarou que a clonagem do gene DYX 3 dará informação sobre a natureza e a frequência de, pelo menos, um gene na escrita e na leitura.

XVIII. Em finais de Outubro de 1999, investigadores canadianos conseguiram transmitir hereditariamente um cromossoma artificial à geração seguinte. No entender destes cientistas, este enxertar de um cromossoma extra em ratos de laboratório poderá revolucionar terapias génicas de doenças como a fibrose cística. Tencionam utilizar esta técnica para criar animais geneticamente modificados, como por exemplo, vacas que produzam leite já com aditivos farmacêuticos. Até ao momento os processos existentes, que consistem, essencialmente, em injectar genes, são, por vezes, muito arriscados. Neste caso, foi introduzido um cromossoma inteiro. Os cientistas confirmaram que os ratos passaram os conjuntos de genes à descendência graças à inserção prévia de um cromossoma fluorescente nos cromossomas. Trata-se de um processo que requer grande perícia nas enxertias. Nem sempre os genes são aceites pelo genoma. E, mesmo nas hipóteses positivas, os genes podem agrupar-se em cromossomas onde não terão qualquer efeito, ou pior, onde poderão dilacerar outros genes. Com este método de utilização de um cromossoma artificial para ancorar o DNA na célula poderá ser viável debelar doenças genéticas.

XIX. No ano 2000, foram sequenciados os cromossomas 16 e 21.

XX. No dia 28 de Abril de 2000, a revista «Science» divulgou os resultados de uma investigação que conseguiu a correcção completa do fenótipo de um caso de imunodeficiência combinada. O êxito deveu-se ao uso de um novo vector e de diferentes condições no processo da transdução. No mesmo número desta revista foram revelados os avanços alcançados na área da terapia génica da hemofilia, de doenças cardiovasculares e do cancro ([43]).

([43]) FRENCH ANDERSON, *Gene Therapy: The Best of Times, the Worst of Times*, «Science», 288, 2000, págs. 627-629.

10. Primeira divulgação do mapa do código genético

I. Assim como a sequenciação de um gene é um instrumento vital para desvendar os últimos mistérios duma função, também a sequenciação integral do genoma constituirá a via obrigatória e fundamental para desvendar os mistérios do ser humano.

II. Estamos perante um tema tão novo na sua descoberta e mapeamento, mas simultaneamente tão antigo, na medida em que sempre acompanhou o homem na sua caminhada sobre a terra.

III. A primeira sequência do genoma humano foi publicada em 26 de Junho de 2000. Os cientistas anunciaram que tinham conseguido identificar toda a composição química do DNA humano. Era como se apesar de já terem todas as letras necessárias para a elaboração de um livro, ainda não fossem capazes de o escrever. Uma parte dessa tarefa encontra-se concluída e o Livro pode ser lido. Todavia, a versão definitiva ainda não estava pronta.

IV. Em Fevereiro de 2001, foi divulgado, simultaneamente em diversos países, o mapa do código genético humano.

Os artigos com as sequências do genoma foram publicados pela revista «Science» e pela «Nature». A «Science» reporta-se aos resultados alcançados pela empresa privada de biotecnologia Celera Corporation e a «Nature» aos do consórcio internacional de países, o Projecto do genoma humano. A Celera não revelou ao público todas as suas sequências disponíveis, reservando-se o direito de cobrar pelo seu acesso, ao passo que os dados do Projecto podem ser consultados gratuitamente.

Ambos conseguiram completar cerca de 95% do sequenciamento do genoma.

11. Lições do Livro da Vida

I. A referida divulgação do mapa do código genético, em Fevereiro de 2001, permitiu tirar várias lições.

II. A decifração do DNA confirma que cada pessoa compartilha 99, 9% do código genético com os seus semelhantes. São pequenas trocas, de uma letra para cada mil no grande livro do genoma humano, que fazem as diferenças individuais. Daqui se pode concluir que pode haver uma diferença maior entre duas pessoas da mesma raça do que, por exemplo, entre um negro e um asiático. Assim sendo, como é possível falar em supremacia de qualquer etnia?

III. O Livro da Vida revela que o papel do meio ambiente é ainda maior do que se imaginava. Não existem genes capazes de confirmar a tese de que o genoma é a *fórmula secreta* exclusiva da constituição do homem. Esta constatação permite, no meu entendimento, fazer a seguinte afirmação: mesmo que seja viável criar geneticamente dois indivíduos idênticos, as hipóteses de terem personalidade e comportamento iguais são nulas.

Deste jeito, a essência da Humanidade tem que ser procurada não apenas no genoma mas, também, no meio ambiente e nas interacções humanas. Como, aliás, já foi por mim sustentado na tese de Mestrado onde defendi a consagração do Direito ao património genético.

IV. Os cientistas chegaram, também, à conclusão de que 25 % do DNA humano é uma espécie de "deserto", com vastas zonas de letras A, T, C, e G sem significado conhecido, permeado por uns "oásis" de informação, isto é, os genes, que carregam as instruções para fazer as proteínas. Descobriram que entre um terço e metade do genoma se compõe de sequências repetitivas, o denominado "DNA lixo" ou "DNA egoísta" ([44]).

V. Cerca de 8 % de todas as sequências de DNA derivam de vírus.

Grande parte do material genético é oriundo de microorganismos primitivos como vírus e bactérias. Existem 113 genes humanos que procedem directamente de bactérias o que parece confirmar a hipótese evolucionista de Charles Darwin.

([44]) O *junk* DNA é uma espécie de "jardim zoológico" de entidades estranhas, denominadas pseudogenes, retropseudogenes, satélites, minisatélites, microsatélites, transposões e retrotransposões.

VI. O genoma humano tem menos genes que o previsto [45], cerca de trinta mil, somente duas vezes mais que uma mosca, abrindo uma nova perspectiva na investigação de outros medicamentos e terapias para enfermidades já conhecidas.

VII. O Livro do homem começa, assim, com uma grande lição de humildade. Apesar da complexidade da estrutura humana, o número de genes é comparável ao existente em genomas muito mais pequenos. O trigo possui perto de treze mil genes, enquanto um verme tem dezoito mil e uma planta vinte e seis mil, no entanto, um rato tem somente menos trezentos genes. A diferença existente relativamente ao genoma de um chimpanzé é, ainda, menor, ficando reduzida a poucos genes e proteínas, mas os suficientes para permitirem que a espécie humana fale, raciocine, etc. Com este avanço ficou provado que não há uma correlação estreita entre a complexidade de um organismo e a quantidade de DNA que possui. A diferença fundamental face aos restantes animais parece assentar na grande complexidade do genoma humano e nas suas maiores possibilidades de combinações.

VIII. A análise do genoma permitirá desvendar as bases genéticas de capacidades individuais, dando uma nova visão do que na realidade nos torna humanos e o que nos separa dos outros vertebrados. Isto é, a diferença não é a quantidade de genes, mas o modo como eles se combinam para formar as proteínas. O proteoma dos vertebrados é muito mais complexo que o dos invertebrados, aparentemente devido à presença de proteínas específicas e a um conjunto de combinações. A alta redundância do nosso genoma conta a favor da complexidade na medida em que a existência de mais "desertos" possibilita um maior número de "arranjos" possíveis entre os "oásis", ou seja, o aparecimento de novos traços. O genoma contém um grande número de variações (mais de dois milhões) que revestem importância para as investigações médicas especializadas. São, preci-

---

[45] Nas primeiras estimativas pensava-se existirem cerca de cem mil genes humanos no código genético. Porém, em estudos mais recentes este número foi alterado para sessenta a oitenta mil genes. Só posteriormente concluíram que rondariam os trinta mil.

samente, estas alterações subtis denominadas polimorfismos mono-nucleotídicos ou "SNP" ([46]) que distinguem as pessoas.

12. Descodificação de genomas de animais

I. Outra extensão importante do Projecto do genoma humano consiste no estudo comparativo com outros genomas.

II. Em 1995, decifrou-se o primeiro genoma de um ser vivo, a bactéria *haemophilus influenzae*, responsável pela meningite e por infecções nos ouvidos.

III. Em 1996, foi sequenciado o genoma da levedura de cerveja, a *Saccharomyces cerevisiae*. Ainda se estava a estudar os dados obtidos de perto de 6000 genes deste organismo, e já os mesmos cientistas tinham iniciado um novo Projecto – EUROFAN – cujo objectivo era descobrir a função desconhecida de 1000 desses genes. Salvaguardando as necessárias proporções, o progresso com o genoma deste organismo dá-nos uma antecipação das virtualidades do próprio genoma humano assim como o de outros utilizados experimentalmente na investigação em genética.

IV. Em 1997, foi publicado o genoma da bactéria *Escherichia coli*.

V. Em 1998, concluiu-se o primeiro genoma de um organismo multicelular – o verme *Caenorhabditis elegans*.

VI. Em Setembro de 2002, foram descodificados os genomas do mosquito e do parasita da malária ([47]), durante muito tempo denominada de "homicida n.º 1", antes de ser ultrapassada pela SIDA.

([46]) Os denominados *single nucleotide polymorphisms*.

([47]) A malária, ou paludismo, é originada por um protozoário parasita do sangue, o *plasmodium falciparum*, transmitido por um mosquito feminino, o anófele – *anopheles gambiae* – que constitui a espécie mais comum de mosquitos em África. Transmite o parasita quando, para se alimentar, pica as pessoas, aniquilando os glóbulos vermelhos.

60   *Direito do Genoma Humano*

Estas descobertas constituem um avanço significativo para debelar uma enfermidade que mata três milhões de pessoas anualmente. Em África, em cada quatro mortes de crianças uma é causada pelo paludismo.

VII. À sequenciação do genoma deste mosquito ([48]), publicado na revista «Science», seguiu-se a divulgação pela revista «Nature», em 3 de Outubro de 2002, dos resultados de um trabalho que permitiu decifrar o código genético do parasita que causa a forma mortal da malária.

Estes progressos possibilitam, também, obter informações que podem ser comparadas com outros organismos vivos que parasitam o ser humano e tentar decifrar a agressividade das infecções. Abrem a porta a diversas linhas de investigação de novas drogas que podem tratar o paludismo.

VIII. Em finais de 2003, o Laboratório de Evolução Molecular e Bioinformática, da Universidade de São Paulo, concluiu a sequenciação do genoma do *Baculovírus anticarsia* (vírus da lagarta da soja). O DNA do *Baculovírus anticarsia* tem dez vezes o tamanho do genoma do VIH. Esta descoberta vem auxiliar a continuação dos trabalhos com as variedades genéticas de outros vírus, como o VIH, o HCV (hepatite C), o hantavírus (síndrome pulmonar) e o vírus respiratório sincicial (infecções do aparelho respiratório).

Há alguns séculos a única forma de tratamento da malária era a ingestão de quinino, extraído de uma planta tóxica da América do Sul. Actualmente existem comprimidos que não são mais que concentrados de quinino.

As febres mortais, atribuídas à malária, estão registadas desde o início da palavra escrita, isto é, 6000 a 5500 A.C.. Há referências em escritos datados de 1600 A.C. na Índia e, ainda, de Hipócrates, há 2500 anos. Todavia, não há referências da malária nos livros médicos dos Maias ou dos Astecas.

([48]) Esta sequenciação possibilita aos cientistas identificar os genes que tornam os insectos capazes de hospedar o parasita e aqueles que lhe permitem localizar uma pessoa para a infectar. Foi um trabalho realizado por cientistas dos Estados Unidos da América, Reino Unido, Itália, Espanha, França, Grécia, Israel e Rússia. O conjunto do genoma sequenciado tem 278 megabases de comprimento sendo cada megabase equivalente a um milhão de nucleotídeos.

IX. Foram, também, sequenciados, entre outros, os seguintes genomas: *Mycoplasma genitalium, Methanococcus jannasschii, Mycoplasma pneumoniae, Drosophila melanogaster, Saccharomyces cerevisiae, Helicobacter pylori, Methanobacterium thermoautotrophicum, Bacillus subtilis, Mycobacterium tubercolosis, Treponema pallidum, Chlamydia trachomatis, Francisella tularensis.*

X. A sequenciação do genoma de diversas espécies permite não só avançar mais rapidamente nos trabalhos de sequenciação do genoma humano ao facultar investigações comparativas, como também, contribui de modo significativo para o desenvolvimento da biotecnologia ao possibilitar designadamente a produção de enzimas, antibióticos, vacinas, etc.

Os pontos que unem o nosso genoma ao genoma de espécies não humanas permite que estas possam ser usadas como modelos para o estudo e correlativo tratamento de doenças humanas [49][50].

13. Continuação da descodificação do genoma humano

I. Depois da primeira divulgação do mapa do código genético, continuaram os trabalhos. Assim, e entre outros exemplos possíveis, refiro a descodificação do cromossoma 14 [51]. Este cromossoma encontra-se completamente descodificado, conforme anunciou uma equipa franco-norte-americana, a 2 de Janeiro de 2003. O cromossoma

---

[49] A título de exemplo, Luís ARCHER, *O genoma humano*, in «Novos desafios à bioética», Coord. Luís Archer/Jorge Biscaia/Walter Osswald/Michel Renaud, Porto Editora, Porto, 2001, pág. 138, refere que a *Drosophila melanogaster* tem um gene p53 muito parecido com o humano (e que, nos dois casos, codifica uma proteína supressora de células cancerosas), o que tem permitido retirar importantes ilações sobre os mecanismos de expressão desse gene. As pesquisas feitas na *Caenorhabditis elegans* têm sido da maior relevância para debelar certas formas de diabetes e a doença de Alzheimer. A *Saccharomyces cerevisiae* também se revelou um instrumento fundamental para o fabrico de novos medicamentos para a terapia de determinados carcinomas.

[50] Cfr. Parte I, Título I, Capítulo II.

[51] O cromossoma 14 é constituído por 87.410.661 pares de nucleotídeos e nitidamente maior que os cromossomas 20, 21 e 22 já determinados, segundo informações fornecidas por investigadores do Genoscope (Centro francês de sequência localizado em Evry, Paris) que dirigiram a investigação.

14 é o quarto cromossoma humano a ser completamente sequenciado e o primeiro publicado sem um "buraco" residual neste puzzle
genético. No cromossoma 14 encontram-se mais de 60 genes impli-
cados em enfermidades genéticas, de que destaco as anomalias visuais
e auditivas, uma forma de degenerescência nervosa paralisante len-
ta ([52]) e uma forma precoce da doença de Alzheimer ([53]).

Foram, também, caracterizadas duas regiões com uma importância crucial para o sistema imunitário.

Os cientistas procederam à denominada "anotação" do cromossoma que consiste na delimitação dos genes fragmentados com o auxílio de comparações com o genoma de outras espécies (rato ou o
peixe tetraodnon) e do instrumento informático Exofish, desenvolvido no Genescope. Esta técnica permitiu chegar à conclusão de que o
homem possui uma maioria de genes em comum com os restantes
vertebrados.

II. No dia 13 de Abril de 2003, o consórcio público internacional do Projecto do genoma humano anunciou a descodificação de
99,99% do genoma. A sequenciação completa confirmou a existência de 30 mil genes humanos. No entanto, calcula-se que existam
mais de 300 mil proteínas distintas o que significa que cada gene
pode estar implicado na síntese de 10 proteínas. As proteínas que
constituem os tecidos e regulam as funções do corpo são muito mais
complexas do que se pensava inicialmente.

Francis Collins, director do Instituto de Investigação do Genoma
Humano, nos Estados Unidos da América, afirmou que "O que temos
já hoje é aquilo que teremos para a eternidade". Por sua vez, Allan
Bradley, director do Wellcome Trust Sanger Institute, no Reino Unido,
sustentou que este é o princípio de um novo caminho. Mas, os benefícios obtidos são enormes.

O Projecto já possibilitou, entretanto, a descoberta de uma mutação que causa um tipo de cancro de pele mortal.

O anúncio feito no dia 13 de Abril por cientistas e no dia 14 por
declaração conjunta dos seis chefes de Estado dos Países envolvidos,

---

([52]) Paraplegia espática familiar.
([53]) Relacionado com um defeito do gene da presenilina 1.

Grã-Bretanha, Alemanha, China, França, Estados Unidos da América e Japão, ficará para a História como o início da era pós-genómica, considerada uma das mais importantes da Humanidade.

III. Na complexa cadeia em forma de hélice do DNA encontram-se milhares de genes que têm as instruções para o funcionamento do ser humano. A finalização da sequenciação dois anos antes da data prevista superou muitas expectativas e permitiu o desenvolvimento de novas investigações em todo o mundo.

IV. Geneticistas americanos completaram a sequenciação do cromossoma 19, após 18 anos de investigação. O Departamento de Energia, a União do Instituto do Genoma e a Universidade de Stanford são os responsáveis por mais este avanço. Embora represente somente cerca de 2 % do genoma humano, o cromossoma 19 é o mais rico em informação genética sobre doenças como a diabetes, a enxaqueca, ou o colesterol elevado. Esta descoberta, publicada pela revista «Nature», no dia 1 de Abril de 2004, confere sentido à topografia cromossómica e é crucial para o conjunto de genes encarregues da reparação de danos causados no DNA por exposição a radiações.

V. Por sua vez, o cromossoma 13, decifrado pela equipa de Andrew Dunham, do Wellcome Trust, do Reino Unido, e também divulgado no dia 1 de Abril de 2004, pela revista «Nature», tem uma das menores concentrações de áreas funcionais do genoma humano. Apresenta apenas 633 genes, contra quase 1500 do cromossoma 19. Mas, também, nele aparecem trechos de DNA associados ao cancro da mama (como o gene BRCA2) e a doenças mentais (por exemplo, o distúrbio bipolar).

VI. A revista «Nature», na edição de 16 de Setembro de 2004, noticiou que Jeremy Schmutz, da Universidade Stanford, concluiu a sequenciação do cromossoma 5, um dos maiores do genoma humano, com 177,7 milhões de letras. Em compensação, é um dos menos "condensados", uma vez que só foram encontrados 923 genes que codificam proteínas, 66 relacionados a enfermidades raras.

VII. Uma investigação coordenada pelo Wellcome Trust Sanger, no Reino Unido, permitiu a sequenciação e análise de mais de 99% do cromossoma X. Este estudo publicado na revista «Nature», em 17 de Março de 2005, revela que mais de trezentas doenças foram já associadas a este cromossoma. Cerca de 10% das enfermidades hereditárias causadas por mutação num único gene estão relacionadas com o cromossoma X. Esta sequenciação permite o diagnóstico de doenças como o cancro dos testículos, o daltonismo, o autismo, etc.

VIII. Em 18 de Maio de 2006, a revista «Nature» divulgou a análise detalhada do cromossoma 1, o maior dos 23 pares de cromossomas que constituem o genoma humano. Do estudo pormenorizado da sua sequência resultou a descoberta de cerca de mil genes. O cromossoma 1 representa 8% do genoma humano. A investigação liderada pelo Wellcome Trust Sanger, no Reino Unido, e pela Duke University, na Carolina do Norte, demonstra que cerca de 350 doenças (tais como vários tipos de cancro, Alzheimer, Parkinson) estão relacionadas com modificações do cromossoma 1.

IX. Recentemente, no dia 2 de Outubro de 2006, Andrew Fire e Craig Mello foram distinguidos com o Prémio Nobel da Medicina. Há já alguns anos que diversos estudos revelam que o RNA não se limita a uma função intermediária (DNA-RNA-Proteína). Mas, com a descoberta destes dois investigadores a era Rnómica ganha particular importância. Com efeito, fica agora aberta a possibilidade de inactivar selectivamente genes ligados a determinadas doenças, graças à introdução de RNAi (RNA de interferência) no interior das células. O RNA deixa de ser visto apenas como mensageiro da síntese de proteínas e transforma-se em participante activo nos mecanismos celulares.

X. A estes avanços seguiram-se e seguir-se-ão outros. A investigação não para.

14. Ainda em aberto

I. Avançamos para uma época em que a terapia passará a ser mais personalizada, com a elaboração e administração de medicamentos por medida, mediante a definição de perfis individuais dos doentes. São inúmeras as vantagens da farmacogenética (descoberta das diferenças nas reacções individuais aos medicamentos), bem como da farmacogenómica (desenvolvimento de fármacos terapêuticos personalizados, os denominados *personal pills*). Desde logo, em termos de resposta terapêutica que permite diminuir o sofrimento e atenuar os efeitos secundários. Numa perspectiva económica, há, também, vantagens não só na fase de desenvolvimento do medicamento, como da sua administração ao evitar a prescrição de fármacos que não trazem qualquer benefício àquele doente concreto e que, inclusivamente, até lhe podem causar malefícios.

II. Tratar doenças incuráveis, genes defeituosos ou adaptar a prescrição de medicamentos ao código genético de cada pessoa são agora os próximos desafios colocados à Ciência, uma vez que a finalização descritiva do genoma humano não assegura *de per si* a resolução de todos os problemas.

III. Falta ainda um pouco para completarmos o conhecimento integral do Livro da Vida. Falta, desde logo, o denominado transcriptoma, isto é, o conjunto completo de sequências de moléculas de RNA que é o intermediário utilizado pela célula para sintetizar proteínas a partir das sequências de DNA. É, também, necessário identificar e caracterizar todas essas proteínas codificadas pelo genoma, ou seja, o proteoma [54][55]. A corrida ao grande mapa das proteínas, ou proteoma, constituirá um dos maiores desafios da investigação científica. Há que descobrir para que serve e como funciona cada um dos genes, em conjunto ou isoladamente. O conhecimento completo do genoma/proteoma/transcriptoma, conjuntamente com a

---

[54] O proteoma é o conjunto das proteínas.

[55] O conhecimento da forma espacial de uma proteína é fundamental para a indústria farmacêutica produzir novas drogas que anulem o efeito deletério de certas proteínas ou reforcem a actuação positiva daquelas que curam.

invenção de técnicas para neles poder intervir, habilitará o ser humano a ter um controlo praticamente absoluto sobre si próprio.

IV. Parafraseando Nietzsche, uma das melhores formas de poder analisar algo é fazer a sua história.

Este estudo ficaria incompleto sem uma breve história da descoberta do genoma humano ([56]). O estado actual dos progressos científicos não nos permite, por enquanto, *contar o final desta história*, pois alguns problemas permanecem ainda sem resposta.

A Humanidade criou inúmeros clássicos de literatura. Mas, só agora, pela primeira vez, conseguimos uma antologia de nós próprios, com uma história com milhões de anos de evolução. Isto é, o grande Livro da Vida.

Estamos a um pequeno passo de o conseguir ler, interpretar e aplicar!...

([56]) Nesta orientação Luís ARCHER, *O Homem perante o Tecnocosmos emergente da biologia*, «Brotéria», Ob. cit., págs. 68-69, salienta que na reconstrução histórica prevalece a necessidade psicológica de serem encontrados nomes e experiências do passado sobre os quais se possam projectar provas dos nossos paradigmas. "O passado é a projecção interpretativa do nosso presente sobre um antes que é mais lógico que cronológico".

CAPÍTULO II
PROJECTO DO GENOMA HUMANO

Sumário

SECÇÃO I
Introdução

15. Quarta revolução da Medicina
16. A investigação e os inalienáveis direitos fundamentais do ser humano
17. Objectivos do Projecto
18. Internacionalização do Projecto

SECÇÃO II
Medicina preditiva e testes genéticos

19. Medicina preditiva
20. Tipos de testes
    20.1. Diagnóstico pré-sintomático de doenças monogénicas
    20.2. Diagnóstico de predisposições
    20.3. Diagnóstico de predição de riscos para futuras gerações
    20.4. Rastreio

SECÇÃO III
Terapia génica e engenharia genética de melhoramento

21. Introdução
22. Terapia génica somática
23. Terapia génica germinativa
    23.1. Objecções
    23.2. Posição adoptada
24. Engenharia genética de melhoramento

SECÇÃO I
Introdução

15. Quarta revolução da Medicina
16. A investigação e os inalienáveis direitos fundamentais do ser humano
17. Objectivos do Projecto
18. Internacionalização do Projecto

15. Quarta revolução da Medicina

I. Sempre integrou a imaginação do ser humano a tentativa de alcançar e possuir o poder criador de Deus. Por outras palavras, o homem sempre quis *brincar de Deus*; descobrir os mistérios da criação e modificá-la, produzir o que se quer e excluir o que não agrada, como é o caso das doenças.

Nas fronteiras da vida vislumbram-se novas possibilidades e responsabilidades com o constante progresso da biotecnologia. O homem já não se limita à descrição dos processos biológicos, ele tenta a manipulação da própria vida.

O conhecimento científico está a desenvolver-se a um ritmo alucinante.

II. A genética é a quarta revolução da Medicina. A primeira foi o combate às infecções através de medidas sanitárias, a segunda o aperfeiçoamento da cirurgia com o auxílio da anestesia, a terceira a vacinação e o recurso aos antibióticos.

A descoberta do genoma humano vai transformar, de modo radical, este século com aplicações quase ilimitadas no campo da saúde. Está, desde logo, aberto o horizonte para o tratamento de doenças até então incuráveis.

70   *Direito do Genoma Humano*

Provavelmente só um ínfimo aspecto das nossas vidas poderá não ser afectado por estes avanços.

Quanto mais investigamos na área da genética mais entendemos e apreciamos a sua importância para nos auxiliar a definir a nós próprios. Quanto mais aprendemos de psicologia, mais rapidamente chegamos à conclusão de que podemos ser manipulados numa multiplicidade de modalidades de tal forma que já nem sequer nos reconhecemos a nós mesmos.

Por consequência, percebemos que a natureza humana pode ser muito mais maleável do que alguma vez imaginámos. Assim sendo, onde é que isso nos conduz?

16. A investigação e os inalienáveis direitos fundamentais do ser humano

I. No que concerne à dicotomia entre o direito à investigação e os direitos fundamentais do ser humano existem duas grandes correntes.

II. Uma das teses considera que, nesta época de incerteza, dever-se-á adoptar uma atitude conservadora sem definir a natureza humana procedendo cautelosamente até que soubéssemos para onde estamos a caminhar.

III. A corrente diametralmente oposta considera que já que vivemos num tempo de incerteza, a solução é aderir a uma postura liberal e avançar rapidamente de forma a atingir o conhecimento de que necessitamos para a definição da nossa natureza.

IV. Independentemente da teoria perfilhada, não haverá um consenso cultural em que nos possamos apoiar, tendo em conta os problemas suscitados pela engenharia genómica que afectam principalmente os termos e moldes em que definimos a pessoa ([57]).

([57]) A problemática da dificuldade de uma definição conceptual de pessoa será analisada na Parte II, Título I, Capítulo I.

O progresso é válido na medida em que permite ao ser humano adquirir novos conhecimentos para a sua evolução. Porém, a partir do momento em que este avanço não esclarece a utilidade concreta que pode acarretar para o desenvolvimento do indivíduo, é imprescindível uma análise profunda do que na realidade possa significar. Isto não implica, logicamente, pôr em causa ou mesmo travar os progressos científicos, mas sim a sua adequação às necessidades mais prementes, de acordo com o nosso contexto económico e social, para se tutelar a dignidade da pessoa.

É imperioso diluir tensões existentes entre os avanços da Ciência e os inalienáveis direitos fundamentais do ser humano. Tem de se reconhecer que o legítimo direito de fazer progredir a Ciência não pode, todavia, ultrapassar determinados limites que ponham em causa princípios e valores tão dificilmente conquistados pelo homem e para o homem ao longo da sua história.

Tem de se encontrar uma solução de compromisso razoável entre a lealdade, a necessidade absoluta de conservar e defender as raízes da identidade humana – artigo 26.º da Constituição da República Portuguesa – e o direito fundamental da liberdade de conhecer e investigar – artigo 42.º do mesmo Diploma.

Segundo o preceituado na Declaração Universal dos Direitos do Homem, a liberdade de investigação decorre, de um lado, da liberdade de opinião e de expressão (artigo 19.º) e, de outro lado, do direito de todas as pessoas tomarem parte livremente na vida cultural da comunidade e participarem no progresso científico (artigo 27.º). Estas disposições são reiteradas respectivamente no Pacto Internacional relativo aos Direitos Civis e Políticos (artigo 19.º) e no Pacto Internacional relativo aos Direitos Económicos, Sociais e Culturais (artigo 15.º). De modo especial, o parágrafo 3 do artigo 15.º determina que os Estados parte do Pacto comprometem-se a respeitar a liberdade indispensável à investigação científica e às actividades criadoras.

O princípio da liberdade de investigação não é nem geral nem absoluto; não prevalece sobre o respeito dos outros direitos fundamentais da pessoa. As pesquisas no domínio do genoma humano não podem pôr em causa a dignidade do homem nem os seus direitos. Todas as formas de intervenção no genoma de uma pessoa contrárias à sua dignidade ou liberdade são proibidas.

Por sua vez, o artigo 2.º (Primado do ser humano) da Convenção Europeia sobre os Direitos do Homem e a Biomedicina ([58]) disciplina que os interesses e o bem-estar do ser humano devem prevalecer sobre o interesse da Sociedade ou da Ciência.

Esta disposição consagra a primazia do ser humano face aos interesses da Ciência ou da Sociedade em caso de conflito entre eles. O princípio tem particular acuidade no campo da investigação. A liberdade de pesquisa científica em Biologia e Medicina é justificável não só pelo direito da Humanidade ao conhecimento como, também, pelos potenciais benefícios para a saúde e qualidade de vida. Contudo, esta liberdade, como aliás todas as outras, não é absoluta.

É necessário conciliar o princípio fundamental da liberdade dos investigadores com as repercussões de ordem social e ética que este tipo de pesquisas pressupõe. Ou seja, não pode ser olvidado o primado de todo o ser humano sobre a investigação.

A afirmação da primado da pessoa é determinante e deve presidir a todo e qualquer avanço científico na área do genoma humano.

Como refere António Menezes Cordeiro, o aproveitamento científico, político e económico destes conhecimentos coloca problemas

---

([58]) A Convenção para a Protecção dos Direitos do Homem e da Dignidade do Ser Humano face às Aplicações da Biologia e da Medicina: Convenção sobre os Direitos do Homem e a Biomedicina foi adoptada pela Assembleia Parlamentar do Conselho da Europa, em 26 de Setembro de 1996, e pelo Comité de Ministros do Conselho da Europa, em 19 de Novembro de 1996.

A Convenção assinada, em Oviedo, em 4 de Abril de 1997, por representantes de 21 nações europeias, foi ratificada por Portugal, pela Resolução da Assembleia da República n.º 1/2001, de 3 de Janeiro (publicada no Diário da República, I Série - A, n.º 2, de 3 de Janeiro de 2001). No quadro do processo de aprovação para ratificação, cfr. *Relatório e Parecer da Comissão de Assuntos Constitucionais, Direitos, Liberdades e Garantias*, in Diário da Assembleia da República, II Série - A, pág. 204 , assim como o *Relatório e Parecer da Comissão de Negócios Estrangeiros, Comunidades Portuguesas e Cooperação*, in Diário da Assembleia da República, II Série - A, págs. 204-206. O CONSELHO NACIONAL DE ÉTICA PARA AS CIÊNCIAS DA VIDA pronunciou-se no sentido da ratificação no *Parecer 30/CNECV/2000 sobre a Ratificação da Convenção para a Protecção dos Direitos do Homem e da Dignidade do Ser Humano face às Aplicações da Biologia e da Medicina (Convenção sobre os Direitos do Homem e a Biomedicina)* (disponível em http://www.cnecv.gov.pt/).

Enquadramento Científico   73

que o Direito deve acompanhar, sem entravar o progresso científico, mas com salvaguarda dos valores do Homem [59].

17. Objectivos do Projecto

I. O Projecto do genoma humano [60][61][62] visa estabelecer uma carta genética que cubra a integralidade do genoma humano e permita identificar os genes responsáveis por todas as doenças genéticas. Ou seja, fazer um censo completo da totalidade dos genes existentes e enquadrá-los na arquitectura dos cromossomas de forma a existir uma garantia razoável de que podemos dispor, à medida das necessidades futuras, da informação contida em qualquer segmento em cada um dos nossos cromossomas.

---

[59] ANTÓNIO MENEZES CORDEIRO, *Tratado de Direito Civil Português, I, Tomo III, Parte Geral. Pessoas*, Almedina, Coimbra, 2004, pág. 12.

[60] Na Declaração de Bilbao (Espanha, 26 de Maio de 1993) estipulou-se que "Nunca, pelo menos desde a fusão nuclear, a Ciência tinha apresentado à Humanidade oportunidades e dilemas de tal magnitude e complexidade". Os efeitos do Projecto do genoma humano devem redundar em benefício de toda a Humanidade sem distinção de raças, continentes, credos ou opiniões. Todos os seres humanos sem excepção estão abrangidos. Do que se trata é nada mais, nada menos do que do futuro da Humanidade.

[61] VILLAR PALASÍ, *Introducción Jurídica*, in «El Derecho ante el Proyecto Genoma Humano», Vol. I, Fundación BBV, Madrid, 1994, citado por ANGELA APARISI MIRALLES, *El Proyecto Genoma Humano: algunas reflexiones sobre sus relaciones con el Derecho*, Universidad de Valencia, Tirant lo Blanch, Valencia, 1997, pág. 65, refere que o conhecimento do genoma vai provocar uma fortíssima "sacudida" no nosso venerável sistema jurídico. A Autora cita, ainda, T. VICKERS, *Un enfoque Británico*, in «Proyecto Genoma Humano: Ética», Fundación BBV, Bilbao, 1991, pág. 88, que afirma ser necessário a nível internacional a adopção de linhas de actuação que permitam, de algum modo, criar um *Ius commune genomi humani*, um sistema que integrará diversas disciplinas, que possuirá carácter coerente e que permitirá iluminar Convénios sobre a matéria.

[62] O Prémio Nobel J. D. WATSON, *The Human Genome Project: past, present and future*, «Science», 248, 1990, págs. 44-49, totalmente confiante no sucesso do Projecto do genoma humano, defendeu que "nunca se encontrará um conjunto de livros de instrução mais importante do que este". Quando as mensagens genéticas forem, finalmente, codificadas dentro do nosso DNA poderemos compreender como funcionamos como seres humanos sãos, e qual o papel dos factores genéticos numa multiplicidade de enfermidades – como o cancro, Alzheimer e a esquizofrenia – que afectam a vida de milhões de pessoas.

Também, o Prémio Nobel DAUSET, «ABC», 23 de Agosto de 1992, pág. 3, enaltece a importância do Projecto do genoma humano sublinhando a "necessidade de termos a nítida consciência de que estamos a assistir a uma mudança decisiva da Humanidade".

II. O genoma é o conjunto do material genético (nuclear e mitocondrial) a transmitir para as gerações seguintes.

III. O material genético é constituído por moléculas de DNA formadas, em cada célula, por um total de 3500 milhões de unidades (nucleotídeos) que se dispõem de modo sequencial ao longo dessas moléculas. A disposição sequencial [63] das unidades nucleotídicas no genoma humano dá origem às características de cada pessoa, assim como a ordem por que se dispõem as letras ao longo de uma palavra estabelece o seu significado [64].

IV. Da ordem segundo a qual esses quatro tipos de unidades ou letras se dispõem nas correlativas zonas do genoma tudo depende.

Esta ordem é responsável, designadamente, pelas características das proteínas. Essas características, por sua vez, decidem quais são as reacções que se vão ou não operar no corpo humano [65].

Segundo a Organização Mundial de Saúde cada ser humano é portador, em média, de cinco anomalias genéticas diferentes que, felizmente, não se exprimem todas de forma sistemática.

---

[63] A sequência consiste na leitura das bases do DNA. A sequenciação requer a divisão do DNA em pequenos pedaços para depois reunir os dados.

[64] Mais concretamente, a sequência pela qual as unidades nucleotídicas se dispõem ao longo do DNA determina a ordem dos aminoácidos na proteína por ele produzida.

[65] Chamo à colação o exemplo dado por LUÍS ARCHER, *O projecto do genoma humano na perspectiva católica*, «Brotéria», Vol. 147, n.º 1, Lisboa, Junho de 1998, pág. 55: no genoma humano existe uma pequena área que determina a produção de hemoglobina no sangue. Em certo ponto dessa zona existe uma sequência CTC que faz com que se incorpore o ácido glutâmico (aminoácido) no lugar correspondente da hemoglobina. Há pessoas em quem se operou uma mutação, através da qual esse CTC foi substituído por CAC. Esta última sequência faz com que se incorpore, nesse lugar, aminoácido valina e não o ácido glutâmico. O Autor explica que esta troca é suficiente para que a hemoglobina modifique a sua conformação de maneira a tornar-se inactiva e os glóbulos vermelhos tenham a forma de foice. Dá origem a uma doença hereditária grave chamada anemia das células falciformes. Luís Archer refere que se operará processo semelhante com os milhares de doenças hereditárias de que se tem conhecimento. Para a maioria dessas enfermidades desconhecia-se qual era a zona do genoma responsável pela doença, a sequenciação de nucleotídeos e as alterações que a originaram. Em 1995, já tinham sido isolados mais de 60 genes de enfermidades.

A identificação e o isolamento dos genes responsáveis por estas doenças constituem um desafio para o Projecto do genoma humano.

V. Nesta linha, é possível afirmar que o Projecto do genoma humano tem como principais objectivos [66][67][68]:
a) Mapear e analisar o genoma de forma a conseguir uma sequência ordenada de todo o genoma humano. Identificar os genes e as suas sequências reguladoras bem como elementos não codificantes com funcionalidade relevante.
b) Identificar os determinantes das enfermidades monogénicas e multifactoriais e comprovar a função dos genes e dos seus produtos na etiologia e patogenia da doença. Fazer protocolos de diagnósticos para avaliação do risco.
c) Desenvolver e melhorar a tecnologia e os exames que, de modo eficaz e económico, possam ser utilizados na sequenciação do DNA e dos testes genéticos.
d) Estabelecer as bases científicas que promovam o aperfeiçoamento da reparação e substituição dos genes nas células somáticas.

VI. Com efeito, o desenvolvimento total da cartografia do genoma humano abriu uma era, sem precedentes, na investigação da natureza, estrutura e funções dos genes.

VII. Graças aos progressos científicos operados na área do genoma humano, será dada primordial ênfase à prevenção e à predição da doença para evitar a necessidade do seu tratamento. Desenvolver-se-ão os testes genéticos que permitem diagnosticar com bastante antecedência as enfermidades. Aperfeiçoar-se-á o conhecimento das condições ambientais responsáveis pelo aparecimento da enfermidade. Surgirão outras terapias baseadas em novas classes de medi-

---

[66] Cfr. U.S. CONGRESS, Office of Technology Assessment, *Mapping our genes – genome projects: how big, how fast?*, Government Printing Office, Washington D. C., 1988.

[67] JONATHAN GLOVER, *Mapping the human genome: some implications. Mapping our genes contractor reports*, Vol. 1, National Technical Information Service, Springfield, V. A., 1988.

[68] Biomed 2, Work Programme, 1994.

76 *Direito do Genoma Humano*

camentos bem como diferentes técnicas imunoterapêuticas. Produzir-
-se-ão drogas medicinais por organismos geneticamente alterados,
realizar-se-á a terapia génica pela substituição de genes deficientes
ou pela introdução de genes correctores, etc. Incentivar-se-á a investigação da determinação das interacções existentes entre o genoma
do indivíduo e o ambiente em que ele se desenvolve de modo a
conseguir uma optimização das suas capacidades físicas e intelectuais.

Por outras palavras, dar-se-á a cada pessoa o *ambiente genómico*
particularmente indicado.

18. Internacionalização do Projecto

I. O dealbar do Projecto do genoma humano atravessou três
períodos. No primeiro (1984-1986) chegou-se à conclusão que era
necessário empreender o Projecto, cuja finalidade principal era obter
a sequenciação pura e simples de 3 000 milhões de pares de bases
que constituem o genoma. No segundo (1986-1988) procedeu-se a
uma redefinição do Projecto, englobando novos objectivos e dando-
-lhe uma maior racionalidade. Nesta fase já não se pretendia apenas
uma sequenciação sem mais nem menos, mas sim partir dos mapas
genéticos para obter os mapas físicos e proceder, desde logo, à
sequenciação dos fragmentos de DNA que contenham informação
relevante. Na terceira etapa (1988-1990) promoveu-se o lançamento
do Projecto em alguns países, mais concretamente nos Estados Unidos
da América, Japão, Grã-Bretanha, França e criou-se a HUGO (Human
Genome Organisation).

II. Os Estados Unidos da América, em 1986, foram os primeiros
a apresentar um Projecto de sequenciação integral do genoma humano
e a decidir a programação e o financiamento eficaz da sua investigação neste domínio [69][70].

---

[69] A direcção deste Projecto chegou à conclusão que o mapeamento e a
sequenciação do genoma iria suscitar inúmeros problemas do foro ético, legal e social. Para
a análise destas questões foi criado, pelo NIH-DOE, o Working Group on Ethical, Legal
and Social Issues (ELSI) em 1989.

Enquadramento Científico 77

O Department of Energy (DOE) e o National Institutes of Health (NIH), em 1990, definiram, num primeiro plano de 5 anos, as grandes linhas de um Programa de investigação ambicioso que deve culminar passados 15 anos e que ascende a uma quantia anual de 200 milhões de dólares [71][72].

Os extraordinários e inimagináveis progressos operados nos primeiros três anos implicaram a necessária revisão das metas do Projecto do genoma humano. Assim, um novo Plano de cinco anos para o Projecto Americano foi publicado em Outubro de 1993 [73].

---

[70] O Projecto do genoma humano podia desenvolver-se sob duas perspectivas diferentes: de um lado, encontravam-se cientistas (como Watson) que eram partidários da aplicação da alta tecnologia, em larga escala, em grandes centros de investigação para mapear e sequenciar fragmentos de DNA do genoma humano e de outras espécies piloto; do outro lado, estavam os investigadores que preconizavam a concentração da investigação na sequenciação, pelo menos ao princípio, de DNAc correspondentes a genes expressados e no modo de acção dos genes. Defendiam, ainda, o incremento do número de centros de investigação de tamanho intermédio.

Com a demissão de Watson do cargo de director do Center for Human Genome Research, as tendências inclinaram-se em favor dos partidários da sequenciação de DNAc. O Department of Energy, a França, Grã-Bretanha e o Japão concentraram as suas actividades, essencialmente, na sequenciação de DNAc. Na mesma linha, nos Estados Unidos da América, destacou-se, entre outros, Craig Venter.

[71] U.S. DEPARTMENT OF ENERGY, *Human Genome 1991-1992, Program Report,* 1992.

[72] No Relatório elaborado conjuntamente pelos NIH-DOE, em 1990, foram estipuladas as principais sete finalidades do Projecto para os primeiros cinco anos: a) Mapeamento e sequenciação do genoma humano; b) Investigação em genomas que pela sua organização se assemelham ao humano; c) Recolha e análise do material; d) Aspectos éticos, legais e sociais do Projecto do genoma humano; e) Investigação na área genómica; f) Desenvolvimento tecnológico; g) Transferência de tecnologias.

Cfr. U.S. DEPARTMENT OF HEALTH AND HUMAN SERVICES AND DEPARTMENT OF ENERGY, *Understanding Our Genetic Inheritance: The U.S. Human Genome Project. The First Five Years 1991-1995,* Springfield, Va.: National Technical Information Service, 1990.

[73] Este novo Plano contemplou o desenvolvimento dos sete propósitos anteriormente referidos e estabeleceu, ainda, mais objectivos concretos relativos à identificação e mapeamento dos genes e ao intercâmbio de programas para a distribuição de material genómico para a comunidade científica internacional. A obtenção da sequenciação completa do DNA humano continuou a ser o fim precípuo do Projecto, o que necessariamente desencadeou um aumento significativo do investimento financeiro (100 milhões de dólares por ano). Cfr. F. S. COLLINS/D. GALAS, *A new five-years plan for the U.S. Human Genome Project,* «Science», 262, 1993, págs. 43-46.

Posteriormente, mais um outro Plano, produto do trabalho de ano e meio de centenas de cientistas, fixou as prioridades do Projecto Americano para os anos 1999-2003 [74][75].

O Projecto americano [76] inclui, não só, o mapeamento e sequenciação do genoma humano mas, também, do genoma de organismos piloto tais como a mosca *Drosophila melanogaster*, o nemátodo *Caenorhabditis elegans*, a bactéria *Escherichia coli* e a *Saccharomyces cerevisiae*. A análise destes genomas não humanos possibilita um melhor estudo comparativo. Com efeito, em várias situações a função putativa de um novo gene humano relacionado com alguma doença tem tido como base a identificação de genes homólogos em outros organismos. Um dos primeiros exemplos que pode ser referido é, precisamente, a correlação estabelecida entre o gene AD3 relacionado com a doença de Alzheimer e o gene SEL-12 de *Caenorhabditis elegans*, e, posteriormente, as correlações entre

---

[74] Nas prioridades deste Plano destaco: a) Sequenciação do genoma humano; b) Sequenciação de progressos tecnológicos; c) Análise genómica de organismos modelo; d) Novas áreas das implicações éticas, legais e sociais resultantes da investigação – ELSI, etc. Por sua vez, as principais áreas do ELSI para estes cinco anos são, entre outras,: a) Sequenciação completa do DNA humano e estudo da variação genética humana; b) Aproveitamento da tecnologia genética; c) Estudo das repercussões éticas, filosóficas, teológicas e éticas dos novos conhecimentos genéticos; d) Análise do modo como os factores sócio--económicos e conceitos de raça e etnia influenciam o uso, compreensão e interpretação da informação genética, e a utilização dos serviços genéticos. Alguns *itens* dizem respeito, concretamente, ao desenvolvimento da Bioinformática bem como à preparação de cientistas no campo dos impactos genómicos, bioinformáticos e societários das descobertas genéticas. Cfr. F. S. Collins/A. Patrinos, *New goals for the U.S. Human Genome Project: 1998-2003*, «Science», 282, 1998, págs. 682- 689.

[75] Foram inúmeros os investidores atraídos pela hipótese de lucro que a situação inusitada criada pelo Projecto do genoma humano suscitou. As perspectivas de consumo em equipamentos e tecnologia a uma escala que antes não se podia imaginar despoletou toda uma panóplia de fenómenos financeiros que deram origem ao aparecimento de novos departamentos especializados, à proliferação de centros privados de sequenciação de genomas, à intensificação de negócios com a indústria farmacêutica, etc.

[76] O Prémio Nobel Watson, em 1990, afirmou que o orgulho nacional dos Estados Unidos da América estava em jogo: da mesma forma que, em 1961, o Presidente Kennedy resolveu enviar o homem à lua, neste momento a nação americana comprometeu-se perante ela própria a empreender um projecto extremamente importante cujas repercussões serão ainda maiores que as da chegada à lua.

muitos genes de *Saccharomyces cerevisiae* e genes humanos associados com diversas enfermidades [77][78].

III. Também o Japão se encontra a desenvolver um Projecto neste domínio. Mas, contrariamente ao americano, não procede a estudos comparativos com genomas não humanos [79]. Além disso, dá particular importância ao desenvolvimento de novas tecnologias de sequenciação que permitem que esta seja mais económica e célere. É um dos três Projectos prioritários, conjuntamente com o do cancro e da SIDA. Está dependente do Ministério da Educação e do Ministério da Saúde no que diz respeito às doenças hereditárias.

IV. Na União Europeia [80], o estudo do genoma humano visa a construção de um mapa genético e fisiológico mais pormenorizado e a sequenciação de áreas com especial interesse clínico de molde a possibilitar o conhecimento dos mecanismos da função genética e da prevenção e terapia de doenças hereditárias.

---

[77] Cfr. Parte I, Título I, Capítulo II.

[78] Tem tido grande impacto na Ciência o reconhecimento, da parte dos cientistas e das agências de financiamento, de que para compreender o genoma humano será preciso conhecer também o genoma de outros organismos.

CLÁUDIO SUNKEL, *As questões emergentes da investigação sobre o Genoma Humano*, in «Poderes e Limites da Genética», Actas do IV Seminário do Conselho Nacional de Ética para as Ciências da Vida, 17-18 de Novembro de 1997, Presidência do Conselho de Ministros, Lisboa, 1998, págs. 59-60, refere que para reconstruir a organização do genoma ancestral dos mamíferos modernos são utilizadas técnicas de hibridação *in situ* com o objectivo de definir grupos de genes que se têm mantido juntos durante a evolução na forma de *Smallest Conserved Evolution Unit Segment*.

[79] L. ROBERTS, *Japan boosts genome research*, «Science», 246, 1989, págs. 439-440; D. SWINBANKS, *Japan still seeking a role*, «Nature», 342, 1989, págs. 724-725, *Human genome sequencing. Japan gets its act together*, «Nature», 347, 1990, pág. 220; D. SWINBANKS, *Human genome. Japan's project stalls,* «Nature», 349, 1991, pág. 360; D. SWINBANKS, *Japan's human genome project takes shape,* «Nature», 351, 1991, pág. 593; D. NORMILE, *Is Japan a step behind on genome?*, «Science», 269, 1995, págs. 1504-1506; D. NORMILE, *Japan centres in on genome work,* «Science», 278, 1997, págs. 1700-1702; A. SAEGUSA, *Genome research strategy splits Japanese scientists*, «Nature», 389, 1997, pág. 772.

[80] S. DICKMAN/P. ALDHOUS, *Helping Europe compete in human genome research*, «Nature», 350, 1991, pág. 261; W. F. BODMER, *Genome research in Europe*, «Science», 256, 1992, págs. 480-481.

V. A Human Genome Organisation (HUGO) foi criada para promover a cooperação científica internacional destes três Projectos e permitir a coordenação a nível mundial.

VI. No Brasil, o Programa GENOMA-FAPESP, lançado em 1997, coordenado pela Fundação de Amparo à Pesquisa do Estado de São Paulo, começou os seus trabalhos com o sequenciamento genético [81] da *xylella fastidiosa* [82].

Este primeiro Projecto genoma permitiu que muitos laboratórios tivessem acesso às novas tecnologias, recebendo designadamente sequenciadores automáticos e aconselhamento técnico. Trinta laboratórios foram seleccionados para o Projecto *xylella* em todo o estado de São Paulo. O consórcio que surgiu deste Projecto foi denominado Rede ONSA [83]. Noventa por cento do genoma desta praga das lavouras foi sequenciado em menos de um ano.

Em Novembro de 1999, teve lugar o encerramento virtual do sequenciamento [84]. Posteriormente, este Projecto entrou na base do genoma funcional, isto é, a análise dos genes mais importantes, saber o que faz cada um deles e que tipo de proteína vai produzir [85]. O Projecto *xylella* teve tanto sucesso que abriu caminho para mais outros dois – o genoma-câncer e o genoma-cana [86].

Este último tem como finalidade identificar e sequenciar aleatoriamente cerca de 50 000 genes de vários tecidos da cana-de-açúcar (caule, folhas, raízes, etc) para aplicações futuras na agricultura e noutras áreas da botânica. O seu estudo possibilita conhecer os genes associados ao metabolismo da sacarose.

---

[81] Através do método ORESTES (ORF – expressed sequence tags) que é uma nova técnica de geração de fragmentos de DNA.

[82] A *xylella fastidiosa* é uma bactéria que provoca o "amarelinho" ou CVC - clorose variegada dos citrinos.

[83] Organisation for Nucleotide Sequencing and Analysis.

[84] Com um total de 2,7 milhões de nucleotídeos, montados em dois blocos.

[85] Este Projecto permite, nomeadamente, conhecer os factores responsáveis pelos estragos nas colheitas possibilitando, assim, melhor qualidade nos cítricos e no café.

[86] SUCEST (*Sugar Cane*).

Por seu turno, o genoma-câncer pretende sequenciar a *xanthomonas axonopodis pv. citri* [87][88][89].

A FAPESP e o Instituto Ludwig em parceria com o National Cancer Institute dos Estados Unidos da América resolveram liderar e financiar uma iniciativa internacional para definir o transcriptoma humano, isto é, a colecção de todos os genes expressos em uma célula. O Brasil transformou-se, rapidamente, num dos países que mais sequências produziram em todo o mundo.

O Projecto genoma do cancro coordenado pelo inglês Andrew Simpson foi o teste definitivo para "emparelhar" o Brasil com a melhor tecnologia americana. Este Projecto tem como meta, a partir de amostras de células tumorais, sequenciar e identificar na origem as mutações genéticas que levam ao aparecimento de tumores mais comuns na população brasileira (cólon, útero, cabeça e gástrico).

VII. Um grupo de geneticistas, liderado por Luca Cavalli-Sforza, lançou, em paralelo ao Projecto do genoma humano, o denominado Projecto da diversidade do genoma humano (PDGH) [90], que pretende estudar e preservar a herança genética de populações. Este Projecto investiga as origens humanas, o movimento de populações pré-histó-ricas bem como a adaptação a doenças e procura desenvolver cada vez mais a antropologia forense. Esses cientistas defendem que o

---

[87] A *xanthomonas axonopodis pv. citri* é uma bactéria patogénica que provoca um determinado tipo de cancro cítrico e que prejudica as culturas de laranja, feijão, arroz e maracujá.

[88] Em Março de 2000, o Instituto Ludwig solicitou o patenteamento de um oncogene.

[89] A FAPESP coordena este Projecto do qual fazem parte diversos laboratórios de pesquisa biotecnológica, vinculados a várias instituições, principalmente do estado de São Paulo: Universidade Estadual Paulista, UNICAMP, Universidade de São Paulo, Universidade Federal do Rio de Janeiro, UNIVAP, Instituto Agronômico de Campinas, Universidade de Mogi das Cruzes, Empresa Pernambucana de Pesquisa Agropecuária, Universidade Federal de São Carlos, Universidade Federal Rural de Pernambuco, Instituto Butantan, Instituto Biológico.

[90] Cfr. Human Genome Organisation (HUGO), *The Human Genome Diversity Project. Summary Document*, HUGO Europe, London, 1993; M. LOCK, *Interrogating the Human Genome Diversity Project*, «Science and Medicine», 39, 1994, págs. 603-606; R. W. WALLACE, *The Human Genome Diversity Project: medical benefits versus ethical concerns*, «Molecular Medicine Today», 4, 1998, págs. 59-62.

82   *Direito do Genoma Humano*

genoma que está a ser decifrado pelo Programa do genoma humano não corresponde ao genoma de todos os indivíduos mas, apenas, da parcela que está representada nas amostras. Com efeito, esse genoma não pertence a uma pessoa concreta, identificada, mas é produto de várias amostras usadas, essencialmente, em laboratórios do mundo ocidental. Os defensores do Projecto da diversidade do genoma humano (PDGH) advogam a favor das diferenças existentes entre grupos humanos e contra o reducionismo do genoma a um tipo único [91]. Este Projecto estuda os genes que diferenciam populações e indivíduos entre si. Apenas 0,01 % dos genes são analisados pelo Projecto da diversidade do genoma humano, porém, como são responsáveis pelas diferenças entre indivíduos são fundamentais [92].

VIII. Programas de investigação mais pequenos tiveram, também, início noutros Estados: Canadá [93], Rússia [94], Alemanha [95], Holanda [96], Austrália [97], Itália [98], China [99], Índia [100] e México [101].

---

[91] A importância de estudar grupos humanos específicos é reconhecida, também, por empresas de biotecnologia. É o caso da empresa Coriell Cell que em 1996 anunciou na Internet amostras de DNA de índios brasileiros à venda. Este facto deu origem a um debate entre cientistas brasileiros acerca do armazenamento de DNA dos indígenas e das suas possíveis repercussões comerciais.

[92] Com as informações encontradas nos genes, o laboratório do Departamento de bioquímica e imunologia da Universidade Federal de Minas Gerais pode refazer o povoamento do Brasil. A maior parte dos genes encontrados no cromossoma Y, que são transmitidos de pai para filho, têm origem europeia. Por seu turno, a maioria dos genes da mitocôndria passados da mãe para o filho têm raiz africana ou ameríndia. Isto é, a investigação genómica confirma a teoria do cruzamento entre o homem português e a mulher africana ou índia, sustentado por Gilberto Freyre, Darcy Ribeiro, entre outros.

[93] Durfy S. J., *Human Genome Project*, «Canadian Journal of Public Health», 81, 1990, págs. 397-398; A. Lippman/K. Messing/F. Mayer, *Is genome mapping the way to improve Canadian's health?*, «Canadian Journal of Public Health», 81, 1990, págs. 397-398; D. Spurgeon, *Canada commits money for human genome research*, «Nature», 357, 1992, pág. 428; A. Robinson, *Learning the secrets of human chromosomes: Canada's role in an international project,* «Canadian Medical Association Journal», 148, 1993, págs. 1309-1313.

[94] C. Levitin, *Russia approves gene therapy research grants*, «Nature», 379, 1996, pág. 384.

[95] T. Feder, *Germany to launch new gene programme*, «Nature», 375, 1995, pág. 175; P. Kahn, *Germany warily maps genome project*, «Science», 268, 1995, págs. 1556-1558; P. Kahn, *German genome program. The right mix of form and function*, «Science», 273, 1996, págs. 570-571; R. Unterhuber, *Germany gets warning on access to sequence data*, «Nature», 387, 1997, pág. 111; Q. Schiermeier, *German trace on genome data access*, «Nature», 388, 1997, pág. 409.

Enquadramento Científico

(96) G. J. Van Ommen, *Advances in genome research and molecular diagnostics*, «Keijo Journal of Medicine», 43, 1994, págs. 211-213.

(97) D. Sillence, *The human genome project*, «Medical Journal of Australia», 152, 1990, págs. 486-488; M. Kirby, *Looking forward, looking back*, «Medical Journal of Australia», 168, 1998, págs. 393-395.

(98) R. Dulbecco, *The Italian genome project*, «Genomics», 7, 1990, págs. 294-297; R. Dulbecco, *Human genome project: Italian contribution. Future directions*, «Journal of Cell Physiology», 173, 1997, págs. 140-143.

(99) Y. K. Li, *China launches genome project*, «Nature», 365, 1993, pág. 200.

(100) K. S. Jayaraman, *Indian takes French route to genome project*, «Nature», 386, 1997, pág. 750.

(101) A. Velazquez, *Impacto del proyecto genoma humano sobre la epidemiologia y la salud publica*, «Gaceta Medica de Mexico», 133, 1997, págs. 13-17.

SECÇÃO II
Medicina preditiva e testes genéticos

19. Medicina preditiva
20. Tipos de testes
    20.1. Diagnóstico pré-sintomático de doenças monogénicas
    20.2. Diagnóstico de predisposições
    20.3. Diagnóstico de predição de riscos para futuras gerações
    20.4. Rastreio

19. Medicina preditiva

I. O Projecto do genoma humano vai permitir, assim, analisar o mais íntimo do ser humano, prever as suas doenças ou predisposições bem como modificar a sua constituição genética.

II. Deste modo, parece-me útil, neste capítulo, fazer uma alusão à medicina preditiva, aos testes genéticos, à terapia génica e à engenharia genética de melhoramento.

III. Como sublinha Agostinho de Almeida Santos, a medicina preditiva permite "prever quando e como se verificará a eclosão sintomatológica de uma determinada afecção, com larga e proveitosa antecipação. Tal perspectiva atraente fundamentar-se-ia numa avaliação genética que visaria decifrar as mensagens adulteradas e com expressão tardia contidas no genoma de cada indivíduo" [102].

---

[102] AGOSTINHO DE ALMEIDA SANTOS, *Os pilares da nova genética. Eficácia, prudência, razão*, «Communio. Revista Internacional Católica», Ano XIV, n.º 5, Universidade Católica Portuguesa, Lisboa, Outubro de 1997, pág. 456.

IV. Os testes genéticos possibilitam predizer, com bastante antecedência, doenças de que indivíduos aparentemente sãos virão a sofrer, bem como prever as suas predisposições para determinadas enfermidades.

V. Para avaliar a relevância dos testes, é importante salientar que até ao presente foram inventariadas mais de quatro mil espécies de alterações genéticas e que algumas delas correspondem a doenças hereditárias com grande incidência. Os novos testes já diagnosticam a Coreia de Huntington, fibrose quística, Alzheimer, Tay Sachs, Lou Gehrig, hemofilia, talassemia, deficiência alfa-1-antitripsina, esclerose lateral amiotrófica, ataxia talangectasia, gaucher, cancro do ovário, da mama, e do cólon hereditário, mal de Charcot-Marie-Tooth, hiperplasia adrenal congénita, distrofia muscular de Duchenne, distonia, anemia de Falconi, factor V-Leiden, síndroma X-frágil, distrofia miotónica, neurofibromatose de tipo I, fenilcetonúria, doença poliquística renal, síndromas de Prader Willi e de Angelman, etc ([103]).

VI. Estes exames têm como finalidade averiguar se um ou vários genes estão presentes ou ausentes num determinado genoma.

A sua utilização vai permitir, cada vez mais, identificar o risco que cada pessoa tem não só de padecer de uma enfermidade concreta, bem como de a transmitir aos seus descendentes.

Assim, dentro de pouco tempo será possível descrever o perfil genómico de todas as pessoas, especificando a existência ou não de genes responsáveis por doenças monogénicas e de genes de predisposição para enfermidades multifactoriais.

([103]) Relativamente a algumas destas doenças o teste revela ainda, apenas, uma susceptibilidade de vir a sofrer da enfermidade, como é o caso de alguns tipos de cancro referidos e da doença de Alzheimer.

20. Tipos de testes

20.1. *Diagnóstico pré-sintomático de doenças monogénicas*

I. Neste ponto, analisarei alguns tipos de testes genéticos ([104]) e o caso específico do rastreio genético.

II. É necessário distinguir, pelo menos, três tipos de testes: diagnóstico pré-sintomático de doenças monogénicas, diagnóstico de predisposições e diagnóstico de predição de riscos para futuras gerações.

III. O diagnóstico pré-sintomático de doenças monogénicas possibilita descobrir 10 ou 20 anos antes de existir qualquer sinal uma alteração genética que, com uma probabilidade de cerca de 100 %, se revelará numa determinada doença. Há casos como o da *polyposis coli* (polipose adenomatosa familiar) em já é possível proceder a tratamentos precoces ou prevenir certas complicações ([105]).

Este teste ([106]) pode ser realizado em adultos, crianças, na fase pré-natal ou, mesmo, nas primeiras etapas do desenvolvimento de um embrião formado *in vitro* ([107]).

([104]) Cfr., também, a classificação dos vários testes feita pela Lei n.º 12/2005, de 26 de Janeiro, sobre Informação genética pessoal e informação de saúde, publicada no Diário da República, I Série-A, n.º 18, de 26 de Janeiro de 2005, mas ainda não regulamentada.

([105]) JOSÉ RUEFF TAVARES, *Das possibilidades actuais de predizer a saúde e a doença da pessoa,* in «Poderes e Limites da Genética», Actas do IV Seminário do Conselho Nacional de Ética para as Ciências da Vida, Ob. cit., pág. 91.

([106]) PETER MINY/NICK BLITZ/PETER MIDDLETON, *Genetic disabilities – predictive diagnosis, gene therapy and communal care,* in «The future of DNA», Kluwer Academic Publishers, Netherlands, London, 1996, pág. 229.

([107]) HANS JAKOB MÜLLER, *The role of genetic disposition in human health and disease – bioethical aspects of DNA testing,* in «The future of DNA», Kluwer Academic Publishers, Netherlands, London, 1996, pág. 108.

20.2. Diagnóstico de predisposições

I. O diagnóstico de predisposição detecta se uma pessoa tem um gene que lhe dá uma possibilidade superior à da maioria da população para contrair certa doença. A manifestação de um elevado número de enfermidades, tais como certos tipos de cancro, diabetes, doenças cardiovasculares, é fruto de todo um conjunto de factores não só genéticos como também ambientais. No que diz respeito às condições ambientais é possível tomar medidas para prevenir a enfermidade. Este teste possibilita seleccionar os indivíduos que possuem o gene da predisposição. Se essas pessoas se submeterem a medidas especiais de prevenção podem evitar que a enfermidade diagnosticada se venha a revelar. O teste pode ser feito em qualquer fase da vida (adulta, pré-natal, pré-implantatória).

20.3. Diagnóstico de predição de riscos para futuras gerações

I. O teste de predição de riscos para futuras gerações permite, por exemplo, "detectar translocações" de que uma pessoa é portadora. Apesar desses indivíduos não manifestarem aparentemente qualquer sinal da enfermidade podem transmiti-la de forma "desequilibrada" à descendência, revelando-se em várias doenças. São, designadamente, os casos das enfermidades ligadas ao cromossoma X (miopatia de Duchenne) e da Coreia de Huntington [108].

20.4. Rastreio

I. Parece-me útil sublinhar que o teste genético não deve ser confundido com o rastreio genético.

O rastreio tem como intuito conhecer a difusão de doenças infecciosas ou hereditárias numa determinada população. É uma prática corrente há já alguns anos. A Organização Mundial da Saúde,

---

[108] Luís ARCHER, *Predizer o futuro, já hoje*, «Brotéria», Vol. 146, n.º 3, Lisboa, Março de 1998, pág. 353.

Enquadramento Científico   89

em 1968, publicou um código para disciplinar estes rastreios. Em diversos países da Europa é frequente sujeitar os recém-nascidos a exames para detectar eventuais enfermidades herdadas. O programa mais conhecido é o empreendido em alguns países mediterrânicos para detectar a presença do gene responsável pela talassemia [109]. O Projecto do genoma humano aumentará, de modo significativo, os meios de diagnóstico de doenças genéticas.

O rastreio é promovido pelas autoridades públicas de saúde e só pode ter lugar depois de a doença objecto de rastreio ter sido identificada. A enfermidade tem de revestir determinada relevância e afectar uma grande percentagem dos membros da sociedade. Destina-se à população em geral não se circunscrevendo a um indivíduo concreto. Tem como objectivo precípuo a saúde pública, procurando evitar o aparecimento ou a transmissão de genes nocivos.

Qualquer rastreio deve passar por uma prévia avaliação das demais necessidades da população bem como pela ponderação dos benefícios e desvantagens da realização daquele específico rastreio. É preciso ter em atenção que algumas práticas de rastreio podem estimular, ainda que sub-repticiamente, tendências eugénicas.

---

[109] RUI NUNES, *O diagnóstico pré-natal da doença genética*, in «Genética e Reprodução Humana», Colectânea Bioética Hoje I, Coord. Rui Nunes e Helena Melo, Serviço de Bioética e Ética Médica, Faculdade de Medicina da Universidade do Porto, Gráfica de Coimbra, Coimbra, 2000, pág. 109, relata que é dado adquirido que a incidência de certas doenças, como é o caso da enfermidade de Tay-Sachs ou da talassemia – β, diminuiu de forma radical (cerca de vinte vezes) desde o princípio da década de setenta. Dá o exemplo de Chipre onde teve lugar um programa específico, a nível nacional, dirigido a uma única entidade nosológica (talassemia – β) que incluiu uma grande campanha de informação da população desde a idade escolar. Rui Nunes indica que foram tomadas outras medidas de prevenção tais como o rastreio de portadores, a exigência de obtenção de certificado de rastreio pré-matrimonial e o diagnóstico pré-natal nos casais de risco genético. Deste modo, foi viável controlar a incidência global desta doença, não tendo nascido sequer uma criança afectada por talassemia – β, desde 1988.

SECÇÃO III
Terapia génica e engenharia genética de melhoramento

21. Introdução
22. Terapia génica somática
23. Terapia génica germinativa
    23.1. Objecções
    23.2. Posição adoptada
24. Engenharia genética de melhoramento

21. Introdução

I. Depois de diagnosticada a doença, o passo seguinte consiste, logicamente, na tentativa de a debelar.

II. Do ponto de vista da genética molecular a solução [110][111] passa pela alteração do gene. Esse é, precisamente, o objectivo da terapia génica que consiste na introdução de um gene funcional que

---

[110] No dizer de LUÍS ARCHER, *Palavras de Abertura do IV Seminário Nacional, Poderes e Limites da Genética do Conselho Nacional de Ética para as Ciências da Vida,* in «Poderes e Limites da Genética», Actas do IV Seminário do Conselho Nacional de Ética para as Ciências da Vida, Ob. cit., pág. 8, a genética começa a ter actualmente a capacidade de "mudar". "Introduzir no homem genes que ele não tinha, reconstruí-lo por dentro do genoma. É a terapia genética, já em curso em três continentes". Há muitos indivíduos que "estão hoje vivos porque se lhes extraíram linfócitos que, depois de engenheirados geneticamente *in vitro* de modo a receberem o gene são que lhes faltava, foram reintroduzidos nos mesmos pacientes, restituindo-lhes a saúde. O engenho humano manipulou a intimidade. Jogou com os próprios dados da fatalidade genética e reconstruiu a saúde".

[111] Estou a reportar-me, logicamente, aos casos em que não é suficiente uma alteração dos hábitos alimentares, estilo de vida, etc.

92 — Direito do Genoma Humano

supra as deficiências do gene alterado, isto é, uma espécie de "enxerto" de material genético hereditário ([112]).

Reveste cada vez maior importância o estudo das bases genéticas para o metabolismo dos compostos específicos ([113]). Esta investigação tem como finalidade precípua permitir adequar a prescrição de drogas dirigidas, com base na capacidade genética específica de cada pessoa, para as poder metabolizar eficazmente.

A partir do momento em que se conseguiu proceder à distinção genética entre as várias doenças, passou a ser possível aplicar um tratamento mais específico e, consequentemente, mais eficaz. Contrariamente ao que acontecia anteriormente em que era utilizada a mesma prescrição de tratamento para enfermidades diferentes ([114]).

([112]) Calcula-se que grande parte das doenças que matam cerca de 80 % da população tenha causa genética. A iniciativa privada e a indústria farmacêutica têm-se dedicado intensamente ao estudo desses genes específicos, disputando esse conhecimento. Em consequência já estão patenteados os genes responsáveis por várias doenças tais como: Alzheimer (patente n.º 5508167, Duke University cedida à Glaxo), hipertensão (patente n.º 5589584, Fundação da Pesquisa da Utah University – Myriad Genetics), obesidade (patente n.º 5646040, Millenium Pharmaceuticals – Hoffman-La Roche), artrite reumatóide (patente n.º 5556767, Human Genome Sciences) , osteoporose (patente n.º 5501969, Human Genome Sciences), cancro do cólon (patente n.º 5648212, John Hopkins University, Fundação Japonesa para a pesquisa do cancro).

([113]) Como é o caso das denominadas drogas terapêuticas.

([114]) No entanto, o empreendimento deste projecto não é, ainda, tão simples como o seu princípio.

O Governo Britânico, em Novembro de 1989, criou o Committee on the Ethics of Gene Therapy que tinha como função *"To draw up ethical guidance for the medical profession on treatment of genetic disorders in adults and children by genetic modification of human body cells, to invite and consider proposals from doctors wishing to use such treatment on individual patients; and to provide advice to United Kingdom Health Ministers on scientific and medical developments which bear on the safety and effects of human gene modification"*.

O Committee on the Ethics of Gene Therapy apresentou, em Janeiro de 1992, ao Parlamento Britânico um relatório (*Report of the Committee on the Ethics of Gene Therapy: Presented to the United Kingdom Parliament*, January, 1992) contendo importantes conclusões e recomendações. Partindo da ideia de que a terapia génica deve ser eticamente aceitável antes de ser introduzida na prática médica, o Comité chegou à conclusão que a terapia génica deve obedecer a determinados códigos de ética, tais como: facilitar avanços justificáveis no conhecimento biomédico; manter *standards* éticos de prática; proteger os sujeitos da investigação; preservar os direitos e liberdades individuais.

Neste contexto, o Committee on the Ethics of Gene Therapy recomendou que a investigação em células somáticas se justifica e deve continuar. Contudo, entendeu que a alteração na linha germinal não deve ainda ser realizada.

III. É necessário distinguir a terapia génica somática da terapia génica germinativa ou germinal.

IV. Como o próprio nome indica, fala-se em terapia somática quando são usadas células somáticas e germinal ou germinativa quando se recorre a células germinais. As células da linha germinativa são os espermatozóides, os ovócitos e as suas células precursoras, bem como os primeiros estádios do embrião, antes da diferenciação da linha germinativa. As restantes células do organismo têm a designação de somáticas.

Por outras palavras, é necessário delimitar o âmbito das tentativas de restituição de uma função por correcção genética, incidindo sobre células somáticas, das que é viável realizar em células germinais. A diferença é fundamental na medida em que toda a transformação genética efectuada em óvulos ou espermatozóides pode ser, eventualmente, transmitida à descendência. Pelo contrário, as correcções genéticas operadas em células somáticas não são transmissíveis, circunscrevendo-se apenas ao organismo tratado.

Mary Warnock, que foi membro do European Advisory Group on Genetic Manipulation, sustentou que a conclusão do Committee revela falta de conhecimento e defendeu que a investigação na linha germinal deve ser permitida. Chamou a atenção para as descobertas de pequenas estruturas existentes no núcleo da célula conhecida como mitocôndria, que contêm um pequeno número de genes. As mutações nos genes mitocondriais são a causa de doenças como a epilepsia e a surdez. Uma mulher sã, mas com uma mutação num pequeno número da sua mitocôndria, pode gerar um filho com graves incapacidades. Esta incapacidade pode ser evitada pela substituição do citoplasma de uma célula afectada, seguida de fertilização *in vitro*. Assim os descendentes não padecerão da referida enfermidade. O Committee on the Ethics of Gene Therapy recomendou o estabelecimento de um órgão para superintender no âmbito da terapia génica. Este órgão de supervisão deve, também, funcionar como um repositório de informação actualizada no que concerne à terapia génica internacional.

A maioria do trabalho realizado neste campo é levado a cabo pelo Nuffield Council on Bioethics, um órgão independente que tem como principais objectivos identificar e definir questões éticas suscitadas pelos recentes avanços na investigação biológica e médica para responder a quaisquer preocupações de ordem pública.

Em 1993, o Nuffield Council on Bioethics publicou o *Report on Genetic Screening: Ethical Issues,* N.C.B., 28, Bedford Square, London, WC1 3EG, 1993, um relatório baseado na experiência de investigação de doenças como a fibrose quística e a anemia das células falciformes. Recomendou o estabelecimento de um órgão central de coordenação das várias investigações. Tendo sido criados, em 1996, pelo Governo do Reino Unido dois órgãos com este objectivo.

94 Direito do Genoma Humano

22. Terapia génica somática

I. A terapia génica somática foi, pela primeira vez, realizada em 14 de Setembro de 1990, numa criança de 4 anos de idade, no Hospital do National Institute of Health de Bethesda, no Estado de Maryland (EUA) pela equipa do doutor W. French Anderson [115]. A menina, por deficiência no gene da desaminase da adenosina (ADA), não produzia anticorpos em quantidade suficiente para debelar infecções normais, correndo, deste modo, perigo de vida [116]. A criança fazia, já há alguns anos, um tratamento localizado com um químico (injecções com tempo de acção de cerca de uma semana) que substituía a ADA. Porém, estava a deixar de produzir efeito. A terapia génica consistiu em isolar, do seu sangue, determinadas células, introduzir, *in vitro*, nestas células, o gene ADA na sua forma correcta e voltar a injectar estas células, já reparadas, no sangue [117]. A partir daí, a criança começou a produzir anticorpos praticamente normais [118][119].

---

[115] A autorização foi dada pela Food and Drugs Administration (FDA) em 4 de Setembro de 1990.

[116] A imunodeficiência severa combinada (Severe combined immunodeficiency) conduz à acumulação de produtos tóxicos nos linfócitos T (e em grau menor nos B), o que os impede de fabricarem anticorpos. O doente fica vulnerável a todo o tipo de infecções.

[117] Por outras palavras e mais concretamente, do sangue extraíram-se linfócitos T. Para estas células, crescidas *in vitro* através da acção da interleucina-2, transferiu-se o gene da ADA por meio de retrovírus deficientes na sua capacidade de auto-replicação e semelhantes aos usados noutras experiências preliminares. Depois de transduzidos, os linfócitos foram restituídos, por via endovenosa, à dadora.

[118] Passados alguns anos as "crianças tratadas apresentavam já uma resistência normal às agressões do ambiente, com ausência de efeitos laterais significativos". Cfr. Rui Nunes, *Dimensões éticas da terapia génica*, in «Poderes e Limites da Genética», Actas do IV Seminário do Conselho Nacional de Ética para as Ciências da Vida, Ob. cit., pág. 137.

[119] Foi concedida, também, outra autorização, nos Estados Unidos da América, pela Food and Drugs Administration (FDA) para o transplante de gene para o tumor Necrosis Factor. Em Itália, o transplante génico por déficit de ADA foi realizado, pela primeira vez, em 1992, no Istituto Scientifico - Ospedale "S. Raffaele" de Milão.

Enquadramento Científico

II. A terapia génica somática é usada no tratamento de doenças monogénicas [120], tais como a fibrose quística, alterações congénitas do metabolismo, deficiências de factores da coagulação sanguínea, modificações dos genes da hemoglobina e de doenças genéticas multifactoriais [121], por exemplo, neoplasias, infecção pelo VIH, doenças cardíacas e vasculares [122].

III. A terapia génica pode, ainda, ser usada com intuito de prevenção: pela transferência dos genes apropriados para seres humanos que, através de teste pré-sintomático, revelaram a existência de um gene de manifestação tardia ou de predisposição para determinada doença.

IV. A maior parte da terapia génica que tem sido feita passa pela extracção de células do doente, seguida da sua alteração por engenharia genética, *in vitro*. Uma vez alteradas essas células são reintroduzidas na mesma pessoa. Todavia, como é necessário recorrer a tecnologia bastante sofisticada, não é, ainda, uma prática muito acessível.

V. É viável que a terapia génica venha a possibilitar, dentro de pouco tempo, ministrar, de uma forma mais prática e racional, produtos terapêuticos. Chamo à colação o caso da SIDA, referido por Luís Archer: a partir do momento em que exista uma substância (CD4 ou outra) clinicamente útil para o tratamento desta doença, poder-se-á introduzir o respectivo gene nas células do doente em lugar de lhe administrar injecções diárias do produto. Tentar-se-á, também, trans-

---

[120] As doenças monogénicas são provocadas por deficiente funcionamento de um único gene. Atingem várias centenas de milhões de pessoas em todo o mundo e constituem o mais importante grupo de doenças (actualmente já se sabe que existem mais de cinco mil doenças monogénicas).

[121] Nas doenças multifactoriais ou poligénicas, a detecção de um gene reconhecidamente associado a uma enfermidade influenciada pelo meio ambiente não garante que a doença se chegue a manifestar. Além de que a heterogeneidade genética implica que o próprio traço em questão se possa revelar de modo diferente de pessoa para pessoa, independentemente da influência dos factores ambientais.

[122] RUI NUNES, *Dimensões éticas da terapia génica*, in «Poderes e Limites da Genética», Actas do IV Seminário do Conselho Nacional de Ética para as Ciências da Vida, Ob. cit., pág. 137.

96   *Direito do Genoma Humano*

ferir o gene da insulina, quando o problema da sua regulação estiver resolvido, para algumas das células de diabéticos. Outros exemplos, dados por Luís Archer, são os Factores VIII ou IX na hemofilia e a eritropoietina em determinadas formas de anemia ([123]).

VI. A legitimidade da terapia génica somática fundamenta-se na aplicação do princípio da beneficência; é considerada uma extensão dos métodos tradicionais de tratamento ([124]).

VII. Penso que uma vez observado o princípio do consentimento informado, a terapia génica somática é não só legítima, como louvável, consagrando o Direito do genoma humano a tratamento genético positivo.

23. Terapia génica germinativa

I. A terapia génica germinativa ou germinal permitirá evitar a transmissão de doenças genéticas hereditárias (monogénicas ou multifactoriais). Consubstanciará não só a cura do indivíduo em si, mas de toda a sua descendência. Por outras palavras, enquanto a terapia génica somática faculta curar uma pessoa, a germinativa possibilitará erradicar uma doença, através de uma só intervenção, de um número indefinido de gerações ([125]).

([123]) Luís Archer, *Terapia génica e engenharia genética de melhoramento*, in «Bioética», Coord. Luís Archer/Jorge Biscaia/Walter Osswald, Editorial Verbo, Lisboa-São Paulo, 1996, pág. 237.

([124]) Agostinho de Almeida Santos, *Os pilares da nova genética. Eficácia, prudência, razão*, «Communio. Revista Internacional Católica», Ob. cit., pág. 458.

([125]) Os problemas em sede de terapia germinal são ainda mais complicados na medida em que, nalguns casos, os sujeitos desta modalidade de terapia ainda nem sequer existem. Esta situação é particularmente clara nos casos em que a terapia germinal é realizada em gâmetas anteriormente ao processo de concepção.

23.1. *Objecções*

I. No entanto, é costume equacionar três objecções fundamentais à terapia germinal:

a) O papel fundamental dos denominados genes deletérios.
A presença de determinados genes deletérios resultou de um "esforço adaptativo" indispensável para a "perpetuação" da nossa espécie [126]. Nesta orientação, Agostinho de Almeida Santos dá alguns exemplos de genes deletérios, como a drepanocitose, em heterozigotia, que provoca ligeira anemia mas transmite ao portador maior resistência ao paludismo; o gene responsável pela doença de Tay-Sachs que proporciona maior resistência à tuberculose e o gene determinante da hipercolesterolémia familiar que possibilita minimizar os efeitos de uma alimentação deficiente [127][128].

b) O risco da perda da riqueza natural da heterogeneidade genética.
Este argumento fundamenta-se em "especulações" sobre as eventuais "consequências" pejorativas de uma presumível manipulação genética sem qualquer tipo de controlo. A diversidade genética é um "bem em si mesmo" não sendo de admitir qualquer tipo de interferência neste determinismo [129].

---

[126] RUI NUNES, *Dimensões éticas da terapia génica*, in «Poderes e Limites da Genética», Actas do IV Seminário do Conselho Nacional de Ética para as Ciências da Vida, Ob. cit., pág. 139.

[127] Entre outros exemplos possíveis, cerca de 1 % da população padece de uma deficiência no gene CKR 5. Uma vez que o VIH utiliza este gene como co-receptor para poder entrar na célula, as pessoas que têm esta deficiência não são infectadas pelo vírus. É caso para dizer que este defeito genético é quase uma bênção.

[128] AGOSTINHO DE ALMEIDA SANTOS, *Diagnóstico genético pré-implantatório*, in «Poderes e Limites da Genética», Actas do IV Seminário do Conselho Nacional de Ética para as Ciências da Vida, Ob. cit., pág. 118; Cfr., também, RUI NUNES, *Dimensões éticas da terapia génica*, in «Poderes e Limites da Genética», Actas do IV Seminário do Conselho Nacional de Ética para as Ciências da Vida, Ob. cit., pág. 139.

[129] RUI NUNES, *Dimensões éticas da terapia génica*, in «Poderes e Limites da Genética», Actas do IV Seminário do Conselho Nacional de Ética para as Ciências da Vida, Ob. cit., pág. 139.

c) Os perigos ainda inerentes à terapia germinativa.

Como a terapia germinativa não está suficientemente desenvolvida, os métodos científicos existentes actualmente não permitem evitar totalmente os possíveis riscos dos efeitos secundários prejudiciais que se transmitiriam às gerações vindouras ([130]).

23.2. Posição adoptada

I. Todavia, é possível contra-argumentar nos seguintes moldes:

a) No que diz respeito à primeira objecção se é certo, por um lado, que são reconhecidas as vantagens dos genes deletérios, porém, por outro, também é do conhecimento geral que alguns medicamentos já conseguem superar esses problemas tão bem ou ainda melhor que os genes deletérios. E, num futuro, mais ou menos próximo, obter-se-ão medicamentos ainda mais sofisticados que permitirão debelar as dificuldades, eventualmente, ainda, subsistentes ([131]).

b) Relativamente à diversidade genética, é possível contrapor que seriam necessários milhares de anos para que se verificasse alguma das eventuais temíveis consequências pejorativas da terapia génica em células da linha germinal. Logo, os efeitos sobre a diversidade genética seriam inferiores ao que se podia pensar.

c) E, no que concerne à última objecção equacionada, é viável argumentar que, por enquanto, a terapia génica germinativa só deve ser realizada no tratamento de doenças para as quais

---

([130]) Por exemplo, na Alemanha, o Relatório Benda – Der Bundesminister für Forschung und Technologie, Bonn, 1985 – condenou a terapia germinal. Por seu turno, a Lei Alemã para a Defesa do Embrião, de 13 de Dezembro de 1990 - Gesetz Zum Schutz von Embryonen – pune com pena de prisão até 5 anos ou multa todo aquele que proceder a terapia germinal.

([131]) Luís ARCHER, A aventura da descoberta do genoma humano, «Colóquio/Ciências. Revista de Cultura Científica», n.º 20, Fundação Calouste Gulbenkian, Dezembro de 1997, Lisboa, pág. 62.

já se tenha alcançado, com sucesso, a terapia somática. Não se pode proceder à sua condenação de modo radical. Mais cedo ou mais tarde, os conhecimentos adquiridos e as experiências realizadas em sede de terapia somática permitirão o aperfeiçoamento da terapia germinativa. Penso, na esteira de Luís Archer [132], que quando se trate de uma doença grave que cause, designadamente, sofrimento significativo e morte prematura, e, partindo do princípio que a metodologia não implique questões éticas e seja aceite pela opinião pública, será não só lícito como também conveniente intentá-la. Por exemplo, no caso dos diabéticos, tentar-se-á erradicar a enfermidade da linha germinal através desta terapia, evitando, assim, o sofrimento, as angústias, as despesas e a morte de milhões de doentes.

Além disso, cada intervenção em células da linha germinal economizará um número ilimitado de terapias em células somáticas.

Este método possibilitará reduzir, de modo radical, a incidência de doenças hereditárias.

Contudo, o artigo 13 .º (Intervenções sobre o genoma humano) da Convenção Europeia sobre os Direitos do Homem e a Biomedicina determina que toda e qualquer intervenção que pretenda modificar o genoma humano só poderá ser levada a cabo se tiver fins preventivos, de diagnóstico ou terapêuticos e se não tiver como objectivo introduzir uma modificação no genoma de um descendente [133].

No que diz respeito à admissibilidade das intervenções no genoma humano, o Conselho da Europa, na Recomendação 934, de 26 de Janeiro de 1982, relativa a engenharia genética [134], optou

---

[132] Luís Archer, *Terapia génica humana*, in «Ética y Biotecnología», Fundación Humanismo y Democracia, Universidad Pontificia Comillas, Madrid, 1993, págs. 136-137.

[133] Jerzy Umiastowski, *Expanded interpretation of human genome protection by article 13 of the European Convention on human rights and bioethics*, in «Human Genome, Human Person and the Society of the Future», Proceedings of Fourth Assembly of the Pontifical Academy for Life, February 23-25, 1998, Juan de Dios Vial Correa and Elio Sgreccia (eds.), Libreria Editrice Vaticana, Città del Vaticano, 1999, págs. 435-436.

[134] *Recommendation 934 (1982) on genetic engineering*, Parliamentary Assembly of the Council of Europe, 1982, 33.rd Ordinary session, Text adopted by the Assembly on January 26, 1982.

pelo critério da inalterabilidade do genoma dos descendentes. Porém, se podemos, sem pôr em causa a dignidade humana, curar uma pessoa, e, eventualmente, os seus descendentes por que não o fazer [135]? O direito à saúde é um direito constitucionalmente consagrado. Nesta orientação, é viável afirmar que quando o recurso à terapia germinativa for possível, sem riscos, a sua utilização configurará não só um direito mas também um dever [136].

24. Engenharia genética de melhoramento

I. Por sua vez, a grande diferença entre a terapia génica e a engenharia genética de melhoramento [137][138] concretiza-se em que enquanto a primeira tem como objectivo a correcção de um genoma defeituoso, circunscrevendo-se à transferência de um gene terapêutico para curar uma pessoa doente; a segunda visa a adição a um indivíduo

---

[135] Nesta linha, DEMETRIO NERI, *Problemas Bioéticos da Medicina baseada nos genes*, in «Genética humana. A hora do legislador», Coord. Jorge Moreira da Silva, Debates, Resposta Global, Cabográfica, 2002, pág. 80, dá como exemplo a possibilidade da terapia génica *in utero* para a deficiência no gene da desaminase da adenosina proposta por French Anderson ou para a fibrose quística por Holm Schneider e Charles Coutelle do Grupo de Terapia Génica para a Fibrose Quística do Imperial College. Assim sendo, se as pesquisas efectuadas revelam a viabilidade destas técnicas por que razão se deverá, à partida, renunciar a essas possibilidades?

[136] Parece-me útil referir que me estou a reportar aos casos em que a terapia genética procede somente à manipulação de gâmetas e não à experimentação em embriões humanos. Cfr. RUI NUNES, *Dimensões éticas da terapia génica*, in «Poderes e Limites da Genética», Actas do IV Seminário do Conselho Nacional de Ética para as Ciências da Vida, Ob. cit., pág. 140.

[137] Também denominada engenharia génica de melhoramento.

[138] É possível em sede de engenharia genética de melhoramento proceder à distinção entre somática e germinativa. As objecções por mim equacionadas concernem apenas à germinativa.

Salvo o devido respeito por quem defende tese contrária, não me parece correcto afirmar que a engenharia genética de melhoramento em células somáticas também deveria ser proibida porque poria em causa o princípio da igualdade (na medida em que somente os que teriam meios financeiros a poderiam utilizar). Penso que a argumentação não colhe dado que, assim sendo, também, poderia ser questionada (e até proibida), por exemplo, uma simples cirurgia estética.

Enquadramento Científico

são, de um gene que lhe possibilite melhorar, incrementar certas
características ([139]).

II. A engenharia genética de melhoramento reporta-se a situações que não têm, propriamente, a ver com a cura de doenças mas,
somente, com alterações de fragilidades somáticas e psicossomáticas
e, com acentuação de características consideradas desejáveis. Pretende a introdução ou a modificação de genes com o objectivo de
aperfeiçoar determinada característica física, traço morfológico ou
psico-afectivo.

([139]) No entanto, como reconheceu o próprio FRENCH ANDERSON, *Human Gene
Therapy: Scientific and ethical considerations*, «Journal of Medicine and Philosophy», 10,
1985, pág. 288, num mundo, que passa por todo um conjunto de progressos científicos, é
por vezes difícil definir a fronteira entre o que é normal e o que é anormal, e entre o
terapêutico e o não terapêutico. Além de que, há intervenções que não são estritamente
terapêuticas. Pode ser necessário melhorar para curar. Chamo à colação o exemplo dado por
French Anderson, de que no futuro será possível intervir geneticamente para melhorar a
resistência de uma pessoa à arteriosclerose.

Mas, posteriormente, FRENCH ANDERSON, no estudo *Human Gene Therapy: Why
draw a line?*, «Journal of Medicine and Philosophy», 14, 1989, pág. 687, não equacionou
quaisquer excepções. Cfr., também, FRENCH ANDERSON, *Human Gene Therapy*, «Nature»,
392, 1998, págs. 25-30; FRENCH ANDERSON, *Gene Therapy: The Best of Times, the Worst of
Times*, «Science», Ob. cit., págs. 627-629.

TÍTULO II
ENQUADRAMENTO RELIGIOSO

Sumário

SECÇÃO I
Introdução

25. A necessidade de uma inteligência superior na suprema organização do código da vida
26. O ser humano e a Religião

SECÇÃO II
Posição da Religião Católica

27. Considerações gerais
28. Magistério da Igreja e engenharia genética
29. Princípios

SECÇÃO III
Posição da Religião Muçulmana

30. Princípios

SECÇÃO IV
Posição da Religião Judaica

31. Princípios

SECÇÃO I
Introdução

25. A necessidade de uma inteligência superior na suprema organização do código da vida
26. O ser humano e a Religião

25. A necessidade de uma inteligência superior na suprema organização do código da vida

I. Ao longo da história da Humanidade, o ser humano procura, incessantemente, explicações sobre *o que é*, *como é*, e *quem é*.

Na tentativa de compreender *o que é*, *como é* e *quem é*, o homem cria, fabrica, produz História, Arte, Ciência, Religião.

À medida que progridem os conhecimentos científicos, mais o homem tem dúvidas acerca da sua própria existência. Onde desembocam as inquietações concernentes ao sentido da existência? Como se continuará a lidar, ou melhor dizendo, como se passará a lidar com a procura incessante de respostas para uma questão primordial: existe algo, uma força superior ou não existe nada? E, em caso afirmativo, porque é que existe algo em vez do nada? E onde está esse algo?

II. A sequenciação e o mapeamento do genoma humano vêm *acender* ou *reacender* a velha fornalha. Essas preocupações estão, agora, mais do que nunca, intelectualizadas; fazem parte integrante do conhecimento, do saber e da verdade científica.

Da compreensão multicientífica dos relacionamentos interdependentes da biodiversidade emergem dúvidas acerca do *motor*, da *raiz*, da *fonte* de todo esse maravilhoso e extraordinário ordenamento.

Com efeito, a descoberta do genoma vem sublinhar a possibilidade ou, se preferível, a necessidade de uma inteligência superior na suprema organização dos códigos e operações nele contidas. O ser humano é, por excelência, interlocutor do sagrado. Numa perspectiva extrema é viável sustentar que até aqueles que se auto-intitulam agnósticos ou ateus estão a professar, ainda que pela negativa, a sua própria crença.

26. O ser humano e a Religião

I. Urge uma meditação teológica sobre o ser humano unida aos factos e conhecimentos científicos.

II. Nos recentes progressos operados a nível genético são constantes as alusões à Religião. Crick refere-se ao "dogma central" da genética molecular; Salvador Dalí comparou a dupla hélice de Watson e Crick à escada de Jacob ao longo da qual subiam e desciam anjos de Deus [140]; Walter Gilbert equiparou o Projecto do genoma humano à procura do Santo Graal; outros viram nos avanços científicos a realização da passagem bíblica da edificação, em Babel, "de uma cidade e uma torre cuja extremidade atinja os céus" [141]; outros a visão moderna e científica da tentação da serpente do Paraíso "Sereis como Deus" [142][143][144].

III. Limitar-me-ei, neste título, às três religiões monoteístas de maior representatividade: o Cristianismo, o Islamismo e o Judaísmo.

---

[140] GÉNESIS, Cap. 28, Vers. 11-13.

[141] GÉNESIS, Cap. 11, Vers. 4.

[142] GÉNESIS, Cap. 3, Vers. 1-8.

[143] SABEDORIA, 2, 23; ECLESIÁSTICO, 17, 3-10; GAUDIUM ET SPES, n.º 12.

[144] Na tradição judaica-cristã a célebre frase "Sereis como Deus" está associada à arrogância do homem que tem a pretensão de tentar obter a salvação à margem de Deus. Mas, também, pode ser interpretada no sentido de que todo o homem deve usar os dotes de inteligência que Deus lhe deu para avaliar as opções que lhe deparam e tomar as suas decisões como Deus faria. É precisamente esta a nota que o distingue dos animais. Nesta linha, a passagem do GÉNESIS, Cap. 1, Vers. 28, "Dominai sobre os peixes do mar, sobre as aves dos céus e sobre todos os animais que se movem na terra". Cfr. J. Gafo, *Problemas éticos del Proyecto Genoma Humano*, in «Ética y Biotecnología», Universidad Pontificia Comillas, Madrid, 1993, pág. 222.

SECÇÃO II
Posição da Religião Católica

27. Considerações gerais
28. Magistério da Igreja e engenharia genética
29. Princípios

27. Considerações gerais

I. A Religião Católica [145] desenvolveu toda uma moral teológica que promove a sacralidade e a inviolabilidade da vida humana. Assim, condena o aborto, o infanticídio e a eutanásia.

II. A Igreja, defensora da dignidade humana, tem uma atitude positiva de confiança e esperança em relação às possibilidades da engenharia genética.

Estabelece os princípios orientadores pelos quais a engenharia genética pode trazer vantagens ao homem e evitar os riscos que tenham repercussões nas gerações futuras [146].

---

[145] O Cristianismo nasce com Jesus Cristo e os seus discípulos, no seio do povo judeu. Jesus é o Messias aguardado pelo povo hebreu. A sua doutrina baseia-se no amor ao próximo e na ressurreição de Jesus Cristo. A Bíblia, livro sagrado, contém a tradição judaica no Antigo Testamento e a tradição cristã no Novo Testamento.

[146] ULRICH EIBACH/MARTIN GMEINDL, *Heredity, gene therapy and religion*, in «The future of DNA», Kluwer Academic Publishers, Netherlands, London, 1996, págs. 238-245; JOSEPH BOYLE, *The roman catholic tradition and bioethics*, in «Bioethics Yearbook. Theological Developments in Bioethics», 1992-1994, Coord. B. Andrew Lustig, Vol. 5, Kluwer Academic Publishers, Boston, 1997, págs. 11-22; ALBERT S. MORACZEWSKI, *The human genome Project and the Catholic Church*, «Journal International de Bioéthique», n.º 4, Vol. 2, Editions Alexandre Lacassagne/Editions Techniques, Lyon, Paris, décembre 1991, pág. 18.

108 *Direito do Genoma Humano*

Nesta óptica, são de louvar todas as investigações que acarretem melhorias para o indivíduo.

III. O Santo Padre na *Encíclica Evangelium Vitae* salienta que a Medicina, levada a cabo com grande empenho por investigadores e profissionais, encontra soluções cada vez mais eficazes. Resultados que antes eram totalmente impensáveis são hoje obtidos em favor da "vida humana nascente" e das pessoas que sofrem ([147]). Várias entidades e organizações estão actualmente empenhadas em levar aos países mais assolados pela miséria e por doenças crónicas os benefícios da Medicina ([148]).

IV. O Projecto do genoma humano é encarado pela Igreja Católica como um grande passo para a Humanidade se o fim desta investigação permitir encontrar os meios para debelar determinadas doenças. Pelo contrário, se originar uma selecção maior e mais fácil das pessoas afectadas por estas enfermidades, consubstanciará, sem dúvida, um instrumento de destruição tão perigoso como a bomba atómica e como as formas mais cruéis de racismo e de eugenismo.

V. Não concordo com a ideia de que as recentes descobertas na área do genoma traduzem uma visão de grande submissão do ser humano ao meio ambiente. E, que, consequentemente, revelam uma orientação diferente da encontrada na Bíblia.

Com efeito, o Livro do Génesis conta que o homem é, por excelência, o fruto da Criação Divina enquanto que os animais e as

---

([147]) A Santa Sé, no Ano Internacional da Pessoa Doente, alertou para o facto de a forma negativa como a sociedade encara o doente ser, por vezes, mais prejudicial que a própria enfermidade em si. Nesta linha, sublinhou que a qualidade de uma sociedade e de uma civilização se mede pelo respeito para com os mais fracos dos seus membros. Uma sociedade tecnológica que só aceite pessoas plenamente capazes e que negligencie ou elimine os que não correspondem aos padrões pretendidos deve ser considerada inútil e desprovida de qualquer valor para o homem mesmo que economicamente seja bem sucedida. SECRETARY OF STATE, *Document of the Holy See "From the Very Beginning" to All Who Work for the Disabled for the International Year of Disabled Persons (4 March 1981)*, in «Enchiridion Vaticanum», Dehoniane, Bologna, 1982, págs. 1138-1170.

([148]) João Paulo II, *Carta Encíclica «Evangelium Vitae» sobre o Valor e a Inviolabilidade da Vida Humana*, Secretariado Geral do Episcopado, Editora Rei dos Livros, Lisboa, 1995, pág. 48.

plantas existem para o servir. Ou seja, uma perspectiva eminentemente antropocêntrica que confere ao homem totais poderes para dominar as outras espécies. Os actuais progressos científicos não alteram a concepção cristã de pessoa humana. Pelo contrário, revelam uma visão assente num Deus único através da unidade da vida que emergiu somente uma vez na terra. A análise do DNA demonstra que todos os seres vivos *carregam* genomas que descendem, que são oriundos desse genoma primordial. Existe, assim, uma verdadeira unidade. Os seres vivos têm um genoma comum. O estudo deste livro da vida possibilita contemplar a extraordinária obra da criação Divina.

28. Magistério da Igreja e engenharia genética

I. O Magistério da Igreja directa ou indirectamente tem tomado posição relativamente à engenharia genética.

II. Para os permanentes ensinamentos do Magistério da Igreja Católica sobre as questões suscitadas pela Medicina muito contribuiu uma época histórica importante em que se constata a expressão máxima da denominada moral médica na esfera católica: os anos do Pontificado de Pio XII. Os ensinamentos dos *Discursos e Radiomensagens* de Pio XII dirigidos aos médicos apresentam dois desafios: a existência dos crimes do nazismo e os avanços tecnológicos que na sua ambiguidade podiam e/ou podem estar virados para a discriminação e eliminação da vida humana.

Com o Pontificado de Pio XII e seus sucessores a reflexão da moral católica no domínio médico enriqueceu-se intensamente ([149]).

([149]) O Papa Pio XII, no célebre discurso que proferiu no Congresso Internacional dos Médicos Católicos, em 29 de Setembro de 1949, expôs os princípios da Igreja sobre esta matéria (alguns desses permanecem actuais, não obstante o atraso de então da respectiva tecnologia). Os princípios enunciados por Pio XII resumem-se nos seguintes:

  a) A prática da fecundação artificial humana não pode considerar-se apenas nem principalmente sob o aspecto biológico e médico, sem se atender à Moral e ao Direito.

  b) A fecundação artificial extra matrimonial é sempre ilícita, na medida em que as novas vidas só podem licitamente ser fruto do casamento pois só este salva a dignidade dos esposos, o seu bem pessoal e a devida educação dos filhos.

III. Merecem particular destaque os documentos do Concílio Vaticano II, em especial a *Constituição Pastoral Gaudium et Spes* na parte que concerne aos conceitos de homem e de família, a *Encíclica Humanae Vitae*, de Paulo VI, de 25 de Julho de 1968, a *Declaração sobre o aborto provocado* da S. Congregação para a Doutrina da Fé, de 18 de Novembro de 1974, a *Declaração sobre algumas questões da moral sexual,* de 29 de Dezembro de 1975, a *Carta aos Bispos sobre a esterilização nos hospitais católicos,* de 13 de Março de 1975. João Paulo II contribui, nomeadamente, com a *Exortação Apostólica Familiaris Consortio,* de 22 de Novembro de 1981, a *Instrução sobre o respeito da vida humana nascente e a dignidade da procriação (Donum Vitae),* de 22 de Fevereiro de 1987 ([150]).

---

c) A fecundação artificial de uma mulher casada mas com sémen de outro homem, é imoral, uma vez que os esposos têm direito recíproco sobre os corpos para gerar novas vidas, direito esse que é exclusivo não se podendo ceder nem alienar. O filho assim gerado, mesmo com o consentimento do marido, será considerado ilegítimo por não ter qualquer relação de origem com o pai legal, nem qualquer laço moral ou jurídico de procriação conjugal.

d) A fecundação artificial dentro do casamento só será lícita quando constitua simples auxílio à natureza após a realização do acto conjugal normal.

A inseminação artificial heteróloga é, pois, considerada ilícita pela Igreja, por contrária ao Terceiro Mandamento da Lei de Deus que impõe que se guarde castidade, admitindo-a somente nos casos em que possa não constituir violação desse preceito Divino. Cfr. Pio XII, *Allocutio ad participantibus conventus internationalis quarti medicorum catholicorum*, Romae Coadunatis, in «Acta Apostalicae Ledis», 1949, págs. 557-561.

Pio XII, em 1951 e 1956, voltou a debruçar-se sobre o assunto. Cfr. Pio XII, *Iis quae interfuerunt Conventui Unionis Catholicae Italicae inter Ostetrices, Roma Habito,* in «Acta Apostolicae Ledis», 1951, pág. 850; Pio XII, *Iis qui interfuerunt Conventui Universali de fecundidate et sterilitate humana,* Napoli Indicto, in «Acta Apostolicae Ledis», 1956, págs. 467-474.

([150]) Os documentos dos Pontífices aparecem designadamente nas colecções: Pio XII, *Discorsi e Radiomessaggi di Sua Santità Pio XII,* Vols. 1-20, Tipografia Poliglotta Vaticana, Città del Vaticano, 1959; João XXIII, *Discorsi, messagi; colloqui del S. Padre Giovanni XXIII,* Vols. 1-5, Tipografia Poliglotta Vaticana, Città del Vaticano, 1967; Paulo VI, *Insegnamenti di Paolo VI,* Vols. 1-16, Libreria Editrice Vaticana, Città del Vaticano, 1979; João Paulo II, *Insegnamenti di Giovanni Paolo II,* Vols. 1-14, Libreria Editrice Vaticana, Città del Vaticano, 1983.

IV. O contributo do Papa João Paulo II tem sido de capital importância. Sua Santidade tem escrito vários outros trabalhos e participado em inúmeras reuniões dedicadas à genética [151].

O Santo Padre aceita com muito optimismo os novos avanços científicos esperando que estes possam oferecer ao homem um caminho para o tratamento de tantas doenças.

Numa reunião de trabalho da Pontifícia Academia para a Vida [152], João Paulo II elogiou o trabalho das pessoas envolvidas no grande Projecto de sequenciação do genoma humano. Chamou a atenção para os perigos da Medicina e deu particular ênfase às questões do consentimento informado, da privacidade e das eventuais pejorativas consequências da revelação dos resultados dos testes genéticos ao próprio e a terceiros.

No seu Discurso à IV Assembleia-geral da Pontifícia Academia para a Vida, afirmou que o genoma humano constitui o "novo continente do saber" [153].

V. Relativamente à Declaração Universal sobre o Genoma Humano e os Direitos do Homem da UNESCO, de 11 de Novembro de 1997, a Santa Sé considerou positivos, entre outros, os seguintes aspectos [154]: a proibição da redução da pessoa aos seus genes (artigos

---

[151] JOÃO PAULO II, *Address to the participants to a Congress of the Pontifical Academy of Sciences*, 23 October 1982, in «Insegnamenti di Giovanni Paolo II», V, 2, Libreria Editrice Vaticana, Città del Vaticano, 1982, págs. 889-898; JOÃO PAULO II, *Discorso all' Associazione Medica Mondiale* (29/10/1983), in «Insegnamenti di Giovanni Paolo II», VI, 2, Libreria Editrice Vaticana, Città del Vaticano, 1983, págs. 917-923.

[152] JOÃO PAULO II, *Address to a Working Party of the Pontifical Academy of Sciences on the legal and ethical aspects of the Human Genome Project*, November 20, 1993, in «The legal and ethical aspects related to the Project of the Human Genome», B. PULLMAN/C. ROMEO CASABONA (eds.), Pontificia Academia Scientiarum, Città del Vaticano, 1995, págs. 189-193, citado por A. G. SPAGNOLO, *Predictive and presymptomatic genetic testing: service or sentence?*, in «Human Genome, Human Person and the Society of the Future», Proceedings of Fourth Assembly of the Pontifical Academy for Life, February 23-25, 1998, Juan de Dios Vial Correa and Elio Sgreccia (eds.), Libreria Editrice Vaticana, Città del Vaticano, 1999, pág. 232.

[153] JOÃO PAULO II, *Discourse of Holy Father John Paul II*, in «Human Genome, Human Person and the Society of the Future», Ob. cit., pág. 7.

[154] Documento elaborado pelo "Grupo Informal de Trabalho sobre Bioética", Secção para as "Relações com os Estados", Secretaria de Estado do Vaticano, de 11 de Novembro de 1997.

2.º b) e 3.º), a recusa de discriminações (artigo 6.º), o carácter confidencial dos dados genéticos (artigo 7.º), a afirmação da primazia do ser humano sobre a investigação científica (artigo 10.º), a criação de comités éticos independentes (artigo 16.º), o compromisso dos Estados de promover a educação bioética e de favorecer o debate aberto igualmente às correntes de pensamento religioso (artigos 20.º e 21.º).

Todavia, defende que a formulação do artigo 1.º não está correcta ao declarar que o genoma humano "subentende" a unidade fundamental de todos os "membros da família humana", assim como o reconhecimento da sua dignidade e da sua diversidade. Tal como está, parece significar que o ser humano tem no genoma o fundamento da sua própria dignidade. Segundo a Santa Sé, é a dignidade do homem e a unidade da família humana que conferem ao genoma o seu valor e exigem que seja objecto de protecção especial.

O artigo 5.º c) desta Declaração estatui o direito de cada pessoa decidir ser informada ou não dos resultados dos testes genéticos e das suas consequências. Contudo, a Santa Sé criticou o facto de não ter ficado expressamente consagrado que este direito não é absoluto ([155]).

Além disso, o artigo 12.º b) reconhece que a liberdade de investigação resulta da liberdade de pensamento. Todavia, esta é uma condição necessária, mas não suficiente. Para que a investigação seja verdadeiramente livre, é preciso garantir, da mesma forma, também, a liberdade de consciência e de religião. A Declaração Universal dos Direitos do Homem, de 10 de Dezembro de 1948, e o Pacto Internacional sobre os Direitos Civis e Políticos, de 16 de Dezembro de 1966, colocam no mesmo plano a liberdade de pensamento, de consciência e de religião. A Santa Sé sustenta que a Declaração Universal sobre o Genoma Humano e os Direitos do Homem deveria ter incluído expressamente a liberdade de consciência e de religião quando se refere à liberdade de pensamento.

A Declaração limita-se, intencionalmente, ao genoma humano. A Santa Sé entende que, deste modo, o Documento não define os titulares dos direitos que proclama. A Declaração deveria afirmar categoricamente que estes direitos são de cada ser humano desde o momento em que o património genético o converte em indivíduo.

([155]) Tese, aliás, que será por mim defendida na Parte II, Título II, Capítulo IV.

Faltam referências ao embrião. O facto de os embriões não serem explicitamente protegidos abre a porta, especialmente no domínio das intervenções genéticas, às discriminações e às violações da dignidade humana. Geram-se, assim, contradições internas no seio deste Diploma que se propõe precisamente eliminar essas discriminações e violações.

29. Princípios

I. Depois de estudados os citados documentos emblemáticos do magistério da Igreja, é possível deduzir designadamente os seguintes princípios com ligação a este estudo:

II. O primeiro consiste no dever positivo de respeitar a vida ou, se preferível, numa acepção negativa, traduz-se no dever de não matar nenhum ser humano (nascido ou concebido).

O direito à vida, fundamento primeiro de todos os outros direitos, não pode ser postergado com justificação na má qualidade de caracteres genéticos.

Este aspecto de não discriminação, que se funda, por sua vez, no princípio da igualdade, é confirmado por declarações internacionais dos direitos do homem [156].

A Igreja reconhece a dignidade da pessoa [157] desde o momento da concepção. Nesta orientação, a Declaração sobre o aborto provo-

---

[156] Neste sentido, o artigo 6.º da referida Declaração Universal sobre o Genoma Humano e os Direitos do Homem. Também o artigo 11.º da Convenção sobre os Direitos do Homem e a Biomedicina, de 4 de Abril de 1997, proíbe qualquer forma de discriminação de uma pessoa em função do seu património genético.

A aplicação destas normas que proíbem a discriminação genética não tem razão de ser se não se reportar, também, à vida embrionária já que é, precisamente, durante este período que essa discriminação pode ter lugar. Sublinhe-se o facto de as técnicas de procriação artificial *in vitro* possibilitarem uma intervenção sobre o embrião com finalidades puramente selectivas.

[157] Entre outros exemplos possíveis, a Conferência Episcopal Francesa num documento intitulado *Essor de la génétique et dignité humaine* salientou que os progressos operados na área da genética podem ser usados em moldes mais ou menos legítimos. Questionou se a apropriação do conhecimento de partes essenciais do corpo humano não colide com a dignidade do ser humano e acentuou a necessidade de a pessoa ser sempre

114 Direito do Genoma Humano

cado da Congregação para a Doutrina da Fé [158] dispõe que desde a fecundação, tem início a aventura de uma vida humana, cujas grandes capacidades, já existentes no embrião, apenas exigem tempo para se organizar e começar a agir.

Na mesma linha, é, também, clara a posição da Igreja Católica na *Instrução sobre o respeito à vida humana nascente e a dignidade da procriação*, de 22 de Fevereiro de 1987, relativamente à inviolabilidade do direito do ser humano à vida desde o momento da concepção até à morte: "o ser humano deve ser respeitado – como pessoa – desde o primeiro momento da sua existência...desde o momento da concepção, a vida de todo o ser humano deve ser respeitada de modo absoluto, porque o homem é, na terra, a única criatura que Deus quis por si mesma", e a alma espiritual de cada um dos homens é "imediatamente criada por Deus". E, ainda, "o embrião deve ser defendido na sua integridade, tratado e curado, na medida do possível, como qualquer outro ser humano".

Por sua vez, a *Encíclica Evangelium Vitae*, na esteira da *Instrução Donum Vitae*, acrescenta que uma vez que "a presença de uma alma espiritual" não pode ser assinalada pela "observação de qualquer dado experimental, são as próprias conclusões da Ciência sobre o embrião humano" que dão uma indicação valiosa para discernir racionalmente uma presença pessoal" já a partir deste primeiro aparecimento de uma vida humana. Assim sendo, "como poderia um indivíduo humano não ser uma pessoa humana?" [159].

III. A Igreja condena a selecção eugénica de embriões e de fetos [160]. João Paulo II, na *Encíclica Evangelium Vitae*, chama a atenção para o facto de estas técnicas serem colocadas "ao serviço de

---

considerada o fim por excelência da investigação. Cfr. CONFÉRENCE EPISCOPAL FRANÇAISE, *Essor de la génétique et dignité humaine*, Bayard-Editions et Editions du Cerf, Paris, 1998.

[158] CONGREGAÇÃO PARA A DOUTRINA DA FÉ, *Declaração sobre o aborto provocado*, n.º 12-13: AA 66, 738, 18 de Novembro de 1974, ratificada e confirmada por Paulo VI.

[159] João Paulo II, *Carta Encíclica «Evangelium Vitae» sobre o Valor e a Inviolabilidade da Vida Humana*, Ob. cit., págs. 105-106.

[160] Segundo a velha máxima: conhecer para curar e não para matar. "Que só Eu é que dou a vida e dou a morte", Deuteronómio, 32, 39.

uma mentalidade eugenista que aceita o aborto selectivo", para impossibilitar o nascimento de crianças afectadas por diversos tipos de anomalias. Considera que "semelhante mentalidade é ignominiosa e absolutamente reprovável, porque pretende medir o valor de uma vida humana apenas segundo parâmetros de normalidade e de bem-estar físico, abrindo assim caminho à legitimação do infanticídio e da eutanásia" ([161]).

A posição da Igreja em relação ao diagnóstico genético é favorável desde que seja em prol da nova vida, designadamente ao possibilitar uma terapia onde é necessária, ou um acolhimento mais consciente e mais bem preparado do novo ser. A *Encíclica Evangelium Vitae* esclarece que deve ser reservada especial atenção à avaliação moral das técnicas de diagnose pré-natal que permitem detectar, de modo precoce, eventuais anomalias nos embriões. De facto, devido à grande complexidade destes processos, a avaliação em causa deve ser feita de forma mais cautelosa e articulada. Estas técnicas são "moralmente lícitas" quando não têm riscos desproporcionados para a criança e para a mãe e têm como objectivo possibilitar terapias precoces ou proporcionar uma "serena e consciente aceitação do nascituro" ([162]).

IV. O segundo princípio é denominado terapêutico ou da totalidade. O corpo humano (já na fase embrionária) é uma unidade orgânica, um todo: as diferentes partes deste organismo vivem em função do todo, ou seja, do indivíduo. Assim sendo, é lícito intervir sobre a parte doente quando seja necessário para o bem de todo o organismo. Justifica-se, nestes moldes, a terapia génica somática pela qual se adicionam genes sãos que compensam os efeitos de genes responsáveis pelas doenças genéticas.

Porém, o Santo Padre considera que a terapia genética em células germinais não é de aceitar enquanto este procedimento comprometer as gerações futuras de modo, ainda, extraordinariamente, perigoso ([163]).

([161]) João Paulo II, *Carta Encíclica «Evangelium Vitae» sobre o Valor e a Inviolabilidade da Vida Humana*, Ob. cit., pág. 112.

([162]) João Paulo II, *Carta Encíclica «Evangelium Vitae» sobre o Valor e a Inviolabilidade da Vida Humana*, Ob. cit., pág. 112.

([163]) Aliás é este, também, o entendimento da comunidade científica.

João Paulo II refere-se, explicitamente, pela primeira vez, à terapia génica em células da linha germinal na Comunicação apresentada à IV Assembleia-geral da Academia Pontifícia para a Vida, em 23 de Fevereiro de 1998, sendo significativo que a única razão carreada para a rejeitar ser a sua actual impraticabilidade sem riscos desproporcionados. Como refere Luís Archer, o Santo Padre, ao não mencionar nenhuma das razões geralmente apresentadas pelos opositores da terapia germinal, parece desvincular-se dessa linha mais conservadora e associar-se à corrente mais avançada ([164]).

Ressalvada esta excepção da terapia germinal, a terapia génica obedece às mesmas regras que as terapias médicas ou cirúrgicas.

V. O terceiro princípio impõe a proibição da experimentação não terapêutica no genoma humano com repercussões nas gerações futuras. Deve ser rejeitada toda e qualquer intervenção que tenha como objectivo a criação de seres programados: por exemplo, a criação de pessoas (escravos) apenas para realizarem tarefas que outros não querem fazer. Este processo consubstanciará uma forma de dominação genética do homem sobre o homem. Também, aqui, se discute a problemática da intervenção genética de melhoramento no genoma humano. Como referi, em sede própria ([165]), esta não tem finalidades terapêuticas propriamente ditas mas, apenas, o acentuar desta ou daquela característica considerada *desejável*.

VI. O quarto princípio fixa o reconhecimento da unidade ontológica e axiológica da espécie humana e da sua criação à imagem e semelhança de Deus. Ou, numa perspectiva *a contrario sensu*, o reconhecimento de uma diferença não só ontológica como também axiológica entre o genoma humano e o genoma dos outros seres vivos.

Com efeito, o Concílio Ecuménico do Vaticano II afirmou que há uma certa analogia entre a união das pessoas divinas entre si e a união dos filhos de Deus na verdade e na caridade. Esta semelhança torna manifesto que o ser humano, "única criatura sobre a terra a ser

---

([164]) Luís ARCHER, *O Projecto do genoma humano na perspectiva católica*, «Brotéria», Ob. cit., págs. 64-65.
([165]) Cfr. Parte I, Título I, Capítulo II, Secção III, n.º 24.

querida por Deus por si mesma", não se pode encontrar plenamente a não ser no sincero dom de si próprio ([166]). Nesta linha de orientação, é viável sustentar que os princípios éticos concernentes à intervenção no genoma humano não podem ser aplicados aos animais e plantas pois só o homem é criado à imagem e semelhança de Deus.

Remido pelo sangue preciosíssimo de Cristo, o Homem é chamado a tornar-se filho no Filho e Templo vivo do Espírito de Deus.

A Igreja elogia o emprego da biotecnologia no meio animal e vegetal para melhorar a alimentação e as condições de vida das nações em vias de desenvolvimento. Preconiza a intervenção no genoma animal sob a condição de que esta se realize sem infringir sofrimentos inúteis, sem comprometer a existência das espécies e desde que acarrete benefícios para a espécie humana. Assim sendo, são lícitas intervenções genéticas no animal para obter órgãos compatíveis para transplantes humanos ou, por exemplo, para produzir mais e melhor carne, leite, etc. A Ciência constitui uma importante fonte para a multiplicação dos recursos da terra.

VII. O sexto princípio traduz-se no dever moral da autoridade social de proteger juridicamente a inviolabilidade e a identidade do genoma de cada pessoa. O genoma enquanto património de toda a Humanidade e enquanto parte integrante da identidade e inviolabilidade do indivíduo deve ser tutelado pelo Estado uma vez que este tem o dever de proteger o ser humano desde a concepção até à morte.

([166]) GAUDIUM ET SPES, n.º 24.

SECÇÃO III
Posição da Religião Muçulmana

30. Princípios

30. Princípios

I. Os teólogos islâmicos ([167])([168]), partindo dos mandamentos do Corão, recusam a inseminação heteróloga e proíbem de forma categórica a destruição do embrião. Os moralistas muçulmanos propõem uma moratória a nível da engenharia genética.

([167]) O termo Islamismo vem de *islan* que significa submissão a Deus (*Allah*). O nome *Allah* é uma forma de substantivo *iláh* (deus ou divindade), da mesma raiz que o deus *El* dos canoneus e do Deus *Elohim* dos judeus (é a junção do *al* (o) com *ilah*). O Islamismo tem como Livro sagrado o Corão onde estão consagrados os ensinamentos de Muhammad, fundador desta Religião. É considerada uma Religião tipicamente do Livro. A própria palavra árabe *al-qur'an* significa literalmente "a leitura". O Corão contém regras para todos os passos da vida do crente islâmico. O Corão é constituído por 114 capítulos (*suras*) com 6536 versículos. Ao contrário da Bíblia cristã e hebraica, o Corão é uma literatura essencialmente discursiva e não narrativa. Os crentes consideram que o Livro foi ditado directamente por Deus, no ano 622, através do Arcanjo São Gabriel a Maomé que, por seu turno, o ditou aos seus companheiros. Trata-se, desta forma, de uma revelação directa, que não pode ser interpretada com critérios de abordagem subjectiva, contrariamente ao que se passa com os estudos científicos relativos à Bíblia. Maomé é o grande profeta, tendo sido antecedido por Abraão, Elias e Jesus. Os seus seguidores são apelidados de muçulmanos. Rezam cinco vezes ao dia. Todas as mesquitas são direccionadas para Meca (lugar sagrado do Islão). No Islamismo existem ramificações, destacando-se os Sunitas e os Xiitas. O Ramadão é o mês em que se comemora a primeira revelação divina a Muhammad e em que os seus fiéis fazem abstinência de comida, bebida e relações sexuais desde o nascer ao pôr-do-sol. A unicidade de Deus constitui o dogma principal desta Religião. Negar esta unicidade Divina é negar o próprio Deus e cometer um pecado sem remissão. Para além da profissão de fé (a *shahada*) que consiste na afirmação: "Não há outro deus senão Deus" e que "Muhammad é o mensageiro de Deus", há mais quatro pilares complementares que corporizam esta fé: a oração, a esmola, o jejum e a peregrinação a Meca.

Direito do Genoma Humano

Na Declaração Islâmica Universal dos Direitos Humanos ([169])([170]), sustentam que a vida humana é sagrada e inviolável e que devem ser feitos todos os esforços para a proteger. Em especial, ninguém será exposto a danos ou à morte, a não ser sob a autoridade da Lei ([171]). Assim como durante a vida, também, depois da morte a santidade do corpo da pessoa será inviolável. É obrigação dos fiéis providenciar para que o corpo do morto seja tratado com a devida solenidade.

Para alguns muçulmanos ([172]), as descobertas no domínio do genoma humano já se encontravam previstas no Alcorão. Há uma passagem no Livro Sagrado que diz que o ser humano necessita procurar cada vez mais sobre si mesmo. Os novos avanços científicos revelam que não existe um determinismo genético total, o homem não é apenas geneticamente determinado. A pessoa é um ser espiritual, regido por uma força que jamais poderá ser explicada pela Ciência.

([168]) Sobre a posição da Religião Muçulmana, cfr. B. ANDREW LUSTIG, *Recent trends in theological bioethics*, in «Bioethics Yearbook. Theological Developments in Bioethics», 1992-1994, Vol. 5, Ob. cit., págs. 1-9; M.A.S. ABDEL HALEEM, *Medical ethics in Islam*, in «Choices and decisions in health care», Coord. Andrew Grubb/Wiley, New York, 1993, págs. 1-7.

([169]) A Declaração Islâmica Universal dos Direitos Humanos, 1981 (Paris, 21 dhul, qaidah, 1401 – Salem Azzam, 19 de Setembro de 1981, Secretaria Geral), baseia-se no Alcorão e na *Sunnah* (por *Sunnah* entende-se o exemplo e o modo de vida do Profeta Muhammad compreendendo tudo o que ele disse) e foi compilada por juristas e representantes muçulmanos dos movimentos islâmicos. É o segundo documento fundamental proclamado pelo Conselho Islâmico para assinalar o início do século XV da Era Islâmica. Foi antecedida pela Declaração Islâmica Universal, proclamada na Conferência Internacional sobre o Profeta Muhammad e a sua Mensagem, que teve lugar em Londres, de 12 a 15 de Abril de 1980. "Esta é uma declaração para a Humanidade, uma orientação e instrução para aqueles que temem a Deus" (Alcorão Sagrado, Al - Imran 3: 138).

([170]) Declaração Islâmica Universal dos Direitos Humanos, I, Direito à vida, 1981.

([171]) *Chari'ah* significa lei. Abrange as regras que provêm do Alcorão e da *Sunnah* e de quaisquer outras leis que tenham sido baseadas nessas duas fontes, através de métodos considerados válidos pela jurisprudência islâmica.

([172]) Nesta linha, entre outros, M.A.S. ABDEL HALEEM, *Medical ethics in Islam*, in «Choices and decisions in health care», Ob. cit., págs. 1-7.

SECÇÃO IV
Posição da Religião Judaica

31. Princípios

31. Princípios

I. A Religião Judaica ([173])([174]), com base nos ensinamentos da Torá ([175]), defende que a engenharia genética para a *criação de deuses* constitui uma atitude humana arrogante. A utilização da terapia génica equivale a *jogar a ser Deus* e, como tal, não deve ser posta em prática.

([173]) O Judaísmo sustenta a existência de um Deus único, eterno e abstracto. Surgiu com Abraão no ano 2000 A.C.. Abraão fez uma Aliança com Deus, tornando-se "pai" de um povo inumerável.

([174]) Sobre a posição da Religião Judaica, cfr. LÉO BAECK, *L' essence du Judaïsme*, Presses Universitaires de France, Paris, 1930, pág. 21; J. DAVID BLEICH, *Bioethical dilemmas. A Jewish perspective*, Ktav Pub. House, Hoboken N.J., 1998, pág. 33; E. LOUIS NEWMAN, *Jewish theology and bioethics*, «The Journal of Medicine and Philosophy», 17, 1992, págs. 309-311; B. ANDREW LUSTIG, *Recent trends in theological bioethics*, in «Bioethics Yearbook. Theological Developments in Bioethics», 1992-1994, Vol. 5, Ob. cit., págs. 1-9; ELLIOT N. DORFF, *Review of recent work in Jewish Bioethics*, in «Bioethics Yearbook. Theological Developments in Bioethics», 1992-1994, Vol. 5, Ob. cit., págs. 75-77; J. NOAM ZOHAR, *Human action and God's will: a problem of consistency in Jewish Bioethics*, «The Journal of Medicine and Philosophy», 20, 1995, págs. 387-389.

([175]) A Torá é a colectânea dos cinco primeiros livros da Bíblia que relatam a criação do mundo até à tomada da Palestina pelo povo judeu. A Bíblia hebraica foi escrita por volta de 900 A.C. e é um produto da história nacional e da revelação de Deus manifestada através de Patriarcas, Profetas, Salmistas, etc e com particular destaque para Moisés. É um Livro sagrado que se distingue dos demais pelo seu monoteísmo estruturalmente nacionalista, ético e religioso. O Talmud reúne os livros sagrados e as decisões religiosas das grandes assembleias; é o guia de toda a vida do judeu praticante.

122   *Direito do Genoma Humano*

Para o Judaísmo faz parte da criação uma evolução gradual dos seres vivos. O Livro Sagrado é o primeiro a reconhecer a proximidade das espécies.

Nesta orientação, é tudo uma questão de se proceder a uma interpretação do Livro Sagrado para se poder comprovar a compatibilidade entre a Religião e a Ciência.

II. A maioria dos rabinos aceita o mapeamento dos genes desde que este vise o bem da Humanidade. O Judaísmo afirma que Deus e os homens são parceiros na criação do mundo. O homem deve usar as capacidades que Deus lhe deu para melhorar a vida na terra, designadamente tentando curar as enfermidades. Porém, é necessário que as investigações sobre o genoma respeitem os direitos e a dignidade das pessoas e não originem uma nova forma de discriminação baseada em características genéticas.

III. Em *Rosh Hashaná* ([176]) depois da oração da noite, cumprimentam-se todos dizendo: *Leshaná Tová Ticatêv Vetechatêm* ([177]). Ao fazer esta afirmação é como se fosse possível ver os três grandes Livros Divinos abertos perante *D'us*: o Livro dos Justos, o dos Perversos e o dos Medianos, – onde, talvez, o ser humano se encontre com as suas boas e más acções praticamente equiparadas. Basta uma *mitsvá* a mais e a balança pesará a seu favor.

IV. Na Religião Judaica, uma antiga metáfora atinge uma nova dimensão, graças ao genoma humano. Durante séculos, ou mesmo milénios, nesta época entre *Rosh Hashaná* e *Yom Kipur* ([178]), os fiéis falaram sobre o "Livro da Vida" e oraram para nele serem inscritos.

V. A Santidade Judaica assenta, em primeiro lugar, na linguagem. Com a descoberta do genoma humano, ganhou terreno a teoria de que, com efeito, não era mero acaso, mas já predestinação, o facto de quando os judeus falavam a propósito da vida pensavam sobre

---

([176]) Ano Novo.

([177]) Isto é, que sejas inscrito e selado para um ano bom.

([178]) Dia da Purificação ou também denominado Dia do Perdão.

um livro. *D'us* criou o mundo, através de palavras, também, por palavras, *D'us* revelou-se no Sinai. Por meio de palavras, *D'us* e os judeus conectaram-se no grande pacto de amor. Ao compor a *Torá*, *D'us* escreveu-a com letras de fogo negro sobre fogo branco.

Para esta Religião, as letras, palavras, frases e livros foram o instrumento, a forma na qual o grande mistério da vida foi codificado. Os judeus consideram que os avanços na descoberta do genoma humano consubstanciaram a comprovação científica da sua crença religiosa.

VI. O genoma humano e *Rosh Hashaná* tratam dos fundamentos da vida. *Rosh Hashaná* é o aniversário da criação. Os judeus, nas suas orações, dizem *hayom haras olam,* que significa "hoje nasceu o universo". Actualmente, e sem antecedentes noutras gerações, o conhecimento deste universo passou a ser mais acessível ao espírito humano. É possível compreender melhor a extensão e a complexidade dos mundos macro e microscópico. O homem conseguiu chegar ao espaço, conquistá-lo, atravessar oceanos. Mas, é no momento em que o ser humano perscruta para o genoma que descobre o seu "universo pequeno" (*olam catan*).

Com os progressos empreendidos na Astrofísica, na Física, na Química, na Biologia, na Genética, etc é cada vez mais visível a extraordinária sintonia do universo e cientificada a crença de que a vida humana não surgiu por simples acaso. Maimônides, há mais de oitocentos anos, escreveu que o caminho para o amor e temor a *D'us* é "contemplar o esplendor e a sabedoria da criação" ([179]).

VII. Para os judeus há dois livros da vida: o genoma e a história humana. O primeiro foi escrito por *D'us*. Mas *D'us* convida cada homem a colaborar com a escrita da história humana.

Apesar de recusarem a ideia de um fatalismo genético, admitem que existe uma base genética ([180]). A pessoa é uma mistura de carga

---

([179]) Maimônides, *Hilkhot Yesodei ha Torah 2: 2.*

([180]) Aliás, e entre outros exemplos possíveis, Maimônides já referia que a asma se transmitia de geração em geração. Maimônides descreveu diversas influências sobre o carácter (Hilkhot Deot 1: 2); algumas de cariz genético (*levi teva gufo*) outras, porém, produto do ambiente.

genética e do meio em que se desenvolveu e das opções que fez livremente. Para o Judaísmo não existem destinos inevitáveis; não há um determinismo fatal. Se o homem errou pode sempre arrepender-se e decidir mudar o rumo da sua vida com a ajuda de *D'us*.

VIII. O homem tem livre arbítrio para escolher entre o bem e o mal. É caso para dizer que só não há livre arbítrio para não ter livre arbítrio.

TÍTULO III
ENQUADRAMENTO BIOÉTICO

Sumário

SECÇÃO I
Introdução

32. Revolução genómica
33. Despotismo da era genómica

SECÇÃO II
Noção de Bioética. Génese e evolução

34. Tentativas de aproximação conceptual
35. Van Potter. Outros contributos
36. Raízes da Bioética
37. Controlo da investigação

SECÇÃO III
A Bioética como abordagem pluridisciplinar

38. Metodologia
39. Sociedade e progressos genómicos

SECÇÃO IV
Regulamentação da Bioética

40. Textos com aplicação na Bioética

SECÇÃO V
Conclusão

41. Alguns princípios essenciais para a nova área genómica
42. Genoma humano, Bioética, direitos, deveres e gerações futuras
43. O *decifrar* do ser humano na singularidade da sua individualidade e na universalidade da Humanidade

SECÇÃO I
Introdução

32. Revolução genómica
33. Despotismo da era genómica

32. Revolução genómica

I. Os notáveis avanços científicos operados na área do genoma humano suscitaram inúmeros problemas. O nascer e o morrer, o aumento da esperança de vida, a eutanásia, os limites da investigação em seres humanos entre outros possíveis exemplos fizeram com que tivéssemos de abandonar, em pleno final do século XX e princípios do século XXI, a errónea ideia de já termos decifrado o mundo.

A Bioética vai, precisamente, analisar essas questões tentando dar resposta.

II. Como refere Edgar Morin, a Ciência é e continua a ser uma aventura.

O cientista já não se limita a descobrir, a desvendar a verdade; ele cria, constrói algo de novo e imprevisível.

É possível afirmar que a ciência genómica é a ciência do inédito, na medida em que na natureza não há nada mais inédito do que a própria vida. Ela foi, é e será uma excepção única. Apesar da grandiosidade do cosmos, a vida surgiu uma só vez e é única e irrepetível.

III. No dizer de Hans Jonas, o Prometeu, definitivamente "agrilhoado", ao qual a Ciência confere forças totalmente desconhecidas, reclama uma Ética que impede que o poder do homem se transforme numa maldição para ele próprio. No pensamento deste Autor, o homem,

128   *Direito do Genoma Humano*

identificado com a personagem de Prometeu, liberto das amarras, transforma-se em criador da sua própria perda [181].

IV. Segundo Lucien Sève, não se pode estabelecer uma correspondência mais clara com as opiniões políticas: tema de direita desde há dois séculos, a vontade de «acorrentar o Prometeu da Ciência» encontra hoje muitos adeptos à esquerda" [182].

V. O "Eu não continuo" simplesmente laico mas científico, convicto e definitivo de Jacques Testart [183], em 1986, constituiu um importante modelo para muitos investigadores.

VI. Jean Carbonnier colocou a questão de saber se é uma constante da psicologia social esta espécie de "agonia histórica" que o ser humano sente quando, de forma mais ou menos confusa, é "arrebatado" pelas transformações da Humanidade [184].

33. Despotismo da era genómica

I. A revolução genómica tem a característica particular e "trágica" de surgir num mundo que não está preparado para assumir as suas consequências. Usando palavras de Robert Clarke, estamos perdidos, como crianças que, depois de uma noite de avião, se encontram de repente mergulhadas num mundo totalmente diferente daquele que lhes era familiar [185].

A fase que atravessamos é comparável às grandes revoluções do dealbar da Humanidade, que há muito marcam o homem, como a descoberta da agricultura, do fogo e da roda.

---

[181] HANS JONAS, *Le principe responsabilité. Une éthique pour la civilisation technologique*, trad. de Jean Greisch, Le Cerf., Paris, 1995.

[182] LUCIEN SÈVE, *Para uma Crítica da Razão Bioética*, Epistemologia e Sociedade, Instituto Piaget, Lisboa, 1997, pág. 230.

[183] JACQUES TESTART, *L' Oeuf transparent*, Flammarion, Paris, 1986, págs. 33-34.

[184] JEAN CARBONNIER, *Flexible Droit, Textes pour une sociologie du droit sans rigueur*, Librairie Générale de Droit et de Jurisprudence, Paris, 1971, págs. 112-114.

[185] ROBERT CLARKE, *Os Filhos da Ciência*, trad. de Maria Adozinda de Oliveira Soares, Editora Verbo, Lisboa, 1985, pág. 14.

A integridade sem conhecimento é inútil mas o conhecimento, o saber sem integridade é perigoso.

II. A informação genómica é merecedora de especial atenção. O conhecimento genómico não é apenas informação privada; envolve terceiros. Por isso, a construção de uma estrutura de normas bioéticas deveria abranger todos os membros da sociedade. A finalidade da análise bioética é desenvolver linhas de orientação e regras para uma correcta utilização da tecnologia genómica. O facto de existir informação genómica disponível para uma determinada utilização prática não justifica *de per si* o seu uso. O que é importante, do ponto de vista bioético, é saber fazer a melhor utilização desses elementos. Têm sido elaborados diversos princípios para delinear o que pode ser reputado de *correcto uso*. A investigação bioética tem como objectivo precípuo analisar a evolução da Genética, tentar abordar os potenciais efeitos da informação e determinar as condições que justificam a utilização desta tecnologia.

III. Porém, as problemáticas suscitadas pela evolução no domínio do genoma humano podem, também, ser estudadas noutra vertente. A Bioética ainda pode colocar a questão de saber se a tecnologia genética é na verdade moralmente imparcial e objectiva.

IV. Os avanços verificados a nível da biologia molecular, celular e da genética têm modificado os nossos hábitos de vida, a alimentação, a saúde, o meio ambiente.

A técnica do DNA recombinante permite criar organismos dotados de propriedades inteiramente novas, os chamados organismos geneticamente modificados (OGM). São obtidos através da transferência de um determinado material genético no genoma de um organismo vivo.

As barreiras entre as espécies humanas e animal atenuam-se em virtude dos progressos científicos.

As investigações realizadas no domínio do genoma humano têm por particularidade uma propensão, ou, se preferível, uma tendência para, por vezes, *ferir* profundamente determinadas concepções tradicionais da sociedade no que concerne a questões existenciais fundamentais. Por exemplo, os testes genéticos ao possibilitarem diagnosticar com bastante antecedência algumas doenças podem configurar um instrumento de discriminação social, se não forem tomadas as devidas precauções. Com efeito, a hominicultura acarreta riscos extraordinariamente grandes. Quando orientada para finalidades diferentes conduz a resultados bastante pejorativos ao permitir determinar de modo precoce características da pessoa (designadamente os seus defeitos hereditários) antes que se cheguem a revelar. Como abordarei em sede própria, a medicina preditiva pode transformar-se num instrumento de ilegítima discriminação social em questões de emprego[186], contratos de seguros[187], etc com as pessoas a serem *etiquetadas* pelos genes.

A análise e a manipulação do genoma humano facilitam, ainda, o desencadear de novas formas de eugenismo[188].

A transgénese, a investigação embrionária, a terapia genética de melhoramento, a clonagem reprodutiva de seres humanos e a ectogénese são, também, temas que acarretam bastante polémica.

V. Chegaremos ao dia em que a vida manipulada pelas novas tecnologias passa a ser uma coisa, uma *res* que se compra, vende, troca, manipula, destrói ao capricho das escolhas e fantasias de terceiros?!...

O homem liberta-se dos riscos, do acaso das leis da natureza mas é entregue ao despotismo, à ditadura da era genómica?!...

Eu diria, mesmo, que os progressos operados na área do genoma humano têm gerado uma nova Bioética.

Cada vez mais, o homem modifica o próprio homem!

---

[186] Cfr. Parte II, Título III, Capítulo III.
[187] Cfr. Parte II, Título III, Capítulo IV.
[188] Cfr. Parte II, Título II, Capítulo II.

SECÇÃO II
Noção de Bioética. Génese e evolução

34. Tentativas de aproximação conceptual
35. Van Potter. Outros contributos
36. Raízes da Bioética
37. Controlo da investigação

34. Tentativas de aproximação conceptual

I. Do ponto de vista etimológico, a Bioética consiste no esforço em estabelecer um diálogo entre a Ética e a vida. Em grego *bíos* significa vida e *éthiké* quer dizer Ética.

II. A definição de Bioética não é pacífica: é vista ora como um movimento de ideias historicamente mutáveis, ora como uma metodologia de confronto interdisciplinar entre ciências biomédicas e ciências humanas. É considerada uma disciplina autónoma, com uma identidade própria distinta do Direito, da Deontologia, da Medicina, da Ética ainda que a eles se encontre intimamente ligada. Mas, e numa perspectiva diametralmente oposta, poder-se-á dizer que não é uma disciplina nova ou sequer uma disciplina. É o ponto de encontro de diversas disciplinas com problemas suscitados pelo Direito, pela Ética [189][190][191][192] e pelos avanços da Medicina.

---

[189] Cfr. ISABEL RENAUD, *Ética e Cuidados da Saúde*, «Brotéria», Vol. 148, n.º 2, Lisboa, Fevereiro de 1999, pág. 205, afirma que "A Ética está na moda." Mas, o facto de a Ética estar na moda não implica que anteriormente não existisse. Esclarece que os "acentos filosóficos" e os cuidados de saúde incidiam sobre outros aspectos. Às questões porquê a Ética? Porquê a Moral? A Autora responde numa palavra, porque o ser humano existe. Nunca esgotaremos a descrição da existência.

III. É o estudo interdisciplinar do conjunto das condições exigidas para uma administração responsável da vida tendo como objectivo os rápidos e complexos progressos das tecnologias biomédicas.

IV. A Bioética também pode ser concebida como o estudo sistemático dos problemas de valor que surgem nos campos da Biomedicina [193]. Ou o conjunto dos problemas colocados pela responsabilidade moral dos médicos e biólogos quer na investigação quer na aplicação prática dessa pesquisa [194].

---

[190] S. TOMÁS DE AQUINO, *Sententia libri Ethicorum Aristotelis,* lib. I, Casale Monferrato, Marietti, 1949, lectio 1,3, define Ética como: *"subiectum moralis philosophiae est operatio humana ordinata in finem, vel etiam, homo prout est voluntarie agens propter finem",* citado por ELIO SGRECCIA, *Manual de Bioética. I. Fundamentos e Ética Biomédica,* Edições Loyola, São Paulo, 1996, pág. 139.

[191] Se, à partida, é possível admitir que a Ciência pertence somente aos homens da Ciência, a Ética da Ciência, a Ética das consequências da Ciência diz respeito a todos os cidadãos. Nesta orientação, JEAN BERNARD, *De la biologie à l'éthique,* Buchet-Chastel, Paris, 1990, págs. 15-16.

[192] Cfr., entre outros, LUÍS ARCHER, *Desafios da Nova Genética,* Ed. Brotéria, Lisboa, 1992, pág. 71; MARIA DO CÉU PATRÃO NEVES, *Os progressos da genética: um desafio para a reflexão ética,* «Brotéria», Vol. 148, n.º 2, Lisboa, Fevereiro de 1999, pág. 199; ALAIN BADIOU, *L'Éthique. Essai sur la conscience du mal,* Hatier, Coll., Optiques, Paris, 1993, págs. 21-22; PAUL VALADIER, *Inévitable moral,* Éd. du Seuil, Paris, 1990, págs. 34-36, 56-62, 174, 185 e 203. PAUL RICOEUR, *Soi-même comme un autre,* Éd. du Seuil, Paris, 1990, págs. 200-203; ANDRÉ COMTE-SPONVILLE, *Morale ou éthique,* in «La Lettre internationale», 1991, págs. 12 e 16; HEGEL, *Principes de la Philosophie du Droit,* Gallimard, Paris, 1940, pág. 189; JEAN BERNARD, *Droits de l'Homme et manipulations génétiques, Bioéthique et Génétique,* Thème de la deuxième session, Académie du Royaume du Maroc, 1997, pág. 5; JUAN RAMÓN LACADENA, *El Proyecto Genoma Humano y sus derivaciones,* in «Ética y Biotecnología», Universidad Pontificia Comillas, Madrid, 1993, pág. 110; DESCARTES, *Discours de la Méthode,* Flammarion, Paris, 1966, págs. 45-48; MARTIN HEIDEGGER, *Lettre sur l'humanisme,* Aubier, Paris, 1964, págs. 75 e 109; J. C. FLETCHER, *Ética y genética humana una vez cartografiado el genoma humano,* in «Proyecto Genoma Humano: Ética», Fundación BBV, Bilbao, 1991, págs. 287-297, citado por JUAN RAMÓN LACADENA, *El Proyecto Genoma Humano y sus derivaciones,* in «Ética y Biotecnología», Ob. cit., págs. 106-107.

[193] L. WALTERS/T. J. KAHN, *Bibliography of Bioethics,* Vol. 17, Kennedy Institute of Ethics, Washington, 1991, pág. 3.

[194] Grande Enciclopédia Larrousse Cultural, Nova Cultura, São Paulo, 1998.

Enquadramento Bioético

V. A Bioética é, no fundo, um ramo da Ética aplicada que estuda as implicações de valor dos desenvolvimentos das ciências da vida.

35. Van Potter. Outros contributos

I. Van Rensselaer Potter foi a primeira pessoa a usar a palavra *bioethics* ([195]). O biólogo chamou a atenção para as transformações operadas pelos progressos científicos num futuro próximo temendo, mesmo, um possível fim da Humanidade. Os poderes de transformação do ser humano, conferidos pela genética, acarretam um clima de insegurança sem precedentes no passado. E por isso temos necessidade de biólogos que nos digam o que podemos e devemos fazer para sobreviver, e o que não podemos nem devemos fazer se quisermos manter e melhorar a qualidade de vida nas próximas décadas.

Potter alertou para o perigo, para a sobrevivência de todo o ecossistema, da separação entre o domínios científico e o humanista. A distinção entre os valores éticos pertencentes à cultura humanista em sentido lato e os factos biológicos encontra-se na raiz dos processos tecnológicos "indiscriminados" que, de acordo com Potter, colocam em risco a Humanidade e a própria sobrevivência da vida sobre a terra. A única forma de solucionar esta catástrofe consiste na construção de uma ponte entre a cultura científica e a humanístico-moral. Por outras palavras, a Ética não se deve circunscrever apenas ao ser humano, mas deve estender o olhar para a biosfera no seu conjunto, ou, mais precisamente, para cada intervenção científica do homem sobre a vida. Consequentemente, a Bioética tem o dever de unir a Ética e a Biologia, os valores éticos e os factos biológicos para a

---

([195]) VAN RENSSELAER POTTER, *Bioethics, The science of survival. Perspectives in biology and medicine*, 14, 1970, págs. 127-153.

([196]) VAN RENSSELAER POTTER, *Bioethics. Bridge to the future*, Prentice Hall, N. J., Englewood Cliffs, 1971.

Para muitos terá sido apenas nesta obra que a palavra Bioética foi usada pela primeira vez. No entanto, verifiquei que Potter já a tinha utilizado, em 1970, num artigo subordinado ao título *Bioethics, The science of survival. Perspectives in biology and medicine*, onde resumiu o capítulo do livro *Bioethics. Bridge to the future*. Cfr. nota anterior.

134   *Direito do Genoma Humano*

sobrevivência de todo o ecossistema. O instinto de sobrevivência não era suficiente; era necessário elaborar uma "ciência da sobrevivência". A Bioética é, assim, concebida como uma "ponte" entre a cultura científica e a humanística-moral ([196])([197]).

Precisamente, este Autor concebeu a Bioética como uma Ética da bioesfera que abrangia as questões médicas e ecológicas. Englobava todos os aspectos naturais e sociais que possibilitavam a sobrevivência do ser humano na terra, designadamente a preservação de um ecossistema que torne o planeta habitável.

Potter criticou a concepção mecanicista-reducionista da bioquímica e da biologia molecular. Parece-me útil acentuar o núcleo conceptual dado por Potter à raiz da Bioética, isto é, a necessidade de a Ciência se interrogar do ponto de vista ético e de o homem colocar questões acerca da relevância moral da sua intervenção na vida.

Assim sendo, a Bioética parte de uma situação de preocupação crítica relativamente ao progresso da Ciência. Suscita-se, deste modo, teoricamente, a dúvida sobre a capacidade de sobrevivência da Humanidade em virtude dos avanços científicos.

([197]) Potter defendeu que a Bioética passou por três estádios de desenvolvimento.

O primeiro designou-o de "Bioética ponte", o segundo de "Bioética global" e o terceiro de "Bioética profunda".

"Bioética ponte", precisamente, pela característica interdisciplinar que foi usada como base das suas ideias.

Potter, em 1988, veio sustentar que a Bioética é "global" pois ela deve ser uma proposta abrangente que engloba todos os aspectos relativos ao viver, mais concretamente, questões de saúde e ecologia. A Bioética é a combinação da Biologia com conhecimentos humanísticos. Cfr. Van Rensselaer Potter, *Global Bioethics. Building on the Leopold Legacy*, Michigan State University Press, East Lansing, 1988.

O termo "global" usado por Potter foi interpretado por alguns autores, não do ponto de vista interdisciplinar, mas como uma perspectiva homogénea enquadrada num processo de globalização. Cfr. Solly Benatar, *Imperialism, research ethics and global health*, «J. Med. Ethics», 24, 4, 1998, págs. 221-222.

A noção de "Bioética profunda" proposta em 1998 tem um cariz eminentemente humanizador e abrangente incluindo a vida, a saúde e o ambiente como temática de reflexão. A Bioética é uma nova Ciência Ética que "combina humildade, responsabilidade e uma competência intercultural". Cfr. Van Rensselaer Potter, *IV Congresso Mundial de Bioética*, Tóquio, Japão, 4-7 de Novembro de 1998.

II. Na Alemanha destaca-se a referida obra de Hans Jonas, *O princípio responsabilidade* [198], que constituiu um importantíssimo contributo para a Bioética. Jonas caminhou a partir de um campo semelhante ao de Potter uma vez que tem em consideração a crescente possibilidade da técnica, analisando as eventuais ameaças à sobrevivência da Humanidade. No dizer deste Autor, a Humanidade tem o dever de sobreviver e, consequentemente, é necessário criar uma nova Ética, a por ele denominada *Ética do futuro*, que deve fundamentar-se no exame das consequências das intervenções humanas sobre a biosfera a cargo das gerações vindouras. Segundo Jonas, toda e qualquer intervenção biotecnológica deve ter como prioridade evitar a catástrofe.

III. Na primeira versão da Enciclopédia da Bioética [199] organizada por Warren Reich, do Instituto Kennedy de Ética da Universidade Georgetown, a Bioética apareceu definida como o estudo sistemático da conduta humana no domínio das ciências da vida e da saúde encarada à luz de valores morais.

A par da Medicina passam, também, a ser tidos em conta problemas conexos com a bioesfera tais como as questões demográficas e ambientais. A especificidade dessa análise sistemática caracterizou-se pela referência a valores e princípios morais, e, consequentemente, pelo estabelecimento de critérios de licitude ou de ilicitude. Nesta linha, este estudo não podia ser objecto exclusivo da Deontologia, da Medicina Legal, da Filosofia ou da Ética.

IV. Na segunda edição da Enciclopédia da Bioética [200], Warren Reich modificou a noção de Bioética anteriormente apresentada, sintetizando as ideias fundamentais existentes. Assim, definiu a Bioética como o estudo sistemático das dimensões morais (incluindo opções, comportamento e políticas) das ciências da vida, usando toda uma diversidade de metodologias éticas.

---

[198] HANS JONAS, *Le principe responsabilité. Une éthique pour la civilisation technologique*, Ob. cit., 1995, págs. 24-31.

[199] *Encyclopaedia of Bioethics*, Coord. Warren T. Reich, Vol. 1, The Free Press, New York, 1978.

[200] *Encyclopaedia of Bioethics*, Coord. Warren T. Reich, Vol. 1, The Free Press, New York, 1995.

V. Tristan Engelhardt, em 1986, acrescentou mais uma característica ao sustentar que a Bioética funciona como uma lógica do pluralismo, como um mecanismo para a negociação pacífica das instituições morais ([201]).

VI. Segundo André Comte-Sponville, a Bioética não faz parte da Biologia, mas da Ética; é uma parte da nossa responsabilidade humana; deveres do homem para com outro homem, e de todos para com a Humanidade ([202])([203]).

VII. A Bioética é, no fundo, também Ética, e nessa orientação, não se pode pretender que seja uma simples uniformização de valores; ela exige uma reflexão sobre os próprios valores e respectivas opções. Mas, opção implica liberdade. Não existe Bioética sem liberdade, e liberdade precisamente para poder optar por mais difícil que possa ser.

VIII. Num Congresso subordinado ao tema *New trends in forensic haematology and genetics. Bioethical problems*, realizado em Erice, em Fevereiro de 1991, um grupo de trabalho elaborou o célebre *Documento de Erice* ([204]) relativo ao objecto da Bioética bem como à sua relação com a Deontologia e a Ética médica. De acordo com esse Documento a Bioética abarca quatro áreas:

a) Questões éticas das profissões sanitárias;
b) Questões éticas suscitadas no domínio das investigações sobre o homem;
c) Problemas sociais relativos às políticas sanitárias quer nacionais quer internacionais, com a medicina ocupacional e com as políticas de planeamento familiar;

([201]) H. TRISTAN ENGELHARDT, *The foundations of bioethics*, Oxford University Press, New York, 1986, cap. 4, pág. 114.

([202]) ANDRÉ COMTE-SPONVILLE, *Bom dia, angústia,* Martins Fontes, São Paulo, 1997, pág. 61.

([203]) André Comte-Sponville segue de perto o célebre referencial de Jean Paul Sartre "Todos somos responsáveis por todos" e de Dostoievsky "Somos todos responsáveis por tudo, diante de todos".

([204]) *Il Documento di Erice sui rapporti della Bioetica e della Deontologia Medica con la Medicina Legale,* 53 rd Course «New trends in forensic haematology and genetics. Bioethical problems», Erice, 18-21/02/1991, in «Medicina e Morale», 4, 1991, págs. 561-567.

d) Problemas relacionados com a intervenção sobre a vida dos outros seres vivos (plantas, microorganismos e animais) e de um modo geral sobre o que diz respeito ao equilíbrio do ecossistema.

Segundo este Documento, a Bioética tem, também, como finalidade a análise racional das questões morais respeitantes à Biomedicina e à sua conexão com o Direito e as Ciências humanas; visa a elaboração de linhas éticas fundamentadas sobre os valores da pessoa e sobre os direitos do homem, sem ofender os diversos credos religiosos.

36. Raízes da Bioética

I. A génese da Bioética ocorreu num contexto político, histórico, económico e social específico em que a regulamentação existente da prática da Medicina não era suficiente para fazer face aos desafios morais produto dos novos avanços científicos. Esta contestação dos padrões médicos até então vigentes nas relações com os doentes teve lugar no âmbito de um movimento social mais amplo, onde a autoridade médica foi questionada. A inseminação artificial, a fecundação *in vitro*, o anonimato do dador de gâmetas são alguns *itens* que passaram a fazer parte do quotidiano social, cultural e científico.

II. Logo na sua génese, a Bioética lidou com duas dimensões completamente distintas: por um lado, as críticas à Medicina clássica e, por outro lado, a necessidade de incentivo à investigação que acarretava toda uma panóplia de extraordinários benefícios mas simultaneamente de diversos riscos.

A Bioética teve, assim, os seus primórdios, precisamente, numa fase em que se chegou à conclusão que o recurso às novas tecnologias acarreta riscos demasiado grandes e que a Ciência muitas vezes não é capaz de solucionar os problemas que ela própria cria.

III. Daniel Callahan e Willard Gaylin criaram, em 1969, o *Institute of Society, Ethics and the Life Sciences*, mais conhecido por *Hastings Center* (com sede em *Hastings on Hudson*, New York) que tinha como objectivo específico analisar os aspectos éticos, sociais e legais das ciências médicas.

138   *Direito do Genoma Humano*

O *Hastings Center* contribuiu para a elaboração de projectos didácticos e linhas de orientação de diversos problemas da Bioética. Os resultados desses estudos foram publicados na revista «Hastings Center Report», órgão oficial do centro, e noutras monografias.

IV. Van Rensselaer Potter foi, como já referi [205], a primeira pessoa a usar a palavra *bioethics*, em 1970, quando as técnicas de reanimação neonatal e do prolongamento da vida terminal colocavam um vasto conjunto de questões inquietantes.

V. Em 1971, André Hellegers, obstetra e ginecologista holandês que se dedicou à fisiologia fetal, sem saber da existência do termo usado por Potter, utilizou a palavra Bioética, ao criar o Joseph and Rose Kennedy Institute for the Study of Human Reproduction and Bioethics [206]. André Hellegers concebeu a Bioética como uma ética da vida, em especial da vida humana. O grande progresso das biociências assim como a faculdade de aplicação das suas descobertas em seres humanos encontravam-se entre as principais preocupações deste Instituto [207].

VI. A Bioética teve uma grande difusão nos Estados Unidos da América, nos anos 70, com os escândalos de Brooklin, de Willowbrook [208], de Tuskegee [209], onde médicos acharam que o respeito pela pessoa não era suficiente para os impedir de inocularem células cancerosas em doentes idosos, em prol dos superiores interesses da Ciência [210][211][212].

---

[205] Cfr. Parte I, Título III, Capítulo I, Secção II, n.º 35.

[206] Sediado na Georgetown University fundada pelos Jesuítas em 1789.

[207] São numerosas as suas publicações, destacando-se, designadamente, o *New Titles in Bioethics*, o *Scope Note Series* e o *Kennedy Institute of Ethics Journal*.

[208] No Willowbrook State School (New York), entre 1965 e 1971, foram realizados estudos sobre a hepatite viral através da inoculação do vírus em cerca de 800 crianças deficientes mentais que estavam internadas.

[209] Para a elaboração do *Tuskegee Syphilis Study*, em 1972, e com o intuito de se estudar melhor a evolução da sífilis, a população negra de uma determinada localidade foi impossibilitada de usar penicilina para o tratamento da doença.

[210] Situação ocorrida no Jewish Chronic Disease Hospital.

[211] François-André Isambert, *Aux sources de la Bioéthique*, «Le Débat», n.º 25, Mai, 1983, pág. 85.

37. Controlo da investigação

I. Embora a palavra Bioética se tenha consagrado somente a partir de 1970, as raízes da Bioética são mais antigas. Podemos mesmo afirmar que as condições de constituição da Bioética são de duas ordens fundamentais: uma de cariz científico (chamo à colação, nomeadamente, a descoberta do DNA por Watson e Crick, os transplantes, a reprodução assistida, a clonagem reprodutiva de seres humanos, o Projecto do genoma humano) e outra de natureza política, económica e social.

II. O Congresso norte-americano, em 1974, fixou a obrigatoriedade da criação de um Institutional Review Board que tinha como função a revisão de projectos científicos nas instituições que fizessem investigação em seres humanos e fossem financiadas com fundos federais.

Ainda nesse ano, o Congresso norte-americano criou a National Commission for the Protection of Human Subjects of Biomedical and Behavioural Research que tinha como objectivo identificar os princípios éticos básicos que deveriam presidir às investigações com seres humanos nas ciências comportamentais e na Biomedicina. Em 1978, a National Commission for the Protection of Human Subjects of Biomedical and Behavioural Research apresentou o *Belmont Report: ethical principles and guidelines for the protection of human subjects of research.* O *Belmont Report* estipulou os primeiros princípios normativos da investigação biomédica ainda hoje fundamentais [213].

---

[212] A. R. Jonsen/A. L. Jameton/A. Lynch, *Medical ethics, history of north America in the twentieth century,* in «Encyclopaedia of Bioethics», Coord. Warren T. Reich, The Free Press, New York, 1978, págs. 992-1001.

[213] O *Belmont Report* consagrou três grandes princípios:

a) O princípio do respeito pelas pessoas.

b) O princípio da beneficência.

c) O princípio da justiça.

O *Belmont Report* não se circunscreveu à apresentação destes três princípios gerais mas adiantou três requisitos para a respectiva aplicação. Assim, o princípio do respeito exige a prática do consentimento informado; o da beneficência implica uma avaliação de riscos *versus* benefícios; por sua vez, o princípio da justiça exige a escolha de sujeitos para investigação, de acordo com critérios que têm em conta o indivíduo e a sociedade. Cfr. *National Commission for the Protection of Human Subjects of Biomedical and Behavioural Research. The Belmont Report: Ethical Principles and Guidelines for the Protection of Human Subjects of Research,* Washington D. C., U. S. Government Printing Office, 1978.

140 *Direito do Genoma Humano*

O Congresso, em 1980, autorizou a President's Commission for the Study of Ethical Problems in Medicine and Biomedical and Behaviour Research (1980-1983) a desenvolver o trabalho realizado pela Comissão anterior.

Os Institutional Review Boards difundiram-se não só nos Estados Unidos da América, mas, também, na Grã-Bretanha, Bélgica, França, Suíça, Canadá, etc, com a designação "Comissões de Ética de Investigação Clínica" ([214]).

III. A diálise renal foi realizada, pela primeira vez, em Seattle, em 1962. O grande número de candidatos a este tratamento, conjuntamente com a falta de meios disponíveis, suscitou inúmeras questões do foro moral relativamente aos critérios e procedimentos para uma correcta e justa selecção dos doentes. Transcendeu o âmbito médico e entrou na opinião pública, provocando um relevante debate ético sobre o prolongamento da vida e o valor da pessoa.

Por seu turno, os primeiros transplantes de coração e os progressos operados a nível de transplantes de rins suscitaram problemas de interesse geral não só sobre o prolongamento da vida como ainda sobre os direitos dos doentes.

A utilização de outras tecnologias de carácter vital, designadamente as relativas à respiração artificial, fez com que se interrogassem, também, os limites morais do uso das recentes biotecnologias.

As técnicas de procriação medicamente assistida, o recurso aos testes genéticos, a terapia génica, a clonagem, a investigação embrionária e todas as outras hipóteses abertas com a descoberta do genoma humano passam a fazer parte do quotidiano da nova Bioética.

Estes são alguns dos inúmeros exemplos que poderiam ser referidos.

IV. Durante décadas, intensificou-se o campo de acção da Bioética, que pelo seu próprio carácter e natureza não tem fim!...

Cfr. M. Patrão Neves, *A teorização da Bioética*, in «Comissões de Ética. Das bases teóricas à actividade quotidiana», Coord. Maria do Céu Patrão Neves, Centro de Estudos de Bioética, Pólo Açores, Gráfica de Coimbra, Coimbra, 2002, págs. 41-42; Rui Nunes, *Artigo 4.°. Obrigações profissionais e regras de conduta*, in «Direitos do Homem e Biomedicina», Ob. cit., págs. 60-61.

([214]) M. Patrão Neves/Daniel Serrão, *A institucionalização da Bioética*, in «Comissões de Ética. Das bases teóricas à actividade quotidiana», Ob. cit., pág. 67.

SECÇÃO III
A Bioética como abordagem pluridisciplinar

38. Metodologia
39. Sociedade e progressos genómicos

38. Metodologia

I. Os instrumentos de estudo da Bioética resultam de uma metodologia interdisciplinar específica que se propõe analisar de forma aprofundada o facto médico, bem como destacar as suas implicações e identificar as soluções éticas que fundamentam essas mesmas soluções.

Condição *sine qua non* exigida pela Bioética diz respeito à visão pluralista e interdisciplinar dos problemas éticos nas ciências da vida e do meio ambiente. Por outras palavras, a análise das questões pressupõe sempre, em Bioética, não apenas a participação multidisciplinar mas, também, interdisciplinar.

II. Há quem defenda que a Bioética não é uma disciplina porque é uma abordagem que tende para a interdisciplinaridade. Ao exercer o diálogo interdisciplinar apresenta um método para a solução de questões éticas que interpelam os investigadores que trabalham com tecnologias cada vez mais sofisticadas, na área das ciências da vida.

III. Deste modo, a Bioética é uma área de investigação que, com uma metodologia multidisciplinar e interdisciplinar [215][216], tem

---

[215] Cfr. DANIEL CALLAHAN, *Bioethics as a Discipline,* Hasting Centre, Studies, 1, n.º 1, 1973, págs. 66-73.

142   *Direito do Genoma Humano*

como objectivo o exame do comportamento humano na área das ciências da vida feito à luz de princípios morais [217].

E multidisciplinar e interdisciplinar precisamente porque as consequências das investigações biomédicas envolvem diversos aspectos de natureza política, religiosa, económica, antropológica, social, cultural, jurídica, entre outros, e exige uma concatenação dos vários saberes envolvidos.

IV. Toda a investigação científica que implique uma alteração das condições de saúde e bem-estar da pessoa entronca na esfera da Bioética e exige uma administração responsável pela manutenção da vida que é a razão de ser e fim precípuo da Ciência. A investigação científica tem que ter sempre como ponto central, nuclear o respeito pela dignidade do ser humano.

39. Sociedade e progressos genómicos

I. Um dos grandes méritos da Bioética é o de tentar fazer com que a Ética chegue à sociedade e, por seu turno, que a sociedade *olhe* para a Ética, criando os fundamentos éticos de controlo social nas ciências da vida. Chamo à colação, precisamente, o exemplo do Projecto do genoma humano que suscita diversos problemas de natureza ética que não podem ser analisados somente por médicos, geneticistas, biólogos, juristas, economistas, etc. O enfoque tem que ser o da Bioética, envolvendo os vários sectores da sociedade.

A sociedade não pode assistir pacificamente, de *braços cruzados*, aos acontecimentos sem ter consciência do modo como a sua vida pode ser afectada pelos progressos genómicos. É preciso

---

[216] GUY BOURGEAULT, *Qu'est-ce que la Bioéthique – Bioéthique, méthodes et fondements,* Marie-Hélène Parizon Ed., L' Association Canadienne – Montréal, Québec, 1989, págs. 63-75.

[217] No dizer de MARIA DE LURDES PINTASILGO, *A Bioética e os países em desenvolvimento,* «Brotéria», Vol. 140, n.º 1, Lisboa, Janeiro de 1995, pág. 17, a Bioética é simultaneamente, universal e situada. Os valores que a orientam são imperativos em todos os tipos de sociedade. Todavia, cada sociedade tem características culturais, sociais e económicas próprias o que origina questões de natureza ética com contornos específicos.

compatibilizar os valores dos investigadores com os valores das culturas específicas das diferentes sociedades. Só, assim, se conseguirá transformará a Bioética numa Ética de todos e para todos.

II. Edgar Morin, relativamente à postura interdisciplinar da Bioética, sustenta: "As minhas viagens através das áreas do saber humano fizeram de mim um contrabandista do saber, e é por isso que muitos me criticam [218]". Precisamente, a resistência de determinados sectores em partilhar conhecimentos pode provocar estas atitudes.

III. A Bioética apesar de constituir um todo uno, é produto de vários conhecimentos e da conjugação de diversos elementos [219].

IV. A Bioética incentiva os juristas a avaliar os direitos existentes e a formular novos direitos humanos [220].

A organização social dos progressos genómicos concerne à prática médica. Mas, como os recursos existentes são, por vezes, escassos é necessária uma boa gestão por parte dos economistas. Por sua vez, desta boa gestão depende não só a qualidade de vida actual como também futura dos cidadãos; assim, é indispensável a tomada de medidas de natureza política. Daí que a Ciência, o Direito, a Economia e a Política caminhem lado a lado para poderem estudar estas questões e adiantarem propostas.

---

[218] EDGAR MORIN, *Science avec conscience,* Arthemé Fayard, Paris, 1982, págs. 76-77.

[219] D. MIETH, *Ética teológica e Bioética*, Concilium, Maio, 1989, págs. 395-398.

[220] ANTÓNIO BERISTAIN, *Bioética e novos deveres-direitos humanos*, «Direito e Justiça», Vol. X, Tomo 2, Universidade Católica Editora, Lisboa, 1996, págs. 82-83.

SECÇÃO IV
Regulamentação da Bioética

40. Textos com aplicação na Bioética

40. Textos com aplicação na Bioética

I. O Código Hipocrático foi o primeiro marco normativo que reconheceu a necessidade de uma harmonia entre o exercício da Medicina e o correlativo respeito dos princípios e valores do ser humano. Este Código serviu de base aos actuais códigos de ética profissional [221].

Durante séculos os cientistas adoptaram uma atitude de distanciamento face aos demais membros da sociedade. Recusavam, regra geral, toda e qualquer intervenção exterior, quer fosse da Igreja, do Estado, etc [222].

II. Todavia, actualmente, esta atitude não é compartilhada pela maior parte dos cientistas; muito pelo contrário, frequentemente, são eles os primeiros a pedir a intervenção de juristas.

As crueldades praticadas durante a II Guerra Mundial fizeram com que o Tribunal de Nuremberga elaborasse a primeira recomen-

---

[221] Todavia, parece-me útil referir que o primeiro código escrito, o de Hammurabi, já tinha normas relativas à prática da Medicina. Papiros do Antigo Egipto levam-nos a pensar que na época de Imhotep, 3000 anos A.C., existiam regras prescritivas para a saúde. Havia uma certa confusão entre os papéis do médico e os do sacerdote e, de algum modo, uma confluência entre o Direito, a Religião, a Moral e a Ciência como comprovam a Bíblia e o Corão.

[222] RENATO DULBECCO, *Ingegneri della vita*, Sperling & Kupfer, Milano, 1988, págs. 13-14.

146 *Direito do Genoma Humano*

dação de condutas adequadas às investigações em seres humanos. O Código de Nuremberga foi base de vários documentos internacionais e legislações nacionais na área da investigação. Esta discussão, de início, essencialmente, de cariz jurídico foi muito influenciada por valores morais.

III. Cada vez mais é necessária uma regulamentação social das novas tecnologias.

IV. Certos textos de carácter geral contêm disposições que podem ser aplicadas à Bioética, tais como é o caso do Pacto das Nações Unidas.

V. As regras da Bioética são oriundas não só de actos unilaterais de organizações internacionais com força obrigatória (caso das directivas e regulamentos comunitários) como, também, de declarações solenes (nomeadamente a Declaração Universal sobre o Genoma Humano e os Direitos do Homem da UNESCO, de 11 de Novembro de 1997) ou de actos convencionais (Convenção para a Protecção dos Direitos do Homem e da Dignidade do Ser Humano face às Aplicações da Biologia e da Medicina: Convenção sobre os Direitos do Homem e a Biomedicina adoptada pelo Comité de Ministros do Conselho da Europa em 4 de Abril de 1997).

VI. A Assembleia Parlamentar do Conselho da Europa tem elaborado diversos documentos na área da Bioética. Refiro, entre outros exemplos possíveis, a Recomendação 934 sobre a engenharia genética, de 1982, a Recomendação 1046 relativa à utilização de embriões e fetos, de 1986, completada pela Recomendação 1100, de 1989, sobre a experimentação em embriões e fetos humanos, a Recomendação 1418, de 1999, sobre a protecção dos direitos do homem e da dignidade dos doentes incuráveis e moribundos [223].

---

[223] Parece-me oportuno referir que as instâncias comunitárias (Comissão, Conselho de Ministros e Parlamento) têm dado cada vez maior atenção aos problemas éticos no próprio quadro de lançamento dos programas de investigação na Comunidade.

O primeiro passo consistiu na adopção do programa de investigação e de desenvolvimento tecnológico para os anos 1990-1994. O Conselho de Ministros definiu, nesse quadro, os programas específicos relativos às biotecnologias e à biomedicina, e elaborou os respectivos orçamentos (Decisão do Conselho n.º 86/621/CEE (JO, n.º L 360 de 9/12/89)). O programa quadro para os anos 1994-1998 seguiu as coordenadas do anterior (Decisão n.º 110/94 CE (JO, n.º L 26 de 18/05/94)). Dois programas específicos no âmbito deste programa quadro merecem destaque:

O chamado programa *Biotecnologia*, adoptado, em Dezembro de 1994, pelo Conselho de Ministros (Decisão n.º 94/912/CE de 15/12/94 (JO, n.º L 631/25 de 31/12/94)), comporta importantes aspectos éticos ao excluir todo e qualquer projecto de financiamento que vise a modificação das células germinais. Por seu turno, o denominado programa *Biomedicina e Saúde* (Decisão n.º 94/913/CE de 15/12/94 (JO, n.º L 361/40 de 31/12/94)) reserva uma parte do seu financiamento à "investigação em Ética Biomédica" (mais concretamente, na época, seis milhões e meio de ecus são para o financiamento da investigação em Ética Biomédica, num total de trezentos e trinta e seis milhões de ecus consagrados ao programa específico *Biomedicina e Saúde*). Segundo a decisão do Conselho de Ministros esta investigação deve permitir validar "as regras gerais do respeito da dignidade humana no âmbito da investigação biomédica." Tem como temas principais a análise do genoma humano, a procriação medicamente assistida, a eutanásia, o transplante de órgãos e de tecidos, o consentimento informado do doente para a prática de actos médicos, a confidencialidade da informação médica, etc.

Por seu turno, o Parlamento Europeu criou o Scientific and Technological Options Assessment (STOA), um grupo de trabalho que tem como função avaliar as políticas de investigação comunitárias. No âmbito do STOA foi publicado, em Setembro de 1992, um estudo sobre a Bioética nos Estados-Membros.

Desde 1992, a Direcção Geral da Investigação da Comissão Europeia tem uma unidade especializada no estudo dos "aspectos jurídicos e éticos das Ciências da vida", que beneficia de fundos comunitários, e tem como finalidade coordenar as investigações na área do Direito e das Ciências humanas que tenham repercussões a nível da Ética da Biomedicina e da Biotecnologia.

O Conselho e a Comissão decidiram criar dois grupos de peritos: o *Human Embryo and Research* (HER) e o *Ethical, Legal and Social Aspects of Human Genome Analysis* (ELSA). O primeiro teve como função fazer o balanço das legislações e das práticas em vigor na Europa (elaborando dois relatórios sobre o embrião pré-implantatório (1992) e post-implantatório (1994)). Ao segundo coube assegurar a continuação dos programas comunitários de investigação sobre o genoma humano do ponto de vista das suas implicações jurídicas, éticas e sociais.

A Comissão, dando particular ênfase às repercussões da biotecnologia sobre os modos de vida e sobre os direitos fundamentais dos cidadãos, propôs, também, dotar a Comunidade de "uma estrutura consultiva sobre Ética e Biotecnologia". Foi, assim, constituído o Grupo de Conselheiros para a Ética da Biotecnologia (G.C.E.B.) em 20 de Novembro de 1991 com a missão de identificar as questões éticas suscitadas pelos avanços das biotecnologias nos diferentes domínios envolvidos (saúde, agricultura, indústria e ambiente); fornecer uma avaliação das repercussões a nível humano e social das actividades da Comunidade neste sector; aconselhar a Comissão sobre as medidas legislativas a tomar compatíveis com os valores éticos.

148 *Direito do Genoma Humano*

VII. Merecem, também, ser referidas a Declaração de Manzanillo de 1996 [224], a Declaração de Bioética de Gijón de 2000 [225] e a Declaração de Marbella de 1992 [226].

VIII. Além das fontes clássicas existem, também, textos publicados por órgãos não políticos, como as organizações não governamentais e os comités de ética internacional criados no seio da União Europeia e da UNESCO. Estes documentos contêm normas éticas e não jurídicas em sentido estrito.

IX. Existem, ainda, os Pareceres [227], as Recomendações e os Avisos dos comités de ética, que apesar de não terem obrigatoriedade jurídica, podem influenciar na elaboração de normas jurídicas. Apesar das inúmeras diferenças que afectam a natureza jurídica destes textos, não é possível olvidar a riqueza que esta diversidade representa, assim como a interpretação crescente dessas fontes de direito internacional da Bioética.

X. As novas regras bebem de princípios ditos comuns – os princípios universais dos direitos do homem. Isto é, o respeito da igual dignidade de todos os seres humanos, de molde a retomar os termos do preâmbulo da Declaração Universal do Direitos do Homem de 1948 assim como o respeito pela liberdade individual.

O Grupo de Conselheiros para a Ética da Biotecnologia satisfaz os critérios do pluriculturalismo, pluridisciplinaridade e independência estatutária essenciais para os Comités de Ética.

[224] Revista em Buenos Aires em 7 de Janeiro de 1998.

[225] Elaborada pelo Comité Científico da Sociedade Internacional de Bioética (S. I. B. I.), I Congresso Mundial de Bioética, Gijón, Espanha, 20 a 24 de Junho de 2000.

[226] Adoptada pela 44.ª Assembleia da Associação Médica Mundial, em Marbella, Espanha.

[227] A título de exemplo, o Grupo de Conselheiros para a Ética da Biotecnologia (G.C.E.B.), entre 1993 e 1996, emitiu oito importantes pareceres sobre: 1– Emprego da somatrofina bovina (BST) para as vacas (12 de Março de 1993); 2 – Fabrico de medicamentos derivados do sangue ou do plasma humano, a propósito dos problemas equacionados pela aplicação da directiva de 14 de Junho de 1989 (12 de Março de 1993); 3 – Protecção jurídica das invenções biotecnológicas, a propósito da proposta de directiva elaborada pela Comissão em 1988 (13 de Dezembro de 1993); 4 – Terapia génica (13 de Dezembro de 1994); 5 – Etiquetagem dos alimentos derivados da biotecnologia moderna, a

SECÇÃO V
Conclusão

41. Alguns princípios essenciais para a nova área genómica
42. Genoma humano, Bioética, direitos, deveres e gerações futuras
**43. O *decifrar* do ser humano na singularidade da sua individualidade
    e na universalidade da Humanidade**

41. Alguns princípios essenciais para a nova área genómica

I. O desenvolvimento científico originou uma aventura sem precedentes na *construção* de um novo Homem.

II. Julgo possível adiantar alguns princípios éticos essenciais para a nova área genómica:

a) A dignidade da pessoa. É necessário respeitar o princípio de que o corpo humano jamais pode ser objecto de comércio.

b) O princípio da autonomia privada. Autonomia de todo e qualquer ser humano baseada na dignidade da pessoa e no direito que ela tem à sua auto-realização.

c) O direito à autodeterminação informacional genómica. O ser humano deve poder conhecer os elementos genómicos que o definem. Todavia, o seu direito a não saber também deve ser respeitado.

---

propósito da proposta de regulamentação sobre os "novos alimentos" (5 de Maio de 1994); 6 – Diagnóstico pré-natal (20 de Fevereiro de 1996); 7 – Os animais transgénicos (22 de Maio de 1996); 8 – Patentes e respeito do corpo humano, a propósito da nova proposta de directiva relativa à protecção jurídica das invenções biotecnológicas (25 de Setembro de 1996).

150   *Direito do Genoma Humano*

d) O direito à privacidade dos dados genómicos. É indispensável ter em atenção a problemática do acesso de terceiros ao resultado dos testes genéticos.

e) O princípio da igualdade e o da não discriminação. Estes princípios pressupõem a prática de medidas para que os portadores de genes defeituosos não possam ser discriminados. Além disso, implicam a intervenção do Estado para garantir o acesso de todos à saúde.

42. Genoma humano, Bioética, direitos, deveres e gerações futuras

I. A Bioética equaciona todo um conjunto de critérios fundamentais e, por vezes, decisivos para a tomada de determinadas opções.

II. E é, precisamente, nesta possibilidade de escolha que Kant considera imperativo categórico que cada um aja de tal forma que a máxima da sua vontade possa valer sempre como princípio de lei universal.

III. Hans Jonas, face ao novo contexto sócio-cultural, propõe um novo imperativo categórico: é preciso agir de modo a que a nossa acção seja compatível com a permanência de uma existência autenticamente humana na terra [228]. E o que define essa existência autenticamente humana é a liberdade como capacidade de escolha e de autodeterminação, como capacidade de comunicação.

IV. Gilbert Hottois, na mesma linha de orientação, sugere como princípio ou como referência primordial a salvaguarda da capacidade ética [229].

---

[228] HANS JONAS, *Le principe responsabilité. Une éthique pour la civilisation technologique*, Ob. cit., 1995, págs. 22-31.

[229] GILBERT HOTTOIS, *Pour une éthique dans un univers technicien*, Ed. de l' Université de Bruxelles, Bruxelles, 1984, págs. 11-12.

Enquadramento Bioético

V. Karl-Otto Apel, a respeito dos deveres para com as gerações futuras, defende que a Ética só existe quando se consideram os homens como uma "comunidade de pessoas racionais com direitos iguais". É necessário chegar a um consenso por parte da comunidade sobre os interesses a prosseguir. Todavia, esse acordo é, muitas vezes, somente "estratégico". Este seria o acordo a que poderiam chegar todos os homens de um país. É a célebre *volonté de tous* de Jean Jacques Rousseau ([230]).

VI. Ronald M. Green, relativamente à questão de saber quais são as nossas obrigações para com as gerações futuras, sustenta que todos temos o dever de fazer o possível para que os nossos descendentes não fiquem numa situação pior que a actual em virtude das nossas acções ([231]).

43. O *decifrar* do ser humano na singularidade da sua individualidade e na universalidade da Humanidade

I. Com a descoberta do genoma humano, a Bioética vai, finalmente, poder entender o indivíduo na totalidade das suas expressões e na infinidade da sua realização como pessoa.

II. A Bioética tem, agora, a *matéria-prima*, os *instrumentos*, os *utensílios* para poder compreender o ser humano na singularidade da sua individualidade e na universalidade da Humanidade. Deste modo, ao compreender o homem na singularidade da sua individualidade e na universalidade da Humanidade, a Bioética fica apta para formular regras não só para casos individuais como directrizes gerais de comportamento eticamente adequadas ao pleno desenvolvimento da sociedade como um todo.

([230]) KARL-OTTO APEL, *Límites de la ética discursiva?*, epílogo ao livro de ADELA CORTINA, *Razón comunicativa y responsabilidad solidaria*, Sígueme, Salamanca, 1985, pág. 261.

([231]) RONALD M. GREEN, *Justice and the Claims of Future Generations*, in «Justice and Health Care», Shelf, Earl ed., Reidel, Dordrecht, 1981, pág. 198.

III. Em primeiro lugar é essencial sublinhar que as intervenções no genoma humano ainda que realizadas a nível individual têm consequências colectivas. A intervenção é feita na pessoa mas o seu resultado terá repercussões não apenas no próprio indivíduo mas na família e na sociedade. Consequências essas que dizem respeito a questões sociais como a discriminação, a exclusão de seguros, a impossibilidade de aceder ao mercado de trabalho.

Deste modo, todo o bem que se fizer a uma pessoa concreta acarretará repercussões sociais, e, paralelamente, os malefícios também envolverão terceiros.

As decisões e acções de hoje têm consequências a longo prazo afectando, frequentemente, indivíduos que ainda nem sequer existem, ou se preferível, que existem apenas *in Mente Dei*.

IV. Cabe à Bioética proceder a uma avaliação cuidadosa, séria, idónea, racional dos progressos operados a nível do genoma humano.

Caminhamos a largos passos para uma sociedade em que a futurologia se transformou em futuro e o futuro é já o presente.

PARTE II
GENOMA HUMANO E DIREITO

TÍTULO I
GENOMA HUMANO, PESSOA E BIODIREITO

Sumário

CAPÍTULO I
TENTATIVA DE DELIMITAÇÃO CONCEPTUAL DA PESSOA

SECÇÃO I
Introdução

44. Genoma humano e limites da pessoa
45. A crise da perda da identidade do homem

SECÇÃO II
Pessoa e Filosofia

46. Introdução
47. Contributos para uma definição de pessoa
48. Posição adoptada

SECÇÃO III
Pessoa e início da vida humana
Algumas teses sobre uma cronologia da pessoa

49. Objecto e justificação da presente secção
50. Nem sequer o nascimento!...
51. Nascimento
52. Viabilidade fetal
53. Organogénese
54. Nidação
55. Concepção. Posição adoptada

SECÇÃO IV
Genoma humano, Pessoa e Personalismo

56. Personalismo cristão
57. Ontologia e Direito
58. Personalismo jurídico

CAPÍTULO II
INÍCIO DA PERSONALIDADE JURÍDICA

SECÇÃO I
Conceito de personalidade jurídica

59. *Persona*
60. Pessoa humana e pessoa jurídica
61. As raízes da personalidade jurídica

SECÇÃO II
Debate doutrinal

62. O nascituro ainda não tem personalidade jurídica mas goza
de determinados direitos
63. O nascituro já tem personalidade jurídica

SECÇÃO III
Posição adoptada

64. A força juscientffica da ectogénese

CAPÍTULO III
PESSOALIZAÇÃO VERSUS OBJECTIVAÇÃO/REIFICAÇÃO DO GENOMA HUMANO

SECÇÃO I
Introdução

65. Uma possível subversão terminológica

SECÇÃO II
Reificação do corpo humano?

66. Os progressos biotecnológicos e uma nova visão do corpo
67. O corpo como um conjunto de peças desmontáveis
68. Redução do corpo a *res commerciabilis*

SECÇÃO III
O genoma humano não é um objecto/*res*. Conclusões

69. A pessoa como ser *corpore et anima unus*
70. A vida genómica é o valor em que se alicerçam todos os desenvolvimentos sucessivos da pessoa

CAPÍTULO I

TENTATIVA DE DELIMITAÇÃO CONCEPTUAL DA PESSOA

Sumário

SECÇÃO I
Introdução

44. Genoma humano e limites da pessoa
45. A crise da perda da identidade do homem

SECÇÃO II
Pessoa e Filosofia

46. Introdução
47. Contributos para uma definição de pessoa
48. Posição adoptada

SECÇÃO III
Pessoa e início da vida humana
Algumas teses sobre uma cronologia da pessoa

49. Objecto e justificação da presente secção
50. Nem sequer o nascimento!...

160 — Direito do Genoma Humano

51. Nascimento
52. Viabilidade fetal
53. Organogénese
54. Nidação
55. Concepção. Posição adoptada

SECÇÃO IV
Genoma humano, Pessoa e Personalismo

56. Personalismo cristão
57. Ontologia e Direito
58. Personalismo jurídico

SECÇÃO I
Introdução

44. Genoma humano e limites da pessoa
45. A crise da perda da identidade do homem

44. Genoma humano e limites da pessoa

I. A determinação do âmbito da pessoa ([232]) constitui um ponto crucial e imprescindível para a resolução de todo um conjunto de problemas inerentes ao Direito do genoma humano.

II. Vivemos uma era de grande crise para a pessoa. De uma crise específica, concreta provocada por toda uma panóplia de inovações biotecnológicas.

III. Tentar avançar uma noção daquilo que é a pessoa presentemente não esgota os problemas que ela suscita. Há, ainda, que aprofundar as condições da sua *ascensão* a novas fronteiras, limites do próprio homem onde assume cada vez mais maior importância o Biodireito ([233]).

([232]) Quando, neste estudo, utilizo a palavra pessoa, estou a reportar-me, concretamente, à pessoa singular. De qualquer modo, parece-me útil fazer esta menção, uma vez que, como é sabido, são, também, apelidadas de pessoas realidades que não correspondem à pessoa humana: fundações, associações e o próprio Estado – as denominadas pessoas colectivas.

([233]) Não cabe aqui proceder a uma análise de toda a legislação ora publicada. Contudo, é importante fazer já algumas, ainda que sucintas, alusões preliminares.

O Parlamento Europeu aprovou, em 16 de Março de 1989, uma Resolução sobre os problemas éticos e jurídicos da manipulação genética (Baseada no Informe A-2-327/88 da Comissão de Assuntos Jurídicos e dos Direitos dos Cidadãos.).

162   *Direito do Genoma Humano*

IV. Os limites da pessoa são produto de um processo de
personalização que tem como objectivo precípuo criar um campo

Por seu turno, a Assembleia do Conselho da Europa aprovou, entre outras, a Recomendação 934, de 26 de Janeiro de 1982, relativa à engenharia genética que consagrou a
"intangibilidade da herança genética face a intervenções artificiais"; a Recomendação 1046,
de 24 de Setembro de 1986, sobre a utilização de embriões e fetos humanos com fins
diagnósticos, terapêuticos, científicos, industriais e comerciais; a Recomendação 444, de 2
de Fevereiro de 1989, relativa à evolução do tratamento dos embriões e fetos e da Bioética
em geral; a Recomendação 1100, de 2 de Fevereiro de 1989, sobre a utilização de embriões
e fetos humanos na investigação científica; a Recomendação 1160, de 28 de Junho de 1991,
respeitante à celebração de uma Convenção sobre Bioética. A aprovação desta Recomendação converteu a Assembleia do Conselho da Europa na primeira organização internacional
que se comprometeu a elaborar uma Convenção sobre Bioética.

Por sua vez, o Comité de Ministros do Conselho da Europa aprovou, designadamente, a Recomendação n.º R 1 (1981), de 23 de Janeiro de 1981, sobre a regulamentação
aplicável aos bancos automatizados de dados; a Recomendação n.º R 16 (1984), de 25 de
Setembro de 1984, relativa à notificação de trabalhos que comportem o uso de DNA; a
Recomendação n.º R 13 (1990), de 21 de Junho de 1990, respeitante à detecção, diagnósticos e conselhos genéticos pré-natais; a Recomendação n.º R 1 (1992), de 10 de Fevereiro de
1992, sobre o uso das provas de DNA no âmbito da justiça penal; a Recomendação n.º R 3
(1992), de 10 de Fevereiro de 1992, respeitante a provas genéticas e à detecção com fins de
assistência sanitária.

Sem entrar em especificações, limito-me a enunciar, entre outros: a Declaração Uni-
versal dos Direitos Humanos, de 10 de Dezembro de 1948; o Código de Nuremberga e os
julgamentos de criminosos de guerra no Tribunal Militar de Nuremberga nos termos da
"Control Council Law" n.º 10, Nuremberga, Outubro 1946 - Abril 1949; a Convenção
Europeia para a Protecção dos Direitos do Homem e das Liberdades Fundamentais, de 4 de
Novembro de 1950; a Carta Social Europeia, de 18 de Outubro de 1961; a Convenção
Internacional das Nações Unidas sobre a eliminação de todas as formas de discriminação
racial, de 21 de Dezembro de 1965; a Declaração sobre a eliminação da discriminação contra
as mulheres, de 6 de Novembro de 1966; o Pacto Internacional das Nações Unidas sobre os
Direitos Civis e Políticos, de 16 de Dezembro de 1966; o Pacto Internacional das Nações
Unidas sobre os Direitos Económicos, Sociais e Culturais, de 16 de Dezembro de 1966; a
Declaração de Helsínquia relativa aos princípios éticos da investigação médica em seres
humanos adoptada pela Associação Médica Mundial em Junho de 1974 e revista em Tóquio
(1975), Veneza (1983), Hong-Kong (1989), Sommerset West (1996) e Edimburgo (2000);
a Convenção do Conselho da Europa n.º 108 para a Protecção das Pessoas relativamente ao
Tratamento Automatizado de Dados de Carácter Pessoal, de 28 de Janeiro de 1981; a
Convenção sobre os Direitos da Criança, aprovada pela Assembleia-geral das Nações Unidas, em 20 de Novembro de 1989; o Tratado da União Europeia, de 7 de Fevereiro de 1992;
a Convenção das Nações Unidas sobre a Diversidade Biológica, de 5 de Junho de 1992; o
Acordo sobre os Direitos de Propriedade Intelectual relacionados com o comércio da Organização Mundial do Comércio, de 15 de Abril de 1994; a Resolução do Conselho da Europa
sobre a Biomedicina, de 20 de Setembro de 1996; o Tratado de Amesterdão, de 2 de

Genoma Humano, Pessoa e Biodireito

163

lato que permita encontrar, em cada caso concreto, causa, sentido e razão de ser para preservar a dignidade do ser humano ([234]). Destacam-se, desde logo, os limites cronológicos: os do seu início e do seu fim (morte ([235])([236])([237])).

Outubro de 1997; a Convenção para a Protecção dos Direitos do Homem e da Dignidade do Ser Humano face às Aplicações da Biologia e da Medicina (Convenção sobre os Direitos do Homem e a Biomedicina), de 4 de Abril de 1997; a Declaração Universal sobre o Genoma Humano e os Direitos do Homem da UNESCO, de 11 de Novembro de 1997; o Protocolo Adicional à Convenção para a Protecção dos Direitos do Homem e da Dignidade do Ser Humano face às Aplicações da Biologia e da Medicina, que proíbe a Clonagem de Seres Humanos, de 12 de Janeiro de 1998; a Resolução sobre as implicações éticas, científicas e sociais da clonagem na saúde humana da Organização Mundial da Saúde, de 16 de Maio de 1998; a Carta dos Direitos Fundamentais da União Europeia, aprovada em Nice, a 7 de Dezembro de 2000; as directivas comunitárias n.º 75/117/CEE, de 10 de Fevereiro de 1975; n.º 76/207/CEE, de 9 de Fevereiro de 1976, alterada pela Directiva n.º 2002/73/CE, de 23 de Setembro de 2002; n.º 2000/43/CE, de 29 de Junho de 2000; e n.º 2000/78/CE, de 27 de Novembro de 2000; n.º 91/533/CEE do Conselho, de 14 de Outubro de 1991; a Directiva n.º 95/46/CE, do Parlamento Europeu e do Conselho relativa à protecção das pessoas singulares no que diz respeito ao tratamento de dados pessoais e à livre circulação desses dados, de 24 de Outubro de 1995; a Directiva n.º 98/44/CE, do Parlamento Europeu e do Conselho, sobre a protecção jurídica das invenções biotecnológicas, de 6 de Julho de 1998; a Decisão n.º 99/182/CE do Parlamento Europeu e do Conselho relativa ao 5.º Programa-Quadro de acções da Comunidade Europeia em matéria de investigação, de desenvolvimento tecnológico e de demonstração (1998-2002); a Decisão n.º 99/167/CE do Conselho que adopta um programa específico de investigação, desenvolvimento tecnológico e demonstração no domínio "Qualidade de vida e gestão dos recursos vivos" (1998-2002); o Regulamento (CE) n.º 45/2001 do Parlamento Europeu e do Conselho relativo à protecção das pessoas singulares no que respeita ao tratamento de dados pessoais pela Instituições e pelos órgãos comunitários e à livre circulação desses dados; a Declaração Universal da UNESCO sobre a Diversidade Cultural, de 2 de Novembro de 2001; o Protocolo Adicional à Convenção sobre os Direitos do Homem e da Biomedicina, relativo ao Transplante de Órgãos e Tecidos de Origem Humana, de 25 de Abril de 2002; as Resoluções do Conselho Económico e Social das Nações Unidas sobre privacidade genética e não discriminação n.º 2001/39, de 26 de Julho de 2001; e n.º 2003/232, de 22 de Julho de 2003; a Declaração Internacional sobre os Dados Genéticos Humanos, aprovada por unanimidade e aclamação na 32.ª sessão da Conferência Geral da UNESCO, em 16 de Outubro de 2003.

([234]) Segundo o preceituado no artigo 1.º (Objectivo e finalidade) da Convenção sobre os Direitos do Homem e a Biomedicina as Partes na presente Convenção têm o dever de proteger a dignidade e a identidade de todos os seres humanos e de garantir a todas as pessoas, sem discriminação, o respeito pela sua integridade e pelos outros direitos e liberdades fundamentais face às aplicações da biologia e da medicina. Cabe a cada Parte tomar, no seu direito interno, as medidas necessárias para tornar efectivas as disposições da Convenção.

([235]) O critério de morte aceite em muitos países é o da paragem definitiva do tronco cerebral, o que permite a colheita de órgãos do cadáver. Contudo, a religião budista preconiza

164 Direito do Genoma Humano

V. Mas, a partir de que momento é possível falar em pessoa humana? Desde a concepção? Apenas com o nascimento completo e com vida? Quem estabelece os critérios? Como? Em que moldes? Qual o contributo da Filosofia? Qual o papel da Ciência? E o Direito o que tem a dizer?

que a vida termina com os batimentos do coração e que, após a morte, a alma permanece durante algum tempo no corpo. Admite a doação de órgãos para transplantes, embora entenda que colide com a representação tradicional de morte por ela defendida.

(236) O critério de morte consagrado actualmente no nosso ordenamento jurídico é o da morte do tronco cerebral ou morte cerebral. A certificação da morte requer a demonstração da cessação das funções do tronco cerebral e da sua reversibilidade. O artigo 12.º da Lei n.º 12/93, de 22 de Abril, estatui que cabe à Ordem dos Médicos, ouvido o Conselho Nacional de Ética para as Ciências da Vida, enunciar e manter actualizados, de acordo com os avanços científicos que venham a ocorrer, o conjunto de critérios e regras de semiologia médico-legal idóneos para a constatação da morte cerebral.

O diagnóstico fundamenta-se na ideia de que a morte do tronco cerebral é o elemento necessário para a confirmação da morte. Este diagnóstico inclui a demonstração da inexistência dos reflexos característicos do tronco cerebral. Só em situações excepcionais é preciso recorrer a exames complementares de diagnóstico, como a angiografia cerebral que, para a certificação da morte, revelará a cessação total da circulação cerebral.

A colheita de órgãos para transplantações tornou necessária a existência de critérios mais precoces que facilitem o uso de órgãos que podem salvar e manter vidas. Caso contrário, aqueles órgãos não poderiam ser aproveitados.

Relativamente aos critérios de diagnóstico e os métodos semiológicos para a sua verificação, cfr. Guia de Diagnóstico de Morte Cerebral elaborado por uma Comissão de Redacção nomeada pelo Conselho Executivo da Ordem dos Médicos. A versão final, aprovada pelo referido Conselho e pelo Conselho Nacional de Ética e Deontologia da Ordem dos Médicos, encontra-se publicada no Diário da República, I Série-B, n.º 235, de 11 de Outubro de 1994, pág. 6160. Cfr. ALEXANDRE LAUREANO SANTOS, *Questões éticas no fim da vida humana*, in «Comissões de Ética. Das bases teóricas à actividade quotidiana», Ob. cit., págs. 389-391. Cfr., também, Lei n.º 141/99, de 28 de Agosto, que estabelece os princípios em que se baseia a verificação da morte.

(237) O CONSELHO NACIONAL DE ÉTICA PARA AS CIÊNCIAS DA VIDA, no *Parecer 10/CNECV/95 sobre o Critério de Morte*, conclui que o critério de morte cerebral é a comprovação da cessação irreversível das funções do tronco cerebral, sendo exigível, no plano ético, que este critério seja usado univocamente na legislação e não apenas no respeitante a transplantação como diagnóstico de morte. Cfr., também, do CONSELHO NACIONAL DE ÉTICA PARA AS CIÊNCIAS DA VIDA, *Parecer 1/CNE/91 sobre Transplantes de Tecidos e Órgãos, Parecer 2/CNE/92 sobre Utilização de Cadáveres Humanos para Fins de Ensino Médico e a sua Necessidade, Pertinência e Legitimidade, Parecer 8/CNE/94 sobre o Projecto de Proposta de Lei que Visa Regular as Situações em que é Lícita a Dissecação de Cadáveres Humanos ou de Parte Deles, após a Morte Cárdio-Respiratória, bem como a Extracção de Peças, Tecidos e Órgãos para Fins de Ensino e de Investigação Científica, Parecer 6/CNE/94 sobre os Critérios de Verificação da Morte Cerebral, Parecer 11/CNECV/95 sobre Aspectos Éticos dos Cuidados de Saúde Relacionados com o Final da* Vida (disponíveis em http://www.cnecv.gov.pt/).

45. A crise da perda da identidade do homem

I. São cada vez em maior número os autores que defendem que, à medida que se desenvolvem as áreas do saber humano que se debruçam sobre a pessoa, se agrava a crise da perda da identidade do homem.

II. Como referia Scheler, na história de mais de dez mil anos, encontramo-nos numa época em que o homem se tornou para si mesmo universal e radicalmente problemático: não sabe quem ele próprio é e dá-se conta de nunca mais o saber [238].

III. Uma das fraquezas da nossa civilização consiste na visão inadequada do próprio homem. A época actual é, sem dúvida, uma época na qual muito se escreveu e falou a propósito da pessoa, o período do humanismo. Contudo, paradoxalmente, é, também, a fase das mais profundas inquietações e angústias do homem a respeito do seu próprio ser e do seu destino, o período do retrocesso do homem a níveis anteriormente inimagináveis, a época da violação de valores humanos em moldes jamais vistos anteriormente [239].

IV. A concepção da pessoa nunca tinha sido *desmantelada* nestes moldes. Poderá a pessoa subsistir *imaculada* nesta total perda de princípios, valores e certezas?

V. É premente uma meditação jurídica e filosófica sobre a pessoa tendo em conta os recentes progressos científicos na área do genoma humano.

No novo contexto científico e cultural possibilitado pela biotecnologia em que o próprio significado da pessoa se encontra um tanto ou quanto diluído, é cada vez mais actual e pertinente a tendência para se adiantar diferentes concepções da pessoa.

---

[238] M. SCHELER, *Philosophische Weltanschauung*, Bonn, 1929, pág. 62, citado por ELLIO SGRECCIA, *Manual de Bioética. I - Fundamentos e Ética Biomédica*, Ob. cit., pág. 113.

[239] JOÃO PAULO II, *Discorso per l' inaugurazione della III Conferenza Generale dell'Episcopato Latino-americano a Puebla (28/1/1979)*, in «Insegnamenti di Giovanni Paolo II», Libreria Editrice Vaticana, Città del Vaticano, 1979, págs. 219-220.

VI. Uma vez que este capítulo não pretende ser um tratado sobre a pessoa mas, apenas, uma pura e simples crítica enunciativa das orientações do seu conceito, limitar-me-ei a referir alguns dos possíveis entendimentos de pessoa.

SECÇÃO II
Pessoa e Filosofia

46. Introdução
47. Contributos para uma definição de pessoa
48. Posição adoptada

46. Introdução

I. A crise e a revisão ou reformulação do conceito de pessoa têm sido uma constante ao longo da História. Recordo, desde logo, a falta de unanimidade relativamente à concepção etimológica do termo, derivado do latim *personare,* do grego *prósopon* e do etrusco *phersu.*

II. Discute-se a influência da Filosofia e a crise do conceito de pessoa, relativamente à noção de personalidade. É, precisamente, nesta orientação que se vai tematizar a filosofia do referido conceito aplicado ao genoma humano, com indagações acerca da essência da pessoa no próprio conceito de pessoa.

III. Como sublinha Michel Renaud, a compreensão do conceito de pessoa só pode "ganhar-se na base de uma análise filosófica". Está tudo dependente da "definição que se apresenta do conceito de pessoa". Considera não ser possível "isolar a filosofia da ciência nem a ciência da filosofia". Se é certo que, por um lado, é a "filosofia que deve compreender o que é a pessoa"; por outro lado, não é a filosofia que tem capacidade para "determinar qual é ou deve ser o substrato biológico da pessoa", a Filosofia limita-se a "integrar o facto de que a pessoa não é possível sem este substrato biológico" [240].

IV. Com efeito, a reflexão sobre a pessoa não se pode fazer à margem da Filosofia. Na análise do mais profundo, do mais íntimo das coisas, da essência, o método filosófico tem um importante papel a desempenhar.

47. Contributos para uma definição de pessoa

I. A História assistiu à apresentação das mais díspares tentativas de elaboração de conceitos de pessoa.

II. Chamo à colação a filosofia sofista que, pura e simplesmente, chegou à conclusão que, se não era possível saber exactamente o que era o ser humano, dever-se-ia *esquecer*, ultrapassar os problemas teóricos e optar pelo que seria mais conveniente. Esta escola movia-se por critérios egoístas, utilitaristas. O ser humano era aquilo que interessava ser naquele momento, naquela época histórica, naquele concreto espaço geográfico, político, económico e social. O predomínio da retórica, da lógica da capacidade de convencer e superiorizar os adversários substituiu-se à procura filosófica da *verdade* [241].

---

[240] MICHEL RENAUD, *Análise filosófica acerca do embrião humano*, in «A Ética e o Direito no Início da Vida Humana», Colectânea Bioética Hoje III, Serviço de Bioética e Ética Médica, Faculdade de Medicina da Universidade do Porto, Gráfica de Coimbra, Coimbra, 2001, págs. 140-141.

[241] Mas, como questiona MICHEL RENAUD, *Análise filosófica acerca do embrião humano*, in «A Ética e o Direito no Início da Vida Humana», Ob. cit., pág. 141, "será que não devemos hoje realizar" novamente o "«gesto» de Sócrates", voltar a procurar esta "«essência» da verdade por oposição à lógica dos argumentos só convincentes em aparência?" É lógico que já "não se trataria agora da essência do homem" mas da essência do embrião humano, apesar de sabermos que, "não mais do que no tempo de Sócrates," a verdade só convencerá "os espíritos que a ela se abrem?" O Autor esclarece que com esta afirmação não se pretende, como é óbvio, «ditar» a verdade definitiva relativamente à «essência» da realidade humana, mas o acentuar da ideia precípua de que a procura filosófica da verdade não pode ser postergada.

Desde os sofistas e Sócrates, no século V A.C., até hoje, filósofos dos mais variados quadrantes reflectem sobre a pessoa, buscando-lhe uma noção, ao mesmo tempo em que se notabilizam pelo esforço de defender a sua dignidade.

III. A ideia da pessoa como a entendemos actualmente só começou a desenvolver-se com o Cristianismo ([242]). É certo que os filósofos gregos valorizaram o homem face à natureza, todavia, não tinham ainda a concepção de universalidade da pessoa. Apenas alguns indivíduos gozavam desse *status*. A título de exemplo, Aristóteles sugeriu que as mulheres e os escravos eram seres intermédios entre os homens e os animais.

A pessoa é uma categoria do direito romano e, mais concretamente, da teologia cristã. A concepção da unidade de Cristo na dupla natureza de corpo e de espírito bem como a teoria da unidade da Trindade de Deus – Pai, Filho e Espírito Santo – foi determinante para a elaboração de uma nova concepção de pessoa caracterizada pelas ideias de "relação" e de "inter-relação" como "constitutivos dinâmicos" de todo o ser humano ([243]).

O Cristianismo perfilhou a teoria de que todas as pessoas gozam de igual dignidade, de iguais direitos e como tal devem ser tratadas.

O Cristianismo adiantou a noção de pessoa entendida como ser subsistente, livre e responsável. O entendimento do homem como um ser "concebido à imagem e semelhança de Deus" bem como a ideia de "Deus como Ser Pessoal e Transcendente" face ao mundo foram fundamentais para o enquadramento da pessoa ([244]).

IV. No século VI, Severino Boécio, fundador da Escolástica, na obra *De Trinitate*, definiu pessoa como "substância individual de

---

([242]) Esta matéria será mais desenvolvida quando abordar o personalismo cristão. Cfr. Parte II, Título I, Capítulo I, Secção IV, n.º 56.

([243]) Vasco Pinto de Magalhães S.J., *A pessoa humana*, in «Bioética», Ob. cit., págs. 59 e seguintes.

([244]) Vasco Pinto de Magalhães S.J., *A pessoa humana*, in «Bioética», Ob. cit., págs. 59 e seguintes.

([245]) Boethius, *Theological Tractates*, Harvard University Press, Cambridge, London, 1973, pág. 84.

natureza racional" [245]. Todos os seres humanos são racionais e todos os seres racionais são pessoas [246][247].

V. Só com S. Tomás de Aquino se chega à ideia da natureza racional subsistente em si [248].

S. Tomás de Aquino considerou que a pessoa é um ser único, completo e distinto dos demais. Cada pessoa é especial, não pode ser confundida com outra pessoa ou coisa. "A pessoa é o que há de mais perfeito em todo o universo"; é o valor absoluto porque é um ser dotado de racionalidade, de espiritualidade e de liberdade [249].

VI. A noção de pessoa dada por Boécio – *rationalis naturae individua substantia* – bem como a apresentada por Ricardo de San Víctor – *rationalis natura, individua existentia* – [250] e por S. Tomás de Aquino – *individuum subsistens in rationali natura* – são muito próximas.

Contrariamente às concepções idealistas que consideram que a autoconsciência e o pensamento moral são os únicos elementos constitutivos da pessoa, estas teses não excluem o nível corpóreo e genético imanente à pessoa.

VII. A pessoa é sujeito individual, substancial, racional, dotado de espiritualidade, e, por isso, capaz de se relacionar. É um ser livre.

A pessoa existe em si e por si. Ela preside, é o cerne da sua existência individual, e realiza, de modo pleno, o conceito de individualidade.

A divisa – *individuum, quod est in se indistinctum, ab aliis vero distinctum* – traduz a tese de unidade e totalidade do próprio acto de ser [251].

---

[246] Para maior desenvolvimento consultar S. Vanni Rovighi, *Elementi di filosofia*, Vol. III, La Scuola, Brescia, 1963, págs. 12-15; J. Maritain, *Neuf leçons sur les notions premières de la philosophie morale*, Té qui, Paris, 1951, págs. 63-65.

[247] J. Maritain, *Metafisica e morale*, in «Ragione e ragioni», Vita e Pensiero, Milano, 1982, pág. 60.

[248] Vasco Pinto de Magalhães S. J., *A pessoa humana*, in «Bioética», Ob. cit., págs. 59 e seguintes.

[249] S. Tomás de Aquino, *Summa Theologica*, Q. 29, A. 3.

[250] Ricardo de San Víctor, *De Trinitate*, IV.

[251] S. Tomás de Aquino, *Persona significat quod est perfectissimum in tota natura*, *Summa Theologica*, I, 29, 3 e, ainda, *De potentia*, 9, 4.

VIII. Estas noções reúnem simultaneamente os conceitos de natureza, indivíduo, substância, existência, racionalidade e espiritualidade.

IX. No pensamento moderno, nas mais diferentes vertentes filosóficas, desde o materialismo ao espiritualismo, subsiste a tese fundamental de que a pessoa é o valor supremo de todo o universo.

X. Nesta linha, Immanuel Kant considerou necessário distinguir pessoa de indivíduo. A realidade do indivíduo é mais restrita que a da pessoa. A noção de indivíduo concerne a uma entidade corpórea e psíquica. A pessoa, embora seja até certo ponto também um indivíduo, uma vez que é constituída por uma estrutura física e psíquica, não se circunscreve a essa estrutura. Kant deu particular destaque ao elemento ético na constituição da pessoa. Sob essa perspectiva definiu-a como a liberdade e independência perante o mecanismo da natureza, consideradas ao mesmo tempo como a faculdade de um ser submetida a leis próprias, isto é, a leis puras práticas estabelecidas pela própria razão. A pessoa é, essencialmente, liberdade, já que ela é capaz de se autodeterminar. O desrespeito a essa liberdade implica o desrespeito à pessoa ([252]).

Sustentou que o homem existe como um fim em si mesmo e não como um meio para uso arbitrário desta ou daquela vontade ([253]).

Assim, se a pessoa, sendo um centro de liberdade, é "um fim em si mesma", não pode ser tratada como uma coisa ou ser substituída por outrem. Como é um ser capaz de autodeterminação tem a faculdade de se transcender continuamente. Esse carácter transcendental consubstancia-se na capacidade de superar as limitações físicas e sociais específicas do homem enquanto indivíduo ([254]).

([252]) IMMANUEL KANT, *Métaphysique des moeurs*, in «Oeuvres philosophiques», T. III, Gallimard, La Pléiade, Paris, 1986, págs. 457, 470-475.

([253]) IMMANUEL KANT, *Fondements de la métaphysique des moeurs*, Delagrave, Paris, 1952, págs. 35-36.

([254]) A filosofia kantiana individualizou no momento axiológico o ponto de consistência e de identidade do sujeito. Este ponto fica definido pela sua relação com a lei moral e é uma pseudo-relação, uma vez que não é afectada pelo sujeito. Pode colocar-se a questão de saber se é possível considerar estável a solução de Kant. Entre outras críticas, refiro a tecida por FRIEDRICH NIETZSCHE, na obra *Par-delà le bien et le mal*, U.G.E., Paris, 1973, pág. 34, que anunciou o desaparecimento do indivíduo com base numa consumada dissolução da substância no processo.

XI. No século XX, Max Scheler, filósofo alemão, defendeu que a essência da pessoa é constituída pelo conjunto de actos livres que pratica. A pessoa não é apenas realidade corpórea ou psíquica. A mente e o corpo fazem parte da pessoa, mas não são a pessoa. A pessoa é um ser dotado de liberdade e, como tal, pratica actos livres.

Diferentemente de Platão, não postergou o papel do corpo. Scheler, um dos principais mentores da escola fenomenológica, considerou que apesar do corpo permitir chegar à fenomenologia do eu ([255]), é apenas um elemento inferior ([256]). A pessoa é um ser social, sendo assim, é precisamente na esfera das relações jurídicas que se delimitam os parâmetros para o respeito à pessoa.

Scheler chegou à conclusão que não é a pessoa que deve estar ao serviço do Direito, mas sim o Direito que deve estar ao serviço da pessoa.

48. Posição adoptada

I. Predominou, durante algum tempo, um estatuto descritivo do conceito de pessoa. A grande complexidade dos vários contributos filosóficos tem as suas repercussões no conceito de pessoa quando se passa para um estatuto normativo de cariz axiológico que pretende enquadrar, delimitar e fixar princípios.

II. Considero que a pessoa é existência unificadora de uma diversidade de faculdades vitais. De tal forma que toda a unidade se refere à diversidade e toda a diversidade chama à colação a unificação.

III. A pessoa não existe apenas do ponto de vista genómico já que há nela uma dimensão racional, espiritual e uma vivência ambiental.

([255]) MAX SCHELER, *Nature et formes de sympathie*, Paris, 1950, pág. 187. Cfr., também, MAX SCHELER, *Visão Filosófica do Mundo*, trad. Regina Winberg, Perspectiva, São Paulo, 1986, págs. 93-98; JOSÉ ANTÔNIO FRACALOSSI, *Amor X Conhecimento: inter-relação ético-conceitual em Max Scheler*, EDIPUCRS, Porto Alegre, 1994, págs. 5-22.

([256]) J. MOROUX, *Sens chrétien de l'homme*, Aubier, Paris, 1945, págs. 70-80.

Genoma Humano, Pessoa e Biodireito 173

IV. A pessoa é o único ser que tem capacidade de autodeterminação. A razão e a liberdade traduzem, como refere Popper [257], uma "criação emergente" irredutível ao fluxo das leis cósmicas e evolucionistas. Isto por graça de uma alma espiritual que não só informa como dá vida à sua realidade genómica, e pela qual o genoma é estruturado. Em cada genoma humano há uma alma. A pessoa existe pela própria sobrevivência da sua alma que ultrapassa o "tempo" terreno e não acaba com a morte física. A alma é a raiz, o pilar do ser humano.

V. O homem distingue-se de todos os outros seres porque, apesar de genomicamente constituído, não é apenas genoma. Nele o genoma é totalmente assumido e transformado pela sua integração numa nova ordem, já não somente genómica mas psíquica e sociocultural. Esta retoma a ordem natural mas não é derivada exclusivamente de forma causal da primeira.

O ser humano, ainda que integrando inteiramente a organização genómica, está em constante relação de abertura universal. Está receptivo à cultura, ao ambiente, ao sagrado e ao profano, à ciência, etc. É um ser em permanente construção.

Não está, tal como o animal, coarctado pelos seus instintos naturais.

Ele transcende-se a si próprio, goza de autonomia, tem liberdade ou é, *de per si*, liberdade.

A racionalidade é uma característica inata do homem na medida em que é precisamente esta capacidade racional que possibilita à pessoa tomar consciência da sua liberdade, de ter o poder, a faculdade de se autodeterminar, e deste modo, subir à ponte da barca da sua existência e tomar conta do leme do próprio destino.

VI. A pessoa não pode ser reduzida a cifras, a números, a átomos, a células, a dizer como Maritain [258] que ela não é apenas um elemento individual da natureza como um "átomo", uma "espiga de trigo" ou uma "mosca". O homem é um animal diferente dos demais.

---

[257] K. Popper/J. Eccles, *l' io e il suo cervello*, 3 Vols., Armando, Roma, 1982, págs. 47-48.

[258] J. Maritain, *I diritti dell' uomo e la legge naturale*, Vita e Pensiero, Milano, 1977, págs. 4-5.

A distância que os separa, do ponto de vista ontológico e axiológico, é muito grande.

A aceitação da tese de que o homem possui ontologicamente dignidade, ou, se preferível, que o homem, pelo facto de ser homem, está dotado dessa característica, implica, desde logo, duas consequências: a primeira é a de que se a dignidade pertencer por natureza ao homem, então quer dizer que é própria de todos os homens, e, como tal, são todos iguais. A segunda consiste no facto de que, se a dignidade é exclusiva do homem, nem os animais nem as coisas a detêm, distinguindo-se, deste modo, dos demais.

Em síntese, a pessoa enquanto ser corpóreo, racional e espiritual supera o mundo material. O homem é, por assim dizer, um macrocosmo em relação ao microcosmo.

VII. A pessoa é um todo, uma unidade e não apenas uma parte. É o ponto de referência, o valor, o fim e não o meio para atingir o fim, é a realidade transcendente para o Direito ([259]), a Economia, a Política, a Ciência, a História.

O universal encontra-se presente em cada pessoa, na medida em que esta revela, traduz a sua pertença à Humanidade. É necessário tentar concatenar o universal com o singular, constituindo uma dimensão da pessoa irredutível a qualquer outra pessoa. A riqueza da Humanidade assenta na unidade da espécie humana e na diversidade de cada um dos membros que dela fazem parte. A pessoa é um ser único, indivisível e irrepetível.

([259]) Cfr., entre outros Diplomas possíveis, a Declaração Universal dos Direitos do Homem, de 10 de Dezembro de 1948; Convenção de Salvaguarda dos Direitos do Homem e das Liberdades Fundamentais, de 4 de Novembro de 1950; Carta Social Europeia, de 18 de Outubro de 1961; Pacto Internacional sobre os Direitos Civis e Políticos e Pacto Internacional relativo aos Direitos Económicos, Sociais e Culturais, de 16 de Dezembro de 1966; Convenção para a Protecção das Pessoas relativamente ao Tratamento Automatizado de Dados de Carácter Pessoal, de 28 de Janeiro de 1981; Convenção sobre os Direitos da Criança, de 20 de Novembro de 1989; Convenção para a Protecção dos Direitos do Homem e da Dignidade do Ser Humano face às Aplicações da Biologia e da Medicina: Convenção sobre os Direitos do Homem e a Biomedicina adoptada pelo Comité de Ministros do Conselho da Europa, em 19 de Novembro de 1996, e assinada em 4 de Abril de 1997; Declaração Universal sobre o Genoma Humano e os Direitos do Homem da UNESCO, de 11 de Novembro de 1997.

VIII. Toda esta problemática não é pura especulação filosófica num discurso jurídico, bioético, ético ou médico: tanto o Direito como a Bioética, a Ética, a Medicina ou a própria Filosofia têm como fim último a pessoa. Esta é o fim, o objectivo e a medida de todas as coisas.

IX. A integridade do genoma humano participa na dignidade da pessoa. Portanto, o respeito incondicional pela integridade de cada genoma traduz, de modo especial, o respeito pelo indivíduo. Simultaneamente, o desrespeito pela integridade genómica da pessoa implica o desrespeito pela dignidade sublime do ser humano.

SECÇÃO III
Pessoa e início da vida humana
Algumas teses sobre uma cronologia da pessoa

49. Objecto e justificação da presente secção
50. Nem sequer o nascimento!...
51. Nascimento
52. Viabilidade fetal
53. Organogénese
54. Nidação
55. Concepção. Posição adoptada

49. Objecto e justificação da presente secção

I. Várias teses procuram responder à questão do início da pessoa. Essas teorias constituem uma tematização científica do conceito de pessoa. Visa-se compreender o carácter constitutivo do conceito, a sua individualidade, essência e substância no contexto da vida humana. Indaga-se de um estatuto prescritivo e descritivo da natureza da pessoa, procurando estudá-la na sua acepção axiológico-normativa.

II. A aplicação das questões concernentes ao estatuto de pessoa não pode ser feita à margem da problemática da identificação ou, pelo contrário, da distinção entre pessoa e ser humano.

III. Para alguns, pessoa e ser humano são a mesma e única realidade; para outros são noções completamente distintas. As indagações procuram elaborar e fundamentar aspectos da identidade genómica, ontológica, axiológica e jurídica entre pessoa e ser humano através de diversas teses apresentadas sobre o começo da vida humana e/ou da pessoa.

IV. Toda e qualquer tentativa de determinação do âmbito da pessoa tem que passar necessariamente por interrogações sobre o início da vida. E, questionar o início genómico de um ser humano, significa individualizar o preciso momento em que o óvulo e o espermatozóide se transformam num embrião. Esse embrião é uma nova entidade única e irrepetível.

V. É, então, necessário, proceder a uma análise de precisão não só terminológica mas também semântica. Essa vida humana é um ser humano? E esse ser humano é uma pessoa? Ou admitir-se-á a existência de vidas humanas, de seres humanos que não são pessoas? Se não são pessoas, o que são? *De quem* ou *de que* se trata?

VI. Despoletam, neste seio, as querelas sobre o momento em que se constitui a pessoa humana.

Se, por um lado, a pessoa tem, desde logo, um valor intrínseco e geral, por outro lado, é necessário admitir, também, que, muitas vezes, o respeito ao ser humano é puramente teórico. Com efeito, é frequente depararmos com conceitos de pessoa perfeitamente redutores diria, mesmo, reduzidos *ad hoc* e distanciados entre si. Para alguns, só estamos perante uma pessoa após o seu nascimento completo e com vida; para outros, antes da nidação não existe pessoa; outros defendem que o ser concebido é já uma pessoa; porém, há quem entenda que nem sequer o nascimento é condição suficiente para a atribuição do estatuto de pessoa!...

VII. Procederei a uma análise sucinta de alguns desses critérios, fazendo a respectiva crítica. Defenderei, tentando justificar, que existe pessoa desde o momento da concepção.

50. Nem sequer o nascimento!...

I. Parece-me curioso referir que no entendimento de alguns [260] nem o nascimento é condição suficiente para a aquisição do estatuto de pessoa [261].

II. Consideram necessário distinguir ser humano de pessoa [262]. Somente esta é titular de direitos, e só são consideradas pessoas os adultos que sejam responsáveis pelos seus actos, capazes de tomar decisões.

Nesta linha, os nascituros, as crianças até uma certa idade, os indivíduos senis ou que se encontrem em coma e os doentes mentais não têm a categoria de pessoa.

Assim sendo, não gozam do direito à vida, podendo esta ser privada sempre que o justifiquem razões do foro familiar ou de utilidade social.

III. Um dos mentores desta teoria, Hugo Tristan Engelhardt, professor de Filosofia e médico norte-americano, chegou ao ponto de sustentar que "mesmo uma criança recém-nascida não é uma pessoa". Segundo Engelhardt "vivem-se meses de vida biológica" antes que haja prova suficiente da vida da mente, tal como se passam anos antes que existam provas da vida de uma pessoa como agente moral. Independentemente do tipo de vida mental existente para os bebés, não é a mesma dos agentes morais autoconscientes. Assim, a condição moral dos mamíferos adultos "seria mais elevada" que a dos bebés humanos. E acrescentou que se o indivíduo é "dono daquilo que produz", também lhe pertencem os recém-nascidos e os animais.

---

[260] Cfr., entre outros, H. TRISTAN ENGELHARDT, *The foundations of bioethics*, Ob. cit., cap. 4, pág. 100; PETER SINGER, *Practical Ethics,* Cambridge Univ. Press, Oxford, 1979, pág. 102.

[261] JORGE BISCAIA, *O período perinatal,* in «Bioética», Ob. cit., pág. 194, relata que durante muito tempo se considerou o recém-nascido como um ser descerebrado: nos anos 70 ainda se minimizava a dor do grande prematuro, a quem a fragilidade, a hipotonia e a dificuldade respiratória tiravam a capacidade de expressão.

[262] RONALD DWORKIN, *Life's Dominion. An argument about abortion and euthanasia*, Harper-Collins, London, 1993.

180   *Direito do Genoma Humano*

Referiu, ainda, que os fetos, os bebés, os débeis mentais, e os indivíduos em coma são exemplos de "não pessoas humanas" porque lhes falta a autoconsciência e não têm *status*, em si e por si, na comunidade moral ([263]).

Defendeu que para se poder "avaliar" o estatuto moral do início de uma vida tem de se averiguar qual a importância dessa vida para outras pessoas. Considerou que não é o facto de pertencer à espécie humana que atribui valor ao ser humano. Só é pessoa aquele que é efectivamente um "agente moral". Além disso, sustentou que devem ser consideradas pessoas os seres que apesar de não pertencerem à espécie humana apresentem essas características.

Em síntese, para Engelhardt só é pessoa aquele que gozar de autoconsciência, autonomia, racionalidade e discernimento moral.

IV. Outros autores, como é o caso de Derek Parfit ([264]), negam a identidade da pessoa e dão particular relevância aos denominados estados mentais psicológicos conscientes. O filósofo americano Derek tem uma visão mais ampla que a de Engelhardt porque todo aquele que reúne os caracteres enunciados por este último é considerado pessoa segundo o critério de Parfit, ao passo que o contrário não é verdadeiro.

V. Para Parfit só estamos na presença de uma pessoa se existir a possibilidade da sua continuidade psicológica. Associa a sua visão reducionista sobre a identidade pessoal à definição de pessoa apresentada por Locke pela auto-consciência e pela memória de actos passados.

VI. Curioso que já no pensamento de Locke se encontra a "pessoa conceptualizada" como "consciência de si": é um ser com consciência

---

([263]) H. TRISTAN ENGELHARDT, *The foundations of bioethics,* Ob. cit., cap. 4, págs. 100-102.

([264]) DEREK PARFIT, *Raggione e persona*, Il Saggiatore, Milano, 1989, págs. 22-27 preconiza uma concepção gradualista de pessoa. O embrião não é ainda um ser humano. A sua destruição não constitui um acto moralmente criticável. Porém, quando o organismo alcança plenamente o estatuto de ser humano, ou seja pessoa, a sua eliminação passa a ser considerada um comportamento muito reprovável do ponto de vista moral.

Genoma Humano, Pessoa e Biodireito

de si e sem consciência não se é pessoa. A identidade pessoal continua assegurada pela memória da própria permanência no tempo ([265]).

VII. M. Mari também aceitou uma definição exclusivamente psicológica, segundo a qual pessoa é todo o indivíduo dotado de autonomia ou de consciência do próprio ser. Mais concretamente, pessoa não é de modo algum *individua substantia* e, por isso, não é absurdo considerar pessoas as máquinas ou os animais, desde que estejam dotados de algum tipo de autoconsciência ([266]).

VIII. Fletcher e Wertz sugeriram duas definições distintas para "ser humano" e "humano": o primeiro pertence à espécie *homo sapiens*, o segundo necessita de reunir os chamados "indicadores de humanidade", isto é, autoconsciência, curiosidade, "sentido do futuro, sentido do passado", capacidade de se relacionar e de se preocupar com os outros ([267]).

IX. Peter Singer defendeu que só é pessoa quem tem autoconsciência, sentido do passado e do futuro, capacidade de se relacionar com os outros, respeito e curiosidade. Rejeitou a tese segundo a qual a vida dos membros da espécie humana têm mais valor que a dos membros das outras espécies. Chegou ao ponto de sustentar que certos seres não pertencentes à espécie humana são pessoas, enquanto alguns seres humanos não o são ([268]).

X. Assim sendo, são diversas as correntes contemporâneas extremamente reducionistas que circunscrevem o conceito de pessoa a critérios egoístas e utilitaristas de pendor sensível. Sustentam que

---

([265]) JOHN LOCKE, *An Essay Concerning Human Understanding*, II, Cap. XXVII (Of identity and diversity), J. M. Dent, London, 1977, págs. 210-215.

([266]) M. MARI, *Per um chiarimento delle diverse prospettive etiche sottese alla Bioetica*, Angeli, Milano, 1990, págs. 64-65, citado por V. Possenti, *Sobre el estatuto ontológico del embrión humano*, in «El derecho a la vida», EUNSA, Ediciones Universidad de Navarra, SA, Pamplona, 1998, págs. 123-124.

([267]) J. C. FLETCHER/D. C. WERTZ, *Ethics and prenatal diagnosis: past, present and future*, in «Prenatal diagnosis and screenings», Churchill Livingstone, Edinburgh, 1990, págs. 741-754.

([268]) PETER SINGER, *Practical Ethics,* Ob. cit., pág. 102.

apenas são titulares de direitos os seres que gozem de capacidade de experimentar o prazer ou a dor [269]. Nesta linha, os embriões humanos não têm direitos porque, contrariamente ao que acontece com os animais adultos, não são susceptíveis de prazer e de dor.

XI. Crítica:

O conceito de pessoa como sendo apenas o ser dotado de consciência, ou de estados psíquicos, etc não se configura, de modo algum, como sendo a solução mais idónea. Com efeito, esta *vã* tentativa de definição conceptual circunscreve-se a um atributo que não é, em sentido próprio, essencial.

Esta tese faz com que sejam, desde logo, eliminados, excluídos da classe, ou, se preferível, da categoria de pessoas os seres humanos que na realidade são pessoas, mas que não têm este ou aquele atributo considerado por outrem [270] como fundamental.

Estas teses são, ainda, passíveis de outras críticas. Se os atributos primordiais forem definidos como sendo apenas os que dizem respeito à determinação da essência de qualquer ente, então, ou são ou não são, não possuem um mais ou um menos; não são relativos. A pessoa ou é ou não é.

Questão diametralmente oposta ocorre com as características e funções como a visão e a consciência que podem diminuir ou mesmo faltar sem que o indivíduo deixe de ser indivíduo; isto é, sem que a natureza ontológica daquele ser humano seja questionada.

Por outras palavras, a consciência, a visão, entre outros exemplos possíveis, são importantes características do ser humano mas não são determinante ao ponto de a sua falta implicar, categoricamente, a sua não consideração como pessoa.

---

[269] ALAIN MILHAUD, *Testament de vie*, Ed. Bernard Barrault, 1988, pág. 15, defendeu que os pacientes em estados vegetativos prolongados constituem "modelos humanos quase perfeitos e intermediários entre o homem e o animal".

Um Relatório da Câmara dos representantes de Washington denunciou que, até meados dos anos 70, centenas de pessoas foram usadas nos Estados Unidos da América como cobaias, para estudar os efeitos no homem das substâncias radioactivas, não existindo nos dossiers nenhum sinal de consentimento, «L' Humanité», 27 de Outubro de 1986.

Nesta orientação, podemos colocar a questão de saber se nós próprios somos pessoas.

[270] É caso para questionar: considerado como? Porquê? A que título? Por quem? Com que fundamento? A pura e simples arbitrariedade?!...

51. Nascimento

I. Em inúmeras legislações o nascimento é o marco decisivo para se poder dizer que estamos perante uma pessoa [271].

Os seres humanos *in utero* não têm autonomia. Estão dependentes da mãe. Só serão autónomos fora do ventre materno.

O artigo 66.º do actual Código Civil estatui que a personalidade jurídica só se adquire no momento do nascimento completo e com vida.

O sistema português considera que só há personalidade se houver vida, independentemente da sua duração. Ou seja, o nado-morto não é pessoa.

A ordem jurídica embora não reconheça no nascituro um sujeito de direitos leva em consideração o facto de que, futuramente, o será. Nesta orientação, o nascituro é, nomeadamente, titular de uma vocação sucessória [272] e pode receber doações [273]. A protecção dos direitos dos nascituros é matéria de facto que transcende a própria personalidade.

II. Crítica:

No meu modesto entendimento, o nascituro é titular de direitos desde a concepção independentemente do nascimento completo e com vida.

A escolha de uma data para a consideração do início da vida humana, enquanto pessoa, torna-se uma questão de convenção e, por esse facto, é contestável por diversas culturas.

Muito antes do parto, o embrião pode e deve ser considerado uma pessoa.

Dizer que o embrião não é pessoa porque está dependente do seio materno, porque não tem autonomia face à mãe não é razão para a negação da atribuição da personalidade jurídica. O recém-nascido, o demente, o senil, o indivíduo em coma, não obstante a sua falta de

---

[271] Diógenes, secundado pelos estóicos, defendeu que como a alma era composta por ar e o embrião não tinha ar na matriz uterina, a animação só ocorreria na altura do nascimento, logo quando começasse a respiração extra-uterina.

[272] Artigo 2033.º do Código Civil Português.

[273] Artigo 952.º do Código Civil Português.

autonomia é uma pessoa. E, por isso, tem de ser dotado de personalidade jurídica. É um atributo inseparável do homem dentro da ordem jurídica, qualidade essa que não decorre do preenchimento de qualquer requisito dessa natureza. A todos é assegurado a titularidade de direitos.

Há ontologicamente identidade em todo o percurso do desenvolvimento daquele ser que ao nascer é reconhecido por todos como detentor da qualidade de pessoa. Ainda que a pessoa se realize como personalidade num longo percurso existencial, a sua existência deve ser aferida a partir do momento da concepção.

Um ser humano não pode não ser uma pessoa. Uma vez que o fim não é somente o termo de um caminho ou, se preferível, no caso em apreço, de um desenvolvimento, mas é aquilo que o determina. É possível deduzir que aquele concreto embrião é já aquela pessoa desde a sua constituição genómica.

52. Viabilidade fetal

I. Por viabilidade fetal, ou viabilidade *ex utero*, entende-se a capacidade de sobrevivência autónoma do feto relativamente à progenitora.

Graças aos avanços científicos, este período tem sido encurtado nos últimos anos. Hoje já é viável a sobrevivência de fetos com apenas quinhentos gramas ([274]).

A viabilidade fetal é, no entendimento de alguns autores, requisito essencial para a atribuição do estatuto de pessoa ao feto. Consideram não haver qualquer diferença, do ponto de vista ético, entre um feto viável e um recém-nascido, uma vez quer um quer outro podem sobreviver mesmo com a "falta de uma capacidade cogni-

---

([274]) RUI NUNES, *A natureza do embrião humano*, «Humanística e Teologia», Ano 21, n.º 1, Faculdade de Teologia da Universidade Católica Portuguesa, Porto, Janeiro-Abril de 2000, págs. 60-61, dá o exemplo de algumas instituições hospitalares nos Estados Unidos da América e no Reino Unido que alcançam já índices de sobrevivência de 50 % para recém-nascidos de quinhentos e setecentos e cinquenta gramas.

Genoma Humano, Pessoa e Biodireito 185

tiva". Aliás, os progressos na área da terapia fetal modificaram também o próprio "limite de viabilidade" [275][276].

II. Crítica:
A viabilidade fetal não pode ser considerado o critério para a concessão da condição de pessoa.

A viabilidade do feto está intimamente dependente do ambiente exterior em que está inserido. O feto só permanece vivo fora do útero se tiver as condições externas indispensáveis. Por outro lado, as modernas tecnologias permitem que esse período seja, cada vez mais, encurtado. Assim sendo, entendo que é caso para perguntar se a atribuição do estatuto de pessoa a um ser humano está condicionada por esse *prazo* e uma vez que esse *prazo* vai variando consoante os progressos científicos, é de admitir que a *concessão* da qualidade *pessoa* seja algo em permanente instabilidade?!... Isto é, anteriormente só aos nove meses, depois aos oito meses, seis meses, etc. Se hoje, já é viável a sobrevivência de um feto com quinhentos gramas, amanhã, quiçá? E uns só foram considerados pessoas com nove meses de gestação, ao passo que a outros bastaram três meses para *adquirir* o tão *procurado* estatuto de pessoa?!...

Não me parece, portanto, razoável o critério da viabilidade fetal.

53. Organogénese

I. A organogénese, isto é, a formação do sistema nervoso, constitui, para alguns [277], o marco decisivo do início da vida humana.

Sustentam que não é possível afirmar que desde a concepção estamos perante um indivíduo se se partir da tese de que as propriedades imunológicas são as principais características da individualidade

---

[275] Cfr., entre outros, A. CAMPBELL/D. LLOYD/P. DUFFY, *Treatment dilemmas in neonatal care: who should survive and who should decide?*, «Annals of the New York Academy of Sciences», 530, 1988, págs. 92-103.

[276] RUI NUNES, *A natureza do embrião humano*, «Humanística e Teologia», Ob. cit., pág. 61, apesar de considerar que este também não é o limite axiológico para a concessão de estatuto ao ser humano, prefere falar em viabilidade fetal *in utero*.

[277] O principal mentor foi o biólogo Jacques Monod.

no plano biológico. E, acrescentam que estas propriedades não se manifestam antes do 14.º dia.

Só a partir do 14.º dia, com o surgimento da linha primitiva, começa a ficar indicado aquilo em que se transformará o sistema nervoso central ([278]). Não existe nenhum esboço de estrutura nervosa anterior aos 14 dias.

II. Invocam a importância do cérebro para a vida procedendo a um raciocínio analógico com o critério perfilhado, hoje em geral, para definir o momento da morte que é o da morte do tronco cerebral ou morte cerebral. Ou seja, uma pessoa só pode ser declarada morta depois da cessação irreversível do funcionamento do tronco cerebral ([279])([280]).

([278]) Assim como é preciso esperar pelo 7.º mês para que o cérebro seja funcional.

([279]) Para um perfeito e completo aprofundamento da definição de morte, cfr. Luís CARVALHO FERNANDES, *Teoria Geral do Direito Civil, I, Introdução. Pressupostos da Relação Jurídica*, Universidade Católica Editora, Lisboa, 2001, págs. 202-213; Luís CARVALHO FERNANDES, *A definição de morte. Transplantes e outras utilizações do cadáver*, Comunicação apresentada no Curso de Pós-Graduação em Direito da Bioética, Faculdade de Direito da Universidade de Lisboa, Lisboa, 22 de Abril de 2002 e publicada na revista «Direito e Justiça», Vol. XVI, Tomo 2, Universidade Católica Editora, Lisboa, 2002, págs. 29 e seguintes.

([280]) A tanatologia, a ciência que analisa a morte e os fenómenos com ela conexos, tem a sua origem semântica na palavra grega *thánatos*, que era um deus grego, irmão de *Hipnos*, deus do sono, em cujas asas as pessoas eram levadas.

O medo da morte faz parte do imaginário colectivo. O horror da hipótese de uma pessoa poder ser enterrada viva contribuiu para que a Ciência se aperfeiçoasse na determinação do exacto momento da morte.

É célebre o caso do anatomista Versalius que, em Madrid, em 1564, ao realizar uma autópsia pública constatou que após aberto o tórax o coração do doente ainda batia.

Face à inexistência de aparelhos, era comum recorrer ao espelho posto ao pé da boca, ou à pena e à vela colocados perto do nariz do presumido defunto. Quando subsistiam dúvidas, procedia-se à imersão do corpo na água para detectar borbulhas e verificar se ainda havia respiração. Práticas corrente eram, ainda, a observação de livores e a pressão ocular ou a constatação da falta de resposta dérmica a substâncias abrasivas e a passividade face a sons altos (por exemplo, uma corneta) perto dos ouvidos. Posteriormente, a utilização do estetoscópio para auscultação substituiu a tradicional apalpação do pulso na avaliação dos batimentos cardíacos.

Não tem sido pacífica a fixação do critério de morte:

No Renascimento, o médico papal Paulus Zachías considerava determinante o início da putrefacção. Em França, data de 1740 e 1767 o recurso a métodos de respiração artificial

Genoma Humano, Pessoa e Biodireito

III. Partindo, precisamente, deste conceito de morte sugeriu-se a sua equiparação com o início da vida [281]. O conceito de simetria (equiparação entre vida e morte cerebrais) foi apresentado pela primeira vez em 1968, por Frank Zimmer.

---

para reanimar vítimas de asfixia ou de afogamento. A utilização de instrumentos eléctricos para *ressuscitação* de pessoas teve início em 1774.

Durante muito tempo subsistiu o critério de morte cardio-respiratória.

Em 1967, assistimos a uma revolução nos padrões internacionais de morte, quando se realizou o primeiro transplante de coração. A medicina derrubou o padrão clássico ao tornar corrente as práticas de *ressuscitação*. A paragem cardio-respiratória não é a única causa da lesão irreversível do tronco cerebral. Existem outras, tais como o traumatismo, a hemorragia cerebral.

Em 1968, nos Estados Unidos da América, várias pessoas pertencentes à Harvard University, elaboraram o *Harvard Ad Hoc Committee* para redefinir o critério de morte. A morte encefálica passou a ser considerada a definitiva, permanecendo a polémica relativamente ao momento da sua irreversibilidade.

A justificação para a adopção deste critério é a de que a falência do sistema nervoso central acarreta a cessação de todas as actividades do corpo.

A Associação Americana de Medicina (AMA), em 1981, sustentou que deveriam ser dadas como mortas as pessoas que apresentassem a cessação irreversível de funções circulatórias e cardíacas, ou a cessação irreversível de todas as funções cerebrais.

A morte constitui um facto a ser constatado por critérios de pendor técnico-científico que são mutáveis face aos permanentes progressos da Ciência.

Inclusivamente, ao longo da História, já se chegou à conclusão que os segmentos de um organismo não morrem todos simultaneamente, sendo alguns órgãos fundamentais e outros não. Esta questão é da maior relevância, designadamente em sede de transplantes, pelo que se impõe uma opção jurídica, ética e filosófica na determinação do momento legal de recolha dos órgãos.

Assim sendo, é possível afirmar que, afinal, o critério de constatação da morte é um conceito em aberto, em constante evolução e consequente mutação espácio-temporal.

[281] F. BELLER/G. ZLATNIK, *The beginning of human life: medical observations and ethical reflections,* «Clinical Obstetrics and Gynaecology», 35, 1992, págs. 720-728; J.M. GOLDENRING, *The brain-life theory: towards a consistent definition of humanness,* «Journal of Medical Ethics», 11, 1985, págs. 198-204; D.G. JONES, *Brain birth and personal identity,* «Journal of Medical Ethics», 15, 1989, págs. 173-178; J. FLETCHER, *Four indicators of human hood: the enquiry matures,* 4, (6), Hastings Center Report, 1974, págs. 1-4, citado por LAURA PALAZZANI, *The meanings of the philosophical concept of person and their implications in the current debate on the status of the human embryo,* in «Identity and statute of human embryo», Proceedings of Third Assembly of the Pontifical Academy for Life, February 14-16, 1997, Juan de Dios Vial Correa and Elio Sgreccia (eds.), Libreria Editrice Vaticana, Città del Vaticano, 1998, pág. 86; K. DAWSON, *Segmentation and moral status in vivo and in vitro: a scientific perspective,* «Journal of Medical Ethics», 13, 1987, págs. 173-178.

188   *Direito do Genoma Humano*

IV. Esta teoria tem alguns seguidores entre os teólogos protestantes.

VI. Crítica:

O prazo de catorze dias [282][283][284] pode criar "a ilusão de não estarmos a matar seres humanos" [285].

Quando se destrói um embrião, elimina-se alguém, e não apenas uma coisa.

Não é de aceitar a teoria da organogénese como momento decisivo do dealbar da personalidade.

Desde logo, porque, como esclarece Rui Nunes [286], no início o "processo de integração de um conjunto de células humanas numa

---

[282] Cfr., entre outros, MARIA CELESTE CORDEIRO LEITE DOS SANTOS, *Imaculada Concepção*, Editora Académica, São Paulo, 1993, pág. 83, referiu: "Ademais, é a biologia competente para afirmar o que é a vida humana, a pessoa, e propor critérios de sua extinção?...É uma hipocrisia considerarmos que antes de catorze dias não exista vida humana"..."O novo jogo do laboratório: o ovo fecundado como o menor dos pacientes ou como vítima a mais imponderável?"

[283] Lembro que os gémeos podem surgir após os catorze dias e não são privados de alma. Cfr. C.R. AUSTIN, *Human Embryos,* Oxford University Press, New York, 1989, pág. 45.

[284] ROBERT EDWARDS, *The pre-embryo saga*, in «Medical Law-Text and Materials», Butterworths, London, 1989, citado por MARIA CELESTE CORDEIRO LEITE DOS SANTOS, *Imaculada Concepção*, Ob. cit., pág. 80, responsável pelo primeiro bebé proveta, também sustentou que esta noção suscita inúmeros problemas. Na pesquisa feita sob os auspícios da fundação CIBA: Human Embryo Research: Yes or No? declarou não ter certeza sobre o que os médicos e cientistas pensam da palavra pré-embrião. O que existe, na realidade, é *preimplantation embryo*, que é algo diferente. Pré-implantação de embriões, mórula, blastocisto e embriões implantados são fases ou estádios do desenvolvimento da procriação humana.

[285] JACQUES TESTART, *Le Désir du Gène*, François Bourin, Paris, 1992, pág. 165.

[286] RUI NUNES, *A natureza do embrião humano*, «Humanística e Teologia», Ob. cit., pág. 59. O Autor acrescenta que o passo mais precoce concerne ao encerramento do tubo neural (trigésimo dia depois da concepção) e associa-se com a entidade clínica designada por anencefalia. E refere que J. GOLDENRING, *The brain-life theory: towards a consistent biological definition of humanness*, «Journal of Medical Ethics», 11, 1985, págs. 198-204, entre outros, consideram que o período de oito semanas é que é essencial uma vez que seria nessa altura que o cérebro se tornaria integrado como um todo. Apesar disso reconhecem que este prazo de oito semanas também não é muito credível na medida em que novos progressos científicos podem proporcionar o seu encurtamento (Este limite temporal corresponde à detecção de ondas no electroencefalograma, visto que o tronco cerebral já está organizado após as cinco primeiras semanas do desenvolvimento humano). Mas os critérios

Genoma Humano, Pessoa e Biodireito 189

unidade verdadeiramente organizada é, em essência, diferente". É um "fenómeno biológico contínuo", "prolongando-se a maturação do sistema nervoso" para além do nascimento. Numa primeira etapa, o sistema nervoso desenvolve-se, desde o décimo quinto dia após a fertilização (287) até à vigésima semana de gravidez. Nesta altura, o tálamo conecta-se com o córtex cerebral, passando a ser possível dizer-se que o sistema nervoso está "fisicamente integrado". A quase impossibilidade em fixar, com total exactidão, um momento a partir do qual o cérebro começa o seu funcionamento "como um todo" demonstra por si só a precariedade deste critério. A doutrina não é pacífica.

Assim sendo, é discricionária a marcação de um limite. Não é de aceitar a tese da analogia entre morte cerebral e vida cerebral na medida em que a paragem do funcionamento do tronco cerebral pode ser instantânea (288), e é irreversível enquanto o fenómeno de integração é contínuo, progressivo, implica continuidade (289).

O estatuto de pessoa não se pode adquirir ou perder gradualmente. Ou se é pessoa ou não se é.

54. Nidação

I. Para os defensores da tese da nidação só é viável falar em pessoa após a implantação no útero materno. Até esse momento existe, apenas, um conjunto de células que constituem os alicerces do embrião. Só há vida quando o blastocisto consegue a nidação (290)(291).

---

sugeridos não se esgotam aqui. Por exemplo, os critérios propostos por H. SASS, *Brain life and brain death: a proposal for a normative agreement*, «Journal of Medicine and Philosophy», 14, 1989, págs. 45-59, são diferentes dos adiantados, por exemplo por D.G. JONES, *Brain birth and personal identity*, «Journal of Medical Ethics», Ob. cit., págs. 173-178.

(287) Este prazo corresponde ao início da constituição do tubo neural.

(288) Por exemplo, no caso de traumatismo craniano.

(289) Para maior desenvolvimento, cfr. RUI NUNES, *A natureza do embrião humano*, «Humanística e Teologia», Ob. cit., págs. 59-60.

(290) BERNARD HÄRING, *New dimensions of responsible parenthood*, «Theological Studies», 37, 1976, pág. 127.

(291) O Código Penal Alemão (§ 218) determinou que todas as acções cujos efeitos se produzam antes da nidação ou implantação do ovo fecundado no útero não podem ser consideradas interrupções voluntárias da gravidez. Por sua vez, a Lei Alemã para a Defesa

190 *Direito do Genoma Humano*

do Embrião, de 13 de Dezembro de 1990 (entrou em vigor no dia 1 de Janeiro de 1991), – *Gesetz Zum Schutz von Embryonen (Embryonenschutzgesetz – EschG –* (publicada no *Bundesgesetzblatt Teil I*, n.º 69, de 19 de Dezembro de 1990, págs. 2746-2748), no § 8, define embrião como sendo o produto da fusão das células masculina e feminina apto a desenvolver-se para originar um indivíduo, bem como qualquer célula totipotente extraída do embrião. E fixa que 24 horas após a fusão, as células humanas fecundadas são capazes de se desenvolverem.

Em Espanha, a *Ley 35/1988, de 22 de noviembre, sobre Técnicas de Reproducción Asistida* (publicada no *Boletín Oficial del Estado*, n.º 282, de 24 de noviembre de 1988), procede à distinção entre a etapa pré-embrionária ou reimplantatória e a etapa embrionária ou post-implantatória. A primeira fase compreende o período que medeia entre a fecundação e o 14.º dia, a segunda tem lugar após o 14.º dia. Assim, só existe embrião depois do 14.º dia. Antes há, apenas, o pré-embrião.

Esta orientação encontrava-se já na Recomendação aprovada em 10 de Abril de 1986 elaborada pela Comissão Especial de Estudo da Fecundação *In Vitro* e da Inseminação Artificial Humana, mais conhecida por Recomendação Palacios (Marcelo Palacios, presidente da referida Comissão e deputado do PSOE). A citada Lei pressupõe a inexistência de vida humana individualizada até ao 14.º dia após a fecundação pelo que há necessidade de conferir um estatuto jurídico distinto ao pré-embrião e ao embrião. Os pré-embriões excedentários de uma fecundação *in vitro* podem ser conservados durante cinco anos e a decisão de os manter neste estado deve ser revista todos os seis meses. O casal donde provêm pode dispor deles para uma nova gravidez apenas durante dois anos.

Por sua vez, a *Ley 42/1988, de 28 de diciembre, sobre donación y utilización de embriones y fetos humanos o de sus células, tejidos u órganos*, coloca determinadas restrições à escolha do sexo e à investigação e experimentação em embriões. Cfr. também, *Real Decreto, n.º 412, 1/3/1996 reproducción asistida humana (Establece los protocolos obligatorios de estudio de los donantes y usuarios relacionados con las técnicas de reproducción humana asistida y regula la creación y organización del Registro Nacional de Donantes de Gametos Y Preembriones con fines de reproducción humana – Boletín Oficial del Estado, n.º 72, de 23 de marzo de 1996, 11253-11255); Sentencia 116/1999, de 17 de junio, del Pleno del Tribunal Constitucional; Ley 6/1997, de 14 de abril, de Organización y Funcionamiento de la Administración General de Estado.*

A *Ley 45/2003, de 21 de noviembre, por la que se modifica la Ley 35/1988, de 22 de noviembre, sobre Técnicas de Reproducción Asistida* (publicada no *Boletín Oficial del Estado*, n.º 280, de 22 de *noviembre* de 2003, págs. 41458-41463), no artigo 4.º, determina que "*sólo se autoriza la transferencia de un máximo de tres preembriones en una mujer en cada ciclo*" e que "*se fecundará un máximo de tres ovocitos que puedan ser transferidos a la mujer en el mismo ciclo, salvo en los casos en los que lo impida la patología de base de los progenitores*". O n.º 3 do artigo 11.º estatui que os pré-embriões excedentários devem ser crioconservados por um prazo equivalente ao da idade fértil da mulher com o intuito de serem transferidos posteriormente. Os progenitores têm que assinar um termo de responsabilidade sobre os seus pré-embriões crioconservados: "*En él se incluirá una cláusula por la que la pareja o la mujer, en su caso, otorgarán su consentimiento para que, en el supuesto de que los preembriones crioconservados no les fueran transferidos en el plazo previsto,*

II. Logo após a fecundação, o zigoto está sujeito a uma divisão ([292]) mitótica sucessiva que origina um aumento do número de células até que se forme a mórula.

Uma quantidade líquida do útero introduz-se na mórula ([293]), provocando a separação das suas células em duas partes: o trofoblasto (anel exterior) que originará a placenta com o cordão umbilical e a bolsa amniótica ou âmnio que reterá o embrião (flutuante).

Posteriormente, os espaços cheios de líquido confluem para formar uma única cavidade, convertendo a mórula num blastocisto ou blástula.

---

sean donados con fines reproductivos como única alternativa". A *Ley 45/2003, de 21 de noviembre,* regula, também, o destino dos pré-embriões antes da entrada em vigor da lei. (*Mediante providencia de 24 de febrero de 2004, el Tribunal Constitucional ha admitido a trámite el recurso de inconstitucionalidad n.º 632/2004, promovido por el Parlamento de Andalucía, en relación con el artículo único, apartados uno y dos; la disposición adicional única, apartado 3 c) y f) y apartado 4; la disposición final 1ª, apartado 1, párrafo segundo, apartado 2, párrafo primero y párrafo tercero, apartado 4 y apartado 5, párrafo segundo; la disposición final 2ª y la disposición final 3.ª de la Ley 45/2003, de 21 de noviembre, (Boletín Oficial del Estado, n.º 59, de 9 de marzo de 2004, 10284); Mediante providencia de 23 de marzo de 2004, el Tribunal Constitucional ha admitido a trámite el recurso de inconstitucionalidad n.º 1083/2004, promovido por el Consejo de Gobierno de la Junta de Andalucía, contra el artículo único, disposición adicional única y disposiciones finales primera y segunda de la Ley 45/2003, de 21 de noviembre, (Boletín Oficial del Estado, n.º 83, de 6 de abril de 2004, 14373).*

Mais recentemente, a *Ley 14/2006, de 26 de mayo, sobre Técnicas de Reproducción Humana Asistida* (publicada no *Boletín Oficial del Estado,* n.º 126, de 27 de mayo de 2006, págs. 19947-19957), no n.º 2 do artigo 1.º (*Objeto y ámbito de aplicación de la ley*) define pré-embrião como sendo *"el embrión in vitro constituido por el grupo de células resultantes de la división progresiva del ovocito desde que es fecundado hasta 14 días más tarde".* O n.º 2 do artigo 3.º (*Condiciones personales de la aplicación de las técnicas*) autoriza apenas a transferência de um número máximo de três pré-embriões para a mulher em cada ciclo reprdutivo. O artigo 11.º (*Crioconservación de gametos y preembriones*) exige que a utilização dos pré-embriões seja precedida de consentimento informado (consentimento esse que deve ser prestado pela mulher e pelo seu marido caso seja casada). Este artigo disciplina, também, pormenorizadamente, o destino dos pré-embriões crioconservados. Cfr., também, os artigos 13.º (*Técnicas terapéuticas en el preembrión*), 15.º (*Utilización de preembriones con fines de investigación*) e 16.º (*Conservación y utilización de los preembriones para investigación*).

([292]) A denominada clivagem. O zigoto divide-se em duas células, os blastómeros, estes, por sua vez, dividem-se em quatro blastómeros, depois oito e assim sucessivamente até à constituição da mórula.

([293]) A mórula é uma massa celular composta por dezasseis blastómeros.

No sexto dia, o blastocisto une-se ao endométrio. As células do trofoblasto invadem a camada endometrial do útero, tirando daí a nutrição necessária ao nascituro. Este fenómeno constitui, precisamente, a nidação ou implantação ([294]). É com a nidação que têm lugar as transformações hormonais no organismo feminino que originam o estado de gravidez.

III. A nidação marca a presença da vida, uma vez que o nascituro tem, agora, possibilidade de evoluir como um novo ser, o que não é possível com o óvulo fecundado *in vitro*, que não tem, actualmente, qualquer viabilidade de desenvolvimento fora do útero materno.

Só depois da individualização estar definida se poderá falar em pessoa. Até praticamente ao final da segunda semana podem constituir-se gémeos e, até ao fim da nidação é viável ocorrerem alterações constituídas pela fusão de dois zigotos ou de dois embriões ([295]).

IV. Sustentam que é dado adquirido que a gestação apenas se inicia com a nidação do ovo. O óvulo, depois de retirado do organismo da mulher e fecundado *in vitro*, necessita de 48 a 72 horas para poder ser transferido para o útero em que será implantado, para começar a nidação.

V. Deste jeito, até à nidação, o embrião humano não é pessoa, devendo ser tutelado pelo Direito e pela Ética apenas como "pessoa virtual" ([296]).

([294]) Em síntese, as células vão crescendo e multiplicando-se até que se forme o ovo que, passados seis dias, consegue chegar ao útero onde se implanta.

([295]) Experiências realizadas em laboratório com embriões de ratos e coelhos provaram que, até ao tamanho de dezasseis células, separando algumas delas, é possível formar indivíduos distintos. Assim, os defensores da nidação alegam ser razoável, do ponto de vista científico, pensar numa situação semelhante ao se manipularem embriões humanos, aceitando-se, deste modo, a falta de individuação antes de ter terminado a nidação.

([296]) Nesta orientação, SILMARA CHINELATO E ALMEIDA, *Direito do Nascituro a Alimentos: uma contribuição do Direito Romano*, Comunicação apresentada no VII Congresso Latino-Americano, Rio de Janeiro, 1990, pág. 1; SILMARA CHINELATO E ALMEIDA, *O Direito da Família e a Constituição de 1988*, Coord. Carlos Alberto Bittar, Saraiva, São Paulo, 1989, pág. 40, inicialmente defendeu que embora haja vida desde a fecundação só é possível falar em nascituro e em pessoa com a nidação.

Genoma Humano, Pessoa e Biodireito 193

Por outras palavras, nesta linha, a vida tem início com a fecundação, mas somente após a nidação se pode falar em pessoa, pois só nesse momento está garantida a viabilidade do ovo.

VI. Em 1993, o Conselho Nacional de Ética Para as Ciências da Vida no *Relatório-Parecer 3/CNE/93 sobre Reprodução Medicamente Assistida* ([297]) sustentou a necessidade de distinguir vida humana de vida pessoal. Considerando que ser pessoa implica ser indivíduo, um embrião antes da nidação, apesar de já ser vida humana, não é ainda pessoa, uma vez que tem a faculdade de originar mais de um indivíduo (dividindo-o, formam-se gémeos univitelinos). Assim, e em síntese, por falta de individuação não pode ser dito pessoa ([298]).

VII. Outra circunstância trazida à colação pelos defensores desta tese é o grande número de embriões perdidos espontaneamente antes da nidação.

Cerca de 50 a 80 % dos embriões são abortados de forma espontânea nos primeiros dias sem que, muitas vezes, as mulheres tenham sequer sabido da sua existência. Há muitas fecundações que não produzem um ser humano viável em virtude de anomalias cromossómicas.

No entanto, esta ilustre Autora, posteriormente, abandonou a teoria da nidação e, actualmente, é uma acérrima defensora da tese da concepção. Como, aliás, esclarece no seu livro *Tutela civil do nascituro*, Editora Saraiva, São Paulo, 2000, págs. 161-162: "Conforme advertimos na introdução, ao tratar do conceito de nascituro, abandonamos o anteriormente adotado na versão original de nossa tese de doutorado e nos artigos publicados em 1987, que enfatizavam a importância da nidação e o binômio «ovo-mãe» ou «embrião-mãe»", privilegiando a fecundação *in vivo* ou *in anima nobile*, opondo-se à fertilização *in vitro*. Na altura considerava que o embrião *in vitro*, o pré-implantatório e o congelado deveriam ser protegidos como pessoa *in fieri* ou pessoa virtual. Justifica que se tratou de uma posição provisória, face ao carácter recente das novas técnicas de procriação humana assistida e da natural perplexidade que acarretou.

([297]) CONSELHO NACIONAL DE ÉTICA PARA AS CIÊNCIAS DA VIDA, *Relatório-Parecer 3/CNE/93 sobre Reprodução Medicamente Assistida* (disponível em http://www.cnecv.gov.pt/).

([298]) Posteriormente, o CONSELHO NACIONAL DE ÉTICA PARA AS CIÊNCIAS DA VIDA, no *Relatório-Parecer 15/CNECV/95 sobre a Experimentação do Embrião Humano*, (disponível em http://www.cnecv.gov.pt/), emitiu doutrina diferente. Esta questão será desenvolvida quando analisar a tese da concepção. Cfr. Parte II, Título I, Capítulo I, Secção III, n.º 55.

194   *Direito do Genoma Humano*

Face a esta realidade, colocam a questão de saber se podem ser considerados seres humanos um número tão elevado de vidas que são eliminadas tão prematuramente pela própria natureza ([299])?

O zigoto não é, ainda, uma realidade com um destino certo, definido, mas, somente uma célula totipotente que está apta para diferentes evoluções e que resulta não só de uma única célula mas, também, da eliminação de todas as outras células ([300]).

Concluem que o destino do zigoto é uma incógnita, pois o ser humano é o produto de todo um processo imprevisível de desenvolvimento.

IX. Crítica:

Os defensores desta teoria sustentam, nestes moldes, que só é possível falar em pessoa após a nidação.

Todavia, o que é fundamental é que essa vida, sendo humana porque tem um genoma humano, não pode ser subsumida em nenhuma outra categoria. Não é um animal nem é um vegetal. Mesmo que origine mais que um indivíduo só pode ser enquadrado na categoria de pessoa.

A possibilidade existente de *limitação* desde a concepção até à morte não põe em causa a categoria da pessoa. E ser pessoa é *de per si* produto de um múltiplo processo de personalização. Não se está face a um simples conjunto de células uma vez que esta realidade está marcada pelo carácter pessoal na sua origem e finalidade. O próprio conceito de solidariedade ontológica impõe que o genoma humano não possa ser tratado como uma coisa qualquer. Aliás, se assim fosse era necessário responder à questão: de que coisa? De que realidade? Do quê se fala?

É um dado certo e seguro que a natureza se encarrega por si própria de eliminar uma grande parte dos embriões. Mas, o argumento de grande número de embriões se perderem antes da nidação ([301])([302]),

---

([299]) Criticado por J. ELIZARI, *Praxis Cristiana*, Vol. 2, Paulinas, Madrid, 1981, pág. 89.

([300]) No entanto, reconhecem que do zigoto humano não pode resultar algo que não seja humano.

([301]) Com efeito, o facto de o próprio organismo materno eliminar (naturalmente) bastantes embriões revela, apenas, que se trata de uma vida ainda frágil, mas isso em nada anula a sua existência.

Genoma Humano, Pessoa e Biodireito 195

permite, precisamente, contra argumentar que, assim sendo, é mais uma prova de que o zigoto já possui capacidade intrínseca para iniciar uma gravidez que é, aliás, desde logo, detectável através de métodos bioquímicos ([303]).

Como sublinha Jacques Testart, se nem todos os embriões se tornam crianças, a verdade é que cada homem e cada mulher não foram, ao princípio, mais do que um ovo fecundado ([304]).

O facto de poderem vir a existir dois seres humanos do mesmo óvulo fecundado não implica que, antes da divisão, não haja nenhum. É necessário ter em atenção que individualidade não é igual a indivisibilidade. Um ser vivo pode ser individual, mas divisível. O ser humano até ao 12.º/14.º dia da sua evolução é individual, porém divisível, e, a partir da nidação, é único e indivisível ([305]).

A não consideração da concepção como o marco decisivo do início da pessoa humana contraria a realidade científica e abre as portas à arbitrariedade.

([302]) Como esclarece MICHEL RENAUD, *Análise filosófica acerca do embrião humano*, in «A Ética e o Direito no Início da Vida Humana», Ob. cit., págs. 148-149, uma vez que "repugna habitualmente à consciência humana a afirmação" de que, "a natureza «eliminou» espontaneamente um «ser humano» ou uma «pessoa humana», conclui-se muitas vezes que, neste estado de desenvolvimento, ainda não se está na presença de um ser humano." A "interrupção natural", não intencional, de um "processo evolutivo" é diferente da sua "interrupção voluntária em virtude de uma decisão previamente tomada", como é o caso do aborto. "O facto de declarar idênticos" o primeiro e o segundo caso "implica que se considerem como idênticos" um "acontecimento «natural»" e uma decisão humana livre. Ora, este subterfúgio consiste em não assumir a responsabilidade pelas próprias decisões, considerando-as no fim de contas como «legitimadas» por acontecimentos naturais «semelhantes»... estamos perante um erro...a «reificação» da liberdade ou a identificação de um «acto livre» com um «acontecimento natural»."

([303]) Mesmo que ainda não fosse cientificamente possível constatar a gravidez, essa impossibilidade não poderia significar, *de per si*, que ela não existe.

Todavia, imediatamente após a implantação, o trofoblasto começa a secreção da hormona gonadotropina coriónica humana que passa para a corrente sanguínea da mãe e é eliminada pela urina. A excreção desta hormona é detectável na urina da mulher cerca de vinte e seis dias depois da fecundação, permitindo, assim, diagnosticar a gravidez através de métodos convencionais.

Graças a tecnologias mais sofisticadas é já viável descobrir concentrações de gonadotropina coriónica humana no sangue oito dias depois da fecundação e um dia após a implantação.

([304]) JACQUES TESTART, *Le Désir du Gène*, Ob. cit., pág. 173.

([305]) *El aborto*, Conferência episcopal española, Comité episcopal para la defensa de la vida, Paulinas, Madrid, 1991, pág. 17.

A vida humana inicia a sua estrutura somática no momento da concepção. Ou seja, antes de o ovo se implantar no útero. A nidação assegura, apenas, a continuação de um processo vital que já está a decorrer ([306]).

A unidade substancial inerente ao embrião revela no seu percurso uma continuidade também substancial. O genoma já está definido e é, precisamente, o genoma que tem a força ([307]), o poder para o conduzir para determinada direcção. A relação com a mãe é uma das múltiplas ([308]) relações que asseguram as condições do desenvolvimento. Deste modo, não é viável conceber diferentes existências do mesmo embrião. O indivíduo ao desenvolver-se mantém em cada uma das suas sucessivas fases a unidade ontológica com a fase precedente.

A nidação consubstancia apenas mais uma modalidade de dependência do ser humano em relação à progenitora (como, aliás, se verifica em diversas fases não só da vida pré-natal mas também pós--natal) permanecendo salvaguardado o carácter autónomo e intrínseco da nova pessoa.

Assim, se é certo que a nidação traduz uma importante etapa do desenvolvimento existencial da pessoa é, também, certo que ela não constitui *de per si* o ser humano, do ponto de vista ontológico. No

---

([306]) Este ponto de vista foi ratificado no 1º Congresso Brasileiro de Medicina Legal, realizado em Petrópolis, em 1968, onde se questionou: como é possível que os dois gâmetas, as células germinativas do homem e da mulher, se fundam e o ovo resultante dessa fecundação, com esta vida própria, não possa ser considerado humano? Seria então o quê? Inumano? Animal? Vegetal? De que vida falam? Que entendem eles quando diferenciam as duas vidas? É a primeira realmente diferente da segunda? Cfr. Nilson do Amaral Sant'Anna, *Contribuição Médico-legal ao Estudo dos Contraceptivos*, citado por Nilo Jorge Rodrigues Gonçalves, *Estudo Médico-legal da Fertilização "in vitro"*, Faculdade de Ciências Médicas da U.E.R.J., Rio de Janeiro, 1988, pág. 60.

([307]) Laura Palazzani, *Genetic engineering and human nature*, in «Man-made Man. Ethical and Legal Issues in Genetics», Ed. Peter Doherty, Agneta Sutton, Open Air, Dublin, 1997, pág. 85.

([308]) A nidação ou nidificação é apenas mais um processo na marcha de uma vida já em desenvolvimento. Mesmo que não haja aninhamento do ovo no útero, o seu poder vital é tanto que pode evoluir noutro local como é o caso das trompas ou do peritónio.

A título de exemplo, a imprensa brasileira noticiou, em Maio de 1983, uma gravidez abdominal levada a bom termo, e da qual nasceu uma menina saudável. Cfr. Genival Veloso de França, *O Direito Médico*, Fundo editorial Byk-Procienx, São Paulo, 1976, pág. 149.

entanto, *a contrario sensu*, permite reforçar a tese da concepção na medida em que a afirmação de que a nidação é uma fase fundamental da vida do ser humano pressupõe já a existência deste. Por outras palavras, entendo que não é a relação do embrião com a progenitora que vai *criar* o sujeito, mas a admissibilidade da importância desta relação implica, necessariamente, a aceitação de que aquele ser humano já existe. Pois sem a sua existência não poderia haver relação alguma!...

Além disso, é já possível acrescentar que o critério da nidação é completamente posto em causa quando a clonagem humana passar a ser viável.

Com efeito, afirmar que o embrião, antes da nidação, não pode ser considerado pessoa porque pode originar dois indivíduos implicaria que o estatuto de pessoa só pudesse ser atribuído a partir do momento em que já não fosse possível *criar* outro ser igual.

Ora, com a clonagem esse *prazo* estará aberto *ad eternum*, uma vez que se poderá fazer um clone em qualquer fase da vida do ser clonado (inclusivamente, até, depois da morte física deste).

Nesta orientação, é caso para perguntar: o ser clonado deixará de ser considerado uma pessoa quando a sua individualidade genómica for clonada?!...

A aceitação desta ideia implicaria a negação da própria existência da pessoa.

55. Concepção. Posição adoptada

I. O embrião [309][310] é pessoa?

---

[309] Embrião é um termo técnico-científico que designa uma fase ou etapa do desenvolvimento da pessoa: ovo, mórula, blástula, embrião e feto.

Falar em estatuto do embrião é susceptível de conduzir a equívocos uma vez que parece afastar a protecção jurídica da pessoa antes da fase embrionária. No entanto, quero, desde já, voltar a frisar que a palavra embrião é usada neste trabalho para designar o produto da concepção *ab initio*.

[310] Os primeiros estudos de embriologia atribuem-se a Hipócrates (século V A.C.) e a Aristóteles (século IV A.C.).

Para o seu aprofundamento contribuíram, entre outros, Leonardo da Vinci (1504), Harvey (1651), Graaf (1672), Malpighi (1675), Hamm e Leeuwenhoek (1677) e Spalanzani (1775).

198   *Direito do Genoma Humano*

II. A partir de que momento é possível afirmar que já existe vida humana? E, como questiona Joaquim Pinto Machado, é possível existir vida humana sem que já exista, já esteja aí um ser humano? E o "ser humano" é pessoa, ou é viável ser "humano" e ainda não se ser "pessoa"? E antes de se ser "ser humano igual a pessoa" ou "ser humano ainda não pessoa" está-se perante quê ou quem? O que é que transforma "aquilo" que ainda não é ser humano em ser humano? E o que faz com que o "ser humano ainda não pessoa" passe a pessoa? "O que humaniza?" "O que pessoaliza" ([311])?

III. Alguns autores defendem que a dignidade do embrião não é suficientemente tutelada se não se considera que estamos perante uma pessoa e, por maioria de razão, um ser humano ([312])([313])([314])([315])([316]).

([311]) Joaquim Pinto Machado, Prefácio ao livro «A Ética e o Direito no Início da Vida Humana», Ob. cit., pág. 7.

([312]) José de Oliveira Ascensão, *Procriação assistida e direito,* sep. «Estudos em Homenagem ao Prof. Doutor Pedro Soares Martínez», Vol. I, Almedina, Coimbra, 2000, págs. 649-650, coloca a questão de saber se "feto, embrião, gâmetas, são da ordem das pessoas ou da ordem das coisas? Serão elementos coisificados ao separar-se do homem, como o cabelo, que pode ser objecto de comércio jurídico?" Oliveira Ascensão responde afirmando que não seguramente, pela "potencialidade de vida que contêm. Ou são pessoas ou parte ou prolongamento das pessoas, não podendo ser tratados como objectos". Considera ser particularmente "nítida a índole do embrião. Com a fecundação fica formado um ser cujo código génico está completo: um ser único e irrepetível, como é básico em toda a personalidade". O Autor refere que apesar de as nossas leis atenderem "apenas ao nascituro como ser em vida intra-uterina" e não configurarem a "hipótese de um embrião existir separadamente da mãe" entende que "há manifestações de uma necessária consideração deste como pessoa".

E, ainda, José de Oliveira Ascensão, *Direito e Bioética,* «Revista da Ordem dos Advogados», Ano 51, II, Lisboa, Julho de 1991, págs. 448-449, escreve que, as partes do corpo humano, mesmo que separadas, na medida em que ainda traduzam a vida, como no material colhido para transplantes não são coisas. Esta dignidade é acrescida quando essas partes se revelam aptas a desempenhar uma função. Chega à conclusão que o sémen ou os óvulos nunca poderão ser coisificados, pois têm já por si uma dignidade especial pela potência de vida que contêm. Por maioria de razão isso acontece com o embrião. Este não pode ser propriedade de ninguém ou objecto do comércio jurídico.

([313]) Como defende Diogo Leite de Campos, *Lições de Direitos da Personalidade,* sep. do Vol. LXVIII do «Boletim da Faculdade de Direito da Universidade de Coimbra», Coimbra, 1992, pág. 43, a vida é só uma desde a concepção até à morte. O Direito assente na Biologia reconhece o início da personalidade jurídica no começo da personalidade humana; isto é, na concepção.

IV. Outros, pelo contrário, sustentam que o embrião nem sequer é um ser humano ([317]).

V. Há, ainda, quem prefira falar em pessoa potencial, pessoa em potência ou pessoa possível ([318])([319]).

([314]) No dizer de MICHEL RENAUD, *Análise filosófica acerca do embrião humano*, in «A Ética e o Direito no Início da Vida Humana», Ob. cit., pág. 154, o "erro filosófico de teóricos" que "dividem ser humano e pessoa é grave; consiste em reproduzir um dualismo entre ser humano biológico e pessoa consciente, como se o ser pessoal fosse uma superestrutura que se adiciona ao corpo em virtude de um artifício que lhe é extrínseco. A consequência deste dualismo não é então somente um erro filosófico, mas uma perversão ética". Considera que faz falta "uma reflexão sobre a pessoa no seu devir, na sua intersubjectividade e na sua temporalidade". E acrescenta que, assim, na "ausência de uma tal reflexão, as ideias erradas não constituem somente um vício de percurso, mas dão origem a actos que podem matar".

([315]) Também, ELIO SGRECCIA, *Manual de Bioética. I – Fundamentos e Ética Biomédica*, Ob. cit., pág. 366, afirma que a "interrupção voluntária da gravidez, ainda que atue sobre um elemento biológico em formação, *afficit personam*, pela unidade do composto humano".

([316]) Entre outros, JOSÉ BOTELLA LLUSIA, prólogo do livro *Derecho a la vida y institución familiar*, de GABRIEL DEL ESTAL, Eapsa, Madrid, 1979, págs. 17-20, citado por SILMARA CHINELATO E ALMEIDA, *Tutela civil do nascituro,* Ob. cit., págs. 118-119, sustenta que desde a concepção está estabelecida uma carga genética que faz com que aquele indivíduo seja um ser novo, distinto do pai e da mãe, com traços que herdou de um e de outro, mas que combinados de uma maneira diferente lhe dão uma identidade biológica, inconfundível e própria, "isto é, uma personalidade. Todo o que tem personalidade já é por definição uma pessoa." Muitos caracteres irão desenvolver-se, o organismo crescerá em complexidade, organização e tamanho. Mas a sua qualidade biológica, a sua definição será a mesma desde o ser unicelular até ao indivíduo adulto.

([317]) Como já referi, no entendimento de H. TRISTAN ENGELHARDT, "mesmo uma criança recém-nascida não é uma pessoa", *The foundations of bioethics*, Ob. cit., cap. 4, pág. 100.

([318]) A palavra potencial não é susceptível de interpretação pacífica. Como refere PAUL LADRIÈRE, *Personne humaine potentielle et procréation*, in «Éthique et biologie», Cahiers STS, Ed. du CNRS, n.º 11, 1986, pág. 102, citado por LUCIEN SÈVE, *Para uma Crítica da Razão Bioética*, Ob. cit., pág. 108, a palavra potencial fica aquém daquilo que *in potentia* significa na linguagem aristotélica e escolástica. Não é inteiramente certo que a teoria do ser em potência se aplique de forma correcta ao embrião, uma vez que ele não contém em si os factores do meio ambiente indispensáveis para a formação de um ser, não apenas humano, mas humanizado. Assim sendo, defender que a "carga de ser" já estaria "totalmente dada" no embrião não implicará postergar a função da "epigénese biológica e da hominização social na nossa formação"? GENEVIÈVE DELAISI DE PARSEVAL, *Le désir d'enfant géré par la médecine et par la loi*, in «Le Magasin des enfants», Coord. Jacques Testart, François Bourin, Paris, 1990, pág. 270, também citada por LUCIEN SÈVE na referida obra,

Direito do Genoma Humano

VI. Salvo o devido respeito, é equívoca a afirmação de que o embrião é uma pessoa em potência ou potencial.

É possível sustentar que o embrião é em potência um bebé, ou uma criança ou um adulto. No entanto, não é em potência uma pessoa, um ser humano, pois isso já ele o é *ab initio*. Como dizia Tertuliano, aquele que o será, já é homem [320]. Assim sendo, parece apropriado falar do embrião humano, não como uma pessoa em potência, mas sim como uma pessoa actual que tem potencial para o seu desenvolvimento até ao momento da morte.

VII. Em síntese, a noção de pessoa potencial é contraditória [321]. Aquele que goza do direito à dignidade de uma pessoa não pode ser uma simples potencialidade [322]. Por definição, se esse direito lhe é

---

págs. 108-109, considera que potencial significa precisamente o contrário de uma realidade já dada. Potencial é, apenas, uma simples eventualidade. Sustenta que o embrião é somente uma pessoa possível. Contudo, como questiona LUCIEN SÈVE, *Para uma Crítica da Razão Bioética*, Ob. cit., pág. 109, se a expressão "«em potência» diz demasiado" será que a palavra "possível" exprime o "suficiente?" "Definir-se pelo possível" é válido para qualquer ser humano "em cada estádio" da sua existência. O termo "reenvia para um futuro incerto aquilo que já há de humanidade num genoma". Cfr., também, ANNE FAGOT – LARGEAULT/ GENEVIÈVE DELAISI DE PARSEVAL, *Les droits de l'embryon (fœtus) humain et la notion de personne humaine potentielle*, «Revue de métaphysique et de morale», n.º 3, 1987, págs. 30-34; ANNE FAGOT-LARGEAULT/GENEVIÈVE DELAISI DE PARSEVAL, *Qu'est-ce qu'un embryon*, «Esprit», Juin 1989, pág. 110.

[319] Em França, o COMITÉ CONSULTATIF NATIONAL D' ÉTHIQUE POUR LES SCIENCES DE LA VIE ET DE LA SANTE, no *Avis n.º 18 relatif aux recherches et utilisation des embryons in vitro à des fins médicales et scientifiques, du 15 décembre 1986*, págs. 158-159, partindo da ideia de que desde o momento da fecundação existe um organismo vivo que pertence à espécie humana, indivíduo esse que "não é apenas humano em virtude de um genoma específico, mas é-o também devido a um projecto paternal de procriar dos pais, do sentido que esse projecto assume na vida do casal, da representação da criança que vai nascer no imaginário dos pais", chega à conclusão que o embrião deve ser respeitado como pessoa potencial.

[320] TERTULLIANO, *Apologeticum de Carne Christi*, trad. italiana, *Apologia del Cristianesimo. La Carne di Cristo*, Biblioteca Universale Rizzoli, Classici della Bur, Milano, 1996, pág. 120: "*Homo est qui futurus est etiam fructus omnis iam in semine.*"

[321] Nesta orientação, LUCIEN SÈVE, *Para uma Crítica da Razão Bioética*, Ob. cit., pág. 108.

[322] DANIEL SERRÃO, *A 3ª Assembleia Plenária da Academia Pontifícia para a Vida*, «Brotéria», Vol. 144, n.º 5/6, Lisboa, Maio/Junho de 1997, pág. 605, entende que o ovo humano tem todos os atributos para ser considerado um sujeito humano, com a potencialidade intrínseca activa, e não como a mera possibilidade de ser uma pessoa humana.

reconhecido, é porque estamos perante uma pessoa *verdadeira*. Admitir a noção de pessoa potencial distinta da pessoa *verdadeira* implicaria a admissão da existência de duas espécies de pessoas: as *verdadeiras* ([323]) e as *não verdadeiras*. A pessoa ou *é* ou *não é*. E, a pessoa *é* desde o momento da concepção.

VIII. Parece-me extremamente interessante e oportuno referir o facto de S. Tomás de Aquino defender, relativamente à própria pessoa de Cristo, a coincidência entre a Encarnação do Verbo e o momento da concepção ([324]).

IX. A Doutrina Oficial da Igreja no Concílio Vaticano II ensina que a vida humana, desde a concepção, deve ser salvaguardada com extremo rigor e força ([325]).

Numa Declaração do Vaticano II, em 1974, os ataques dirigidos ao embrião são qualificados de "risco de matar": a possibilidade de uma existência pessoal e da presença da alma são suficientes para

---

"Afirmar que o homem como organismo, como sujeito e como pessoa está, em potência, no zigoto, não é afirmar uma possibilidade, mais ou menos provável, mas uma potência do ser em si próprio, a qual só não passará a acto por acções externas que o impeçam." Chega à conclusão que o respeito e o cuidado pela vida e bem-estar do embrião são eticamente devidos porque o zigoto é outro ser humano, é outra pessoa humana.

([323]) HENRI ATLAN, *Personne, espèce, humanité*, in «Vers un anti-destin», Ob. cit., pág. 57.

([324]) Cfr. S. J. HEANEY, *Aquinas and the Presence of the Human Soul in the Early Embryo*, «The Tomist», 56, 1992, págs. 19-48; M. PANGALLO, *Actu essendi tomistico e spiritualità dell'anima*, «Medicina e Morale», 2, 1986, págs. 407-414.

([325]) O Concílio Ecuménico Vaticano II, na *Constituição Pastoral Gaudium et Spes: A Igreja no Mundo Actual*, n.º 51, 7 de Dezembro de 1965, Ed. A. O. Braga, Braga, 1979, não ignora que os esposos, na sua vontade de conduzir harmonicamente a própria vida conjugal, enfrentam frequentes dificuldades em certas circunstâncias da vida actual; designadamente que se possam encontrar em situações em que, pelo menos temporariamente, não lhes é possível aumentar o número de filhos. "Não falta quem se atreva a dar soluções imorais a estes problemas, sem recuar sequer perante o homicídio." Todavia, a Igreja lembra que não pode haver verdadeira incompatibilidade entre as leis divinas que disciplinam a transmissão da vida e o desenvolvimento do autêntico amor conjugal. Deus confiou aos seres humanos o encargo de conservar a vida. "Esta deve, pois, ser salvaguardada, com extrema solicitude, desde o primeiro momento da concepção; o aborto e o infanticídio são crimes abomináveis."

que "tirar-lhe a vida seja admitir o risco de matar um homem não apenas em esperança mas já com alma" ([326]).

X. João Paulo II, no *Discorso ai partecipanti al I Convegno Medico Internazionale promosso dal Movimento per la Vita*, afirmou não ter motivos de apreensão relativamente às experiências científicas que respeitem a dignidade da pessoa humana. Todavia, condenou toda e qualquer manipulação experimental que possa pôr em causa a vida do embrião humano, alegando que o homem desde a concepção até à morte não pode ser instrumentalizado por finalidade alguma ([327]).

XI. Neste sentido, a *Donum Vitae* sustenta que é certo que nenhum dado experimental pode ser *de per si* suficiente para fazer reconhecer uma alma espiritual; contudo, as conclusões científicas sobre o embrião fornecem uma indicação preciosa para discernir racionalmente uma presença pessoal a partir do primeiro aparecimento de uma vida humana: como é que um ser humano não seria uma pessoa? O Magistério não se pronunciou concretamente sobre uma afirmação de índole filosófica, no entanto, confirma "a condenação moral de qualquer aborto provocado. Esse ensinamento não mudou e é imutável". "O ser humano deve ser respeitado e tratado como pessoa desde a sua concepção e, portanto, devem ser-lhe reconhecidos, desde aquele momento, os direitos da pessoa, entre os quais, em primeiro lugar, o inviolável direito à vida de todo o ser humano inocente" ([328]).

XII. Como ensina Jorge Miranda, "a dignidade da pessoa é tanta da pessoa já nascida como da pessoa desde a concepção – porque a

---

([326]) *O aborto provocado*, Declaração da Sagrada Congregação para a Doutrina da Fé, 18 de Novembro de 1974, n.º 13, nota 19.

([327]) João Paulo II, *Discorso ai partecipanti al I Convegno Medico Internazionale promosso dal Movimento per la Vita*, in «Insegnamenti di Giovanni Paolo II», 3/12/1982, Vol. V, 3, Libreria Editrice Vaticana, Città del Vaticano, 1982, pág. 1511.

([328]) *Donum Vitae*, Instrução da Sagrada Congregação para a Doutrina da Fé, I, 1., 22 de Fevereiro de 1987. João Paulo II na Encíclica *Evangelium Vitae sobre o Valor e a Inviolabilidade da Vida Humana*, 25 de Março de 1995, aborda mais directamente o estatuto do embrião.

vida humana é inviolável (art. 24.º, n.º 1), porque a Constituição garante a dignidade pessoal e a identidade genética do ser humano (art. 26.º, n.º 1) e a procriação assistida é regulamentada em termos que salvaguardem a dignidade da pessoa humana (art. 67.º, n.º 2, alínea e)) e, porque, para lá da noção privatística (art. 66.º do Código Civil), se oferece, assim, um conceito constitucional de pessoa, confortado, porventura, pelo direito de todo o *indivíduo* ao reconhecimento da sua personalidade jurídica (art. 6.º da Declaração Universal)."

Jorge Miranda acrescenta que "nem infirmam esta ideia o direito ao planeamento familiar – o qual, como é evidente, se situa antes da concepção – nem a despenalização, em certos casos, da interrupção voluntária da gravidez – pois, independentemente do debate acerca da sua constitucionalidade, não existe uma relação necessária entre constitucionalização e criminalização (o que não pode, em caso algum, é passar-se de *descriminalização* a *legalização*)" ([329])([330]).

E, como questiona Sousa Franco, existirá "pessoa mais frágil, mais indefesa e mais inocente do que um ser humano não nascido?" ([331]).

XIII. Defendo que há uma vida humana, uma pessoa a partir do momento da concepção ([332]).

O ser humano existe ou não existe. Não é possível adoptar uma solução intermédia. Ou é ou não é!...

XIV. A condição de pessoa só é alcançada verdadeiramente não quando se atinge a capacidade de ser consciente da própria dignidade, mas quando se é capaz de a reconhecer em outrem.

O direito subjectivo não pode consubstanciar um obstáculo a toda a sociabilidade. O ser humano não começa a ser pessoa somente a partir do momento em que é aceite como igual pelos outros, mas deixa de o ser a partir do momento em que se recusa aceitar, nem que seja só, um deles, como igual.

([329]) Jorge Miranda, *Manual de Direito Constitucional, Tomo IV, Direitos Fundamentais*, Coimbra Editora, Coimbra, 2000, págs. 186-187.

([330]) Cfr. Parte II, Título III, Capítulo I, Secção II.

([331]) António de Sousa Franco, *Prefácio*, in «Vida e Direito-Reflexões sobre um Referendo», Principia, Cascais, 1998, pág. 11.

([332]) A defesa de que a personalidade jurídica surge no momento da concepção será desenvolvida mais à frente.

204   *Direito do Genoma Humano*

XV. O embrião tem uma "existência física" ([333]) donde resulta que goza de protecção jurídica como qualquer outro ser humano ([334])([335])([336]).

XVI. O DNA, a carga genética que nos irá acompanhar sempre ao longo da vida está definida na concepção. No ovo, esclarece Regateiro, encontra-se "todo o potencial da herança genética" do indivíduo, de modo irrepetível. "A identidade genética, em relação ao DNA nuclear do ovo, vai-se manter ao longo do desenvolvimento e durante a vida de cada indivíduo, para todas as células nucleadas de um ser humano adulto" ([337]).

([333]) DANIEL SERRÃO, *A defesa da vida: um direito da pessoa, um dever da sociedade*, «Acção Médica», Ano LXIII, n.º 3, Lisboa, 1999, págs. 38-39, afirma que o embrião é uma pessoa. A constituição substantiva da pessoa, na sua forma mais primária, é a informação depositada no genoma do zigoto ou embrião, informação que, por si só, leva à constituição de um corpo humano e de uma inteligência humana, permitindo a revelação da pessoa nos aspectos psicológicos, éticos, axiológicos ou relacionais. Em síntese, afirma que o embrião humano é uma pessoa porque é a primeira manifestação física de um corpo que é um corpo humano, irrecusavelmente humano no plano científico: "direi irremediavelmente humano, obrigatoriamente humano. E não pode ser mais nada."

([334]) Na Declaração de voto no Acórdão do Tribunal Constitucional n.º 288/98, de 18 de Abril de 1998, o Conselheiro Vítor Nunes de Almeida sustenta que a inviolabilidade da vida humana não pode deixar de ter o sentido de proteger a existência do ser desde o momento da concepção até ao da sua morte natural: toda a vida pré-natal é também vida humana e, enquanto tal, credora da dignidade pessoal que a Constituição garante à pessoa humana e, por isso, deve ser protegida, mais ainda, se possível, do que a vida extra-uterina.

([335]) CHRISTIAN ATIAS, *Les personnes. Les incapacités*, Presses Universitaires de France, Paris, 1985, pág. 18.

([336]) STELA BARBAS, *Da problemática jurídica dos embriões excedentários*, sep. «Revista de Direito e de Estudos Sociais», Ano XXXXI, n.º 1-2, Verbo, Lisboa, Janeiro-Julho de 2000, págs. 103-113.

([337]) FERNANDO REGATEIRO, *Doenças genéticas*, in «Comissões de Ética. Das bases teóricas à actividade quotidiana», Ob. cit., pág. 351. Todavia, o Autor, nas páginas 351 e 352, explica que constituem "excepções, os linfócitos B maduros devido à recombinação somática, os gâmetas devido à redução haplóide do seu complemento cromossómico e as células do organismo em que ocorram mutações.

Cada embrião é geneticamente único, quando resulta da fecundação de um ovócito por um espermatozóide. A sua unicidade tem como origem: o "crossing-over" meiótico, com cerca de 30 recombinações por meiose e que podem ser em posições diferentes para diferentes meioses; a segregação independente dos cromossomas, o que significa que se podem formar 2^{23} gâmetas diferentes num indivíduo; e a junção do genoma haplóide do gâmeta feminino com o genoma haplóide do gâmeta masculino, com possibilidades

Desde o zigoto, ou seja o óvulo fecundado, até ao nascimento todos os estudos qualificadamente realizados no domínio genético, ecográfico, embriológico ou de comportamento traduzem um contínuo desenvolvimento celular, derivado da expressão das informações memorizadas no genoma específico da espécie humana.

E, assim, como ninguém põe em causa que o recém-nascido, o bebé de três meses, a criança de cinco anos, a mulher de trinta ou o idoso de oitenta anos é uma pessoa, também o embrião é uma etapa do desenvolvimento de um ser humano que deve ser respeitado.

XVII. O factor cronológico não incide sobre o valor ontológico e, consequentemente, também não sobre o ético; pelo menos de forma substancial.

No processo ontogenético humano o homem vai-se constituindo através de uma série de fases sucessivas em que a posterior não posterga mas sim vai assimilando a fase anterior.

O desenvolvimento do ser concebido em qualquer das suas etapas – zigoto, mórula, blástula, pré-embrião, embrião e feto – traduzem a continuidade da mesma pessoa que atravessa apenas mais uma das suas fases, passando depois de bebé a criança, de criança a jovem, de jovem a adulto, de adulto a idoso até culminar na recta final da morte física.

O indivíduo em todos esses estados é homogéneo em si mesmo. A humanidade é igual nos vários estados; a essência humana é idêntica e só difere nas aparências.

XVIII. O conceito de pré-embrião revela uma tomada de posição utilitarista ([338]). Permite transformá-lo em objecto de investigação.

---

combinatórias iguais a (2^{23})". Regateiro acrescenta que "outros factores de diversidade dos embriões humanos assentam ainda no polialelismo (formas alternativas de um gene, presentes numa população), de que resulta a "competição" dos alelos pelo respectivo *locus*, e nos polimorfismos de DNA. Por isso, o embrião humano que resulta da fecundação é um acto único de criação, mais do que um acto de reprodução, embora seja esta a designação tradicional". Cfr., também, FERNANDO REGATEIRO, *Manual de Genética Médica*, Imprensa da Universidade, Coimbra, 2003, págs. 19-21.

([338]) Há quem sustente que a questão de saber se o embrião é uma coisa, um homem, ou uma entidade intermédia reveste um carácter eminentemente político e económico, uma vez que só privando o embrião de carácter humano se pode neutralizar eticamente a quantidade

206   *Direito do Genoma Humano*

E, assim, deparamo-nos com uma modalidade de *eliminação legalizada* ([339])([340])([341]).

---

enorme de embriões que se perdem com a experimentação genética e, de modo especial, com a procriação medicamente assistida. Cfr. G. HERRANZ, *Ética de las intervenciones sobre el embrión preimplantado*, «Anuario Filosófico», XXVII, 1994, págs. 127-128.

([339]) Como refere ELIO SGRECCIA, *Manual de Bioética. I – Fundamentos e Ética Biomédica*, Ob. cit., págs. 364 e seguintes, "o embrião tem o valor próprio da pessoa humana. Ou, em sentido negativo: o aborto voluntário é um delito contra a vida pessoal, ou melhor, contra a pessoa; é homicídio na realidade dos fatos, mesmo quando não é, subjetiva e psicologicamente, sentido como tal ou quando o direito não lhe dá essa qualificação exterior."

O Autor justifica apresentando razões carreadas de carácter biológico e filosófico.

Assim, do ponto de vista biológico, tendo em atenção o "fato do desenvolvimento programado, contínuo e intrinsecamente autônomo," chega-se à conclusão que da perspectiva "corpórea não há diferença substancial, mas apenas de desenvolvimento, entre o primeiro momento da concepção e o momento do nascimento".

Por sua vez, do prisma filosófico, também, se conclui que, ontologicamente, todo o valor da pessoa está presente desde a concepção, por dois motivos:

O primeiro, salienta Sgreccia, consiste no facto de o "vínculo entre o corpo e a alma é um vínculo substancial e não acidental: o corpo é transcrição, epifania, instrumento da pessoa e não simples vestido ou acessório. A pessoa é pessoa corpórea. Eu encarnado e não apenas entidade que tem um corpo".

O segundo, diz respeito à circunstância de a "personalidade no homem coincidir com o ato existencial que realiza a natureza humana composta de alma e de corpo, de psique e de físico; o acto existencial age no momento mesmo em que está em ato o novo ser". O Autor sublinha que "o fato de a manifestação da realidade ontológica e existencial acontecer gradualmente e continuar por toda a vida não autoriza pensar que o "depois" não esteja enraizado e tenha sua causa no "já": entre o "já realizado" e o "ainda não" desenvolvido está o arco da gestação e da vida, mas não há um salto qualitativo, ou melhor, ontológico; é o mesmo ato existencial que alimenta o desenvolvimento, é o "Eu" que está realmente presente e operante, mesmo que não haja ainda a autoconsciência e o reconhecimento social".

([340]) No dizer de JOSÉ DE OLIVEIRA ASCENSÃO, *Direito e Bioética*, «Revista da Ordem dos Advogados», Ano 51, II, Lisboa, Julho de 1991, pág. 450, "O embrionicídio no exterior do corpo da mulher é figura não prevista na lei penal e que suscita perplexidade. Não é abrangido pelo tipo legal do aborto. Todavia, mesmo hipóteses de aniquilamento fora do útero são configuráveis como aborto. Pode imaginar-se que o embrião seja retirado vivo do corpo da mulher para ser aniquilado. Parece que há então um aborto, só sendo diversas das comuns as vias de o realizar."

([341]) Entre outros, JOSÉ BOTELLA LLUSIA, prólogo do livro *Derecho a la vida y institución familiar*, de GABRIEL DEL ESTAL, Eapsa, Madrid, 1979, págs. 17-20, citado por SILMARA CHINELATO E ALMEIDA, *Tutela civil do nascituro*, Ob. cit., págs. 118-120, defende: "Quer a interrupção da vida – a morte – seja provocada nos primeiros dias da vida, ou se produza já depois do nascimento, durante a infância ou durante a juventude poderá ter matizes, mas não deixa de ser um homicídio."

XIX. O Conselho Nacional de Ética Para as Ciências da Vida, no *Relatório-Parecer 15/CNECV/95 sobre a Experimentação do Embrião*, preconizou que a vida humana merece respeito, qualquer que seja o seu estádio ou fase, devido à sua dignidade essencial. "O embrião é em qualquer fase e desde o início, o suporte físico e biológico indispensável ao desenvolvimento da pessoa humana e nele antecipamos aquilo que há-de vir a ser: não há, pois, razões que nos levem a estabelecer uma escala de respeito [342]."

XX. O genoma do nascituro já está definido. Por tudo isto, é possível concluir, na esteira de Elio Sgreccia que "basta que se confirme que o óvulo fecundado tem uma ligação intrínseca com o ser pessoal em formação e a ele se destine intrinsecamente para se dever excluir qualquer ato" que o possa destruir ou simplesmente prejudicar. É suficiente um simples *"dubbium facti"* sobre essa conexão, ou "qualquer dúvida sobre a identidade pessoal" do embrião para que subsista, desde logo, o dever de tomar a atitude mais segura, mais cautelosa de modo a evitar qualquer "risco" para a pessoa [343][344].

Assim, e como refere Paulo Otero, mesmo que "cientificamente existissem dúvidas sobre se a partir do momento da concepção existe ou não uma vida, desde que se reconheça que antes do nascimento já existe vida e, neste caso, vida humana, qualquer eventual dúvida deveria ser resolvida juridicamente através de um princípio *in dubio pro vitae*" [345].

---

[342] CONSELHO NACIONAL DE ÉTICA PARA AS CIÊNCIAS DA VIDA, *Relatório-Parecer 15/CNECV/95 sobre a Experimentação do Embrião* (disponível em http://www.cnecv.gov.pt/).

[343] ELIO SGRECCIA, *Manual de Bioética. I - Fundamentos e Ética Biomédica*, Ob. cit., pág. 367. Na mesma orientação, entre outros, RUI NUNES, *O diagnóstico pré-natal de doença genética*, in «Genética e Reprodução Humana», Ob. cit., pág. 119.

[344] Centro de Bioetica, Università Cattolica S. Cuore, *Identità e statuto dell'embrione umano (22/6/1989)*, in «Medicina e Morale», 4, 1989, pág. 665, citado por ELIO SGRECCIA, *Manual de Bioética. I - Fundamentos e Ética Biomédica*, Ob. cit., pág. 367.

[345] PAULO OTERO, *Personalidade e Identidade Pessoal e Genética do Ser Humano: Um perfil constitucional da bioética*, Almedina, Coimbra, 1999, pág. 41; Cfr., ainda, PAULO OTERO, *Proibição da Privação Arbitrária da Vida*, in «Vida e Direito - Reflexões sobre um Referendo», Principia, Cascais, 1998, pág. 148; FRANCISCO LUCAS PIRES, *Aborto e Constituição*, in «Vida e Direito - Reflexões sobre um Referendo», Principia, Cascais, 1998, pág. 60.

SECÇÃO IV
Genoma Humano, Pessoa e Personalismo

56. Personalismo cristão
57. Ontologia e Direito
58. Personalismo jurídico

56. Personalismo cristão

I. O personalismo tem origens cristãs que se vislumbram na filosofia clássica. Teve grande aprofundamento na civilização cristã, onde o homem é concebido como ser corpóreo espiritual, criado à imagem e semelhança de Deus e redimido em Cristo que assumiu a Humanidade *in Persona Verbi*.

II. Como ensina Luís Carvalho Fernandes, "A personificação jurídica de todo o ser humano encontra, pois, o seu verdadeiro fundamento noutra ordem de considerações. Em ordenamentos como o português, elas prendem-se com a imanente dignidade do Homem, fim em si mesmo, e com uma concepção humanista e cristã, desde longa data dominante na sociedade portuguesa" [346].

III. O valor da pessoa no personalismo cristão resulta da superação do dualismo clássico do corpo e da alma. O homem na sua unidade é considerado uma criatura de Deus.

No Cristianismo a dignidade da pessoa humana aparece em todo o seu fulgor, quando se consideram a sua origem e o seu destino: criado por Deus à Sua imagem e semelhança e remido pelo sangue

---

[346] Luís Carvalho Fernandes, *Teoria Geral do Direito Civil, I,* Ob. cit., pág. 73.

preciosíssimo de Cristo, o homem é chamado a tornar-se "filho no Filho" e templo vivo do Espírito, e tem por destino a vida eterna na comunhão beatífica com Deus [347]. A Verdade da Criação, da Redenção e da Comunhão do homem com Deus, conferem à visão personalista toda uma ampliação de valores do domínio do divino. Para o crente cada homem é feito à imagem e semelhança de Deus, é um filho, é um irmão de Cristo [348].

Assim sendo, toda a violação da dignidade do ser humano constitui uma ofensa ao seu Criador. A inviolabilidade da pessoa é, no fundo, consequência da inviolabilidade absoluta do próprio Deus [349].

IV. João Paulo II esclarece que as estruturas somáticas e psíquicas do organismo têm na sua génese a constituição do genoma individual com o processo de fertilização, que consubstancia o início da vida de um novo ser. A sua natureza tem como base orgânica a presença de um genoma especificamente humano que representa a condição para a manifestação, gradual e temporal, de todas as faculdades da pessoa. O Santo Padre esclarece que este nexo intrínseco do genoma do homem como constituir-se da pessoa fundamenta a inalienável dignidade da própria pessoa [350].

---

[347] Cfr. Parte I, Título II e Parte II, Título I, Capítulo I, Secção II, n.º 47.

[348] Evangelho de São Mateus, 25, 40: "Saibam que todas as vezes que fizeram isso a um destes meus irmãos mais pequeninos, foi a Mim que o fizeram".

Nesta linha, o que o médico fizer ao doente é julgado pelos moldes "foi a Mim que o fizeram".

[349] KAROL WOJTYLA, *Amor e Responsabilidade*, Ed. A.O. Braga, Braga, 1979, págs. 11-15; KAROL WOJTYLA, *I fondamenti dell' ordine etico*, C.S.E.O., Bolonha, 1989, págs. 131-148.

[350] JOÃO PAULO II, *Discourse of Holy Father John Paul II*, in «Human Genome, Human Person and the Society of the Future», Proceedings of Fourth Assembly of the Pontifical Academy for Life, February 23-25, 1998, Juan de Dios Vial Correa and Elio Sgreccia (eds.), Libreria Editrice Vaticana, Città del Vaticano, 1999, págs. 8-9.

57. Ontologia e Direito

I. Segundo o personalismo ontológico ([351]), na pessoa realiza-se a essência humana de alma e de corpo.

A existência do princípio espiritual manifesta-se, precisamente, na consciência e na autonomia, e *molda* o corpo humano. A concepção constitui o primeiro momento da realidade corporal. Mas, se a existência é participada ao corpo pela alma espiritual, o corpo não existe *de per si*. O corpo é, a partir da sua criação, a encarnação de um novo Eu. O corpo identifica, individualiza o ser humano e distingue-o dos demais.

Nesta perspectiva ontológica, a corporeidade participa da dignidade do alma e, por sua vez, o corpo constitui a *cara*, a *faceta* social da pessoa. O ser humano fabrica-se a si próprio na relação de si para si e de si para os outros ([352]).

II. Ora, a condição ontológica da pessoa implica, necessariamente, uma dimensão jurídica, na medida em que quem é pessoa em sentido ontológico é, também, pessoa do ponto de vista jurídico. O ser humano é, por excelência, o protagonista da ordem jurídica tendo sempre algo seu a reivindicar em termos de justiça, de igualdade e de liberdade.

No entendimento de Leite de Campos todas as grandes regras de ordenação social assentam no facto de que cada ser humano, ao reconhecer em si uma vida humana, reconhece nos outros «humanos», a mesma dignidade.

([351]) É costume distinguir personalismo relacional, hermenêutico e ontológico. Na acepção relacional-comunicativa acentua-se o valor da subjectividade e da relação intersubjectiva; no entendimento hermenêutico salienta-se a importância da consciência subjectiva ao interpretar a realidade segundo a própria "pré-compreensão"; no significado ontológico, sem se rejeitar o papel da subjectividade relacional e da consciência, dá-se particular ênfase, como fundamento da própria subjectividade, à existência e à essência constituída na unidade corpo-espírito.

([352]) O bem individual realiza-se em conjunto com os outros, e o bem comum é o bem que se quer realizar por todos através do bem de cada um. Consequentemente, o bem comum não pode ser concebido como o bem da maioria mas é praticado com o empenho, com a dedicação de cada um para o bem de todos. E, por seu turno, o bem de todos passa pelo bem de cada um, porque em cada indivíduo existe o valor e a essência de toda a Humanidade. Esta visão foi adoptada, designadamente, por Paulo VI na *Populorum Progressio*: "todo o homem em cada homem".

Direito do Genoma Humano

Para o Autor o problema que se coloca é o de saber "quando o ser humano reconhece o início da sua vida, logo da sua personalidade humana". Actualmente, é difícil negar que esse reconhecimento da vida tem lugar desde a concepção. Considera que "como ser histórico, o homem reconhece-se um início, com a concepção... A partir daqui, é só dar um passo para determinar o início da personalidade jurídica" [353].

Segundo Bigotte Chorão há que dispor de critérios éticos e filosófico-jurídicos adequados para a solução das questões relativas à natureza jurídica do embrião assim como à salvaguarda da vida embrionária.

Nesta orientação, o Autor sugere dois princípios fundamentais: a correspondência da personalidade jurídica à personalidade em sentido ontológico; e o critério *in dubio pro persona* segundo o qual mesmo que haja qualquer dúvida em relação à condição pessoal do nascituro, este não pode ser eliminado uma vez que se corre o risco de suprimir um ser humano [354].

A problemática do estatuto jurídico do embrião acarreta inúmeras consequências a nível filosófico, encontrando-se intimamente articulada com opções essenciais acerca do Direito. Daí a importância da análise (ainda que sucinta) do personalismo jurídico [355].

58. Personalismo jurídico

I. As categorias do Direito têm de se adaptar às realidades decorrentes do início da vida.

O princípio personalista, como critério de racionalidade ética, constitui um importante meio de resolução dos problemas de índole jurídica relativos ao embrião humano.

---

[353] DIOGO LEITE DE CAMPOS, *Lições de Direito da Família e das Sucessões,* Almedina, Coimbra, 1997, pág. 511.

[354] MÁRIO BIGOTTE CHORÃO, *Direitos Humanos, Direito Natural e Justiça,* sep. «O Direito», Ano 121, IV, Lisboa, 1989, pág. 873.

[355] MÁRIO BIGOTTE CHORÃO, *O problema da natureza e tutela jurídica do embrião humano à luz de uma concepção realista e personalista do direito,* sep. «O Direito», Ano 123, IV, Lisboa, 1991, págs. 576 e seguintes.

Genoma Humano, Pessoa e Biodireito 213

II. O personalismo é uma noção simultaneamente biojurídica e bioética que possibilita evitar pseudo utilitarismos económicos e sociais ([356]).

III. Faço minhas as palavras de Luís Carvalho Fernandes, "O princípio da personificação jurídica do Homem, com o inerente reconhecimento da qualidade de pessoa jurídica a todos os Homens, bem merece ser apontado como o primeiro dos princípios do Direito Civil português... com a simples colocação deste princípio no topo de todos os acima enumerados, pretendemos afirmar a ideia de que o Homem é a figura central de todo o Direito (e, por maioria de razão, do Direito Civil), o «mais imprescritível dos valores» que o dominam."

Carvalho Fernandes justifica que "ao escolher este como *o primeiro dos princípios* do Direito Civil vai ainda uma opção no sentido de adoptar uma concepção de tendência *humanista* ou *personalista* deste ramo de Direito, constituindo o Homem e os direitos que lhe são *reconhecidos* o ponto mais alto do tratamento dos conflitos de interesses regidos pelo Direito Civil". E acrescenta que se não fosse assim, "a própria maneira de ser deste ramo de Direito e os específicos meios técnicos de que se socorre perderiam, em muitos aspectos, o seu sentido" ([357])([358]).

([356]) LAURA PALAZZANI, *Genetic engineering and human nature*, in «Man-made Man. Ethical and Legal Issues in Genetics», Ed. Peter Doherty, Agneta Sutton, Open Air, Dublin, 1997, pág. 52.

([357]) LUÍS CARVALHO FERNANDES, *Teoria Geral do Direito Civil, I,* Ob. cit., pág. 72. Parece-me ainda útil referir que o Autor, nas páginas 73 e 74, acrescenta que a "personalidade jurídica do Homem é imposta ao Direito por fundamentos de variada ordem, como um valor irrecusável, e não *atribuída* por aquele ao Homem. Assim o reconhece o art. 1.º da Const., ao afirmar a «dignidade da pessoa humana», como base da própria soberania do Estado". Por sua vez, no domínio do "direito constituído, o princípio da personificação de todos os homens" é produto de várias "disposições da lei constitucional e da lei civil"..."Não se pode pôr em dúvida ser este um princípio orientador do Direito Civil (como de todo o Direito português), não admitindo restrições de qualquer ordem, nem qualquer forma de exclusão ou privação da qualidade de pessoa jurídica em relação a quaisquer indivíduos, seja em que momento for, seja a que título for. Se era assim no domínio do antigo Código Civil ou da Constituição de 1933 (arts. 7.º e 8.º), assim continuou a ser após a entrada em vigor do Código Civil de 1966 e da actual Constituição, desde a sua formulação original". Cfr. Parte II, Título I, Capítulo II, Secção I, n.º 60.

([358]) Cfr. Parte II, Título I, Capítulo II, Secção I, n.º 60.

IV. O personalismo jurídico concebe o homem como sendo o pilar, o motor, o núcleo de toda a ordem jurídica; a pessoa constitui o valor programático por excelência do Direito.

Todo o homem, enquanto pessoa em sentido ontológico, goza de uma dignidade intrínseca, é sujeito de direito, sendo-lhe inato um conjunto de direitos fundamentais ocupando o primeiro plano o direito à vida.

A noção de direitos do homem ([359]) implica uma panóplia de exigências profundamente inscritas no próprio facto de ser homem. Deste modo, o seu reconhecimento não deve estar dependente de factores exógenos ou de concessões de outrem, mas sim, resultar, precisamente, da circunstância de que o ser humano é o valor por excelência que preside a todo o Direito.

A intrínseca harmonia dos valores implica que se um dos direitos do homem é violado o Direito é atingido e a dignidade do homem é posta em causa.

A afirmação de que a dignidade pessoal é algo inerente ao ser humano fundamenta-se na unicidade e na irrepetibilidade de todo o indivíduo; em virtude da sua dignidade, o homem é sempre um valor em si e por si e como tal deve ser tratado. A dignidade pessoal é uma palavra sem sentido, despojada de valor se não tiver as suas raízes no facto de que cada ser humano é pessoa, substância individual de natureza espiritual.

O reconhecimento da dignidade do homem exige o respeito e tutela dos direitos da pessoa: são direitos universais e invioláveis que não podem ser postergados. A inviolabilidade da pessoa tem a sua primeira expressão na inviolabilidade da vida humana.

V. O genoma é humano a partir do seu primeiro instante, é único, é irrepetível, é específico daquele homem, daquela mulher, é o suporte do corpo, é a estrutura do ser humano e merece, desde então, ser tutelado, gozar de dignidade humana.

([359]) Com o Papa João XXIII as designações direitos humanos ou direitos da pessoa humana começam a ser cada vez mais utilizadas na linguagem teológica do Magistério da Igreja Católica.

VI. Cabe ao Direito o seu enquadramento nos princípios de um autêntico humanismo de molde a que a promoção e tutela dos direitos do homem encontrem fundamento na sua própria essência.

Na medida em que as preocupações do Biodireito reflectem as do Direito no peso dos jogos e da avaliação dos interesses sociais em causa, o Direito, pelas suas instituições, os seus métodos e processos, não terá o dever de tentar sensibilizar a Humanidade para uma nova ordem de valores em que Direito, Biodireito e Ciência tem de caminhar lado a lado em perfeita harmonia?

Este é o caminho certo, o objectivo a atingir, a solução final.

O Direito não pode ficar indiferente, de *braços cruzados, impávido* e *sereno* face às novas conquistas científicas que põem em causa não só os direitos fundamentais dos homens como a própria essência genómica da espécie humana.

CAPÍTULO II
INÍCIO DA PERSONALIDADE JURÍDICA

Sumário

SECÇÃO I
Conceito de personalidade jurídica

59. *Persona*
60. Pessoa humana e pessoa jurídica
61. As raízes da personalidade jurídica

SECÇÃO II
Debate doutrinal

62. O nascituro ainda não tem personalidade jurídica mas goza
de determinados direitos
63. O nascituro já tem personalidade jurídica

SECÇÃO III
Posição adoptada

64. A força juscientífica da ectogénese

SECÇÃO I
Conceito de personalidade jurídica

59. *Persona*
60. Pessoa humana e pessoa jurídica
61. As raízes da personalidade jurídica

59. *Persona*

I. A palavra personalidade deriva do termo latino *persona* [360][361] que primitivamente era a máscara ou caraça que os actores utilizavam em encenações teatrais para disfarçarem a voz (*personare*) e o rosto [362]. A cada *persona* correspondia uma personagem, um papel na representação cénica. O seu âmbito foi sendo alargado e, passou, também, a traduzir os diferentes papéis que cada indivíduo desempenha na vida jurídica.

Persona traduz, assim, o homem como actor do mundo jurídico.

---

[360] Em hebreu *pâneh*.

[361] Como lembra MARCEL MAUSS, *Sociologie et anthropologie*, Presses Universitaires de France, Paris, 1991, págs. 333-361, citado por LUCIEN SÈVE, *Para uma Crítica da Razão Bioética*, Ob. cit., pág. 25, a análise clássica da noção de pessoa, na acepção jurídica e moral, está profundamente enraizada na *persona* latina, no ser humano cristão, no homem da sociedade burguesa, no cidadão das Luzes. Todavia, esta concepção é objecto de inúmeras críticas.

Paradoxalmente é de questionar, na esteira de LUCIEN SÈVE, na referida obra, pág. 26, se perante o "carácter tão relativo desta universalidade fictícia", não será, *a contrario sensu*, a própria Biologia que afasta as dúvidas, pela multiplicidade infindável das "diferenças individuais", "a identidade natural" de todos os seres humanos que se encontra "inscrita" nos pontos "comuns dos seus genomas"?

[362] M. BELLINCIONI, *Il termine persona da Cicerone a Seneca*, «Quattro studi latini», Università di Parma-Istituto di Lingua e Letteratura Latina, Parma, 1981, págs. 39-111.

60. Pessoa humana e pessoa jurídica

I. Como salienta Carvalho Fernandes, a afirmação da qualidade jurídica do homem como pessoa é imposta no nosso ordenamento por razões de ordem múltipla: "o próprio esquema técnico de resolução dos conflitos de interesses humanos pelo Direito explica a qualidade jurídica do Homem como pessoa, na justa medida em que a harmonização desses conflitos se traduz no reconhecimento, a certos homens, de uma posição de supremacia (poder jurídico), perante outros, a quem se impõe a necessidade de respeitar o interesse daqueles (dever jurídico «lato sensu»)". Para Carvalho Fernandes, o encabeçamento desses poderes e deveres em determinadas entidades jurídicas é o meio mais racional e expedito de conferir relevância, no plano do Direito, às diversas posições ocupadas pelos homens na cena jurídica [363][364].

II. Entendo que a personalidade jurídica é um atributo exclusivo da pessoa como centro da experiência jurídica. Não se pode confundir com capacidade, derivado de *capax* (que contém), de *capere* (conter, compreender), que nos leva à ideia de quantidade, medida. A personalidade e capacidade são conceitos conexos, mas não são sinónimos. A personalidade é um princípio, um valor ético que emana, que é intrínseco à própria pessoa. A capacidade é atribuída pelo ordenamento jurídico: é a medida da personalidade.

Se existe vida humana, existe personalidade, gozando de toda a protecção que o direito lhe confere, em especial no que diz respeito ao próprio direito à vida e à dignidade.

A personalidade jurídica é a susceptibilidade de ser titular de direitos e obrigações [365].

---

[363] Luís Carvalho Fernandes, *Teoria Geral do Direito Civil, I,* Ob. cit., pág. 73.

[364] Cfr. Parte II, Título I, Capítulo I, Secção IV, n.º 58.

[365] Para A. Trabucchi, *Istituzioni di Diritto Civile,* Ed. Cedam, Padova, 1968, págs. 69-70, "*Personalità in sensio giuridico é dunque l' attitudine riconosciuta dalla lege a diventare soggetto di diritti e doveri; come pressuposto della concreta titolarià dei rapporti, la personalità corrisponde alla capacità giuridica. Per una sottile distinzione tra i due concetti di personalità e capacità giuridica, la personalità (come sinonimo di soggetività) l' astratta idoneità a diventare titolare di rapporti: la titolaritá potenziale di una serie indeterminata di rapporti. La capacità giuridica la misura di tale idoneità che*

Como refere Paulo Mota Pinto, a personalidade humana não é juridicamente relevante somente enquanto elaborada pelo Direito ou por ele instituída. A personalidade é para o Direito, no dizer do Autor, um *prius*, algo que o Direito já encontra, sendo o seu reconhecimento uma exigência lógica e um postulado axiológico, que impõe a tutela da personalidade de todas as pessoas humanas ([366]).

O artigo 6.º da Declaração Universal dos Direitos do Homem consagra que os indivíduos têm direito ao reconhecimento em todos os lugares da sua personalidade jurídica. Este princípio foi reafirmado no artigo 16.º do Pacto Internacional relativo aos Direitos Civis e Políticos.

61. As raízes da personalidade jurídica

I. A questão de saber quando tem início a personalidade jurídica não é pacífica.

II. No Oriente e na Grécia antiga o nascituro não gozava de personalidade jurídica.

III. Em Roma, nos primeiros tempos, o embrião era considerado *portio viscerum matris*. Esta ideia vinha já dos estóicos.

IV. É importante sublinhar que estas afirmações não podem ser feitas isoladamente, pois era, também, prática corrente o homicídio de crianças recém-nascidas.

---

definisce i contorni della personalità (per cui, ad esempio, la capacità giuridica degli enti morali piu limitata di quella delle persone fisiche)."

Ou como afirma HENRI DE PAGE, *Traité Élémentaire de Droit Civil Belge*, Vol. I, Ed. Etablissements Émile Bruylant, Bruxelles, 1948, pág. 12, "*La personnalité est la situation qui caractérise la personne, l'état grâce auquel un être entre dans la vie juridique. Sans personnalité, un droit ou une obligation demeureraient sans point d'attache, sans signification, sans existence réelle.*"

([366]) PAULO MOTA PINTO, *O direito ao livre desenvolvimento da personalidade*, in «Portugal-Brasil. Ano 2000». Tema Direito, *Stvdia Ivridica*, 40, Coimbra Editora, Coimbra, 1999, págs. 149-246.

As preocupações da pureza da raça, ditadas por fins guerreiros que recomendavam o abandono de seres disformes ou de fraca compleição bem como os gerados por pessoas (homens ou mulheres) já com certa idade [367], exteriorizavam uma forma de sentir que necessariamente se revelaria indiferente face à eliminação dos fetos.

Plutarco [368] conta que, no tempo de Licurgo, o bebé, após o nascimento, era examinado pelo conselho dos anciãos da tribo. Se estes entendessem que não reunia as qualidades exigidas, a criança era atirada para um precipício. Portanto, quem dispunha da vida do bebé não era o pai mas sim este conselho.

V. Os juristas reconheceram que aquele que hoje é um simples embrião é amanhã uma pessoa. É a grande máxima de Tertuliano [369]: *Homo est qui futurus est etiam fructus omnis iam in semine*. O status do *conceptus ex iustis nuptiis* começa a determinar-se segundo o *ius civile* pelo momento da concepção não se discutindo se era ou não um *vulgo conceptus*.

Vão sendo, progressivamente, atribuídos certos efeitos à concepção até se chegar a considerar homicídio impedir o nascimento. Tertuliano sustentava que não há diferença entre matar o que nasceu e destruir o que se prepara para nascer; homem é também o que há-de sê-lo, tal como o fruto já está na semente.

É a consagração do princípio *Infans conceptus pro iam nato habetur*, que na realidade se concretizava numa equiparação do nascituro ao já nascido. Esta tese era válida para o proveniente *ex ius iustis nuptiis* e para o *vulgo conceptus*.

A equiparação do nascituro ao já nascido é um princípio de carácter geral, segundo o Digesta de Justiniano [370].

---

[367] PLATÃO, na *República*, chegou a recomendar o abandono do filho de união de pessoas que tenham ultrapassado determinada idade "porque o Estado não se encarregará de os alimentar".

[368] PLUTARCO, *Licurgo*, Inquérito, 2ª, pág. 45.

[369] TERTULIANO, *Apologeticum de Carne Christi*, trad. italiana, *Apologia del Cristianesimo. La Carne di Cristo*, Ob. cit., pág. 120, sustentou que há alma desde o momento da concepção e que o aborto intencional deveria ser condenado a partir da concepção.

[370] Apenas com algumas escassas excepções. O princípio geral está consagrado no Livro I, Título V – *De statu hominum* – e encontra correspondência terminológica no último Livro, Título XVI – *De verborum significatione* –: v. Digesto 1, 5, 26 – *Qui in utero sunt,*

VI. Posteriormente, o adágio *Infans conceptus pro iam nato habetur* sofre uma restrição: *quotiens de commodis eius agitur* percorrendo sem sobressaltos de maior os séculos que separam a antiga Roma dos direitos contemporâneos.

Nos Concílios de Constantinopla, de 692, e de Manzonga, de 847, considerou-se que a destruição de fetos tinha que ser punida com a pena de morte.

Paulo, no Digesto 1. 5. 7, sustentou: *Qui in utero est, perinde ac si in rebus humanis esset, custoditur, quotiens de commodis ipsius partus quaeritur, quamquam alii, antequam nascatur, nequaquam prosit*, no Digesto 50. 16. 231, *quod dicimus eum, qui nasci speratur, pro superstite esse, tunc verum est, cum de ipsius iure quaeritur: aliis autem non prodest nisi natus* e ainda no Digesto 38. 16. 7, *conceptus...in rerum natura esse existimatur.*

Também no Digesto 38. 17. 7, Celso afirmou: *Conceptus quodammodo in rerum natura esse existimatur.*

VII. Com o direito visigótico verificaram-se avanços significativos: *Nihil est eorum provitate deterius, qui pietatis inmenores, filiorum suorum necatores existunt.*

Reconheceram-se, assim, alguns direitos ao nascituro ao negar-se aos pais qualquer poder sobre ele ([371]).

VIII. Na Idade Média foram conferidos aos nascituros importantes direitos, fazendo-se, contudo, uma distinção baseada na doutrina de Aristóteles e na autoridade de Santo Agostinho, entre feto animado e não animado. Só aquele gozava de plenos direitos.

IX. Porém, esta distinção suscitava o problema de saber quando se verificava a animação do embrião.

---

in toto paene iure civili intelleguntur in rerum natura esse –. Cfr. SILMARA CHINELATO E ALMEIDA, *Tutela civil do nascituro*, Ob. cit., pág. 42.

([371]) J. MALDONADO, *La condición jurídica del nasciturus en el Derecho Espanõl*, Madrid, 1946, págs. 77-79.

224 *Direito do Genoma Humano*

X. A tese da animação retardada ou mediata ([372]) foi defendida, desde logo, por Aristóteles ([373]). Segundo Aristóteles, a alma racional constitutiva da pessoa informaria o embrião decorridos alguns dias da concepção. Seria necessário que o embrião gozasse de uma determinada organização e disposição e que fosse informado por uma alma vegetativa e sensitiva. Além disso, o grau de maturidade exigido para que a alma racional informasse o embrião seria diferente consoante se tratasse de um ser do sexo masculino ou feminino; o primeiro teria alma quarenta dias a contar da concepção ao passo que a mulher precisaria de três meses.

XI. Pelo contrário, Afrodísio Alexandre, Paulo Zacchias, entre outros entenderam que a animação tinha lugar no momento da concepção.

XII. A Igreja considerava que a morte do feto animado ia privá-lo da graça do baptismo e dos benefícios da sepultura cristã.

XIII. No entendimento de Santo Agostinho: *Non si ad matris corpus id quod in eo concipitur pertineret, ita ut ejus pars deputaretur, non baptizaretur infans, cujus mater baptizata est aliquo mortis urgente periculo, cum enim gestaret in utero.*

XIV. Sisto V promulgou, em 29 de Outubro de 1588, a Bula *Effraenatam* condenando o aborto não procedendo a qualquer distinção entre feto animado e feto inanimado. A prática do aborto tinha como sanção a excomunhão, bem como todo um conjunto de sanções de direito civil.

([372]) Esta teoria encontrava a sua fundamentação no Antigo Testamento, mais concretamente, no Livro do Génesis, 2, 7-8; 2, 18 e 21, onde se conta a história da criação do Homem: "O Senhor Deus formou o homem do pó da terra e insuflou-lhe pelas narinas o sopro da vida, e o homem transformou-se num ser vivo. Depois, o Senhor Deus plantou um jardim no Éden, ao oriente, e nele colocou o homem que havia formado...O Senhor Deus disse: «Não é conveniente que o homem esteja só; vou dar-lhe uma auxiliar semelhante a ele»...Então, o Senhor Deus adormeceu profundamente o homem; e, enquanto ele dormia, tirou-lhe uma das suas costelas, cujo lugar preencheu de carne. Da costela que retirara do homem, o Senhor Deus fez a mulher e conduziu-a até ao homem".

([373]) Cfr. Parte II, Título I, Capítulo I, Secção II, n.º 47.

XV. Gregório XIV, na Constituição *Sedis Apostolicae Pia Mater*, de 31 de Maio de 1591, procedeu à distinção entre feto animado e inanimado. E considerou que as sanções anteriormente impostas por Sisto V se deviam circunscrever aos casos de aborto de fetos animados.

XVI. Inocêncio XI, em 2 de Março de 1679, retoma as teses de Sisto V.

XVII. É certo que houve dissidentes da tese da animação. No entanto, a mediata ou retardada só foi definitivamente abandonada pela Igreja em 12 de Outubro de 1869 com a Constituição *Apostolicae Sedis* de Pio IX. Este Papa decretou a ilegitimidade do aborto em qualquer fase da gravidez.

XVIII. São Basílio, firmando-se na versão da *Vulgata*, preconizou que o embrião tinha os mesmos direitos da criança já nascida.

XIX. Ainda hoje se mantém a sanção da excomunhão para a prática do aborto, nos termos do cânone 1398 do *Codex Iuris Canonici* ([374])([375]).
Alguns doutores da Igreja compararam o aborto ao homicídio cruel da pessoa indefesa, que deveria ser reprimido com a morte, ainda mais porque impossibilitava que fosse ministrado o sacramento do baptismo.

XX. A doutrina da Igreja teve tanta influência que a equiparação do aborto criminoso ao homicídio foi aceite por praticamente todos os povos civilizados, tendo sido consagradas, em diversas legislações, as penalidades impostas aos infractores que iam desde a simples multa à pena capital.

([374]) O cânone 1398 do *Codex Iuris Canonici* determina: *Qui abortum procurat, effectu secuto, in excommunicationem latae sententiae incurrit.*

([375]) Acresce toda uma panóplia de documentos elaborados pela Igreja Católica tais como a Encíclica *Humanae Vitae*, de 25 de Julho de 1968, a Declaração sobre o aborto provocado, de 18 de Novembro de 1974, a Instrução sobre o respeito à vida humana nascente e a dignidade da procriação, de 22 de Fevereiro de 1987.

Nesta orientação, a *Constitutio Criminalis Carolina*, do Imperador Carlos V, de 1532, cominava pena de morte pela espada a quem matasse um nascituro, e ordenava a morte por afogamento da mulher que em si mesma provocasse o aborto.

XXI. Os filósofos do século XVIII denunciaram o excessivo rigor da punição e defenderam a abolição da pena de morte.

A equiparação do aborto ao homicídio foi criticada, ainda que indirectamente, por Cesare Beccaria ao preconizar que a pena do infanticídio deveria ser substituída por meios preventivos [376].

A pena de morte foi abolida progressivamente. Quem eliminasse a vida a um nascituro teria como sanção a prisão.

---

[376] CESARE BECCARIA, *Dos delitos e das penas*, trad. de José de Faria Costa, Fundação Calouste Gulbenkian, Lisboa, 1998, págs. 12 e seguintes.

SECÇÃO II
Debate doutrinal

**62. O nascituro ainda não tem personalidade jurídica mas goza
de determinados direitos**
63. O nascituro já tem personalidade jurídica

62. O nascituro ainda não tem personalidade jurídica mas goza de determinados direitos

I. Actualmente, a maior parte das legislações considera que só há personalidade jurídica a partir do nascimento completo e com vida.

II. A título de exemplo, o Código Civil brasileiro de 1916 consagrava que a personalidade jurídica tinha início com o nascimento [377]. A tese natalista foi reiterada no actual Código (Lei n.º 10406, de 10 de Janeiro de 2002) ao estatuir no artigo 2.º que "A personalidade

---

[377] O Decreto n.º 181, de 24 de Janeiro de 1890, introduziu a teoria natalista no ordenamento brasileiro. O texto originário do Projecto do Código Civil de Clóvis Bevilacqua adoptava como regra a personalidade jurídica desde a concepção. Porém, a sistemática final perfilhada pelo Código conferiu a personalidade jurídica ao homem nascido com vida, somente assegurando excepcionalmente alguns direitos ao nascituro.

O Código Civil brasileiro de 1916 determinava no seu artigo 4.º que a "personalidade civil do homem começa com o nascimento com vida; mas a lei põe a salvo, desde a concepção, os direitos do nascituro".

Na altura da entrada em vigor do Código Civil brasileiro, os códigos austríaco e argentino, entre outros, consagravam que a personalidade jurídica tinha início com a concepção. Contudo, a teoria natalista era adoptada por vários códigos: português, alemão, suíço, espanhol, mexicano, chileno, japonês, venezuelano.

228   *Direito do Genoma Humano*

civil da pessoa começa do nascimento com vida; mas a lei põe a salvo, desde a concepção, os direitos do nascituro".

III. Em Portugal, o Código Civil de Seabra (378) determinava que a capacidade jurídica só se adquiria pelo nascimento e que só era tido por filho, para os efeitos legais, aquele de quem se provasse, que nasceu com vida e figura humana (379)(380).

IV. O n.º 1 do artigo 66.º do actual Código Civil determina que a personalidade jurídica começa com o nascimento completo e com vida.

---

(378) Carta de Lei de 1 de Julho de 1867.

(379) O artigo 6.º do Código Civil português de 1867, além de determinar que a capacidade jurídica se adquiria pelo nascimento, acrescentava que o indivíduo, logo que era procriado, ficava debaixo da protecção da lei, e tinha-se por nascido para os efeitos declarados no presente código.

Por seu turno, o artigo 110.º dispunha que só era tido por filho, para os efeitos legais, aquele de quem se provasse, que nasceu com vida e com figura humana.

O artigo 1479.º permitia aos nascituros adquirir por doação, contanto que estivessem concebidos ao tempo da mesma doação, e nascessem com vida.

O artigo 1776.º estabelecia que só podiam adquirir por testamento as "criaturas existentes, entre as quais é contado o embrião." Reputava-se existente o embrião, que nascesse com vida e figura humana dentro de trezentos dias, contados desde a morte do testador.

No entanto, o artigo 1777.º considerava válida a disposição a favor dos nascituros, descendentes em primeiro grau de certas e determinadas pessoas vivas ao tempo da morte do testador, posto que o futuro herdeiro ou legatário viesse "à luz" fora do prazo dos trezentos dias.

(380) O requisito da figura humana é uma herança do direito romano superada pelos progressos científicos que demonstraram a impossibilidade de seres não humanos, de monstros nascerem de mulheres, além da hipótese de reversão cirúrgica das anomalias apresentadas.

Não é de admitir que a aquisição da personalidade jurídica esteja dependente da característica da figura humana e seja negada aos seres malformados, abrangidos na designação genérica de monstros. O ser defeituoso, o denominado *monstrum vel prodigium*, além da relatividade da qualificação, pode ser *modificado, melhorado, adquirindo* o mais possível a forma humana, através do recurso à cirurgia, por exemplo.

Por outro lado, se o ordenamento jurídico mantém - e bem ! - a personalidade ao que, por acidente, *perde* a figura humana não é lógico nem admissível a recusa da sua atribuição aquele que originariamente já não a possui.

Nestes moldes, e independentemente do grau de anomalia apresentada, todo o ser humano deve ter personalidade jurídica.

Menezes Cordeiro questiona o sentido de "nascimento completo". Em termos rigorosos, o nascimento fica completo com o corte do cordão umbilical. Mas, muitas vezes, o cordão é laqueado, só se procedendo ao corte após a expulsão da placenta. Além disso, lembra que é frequente a criança bem formada começar a respirar (e a chorar) logo que a cabeça se liberta do corpo da mãe.

Menezes Cordeiro entende que o legislador de 1966 não devia ter usado a expressão "nascimento completo" sem ter analisado o problema com a atenção devida. Sustenta que a referência é tão inadequada que o Direito Penal, reclamando a libertação do pensamento civilístico, considera que, para efeitos de homicídio, há pessoa desde o momento do início do acto de nascimento, sob pena de incoerência nas incriminações. "Seria por demais bizarro que a morte de um ser não considerado pessoa desse azo a um crime... de homicídio" [381].

V. Por sua vez, o n.º 2 do artigo 66.º disciplina que os direitos que a lei reconhece aos nascituros dependem do seu nascimento.

A lei põe a salvo, desde a concepção, os direitos do nascituro. É o uso da prevenção legislativa. Como se o legislador dissesse: uma vez que o nascituro não pode adquirir plenamente direitos ou contrair obrigações, pois o seu estado ainda não permite afirmar que ele alcançará o atributo personalidade, na ordem civil, é necessário esperar pelo nascimento para se poder fazer essa constatação.

VI. Os artigos 952.º e 2033.º do mesmo Diploma tutelam direitos dos nascituros [382][383][384].

---

[381] António Menezes Cordeiro, *Tratado de Direito Civil Português, I, Tomo III*, Ob. cit., pág. 299.

[382] Além destas normas, o Código Civil Português reporta-se expressamente aos nascituros nos artigos 1855.º (Perfilhação de nascituro), 1878.º (Conteúdo do poder paternal) e 2240.º (Administração da herança ou legado a favor de nascituro).

Fora do Código Civil são, também, várias as disposições relativas aos nascituros. Assim, e entre outros exemplos possíveis, cfr. artigo 132.º do Código de Notariado; artigo 209.º do Código de Registo Civil; n.º 1 do artigo 4.º da Lei n.º 4/84, de 5 de Abril, relativa à protecção da maternidade e da paternidade, artigos 8.º e 10.º, n.º 3, da referida Lei n.º 4/84, de 5 de Abril, mas com as alterações introduzidas pela Lei n.º 142/99, de 31 de Agosto, e artigo 20.º c) da Lei n.º 100/97, de 13 de Setembro, sobre os acidentes de trabalho e doenças profissionais. Cfr. António Menezes Cordeiro, *Tratado de Direito Civil Português, I, Tomo III*, Ob. cit., págs. 301-302.

230 Direito do Genoma Humano

Os artigos 952.º (Doações a nascituros) e 2033.º (Princípios gerais) embora concedam já determinados direitos aos nascituros (e, até, mesmo, aos concepturos – nascituros não concebidos –) continuam a fazer depender a aquisição desses direitos do nascimento completo e com vida. Assim, à luz do direito português, na incerteza do nascimento, os direitos atribuídos aos nascituros, por um lado, já não pertencem ao doador (artigo 952.º) ou ao *de cujus* (artigo 2033.º) e, por outro lado, ainda não cabem ao nascituro. Esta situação só se resolverá com o termo dessa incerteza: existem duas situações distintas, ou o nascituro nasce com vida adquirindo, deste modo, personalidade jurídica e, consequentemente, esses direitos; ou, não chega a nascer ou nasce morto. Na realidade, tudo se passa como se aquele ser humano nunca tivesse existido na ordem jurídica.

VII. Coloca-se a questão de saber se essa protecção não implica a atribuição de personalidade jurídica?

Dias Marques, relativamente ao Código Civil de Seabra, reconhece que o "direito não deixa de tomar em consideração, para certos efeitos, a vida uterina ou embrionária do indivíduo já concebido, e até, a mera possibilidade de aparecimento dos ainda não concebidos. Fala-se a este propósito de protecção dos nascituros", mas proteger não implica necessariamente a atribuição de personalidade [385]. Todavia, como esclarece Luís Carvalho Fernandes, esta afirmação não é retomada posteriormente pelo Autor, limitando-se a "assinalar a protecção do nascituro antes do nascimento com vida" [386].

---

[383] Consagrando disposição semelhante à do nosso artigo 952.º, destaco de Códigos Civis estrangeiros os artigos 627.º espanhol; 906.º francês; 542.º brasileiro; 1806.º argentino; 1390.º chileno; 784.º e 785.º italiano.

[384] Na linha do artigo 2033.º do Código Civil Português, refiro de Códigos Civis estrangeiros os artigos 745.º espanhol; 906.º francês; 1798.º, 1799.º e 1800.º brasileiro; 39.º e 3373.º argentino; 962.º chileno; 462.º italiano; 544.º e 605.º suíço.

Já na Antiguidade Clássica grega o nascituro tinha direito à sucessão. O direito romano do período clássico e pós-clássico admitia a sucessão legítima e testamentária.

[385] DIAS MARQUES, *Teoria Geral da Relação Jurídica*, pol., A. A. F. D. L., Lisboa, 1955, pág. 57, citado por LUÍS CARVALHO FERNANDES, *Teoria Geral do Direito Civil, I,* Ob. cit., pág. 197.

[386] DIAS MARQUES, *Teoria Geral do Direito Civil*, Vol. I, Coimbra Editora, Coimbra, 1958, págs. 54-58, citado por LUÍS CARVALHO FERNANDES, *Teoria Geral do Direito Civil, I,* Ob. cit., pág. 197.

Para Castro Mendes, no domínio do Código Civil de 1966, "mais segura" parece a "ideia" de que o nascituro não tem personalidade jurídica. Antes do nascimento, os direitos que a lei reconhece aos nascituros encontram-se na situação de direitos sem sujeito, as denominadas relações jurídicas imperfeitas. Verificando-se o nascimento (com vida) do nascituro, este adquire todos os direitos que lhe estão reservados [387].

Luís Carvalho Fernandes defende que a solução correcta é a que sustenta que o nascituro não tem personalidade jurídica. De qualquer modo, "a reconhecer-lhe personalidade, esta seria plena e não parcial". Entende que estando em causa uma pura qualidade jurídica, não é de admitir que ela comporte graus ou limitações [388][389].

No dizer de Rabindranath Capelo de Sousa o nascituro tem já uma personalidade parcial [390].

Sébag adianta que a personalidade jurídica do nascituro está sob condição [391].

Bonnecasse sustenta que a pessoa existe e produz consequências jurídicas desde a concepção com a condição de que nasça viva e viável [392].

---

[387] João de Castro Mendes, *Teoria Geral do Direito Civil*, Vol. I, A. A. F. D. L., Lisboa, 1978, págs. 106-107.

[388] Luís Carvalho Fernandes, *Teoria Geral do Direito Civil, I,* Ob. cit., pág. 198.

[389] Relativamente à questão da situação jurídica dos nascituros e dos direitos que lhe estão reservados, até ao seu nascimento, a doutrina também não é pacífica. Assim, Luís Carvalho Fernandes, *Teoria Geral do Direito Civil, I,* Ob. cit., pág. 198, defende estarmos perante direitos sem sujeito; Manuel de Andrade, *Teoria Geral da Relação Jurídica –* Sujeitos e Objecto –, por A. Ferrer Correia e Rui de Alarcão, Vol. I, Almedina, Coimbra, 1960, pág. 35, utiliza a expressão estados de vinculação de certos bens; Cabral de Moncada, *Lições de Direito Civil, Parte Geral*, 1931-1932, Vol. I, Atlântida Livraria Editora, Coimbra, 1932, pág. 260, reporta-se a legítimas expectativas; Paulo Cunha, *Teoria Geral de Direito Civil*, Lisboa, 1971-1972, págs. 11 e 12, acha preferível recorrer à teoria da obnubilação do sujeito.

[390] Rabindranath V.A. Capelo de Sousa, *O Direito Geral de Personalidade*, Coimbra Editora, Coimbra, 1995.

[391] Sébag, *La condition juridique des personnes physiques et des personnes morales avant leur naissance,* Thèse, Paris, 1938, págs. 92-93: "*L'enfant conçu existe au sens plein du terme, il a la personnalité juridique sous la condition suspensive de naître vivant et viable*".

[392] Julien Bonnecasse, *Elementos de Derecho Civil*, T. I, Ed. Cajica, Puebla, 1945, págs. 237-239.

No entendimento de Messineo, é preferível falar em personalidade futura. O sujeito antes do nascimento é inexistente, não adquire nem personalidade nem direitos. Porém, durante o período de tempo que medeia até ao seu nascimento existe uma preocupação com os seus direitos futuros uma vez que o concebido é considerado uma esperança de homem – *spes homini* (393).

Carnellutti salienta que se deverá configurar a existência dos nascituros como um *accidentale negotii*, ou seja, um evento estranho à sua constituição, podendo ser traduzido sob a forma de condição (394).

Segundo Santoro Passarelli deve proceder-se à equiparação entre concepção e existência. No entanto, essa equiparação e efeitos serão ameaçados por uma condição resolutiva nos casos em que não haja nascimento (395).

63. O nascituro já tem personalidade jurídica

I. Todavia, a teoria que sustenta que a personalidade jurídica tem início com a concepção não é pacífica.

II. Leite de Campos (396) ensina que a personalidade jurídica começa com a concepção. "A concepção tradicional sobre o começo da personalidade humana – pessoa é todo o ser (humano) nascido vivo e viável" influenciou as legislações que fazem depender a personalidade jurídica do nascimento com vida.

Porém, como esclarece o Autor, esta concepção é "pré-científica" ou, pelo menos, "pré-ecográfica" "fundando-se na ignorância da vida pré-natal" em termos de o "nascimento ser uma descoberta", "um «dar à luz» das trevas do ventre". Esta perspectiva não é aceite

---

(393) F. Messineo, *Manuale di diritto civile e commerciale*, I, Dott, A. Giuffrè, Milano,1957, págs. 208-209.

(394) Carnellutti, *Nuovo profilo dell'istituzione dei nascituro*, «Foro Italiano», IV, C. 57, 1954.

(395) Santoro Passarelli, *Su un nuovo profilo dell' istituzione dei nascituro*, «Foro Pad. », IV, C. 65, 1954.

(396) Diogo Leite de Campos, *Lições de Direito da Família e das Sucessões*, Ob. cit., págs. 510-511.

Genoma Humano, Pessoa e Biodireito

actualmente pela Ciência que reconhece que o nascituro é um ser humano "(capaz de sensações, de sentimentos, de resposta a estímulos sensoriais externos, de reconhecimento da voz dos pais, etc.)" e que o nascimento não é um início mas é um passo.

Considera que as normas contidas na maioria das legislações que vinculam o início da personalidade ao nascimento estão, portanto, "naturalmente gastas e ultrapassadas". "É, pois, necessário «acabar» com o nascimento." E termina dizendo que o "discurso para se atingir" o começo da personalidade jurídica tem de ser outro.

III. Para Oliveira Ascensão a personalidade jurídica tem início com a concepção: "É particularmente nítida a índole do embrião" e "há manifestações de uma necessária consideração deste como pessoa". Configura a hipótese de um feto ser, "intencional ou negligentemente, afectado por intervenção exterior em sua vida intra-uterina. Nasce, mas diminuído. Admite-se, dominantemente que o novo ser possa exigir indemnização dos danos sofridos." Isto implica, no entendimento do Autor, que "preexistia já uma personalidade do feto, mesmo que estes efeitos jurídicos estivessem condicionados ao nascimento com vida". Caso contrário, "só haveria a contar com a personalidade da mãe", conclui Oliveira Ascensão ([397]).

([397]) José de Oliveira Ascensão, *Procriação assistida e direito,* sep. «Estudos em Homenagem ao Prof. Doutor Pedro Soares Martínez», Ob. cit., pág. 650.

SECÇÃO III
Posição adoptada

64. A força juscientífica da ectogénese

64. A força juscientífica da ectogénese

I. Ressalvado o devido respeito e consideração por quem sustenta tese contrária, entendo que a personalidade jurídica começa com a concepção ([398]).

([398]) Assim sendo, não me parece defensável atribuir personalidade jurídica aos concepturos (nascituros não concebidos).

Os concepturos existem somente *in mente Dei*, não têm personalidade jurídica, porém, o direito tutela determinados interesses a eles ligados. Concretizam esta ideia disposições como o referido artigo 952.º do Código Civil que possibilita aos concepturos adquirir por doação, sendo filhos de pessoa determinada, viva ao tempo da declaração da vontade do doador; e o mencionado artigo 2033.º do mesmo Diploma que lhes reconhece capacidade sucessória a nível testamentário ou contratual.

Mas, se só pode ser titular de um direito quem tenha personalidade jurídica, ficamos colocados numa situação difícil quando consideramos a vocação dos concepturos. A carência da personalidade dos concepturos, de uma mera *spes hominis* ou de um mero nada constituirá um obstáculo à vocação?

Surge, deste jeito, em relação aos concepturos um problema crucial: como justificar o chamamento à sucessão de quem não existe e pode nunca existir? Qual a natureza jurídica de uma instituição a que falta o próprio instituído?

São várias as teorias formuladas com o objectivo de determinar a natureza jurídica da instituição em análise. Passo a referir algumas das teses e a explicitar a minha posição.

A – Teoria que configura a instituição do conceptúro como instituição pura e simples ou sob condição resolutiva.

Esta doutrina é defendida designadamente pela Cassação de Roma.

II. A personalidade não pode ser condicional; ou se tem ou não se tem personalidade.

Segundo esta tese há, desde logo, no momento da abertura da sucessão um herdeiro real e não meramente potencial.

Porém, esta teoria está viciada na medida em que ficciona a existência do não concebido, caindo, portanto, na ficção da existência dum nada que não pode ser justificada nem pela lei nem pela própria natureza. Podendo, ainda, arrastar outras ficções pois que mais tarde quando se tornasse certa a não verificação do nascimento teria de ficcionar-se que o concepturo morreu, para fazer depois depender da morte de um *ficto* vivo a resolução da disposição testamentária.

B – A instituição dos concepturos é uma instituição sob condição suspensiva verdadeira e própria.

Contudo, a condição é uma cláusula acessória dum negócio jurídico não podendo, por isso consistir num elemento essencial do mesmo. O facto futuro e incerto, que na instituição dos concepturos determina a suspensão da mesma instituição, consiste precisamente na existência de um elemento essencial do negócio.

C – Instituição do concepturo como delação legítima sujeita a condição.

Um dos mentores desta tese, PIACENTINI, *La cosidetta istituzione di nascituri non concepiti*, «Rivista di Diritto Civile», 5, Padova,1923, págs. 154-155, sustenta que antes do nascimento há apenas uma delação legítima sujeita a condição e não uma instituição testamentária. O mesmo evento suspende simultaneamente a delação legítima, condicionando-a e a instituição testamentária, não permitindo que se possa considerar verdadeira instituição. A primeira espera que o acontecimento futuro e incerto não se verifique, ao passo que a segunda espera a sua verificação. No entanto, Piacentini não justifica a impossibilidade de os herdeiros legítimos aceitarem ou renunciarem a herança e, ainda, não explica a quem devem prestar caução.

D – A instituição do concepturo é uma instituição sob *conditio juris*.

O evento condicionante é um elemento essencial à eficácia do negócio constituindo uma exigência posta pela lei independentemente da vontade do testador. O evento futuro e incerto que suspende a devolução não pode ser considerado como uma *conditio facti* visto que esta só pode consistir num acidental e não num essencial do negócio tendo que ser posta por vontade do testador.

Todavia, é necessário saber se a existência do destinatário é, somente, um elemento essencial de eficácia do negócio ou se pelo contrário estamos perante um elemento que diz respeito à sua própria existência como defende Oppo. Se a razão estiver com Oppo não é possível falar em *conditio juris* na medida em que esta pressupõe um negócio já existente e perfeito.

E – Teoria que configura a instituição como um fideicomisso.

Tripiccionne, Viscardi, Vitali, Ricci defenderam que a instituição dos concepturos devia ser considerada como um fideicomisso.

III. Com efeito, a personalidade jurídica não é *fabricada*, *construída*, *produzida* pela ordem normativa. A ordem normativa limita-se a reconhecer essa mesma personalidade como um direito inato que caracteriza, desde logo, toda e qualquer pessoa. A personalidade é um atributo inerente à própria natureza da pessoa e o seu reconhecimento consubstancia um direito do ser humano.

Nestes moldes, estaria explicado o chamamento à sucessão de quem ainda não é capaz uma vez que a *restitutio* fideicomissária tinha como objectivo transmitir a capacidade sucessória. Cfr. TRIPICCIONE, *La delazione legittima dell' eredità nel caso di mancato avvento dei nascituri non concepitti*, «Rivista di Diritto Civile», 4, Padova, 1922, pág. 427.

F – A instituição como *fattispecie* negocial em formação.

Para OPPO, *Note sull' istituzione di non concepiti, I, La disposizione testamentaria*, «Rivista Trim. di Diritto e Proc. Civile», 1948, págs. 66-68, a instituição do não concebido constitui um acto em vias de formação e não apenas eficaz; caso se aceite o pressuposto da relevância causal testamentária no fenómeno sucessório, quando seja instituído um concepturo tem lugar uma inversão cronológica da situação fáctica.

Estamos na presença de um negócio em aberto e aguardando um elemento cuja falta impossibilita a sua perfeição, duma *fattispecie* que só se completa quando do nascimento.

Deste jeito, na falta de nascimento não se poderá dizer que o testamento deixou de existir, pois na verdade esse testamento nunca existiu (há que ter em conta que a fracção do acto já realizada pode produzir efeitos preliminares. Contudo, isto permite pura e simplesmente chegar à conclusão que a ordem jurídica tutela a faculdade de o acto se tornar perfeito).

Concordo em certa medida com Oppo. Penso que estamos na presença de um acto (ou, se preferível, negócio) em vias de formação. Trata-se de um negócio em aberto que aguarda um elemento cuja falta não permite a sua perfeição, uma *fattispecie* que só se completa não com o nascimento mas sim com a concepção. Até ao momento da concepção não existe o destinatário dessa proposta negocial.

Coloca-se, então, a questão de saber como se constrói a situação dos direitos dos concepturos?

Defendo que se pode aplicar a figura dos direitos sem sujeito aos concepturos.

Com efeito, numa relação jurídica pode faltar o sujeito activo ou o passivo sem que isso implique a extinção dessa mesma relação jurídica.

A relação jurídica em que falta um sujeito (falta essa provisória) mantém-se durante esse período numa forma imperfeita até assumir um novo titular. É a célebre figura dos direitos sem sujeito, ou para alguns autores direitos acéfalos.

Os direitos atribuídos ao concepturo não têm sujeito na medida em que por um lado já não são do autor da sucessão (artigo 2033.º do Código Civil) e por outro lado ainda não pertencem ao concepturo (situação idêntica no que concerne a doação a concepturo – artigo 952.º do referido Código). Subsistem duas hipóteses: o concepturo passa a nascituro adquirindo, deste modo, personalidade jurídica com os direitos a ela inerentes; ou não chega a ser concebido e, como tal, não tem personalidade jurídica.

238 *Direito do Genoma Humano*

E não me parece curial fazer depender o estatuto de pessoa de padrões morfológicos uma vez que essa concepção poderia conduzir à consideração de que o embrião seria *menos pessoa* que o cadáver. A vida é uma só. Não admite gradações: existe ou não existe. Logo, porquê garantir, tutelar o direito à vida apenas em determinadas fases dela?

IV. Também, está ferida de contradições a afirmação de que o embrião não é pessoa porque não actua como tal.

Não se deve proceder à equiparação da realidade ontológica da pessoa com a actividade por ela desenvolvida dado que isso implicaria a negação da personalidade jurídica a todos os já nascidos mas que se encontrassem, temporariamente ou definitivamente, impossibilitados do uso da razão ou da sua actividade.

O débil mental, o drogado ou o senil não teriam personalidade jurídica?!...

Não seria pessoa todo aquele que não actuasse como tal?!...

Como se o ser fosse determinado pela actividade quando é precisamente o ser que determina a actividade.

O *modus operandi* é uma decorrência do *modus essendi* e não o contrário: *operari sequitur esse.*

A essência da atribuição da personalidade jurídica ao nascituro decorre, desde logo, da essência da pessoa humana.

A afirmação de que a personalidade jurídica começa com a concepção significa que desde o momento da fecundação existe um ser humano ao qual devemos conferir as prerrogativas da pessoa. Enunciado normativo garantido por uma constatação de facto que se encontra amparada pela Ciência: como pôr em causa que desde a concepção há um novo ser?; e pela Teologia, que preconiza, ancorada numa importante tradição, a tese da animação imediata.

Poder-se-á recusar a dimensão de *ser* ao ser já concebido? Poder-se-á contestar que o ser concebido é humano? Penso não ser possível. Estamos na presença de um ser humano e, consequentemente, de uma pessoa.

V. Como conciliar a tão conhecida redução do humano levada a cabo pelo determinismo com uma outra redução de sentido diametralmente oposto: a do Direito, onde a pessoa é reduzida a uma

Genoma Humano, Pessoa e Biodireito 239

ficção jurídica: a pessoa só é pessoa a partir do nascimento completo e com vida?

A concepção reveste vários caracteres que permitem qualificá-la como a mais apta para determinar quando deve ter início o respeito pela pessoa [399]. Ignorar um facto desta natureza conduziria as fronteiras éticas à arbitrariedade de uma pura e simples convenção: seria de aceitar que nos tornássemos pessoa como nos tornamos eleitores no momento em que a lei fixar?

VI. A Ciência tem neste âmbito, como analisarei em seguida, um papel de decisiva importância. E o Direito não pode negar a realidade.

VII. Com efeito, o Direito e a Ciência nem sempre estão de acordo. Quase sempre coincidem, é certo, mas, por vezes, entram em conflito. É o caso do início da personalidade jurídica.

VIII. No saber antigo, nomeadamente no pensamento de Aristóteles, o nascimento concretizava a prova que a criança vinda do escuro do ventre materno não era um ser contra a ordem regular da natureza, um animal que no todo ou em algumas das suas partes se afastava da estrutura ou da conformação natural dos da sua espécie ou sexo e cujo o estudo pertencia à teratologia, numa palavra, um monstro. Eram os medos, os mitos, os fantasmas do incognoscível.

IX. Todavia, a Ciência [400] com os seus progressos (designadamente a ecografia [401][402],) veio desmistificar os perigos e trevas do ventre materno.

---

[399] Utilizando palavras de MONETTE VACQUIN, *Le face - à - face de la Science et du sexuel*, in «Le Magasin des enfants», Ob. cit., pág. 297: "Que a Filosofia desprezada, o Direito adormecido, a Psicanálise em crise e a Metafísica abandonada despertem: temos de compreender por que razão fabricamos um mundo onde os embriões são frios e os cadáveres quentes".

[400] Para os que entendem que a Ciência não pode resolver esta questão, respondo que ela também não pode ser resolvida sem a Ciência.

[401] A ecografia revela que entre as 12 e as 14 semanas de gestação há organizações comportamentais como bocejar, levar o dedo à boca, ou fazer movimentos da cabeça sobre o tronco, que se manifestam em fetos normais e não se comprovam em anencéfalos. Cfr. HEINZ PRECHTL, *Novos Conceitos em Desenvolvimento Fetal Humano-Bebé XXI*, Fundação Calouste Gulbenkian, Lisboa, 1995, pág. 179.

240   *Direito do Genoma Humano*

X. Cheguei à conclusão que a partir do momento em que as modernas técnicas de procriação assistida tornarem viável a criação e desenvolvimento da vida humana num "ventre artificial" (a denominada ectogénese) [403][404], portanto, sem o acto natural de nascer, a

---

[402] MICHÈLE FELLOUS, *Écographie, personne, foetus*, in «Biomédecine et devenir de la personne», Coord. Simone Novaès, Éd. du Seuil, Paris, 1991, págs. 190-191, sustenta que este avanço científico "modificou a apreensão privada, pública, médica do feto. Este seria cada vez mais assimilado a uma criança, como se a ecografia fizesse avançar um grau o momento do parto". Contribuindo, de modo significativo, para aumentar "o sentimento de personalização do feto".

[403] A possibilidade de concretização da ectogénese é já referida por vários autores. Assim, designadamente MANUEL CUYÁS, S. J., *Perspectivas históricas e actuais para uma ética da vida*, «Brotéria», Vol. 135, n.º 4, Lisboa, Outubro de 1992, pág. 290, afirma que para evitar os inconvenientes jurídicos que a duplicação ou triplicação de mães pode acarretar, tenta-se obter a ectogénese, ou seja, a possibilidade de desenvolver completamente o embrião numa espécie de útero artificial.

No dizer de JEAN-LOUIS TOURAINE, *Hors de la bulle,* Flammarion, Paris, 1985, págs. 226-228, num futuro próximo, o desenvolvimento fetal poderá ter lugar *in vitro*, numa espécie de chocadeira artificial particular, desde a sua origem até ao seu fim. Passará a existir parto sem gravidez. E não há qualquer dúvida de que, quando estiver desenvolvido, este método terá tendência para se generalizar. Nada se poderá opor de modo eficaz a esta progressão. Salienta que o papel privilegiado da mãe na educação dos recém-nascidos diluir-se-á.

Na mesma orientação, ROBERT CLARKE, *Os Filhos da Ciência*, Ob. cit., pág. 196, sublinha que a ideia de um ventre artificial onde se colocasse a criança da concepção até ao nascimento apenas servia, há uma dezena de anos, para alimentar a imaginação dos autores de livros de antecipação científica. Todavia, várias equipas americanas trabalham na elaboração de um útero que reproduzia artificialmente o local acolhedor e complexo em que se desenvolve naturalmente o embrião humano. Procura-se colocar este útero num líquido artificial que reproduza as qualidades do que envolve normalmente a criança em gestação.

O Autor refere que uma vez que as mulheres são as únicas entre as fêmeas de mamíferos que têm os filhos com sofrimento intenso, correndo significativo risco de morte, há quem sugira que, a única solução passe pelo útero artificial. Esta é já uma realidade; um deles foi elaborado nos Estados Unidos da América, pelo Instituto de Cardiologia. Uma câmara, cheia de líquido amniótico sintético conectada a um oxigenador para o sangue fetal, conservou fetos de cordeiro vivos durante dois dias. Essa ectogénese, ou seja, o desenvolvimento do feto fora do útero natural, é considerada como sendo uma extensão lógica importante da inseminação artificial. "Uma mulher ilustre não deve ficar prejudicada durante nove meses de sofrimento físico só para produzir uma criança", reza um argumento.

ROBERT CLARKE acrescenta que a procriação, considerada por alguns como abaixo da dignidade humana dado o "modo animalesco" como se processa, seria substituída por técnicas clínicas usadas para unir espermatozóide e óvulo num útero artificial, e ocorreria onde o futuro embrião pudesse ser cientificamente nutrido e cuidadosamente controlado com vista a garantir um "produto perfeito".

Existem, há muito tempo, incubadoras que são utilizadas quando ocorrem nascimentos prematuros de cinco meses ou menos. O útero artificial é tecnicamente chamado "membrana oxigenadora extracorporal". Até agora não foi utilizado para salvar a vida de nenhum embrião em fase inicial de vida, embora graças a ele um feto sobrevivesse por seis horas. Outros laboratórios estão a trabalhar em diferentes versões de útero artificial.

Com a ectogénese, e lembrando a "Incubadora" de Aldous Huxley, podemos falar com legitimidade em *bebé proveta*, pois nesse processo o espermatozóide e o óvulo são unidos e desenvolvem-se num útero artificial (feito em vidro e eventualmente em metal).

D. S. HALACY JR., *A Revolução Genética. Modelando a vida de amanhã*, Editora Cultrix, São Paulo, 1976, págs. 159-160, escreve que muitos investigadores, além de Edwards e Steptoe, na Inglaterra, estão a realizar experiências com ectogénese. São, entre outros, os casos de Landrum Shettles e de Daniele Petrucci. A geneticista italiana Petrucci afirma ter conservado um feto vivo em tubo de ensaio durante 59 dias. Esse feto só veio a morrer devido a uma falha técnica. Em 1966, cientistas russos anunciaram ter conseguido manter vivos mais de 250 embriões humanos por tempo superior aos 59 dias de Petrucci. Relatou-se que um feto vivo viveu 6 meses e alcançou um peso superior a 500 gramas antes de morrer.

ROBERT FRANCOEUR, *Evolving World, Converging Man,* Holt Rinehart. Winston, New York, 1970, págs. 22-23; ROBERT FRANCOEUR, *Utopian Motherhood,* A. S. Barnes, New York, 1972, págs. 203-204, levanta sérias dúvidas ao método de substituir a natureza durante os nove meses da gestação. Poder-se-ia por acaso criar um útero artificial que fosse totalmente inofensivo ao embrião? Quais seriam os efeitos psicológicos de se manter um feto humano durante nove meses num "útero de vidro e aço"?

([404]) Em Fevereiro de 2002, mais concretamente no dia 11, foi noticiado o aperfeiçoamento de um ventre artificial que permite o desenvolvimento de embriões à margem do corpo humano. Os cientistas criaram protótipos, a partir de células extraídas de corpos de mulheres. Os embriões, depois de se terem fixado com sucesso às paredes desses ventres (laboratórios), começaram a desenvolver-se. Porém, passados seis dias, as experiências foram interrompidas, em obediência às leis que disciplinam a fertilização *in vitro*. A técnica foi realizada pelo médico Hung-Chin Liu, do Centro de Medicina Reprodutiva da Universidade de Cornell, nos Estados Unidos da América. O processo de criação de ventres artificiais, por Hung-Chin Liu, implica a remoção de células do endométrio. Camadas destas células são colocadas *a posteriori* em formas de cultura laboratorial, moldadas em materiais biodegradáveis, com o feitio do interior do útero. As células desenvolvem-se, criando tecido, e o material biodegradável dissolve-se. Os nutrientes e as hormonas, como o estrogénio, são adicionados ao tecido. Este médico tenciona alargar o período de experiência de seis para catorze dias. Com o alargamento do tempo da experiência, o cientista pretende que os embriões se enraízem e lancem veias na parede do ventre artificial para analisar se as células se diferenciam, formando órgãos e placentas rudimentares.

No Japão foi realizada investigação semelhante, mas com diferente abordagem. Yoshinori Kuwabara, na Universidade Jutendo de Tóquio, removeu embriões de cabras e colocou-os em tanques de plástico, cheios de líquido amniótico, estabilizado à temperatura do corpo. Kuwabara conseguiu manter os fetos vivos e em desenvolvimento durante dez dias, ligando os cordões umbilicais a máquinas que bombeavam nutrientes e eliminavam resíduos. Pretende ajudar mulheres vítimas de aborto espontâneo ou de parto muito prematuro.

242 *Direito do Genoma Humano*

tese de que a personalidade jurídica surge apenas com o nascimento fica completamente desvalorizada ([405]).

XI. A ectogénese implicará, sem dúvida, o fim do "instituto jurídico do nascimento".

XII. Ou perfila-se um absurdo lógico-jurídico: criar-se-iam dois marcos distintos para delimitar o início da personalidade jurídica? O dos seres que nascem, e o dos que não têm nascimento propriamente dito porque provêm de ventre artificial?!...Ou estes últimos não teriam personalidade jurídica uma vez que não nascem e o nascimento é condição essencial de atribuição de personalidade jurídica ([406])?

Uma vez mais a dialéctica: sujeitos e não sujeitos de Direito, ou de outro modo, humanos e não humanos?

O Direito tem de disciplinar o que acontece, mas não pode ficar indiferente ao que pode acontecer.

([405]) STELA MARCOS DE ALMEIDA NEVES BARBAS, *O início da Personalidade Jurídica. O artigo 66.º do Código Civil Português perdido no tempo e contra a ciência*, «Brotéria», Vol. 148, n.º 5/6, Lisboa, Maio/Junho de 1999, pág. 541.

([406]) É evidente que o uso desta teoria afasta qualquer argumento de comparação com o tempo de gestação uterina normal - nove meses - dado que o espaço temporal passou a depender exclusivamente do processo utilizado que tanto pode ser de dois meses, nove meses, três anos ou qualquer outro.

CAPÍTULO III

PESSOALIZAÇÃO VERSUS OBJECTIVAÇÃO / REIFICAÇÃO DO GENOMA HUMANO

Sumário

SECÇÃO I
Introdução

65. Uma possível subversão terminológica

SECÇÃO II
Reificação do corpo humano?

66. Os progressos biotecnológicos e uma nova visão do corpo
67. O corpo como um conjunto de peças desmontáveis
68. Redução do corpo a *res commerciabilis*

SECÇÃO III
O genoma humano não é um objecto/*res*. Conclusões

69. A pessoa como ser *corpore et anima unus*
70. A vida genómica é o valor em que se alicerçam todos os desenvolvimentos sucessivos da pessoa

SECÇÃO I
Introdução

65. Uma possível subversão terminológica

65. Uma possível subversão terminológica

I. O Programa do genoma humano generalizou a consciência da necessidade de rever categorias fundamentais do pensamento para podermos responder às exigências que as novas realidades impõem e para nos colocarmos à altura da responsabilidade que já referiam os filósofos do século XIX: a pessoa é, a um só tempo, sujeito e objecto de uma história irreversivelmente universal.

O ser humano veste uma máscara. Actualmente, a *persona* dá vida ao personagem. O direito confere-lhe esta mesma máscara para que a sua história jurídica ressoe. Já não é apenas figurante, mas sim sujeito. E ser sujeito é, precisamente, a *deixa* para ingressar no universo da dignidade.

Séculos e séculos de civilização jurídica conferiram ao homem um direito fundamental: a tutela da sua personalidade. Mas, concomitantemente, séculos e séculos de civilização médica puseram em risco a sua inviolabilidade e respectiva não comercialização.

II. A resposta a este problema está intimamente dependente do grau de capacidade fornecida pela filosofia do direito, de conseguir equilibrar a relação entre o princípio da igualdade do homem e o princípio da liberdade deste mesmo homem.

Ser pessoa física ou natural, ser sujeito e não objecto.

246   *Direito do Genoma Humano*

Numa tentativa de distinção entre pessoa e coisa [407][408][409][410] poderíamos dizer que a pessoa concerne ao ser, livre e responsável; a coisa ao ter, objecto de dominação, alienação e outros actos jurídicos. A pessoa é sujeito de direitos e deveres; a coisa é objecto de propriedade.

III. Contudo, esta diferenciação está a ser subvertida com os progressos da biotecnologia.

Assistimos, nalguns casos, a uma *reificação* do corpo humano.

---

[407] Parece-me útil, desde já, sublinhar que os termos objectivação, reificação e coisificação estão a ser usados indistintamente, num sentido amplo. Não estou a fazer a distinção jurídica entre eles.

[408] Para um aprofundamento da noção de coisa, cfr., entre outros, JOSÉ DE OLIVEIRA ASCENSÃO, *Direito civil. Teoria Geral*, Vol. I, *Introdução. As Pessoas. Os Bens*, Coimbra Editora, Coimbra, 2000, págs. 343 e seguintes.

[409] Nos ensinamentos de ANTÓNIO MENEZES CORDEIRO, *Tratado de Direito Civil Português, I, Tomo II*, Ob. cit., págs. 31 e seguintes, coisa é antes de mais o que não for pessoa. O universo das pessoas é definido pelo Direito: o escravo não era pessoa, mas sim *res*; as pessoas colectivas não são coisas, sendo certo que os critérios da personalização são, hoje, meramente formais. Considera isto suficiente para que a própria coisa acabe por poder ser artificialmente definida.

Segundo o Autor, actualmente, a evolução do Direito privado tende para delimitar o conceito de coisa por outras vias. O cadáver humano não tem personalidade, tendo em conta o preceituado no artigo 68.º, n.º 1. No entanto, não é considerado coisa. Também os órgãos humanos, mesmo quando tratados separadamente, não são coisas, o mesmo podendo ser afirmado do feto humano.

E acrescenta: "Em definitivo: o universo das coisas é determinado pelo Direito.

O Direito é sensível à realidade: A natureza das coisas impõe-se-lhe, ainda que não predetermine as soluções e, sobretudo, o modo de as alcançar...

A coisa é Direito porque só o ser humano a vê como coisa: Em termos cósmicos, tudo – incluindo pessoas ! – é coisa, obedecendo a uma grande Ordem universal – que essa sim não será coisa. A objectivação da ideia de coisa faculta a sua juridicidade.

Tudo visto, poderemos definir coisa, em sentido jurídico, como toda a realidade figurativamente delimitada a que o Direito dispense um estatuto historicamente determinado para os seres inanimados."

E, ainda, ANTÓNIO MENEZES CORDEIRO, *Direitos Reais. Sumários*, A.A.F.D.L., Lisboa, 1998, pág. 46, coisa, em sentido jurídico, é tudo aquilo que, tendo relevância para o Direito, não tenha personalidade jurídica.

[410] Na definição de LUÍS CARVALHO FERNANDES, *Teoria Geral do Direito Civil, I*, Ob. cit., pág. 668, coisa é "toda a realidade autónoma, que não sendo pessoa em sentido jurídico, é dotada de utilidade e susceptível de dominação exclusiva pelo homem".

O genoma humano terá apenas um significado meramente biológico? Ou em virtude da unidade substancial do corpo com o espírito – *corpore et anima unus; una summa* – o genoma é também portador de uma dignidade antropológica, que tem o seu fundamento na alma espiritual que não só o impregna como vivifica [411]?

Nos seus constituintes últimos o homem é feito de homem? O ser vivo é feito de vida?

O homem encontra-se, cada vez mais, perante opções de fundo que vão determinar o respeito da dignidade de todo e qualquer membro pertencente à espécie humana ou a dissolução da própria ideia de pessoa.

Os avanços científicos fazem com que seja actual a vetusta questão das relações entre pessoa e corpo. É um tema que foi já objecto de inúmeros debates metafísicos sobre corpo e alma bem como de considerações de natureza teológica acerca do espírito e carne.

---

[411] JOÃO PAULO II, *Discourse of Holy Father John Paul II*, in «Human Genome, Human Person and the Society of the Future», Ob. cit., págs. 8-9.

SECÇÃO II
Reificação do corpo humano?

66. Os progressos biotecnológicos e uma nova visão do corpo
67. O corpo como um conjunto de peças desmontáveis
68. Redução do corpo a *res commerciabilis*

66. Os progressos biotecnológicos e uma nova visão do corpo

I. É cada vez mais premente a questão de saber se o corpo humano pode ser reduzido à categoria de um objecto, uma coisa, uma *res*, ou, se, pelo contrário, razões de natureza científica, ética, filosófica e jurídica exigem diferente solução [412].

---

[412] O Projecto do Genoma Humano origina todo um conjunto de aplicações comerciais muito grande provocando um velado litígio entre interesses científicos e comerciais. Por um lado, a livre e célere transmissão dos conhecimentos adquiridos proporcionará benefícios para toda a Humanidade. Todavia, por outro lado, encontram-se os interesses comerciais que podem levar ao secretismo e à protecção zelosa de conhecimentos adquiridos e, consequentemente, a um maior atraso nas suas aplicações vantajosas para a Humanidade. Actualmente, a força dos interesses comerciais está, de tal modo, arreigada que, muitas vezes, prevalece sobre a própria solidariedade.

Esta duplicidade de interesses está a provocar duas correntes opostas, uma favorável e outra contrária à privatização do genoma humano.

A Celera Genomics (iniciativa privada), motivada por razões mercantis, advogou o patenteamento das próprias sequências genéticas, ao passo que a iniciativa pública do Projecto do genoma humano preconizou, desde o início, a publicidade dos dados obtidos.

Muitos são os que, apesar de se oporem, por princípio, à comercialização de tudo o que concerne ao corpo humano, não excluem, no entanto, através de patentes, a protecção de produtos ou processos que sejam fruto de uma verdadeira investigação. Os defensores da patenteabilidade do genoma humano valem-se de argumentos éticos de eficiência (a patente permite maior concentração de investimentos em favor da Humanidade) e de justiça distributiva (quem investe merece retribuição). Consideram ser o melhor modo de obter meios económicos para continuar a investigar e para publicitar os conhecimentos que se vão adquirindo e evitar a esterilidade do sigilo. Consideram ponto fundamental, desde logo, esclarecer que não consideram os genes matéria viva, mas sim entidades químicas. Sustentam poder produzir genes sinteticamente em laboratório em pouco tempo, assim como colocar todos os genes humanos numa proveta sem que com isso se crie vida. Ficou célebre a frase do Prémio Nobel Craig Venter "É certo que os genes são fundamentais para a vida, no entanto, a água também o é".

Nesta linha, as aplicações possíveis através da aquisição destes conhecimentos passariam a constituir propriedade exclusiva dos patrocinadores das investigações privadas sobre o genoma. Algumas descobertas decorrentes dessas pesquisas não tiveram os seus resultados divulgados, precisamente por questões contratuais existentes entre cientistas e patrocinadores (como é o caso das indústrias farmacêuticas).

Todavia, a tendência das organizações políticas internacionais continua a ser a de considerar o genoma humano Património Comum da Humanidade, como, aliás, se encontra consagrado na Declaração Universal sobre o Genoma Humano e os Direitos do Homem da UNESCO, de 11 de Novembro de 1997. O genoma é inapropriável, por se constituir, como o meio ambiente, numa herança comum da Humanidade. Para os cientistas do sector público o genoma é uma "dádiva" para a Humanidade. Assim, deve estar garantida a gratuitidade e a liberdade de informação e de acesso. Alegam que o genoma é parte constituinte de cada pessoa, uma herança comum que todos devíamos compartilhar. Além disso, as exigências que se aplicam aos outros produtos com valor económico não teriam sentido relativamente ao genoma humano, na medida em que uma patente, regra geral, é concedida a uma invenção e não a uma descoberta. Os genes são descobertas, ocorrem na natureza e na maior parte dos casos não têm ainda uma utilidade definida. Reconhecem que os cientistas devem dispor de protecção para as aplicações inovadoras que resultem do seu trabalho. É por este motivo que se protege a propriedade intelectual de processos tecnológicos e produtos manufacturados, designadamente livros. Porém, não temos patentes de letras do alfabeto usado para escrever os livros. Patentear sequências de genes equivale a patentear letras. Devem ser patenteados os medicamentos que serão produzidos como resultado do alfabeto genético humano mas não as letras desse mesmo alfabeto.

O artigo 51.º do Código da Propriedade Industrial Português, aprovado pelo Decreto-Lei n.º 36/2003, de 5 de Março, fixa o objecto de patente. A invenção patenteável define-se por três requisitos essenciais: novidade, actividade inventiva e susceptibilidade de aplicação industrial. O artigo 52.º estabelece limitações quanto ao objecto da patente. Assim, exceptua-se do disposto no artigo 51.º: as descobertas, tal como as teorias científicas e os métodos matemáticos; os materiais ou as substâncias já existentes na natureza e as matérias nucleares; as criações estéticas; os projectos, os princípios e os métodos do exercício de actividades intelectuais em matéria de jogo ou no domínio das actividades económicas, bem como os programas de computadores, como tais, sem qualquer contributo; as apresentações de informação (o preceituado nesta disposição só exclui a patenteabilidade quando o objecto para que é solicitada a patente se limite aos elementos nele mencionados). Também não podem ser patenteados os métodos de tratamento cirúrgico ou terapêutico do corpo humano ou animal e os métodos de diagnóstico aplicados ao corpo humano ou animal, podendo

Genoma Humano, Pessoa e Biodireito

II. O corpo não é comercializável ([413]). As convenções a título oneroso que concernem ao corpo e aos seus elementos são nulas. Por exemplo, nenhum contrato pode forçar, no nosso ordenamento jurídico, uma mãe portadora ([414]) a entregar a criança, assim como nenhuma remuneração pode ser estipulada ou reclamada por esse ser humano.

---

porém ser patenteados os produtos, substâncias ou composições utilizados em qualquer desses métodos. O artigo 53.º determina que as invenções cuja exploração comercial seja contrária à lei, à ordem pública, à saúde pública e aos bons costumes são excluídas da patenteabilidade, não podendo a exploração ser considerada como tal pelo simples facto de ser proibida por disposição legal ou regulamentar. Não são patenteáveis, nomeadamente, os processos de clonagem de seres humanos; os processos de modificação da identidade genética germinal do ser humano; as utilizações de embriões humanos para fins industriais ou comerciais; os processos de modificação de identidade genética dos animais que lhe possam causar sofrimentos sem utilidade médica substancial para o homem ou para o animal bem como os animais obtidos por esses processos. Também não podem ser objecto de patente o corpo humano, nos vários estados da sua constituição e do seu desenvolvimento, bem como a simples descoberta de um dos seus elementos, incluindo a sequência ou a sequência parcial de um gene, sem prejuízo do disposto na alínea b) do n.º 1 do artigo 54.º; as variedades vegetais ou as raças animais, assim como os processos essencialmente biológicos de obtenção de vegetais ou animais. Por sua vez, o artigo 54.º prevê casos especiais de patenteabilidade, tais como uma substância ou composição compreendida no estado da técnica para a execução de um dos métodos citados no n.º 2 do artigo 52.º, com a condição de que a sua utilização, para qualquer método aí referido, não esteja compreendida no estado da técnica; uma invenção nova, que implique actividade inventiva e seja susceptível de aplicação industrial, que incida sobre qualquer elemento isolado do corpo humano ou produzido de outra forma por um processo técnico, incluindo a sequência ou a sequência parcial de um gene, ainda que a estrutura desse elemento seja idêntica à de um elemento natural, desde que seja observada expressamente e exposta concretamente no pedido de patente, a aplicação industrial de uma sequência ou de uma sequência parcial de um gene.

Os casos especiais de patenteabilidade a que se reporta o artigo 54.º correspondem essencialmente ao preceituado nos artigos 4.º, n.ºs 2 e 3 e 5.º, n.º 2 da Directiva n.º 98/44/CE, de 6 de Julho de 1998, relativa à protecção jurídica das invenções biotecnológicas.

Considerada a complexidade e vastidão do tema da patenteabilidade do genoma humano, limito-me a estas singelas referências por se tratar de matéria que está fora do âmbito deste trabalho.

Cfr., entre outros, José de Oliveira Ascensão, *O Projecto do Código da Propriedade Industrial e a lei de autorização legislativa*, «Revista da Faculdade de Direito da Universidade de Lisboa», Vol. 36, n.º 1, Lisboa, 1995, págs. 35-213; João Paulo Remédio Marques, *Patentes de genes humanos?*, Centro de Direito Biomédico da Faculdade de Direito da Universidade de Coimbra, Coimbra Editora, Coimbra, 2001.

([413]) O corpo físico é o templo sagrado do ser humano que deve ser respeitado.

([414]) Cfr. Parte II, Título III, Capítulo II, Secção V, n.º 150.5.

Como já sustentava Ulpiano ([415]), *Dominus membrorum suorum nemop videtur* e *Liber homo non recipit aestimationem.*

Com efeito, a pessoa não pode ser considerada uma *res*, um objecto ([416]).

O homem é, por excelência, o protagonista da ordem jurídica; é uno, indivisível e irrepetível.

III. No entanto, os progressos no domínio da Biotecnologia transformam, de modo radical e sem precedentes, a imagem que temos do corpo que parece ter deixado de ter, em determinados casos, qualquer semelhança com a pessoa na acepção corrente do termo ([417])([418])([419]).

([415]) D. 9, 2, 3.

([416]) No sentido de que a igualdade em dignidade de todo o ser humano e a inviolabilidade do corpo só foram alcançadas graças aos esforços incessantes de uma civilização inspirada de início pelo pensamento judaíco-cristão e recentemente universalizada por tratados e acordos internacionais. Cfr., entre outros, MARIE THÉRÈSE MEULDERS-KLEIN, *Le Droit de disposer de soi-même*, in «Licéité en Droit positif et références légales aux valeurs», Bruylant, Bruxelles, 1982, pág. 219.

([417]) AGOSTINHO DE ALMEIDA SANTOS, *Os pilares da nova genética. Eficácia, prudência, razão*, «Communio. Revista Internacional Católica», Ob. cit., pág. 459, defende que "os progressos da Biologia e da Medicina não podem reduzir o ser humano a um corpo físico, mas têm de continuar a contemplá-lo como pessoa, ainda que, por vezes, talvez não o pareça sob a gravidade ou a brutalidade das deformações que o vitimam".

([418]) Nesta orientação, CLAIRE NEIRINK, *De la bioéthique au Bio-Droit*, Librairie Générale de Droit et de Jurisprudence, Paris, 1994, pág. 153, citada por HELENA PEREIRA DE MELO, *Problemas jurídicos suscitados pela inseminação artificial com recurso a dador de gâmetas*, in «Genética e Reprodução Humana», Ob. cit., pág. 230, sustenta que a Biotecnologia apaga as categorias fundamentais do Direito. As distinções pessoa/coisa que se encontram na base do Direito não são apenas confundidas, mas também apresentadas como obstáculos inúteis ao progresso.

([419]) Na mesma linha, LUPTON, 1994, pág. 61, citado por HENK TEN HAVE, *Ethical dimension of the genome project. Geneticization and the sociocultural impact of genetic information*, in «Poderes e Limites da Genética», Actas do IV Seminário do Conselho Nacional de Ética para as Ciências da Vida, Ob. cit., 1998, págs. 42-43 "*The bio-information metaphor and cartographic metaphor, often used in the context of the genome project, are in fact reworkings of the mechanical metaphor that has been frequently used in the past in medical discourses on the body. These linguistic ... representations of the body carry with them the importance of a technological approach: machinery is used to fix machinery. They represent the body as being comprised of "a multitude of tiny interchangeable parts, rendering the body amenable to objectification and technological tinkering in the interest of developing the "perfect" human.*"

Genoma Humano, Pessoa e Biodireito   253

Actualmente, o corpo humano é visto como uma nova entidade jurídica. Urge rever algumas categorias tradicionais do Direito alicerçadas em bases naturais até então inalteráveis. É, também, necessário adaptar ou modificar princípios jurídicos que possibilitem restituir ao corpo a unidade perdida em virtude da sua decomposição em diversas partes, como produto dos inúmeros avanços científicos [420].

67. O corpo como um conjunto de peças desmontáveis

I. O corpo humano tornou-se um conjunto de peças desmontáveis. Na época dos transplantes de órgãos [421][422], da clonagem, da criogenização de embriões e órgãos, do xenotransplante [423], etc, o

---

[420] No dizer de João Álvaro Dias, *Dano corporal. Quadro epistemológico e aspectos ressarcitórios*, Almedina, Coimbra, 2001, págs. 90-91, "Vivemos hoje um tempo em que se está a reescrever o estatuto jurídico do corpo humano. Muitas regras jurídicas tradicionais, e bem assim os conceitos que lhes serviam de suporte, têm dificuldade em se adequar aos problemas com que são confrontadas...As normas que se ocupavam da regulamentação de aspectos atinentes ao corpo eram poucas, parcas em palavras e atinentes a uma ínfima parte dos problemas que hoje constituem o centro da discussão. Tal ficava a dever-se...à interiorização vivenciada da ideia de que tudo o que ao corpo dissesse respeito encontrava como limites últimos e incontornáveis as superiores regras da natureza, que as regras morais e sociais mais não tinham que pôr em evidência."

Todavia, não é menos verdade, acresce o Autor, que a "prática (*rectius*, as práticas) se encarrega de pôr a nu realidades diversas, que vão desde a disponibilização para participar em ensaios clínicos remunerados até ao aproveitamento de tecidos humanos para produzir proteínas de sangue com fins comerciais...Tudo a fazer perigar a ideia clássica de que o corpo é uma unidade funcional."

[421] O poder de tirar órgãos de um ser para outro sempre fez parte do imaginário colectivo, como, aliás, o comprova a literatura de ficção científica. Frankenstein é um bom exemplo.

A mitologia chinesa, no clássico de Zhai Zhiyvi Liao, refere-se a um transplante de coração em Zhu Erh-tan e de rosto na sua mulher. Na mitologia veda encontramos a lenda em que Siva, para agradar à esposa Parvati, *ressuscita* Ganesha que tinha sido trucidado. Como não encontrou a cabeça, usou a de um elefante. Na religião católica, existe a alusão aos Santos Cosme e Damião a quem se atribui, entre outros feitos, o de substituir a perna gangrenada de um doente pela de um cadáver, no século III, em Damasco.

[422] Os egípcios foram pioneiros na amputação e colocação de membros artificiais, segundo investigações levadas a cabo por cientistas alemães que conseguiram reconstituir a ficha médica de uma mulher que está morta há cerca de 3 mil anos. Os restos mumificados da mulher, descobertos por arqueólogos egípcios e alemães a oeste de Tebas (denominada

254   *Direito do Genoma Humano*

corpo aparece como um suporte, cada vez mais, substituível do ser pessoal.

Assistimos, progressivamente, a uma *apropriação* do corpo pelo Estado [424]. Estou a pensar, designadamente, nos casos de transplantes de órgãos [425][426][427][428] que com base no princípio do

---

actualmente de xeque Abd el Gurna), revelaram que o dedo grande do pé tinha sido amputado em vida e substituído por uma prótese de madeira constituída por três segmentos articulados pintados de cor castanha e mantidos no sítio graças a um tecido retirado do pé. De acordo com os depoimentos prestados por especialistas da Universidade Ludwig Maximilian de Munique, à revista médica britânica *The Lancet*, o dispositivo permitia manter a prótese em boa posição possibilitando ao doente mexer-se com relativa liberdade.

Esta descoberta foi a primeira prova que os egípcios dominavam este tipo de cirurgia. As investigações anteriores só evidenciavam a existência de próteses em cadáveres para dar integridade ao corpo e auxiliá-lo na sua entrada no além.

[423] A ideia do xenotransplante já estava presente no pensamento das antigas civilizações, como o induzem as lendas da esfinge, do minotauro, da sereia, entre outras.

[424] A esterilização forçada de doentes mentais realizada em determinados países é encarada, por alguns, como uma forma de nacionalização do corpo. Cfr. CLAIRE AMBROSELLI, *L'Éthique médicale*, Presses Universitaires de France, Paris, 1988, pág. 24.

[425] Escusado será dizer que não sou contra os transplantes. A dádiva de órgãos constitui um acto de generosidade devendo ser estimulada numa sociedade civil que se intitula solidária. A solidariedade é o elemento fundamental da coesão social.

[426] Sobre a problemática dos transplantes, cfr., entre outros, MARIA PAULA BONIFÁCIO RIBEIRO DE FARIA, *Aspectos jurídico-penais dos transplantes*, Universidade Católica Editora, Porto, 1995, pág. 269.

[427] Nem todas as religiões aceitam a colheita de órgãos, como é o caso dos muçulmanos, que crêem que cada pessoa nasce com o tempo de vida determinado e, como tal, a sua existência não deverá ser prolongada pela transferência de um órgão. Outras, como a evangélica, a baptista e a presbiteriana, deixam ao livre arbítrio do fiel. As testemunhas de Jeová, apesar de contrárias às transfusões de sangue, não se opõem aos transplantes. As religiões judaica, islâmica, budista, anglicana e católica não só aceitam como incentivam esta prática que permite salvar vidas.

A Igreja Católica apela à solidariedade, de entre os inúmeros textos que se poderiam chamar à colação, reporto-me ao seguinte: a Igreja não só refere que a fé não colide com a doação, mas, pelo contrário, até a concebe como um precioso meio de imitar Jesus que deu a vida pelos outros. É viável que em nenhuma outra acção se atinja um grau tão elevado de fraternidade. Através dela, aproximamo-nos do amor gratuito e eficaz de Deus para connosco. É a prova visível de que o corpo das pessoas pode morrer mas que o amor que os une não morre jamais. Com os transplantes, parece alcançar-se uma manifestação de fraternidade, ao poder partilhar-se órgãos do nosso corpo e converter, desta forma, uma coisa morta em qualquer coisa de vida, *La donación de órganos*, Comissão Episcopal Espanhola de Pastoral, «Ecclesia», 1984, pág. 1331.

[428] No entendimento de alguns autores, é questionável o princípio da transplantação de órgãos e tecidos humanos. Porém, a utilidade desta técnica não impede que submetamos

Genoma Humano, Pessoa e Biodireito 255

consentimento presumido para a colheita ([429]), conduzem, frequentemente, a uma exagerada dilaceração de cadáveres ([430])([431])([432]) sem
respeito ([433]) pela sua dignidade.

à dúvida metodológica a sua validade durável. Cfr. LUCIEN SÈVE, *Para uma Crítica da
Razão Bioética*, Ob. cit., pág. 310.

([429]) Em Portugal, a Lei n.º 12/93, de 22 de Abril, sobre colheita e transplante de
órgãos e tecidos de origem humana, criou a figura polémica do dador potencial para poder
fazer face à contínua procura de órgãos.

Assim, são potenciais dadores *post-mortem* todos os cidadãos nacionais e os
apátridas e estrangeiros residentes em Portugal que não tenham manifestado, por si ou
representante legal, a sua qualidade de não dadores, junto do Ministério da Saúde (n.º 1-3
do artigo 10.º). Para o efeito foi criado um Registo Nacional de Não Dadores (– RENNDA
– regulado pelo Decreto-Lei n.º 244/94, de 26 de Setembro, publicado no Diário da República, I Série-A, n.º 223, de 26 de Setembro de 1994) e emitido um cartão individual (n.º 1 e
n.º 2 do artigo 12.º). Refiro, também, o Ficheiro Autónomo do Registo Nacional de Não
Dadores (publicado no Diário da República, I Série-A, n.º 169, de 22 de Julho de 1999), e
o *Parecer 5/CNE/93 sobre o Registo Nacional de Não Dadores* (RENNDA) do CONSE-
LHO NACIONAL DE ÉTICA PARA AS CIÊNCIAS DA VIDA (disponível em http://
www.cnecv.gov.pt/).

Para maior desenvolvimento, cfr. ANTÓNIO MENEZES CORDEIRO, *Tratado de Direito
Civil Português, I, Tomo III*, Ob. cit., pág. 456; LUÍS CARVALHO FERNANDES, *A definição de
morte. Transplantes e outras utilizações do cadáver*, «Direito e Justiça», Ob. cit., págs. 41
e seguintes.

([430]) Anteriormente, a dissecação de cadáveres para fins de ensino e de investigação
científica era disciplinada pela Portaria n.º 40, de 22 de Agosto de 1913.

Actualmente, a dissecação de cadáveres e extracção de peças, tecidos ou órgãos para
fins de ensino e de investigação científica é regulada pelo Decreto-Lei n.º 274/99, de 22 de
Julho (cfr. autorização legal conferida pela Lei n.º 12/99, de 15 de Março).

([431]) O regime jurídico que estipula o destino do cadáver foi durante muito tempo
objecto dos vários Códigos de Registo Civil. Contudo, desde 1982 passou a ser regulamentado por diplomas avulsos. Nesta orientação, esta matéria é, hoje, disciplinada pelo Decreto-
Lei n.º 411/98, de 30 de Dezembro, alterado pelo Decreto-Lei n.º 5/2000, de 29 de Janeiro,
e pelo Decreto-Lei n.º 138/2000, de 13 de Julho, que estabelece o regime jurídico da
remoção, transporte, inumação, exumação, trasladação e cremação de cadáveres, bem como
alguns desses actos relativos a ossadas, cinzas, fetos mortos e peças anatómicas e, ainda, da
mudança de localização de um cemitério.

Para maior desenvolvimento da matéria relativa à tutela do cadáver, cfr. LUÍS CARVALHO
FERNANDES, *Teoria Geral do Direito Civil, I*, Ob. cit., págs. 212-213; LUÍS CARVALHO
FERNANDES, *A definição de morte. Transplantes e outras utilizações do cadáver*, «Direito e
Justiça», Ob. cit., págs. 29 e seguintes; ANTÓNIO MENEZES CORDEIRO, *Tratado de Direito
Civil Português, I, Tomo III*, Ob. cit., págs. 449 e seguintes; MANUEL GOMES DA SILVA,
Esboço de uma Concepção Personalista do Direito, R.F.D.U.L., XVIII, Lisboa, 1965,
págs. 184-185.

II. Esta apropriação pública, ou se preferível, *nacionalização* do corpo suscita poucos problemas em comparação com a crescente expansão do *mercado negro* de órgãos humanos [434][435][436].

No entanto, e por outro lado, deparamo-nos, cada vez mais, com uma concomitante privatização do corpo.

O *eu corpo* separa-se, ou é separado do *eu pessoa*, para ser uma coisa entre outras.

Por sua vez, o *eu pessoa* considera-se proprietário [437] do *eu corpo*, como se se tratasse de uma coisa, de um bem móvel, com o qual pode fazer o que quiser. Neste sentido, vende os próprios órgãos, o seu sémen, os seus ovócitos ou *aluga* ou *arrenda* o seu útero (caso das mães de aluguer, hospedeiras ou portadoras) [438][439][440].

---

[432] O artigo 17.º (Consentimento e autorização) do Protocolo Adicional à Convenção sobre os Direitos do Homem e a Biomedicina, relativo ao Transplante de Órgãos e Tecidos de Origem Humana, de 25 de Abril de 2002, determina que não deve ser realizada qualquer colheita de órgãos ou tecidos de um cadáver sem a obtenção do consentimento ou da autorização previstos na lei. Todavia, estabelece, ainda, que a colheita só será feita "se a pessoa morta a tal não tiver manifestado qualquer objecção."

[433] Apesar de o artigo 18.º (Respeito pelo corpo humano) do Protocolo Adicional à Convenção sobre os Direitos do Homem e a Biomedicina, relativo ao Transplante de Órgãos e Tecidos de Origem Humana, estatuir, concretamente, que durante a colheita, o corpo humano deve ser manuseado com respeito e devem ser tomadas as medidas que sejam consideradas razoáveis para restaurar a aparência do corpo.

[434] Aumenta a um ritmo alucinante o número de raptos de pessoas para extracção de órgãos e posterior venda.

[435] Chegámos a um ponto em que o mercado de órgãos compete com as bolsas de valores, cfr. MARIA CELESTE CORDEIRO LEITE DOS SANTOS, *Imaculada Concepção,* Ob. cit., pág. 136.

[436] STELA BARBAS, *O Crime nas Sociedades Pós-Industriais,* sep. «Colectânea de estudos de homenagem a Francisco Lucas Pires», Universidade Autónoma de Lisboa, Lisboa, 1999, pág. 261.

[437] O proprietário de uma coisa tem o poder de disposição plena sobre a mesma podendo mesmo destrui-la. Todavia, logicamente o ser humano não possui um direito de propriedade sobre o próprio corpo.

[438] Segundo LUCIEN SÈVE, *Para uma Crítica da Razão Bioética,* Ob. cit., pág. 166, "todo o ser racional está de acordo: tratar uma pessoa, e a humanidade nela, como coisa nisso consiste a própria inumanidade".

[439] R. SPAEMANN, *Lo natural y lo racional: Ensayos de antropología,* trad. de D. Innerarity/Javier Olmo, Rialp, Madrid, 1989, pág. 147, salienta que o homem é real no sentido de que não pode ser reduzido a um objecto, ou seja, a um mero valor de uma variável dependente.

[440] PORRAS DEL CORRAL, *Derecho, igualdad y dignidad. En torno al pensamiento de R. Dworkin,* págs. 126-127, citado por ANGELA APARISI MIRALLES, *El Proyecto Genoma Humano: algunas reflexiones sobre sus relaciones con el Derecho,* Ob. cit., pág. 23.

68. Redução do corpo a *res commerciabilis*

I. Chegámos, assim, a um ponto em que o corpo humano se transformou numa fonte lucrativa de matéria-prima [441][442][443][444] [445][446][447][448][449].

---

[441] No que concerne aos *excedentes* do corpo humano (placentas, resíduos de intervenções cirúrgicas, etc) quais os argumentos possíveis de carrear para fazer face à sua conversão em produtos rentáveis?

[442] A Convenção sobre os Direitos do Homem e a Biomedicina consagra, no artigo 21.º, o princípio da interdição de lucro na utilização do corpo humano ou de uma das suas partes.

Os órgãos, partes do corpo e tecidos, incluindo o sangue, não devem ser fonte de lucro nem para a própria pessoa na qual foi feita a colheita nem para terceiros.

No entanto, segundo o Relatório explicativo desta Convenção, esta norma não diz respeito aos cabelos e unhas cuja venda não pode ser considerada um atentado à dignidade humana. Os estabelecimentos autorizados a fazer transplantes não estão privados de uma remuneração pelo serviço realizado, designadamente, conservação, pasteurização, cultura, transporte, bem como o reembolso das despesas ou de prejuízos provenientes da intervenção.

[443] O artigo 21.º (Proibição de obtenção de lucros) do Protocolo Adicional à Convenção sobre os Direitos do Homem e a Biomedicina, relativo ao Transplante de Órgãos e Tecidos de Origem Humana, de 25 de Abril de 2002, determina que o corpo humano e as partes que o constituem não deverão ser fonte de quaisquer lucros ou benefícios equiparáveis e não permite, especificamente, publicitar a necessidade de órgãos ou tecidos, bem como a sua disponibilidade, com o intuito de oferecer ou procurar obter um lucro ou um benefício equiparável. Esta norma exclui os pagamentos que não constituam lucro ou benefício equiparável, tais como: a indemnização pela perda de rendimentos sofrida por um dador em vida e por toda e qualquer despesa justificável provocada pela recolha ou pelos exames médicos com ela relacionados; pagamento de despesas realizadas com actos médicos e prestações técnicas conexas efectuadas no âmbito do transplante; a reparação se houver um prejuízo injustificado subsequente à colheita de órgãos ou tecidos de um dador vivo.

[444] Cfr. Resolução A3-0074/93 do Parlamento Europeu para a proibição do Comércio de Órgãos para Transplante.

[445] Cfr. CONSELHO NACIONAL DE ÉTICA PARA AS CIÊNCIAS DA VIDA, *Parecer 2/CNE/92 sobre Utilização de Cadáveres Humanos para Fins de Ensino Médico e a sua Necessidade, Pertinência e Legitimidade, Parecer 8/CNE/94 sobre o Projecto de Proposta de Lei que Visa Regular as Situações em que é Lícita a Dissecação de Cadáveres Humanos ou de Parte Deles, após a Morte Cárdio-Respiratória, bem como a Extracção de Peças, Tecidos e Órgãos para Fins de Ensino e de Investigação Científica, Parecer 6/CNE/94 sobre os Critérios de Verificação da Morte Cerebral, Parecer 10/ CNECV/95 sobre o Critério de Morte, Parecer 7/CNE/94 sobre* a *Protecção Jurídica das Invenções Biotecnológicas e Parecer 18/CNECV/97 sobre a Proposta de Directiva do Parlamento Europeu e do Conselho da União Europeia relativa à Protecção Jurídica das Invenções Biotecnológicas* (disponíveis em http://www.cnecv.gov.pt/).

(446) Em França, o COMITÉ CONSULTATIF NATIONAL D' ÉTHIQUE POUR LES SCIENCES DE LA VIE ET DE LA SANTE, no *Avis n.º 9 sur les Problèmes Posés par le Développement des Méthodes d'Utilisation de Cellules Humaines et de Leurs Dérivés, du 23 février 1987*, considera que as células são um produto do corpo humano e, como tal, não podem ser objecto de comércio. Porém, o próprio pode dispor delas gratuitamente tal como do seu sangue. Por sua vez, este COMITÉ, no *Avis n.º 20 sur l' Organisation Actuelle du Don de Gamètes et ses Conséquences, du 18 juillet 1990*, e no *Avis n.º 21 sur la Non Commercialisation du Corps Humain, du 13 décembre 1990*, sustenta que o corpo humano e as suas partes se encontram fora do comércio não podendo, portanto, ser objecto de um contrato de compra e venda.

(447) A ORGANIZAÇÃO MUNDIAL DE SAÚDE, nos princípios aprovados em 13 de Maio de 1991, dispõe que:

a) Os médicos e os restantes profissionais de saúde não devem tomar parte em transplantes de órgãos quando tiverem razões para julgar que foram objecto de transacções comerciais.

b) Deve ser proibida a publicidade sobre a necessidade ou existência de órgãos, que tenha como objectivo o lucro.

c) As pessoas ou serviços que procedam a transplantes de órgãos não deverão receber uma remuneração superior aos honorários justificados pelos serviços que realizaram.

(448) A Lei Portuguesa n.º 12/93, de 22 de Abril, sobre colheita e transplante de órgãos e tecidos de origem humana, é uma lei com um excelente pendor humanista. Na esteira das outras legislações europeias, a nossa Lei n.º 12/93, de 22 de Abril, no seu n.º 1 do artigo 5.º, determina que a dádiva de tecidos ou órgãos com fins terapêuticos de transplante não pode, em nenhuma circunstância, ser remunerada, sendo proibida a sua comercialização.

As disposições principais que enquadram a lei são as que se seguem: somente se contempla a dádiva ou colheita de tecidos ou órgãos de origem humana para fins de diagnóstico ou terapêuticos e de transplante, estando fora do alcance desta lei os fins de investigação (n.º 1 e 3 do artigo 1.º). Não abrange a transfusão de sangue, a dádiva de óvulos e de esperma e a transferência e manipulação de embriões (n.º 2 do artigo 1). A presente lei aplica-se a cidadãos nacionais, apátridas e estrangeiros residentes em Portugal (n.º 1 do artigo 2.º). A recolha e transplante de tecidos ou órgãos deve ser feita em centros devidamente autorizados, sujeitos a avaliação periódica. Também podem ser feitas colheitas durante a autópsia, nos institutos de medicina legal (n.º 1-4 do artigo 3.º). A doação de tecidos ou órgãos é gratuita, sendo proibida a comercialização (n.º 1 do artigo 5.º).

Procede à distinção entre a colheita em vida e em cadáveres. No que concerne à primeira só são legalmente autorizadas as colheitas em vida de substâncias regeneráveis, permitindo-se a dádiva de órgãos ou substâncias não regeneráveis quando houver entre dador e receptor relação de parentesco até ao 3.º grau (n.º 1 e 2 do artigo 6.º). Porém, são sempre proibidas as dádivas de substâncias não regeneráveis feitas por menores ou incapazes (n.º 3 do artigo 6.º). Julgo que a restrição a parentes até ao 3º grau deveria ser revista, de forma a possibilitar a dádiva entre cônjuges ou entre pessoas unidas por laços de grande amizade.

Genoma Humano, Pessoa e Biodireito

II. A procura incessante por novos e cada vez mais sofisticados meios de qualidade de vida transforma, desta forma, o corpo humano em produto, coisificando-o, reificando-o ([450]).

O consentimento deve ser precedido de adequada e inteligível informação pelo médico (artigo 7.º), de maneira a ser livre, esclarecido e inequívoco (n.º 1 do artigo 8.º). O consentimento dos menores deve ser dado pelos pais ou, por inibição ou falta destes, pelo tribunal. Todavia, se se tratar de menores com capacidade de entendimento ou de manifestação de vontade, é exigida a sua concordância (n.º 3 e 4 do artigo 8.º). A colheita em maiores incapazes por razões de anomalia psíquica só pode ser realizada com autorização judicial (n.º 5 do artigo 8.º).

A matéria relativa à colheita em cadáveres foi já objecto de nota própria. Cumpre, ainda, acrescentar que esta Lei comete à Ordem dos Médicos o estabelecimento do conjunto de critérios e regras de semiologia médico-legal idóneos para a verificação da morte cerebral (n.º 1 do artigo 12.º) e estabelece as formalidades a ter em consideração não só na verificação do óbito como também na realização da colheita (artigos 13.º e 14.º).

Cfr., também, Portaria n.º 31/2002, de 8 de Janeiro, do Ministério da Saúde.

([449]) Em França, antes da Grande Guerra, o sangue humano era vendido. E, foram feitas greves pela sua revalorização. A doação de sangue instituiu-se na sua sequência. A transfusão de sangue de um braço para o outro perdeu o seu carácter oneroso, no âmbito do clima da Libertação, marcado por todo um contexto de solidariedade prática de que a edificação da Segurança Social era algo mais que um símbolo.

([450]) KANT, *Métaphysique des moeurs*, in «Oeuvres philosophiques», Ob. cit., pág. 758, pelo alcance que atribui à antiga oposição entre pessoa e coisa, condena, desde logo, toda a instrumentalização biomédica do homem, que "não pode ser utilizado por nenhum homem...simplesmente como um meio".

Deste modo, justifica-se, nomeadamente, a exigência de um consentimento livre e esclarecido para a experimentação ou a recusa de redução do corpo humano a simples coisa.

Este filósofo, na obra *Fondements de la métaphysique des moeurs*, Delagrave, Paris, 1952, págs. 160-161, critica toda e qualquer forma de comercialização do corpo. Considera que os seres cuja existência está dependente da natureza e não da vontade humana têm, se são seres irracionais, somente um valor relativo como meios e, por isso, são denominados "coisas" enquanto que os seres racionais são chamados "pessoas" porque a sua natureza os distingue já como fins em si mesmos. Por outras palavras, explica o Autor, como algo que não pode ser empregue como simples meio e que, consequentemente, limita, condiciona nesta medida todo o arbítrio e é objecto de respeito. Sustenta que no reino dos fins tudo tem um preço ou uma dignidade e que "aquilo" que tem um preço pode ser substituído por outra coisa qualquer, de preço equivalente; mas, pelo contrário, "aquilo" que é superior a qualquer preço, que está acima de qualquer preço, "aquilo" que, consequentemente, não permite equivalente, é "aquilo" que tem uma dignidade. E acrescenta que o homem está acima de qualquer preço.

Kant, no livro *Métaphysique des moeurs*, in «Oeuvres philosophiques», Ob. cit., págs. 707-708, equaciona uma consequência deste princípio que diz respeito à ética biomédica: "Vender um dente para ser implantado na gengiva de outro...é uma forma de suicídio parcial...e até a doação daquilo que não é um órgão, como por exemplo, os cabelos não pode ser considerado completamente inocente quando se visa um lucro exterior".

O procedimento Kantiano está centrado, por excelência, no seu respeito pela pessoa humana.

Por tudo isto, e em síntese, é possível afirmar que, em determinados casos, o corpo humano passou à qualidade de mero objecto, de uma coisa que se compra, vende, troca, manipula [451].

---

[451] Stela Barbas, *Consequências da manipulação genética no direito das pessoas e na condição jurídica dos nascituros*, «Tribuna da Justiça», n.º 6, Lisboa, Outubro-Dezembro de 1990, págs. 83-102.

SECÇÃO IV
O genoma humano não é um objecto/*res*. Conclusões

69. A pessoa como ser *corpore et anima unus*
70. A vida genómica é o valor em que se alicerçam todos os desenvolvimentos
sucessivos da pessoa

69. A pessoa como ser *corpore et anima unus*

I. Não é viável encerrar este capítulo sem a necessária referência
ao valor inerente à corporalidade do ser humano e, por isso, à relação alma e corpo na unidade da pessoa.

II. O dualismo alma/corpo tem uma raiz grega de cariz essencia-
lista ([452]).

([452]) A palavra alma (do latim *anima*, do grego *xveuos*, vento) deriva da raiz
sanscrítica *an* que quer dizer respirar. A análise epistemológica da alma leva-nos à conclusão que designa vento, sopro, hálito.

A cognoscibilidade filosófica da alma é posta em causa pelo positivismo. Também
Kant, na *Crítica da Razão Pura*, considera que a doutrina sobre a alma se encontra
edificada sobre um paralogismo.

Contra estas teses se levantam quase todas as religiões da Humanidade assim como o
pensamento filosófico relativamente à existência da alma: desde os clássicos da Filosofia
Antiga (Platão, Aristóteles), passando pelos séculos da Patrística e da Escolástica, do
Racionalismo de Descartes e de Leibniz, incluindo o primeiro empirismo (Locke, Berkeley)
até ao regresso da moderna filosofia à doutrina da alma e do princípio vital (Driesch,
Becher, e outros).

Para Anaximandro e Heraclito a alma é ar; no entendimento de Sócrates a alma,
invisível e imortal, é a parte melhor do homem, tendo uma natureza divina. Segundo
Aristóteles a alma é a forma de um corpo natural que tem a vida em potência. Os Estóicos
sustentam que as almas são partículas de fogo ou de sopro divino, da denominada Alma
Universal. Têm como função manter a coesão entre os vários elementos do corpo. Para os

III. Platão contribuiu, de modo decisivo, para a concepção dualista do ser humano. A alma é preexistente, é imortal, vive como prisioneira do corpo até ao momento da sua libertação: ou seja, da morte.

Todavia, Platão reconheceu que o dualismo alma/corpo acarretava algumas contradições. Para as tentar superar, na *República* [453], procedeu à distinção entre várias ordens: a alma racional (substância espiritual distinta do corpo, é sede da razão); a alma irascível (sede do valor, inseparável do corpo, é produto dos deuses inferiores e fonte das paixões nobres) e a alma concupiscível (perece com o corpo e é sede do apetite ou desejo) [454].

As partes inferiores devem estar subordinadas à parte superior, ou seja, a alma como razão deve guiar a alma como valor e como desejo. A salvação de cada homem depende do que este fizer durante a vida.

IV. S. Tomás de Aquino, na primeira parte do Livro I da *Summa Theologica*, salientou que a dignidade é absoluta e pertence à essência [455]. Enquanto noutra passagem – segunda parte do Livro I – acrescentou "ser evidente por si mesma qualquer proposição cujo predicado pertence à essência do sujeito" [456].

S. Tomás concebeu a dignidade do ser humano como um valor a preservar a todo o custo. A unidade da pessoa é a singularidade

---

Epicuristas a alma humana é composta por átomos subtis, espalhados pelo corpo. Descartes considera a alma uma substância completa, espiritual e imortal cuja essência consiste precisamente em pensar e cujos atributos são opostos ao do corpo. Alma e corpo compõem um todo único. Para Espinosa a alma e corpo são distintos mas paralelos. Malebranche considera que alma e corpo são duas substâncias sem comunicação mas sincronizadas por Deus. No dizer de Leibniz a alma é uma mónada superior às outras mónadas do composto humano. Há uma sincronização entre corpo e alma.

[453] PLATÃO, *A República. Diálogos*, Publicações Europa-América, Mem Martins, 1987, págs. 31-34.

[454] JEAN BRUN, *Platon et l'Académie,* Presses Universitaires de France, Paris, 1963, pág. 23; PIERRE-MAXIME SCHUHL, *Essai sur la formation de la pensée grecque*, Presses Universitaires de France, Paris, 1949, pág. 24.

[455] S. TOMÁS DE AQUINO, *Summa Theologica*, trad. espanhola, *Summa de Teología*, I, Biblioteca de Autores Cristianos, Madrid, 1993, pág. 411.

[456] S. TOMÁS DE AQUINO, *Summa Theologica*, trad. espanhola, *Summa de Teología*, I, Biblioteca de Autores Cristianos, Madrid, 1993, pág. 731.

desse mesmo indivíduo único que subsiste em corpo e alma: *Unitas vero personae constituitur ex eis inquantum est unus aliquis subsistens in carne et anima* [457].

A teoria tomista supunha que para a infusão da alma era precisa uma determinada organização do corpo, uma "forma", sendo a alma, precisamente, a forma do corpo. A alma, embora destinada a uma união substancial com o corpo, tem, do ponto de vista ontológico, uma origem diferente e é criada por Deus.

Nesta orientação, defendeu que a alma é a forma substancial do corpo, o que faz com que o corpo seja humano.

O princípio *operari sequitur esse* justifica este argumento: a pessoa actua de forma humana e espiritual.

V. Considero que a pessoa enquanto ser único e irrepetível é constituída por corpo e alma. Respeitar a dignidade do homem equivale, assim, a "salvaguardar esta identidade do homem *corpore et anima unus*" [458]. E, esta profunda unidade ontológica reflecte-se, também, precisamente, sobre o genoma humano que é o código da estrutura e da identificação da corporalidade [459].

VI. A ponderação destas problemáticas tem a sua fundamentação na relação existente entre alma e corpo [460] e, consequentemente, na unidade da pessoa que é um ser dotado de autonomia.

---

[457] S. Tomás de Aquino, III, q. 2, a. 1, ad 2., citado por Joseph Rassam, *Tomás de Aquino*, Biblioteca Básica da Filosofia, Edições 70, Lisboa, 1980, pág. 52; J. Gevaert, *Il problema dell'uomo*, LDC, Lewmann, Turim, 1984, pág. 16; S. Vanni Rovighi, *L'antropologia filosofica de S. Tommaso d'Aquino*, Vita e Pensiero, Milano, 1965, pág. 15.

[458] João Paulo II, *Discorso all' Associazione Medica Mondiale* (29/10/1983), in «Insegnamenti di Giovanni Paolo II», VI, 2, Libreria Editrice Vaticana, Città del Vaticano, 1983, págs. 917-923.

[459] João Paulo II, *Discorso all' Associazione Medica Mondiale* (29/10/1983), in «Insegnamenti di Giovanni Paolo II», Ob. cit., págs. 917-923.

[460] Elio Sgreccia, *Manual de Bioética. I - Fundamentos e Ética Biomédica*, Ob. cit., págs. 113 e seguintes, coloca a questão de saber se a existência humana se apresenta como espiritualidade e corporalidade ou apenas como corporalidade? No entendimento de Santo Agostinho, *Confissões*, Roma, 1981, Cap. IV, pág. 65, estamos perante a *magna quaestio* (mais concretamente *factus eram ipse mihi magna quaestio*). Sgreccia refere que até nas filosofias que acentuaram a vertente social da pessoa, o "ser em diálogo com os outros", como no existencialismo de Gabriel Marcel, a problemática da essência e da espiritualidade

VII. O corpo não é pura e simplesmente genómico, nem nele o genómico se pode conceber por relação a si próprio. Na pessoa existe *um algo mais* que nega, que recusa a redução.

VIII. O médico deve ter consciência que ao aproximar-se do corpo do paciente está a aproximar-se de uma pessoa. A intervenção médica terá repercussões num corpo que não é um objecto mas sim um sujeito, um indivíduo, uma pessoa.

Deste jeito, todo e qualquer acto médico e toda e qualquer intervenção no corpo [461] não podem olvidar esta ligação; é um acto de uma pessoa sobre outra pessoa com a correlativa mediação corpórea.

IX. É cada vez mais premente a reafirmação da ideia de que o corpo é *res non commerciabilis*. A pessoa e as suas partes não podem ser mercantilizadas [462].

X. Em virtude dos actuais progressos científicos o ser humano é visto sob uma dupla perspectiva: por um lado, é considerado um sujeito inalienável, uma pessoa titular de direitos; por outro lado, é encarado como um objecto.

Neste projecto, o valor do homem como pessoa é extraordinariamente problemático: o ser sujeito está intimamente dependente da capacidade metódica de dominar, de subjugar a natureza objecto.

---

reveste importância capital. "Mesmo um personalismo que fosse simplesmente relacional" e se circunscrevesse a "definir o "eu" e o "tu" por força da relação interpessoal, sem um pressuposto metafísico" de uma noção da essência face à existência e da existência face à "essência concreta e real, daria um conceito dissipado de pessoa".

Elio Sgreccia considera que a circunstância de "definir a essência da pessoa" e de a definir como "corporalidade e espiritualidade unidas" simultaneamente não implica despojar a pessoa da característica de sujeito e a sua objectivação.

Lembra, ainda, os argumentos relativos à prova da espiritualidade do "eu" carreados pelos clássicos e corroborados pela filosofia neotomista e personalista bem como as escolas mais actuais e delas complementares.

[461] O velho princípio *noli me tangere* assenta numa teoria unitária da pessoa.

[462] João Paulo II, na *Carta Encíclica «Evangelium Vitae» sobre o Valor e a Inviolabilidade da Vida Humana*, Ob. cit., pág. 42, sublinha a necessidade de repelir a mentalidade materialista segundo a qual "o corpo deixa de ser visto como realidade tipicamente pessoal, sinal e lugar da relação com os outros, com Deus e com o mundo. Fica reduzido à dimensão puramente material: é um simples complexo de órgãos, funções e energias, que há-de ser usado segundo critérios de mero prazer e eficiência".

Genoma Humano, Pessoa e Biodireito 265

XI. A Ciência demonstra que, desde a fecundação, o genoma de cada um dos progenitores dá origem a um novo genoma, que não determina somente a pertença à espécie, mas constitui também o elemento definidor da individualidade corporal.

XII. E, a partir do momento da concepção existe um ser dotado de alma. A alma é directamente infundida por Deus [463], uma vez que o que é espiritual não pode derivar de elementos genéticos; portanto este aspecto espiritual exprime-se, sempre, através da corporalidade. Desta corporalidade, com efeito, a alma é acto existencial. O genoma é, deste jeito, humano a partir do seu primeiro instante, individualizado e individualizante, é a estrutura, o suporte do corpo e recebe, desde então, a dignidade do ser humano.

Com base no princípio da impossibilidade metafísica de fazer derivar o espiritual do material, pode concluir-se que, no homem, um

---

[463] Teses diferentes do criacionismo consideram que a alma é criada por geração dos pais, geração essa que pode ser corpórea ou espiritual.

Penso que esta definição não é correcta. Porque, por um lado, o corpo é matéria e como tal não é capaz de produzir um efeito espiritual. Por seu turno, a geração espiritual implica que ou a alma dos pais se divide, comunicando parte da sua substância ao filho (o que é impossível pois a alma é indivisível) ou tem a faculdade de criar outras almas (porém, a criação é poder exclusivo de Deus).

O traducionismo foi teorizado por Tertuliano. Para explicar a transmissão do pecado original preconiza que não apenas o corpo mas, também, a alma é transmitida pelos pais. A alma é transmitida por um gérmen espiritual oriundo dos pais, assim como o corpo é transmitido por um gérmen carnal. Estamos perante uma concepção geracionista da alma concebida em moldes genéticos. Para Tertuliano a alma é uma realidade quase materializável. Cfr. Tertuliano, *Quaestiones disputatae: De anima*, c. XIX, PL II, 682, págs. 28-30.

Santo Agostinho concebe o homem à imagem de Cristo e Cristo não tem alma. A interioridade que animava e utilizava o Seu Corpo era o Verbo de Deus. Cristo era o Verbo eterno de Deus encerrado num corpo humano. Apenas tem uma interioridade: o Eu do Verbo. A Santidade de Cristo é a Santidade Substancial do Verbo. O Eu de Cristo é o Eu do Verbo. É este modelo de relação entre o Verbo e o Corpo de Jesus que serve de modelo a Santo Agostinho para conceber a relação entre a alma e o corpo no homem. Porém, o Verbo vem de fora enquanto a alma é comunicada pelos pais. O pecado original era transmitido pelos pais aos filhos através da comunicação da alma nos mesmo termos em que a chama de uma vela passa para outra sem lhe tirar nada. Deus só criou as almas de Adão e Eva de modo directo e imediato, todas as outras almas, no entendimento de Santo Agostinho, são comunicadas pelos pais. O corpo ao prejudicar a elevação espiritual da alma é seu inimigo. Cfr. Santo Agostinho, *Confessione*, Paoline, Roma, 1981, Cap. IV, págs. 21-23.

266 *Direito do Genoma Humano*

ser constituído por alma e corpo, a alma deverá ter uma origem diferente e espiritual. Daí resulta esta tese da criação directa da alma individual por parte de Deus; o mesmo Criador que criou a vida na sua expressão geral é simultaneamente o Autor da alma de cada um dos homens: *creando infunditur et infundendo creatur* [464].

A teoria do criacionismo consubstancia, assim, a ideia de que Deus cria a alma de cada homem de modo directo e imediato [465][466]. Tese extraordinariamente interessante e que vai constituir a Doutrina Oficial da Igreja desde o século XIII até hoje.

A alma é racional, intelectiva, imortal, dotada de liberdade, única e irrepetível em cada homem.

XIII. Em síntese, o genoma origina e determina a estrutura da individualidade corporal. Por seu turno, o corpo é substancialmente unido ao espírito. Desde a concepção e, ao longo de toda a vida, a pessoa é a união do corpo e do espírito, um "corpo espiritualizado" e um "espírito encarnado". O corpo participa, portanto, da dignidade da pessoa, porque ele faz parte do próprio ser da pessoa. Podemos mesmo dizer: "Eu tenho o meu corpo", mas, também, "Eu sou o meu corpo", usando palavras do filósofo Gabriel Marcel [467].

---

[464] S. Tomás de Aquino, *Summa Theologica*, I, q. 90, ad. 2., Ob. cit.

[465] Contrariamente, Aristóteles defendeu a tese da animação retardada ou mediata; a alma racional constitutiva da pessoa humana informa o embrião passados vários dias da fecundação.

[466] Houve desde cedo no seio da Igreja Católica, uma atitude constante no que concerne à consideração do aborto como um pecado e crime, independentemente da fase em que fosse cometido, uma vez que a vida começa com a concepção e desde esse momento a alma é criada. A dúvida recaía, apenas, sobre a qualificação do crime, ou seja, se deveria ser definido como homicídio *tout court* ou somente como delito específico contra a vida. A essa problemática encontrava-se associada uma diferença de penas canónicas, mas não um juízo sobre a ilicitude. Cfr., entre outros, S. Máximo, *De variis difficillimis locis sanctorum Dyonisii et Gregorii seu ambiguorum liber*, PG XCI, 1.335 a.

[467] Gabriel Marcel, *Du refus à l'invocation*, Gallimard, Paris, 1940, pág. 30; Gabriel Marcel, *Être et avoir*, Aubier, Paris, 1935, págs. 119-120.

70. A vida genómica é o valor em que se alicerçam todos os desenvolvimentos sucessivos da pessoa

I. A profunda unidade ontológica que faz com que o homem seja um ser *corpore et anima unus* reflecte-se, também, sobre o genoma que é o código da estrutura e da identificação da corporalidade.

Por todas estas razões não é possível considerar o genoma de cada indivíduo como um elemento exterior ao homem, mas sim como um elemento interno e característico da individualidade da própria pessoa.

II. Assim sendo, penso que a intervenção no genoma é de preconizar nos mesmos moldes e critérios que justificam a intervenção no corpo, ou seja, para o bem do corpo em que se intervém.

III. Se é verdade que o genoma participa da dignidade da pessoa como elemento característico da sua corporalidade e da sua identidade, ele não esgota o valor e a riqueza da pessoa. A pessoa, graças à sua vida espiritual, transcende a corporalidade. Isto implica que ao longo de cada percurso existencial, a vida espiritual, a cultura e o meio de vida enriquecem a personalidade para além do puro determinismo genético e biológico. Chamo à colação o exemplo dos dois gémeos que têm um genoma quase idêntico, a individualidade é distinta e a personalidade pode desenvolver-se de modo diferente.

O homem ultrapassa o nível meramente genómico para se transformar em matéria personalizada. Não surge no seio da evolução como um produto pronto e acabado. É um ser chamado a construir-se a si mesmo, é um ser que não está ainda feito, mas está em permanente construção através da sua acção e da sua relação com os outros.

Cada ser vivo é o produto do diálogo entre genoma e meio de vida, e no caso concreto do ser vivo homem, ser espiritual, o enriquecimento produz-se não apenas a nível do meio ambiente, mas, também, a nível cultural e espiritual. O que, é importante frisar, não obsta à obrigação moral de respeitar o direito do genoma, mas pelo contrário, a reforça tendo em conta a sua dignidade espiritual.

IV. Assim, o valor da pessoa não depende da diferença da qualidade das suas características genéticas, uma vez que a dignidade é função da pessoa e não da componente genética em ela mesma distinta da personalidade.

O genoma é coessencial ao ser humano, e a vida do genoma deve ser defendida como dever primeiro da pessoa; a intangibilidade da vida e a defesa da sua integridade constituem o primeiro direito e o primeiro dever. Com esta afirmação não se pretende que a vida genómica constitua o valor exaustivo da globalidade do indivíduo. A vida genómica é o valor principal porque é, precisamente, sobre ela que se fundamentam os outros desenvolvimentos sucessivos da pessoa e todas as hipóteses de crescimento e de liberdade.

V. O Santo Padre no Discurso aos membros da IV Assembleia-geral da Pontifícia Academia para a Vida defendeu que o "genoma humano apresenta-se como o elemento estruturador e construtivo do corpo nas suas características quer individuais quer hereditárias: ele marca e condiciona a pertença à espécie humana, o vínculo hereditário e as suas características biológicas e somáticas da individualidade. A sua influência na estrutura do ser corpóreo é determinante, desde o primeiro momento da concepção até à hora da morte natural. Com base nesta verdade eterna do genoma, já presente no momento da procriação, no qual os patrimónios genéticos do pai e da mãe se unem, a Igreja assumiu a tarefa de defender a dignidade humana de cada indivíduo desde o seu início" [468].

VI. A título de conclusão, sustento que se há vida a partir da concepção e se desde o momento da concepção está fixado o genoma, e se o genoma é o elemento estruturador e construtivo do corpo nas suas características individuais e hereditárias, então o genoma humano não pode ser considerado uma coisa, objecto de direitos mas sim o sujeito e, como tal, deve ser tratado.

Faço minhas as palavras do Santo Padre na citada IV Assembleia--geral da Pontifícia Academia para a Vida: o desenvolvimento e a

---

[468] João Paulo II, *Discourse of Holy Father John Paul II*, in «Human Genome, Human Person and the Society of the Future», Ob. cit., págs. 8-9.

Genoma Humano, Pessoa e Biodireito

funcionalidade das estruturas somáticas e psíquicas do organismo têm na sua origem o constituir-se do genoma individual com o processo de fertilização, que traduz o início da vida de um novo ser humano. A sua natureza tem como base orgânica a presença de um genoma especificamente humano que representa a condição para a manifestação, gradual e temporal, de todas as faculdades da pessoa. Este nexo intrínseco do genoma do homem como constituir-se da pessoa distingue-o essencialmente daquele de qualquer outra espécie viva e fundamenta a sua inalienável dignidade em relação à mesma pessoa humana. "Em virtude da unidade substancial do corpo com o espírito" – *corpore et anima unus; una summa* – "o genoma humano não tem apenas um significado biológico; é também portador de uma dignidade antropológica, que tem o seu fundamento na alma espiritual que o impregna e vivifica". E conclui que, deste modo, não é lícito praticar qualquer tipo de intervenção no genoma, a não ser que se destine ao bem da pessoa, entendida como unidade de corpo e espírito ([469]).

([469]) João Paulo II, *Discourse of Holy Father John Paul II*, in «Human Genome, Human Person and the Society of the Future», Ob. cit., págs. 8-9.

TÍTULO II
O PRINCÍPIO DA AUTONOMIA PRIVADA POSTO EM CAUSA?

Sumário

CAPÍTULO I
RAZÕES DA INTERROGAÇÃO

71. O homem predeterminado pelo genoma?
72. A nova versão da alma humana: o genoma
73. Determinismo genómico e determinismo ambiental

CAPÍTULO II
AUTONOMIA, ERA GENÓMICA E DIREITO

SECÇÃO I
Introdução

74. Noção de autonomia
75. A autonomia privada como um princípio característico do Direito Civil

SECÇÃO II
Fabricação do ser humano *à la carte*

76. Genoma humano, o moderno oráculo
77. O novo *Adão* genomicamente programado

SECÇÃO III
(Re) edição do eugenismo?

78. Introdução
79. Noção de eugenismo
80. Eugenismo: génese e evolução
81. Novas perspectivas jurídicas equacionadas pelo actual eugenismo

SECÇÃO IV
Posição adoptada

82. A pessoa *sã* é um "cadáver adiado"?
83. Soluções propostas

CAPÍTULO III
CONSENTIMENTO INFORMADO PARA O CONHECIMENTO E INTERVENÇÃO NO GENOMA HUMANO

SECÇÃO I
Introdução

84. O adágio *noli me tangere*
85. O consentimento informado como um meio de tutela jurídica do doente
86. O consentimento informado como um meio de tutela jurídica do médico
87. A problemática da aplicação prática do consentimento informado

SECÇÃO II
Elementos do consentimento

88. Noções gerais
89. Capacidade
    89.1. Introdução
    89.2. Síntese de diplomas legislativos que acentuam o princípio da autonomia do incapaz
    89.3. Incapazes
        89.3.1. Interditos e inabilitados. Razão de ordem

O Princípio da Autonomia Privada Posto em Causa? 273

89.3.2. O caso particular dos menores como modelo da incapacidade jurídica
    89.3.2.1. Tutela jurídica de situações de "maioridade antecipada"
    89.3.2.2. Poder paternal
        89.3.2.2.1. Conteúdo e limites do poder paternal
        89.3.2.2.2. Singularidade da confissão religiosa Testemunhas de Jeová
    89.3.2.3. Tutela, administração de bens e regimes especiais de suprimento da incapacidade dos menores
    89.3.2.4. Participação de menores em investigações biomédicas

90. Voluntariedade
91. Informação
    91.1. Noção e âmbito
    91.2. Critérios. Posição adoptada

SECÇÃO III
Síntese legislativa

92. Introdução
93. Declarações, Resoluções, Convenções e Recomendações Internacionais
94. Direito português

SECÇÃO IV
A relação da pessoa consigo mesma e o consentimento informado

95. Relevância crescente do princípio da autonomia privada do doente
96. Valor jurídico das directrizes prévias; nomeação de um representante e testamento vital
97. Eventuais conflitos entre o doente e o médico na tomada de determinadas decisões
    97.1. Dissentimento do doente: fundamentação jurídica
    97.2. Objecção de consciência do médico
98. Alguns limites à autonomia do doente

CAPÍTULO IV
DIREITO À AUTODETERMINAÇÃO INFORMACIONAL GENÓMICA

SECÇÃO I
Direito a ser informado do resultado dos testes genéticos

99. Introdução
100. O direito a ser informado e o princípio da autonomia privada
101. Excepções

SECÇÃO II
Direito a não ser informado do resultado dos testes genéticos

102. Introdução
103. O direito a não ser informado e o princípio da autonomia privada
104. Excepções
105. Um dever de saber?
106. Sigilo médico

CAPÍTULO V
DIREITO À PRIVACIDADE GENÓMICA

SECÇÃO I
Introdução

107. Necessidade de registo
108. Genoma e identificação
109. O equacionar de alguns problemas

SECÇÃO II
Síntese legislativa

110. Privacidade e informação de saúde

SECÇÃO III
A conquista do *nosce te ipsum*

111. Conhecimento do homem na sua integralidade

SECÇÃO IV
Privacidade genómica ou discriminação genómica

112. Autonomia, privacidade e igualdade
113. A pessoa *prisioneira* do seu próprio genoma
114. Alguns limites ao direito à privacidade genómica

CAPÍTULO VI
CLONAGEM HUMANA

SECÇÃO I
Introdução

115. Clonagem terapêutica e clonagem reprodutiva
116. O clone tem a sua autonomia privada coarctada *ab initio*

SECÇÃO II
Clonagem terapêutica

117. Âmbito da clonagem terapêutica
118. A problemática da criação e utilização de embriões humanos obtidos por clonagem
119. Outros grupos de células estaminais humanas
    119.1. Noção de células estaminais (*stem cells*)
    119.2. Origem das células estaminais
    119.3. Células estaminais embrionárias (*embryonic stem cells*)
    119.4. Células estaminais provenientes de tecido fetal humano obtido na sequência de um aborto (*embryonic germ cells*)
    119.5. Células estaminais oriundas de órgãos de um indivíduo adulto (*adult stem cells*)
    119.6. Células estaminais extraídas de estruturas biológicas que se assemelhem a embriões humanos mas que são incapazes de dar origem a um ser humano e de linhas celulares previamente existentes obtidas a partir de células estaminais embrionárias
120. Proposta de legislação
    120.1. Investigação em células estaminais
    120.2. Comissão Nacional para a avaliação e autorização de projectos de investigação em células estaminais embrionárias
    120.3. Bancos de linhas celulares estaminais

SECÇÃO III
Clonagem reprodutiva de seres humanos

121. Âmbito da clonagem reprodutiva de seres humanos
122. Dúvidas e contradições suscitadas no nosso Direito Civil pela clonagem reprodutiva de seres humanos
123. Síntese legislativa
124. Proposta de legislação
    124.1. Clonagem reprodutiva de seres humanos

SECÇÃO IV
Posição adoptada

125. O recurso a outras células estaminais como fonte alternativa
126. Condenação da clonagem reprodutiva
127. Expressão de um novo materialismo: a genomania?
128. O ser humano não se reduz ao genoma

CAPÍTULO I
RAZÕES DA INTERROGAÇÃO

Sumário

71. O homem predeterminado pelo genoma?
72. A nova versão da alma humana: o genoma
73. Determinismo genómico e determinismo ambiental

71. O homem predeterminado pelo genoma?
72. A nova versão da alma humana: o genoma
73. Determinismo genómico e determinismo ambiental

71. O homem predeterminado pelo genoma?

I. O princípio da autonomia privada assume particular relevância no domínio da análise e intervenção no genoma humano.

É, por vezes, problemática a observância do princípio da autonomia privada em áreas fundamentais do Direito do genoma humano tais como a do consentimento informado para a análise e intervenção no genoma e a do direito a ser informado *versus* direito a não ser informado do resultado dos testes genéticos. Por exemplo, a alteração do genoma de uma pessoa sem que esta tenha dado o seu consentimento livre e esclarecido consubstancia violação do princípio da autonomia privada [470].

II. O exercício da nossa autonomia passa, necessariamente, pela opção racional das diversas alternativas que a vida nos coloca. Ora, uma avaliação racional implica uma análise perfeita das razões que estão por detrás de cada determinante. Mas, se não formos verdadeiramente livres, como poderemos proceder a uma escolha racional e autónoma? Não estaremos, no fundo, a responder, pura e simplesmente, a impulsos ditados pelo genoma que possuímos? A nossa vontade não estará à partida definida?!...

III. Na medida em que actuamos consoante o nosso carácter, somos responsáveis pelos nossos actos. Porém, actuar de acordo com o carácter consiste pura e simplesmente em exprimir os diferentes

---

[470] Exceptuados, claro, estão designadamente os casos em que existe perigo na demora, como será, aliás, desenvolvido na Parte II, Título II, Capítulo III, Secção III, n.º 94.

280 *Direito do Genoma Humano*

determinismos que o originaram. Lembrando a célebre forquilha de David Hume: ou os nossos comportamentos são determinados, e nessa hipótese não somos responsáveis por eles, ou são aleatórios, e nesse caso também não são da nossa responsabilidade.

IV. Em 1990 coloquei a questão de saber se, a partir do momento em que um programa genético pode determinar, *fixar* a vontade e capacidade de perceber e decidir do ser humano, não estará em causa o grande princípio da autonomia privada, como expressão de um princípio mais amplo: a grande máxima da liberdade [471] segundo a qual é lícito tudo o que não é proibido [472].

V. A pessoa pode deixar de ser dona da sua própria consciência, de poder decidir livremente entre dois contrários possíveis? Um *Homem – Novo* de vontade predeterminada por programa genético não poria em causa toda a arquitectura do *Nosso Direito*?

O Direito reduzido a um absurdo, a um impossível?

Não será viável questionar se o ser que resulta no caso extremo da reprodução assexuada pelo método de *cloning* não é um produto industrial, que foi fabricado segundo parâmetros predeterminados?

A título de exemplo, refiro a problemática da terapia génica de melhoramento em terceiros. Esta técnica será, essencialmente, realizada em crianças, pelo que se coloca a problemática da validade do consentimento dado pelos pais [473][474].

---

[471] O Presidente Francklin Roosevelt, em 1941, definiu as quatro liberdades principais que no seu entendimento seriam o fundamento do futuro mundo livre: a liberdade de expressão, a de culto, a libertação da miséria e a libertação do medo. Estas liberdades têm sido ampliadas ao longo dos tempos e aplicadas em diversos instrumentos mundiais e regionais relativos aos direitos humanos como é o caso da Declaração Universal dos Direitos do Homem (1948), do Convénio Europeu para a Protecção dos Direitos Humanos e das Liberdades Fundamentais (1950) e os Pactos das Nações Unidas de Direitos Civis e Políticos e de Direitos Económicos, Sociais e Culturais (1966). Embora estes documentos legislativos tenham sido adoptados antes do Projecto do genoma humano, as suas disposições revestem particular importância nesta área.

[472] STELA BARBAS, *Consequências da manipulação genética no direito das pessoas e na condição jurídica dos nascituros*, «Tribuna da Justiça», Ob. cit., pág. 93.

[473] Questão diferente é o caso da terapia génica somática e da germinal. Cfr. Parte I, Título I, Capítulo II, Secção III, n.º 22 e n.º 23.

[474] O consentimento será analisado na Parte II. Título II, Capítulo III.

As características genéticas do filho, seleccionadas pelos pais, de acordo com as suas preferências pessoais ou caprichos egoístas, por vezes, não coincidem com as do próprio. Além de que a criança pode sentir que não é amada por si, mas pelos genes que os pais escolheram para ela. A criança é instrumentalizada e são postergados princípios fundamentais do Direito.

Se pela engenharia genética se pode escolher o sexo, as características físicas, afectivas, volitivas e intelectuais, se é viável, em suma, fixar a vontade, capacidade de perceber e decidir da criança que vai nascer, não foi, desde logo – *ab initio* –, coarctada a sua autonomia privada, e, substituída pela vontade de outrem? Ou, melhor, pela vontade que outrem quis?

E o princípio da autonomia privada?!...

VI. É extraordinariamente inquietante para a nossa condição de seres livres, capazes em larga medida de moldar não só o carácter como os próprios pensamentos, a ideia de que o nosso comportamento, capacidades intelectuais e saúde mental possam ser determinados ou destruídos por segmentos de DNA. Assim, *quanto* do nosso destino está escrito no DNA das nossas células?

Nesta linha, a possibilidade de a informação codificada no DNA ser responsável pelo nosso destino consubstancia uma ameaça ao princípio da autonomia privada [475][476][477].

VII. Além das referidas hipóteses desencadeadas pelos próprios progressos científicos, é importante lembrar que o homem também se encontra predeterminado [478] pelo genoma que possui. Destaco o

---

[475] Se está tudo codificado no DNA o que resta ao livre arbítrio? Pergunta STEVE JONES no livro *A Linguagem dos Genes: Biologia, História, Evolução,* Difusão Cultural, Lisboa, 1995, pág. 34.

[476] Se estamos condicionados pelo genoma que liberdade temos para conseguir o potencial máximo como seres humanos através da educação e das experiências?

[477] SHELLEY D. SMITH, do Centro para Perturbações Hereditárias da Comunicação de Omaha, Nebraska, EUA, esclarece que existem componentes genéticas claras que ditam o comportamento. É preciso saber quais são e como operam.

[478] No dizer de LUÍS ARCHER, *O Projecto do genoma humano na perspectiva católica,* «Brotéria», Ob. cit., págs. 59-60, tal como, numa sinfonia de Beethowen, a exaustiva explicação da tecnologia das pautas e dos instrumentos da orquestra deixará de fora o

282 Direito do Genoma Humano

exemplo da Coreia de Huntington ([479]) que foi a primeira doença genética humana completamente dominante a ser descoberta. Esta enfermidade é produto de puro fatalismo não susceptível de ser influenciado ou mesmo corrigido pelo ambiente. Independentemente das medidas tomadas (alimentação, medicação, exercício físico, etc) manifesta-se necessariamente. O indivíduo começa lentamente a perder o equilíbrio, o seu comportamento fica condicionado, as suas faculdades intelectuais deterioram-se, entra em depressão, tem alucinações e morre prematuramente. Não há cura possível ([480]).

---

principal da emoção artística que nos causa a sinfonia. Considera que o conhecimento do genoma humano, apesar de benefícios inegáveis, também, acarreta riscos, sendo um deles o mecanicismo, levando a acreditar que "tudo na vida é redutível a fenómenos físico-químicos." Mesmo que este projecto não traga "qualquer novo argumento ao velho mecanicismo biológico, tende a inculcá-lo na prática". O Projecto debruça-se sobre o que de mais íntimo existe no ser humano e exprime-o na "linguagem mecanicamente seca das sequências nucleotídicas. Facilmente leva a supor que os mistérios da condição humana se decifram totalmente ao soletrar o DNA que lhes está na base". Luís Archer acrescenta que o Livro do Homem vai dominar as mentalidades, numa perspectiva redutora da vida e da natureza que, nas suas últimas consequências, faria olvidar a própria dimensão espiritual e ética do homem. Alerta para o perigo de que a "obsessão das novas tecnologias, dos DNAs, das engenharias genéticas faça do Homem um robot e mate, nele, tudo o resto que ele era: espírito, liberdade, responsabilidade, solidariedade, afectividade, alegria."

([479]) A doença de Huntington foi diagnosticada, pela primeira vez, em 1872, pelo médico George Huntington, em Long Island. Cfr. GEORGE HUNTINGTON, *On chorea*, «Medical and Surgical Reporter», 26, 1872, págs. 317-321.

([480]) A idade em que a doença produz os seus primeiros efeitos depende única e exclusivamente do número de repetições da "palavra" CAG num local num gene. O gene contém esta "palavra" repetida diversas vezes. Como refere, MATT RIDLEY, *Genoma. Autobiografia de uma espécie em 23 capítulos*, Ob. cit., págs. 63-72, a sanidade e a vida da pessoa encontra-se assim condicionada: se a "palavra" se repete até trinta e cinco vezes está tudo bem. Porém, se se repete mais de quarenta, há uma probabilidade de 90% de o indivíduo morrer por volta dos 59 anos. Se se repete mais de quarenta e uma vezes sucumbe cerca dos 54 anos, se quarenta e duas a doença manifesta-se ainda mais cedo (37 anos) e assim sucessivamente. Cfr. GEORGE HUNTINGTON, *On chorea*, in «Medical and Surgical Reporter», Ob. cit., págs. 317-321; ALICE WEXLER, *Mapping fate*, University California Press, Los Angeles, 1995, pág. 21; NANCY WEXLER, *Clairvoyance and caution: repercussions from the Human Genome Project*, in «The Code of Codes», Ed. D. Kevles/L. Hood, Harvard University Press, 1992, pág. 23; STEPHEN THOMAS, *Genetic risk*, Pelican, London, 1986, pág. 32; ALBERT JACQUARD, *Les hommes et leurs gènes*, Flammarion, Paris, 1964, pág. 101; ALEX KAHN, *La medicine du XXe siècle. Des gènes et des hommes*, Bayard Éditions, Paris, 1996, pág. 109.

O Princípio da Autonomia Privada Posto em Causa? 283

Não há nenhuma tese de "causalidade humana" que, até ao momento, tenha sido capaz de igualar esta exactidão. Nenhum *tarot* é tão certo, nenhum vidente, nenhum cartomante teve a pretensão de informar as pessoas da data exacta do início do fim da sua vida [481][482].

O factor responsável por este tipo de doenças não pode estar noutro lugar a não ser no genoma. Ou o indivíduo tem a mutação no gene, e, consequentemente, a enfermidade, ou não tem. Estamos perante casos de predeterminação em dimensões até ao presente inimagináveis.

72. A nova versão da alma humana: o genoma

I. É caso para colocar a questão de saber se o genoma humano não será a versão laica da alma humana. De acordo com a Igreja Católica, a alma é infundida por Deus no momento da concepção e desde a concepção existe um ser humano. Esta visão assemelha-se à noção de que o genoma, enquanto *carga* hereditária do futuro indivíduo, contendo a marca do novo ser, seria a forma [483] que moldaria o organismo vivo reconhecível como tal. Deste modo, o entendimento ou, se preferível, a percepção do genoma humano como factor precípuo na estruturação da pessoa assemelha-se à alma, agora numa perspectiva laica, estruturalista e determinista da própria essência humana.

Nesta orientação, a constituição do genoma humano é o marco principal para a caracterização do indivíduo. É a aplicação da teoria determinista ao genoma humano: no genoma já está tudo definido. Quem somos e quem seremos está fixado desde o momento da concepção. É, desta forma, encarado o sequenciamento do gene e sustentada a ideia de aí estar a alma, cujo fatalismo, cujo destino está indelevelmente inscrito.

---

[481] MATT RIDLEY, *Genoma. Autobiografia de uma espécie em 23 capítulos*, Ob. cit., págs. 63-72; GEORGE HUNTINGTON, *On chorea*, in «Medical and Surgical Reporter», Ob. cit., págs. 317-321; STEPHEN THOMAS, *Genetic risk*, Ob. cit., pág. 31; ALICE WEXLER, *Mapping fate*, Ob. cit., pág. 18.

[482] Cfr. Parte I, Título I, Capítulo II, Secção II e Secção III e Parte II, Título II, Capítulo II, Secção II.

[483] Pensando na "forma" da tese de S. Tomás de Aquino.

284 Direito do Genoma Humano

73. Determinismo genómico e determinismo ambiental

I. Para outros, o que é fundamental é o contributo fornecido pelo meio. Defendem que o homem é nada mais, nada menos que o produto do meio ambiente em que está inserido: do meio familiar, político, económico, social, cultural, etc.

Nesta linha, e entre outros exemplos possíveis, há quem ([484]) destaque o determinismo parental de Freud; o determinismo sócio-económico de Marx; o determinismo político de Lenine; o determinismo de estímulo-resposta de John Watson e B. F. Skinner; o determinismo cultural de pressão devido aos pares de Franz Boas e Margaret Mead; o determinismo linguístico de Edward Sapir e Benjamin Whorf.

II. Assim, o determinismo genómico foi antecedido e coexiste com toda uma panóplia de outros determinismos.

Nestes moldes, penso poder questionar: se o determinante é o genoma ou o ambiente, ou talvez mesmo os dois, ou porque não eventualmente outros mais, onde fica a autonomia da pessoa humana? Em causa o princípio da autonomia privada?

([484]) MATT RIDLEY, *Genoma. Autobiografia de uma espécie em 23 capítulos*, Ob. cit., pág. 101. Porém, o Autor refere que o edifício de alguns destes determinismos ruiu. As teorias de Freud sofreram forte abalo quando o lítio curou, pela primeira vez, um maníaco-depressivo, depois de 20 anos de psicanálise sem sucesso. Cfr., também, T. WOLF, *Sorry but your soul just died*, «The independent on Sunday», 02/02/1997, pág. 3.

O behaviorismo foi posto em causa, em Wisconsin, nos anos 50, com a célebre experiência em que macacos bebés órfãos continuaram ligados emocionalmente a "modelos de pano das mães mesmo quando alimentados exclusivamente por modelos de arame". Negando-se, deste modo, a obedecer à tese de que os mamíferos podem ser condicionados a optarem pelo contacto com qualquer coisa que lhes forneça alimentação. Cfr. H. F. HARLOW/ M. K. HARLOW/S. J. SUOMI, *From thought to therapy: lessons from a primate laboratory*, «American Scientist», 59, 1971, págs. 538-549.

O determinismo cultural de Margaret Mead foi afastado a partir do momento em que Derek Freeman descobriu que as conclusões de Mead (de que as atitudes dos adolescentes eram infinitamente maleáveis pela cultura) se alicerçavam num mistura de preconceito e de frágeis fundamentos científicos. Cfr. D. FREEMAN, *Margaret Mead and Samoa: the Making and Unmaking of an Anthropological Myth*, MA, Harvard University Press, Cambridge, 1983, págs. 55; D. FREEMAN, *Frans Boas and the flower of heaven*, Penguin, London, 1997, pág. 26; STEVEN PINKER, *The language instinct: the new science of language and mind*, Penguin, London, 1994, pág. 23; RITA CARTER, *Mapping the mind*, Weindenfeld and Nicholson, London, 1998, pág. 5; RICHARD DAWKINS, *The blind watchmaker*, Longman, Essex, 1986, pág. 123.

O Homem é dono da sua própria consciência. Afirmou-o a filosofia grega, acrescentou-o o profetismo hebraico e concluiu-o o espiritualismo cristão.

Perturbar todos estes mecanismos naturais da vontade, razão, instintos, reflexos condicionados, etc, por um programa biotecnológico é pôr em causa valores, conceitos, ideias que distinguem a nossa Civilização e de modo particular os princípios e fundamentos do Direito.

CAPÍTULO II
AUTONOMIA, ERA GENÓMICA E DIREITO

Sumário

SECÇÃO I
Introdução

74. Noção de autonomia
75. A autonomia privada como um princípio característico do Direito Civil

SECÇÃO II
Fabricação* do ser humano *à la carte

76. Genoma humano, o moderno oráculo
77. O novo *Adão* genomicamente programado

SECÇÃO III
(Re) edição do eugenismo?

78. Introdução
79. Noção de eugenismo
80. Eugenismo: génese e evolução
81. Novas perspectivas jurídicas equacionadas pelo actual eugenismo

SECÇÃO IV
Posição adoptada

82. A pessoa *sã* é um "cadáver adiado"?
83. Soluções propostas

SECÇÃO I
Introdução

74. Noção de autonomia
75. A autonomia privada como um princípio característico do Direito Civil

74. Noção de autonomia

I. Depois de ter enunciado as razões desta interrogação, parece-me útil, desde já, proceder a uma tentativa de *clarificação* do que se entende por autonomia para efeitos do presente estudo.

II. A autonomia privada [485][486][487][488] é o primeiro princípio da Bioética. Autonomia de todo e qualquer ser humano baseada na dignidade da pessoa e no direito que ela tem à sua auto-realização individual.

---

[485] A autonomia tem significados diferentes, tão distintos como autodeterminação, direito de liberdade, privacidade, escolha individual, livre vontade, etc. Cfr. T. L. BEAUCHAMP/J. F. CHILDRESS, *Principles of Biomedical ethics,* Oxford, New York, 1994, pág. 260.

[486] JOHN STUART MILL, um dos pais da corrente utilitarista, defendeu um princípio na altura designado princípio do mal (harm principle) actualmente conhecido como autonomia. No entendimento de Stuart Mill, "a única razão pela qual se pode exercer qualquer tipo de poder sobre qualquer membro de uma sociedade civilizada, contra a sua vontade, é se se prevenir o mal que ele possa exercer sobre os outros. O seu lado bom, físico ou moral, não é garantia suficiente...De si próprio, do seu corpo e da sua mente, cada indivíduo é soberano.", cfr. M. PEMBREY/E. ANIONWU, *Principles and Practice of Medical Genetics*, Churchill Livingstone, New York, 1996, citado por NATÁLIA OLIVA TELES, *Bioética em Genética. Historial, problemas e princípios éticos,* in «Genética e Reprodução Humana», Ob. cit., pág. 65.

Diferentemente de Kant que considerou a autonomia como manifestação da vontade, Stuart Mill preferia considerá-la como acção e pensamento. Argumentava que o controlo social e político sobre as pessoas seria admissível e defensável quando fosse preciso prevenir danos a outras pessoas ou à colectividade. Os cidadãos podem desenvolver o seu potencial de acordo com as suas convicções, desde que não interfiram com a liberdade dos outros.

III. Do ponto de vista etimológico, a palavra autonomia significa a condição de quem é autor da própria lei. Inicialmente era aplicado às populações em geral e, mais tarde, estendeu-se a cada indivíduo concreto. Num sentido lato, quer dizer independência, falta de imposições ou coacções externas e, também, especialmente no caso em apreço, ausência de limitações e incapacidades pessoais que obstaculizam ou diminuem a liberdade de decisão.

O princípio da autonomia ([489]) prescreve o respeito pelas legítimas e livres ([490]) opções e decisões das pessoas.

([487]) H. TRISTAN ENGELHARDT, *The foundations of bioethics*, Ob. cit., pág. 100, propôs a modificação da sua própria definição do princípio da autonomia para uma nova modalidade designada princípio do consentimento. Considera que o que está em questão não é algum valor possuído pela autonomia ou pela liberdade, mas o reconhecimento de que a autoridade moral secular deriva do consentimento dos envolvidos num empreendimento comum.

([488]) M. CHARLESWORTH, *La Bioética en una sociedad liberal*, Cambridge, Cambridge, 1996, pág. 131, introduz uma nova perspectiva social para a autonomia da pessoa que pode levar à própria noção de cidadania. Defende que não existe nenhuma pessoa que se encontre capacitada para desenvolver a sua própria liberdade e sentir-se autónoma se está angustiada, se vive em condições de pobreza extrema, se vive desprovida da ordem pública, se não pode ter acesso aos cuidados de saúde e à educação básica.

([489]) O princípio da autonomia privada é considerado prioritário por diversas entidades nacionais e internacionais. A título de exemplo, Recomendação n.º R 3 (1992), adoptada em 10 de Fevereiro de 1992, pelo COMITÉ DE MINISTROS DO CONSELHO DA EUROPA, respeitante a provas genéticas e a detecção com fins de assistência sanitária (*genetic testing and screening for health care purposes*); COMMITTEE ON ASSESSING GENETIC RISKS, Institute of Medicine, *Assessing genetic risks. Implications for health and social policy*, Washington, D.C.: National Academy Press, 1994; DANISH COUNCIL OF ETHICS, *Ethics and Mapping of the Human Genome,* Danish Council of Ethics, Copenhagen, 1993; COMITÉ CONSULTATIF NATIONAL D' ÉTHIQUE POUR LES SCIENCES DE LA VIE ET DE LA SANTE, *Avis n.º 46 sur la Génétique et Médecine: de la prédiction à la prevention*, du 30 octobre 1995, Les Cahiers du C.C.N.E., 6, 1996, págs. 5-39; NUFFIELD COUNCIL ON BIOETHICS, *Report on Genetic Screening: Ethical Issues*, N.C.B., 28, Bedford Square, London, WC1 3EG, 1993, págs. 19-23.

([490]) A liberdade é, sem dúvida, um valor afectado, de certo modo, pelas descobertas do Projecto do genoma humano.

E como sublinhou MONTESQUIEU, *Del espírito de las leyes*, trad. de Blásquez/P. de Vega,Tecnos, Madrid, 1987, pág. 105, não há uma palavra que tenha tido significados mais diferentes e que tenha impressionado os ânimos de maneiras tão díspares como a palavra liberdade.

Do ponto de vista histórico, habitualmente, recorre-se à famosa distinção de Constant entre a liberdade dos antigos e a dos modernos, ou à diferenciação de I. BERLIN, *Dos conceptos de libertad*, in «Cuatro ensayos sobre la libertad», trad. de J. Bayón, Ed. Alianza, Madrid, 1988, págs. 191-192, entre liberdade positiva e negativa.

O Princípio da Autonomia Privada Posto em Causa? 291

Considera-se agir autónomo aquele que foi objecto de intenção, de compreensão e que não resultou de pressões exteriores.

Na prática, autonomia implica a promoção e a tutela de comportamentos autónomos dos doentes, informando-os de forma adequada, garantindo a compreensão correcta dessa informação e a livre decisão.

Conceber a autonomia como um valor implica reconhecer que deve ser promovida e respeitada. Todavia, estas exigências nem sempre são fáceis de concretizar ([491]).

75. A autonomia privada como um princípio característico do Direito Civil

I. Do ponto de vista jurídico ([492]), por autonomia privada entende-se o poder de autodeterminação dentro dos limites legais nas

---

([491]) ROQUE CABRAL, *Os princípios de autonomia, beneficência, não maleficência e justiça*, in «Bioética», Ob. cit., págs. 53-54.

([492]) Para maior desenvolvimento, cfr. entre outros, PINTO MONTEIRO, *Cláusulas limitativas e de exclusão da responsabilidade civil*, sep. do Vol. XXVIII do suplemento ao «Boletim da Faculdade de Direito da Universidade de Coimbra», Coimbra, 1985, págs. 44 e seguintes; PEDRO DE ALBUQUERQUE, *Autonomia da vontade e negócio jurídico em Direito da Família*, «Cadernos de Ciência e Técnica Fiscal», n.º 146, Centro de Estudos Fiscais, Ministério das Finanças, Lisboa, 1986, págs. 20 e seguintes; JORGE LEITE RIBEIRO DE FARIA; *Direito das Obrigações*, Vol. I, Almedina, Coimbra, 2001, págs. 99 e seguintes; ANTÓNIO MENEZES CORDEIRO, *Tratado de Direito Civil Português I, Tomo I, Parte Geral*, Almedina, Coimbra, 1999, págs. 169 e seguintes; MÁRIO JÚLIO DE ALMEIDA COSTA, *Direito das Obrigações*, Almedina, Coimbra, 2001, págs. 219 e seguintes; LUÍS A. CARVALHO FERNANDES, *Teoria Geral do Direito Civil, I*, Ob. cit., págs. 85 e seguintes; PEDRO PAIS DE VASCONCELOS, *Teoria Geral do Direito Civil*, Vol. I, Lex, Lisboa, 1999, págs. 17 e seguintes; JOSÉ DE OLIVEIRA ASCENSÃO, *Direito civil. Teoria Geral*, Vol. II, *Acções e Factos Jurídicos*, Coimbra Editora, Coimbra, 2003, págs. 77 e seguintes; LUÍS MANUEL MENEZES LEITÃO, *Direito das Obrigações, Vol. I, Introdução. Da Constituição das Obrigações*, Almedina, Coimbra, 2006, págs. 21 e seguintes.

A problemática da autonomia privada é também equacionada noutras áreas, como por exemplo, no Direito Administrativo. Para o tratamento deste princípio no âmbito do Direito Administrativo, cfr., entre outros, SÉRVULO CORREIA, *Legalidade e autonomia contratual nos contratos administrativos*, Almedina, Coimbra, 1987, págs. 26 e seguintes. Relativamente à questão de saber se faz sentido falar hoje em autonomia privada da Administração Pública e referindo-se à crise da autonomia privada no Direito Civil, cfr. MARIA JOÃO ESTORNINHO, *A fuga para o Direito Privado. Contributo para o estudo da actividade de direito privado da Administração Pública*, Colecção Teses, Almedina, Coimbra, 1999, págs. 368 e seguintes.

292 *Direito do Genoma Humano*

relações com as outras pessoas. A lei, em especial no campo do Direito Civil, define uma área em que a vontade do portador de determinado interesse pode ser *juiz* dos termos e condições em que esse interesse vai ser satisfeito.

II. Daí que, como ensina Luís Carvalho Fernandes, os efeitos jurídicos são, "enquanto fenómenos de direito, uma criação do Direito e produzem-se na justa medida em que ele o admite ou prevê." "Em particular no Direito Privado e no Civil, por especial razão, fica reservado um relevante papel à vontade individual na produção desses efeitos, como instrumento da realização de certos interesses. São, pois, os particulares admitidos a auto-regulamentar os seus interesses. Bem se compreende que esse poder tenha a sua expressão máxima no Direito Civil, por este ser o campo onde as pessoas realizam, nas suas relações recíprocas, em plenitude, a liberdade individual, como expressão natural da sua personalidade".

Conclui que a autonomia privada "é um princípio característico do Direito Civil", tal como ele é concebido em "sistemas jurídicos com as características do português, sem prejuízo de dele se encontrarem manifestações noutros ramos de Direito Privado". Consequentemente, pode também sustentar-se que a "maior ou menor relevância reconhecida à vontade individual na auto-ordenação da vida social privada" seja, simultaneamente, um dos "traços reveladores da fisionomia própria" de cada ordenamento jurídico ([493]).

III. A autonomia estará na maior ou menor relevância que é reconhecida à vontade individual na auto-ordenação da vida social privada.

No que concerne à relevância e ao reconhecimento da autonomia da vontade e estatuto regulador dos contratos individuais de trabalho de carácter plurilocalizado, cfr. MOURA RAMOS, *Da lei aplicável ao contrato de trabalho internacional,* Colecção Teses, Almedina, Coimbra, 1991, págs. 793 e seguintes.

Relativamente à autonomia privada na regulação do contrato internacional de empreendimento comum, cfr. LUÍS DE LIMA PINHEIRO, *Contrato de empreendimento comum (joint venture) em Direito Internacional Privado,* Colecção Teses, Almedina, Coimbra, 2003, págs. 639 e seguintes.

([493]) LUÍS A. CARVALHO FERNANDES, *Teoria Geral do Direito Civil, I,* Ob. cit., pág. 85.

O Princípio da Autonomia Privada Posto em Causa?   293

Ou, por outras palavras, a autonomia é o princípio segundo o qual, dentro dos limites fixados pela lei, a vontade expressa livremente tem a faculdade de criar, modificar e extinguir relações jurídicas [494]. Cada indivíduo tem o poder de estabelecer livremente dentro dos limites estipulados pela ordem jurídica as suas relações jurídicas [495].

IV. No dizer de Diogo Leite de Campos, a pessoa é simultaneamente um "espaço de exclusão" e um "pólo de colaboração social". A pessoa é um espaço de exclusão porque a não interferência prejudicial dos outros no que ela é constitui um pressuposto essencial da sua existência. O Autor define direitos de exclusão como direitos da personalidade por visarem a protecção da pessoa em si mesma, como ser não social; "Direitos do Direito Civil" por se ocuparem da pessoa como autónoma criadora de si própria [496].

V. O homem é pessoa porque é o único ser em que a vida se torna capaz de reflexão sobre si, de autodeterminação. Só ele tem a faculdade de captar e descobrir o sentido das coisas bem como de dar razão à sua linguagem e expressões.
A autonomia é, sem dúvida, um princípio fundamental do Direito. Contudo, assim como a lei que delimita a esfera de autonomia privada é pautada por ideais de justiça, a vontade do indivíduo, também, não pode alhear-se desses princípios. Não seria lógico que a lei permitisse a existência de um espaço autónomo privado onde a vontade da pessoa pudesse ser contrária a essas ideias de justiça [497][498].

---

[494] F. DE CASTRO Y BRAVO, El negocio jurídico, Madrid, 1971, pág. 11.

[495] RABINDRANATH V.A. CAPELO DE SOUSA, O Direito Geral de Personalidade, Ob. cit., págs. 519 e seguintes; F. AMARAL NETO, A autonomia privada como princípio fundamental da ordem jurídica. Perspectivas estrutural e funcional, in «Estudos em Homenagem ao Prof. Doutor Ferrer Correia», II, Coimbra Editora, Coimbra, 1989, págs. 6-41.

[496] DIOGO LEITE DE CAMPOS, Lições de Direitos da Personalidade, Ob. cit., pág. 43.

[497] HEINRICH EWALD HÖRSTER, A parte geral do Código Civil Português. Teoria Geral do Direito Civil, Almedina, Coimbra, 1992, pág. 52 e seguintes.

[498] STELA BARBAS, Boa Fé, sep. «Colectânea de Jurisprudência. Acórdãos do Supremo», Ano II, Tomo II, Coimbra, 1994, págs. 13-19.

O próprio conceito de Direito não seria possível sem o pressuposto de vontades livres: por isso, como refere Kant, o Direito é a globalidade (Inbegriff) das condições, sob as quais o livre arbítrio (Willkur) de um pode ser unido ao livre arbítrio do outro segundo uma lei universal da liberdade [499][500].

---

[499] IMMANUEL KANT, *Métaphysique des moeurs*, in «Oeuvres philosophiques», T. III, Ob. cit., pág. 33, sustenta que a autonomia não é incondicional, ela passa por um critério de universalidade. A autonomia é nada mais, nada menos que a constituição da vontade, pela qual ela é para si mesma uma lei, independentemente de como foram constituídos os objectos do querer. O princípio da autonomia consiste em escolher de forma a que as máximas da escolha, no próprio querer, sejam ao mesmo tempo incluídas como lei universal.

[500] Em Kant, por exemplo, a ideia de liberdade subjacente ao Cristianismo fica salvaguardada porque a exigência de universalização não permite conceber o princípio da autonomia em termos de um puro e simples determinismo arbitrário.

SECÇÃO II
Fabricação do ser humano *à la carte*

76. Genoma humano, o moderno oráculo
77. O novo *Adão* genomicamente programado

76. Genoma humano, o moderno oráculo

I. Ao longo da História, diversas civilizações e culturas tiveram a preocupação de recorrer às previsões de feiticeiros, bruxos e adivinhos para planificar as suas vidas. Prevenir as secas, as tempestades, as intempéries. Bons e maus anos de colheitas sucedem-se uns aos outros sem ordem nem razão. A prudência sempre aconselhou a fazer reservas com as colheitas dos melhores anos para fazer face aos maus [501].

II. Os progressos científicos permitem, agora, prever, com um certo grau de acerto, o risco futuro, podendo, assim, avaliá-lo melhor e, mesmo, tentar preveni-lo.

A medicina preditiva e os testes genéticos inscrevem-se, precisamente, nesta dinâmica de previsão com vista ao controlo. Predizer a doença com bastante antecedência para a tentar prevenir.

III. O homem tem necessidade de certezas mas, simultaneamente, por vezes, teme conhecê-las. Sabe que já é viável antever determinadas enfermidades, porém, frequentemente, prefere viver na dúvida, na incerteza, receando, no fundo, que a incerteza se transforme na

---

[501] STELA BARBAS, *Direito e Medicina Preditiva*, «Direito em Revista», n.º 4, Lisboa, Outubro-Dezembro de 2001, pág. 3.1..

temível certeza. E opta pelo seu direito a não saber, a não conhecer o seu estado de saúde.

IV. Outros, todavia, preferem saber, com a maior antecedência e acerto possível, o que o futuro, o destino lhes reserva: de que doenças poderão vir a padecer, quais as suas predisposições genéticas. A antecipação, a previsão do futuro já hoje. Recorrem à nova medicina preditiva, aos testes genéticos.

V. Ao lado da medicina curativa surgiu a preventiva que propõe designadamente a adopção de determinadas medidas sobre o estilo de vida e hábitos alimentares a seguir de forma a evitar a doença. Por seu turno, ambas foram completadas com a medicina preditiva, predizente ou de predição que preconiza a despistagem de riscos de enfermidades entre indivíduos actualmente sãos.

O destino já não está nas estrelas mas sim no genoma humano!...

VI. Com efeito, estão já identificados e isolados genes humanos que explicam não só a origem como, ainda, as características de diversas enfermidades hereditárias.

VII. Assim, graças aos testes genéticos ([502]) é possível predizer, com bastante antecedência, doenças de que indivíduos aparentemente sãos virão a sofrer somente muitos anos mais tarde, bem como "des-

---

([502]) Os testes genéticos foram já objecto de regulamentação. Assim, designadamente, o artigo 6.º da Declaração Universal sobre o Genoma Humano e os Direitos do Homem, de 11 de Novembro de 1997, consagra que ninguém pode ser discriminado pelas suas características genéticas.

O artigo 11.º da Convenção sobre os Direitos do Homem e a Biomedicina, de 4 de Abril de 1997, proíbe toda e qualquer forma de discriminação de uma pessoa em função do seu património genético. Por seu turno, o artigo 12.º estatui que os testes genéticos só devem ser realizados para fins de saúde ou de investigação relacionada com a saúde estando, sempre, condicionados a aconselhamento genético apropriado.

A já referida Recomendação n.º R 3 (1992), de 10 de Fevereiro de 1992, do Conselho da Europa, respeitante a provas genéticas e a detecção com fins de assistência sanitária, sugere algumas regras para uma correcta utilização dos testes, tais como a informação ao público acerca da qualidade dos serviços genéticos, aconselhamento, igualdade de acesso, natureza facultativa, sigilo médico, privacidade dos resultados, exclusão do direito de terceiros (nomeadamente das companhias de seguros) de aceder à informação.

O Princípio da Autonomia Privada Posto em Causa? 297

cobrir" no genoma predisposições para determinadas enfermidades cuja manifestação está dependente do ambiente, da alimentação, etc. É, também, já viável verificar se uma pessoa sã é portadora de um doença que poderá transmitir às gerações vindouras, apesar de nunca vir a padecer dela [503][504].

VIII. Os novos testes já diagnosticam, volto a frisar [505], a Coreia de Huntington, fibrose quística, Alzheimer, Tay Sachs, Lou Gehrig, hemofilia, talassemia, deficiência alfa-1-antitripsina, esclerose lateral amiotrófica, ataxia talangectasia, gaucher, cancro do ovário, da mama, e do cólon hereditário, mal de Charcot-Marie-Tooth, hiperplasia adrenal congénita, distrofia muscular de Duchenne, distonia, anemia de Falconi, factor V-Leiden, síndroma X-frágil, distrofia miotónica, neurofibromatose de tipo I, fenilcetonúria, doença poliquística renal, síndromas de Prader Willi e de Angelman, etc [506][507][508][509].

---

[503] Luís ARCHER, *Palavras de Abertura do IV Seminário Nacional, Poderes e Limites da Genética do Conselho Nacional de Ética para as Ciências da Vida,* in «Poderes e Limites da Genética», Actas do IV Seminário do Conselho Nacional de Ética para as Ciências da Vida, Ob. cit., pág. 7.

[504] Usando palavras de Luís ARCHER, *Predizer o futuro, já hoje,* «Brotéria», Ob. cit., pág. 351, "hibridando" certas ondas com o DNA individual é possível detectar, actualmente, a existência de genes numa fase em que ainda estão "silenciosos", quando ainda faltam 30 ou mais anos para que se manifestem causando doenças.

[505] Cfr. Parte I, Título I, Capítulo II, Secção II.

[506] Relativamente a algumas destas doenças o teste revela ainda, apenas, uma susceptibilidade de vir a sofrer da enfermidade, como é o caso de alguns tipos de cancro referidos e da doença de Alzheimer.

[507] HANS JAKOB MÜLLER, *The role of genetic disposition in human health and disease – bioethical aspects of DNA testing,* in «The future of DNA», Ob. cit., pág. 106.

[508] O custo dos exames genéticos tem vindo a diminuir substancialmente. A título de exemplo, o teste da fibrose quística, em 1993, custava 400 dólares, em 1995, o seu preço baixou para cerca de 130 dólares, e, em 1997, a Michigan State University Genetics Clinics fazia o mesmo exame por apenas 52 dólares. Se prosseguir este ritmo, provavelmente dentro de pouco tempo custarão 5 dólares. Cfr. CHRISTOPHER M. KEEFER, *Bridging the gap between life insurer and consumer in the genetic testing era: the rf proposal,* «Indiana Law Journal», 74, 1375, Fall, 1999, nota 7, pág. 15.

[509] O recurso aos testes genéticos é, já, uma constante das modernas sociedades. Por exemplo, nos Estados Unidos da América, o Pentágono constituiu um banco destinado a conservar a identidade de cada um dos seus soldados, para que não haja mais *soldat inconnu.* Na Grã-Bretanha, os testes estão ao serviço da política de imigração ao permitirem determinar a filiação dos candidatos imigrantes que afirmam que a sua família já está

IX. Todavia, a medicina predizente, quando orientada para certas finalidades, ao permitir diagnosticar, de modo precoce, características hereditárias das pessoas antes que se cheguem a revelar, abre a hipótese de originar resultados bastante pejorativos.

X. Em muitos casos existe ainda uma grande disparidade entre as faculdades diagnósticas e as terapêuticas o que suscita a problemática da legitimidade *versus* ilegitimidade do exame nas doenças ainda incuráveis.

E haverá vantagens na predição de doenças para as quais ainda não existe cura [510]? Por vezes, nestas situações, a previsão transforma-se em maldição!...

XI. Continua, assim, presente o mito de Tirésias, o sábio e profeta de inúmeras peças gregas. Sem querer, Tirésias viu a deusa Atenas a tomar banho nua. Para o castigar, Atenas cegou-o. Porém, mais tarde arrependeu-se, mas como não era capaz de lhe restituir a visão, concedeu-lhe o poder divinatório. Todavia, prever o futuro sem a capacidade para o alterar é um terrível destino, como lamentou Tirésias. O genoma, tal como na maldição de Tirésias, fornece também, nalguns casos, informações temíveis sobre nós próprios e relativamente às quais ainda nada podemos fazer.

Qual a reacção do indivíduo a quem foi diagnosticada uma enfermidade incurável [511]? Que repercussões terá na sua vida pessoal, afectiva, académica e profissional?

XII. A medicina preditiva pode configurar um instrumento de ilegítima discriminação social, nomeadamente nas relações familiares

---

implantada em território britânico. Em França, os testes de DNA revestiram uma importância capital, designadamente, na identificação das vítimas do Airbus A 320 que se despenhou no monte Saint-Odile (Alsácia) em 20 de Janeiro de 1992. Na Argentina, terminada a ditadura militar, a análise do DNA mitocondrial permitiu entregar dezenas de crianças órfãs aos avós, tios, etc.

[510] É o caso da Coreia de Huntington.

[511] Não podemos olvidar que a informação genética é também informação sobre outrem. Assim sendo, como reagirão, por exemplo, os filhos ou os irmãos ao tomarem conhecimento que o seu parente padece de determinada doença incurável que, provavelmente, também os afectará.

(regulação do exercício do poder paternal, adopção), no ensino, nas transacções comerciais, nos contratos de seguros, nas questões laborais, etc. A título de exemplo, as companhias de seguros e as entidades patronais poderão ter acesso a diagnósticos relativos aos seus potenciais segurados ([512]) ou trabalhadores ([513]) e *agrupá-los* em classes biológicas em função dessa análise? Passará a pessoa a ser avaliada mais pelos genes que tem do que propriamente por aquilo que é e que faz? Seres humanos *etiquetados* pelo genoma?

Cada vez mais o ser humano é *catalogado*, *definido* pelo genótipo, pelo que está inscrito no genoma, e não mais pelo fenótipo, pela sua actual condição e estado.

XIII. A complexidade da interpretação dos resultados bem como os eventuais erros técnicos são, também, alguns inconvenientes que podem ser referidos. Com efeito, existem riscos inerentes a erros de laboratório, resultantes, designadamente, de uma má identificação de amostras ou de uma possível contaminação dos químicos usados ou outros factores.

XIV. A sujeição a um exame genético pode, ainda, pôr em causa o direito à privacidade do testado. A informação genómica constitui o núcleo, o cerne mais profundo da nossa intimidade biológica.

Toda a pessoa deve ter o direito de conhecer os elementos de investigação médica que lhe digam respeito ([514]) e em paralelo o direito de preservar o conhecimento desses dados exclusivamente para si numa concepção mais ampla de privacidade ([515]).

XV. Há pessoas que preferem não saber para não viverem atemorizadas com algo que até nem é certo acontecer. É necessário reconhecer a existência do já chamado direito a não saber ([516]).

([512]) Cfr. Parte II, Título III, Capítulo IV.

([513]) Cfr. Parte II, Título III, Capítulo III.

([514]) Cfr. Parte II, Título II, Capítulo IV, Secção I.

([515]) Cfr. Parte II, Título II, Capítulo V.

([516]) Cfr. Parte II, Título II, Capítulo IV, Secção II.

300   *Direito do Genoma Humano*

XVI. O recurso excessivo aos testes genéticos pode dar origem a uma espécie de sociedade hipocondríaca [517].

Caminhamos a largos passos para uma sociedade em que todo o ser humano é um doente a curto, médio ou longo prazo. Ou, se preferível, para uma época onde a pessoa é julgada não pelo que ela é hoje mas pelo seu *status* de doente em potencial (e quem não o é?!...). O indivíduo é tratado como deficiente mesmo antes de o ser e sem ter a certeza de que nele se tornará [518].

XVII. Mas, o objectivo dos testes genéticos é conseguir tratar algumas doenças através da adição de genes sãos que o enfermo não tinha ou, nalguns casos, por meio de uma simples modificação de hábitos alimentares, estilo de vida, etc [519].

XVIII. E, felizmente, algumas das doenças detectadas na análise do genoma humano já podem ser curadas. Nestas situações, a profecia precede a cura; ou, por outras palavras, a medicina preditiva antecede a curativa [520].

XIX. Deste modo, os avanços no domínio dos testes genéticos colocaram no horizonte a denominada medicina preditiva que possibilita conhecer as doenças que nos irão acompanhar durante a vida e, assim, tentar, oportunamente, o seu combate, com o auxílio, designadamente da terapia génica.

---

[517] Neste sentido, o Danish Council of Ethics, *Ethics and Mapping of the Human Genome*, Copenhagen, 1993, pág. 60.

[518] Como sublinha FRANÇOIS JACOB, *La souris, la mouche et l'homme*, Éditions Odile Jacob, Paris, 1997, pág. 161: *"Des gens vont devenir des malades avant l'heure. Leur état, leur avenir seront discutés en termes médicaux alors même qu'ils se sentiront en bonne forme et resteront pendant des années en bonne forme."*

[519] A hemocromatose, por exemplo, é uma das enfermidades hereditárias mais comuns e que origina elevados níveis de ferro no sangue, levando à paragem dos órgãos e morte precoce. Antigamente só era possível fazer o diagnóstico através de uma biopsia do fígado. Actualmente, com apenas uma gota de sangue já se pode proceder ao teste genético. Se o resultado for positivo, é suficiente uma dieta adequada para o seu tratamento.

[520] JORGE SEQUEIROS, *Do Presente e do Futuro da Predição de Doenças Genéticas de Manifestação Tardia*, in «Poderes e Limites da Genética», Actas do IV Seminário do Conselho Nacional de Ética para as Ciências da Vida, Ob. cit., pág. 100; Cfr., também, HANS JAKOB MÜLLER, *The role of genetic disposition in human health and disease – bioethical aspects of DNA testing*, in «The future of DNA», Ob. cit., pág. 104.

77. O novo *Adão* genomicamente programado

I. Uma vez diagnosticada a enfermidade, o passo seguinte consiste, logicamente, na tentativa de a debelar.

O conhecimento do genoma permite já, nalguns casos, a sua cura através da terapia génica [521]. A solução reside na introdução de um gene funcional que supra as deficiências do gene alterado [522].

II. Por outras palavras, compensaremos, permitam-me a expressão, as nossas peças *estragadas*, *gastas* ou com *defeito de fabrico* [523]. Estamos a um passo de conseguir transformar o velho sonho da eterna juventude em realidade científica, ou, se preferível, assistiremos a breve trecho, à versão genómica do mito da eterna juventude.

Mais dia, menos dia já não acordaremos sobressaltados com o pesadelo do nosso envelhecimento ou dos nossos familiares queridos mas, quiçá, viveremos o sonho de se ter finalmente atingido a eterna juventude.

III. Todavia, a técnica da terapia génica envolve, por enquanto, muitos perigos. Nesta área o princípio da autonomia privada reveste particular acuidade. De facto, o consentimento informado [524] deve ser aqui rodeado de especiais cuidados mais do que nos outros casos, em virtude das dúvidas e incertezas que ainda imperam em sede de terapia génica. Os riscos e as presumíveis vantagens devem ser claramente transmitidos aos doentes e o consentimento deve ser comprovadamente livre e prestado por escrito.

IV. Desde que observado o princípio do consentimento informado, penso que, à luz da doutrina do respeito pela autonomia privada,

---

[521] Relativamente à distinção entre a terapia génica somática e a terapia génica germinativa ou germinal, cfr. Parte I, Título I, Capítulo II, Secção III.

[522] Estou a reportar-me, logicamente, aos casos em que não é suficiente uma alteração dos hábitos alimentares, estilo de vida, etc.

[523] Para quem aceita a tese da reincarnação da alma, é possível, agora, argumentar que graças à terapia genética a alma já não precisará de procurar sucessivos novos corpos para reincarnar, basta manter-se fiel sempre ao mesmo corpo, este, sim, em permanente reciclagem.

[524] Cfr. Parte II, Título II, Capítulo III.

302 Direito do Genoma Humano

a terapia génica é não só legítima, como constitui uma bênção, consagrando o Direito do genoma humano a tratamento genético positivo. Aliás, quando a terapia for possível, sem riscos, a sua utilização configurará não só um direito mas também um dever.

V. A questão é completamente diferente quando está em causa a denominada engenharia genética de melhoramento ([525]).

VI. A engenharia genética de melhoramento tem como finalidade a *produção*, a *fabricação* de um homem *à la carte*; reporta-se a situações que não têm, propriamente, a ver com a cura de doenças mas, somente, com alterações de debilidades somáticas e psicossomáticas ou, mesmo, com acentuação, com aumento de características consideradas desejáveis. Pretende a introdução ou a modificação de um ou mais genes com o objectivo de aperfeiçoar determinada característica física, traço morfológico ou psico-afectivo ([526])([527]).

VII. É cada vez mais corrente falar, também, em engenharia genética para fins eugénicos.

O Conselho Nacional de Ética para as Ciências da Vida, no *Relatório/Parecer 43/CNECV/2004 sobre o Projecto de Lei n.º 28/IX, Informação Genética Pessoal e Informação de Saúde*, de que foi relator Rui Nunes, alerta para o facto de que o Estado, através dos seus instrumentos de intervenção, poderá ser tentado a aperfeiçoar

---

([525]) Como referi em sede própria, é possível em sede de engenharia genética de melhoramento proceder à distinção entre somática e germinativa. As objecções por mim equacionadas concernem apenas à germinativa. Cfr. Parte I, Título I, Capítulo II, Secção III, n.º 22, n.º 23, n.º 24.

([526]) No dizer de Luís Archer, *Palavras de Abertura do IV Seminário Nacional, Poderes e Limites da Genética do Conselho Nacional de Ética para as Ciências da Vida*, in «Poderes e Limites da Genética», Actas do IV Seminário do Conselho Nacional de Ética para as Ciências da Vida, Ob. cit., pág. 11, teme-se que chegue o dia em que, com as mesmas técnicas da terapia génica, o homem queira "planear a altura, a cor dos olhos, a memória dos filhos; plasmar, se possível, a sua afectividade, sensibilidade artística, musicalidade, religiosidade. Tudo, manipulando a intimidade do genoma".

([527]) CONSELHO NACIONAL DE ÉTICA PARA AS CIÊNCIAS DA VIDA, *Relatório/Parecer 43/CNECV/2004 sobre o Projecto de Lei n.º 28/IX. Informação Genética Pessoal e Informação de Saúde* (disponível em http://www.cnecv.gov.pt/).

O Princípio da Autonomia Privada Posto em Causa?   303

não somente aquela pessoa concreta mas, transversalmente, toda a matriz social. Tratar-se-ia, então de eugenismo positivo, ou seja da adopção de medidas que teriam como objectivo favorecer a permanência de genes considerados como socialmente valorizados [528].

Rui Nunes [529] refere que, num ponto de vista meramente eugénico, a vontade de aliviar o sofrimento humano ficaria deixada para segundo plano. A orientação social dos cuidados de saúde estaria perspectivada para melhorar a constituição genética da espécie humana.

VIII. Há que proibir a busca do ser humano perfeito, ideal, para que a pessoa não seja coisificada, objectivada, para atender aos padrões da moda de determinada época da história da Humanidade, prejudicando, assim, o desenvolvimento das gerações futuras, de modo espontâneo.

E questiono-me, teríamos futuras gerações manipuladas, criadas por produção industrial com as características específicas desejadas, *pedidas, encomendadas* por alguém?!...

O ser humano transformado em projecto de outrem?!...

Estaria, assim, em causa o princípio da não instrumentalização da pessoa.

O projecto racional de correcção integral e melhoramento total do genoma de outrem implicaria a admissibilidade de uma diferença ontológica entre os homens e os seus papéis sociais, entre *fabricante* e *fabricado*, entre os que detêm os processos de melhoramento da

---

[528] CONSELHO NACIONAL DE ÉTICA PARA AS CIÊNCIAS DA VIDA, *Relatório/Parecer 43/CNECV/2004 sobre o Projecto de Lei n.º 28/IX. Informação Genética Pessoal e Informação de Saúde* (disponível em http://www.cnecv.gov.pt/). Este *Relatório/ Parecer* procede, ainda, à distinção entre selecção eugénica; selecção disgénica; selecção de sexo e selecção neutral, nos seguintes termos: a primeira reporta-se à escolha de genes e características considerados "positivos" pela maior parte da sociedade; a selecção disgénica tem como objectivo a selecção de genes e características encaradas como "negativas" pela maioria da sociedade; a terceira visa, como o próprio nome indica, a escolha do sexo dos filhos; e, por fim, a selecção neutral tem lugar quando a selecção de genes e características é realizada por razões de outra natureza que não a sua aceitação social, como é a hipótese de motivos de saúde.

[529] RUI NUNES, *Dimensões éticas da terapia génica*, in «Poderes e Limites da Genética», Actas do IV Seminário do Conselho Nacional de Ética para as Ciências da Vida, Ob. cit., pág. 141.

espécie e os que constituem a própria matéria-prima desse mesmo projecto, ou seja, cada portador do genoma.

Tudo isto poderia conduzir à *fabricação* intencional de duas espécies de seres humanos.

Com efeito, as modificações genéticas que viessem provocar distinções raciais, étnicas ou de classe e, por maioria de razão, qualquer ideia de criar uma nova raça ofenderia os princípios da dignidade, da igualdade e da liberdade de todas as pessoas na nossa sociedade.

IX. Haverá o direito de violar o direito das gerações futuras [530] de herdar o património genético não modificado intencionalmente? Penso que não.

E não será de questionar: os filhos não se sentirão concebidos e gerados mas produzidos, fabricados, frutos de uma encomenda à Ciência? No seu íntimo, frustrados porque no fundo a esfera da sua liberdade foi invadida? Será correcto a criança poder sentir que não é amada por si mas pelas suas características que previamente foram ou não seleccionadas pelos pais e proporcionadas pelos genes?

E quem garante que os filhos venham a gostar das características que os pais escolheram ou não para eles?

O direito de sermos nós próprios posto em causa pelo que os outros querem que sejamos, escolhendo, previamente, o nosso genoma? Não é de admitir que a vontade do novo ser humano seja, em grande parte, produto da vontade arbitrária de outro ser humano [531]. Cada indivíduo tem semelhanças com os outros indivíduos, mas é unicamente idêntico a si mesmo.

---

[530] Há responsabilidades não só para com as gerações futuras mas, também, para com a actual, que se vai transformando lentamente nas gerações vindouras pelo nascimento e morte de muitos seres humanos. Não é possível uma separação total, completa, entre uma geração e as seguintes.

[531] Como refere José Souto de Moura, *O diagnóstico pré-natal*, «Revista Portuguesa de Ciência Criminal», Ano 4 , 1994, págs. 325-326, se temos o direito de sermos nós próprios não podemos ser o que as outras pessoas querem que sejamos, condicionando-nos "biológica e inelutavelmente". O homem tem direito a manter-se na sua individualidade enquanto pessoa bem como a uma singularidade própria. E acrescenta: "É inegável hoje, que o que cada um é depois de nascer, está substancialmente determinado geneticamente. Não escapamos ao determinismo biológico".

O Princípio da Autonomia Privada Posto em Causa? 305

Além de que a terapia eugénica pode levar à radicalização das desigualdades sócio-económicas já existentes.

X. Em aberto o temível perigo do eugenismo político e social? A análise histórica tem demonstrado que o Estado em prol do denominado melhoramento da nossa espécie empreende, por vezes, medidas completamente atentatórias da dignidade humana ([532]).

XI. O Programa do genoma humano está imbuído de uma carga eminentemente utópica. Atrever-me-ia, mesmo, a dizer que se situa na linha das utopias clássicas. As obras literárias utópicas atingiram o seu apogeu entre o século XVI e a primeira metade do século XVII. Thomas Morus utilizou a palavra na sua obra *Utopia* (1516), onde conta a vida dos habitantes da denominada ilha da utopia, isto é, o "não lugar", "lugar nenhum", mas que "poderá estar em qualquer lugar". Depois de Thomas Morus muitas outras utopias surgiram, como *A Nova Atlântida* (1620) de Francis Bacon; *A Cidade do Sol* (1632) de Tommaso Campanella; *Admirável Mundo Novo* (1932) de Aldous Huxley, entre outros exemplos possíveis.

O Programa do genoma humano é, também, visto, por muitos, como uma proposta utópica que permitirá a *construção* de um indivíduo perfeito, genomicamente falando. É o ser humano predeterminado desde a cor dos cabelos, dos olhos, da pele até à altura, peso e dotes intelectuais. Esta pessoa perfeita é um outro *Adão*, que representa todos os homens e as suas pretensões de perfeição. O Adão da Bíblia é o homem criado por Deus, colocado no Paraíso, porém ingénuo, *naif*. Ao passo que este *Adão* é científico, é genomicamente programado, sem genes *deficientes*.

As novas utopias concentram-se no genoma humano onde não são admitidas debilidades.

Nesta orientação, voltam a surgir os perigos inerentes à tentação de purificação da nossa espécie.

([532]) Luís Archer, *Terapia génica humana,* in «Ética y Biotecnología», Ob. cit., pág. 139, dá o exemplo das esterilizações compulsivas e das câmaras de gás.

SECÇÃO III
(Re) edição do eugenismo?

78. Introdução
79. Noção de eugenismo
80. Eugenismo: génese e evolução
81. Novas perspectivas jurídicas equacionadas pelo actual eugenismo

78. Introdução

I. Com efeito, os testes genéticos, a terapia génica e a engenharia genética de melhoramento podem configurar um instrumento utilizado pelos próprios progenitores ou pela sociedade para produzir seres humanos *à la carte* ([533]).

Considero que estes testes, *de per si*, não podem ser considerados eugénicos.

No entanto, é possível questionar em que medida o poderão ser nas suas consequências, nomeadamente em decorrentes abortos ou suicídios. Por outras palavras, estamos em pleno eugenismo se, por exemplo, na sequência de um diagnóstico pré-natal, se descobrir que aquele ser humano tem uma doença de manifestação tardia (como é o caso da Coreia de Huntington) e se proceder a um aborto, sabendo que essa pessoa podia ter uma vida sã de 30 ou 60 anos. Ou se eliminarmos um feto (sexo feminino), completamente são, mas cujo teste revelou ser portador do gene da hemofilia com repercussões nas gerações futuras.

([533]) Para contrariar a tendência para o eugenismo, várias instâncias a nível nacional e internacional determinam, designadamente, que os testes genéticos só devem ser praticados por motivos médicos com o objectivo de prevenção, diagnóstico ou terapia.

Igual argumentação pode ser carreada em sede de engenharia génica de melhoramento; ela não pode ser considerada, *tout court*, uma forma de eugenia. Contudo, assistiremos a uma (re) edição do eugenismo no momento em que admitirmos a introdução ou alteração de um ou mais genes com o intuito de aperfeiçoamento de características físicas ou psicológicas com repercussões nas gerações futuras. Isto é, se, ou quando, a engenharia germinal de melhoramento for realizada.

II. O novo objecto do conhecimento, do saber é o genoma e o genoma veio *reviver, alimentar* o eugenismo [534][535][536].

São muitos os que perfilham a tese de que a personalidade humana é, em grande parte, produto dos genes. Apesar de não serem pacíficas as evidências em favor desta concepção, os seus mentores não hesitam em "transpô-la" para a sociedade [537].

Chegámos a um ponto em que redefinir o embrião "normal", no plano cromossómico, implica definir os limites aceitáveis do eugenismo.

---

[534] A cartografia do genoma não torna inevitável o eugenismo. Como questiona LUCIEN SÈVE, *Para uma Crítica da Razão Bioética,* Ob. cit., pág. 279, procurar-se-á esta evidência para melhor se arrogar o direito de reter na fonte um conhecimento fundamental acusado de todos os males? Nesse caso, não estaríamos longe do programa obscurantista.

[535] Há quem entenda que, infelizmente, a progressão das técnicas de cartografia dos genes pode não legitimar mas potenciar as tentações eugenistas. Cfr., entre outros, MANUEL MANET BAPTISTA, *Ética: A Tentação da Eugenia,* «O Biólogo», n.ºs 18/19, Associação Portuguesa de Biólogos, Lisboa, Janeiro-Julho de 1992, pág. 18.

[536] O Prémio Nobel Watson propôs que, pelo menos, uma parte dos fundos atribuídos para o financiamento do Projecto do genoma humano fosse para o estudo e prevenção do perigo do eugenismo. Considerou que a capacidade de detectar qualquer tipo de anomalia, por mínima que seja, assim como a possibilidade de manipular os genes para conseguir seres humanos à medida dos desejos e caprichos individuais, irá estimular, de forma alarmante e assustadora, comportamentos eugénicos.

[537] MANUEL MANET BAPTISTA, *Ética: A Tentação da Eugenia,* Ob. cit. , pág. 18, alerta para o perigo de se se instalar uma nova forma de racismo científico, mesmo nos estados democráticos, não devendo ser encarado como mera fantasia orweliana. Basta pensar que a automatação completa do processo de sequenciação de genes está já nas perspectivas tecnológicas a curto prazo, com a possibilidade de massificação que daí necessariamente resulta.

O Princípio da Autonomia Privada Posto em Causa? 309

Assistimos ao desenvolvimento de uma mentalidade que idolatra a pureza genética, *cresce* a "mística do DNA" que venera o "gene como um ícone cultural" ([538]).

Aproximamo-nos, no fundo, de uma (re) edição do eugenismo.

79. Noção de eugenismo

I. Como se sabe, o eugenismo ([539]) foi definido, em finais do século XIX, por Francis Galton, como sendo o estudo dos factores socialmente controláveis que podem fazer aumentar ou diminuir as qualidades raciais físicas e mentais das gerações futuras.

II. Francis Galton não perfilhou as teorias de Carlos Darwin. Em vez da selecção natural, Galton preconizou uma selecção artificial, que possibilitasse o predomínio das espécies mais dotadas sobre as menos dotadas. Para se poder alcançar este objectivo, era premente a criação de uma área, mais concretamente uma ciência ([540])([541]) que,

---

([538]) D. NELKIN/M. S. LINDEC, *The DNA mystique: the gene as a cultural icon*, New York, 1995, citado por LUÍS ARCHER, *O Projecto do genoma humano na perspectiva católica*, «Brotéria», Ob. cit., págs. 53 e seguintes.

([539]) Num sentido geral, os termos eugenismo e eugenia são usados como sinónimos. Ambos derivam do grego *eugenes* (eu que quer dizer bem e genes que equivale a raça, espécie, linhagem) que nas principais línguas ocidentais significa boa linhagem.

Todavia, os dois termos são, por vezes, utilizados distintamente. A eugenia é o estudo dos factores susceptíveis de melhorar a espécie humana, a ciência que estuda as condições mais favoráveis à reprodução e melhoramento da espécie humana. O eugenismo é a doutrina sócio-política que tem como objectivo empreender essa melhoria. De forma radical, caso seja necessário, pretende a substituição dos genes "maus" pelos genes "bons" e a criação de uma nova espécie de Humanidade, despojada, purificada de tudo o que é considerado mau.

([540]) Pearson (1857-1936), aluno de Galton, deu um estatuto académico a esta nova ciência que se converteu no início do século XX, numa espécie de humanismo ou, segundo alguns, numa quase religião.

Galton e Pearson criaram laboratórios, departamentos de estatística e revistas eugénicas como a «Biometrika» (1901) e a «Eugenic Review» (1909).

([541]) A. I. MELDEN, *Human rights*, Wands worth Publ. Co., Belmont, 1970, pág. 30; B. STEINBOCK, *Life before birth*, Oxford University Press, New York, 1992, pág. 40; AMÂNDIO TAVARES, *Eugenia e Sociedade*, in «Bioética», Ob. cit., págs. 246-254; D. J. WEATHERWALL, *The new genetics and clinical practice*, Oxford Univ. Press, Oxford, 1991, pág. 15; RENÉ FRYDMAN, *La médecine et l'embryon*, Éditions Odile Jacob, Paris, 1997, pág. 18.

310 *Direito do Genoma Humano*

em 1883, se designou de eugenia ou eugenismo e que estudava os factores hereditários que favorecessem a *fabricação* de raças superiores.

III. O eugenismo tem por fim melhorar a espécie humana, quer pelo apuramento de determinadas características genéticas, como a inteligência, quer pela eliminação de doenças ou taras hereditárias [542]. Parece-me útil sublinhar que a denominação tara já denota uma conotação negativa própria do esquema eugénico. Porém, actualmente, sabe-se que muitas enfermidades podem revestir aspectos favoráveis em certas circunstâncias [543].

O eugenismo avalia o custo social da vida daquele concreto indivíduo e se merece a pena ser vivida.

IV. A eugenia positiva abarca todas as medidas que têm como objectivo promover o *acasalamento* e a reprodução de seres humanos com características genéticas consideradas desejáveis assim como o desenvolvimento de bebés cujo exame psíquico e físico revele qualidades especiais. Por exemplo, bolsas de estudo, garantias de melhores trabalhos, subsídios especiais de casamento e alojamento, etc.

V. Pelo contrário, a eugenia negativa postula a proibição de procriação de certas pessoas, a esterilização de seres humanos portadores de genes *deficientes*, a obrigação de abortar quando o nascituro padecer de malformação, e, mesmo, em determinadas civilizações, o infanticídio.

VI. A *obsessão* de perfeição subjacente ao eugenismo consubstancia, no fundo, uma forma de recusa patológica de aceitação dos limites e da finitude do ser humano.

---

[542] A Convenção da ONU, de 9 de Dezembro de 1948, sobre a prevenção e a repressão do crime de genocídio pode servir de fundamento à condenação do eugenismo. Define-o como acto que visa destruir no todo ou em parte um grupo nacional, étnico, racial ou religioso. São condenados, designadamente, os comportamentos que tenham como objectivo limitar os nascimentos no seio de um determinado grupo (artigo 2.º).

[543] O papel dos genes deletérios que provocam doenças mas simultaneamente proporcionam efeitos benéficos aos seus portadores e à espécie já foi abordado em secção própria. Cfr. Parte I, Título I, Capítulo II, Secção III.

80. Eugenismo: génese e evolução

I. É já vetusta a pretensão da criação de uma raça perfeita.

II. O casamento electivo tem sido prática corrente ao longo dos tempos em diversas sociedades [544][545]. A título de exemplo, já o Faraó e o Inca só podiam casar com irmãs ou primas.

---

[544] No que concerne ao casamento, o eugenismo inspirou as legislações que pretendiam subordinar a sua celebração ao estado de saúde dos futuros cônjuges para evitar contágios entre eles ou riscos de transmissão para os descendentes. Os Estados Unidos da América foram os primeiros a elaborar normas nesse sentido. O Estado de New Jersey, em 1904, proibiu o matrimónio aos doentes mentais que tivessem estado internados num manicómio. Por sua vez, o Estado de Ohio, também em 1904, vedou o casamento às pessoas afectadas por doenças contagiosas e aos alcoólicos. A partir de 1905, e começando por Indiana e Minnesota, a proibição estendeu-se a grande parte dos estados.

No governo nacional socialista, a Lei alemã de 16 de Outubro de 1935 exigia que cada cônjuge apresentasse um atestado médico comprovativo de que não padecia de doença mental ou contagiosa hereditária. Na mesma altura, a Suécia e a Dinamarca adoptaram legislação semelhante embora circunscrita a enfermidades contagiosas.

Ainda recentemente algumas legislações condicionavam o casamento à obrigatoriedade de realização de exames médicos. Por exemplo, a Lei turca de 1921 (artigos 122.º e 124.º do Código Civil) exigia um exame médico completo aos noivos para averiguar se tinham certas enfermidades (tuberculose, sífilis ou epilepsia). E, em caso afirmativo, determinava a sua total proibição (exceptuando a tuberculose em que se diferia, apenas, o momento da celebração). Também, no Panamá, a Lei de 3 de Dezembro de 1928 (artigo 98.º) disciplinava que os noivos tinham o dever de apresentar um atestado médico comprovativo de que não padeciam de enfermidades contagiosas graves. A Lei Chinesa de 1980 sobre o casamento (artigo 6.º, n.º 2) obrigava os noivos a realizar exames médicos para verificar se não tinham lepra ou alguma doença que impossibilitasse o matrimónio.

[545] A título de exemplo, chamo à colação o caso da aldeia de Tenganan, na ilha de Bali, analisada por G. BREGUET. Em virtude da sua opção religiosa, a população encontravase, desde o século XIV, completamente isolada, geneticamente, das aldeias circundantes. O deus Indra, fundador mítico da comunidade, exigia um corpo perfeito aos que servem nas cerimónias, sendo proibido aos "portadores de taras" (cegueira, lábio leporino, lepra, surdez, etc) participar na procriação. Cfr. G. BREGUET, *Le Village de Tenganan*, Bali, Universidade de Genebra, citado por ALBERT JACQUARD, *O Elogio da Diferença. A Genética e os Homens*, Publicações Europa-América, Mem-Martins, D.L. 1989, pág. 178; DIEGO GRACIA, *Historia de la Eugenesia*, in «Consejo Genético: Aspectos biomédicos e implicaciones éticas», Universidad Pontificia Comillas de Madrid, Madrid, 1995, págs. 13-15; HELENA PEREIRA DE MELO, *Aspectos éticos e jurídicos do diagnóstico pré-natal de doenças de manifestação tardia*, in «Poderes e Limites da Genética», Actas do IV Seminário do Conselho Nacional de Ética para as Ciências da Vida, Ob. cit., pág. 170.

312 *Direito do Genoma Humano*

III. Na antiga China proibiam-se os matrimónios de pessoas que padecessem de "enfermidades crónicas", a Lei Hebraica condenava o casamento entre epilépticos, tuberculosos e leprosos. A Inquisição perseguiu os judeus considerados geneticamente inferiores aos cristãos, proibindo, designadamente, os casamentos *mistos* ([546]).

IV. Os exemplos apresentados são apenas uma pequena amostra dos inúmeros existentes ao longo da história da Humanidade.

V. Francis Galton, na sua obra ([547]), pretendeu demonstrar que as capacidades naturais do homem são adquiridas por herança. Defendeu que, assim como é possível *fabricar* cavalos com uma raça apurada através do cruzamento entre cavalos "especiais", também, seria perfeitamente viável produzir uma raça de homens "especiais", através do casamento entre indivíduos que tivessem determinado *pedigree*. Para o efeito, elaborou uma lista com nomes de algumas famílias britânicas que detinham o material genético considerado desejável para procriar.

VI. A par do casamento entre os "eleitos", era também preconizada a eliminação dos recém-nascidos que não reuniam os requisitos pretendidos ([548]).

VII. Em Esparta, os progenitores não tinham o direito de decidir se criavam ou não o próprio filho. Como refere Plutarco, logo após o nascimento o bebé era apresentado aos "funcionários de Estado" que iam avaliar se a sua robustez física justificava o custo da sua educação. Caso fosse perfeito, os pais recebiam ordens para o criar, sendo-lhe oferecido um lote de terra. Porém, se fosse malformado, era lançado no desfiladeiro do monte Taigeto. Ainda em Esparta, os

---

([546]) Entre outros exemplos possíveis, de trazer à colação refiro, também, a emissão dos denominados "decretos de pureza".

([547]) FRANCIS GALTON, *A Nova Atlântida*, Minerva, Lisboa, 1976, págs. 10-18.

([548]) Malthus defendia, por um lado, a proibição de procriação pelos chamados "socialmente inadequados" (ladrões, prostitutas, etc) e, por outro lado, a reprodução de seres humanos com as características genéticas consideradas adequadas através do matrimónio entre os *escolhidos*.

O *Princípio da Autonomia Privada Posto em Causa?*

homens deviam procriar apenas com mulheres férteis capazes de terem filhos saudáveis ([549]).

De igual modo em Roma as crianças que não reunissem os requisitos desejáveis eram atirados ao Rio Tibre.

A ideia subjacente era a de que a sociedade não devia ser sobrecarregada com pessoas inúteis ([550]).

VIII. Luís Archer ([551]) refere que o eugenismo atravessou, ao longo da História, três grandes fases, a saber: o eugenismo arcaico – desde Platão ([552])([553]) a Francis Galton com insistência na selecção dos progenitores –; o eugenismo clássico – desde Francis Galton até ao final da II Guerra Mundial ([554])([555])([556])([557])([558])([559]), com esterili-

---

([549]) É conhecido o caso de um rei de Esparta condenado pelos éforos por ter escolhido uma esposa que teve vários abortos, impossibilitando, assim, o nascimento de um herdeiro.

([550]) Cfr. FRANCISCO JAVIER ELIZARI, *Questões de Bioética. Vida em Qualidade*, Ed. Perpétuo Socorro, Porto, 1996, pág. 139.

([551]) LUÍS ARCHER, *Genética predizente* e eugenismo, in «Bem da Pessoa e Bem Comum. Um Desafio à Bioética», Centro de Estudos de Bioética, Gráfica de Coimbra, Coimbra, 1998, págs. 95-103.

([552]) Platão recomendou o abandono de filhos de uniões de indivíduos que tenham ultrapassado uma determinada idade "porque o Estado não se encarregará de os alimentar." Considerava que a idade fértil das mulheres era entre os vinte e os quarenta anos.

([553]) PLATÃO, *A República*, "Segue-se, do que já ficou dito, que o melhor de ambos os sexos deve ser reunido o maior número de vezes possível, e o pior o menor número de vezes possível, e que o resultado das primeiras uniões deve ser cultivado, e o das últimas abandonado, para que o grupo alcance o nível de excelência. E esse proceder deve ser mantido em segredo, salvo para com os magistrados, a fim de que o rebanho de guardiães também esteja quanto possível livre de contendas internas...

...E aqueles de nossos mancebos que se distinguirem no campo de batalha ou em outras áreas recebam, a par de outros privilégios e prémios, permissão mais liberal para se associarem com as mulheres a fim de que sob este pretexto o maior número de crianças seja gerado de semelhantes pais.", citado por D. S. HALACY JR., *A Revolução Genética. Modelando a vida de amanhã*, Editora Cultrix, São Paulo, 1976, pág. 93.

([554]) Nos primeiros anos do século XX, teve lugar uma grande difusão das teorias eugenistas, com a criação, em 1904, por Galton, da primeira cadeira de estudos eugénicos, no University College de Londres. Ainda em 1904, foi fundada a Eugenics Education Society. Em 1912, em Londres, realizou-se o primeiro Congresso Eugenista. Um ano depois, foi criada a Sociedade Eugénica, em França, e o Comité para Estudos Eugénicos, em Itália. Posteriormente, assistiu-se, um pouco por todo o mundo, ao aparecimento de diversas sociedades eugénicas.

(555) Garrod, em 1902, relativamente aos erros congénitos do metabolismo, e Hurst, em 1907, no que concerne à cor dos olhos, faziam parte do conjunto de primitivos investigadores em genética humana que se ocupavam do estudo das doenças. Posteriormente passaram a dedicar-se à melhoria da qualidade da raça humana através da manipulação da sua carga genética.

(556) Nos EUA, MC DOUGALL, presidente do Departamento de Genética de Harvard, defendeu a substituição da democracia por um sistema de castas baseadas nas capacidades biológicas e a promulgação de leis limitativas da reprodução das castas inferiores e dos casamentos entre castas. Por seu turno, o geneticista Davenport sustentou que o "único método apto para preservar o potencial inato é vigiar a reprodução.", citado por J. BECKWITH, *Social and Political Uses of genetics in the United States: past and present*, «Annales New York Academy», 265, New York, 1976, págs. 46-58.

Parece-me interessante trazer à colação o célebre caso de Carrie Buck, uma rapariga de 17 anos que vivia com a mãe (Ema) e a filha (Vivian) numa colónia de epilépticos e débeis mentais, em Lynchburg. Nos Estados Unidos da América, em 1927, Carrie Buck foi esterilizada sem o seu consentimento. Ao que consta terá sido a primeira pessoa a ser esterilizada no âmbito da Lei de Virgínia. Os argumentos aduzidos para a esterilização desta jovem foram os de que a sua mãe era deficiente mental e Carrie e a filha (com apenas sete meses) também já apresentavam sintomas de debilidade mental. Esta prova de transmissão genética justificava, por si só, a esterilização. O Supremo Tribunal aprovou-a no processo Buck Vs. Bell. O magistrado Oliver Wendell Holmes, expoente do Realismo Jurídico Norte-americano, em representação do Supremo Tribunal, alegou que o bem da Nação, por vezes, exige o sacrifício da vida dos cidadãos menos fortes. Holmes preconizava que para a Humanidade era melhor impossibilitar, desde logo, o nascimento de incapazes para evitar a necessidade de os eliminar posteriormente. E acrescentou que o princípio que justificava a vacinação obrigatória era suficientemente amplo para permitir a ablação das trompas de falópio. Ao caso de Carrie Buck sucederam-se milhares. A Lei de Virgínia tornou-se num modelo para as leis dos outros estados. Cfr. J. SUTTER , *L' Eugénique*, PUF-INED, Paris, 1950, pág. 24, precisou que, entre 1907 e 1949, realizaram-se em 33 estados 50 000 esterilizações. Foram, também, tomadas medidas para evitar casamentos entre a raça branca e a negra, e entre a branca e a amarela. Apenas em 1967 essas leis foram declaradas inconstitucionais.

(557) Durante algum tempo, nos EUA, prevaleceu a ideia de que as dificuldades do funcionamento da sociedade eram produto da "má qualidade de novos emigrantes". Uma comissão nacional foi incumbida de analisar o risco de deterioração do património genético do país em virtude do afluxo de indivíduos "oriundos de populações inferiores". BRIGHAM, psicólogo e conselheiro da comissão, nota num relatório oficial que o declínio da inteligência é consequência da imigração de negros e de raças alpinas e mediterrânicas, e que a emigração deve ser não só restritiva, mas também altamente selectiva. Nesta linha, surgiu o Immigration Restriction Act de 1924, limitando drasticamente a imigração a partir dos países do sul ou do Leste da Europa. E, só em 1962, o Immigration Restriction Act foi modificado pelo Congresso.

(558) HITLER, no livro *Mein Kampf* (onde expôs a doutrina nazi), escreveu que são inadequados para a propagação da espécie todos os ostensivamente doentes ou portadores

O Princípio da Autonomia Privada Posto em Causa? 315

zações compulsivas ([560]), proibição de matrimónios entre raças, geno-cídios –; e o neo-eugenismo – desde o fim da II Guerra Mundial ([561]) até hoje, com particular incidência na selecção de progenitores e, também, na auscultação ou intervenção directa sobre o genoma.

81. Novas perspectivas jurídicas equacionadas pelo actual eugenismo

I. Actualmente, o eugenismo, ou melhor, a problemática do eugenismo coloca-se numa dimensão diametralmente oposta à do

---

de doença hereditária. Em 1933, promulgou a lei da esterilização compulsiva que constituiu a primeira de um conjunto de medidas destinadas ao apuramento da raça humana e que culminariam na "Solução Final", isto é, o extermínio de milhares de doentes, comunistas, católicos, judeus, ciganos, homossexuais ou opositores do regime. Era prioridade conse-guir, a qualquer custo, o nascimento de indivíduos arianos.

OTMAR VON VERSCHUER, director do Instituto de Antropologia, Hereditariedade Huma-na e Eugenia de Berlim, no livro *Manuel d'eugénique et Heredité Humaine*, Masson, Paris, 1943, pág. 55, referiu que o chefe do etnimpério alemão foi o primeiro estadista que fez dos dados da biologia hereditária um princípio director da conduta do Estado. Apoiado por considerações de natureza genética sustentou: "A política do presente exige uma solução nova para o problema judaico... A questão cigana será resolvida dentro de pouco tempo."

([559]) A acusação do Tribunal de Nuremberga recorreu ao testemunho, André Conway Ivy e Leo Alexander (médicos americanos) para poder avaliar os padrões éticos da experi-mentação humana. ANTÓNIO FERNANDO CASCAIS, *A ética da experimentação em seres huma-nos*, «R.C.L.», 25, 1999, págs. 489-501, relata que os dois médicos forneceram ao Tribunal um memorando intitulado "Experimentação ética e não ética em seres humanos", onde propunham alguns requisitos principais para que a experimentação humana fosse jurídica e eticamente válida. Ivy e Alexander chamaram à colação quatro documentos para servir de fontes para os requisitos éticos enumerados no seu memorando: o Juramento de Hipócrates e o seu princípio da beneficência; o Código de Thomas Percival, de 1803, que dá primordial importância à consulta de pares para a avaliação de rigor metodológico da experimentação humana; o Código de William Beaumont, de 1833, considerado o primeiro código america-no a tratar concretamente da experimentação humana, que frisa a necessidade desta, bem como o problema da sua validação metodológica e o princípio do consentimento informado; e a obra de Claude Bernard denominada *Introdução à Medicina Experimental*, de 1865, que estipula princípios para a prossecução ética da experimentação, através da conjugação do valor da beneficência do paciente com o da inovação e da experimentação terapêuticas. Cfr., também, R.J. LEVINE, *Ethics and regulation of clinical research*, Urban & Schwarzenberg, Baltimore, 1986, pág. 22.

([560]) Os Estados Unidos da América, o Canadá, a Noruega, a Finlândia, a Estónia, a Suécia e a Islândia, entre outros, publicaram leis que determinavam a esterilização compulsiva.

([561]) Destaque para o Prémio Nobel da Física W. Shockley e para os Prémios Nobel da Medicina F. Crick e F. Macfarlane Burnet.

316   *Direito do Genoma Humano*

passado, conduzindo, necessariamente, a diferentes perspectivas jurídicas ([562]). Anteriormente, a intervenção era reclamada em nome da sociedade e em detrimento do indivíduo. Nos dias de hoje, o ponto, o cerne, o núcleo da justificação da prática eugénica é o próprio indivíduo: as vantagens para aquele indivíduo em concreto.

II. O novo eugenismo é mais subtil, diria mesmo que, aparentemente, é enganadoramente *naif*. A era genómica facilita a escolha de características desejadas para os filhos (inteligência, cor da pele, dos olhos, força física, etc), pela manipulação do genoma humano.

À medida que aumenta o acesso aos testes genéticos, deparamonos com um incremento de uma selecção eugénica individual com o intuito de proporcionar aos filhos as melhores condições possíveis numa sociedade altamente competitiva onde as características genómicas rapidamente se converterão num critério de hierarquia social.

Mas, o facto de ser já viável prever antes do nascimento como se processará o desenvolvimento futuro de um organismo humano levará, também, a pressões oriundas da sociedade. Com efeito, a pressão far-se-á sentir da parte da entidade patronal, da companhia seguradora, da instituição bancária que previamente à celebração do respectivo contrato seleccionará genomicamente os seus trabalhadores, segurados ou clientes.

III. Progressivamente a função natural de procriar é substituída por gestos de programação racional. Depois de mais de um século, o projecto eugénico regressa para nos questionar sobre os fundamentos esquecidos da selecção humana e para nos sujeitar ao artifício científico.

IV. Uma nova era tem início para a aspiração eugénica, ela reflecte a pressa do domínio do homem sobre o homem. Escolhe-se a *qualidade* do genoma antes de se decidir pela gravidez.

([562]) Filósofos, teólogos, cientistas e juristas questionaram as teses eugénicas, no que concerne aos problemas genéticos e efeitos futuros das acções propostas e empreendidas, bem como no que diz respeito à discriminação dos indivíduos com base nessas características. Argumentos científicos puseram em causa as teorias de Lombroso, Francis Galton, Gumplovicz, Giscard de la Morandière, Rosenberg , entre outros.

O Princípio da Autonomia Privada Posto em Causa? 317

Substitui-se do vocabulário corrente a palavra eugenia pela de filiação comprometida por uma ideologia prevencionista.

A medicina preditiva aplicada ao embrião dará origem, muitas vezes, à prática de actos eugénicos [563][564][565][566].

O panorama do eugenismo, em virtude do progresso da ciência genética – destruição de embriões que não sejam do sexo pretendido ou que padeçam de malformações genéticas, correcção ambiencial de defeitos metabólicos, terapia génica, etc – foi alterado de modo radical nos últimos anos [567].

A engenharia genética desvenda novas perspectivas que simultaneamente fascinam e aterrorizam, designadamente, os cientistas, os

---

[563] João Paulo II exprimiu a sua preocupação pela existência de um "clima cultural" que favorece o recurso ao diagnóstico pré-natal para uma direcção que já não é a da terapia, mas antes a da discriminação de todos os que a análise pré-natal demonstra não serem sadios. Defende, ainda, a necessidade de denunciar o surgimento de um novo "eugenismo selectivo", que provoca a eliminação de embriões e de fetos com determinadas doenças. Esta selecção perfilha, por vezes, "teorias infundadas" sobre a "diferença antropológica e ética" dos diversos "graus de desenvolvimento da vida pré-natal": o denominado "gradualismo da humanização do feto" ou preconiza concepções erradas da "qualidade de vida". Cfr. João Paulo II, *Discourse of Holy Father John Paul II*, in «Human Genome, Human Person and the Society of the Future», Ob. cit., pág. 9.

[564] No dizer de Jorge Biscaia, *Imperativos éticos*, «Brotéria», Vol. 144, n.º 5/6, Lisboa, Maio/Junho de 1997, pág. 602, é o mesmo respeito pela vida que nos deve levar a ser prudentes face às intervenções no genoma humano que não se limitem à correcção de doenças conhecidas. Por isso, toda a selecção eugénica estará em oposição ao mesmo imperativo ético, porque implica a não aceitação da diferença e a negação da igualdade na dignidade de todo o humano.

De igual modo, o Autor entende que são de condenar todas as intervenções no início da vida que nos levam a excluir um sexo.

[565] Henk Verhoog, *Practising a power free dialogue in the plenary sessions about modern biotechnology*, in «The future of DNA», Kluwer Academic Publishers, Netherlands, London, 1996, pág. 144.

[566] Florianne Koechlin, *The genetification of our culture*, in «The future of DNA», Kluwer Academic Publishers, Netherlands, London, 1996, pág. 179.

[567] Para Agostinho de Almeida Santos, *Os pilares da nova genética. Eficácia, prudência, razão*, «Communio. Revista Internacional Católica», Ob. cit., pág. 458, "abrem-se, hoje, perspectivas sem limites ao conhecimento biológico, mas vislumbram-se também os perigos de uma tecnologia poderosa que se imiscui entre as fronteiras de um progresso desejável e benéfico e algumas tentações totalitárias ou eugénicas que poderão estar apenas adormecidas na essência de alguns regimes ou de certos messias".

318 *Direito do Genoma Humano*

políticos, os juristas, os sociólogos que questionam qual o futuro que os progressos científicos estão a preparar para a Humanidade ([568])([569]).

V. Com efeito, os progressos científicos operados nesta área, ao facultarem toda uma panóplia de hipóteses anteriormente inimagináveis, vieram revigorar o eugenismo ([570]). A aplicação de técnicas de diagnóstico de malformações genéticas dá origem, em inúmeras situações, a opções por abortos terapêuticos ([571]). Esta escolha é, muitas vezes, fruto de pressões exercidas sobre os pais. Essas pressões podem ser determinantes caso ganhe terreno uma nova eugenia em nome de um pseudo denominado bem da Humanidade. Abrem-se, assim, as portas a perspectivas que favoreçem o ressurgimento de um eugenismo negativo que acarreta inúmeros perigos.

VI. Por sua vez, o eugenismo positivo recebeu um forte impulso graças a todo um conjunto de projectos que preconizam a melhoria do genoma humano.

Os eugenistas clássicos sempre ambicionaram a construção de um eugenismo positivo. Porém, o grau de conhecimentos e os métodos existentes não possibilitavam a prossecução do sonho.

([568]) Luís ARCHER, *Desafios da Nova Genética*, Ob. cit., pág. 9.

([569]) Nesta orientação, JACQUES TESTART, *Le Désir du Gêne*, Ob. cit., págs. 96, 240, 247, conclui que chegámos ao tempo, talvez ainda mais dramático, da eficácia. Na medida em que com práticas como o diagnóstico pré-implantatório de embriões, o que nos ameaça é a "inquisição genética sobre as castas humanas" disfarçada pela utopia de melhorar a espécie. Não é possível travar esse movimento sem que a "democracia degenere em totalitarismo científico".

([570]) ANTÓNIO FERNANDO CASCAIS, *A ética da experimentação em seres humanos*, «R.C.L.», 25, 1999, pág. 500, exemplifica com a possibilidade actual, da repetição, no âmbito dos Estados de direito ocidentais, não de um eugenismo de Estado como o da era nazi, mas de um eugenismo de consumo em nome da liberdade de escolha das comunidades. Há mesmo quem o aponte como uma sequência previsível do Projecto do genoma humano. O "debate aberto em Nuremberga" tem novamente início mas, agora, aqui.

([571]) JEAN BERNARD, *La médecine de demain*, Flammarion, Paris, 1996, pág. 50, critica a denominada eliminação terapêutica de embriões: "*Cet enfant tué, in utero, est peut-être Pascal, Mozart, Géricault, Évariste, Galois, qui ont composé la totalité de leur oeuvre bien avant l'age de quarante ans. Et, avec les progrès des sciences du système nerveux, on peut raisonnablement espérer vers 2035 une situation différente et la mise au point de traitements efficaces.*"

O *Princípio da Autonomia Privada Posto em Causa?*

Os avanços conseguidos pelo Projecto do genoma humano, ao tornarem viável o conhecimento e a manipulação do genoma, alimentaram novas esperanças.

VII. Em 1990 escrevi que a última fronteira nesta escalada de hipóteses suscitada pela biotecnologia seria a de uma Humanidade dividida em duas ou mais *raças* com destinos diferentes ([572]).

É evidente que este labirinto de novos caminhos, que se entrecruzam, sobrepõem e multiplicam, nos coloca uma pergunta inquietante: qual o futuro da Humanidade e, portanto, do Direito e dos seus fundamentos a partir do momento em que a engenharia genómica pode *fabricar* um novo homem? Novas raças, uma de super-homens, belos, fortes e inteligentes, de amos e outra de infra humanos para servir aquela?

Na história recente já foi tentado. Num país herdeiro e detentor de uma cultura brilhantíssima, terra de matemáticos, pintores, humanistas, juristas, etc, "pátria de inteligentes", como lhe chama um ensaísta, foi defendida a tese absurda da superioridade do homem ariano, e tentada a manipulação genética para o mito ser consagrado na prática.

Felizmente, a derrota militar pôs termo a esta louca aventura.

Actualmente, cada vez mais se considera a biotecnologia como um desafio em aberto, sem qualquer tipo de limites de possibilidades científicas.

([572]) STELA BARBAS, *Consequências da manipulação genética no direito das pessoas e na condição jurídica dos nascituros*, «Tribuna da Justiça», Ob. cit., págs. 83, 92-93.

SECÇÃO IV
Posição adoptada

82. A pessoa *sã* é um "cadáver adiado"?
83. Soluções propostas

82. A pessoa *sã* é um "cadáver adiado"?

I. A biomedicina tende, cada vez mais, a fomentar o carácter *artificial* da vida humana. Só falta a ectogénese para que a procriação se possa desenvolver integralmente em laboratório. Com a geriatria, os cuidados paliativos, e quem sabe, talvez, amanhã a eutanásia legal, o final da vida humana será, também, totalmente *artificioso* [573].

A medicina preditiva [574], característica da era genómica, ao possibilitar prever, com muita antecedência, enfermidades de que o indivíduo aparentemente são virá a padecer, propõe pôr em prática a filosofia segundo a qual toda a pessoa sã é um doente que não o sabe. O indivíduo a quem foi diagnosticada uma enfermidade de manifestação tardia [575] é considerado uma pessoa saudável ou doente? Usando uma conhecida expressão, será a vida uma doença mortal sexualmente transmissível?

---

[573] Nesta linha, HENK TEN HAVE, *Ethical dimension of the genome project. Geneticization and the sociocultural impact of genetic information*, in «Poderes e Limites da Genética», Actas do IV Seminário do Conselho Nacional de Ética para as Ciências da Vida, Ob. cit., pág. 42, considera *"prima facie, it seems unavoidable that the future will bring us a society within which all potentially useful genetic information is freely available and actually applied. In principle, every member of this society will be able to foretell his individual fate from reading his genes, and to adapt his personal lifeplan in accordance with such predictive knowledge"*.

[574] JACQUES TESTART anunciou formalmente que renunciava a uma medicina preditiva e propôs uma ética de não investigação.

[575] A título de exemplo menciono a Coreia de Huntington.

322   *Direito do Genoma Humano*

II. Como ensina José Rueff "com a possibilidade do diagnóstico pré-sintomático são as ciências médicas que vêm dizer ao indivíduo saudável, que afinal é apenas um doente adiado (quando não mesmo, como no dizer pessoano "um cadáver adiado que procria"). E ao procriar transmite o seu gene abiotrófico, de manifestação tardia, gerando filhos também eles potenciais doentes em proporção mendelianamente calculável" ([576]).

III. Já não é do domínio do imaginário a afirmação de que o *potencial risco genómico* é endeusado como se tratasse da própria *doença*. Esta transformação do *risco genómico* na própria *doença* altera perigosamente os conceitos de *normal* e de *patológico*, com toda a panóplia de consequências indesejáveis de natureza jurídica, ética, política, económica, social, etc.

83. Soluções propostas

I. A era genómica acarreta, logicamente, incontáveis vantagens. Estou a pensar, designadamente, na medicina preditiva, nos testes genéticos e na terapia génica. No entanto, podem, também, trazer algumas implicações pejorativas, como foi referido neste capítulo.

Nesta orientação, sugiro que a análise e a intervenção no genoma humano seja rodeada de diversas precauções, nomeadamente:

a) Promover a igualdade de acesso dos cidadãos aos exames e à terapia.

b) Utilizar os testes e a terapia apenas para fins de saúde ou de investigação relacionados com a saúde.

c) Evitar que nas doenças de manifestação tardia os exames sejam feitos antes da idade adulta.

d) Circunscrever a aplicação dos testes aos casos de doenças cuja prevenção e/ou tratamento já seja possível. Nas hipóteses de enfermidades ainda incuráveis ou em que nem sequer

---

([576]) José Rueff Tavares, *Das possibilidades actuais de predizer a saúde e a doença da pessoa*, in «Poderes e Limites da Genética», Actas do IV Seminário do Conselho Nacional de Ética para as Ciências da Vida, Ob. cit., pág. 91.

O Princípio da Autonomia Privada Posto em Causa? 323

é viável a sua prevenção, o resultado positivo do teste vai servir, apenas, para gerar situações de medo, angústia, stress, etc.

e) Assegurar o consentimento informado e livre do examinado [577].

f) Evitar toda e qualquer utilização de informação sobre o genoma com uma função de controlo social que conduza, por exemplo, à adopção de uma política selectiva de identificação das pessoas com base nas suas características genéticas. Numa situação extrema e radical, poderíamos chegar à tentação de limitar a própria liberdade de reprodução sexual dos indivíduos cujo historial genético não fosse conveniente a uma determinada política científica o que, logicamente, consubstanciaria uma violação inadmissível da dignidade da pessoa.

g) Proteger da eventual má utilização do exame por terceiros. Designadamente, companhias de seguros [578] e entidades patronais [579]. As informações obtidas acerca do genoma não podem ser usadas para beneficiar ou prejudicar as pessoas nas suas relações jurídicas *lato sensu* pelo que se impõe conciliar o desenvolvimento científico com o respeito dos direitos fundamentais e inalienáveis do homem. Há que evitar que a análise e a intervenção no genoma origine casos de discriminação relativamente a pessoas que padeçam de desordens genéticas ou conduza a situações de eugenismo.

h) Zelar para que estas novas técnicas sejam realizadas por entidades independentes e imparciais.

i) Providenciar o aconselhamento e apoio necessário aos principais interessados e às suas famílias. Nomeadamente, se for caso disso, examinar, também, os próprios familiares.

j) Garantir a privacidade de todo o processo [580].

---

[577] Cfr. Parte II, Título II, Capítulo III.
[578] Cfr. Parte II, Título III, Capítulo IV.
[579] Cfr. Parte II, Título III, Capítulo III.
[580] Cfr. Parte II, Título II, Capítulo V.

CAPÍTULO III

CONSENTIMENTO INFORMADO PARA O CONHECIMENTO E INTERVENÇÃO NO GENOMA HUMANO

Sumário

SECÇÃO I
Introdução

84. O adágio *noli me tangere*
85. O consentimento informado como um meio de tutela jurídica do doente
86. O consentimento informado como um meio de tutela jurídica do médico
87. A problemática da aplicação prática do consentimento informado

SECÇÃO II
Elementos do consentimento

88. Noções gerais
89. Capacidade
   89.1. Introdução
   89.2. Síntese de diplomas legislativos que acentuam o princípio da autonomia do incapaz

326 — *Direito do Genoma Humano*

89.3. Incapazes
    89.3.1. Interditos e inabilitados. Razão de ordem
    89.3.2. O caso particular dos menores como modelo da incapacidade jurídica
        89.3.2.1. Tutela jurídica de situações de "maioridade antecipada"
        89.3.2.2. Poder paternal
            89.3.2.2.1. Conteúdo e limites do poder paternal
            89.3.2.2.2. Singularidade da confissão religiosa Testemunhas de Jeová
        89.3.2.3. Tutela, administração de bens e regimes especiais de suprimento da incapacidade dos menores
        89.3.2.4. Participação de menores em investigações biomédicas
90. Voluntariedade
91. Informação
    91.1. Noção e âmbito
    91.2. Critérios. Posição adoptada

SECÇÃO III
Síntese legislativa

92. Introdução
93. Declarações, Resoluções, Convenções e Recomendações Internacionais
94. Direito português

SECÇÃO IV
A relação da pessoa consigo mesma e o consentimento informado

95. Relevância crescente do princípio da autonomia privada do doente
96. Valor jurídico das directrizes prévias; nomeação de um representante e testamento vital
97. Eventuais conflitos entre o doente e o médico na tomada de determinadas decisões
    97.1. Dissentimento do doente: fundamentação jurídica
    97.2. Objecção de consciência do médico
98. Alguns limites à autonomia do doente

SECÇÃO I
Introdução

84. O adágio *noli me tangere*
85. O consentimento informado como um meio de tutela jurídica do doente
86. O consentimento informado como um meio de tutela jurídica do médico
87. A problemática da aplicação prática do consentimento

84. O adágio *noli me tangere*

I. Neste capítulo proponho-me abordar a questão do consentimento informado para a realização de testes genéticos e para a prática da terapia génica.

Toda a intervenção no corpo humano necessita do consentimento da própria pessoa.

O consentimento ([581]) é o acto pelo qual o paciente autoriza o médico a realizar um exame ou a praticar um tratamento específico que previamente lhe foi explicado.

II. O teste genético é um exame médico e, como tal, necessita do prévio consentimento informado e livre do indivíduo que a ele se

---

([581]) AAVV, «O Consentimento Informado», Actas do I Seminário do Conselho Nacional de Ética para as Ciências da Vida, 30-31 de Março de 1992, Presidência do Conselho de Ministros, Imprensa Nacional-Casa da Moeda, Lisboa, 1995; MANUEL DA COSTA ANDRADE, *Consentimento e Acordo em Direito Penal*, Coimbra Editora, Coimbra, 1991; J. FIGUEIREDO DIAS/SINDE MONTEIRO, *Medical Responsability in Western Europe*, Ed. E. Deutsch/H. C. Schreiber, Springer Verlag, 1985; J. SINDE MONTEIRO, *Responsabilidade por conselhos, recomendações ou informações*, Colecção Teses, Almedina, Coimbra, 1989; J. SINDE MONTEIRO, *Genome analysis and civil culpability in Portugal*, in «Genome Analysis. Legal Rules. Practical Applications», Reports of the Workshop 11th - 14th June 1992, Almedina, Coimbra, 1994, págs. 331-341.

328   *Direito do Genoma Humano*

vai submeter. Também, a terapia génica tem de ser precedida do respectivo consentimento. O consentimento informado para a realização dos testes genéticos e intervenções no genoma humano deve ser garantido através de instâncias adequadas.

O princípio do consentimento exige que o médico respeite um direito fundamental, traduzido no velho adágio *noli me tangere*.

85. O consentimento informado como um meio de tutela jurídica do doente

I. O consentimento informado tem como principal objectivo proteger a autonomia do paciente, tutelar ao máximo o respeito pela sua pessoa, para que não se sinta nem seja efectivamente marginalizada pela enfermidade de que padece. O ser humano, mesmo doente, não pode ser tratado como um meio, pois é sempre um fim em si mesmo ([582]).

O doente, ao dar o seu consentimento, associa-se como participante a uma tarefa comum a enfermos e a profissionais de saúde. Promove-se, desta maneira, o seu sentimento de responsabilidade estimulando-se a sua capacidade de decisão racional. O consentimento informado é, na realidade, uma aspiração do homem actual e, de certo modo, uma garantia contra comportamentos autoritários ainda não totalmente extintos.

Com o consentimento, pretende-se que o paciente tenha voz activa na definição do que é bom e aceitável para si próprio.

II. As reacções relativamente ao consentimento informado não são pacíficas. Uns consideram-no imprescindível para a concretização da autonomia da vontade do doente; outros, pelo contrário, encaram-no como um obstáculo à boa prática médica.

Tentando proceder a uma abordagem o mais objectiva possível, é necessário começar por admitir que o consentimento é, *de per si*, um dever moral.

([582]) STELA BARBAS, *Consentimento informado: meio de tutela ou obstáculo à saúde?*, «Tempo Medicina», 8 de Outubro de 2001, pág. 18.

O Princípio da Autonomia Privada Posto em Causa?   329

Porém, frequentemente, a informação fornecida pelo médico pode parecer ter como fim primordial assegurar-se mais a si próprio contra eventuais reclamações jurídicas, do que, propriamente, ajudar numa tomada de decisão livre e responsável por parte do paciente.

A Medicina, se quiser respeitar o princípio da dignidade humana, terá de promover ao máximo a autonomia da pessoa na base de um conhecimento adequado de tudo quanto concerne ao seu tratamento.

III. Todavia, este dever não se pode dissociar do tipo de sociedade em que está inserido. A título de exemplo, em sociedades menos desenvolvidas do ponto de vista cultural, onde o médico ainda aparece um tanto ou quanto mitificado, diria, mesmo, *divinizado*, a problemática do consentimento não pode ser abordada de igual modo. Com efeito, é preciso desmistificar o endeusamento clínico e recuperar a liberdade do paciente, embora não postergando etapas nem o fazendo desgarrado da evolução geral da cultura civilizacional.

IV. Contudo, o acolhimento positivo que merece esta modificação a nível da Medicina não obsta a que se reconheçam os seus limites e riscos. A tutela da autonomia nas decisões dos doentes não pode ser feita à margem dos condicionamentos de compreensão de alguns deles. Há opções que não podem ser de cumprimento obrigatório, por contrariarem a lógica das leis naturais e da razoabilidade da prática clínica.

É necessário encontrar uma solução de compromisso razoável. E, para isso, é fundamental, precisamente, o papel do médico.

86. O consentimento informado como um meio de tutela jurídica do médico

I. Se por um lado a exigência de obtenção do consentimento do doente consubstancia um modo de protecção da sua autonomia privada ([583]), por outro lado, o princípio do consentimento informado é

([583]) Relativamente à problemática da autonomia privada do médico, cfr. Parte II, Título II, Capítulo III, Secção IV, n.º 97.2.

330 *Direito do Genoma Humano*

um meio de garantia, de segurança e até de tutela da classe médica. Não deve ser visto como uma forma de crítica, de desconfiança relativamente aos médicos, mas sim como um meio de os proteger, responsabilizar e evitar que mais tarde venham a ser questionados sobre actos praticados sem a autorização dos pacientes.

II. Além disso, também se pode chegar a uma situação de exacerbação do consentimento se o exigirmos para o mais pequeno e simples acto clínico. Assim sendo, poder-se-ia gerar, ainda que de modo inconsciente, uma visão conflituosa da relação médico-doente, como se tratasse de reais litigantes obrigados a tomarem atitudes defensivas. Se chegássemos a este ponto, ou se o consentimento informado fosse causa para se burocratizar ainda mais a Medicina, estaríamos perante um retrocesso.

O consentimento, pelo contrário, deve encontrar o seu melhor contexto numa relação de confiança recíproca entre o médico e o doente.

III. Metaforicamente falando, o médico deve agir como juiz e advogado do doente: como o juiz que julga, objectivamente, o que é melhor para ele; mas, concomitantemente, também, como o advogado que, em conjunto com o cliente, o defende, o aconselha e o ajuda a tomar a decisão mais acertada.

87. A problemática da aplicação prática do consentimento informado

I. A aplicação do princípio do consentimento informado na realização dos testes genéticos e/ou correlativa terapia génica é problemática, por diversas razões, designadamente porque a certeza e a segurança da informação pode ser limitada; a autenticidade do consentimento é susceptível de ser questionada; a decisão de cada indivíduo colide, por vezes, com interesses de terceiros.

II. No que concerne à questão da certeza e segurança da informação há, desde logo, que sublinhar a necessidade de se providenciar informação actualizada sobre o teste. Por seu turno, a segurança depende do conhecimento existente sobre a relevância do teste e da certeza dos seus resultados. É o caso do meio ambiente que, muitas vezes agrava, de modo significativo, as predisposições genéticas.

Ainda que os dados fornecidos sejam o mais possível correctos, a autenticidade do consentimento pode ser posta em causa por várias razões, tais como: certos constrangimentos sociais são susceptíveis de afectar a autonomia da decisão; a autoridade da pessoa que informa influencia, por vezes, a decisão do testado; o consentimento informado só deve ser prestado se a explicação foi dada correctamente (de qualquer forma, mesmo em caso afirmativo, não quer dizer que tenha sido entendida por aquela pessoa em concreto).

III. Quero, desde já, sublinhar que o princípio do consentimento informado *de per si* não resolve todas as situações, como, aliás, mencionarei em capítulos próprios. Por exemplo, a eventual exigência da realização do teste genético antes da celebração do contrato de trabalho deixa o consentimento para um plano secundário.

Este princípio, muitas vezes, não tem em conta possíveis conflitos entre o direito de o doente decidir e os interesses de terceiros. O consentimento de um indivíduo pode limitar a possibilidade de os outros não consentirem e, portanto, a sua autonomia de decisão. Como a sociedade tem o dever de proteger os direitos e a liberdade das pessoas, não é de permitir que a liberdade de cada um condicione a liberdade dos outros. Assim, nomeadamente, as opções sobre trabalho, privacidade e saúde devem ser tomadas não apenas pelo interessado mas, também, pela sociedade. O princípio do consentimento informado, numa perspectiva extrema, deixa ao livre critério da própria pessoa ponderar as hipóteses de realizar um certo trabalho, proteger a sua privacidade e a sua saúde e, desta forma, decidir ou não aceitar a realização do teste. Poder-se-á colocar a questão de saber em que medida a sociedade fará o correcto balanço entre trabalho, privacidade e saúde. Se a decisão individual colidir com o que se considera o interesse, o bem comum, há que estabelecer

332 Direito do Genoma Humano

algumas limitações. Os valores que estão por detrás da realização dos testes genéticos podem entrar em conflito com os valores de uma sociedade democrática ([584]).

([584]) Cfr. *The ethical, social and scientific problems related to the application of genetic screening and monitoring for employees in the context of a European approach to health and safety at work (Biomedical and health research contract CT92-1213)*, Final Report, Project financed by Community funds under the 3d Framework Programme, págs. 64-65; *The Genetic Information Non-discrimination Act*, S. 1053, U.S.A., October 14, 2003, págs. 18-19; *International Ethical Guidelines for Biomedical Research Involving Human Subjects*, Council for International Organizations of Medical Sciences (CIOMS), OMS, Geneva , 2002, págs. 33-35.

SECÇÃO II
Elementos do consentimento

88. Noções gerais
89. Capacidade
    89.1. Introdução
    89.2. Síntese de diplomas legislativos que acentuam o princípio da autono-
          mia do incapaz
    89.3. Incapazes
        89.3.1. Interditos e inabilitados. Razão de ordem
        89.3.2. O caso particular dos menores como modelo da incapacidade
               jurídica
             89.3.2.1. Tutela jurídica de situações de "maioridade antecipada"
             89.3.2.2. Poder paternal
                    89.3.2.2.1. Conteúdo e limites do poder paternal
                    89.3.2.2.2. Singularidade da confissão religiosa Teste-
                              munhas de Jeová
             89.3.2.3. Tutela, administração de bens e regimes especiais de
                    suprimento da incapacidade dos menores
             89.3.2.4. Participação de menores em investigações biomédicas
90. Voluntariedade
91. Informação
    91.1. Noção e âmbito
    91.2. Critérios. Posição adoptada

88. Noções gerais

I. O consentimento engloba três elementos principais: capacidade, voluntariedade e informação.

II. A pessoa que dá o seu consentimento tem que ser capaz na acepção jurídica da palavra. Embora se confira, cada vez mais, rele-

334   *Direito do Genoma Humano*

vância à vontade dos incapazes que têm discernimento necessário à avaliação do sentido e alcance da respectiva manifestação da vontade ([585]).

III. Por seu turno, para que o consentimento seja voluntário ([586]) é necessário que o ser humano esteja livre de toda a espécie de pressões quer estas sejam oriundas de interesses científicos, políticos, económicos, culturais, religiosos, etc ([587]).

IV. O paciente tem, também, de ser esclarecido devidamente sobre o diagnóstico e a índole, alcance, envergadura e consequências possíveis do teste bem como da eventual intervenção no seu genoma.

89. Capacidade

89.1. *Introdução*

I. A capacidade é um dos elementos do consentimento informado.

II. Assim sendo, no caso das pessoas incapazes coloca-se a questão de saber quem pode dar o consentimento: os pais? O cônjuge? A família? O médico?

A tendência da evolução verificada a nível da doutrina ([588])([589])([590]) e da legislação europeia é a de valorizar, em toda a medida do possível, a vontade do incapaz.

([585]) Esta questão será desenvolvida mais pormenorizadamente.

([586]) HANS JAKOB MÜLLER, *The role of genetic disposition in human health and disease – bioethical aspects of DNA testing,* in «The future of DNA», Ob. cit., pág. 112.

([587]) Será que o pai no seu íntimo é verdadeiramente livre, sem qualquer sentimento de culpabilidade, de decidir subtrair-se a doar um rim que salvará a sua filha? Ou o irmão menor que seja o único dador compatível é realmente livre para decidir, sem constrangimentos, recusar doar a medula ao irmão que sofre de leucemia?

([588]) WALTER OSSWALD, *O consentimento informado enquadrado no tema global da decisão médica,* in «O Consentimento Informado», Actas do I Seminário do Conselho Nacional de Ética para as Ciências da Vida, Ob. cit., págs. 143-144, questiona a atribuição de uma margem tão significativa de decisão e de liberdade aos familiares de pessoas incompetentes: "Tenho muitas dúvidas éticas quando, por exemplo, se trata de uma pessoa idosa,

O Princípio da Autonomia Privada Posto em Causa? 335

III. Porém, é necessário analisar caso a caso consoante o grau de incapacidade da pessoa a que respeita.

Advoga-se que, do ponto de vista ético, qualquer pessoa, tendo condições intelectuais e psicológicas para apreciar a natureza e as consequências de um acto ou duma proposta de tratamento médico, deva poder tomar decisões relativas a si própria [591].

As decisões tomadas em nome de outrem têm de ser as menos arbitrárias possíveis. Nesta orientação, adoptam-se, regra geral, dois critérios: o primeiro, usado com pacientes anteriormente capazes mas que não deixaram vontade expressa, consiste em tentar descobrir qual teria sido a sua intenção na altura. Em virtude da falta de manifestação prévia, a decisão dever-se-ia fundamentar nos valores que assumia, na sua concepção de vida, nas eventuais apreciações sobre

---

de uma demência senil e que essas pessoas não possam ser parte interessada nessas decisões...acho que este poder é excessivo, quer em relação aos idosos e aos incompetentes, quer em relação aos menores".

[589] GUILHERME DE OLIVEIRA, *Direito Biomédico e Investigação Clínica*, «Revista de Legislação e de Jurisprudência», Ano 130, n.os 3881, 3882, Coimbra Editora, Coimbra, 1997 e 1998; W. A. BARTHOLOME, *A new understanding of consent in pediatric practice: consent, parental permission and child assent*, «Pediatric Ann», 18 (4), 1995, págs. 262-265; J. D. LANTOS/S. H. MILES, *Autonomy in adolescent medicine*, «J. Adolescent Health Care», 10, 1989, págs. 460-466; A. S. COLLI, *A consulta do adolescente*, «Pediatria Básica», Sarvier, São Paulo, 1992, págs. 541-543.

[590] Os trabalhos de L. A. WEITHON/S. B. CAMPBELL, *The competency of children and adolescent to make informed treatment decisions*, «Child Dev.», 53, 1982, págs. 1589-1598 permitem reforçar a tese da capacidade decisória da criança e do jovem. Os Autores sustentam que as crianças de 14 anos não diferem dos adultos na capacidade de tomar decisões relativas à sua saúde.

[591] Proliferam os trabalhos científicos que permitem corroborar esta tese. Chamo à colação, designadamente, as investigações feitas por Kholberg na área da psicologia evolutiva.

A partir dos 12 anos o menor é capaz de reconhecer as normas e convenções sociais como suas, bem como a sua importância para a manutenção da convivência e do bem-estar social. Esta etapa é designada de nível "convencional" de desenvolvimento moral.

Após os 16 anos tem início a última etapa do desenvolvimento moral, o chamado "pós-convencional". Este nível tem lugar a partir do momento em que a pessoa é capaz de ajuizar as regras e as convenções sociais, respeitando-as ou desobedecendo-as consoante os seus próprios valores. É de sublinhar que, segundo este Autor, a maioria dos adultos, durante toda a vida, nunca chega a atingir sequer a etapa do desenvolvimento "pós-convencional". Na mesma orientação, LORDA/CANTALEJO, *La capacidad de los menores para tomar decisiones sanitárias: un problema ético-jurídico*, «Esp. Pediatr.», 53, (2), 1997, págs. 107-118.

336 *Direito do Genoma Humano*

a questão em apreço. Contudo, esta forma de analisar os problemas, apesar de razoável e de tentar promover a autonomia do paciente, nem sempre é segura. O outro critério pauta-se pelo bem do principal interessado consoante o que é mais comummente aceite no seu meio social. Na altura de estipular o bem do doente tem que se ter em atenção determinados aspectos tais como o alívio do sofrimento e a qualidade de vida.

Independentemente do critério adoptado as decisões serão tomadas, por vezes, com muita incerteza.

Daí a relevância de, sempre que possível, obter, desde logo e em primeira linha, o consentimento informado do principal interessado.

Acentua-se, cada vez mais, o princípio da autodeterminação do próprio restringindo-se, assim, os poderes de autorização dos representantes legais.

89.2. *Síntese de diplomas legislativos que acentuam o princípio da autonomia do incapaz*

I. São já inúmeros os Diplomas legislativos que valorizam a autonomia privada dos incapazes.

II. Assim, e entre outros exemplos possíveis, a Convenção das Nações Unidas sobre os Direitos da Criança, de 20 de Novembro de 1989, no artigo 12.º, determina que os Estados membros garantem a todas as crianças, capazes de discernimento, o direito de poderem exprimir livremente a opinião relativamente aos seus problemas, de acordo com sua idade e maturidade ([592]). Para este fim, é assegurada às crianças a oportunidade de serem ouvidas nos processos judiciais e administrativos que lhes digam respeito, seja directamente, seja através de representante ou de organismo adequado, segundo as modalidades previstas pelas regras de processo da legislação nacional.

([592]) A Convenção, concluída a 20 de Novembro de 1989 e assinada, em Nova Iorque, a 26 de Janeiro de 1990, foi aprovada por Portugal, pela Resolução da Assembleia da República n.º 20/90 e publicada no Diário da República, I Série, n.º 211, de 12 de Setembro de 1990, 3738-(2)-3739-(20).

III. Na linha da Convenção das Nações Unidas sobre os Direitos da Criança e da evolução verificada a nível da legislação europeia, a Convenção sobre os Direitos do Homem e a Biomedicina, de 4 de Abril de 1997 ([593]), nos n.ºs 1 e 2 do artigo 6.º (Protecção das pessoas que careçam de capacidade para prestar o seu consentimento), preconiza que se atenda, o mais possível, à opinião do menor em função da sua idade e do seu grau de maturidade.

No que concerne aos incapazes maiores, a Convenção, nos n.ºs 3 e 4 do referido artigo 6.º, determina que quando, nos termos do

---

([593]) A Convenção sobre os Direitos do Homem e a Biomedicina adoptada pela Assembleia Parlamentar do Conselho da Europa, em 26 de Setembro de 1996, e pelo Comité de Ministros do Conselho da Europa, em 19 de Novembro de 1996 e assinada, em Oviedo, em 4 de Abril de 1997, reitera e elabora alguns dos princípios subscritos em 1950 na *European Convention for the Protection of Human Rights and Fundamental Freedoms*.

A Convenção tem como objectivo complementar os vários instrumentos internacionais estruturados para fornecer protecção e garantia no campo dos direitos humanos individuais e sociais. Abarca todos os desenvolvimentos da Biomedicina, enquanto sublinha a necessidade do seu uso somente em benefício das gerações presentes e futuras. Desenvolve esta ideia em quatro níveis: em primeiro lugar, o plano do indivíduo que tem que ser protegido de qualquer ameaça decorrente de uma má utilização do desenvolvimento científico; em segundo lugar, o plano da sociedade que deve ser tido em consideração logo a seguir ao indivíduo; em terceiro, o da ciência que tem sido um dos motores da Humanidade, e por último, as implicações para a espécie humana, que pode estar em risco devido a consequências ainda desconhecidas na área do diagnóstico, prevenção e terapia.

Este Diploma compreende um conjunto de princípios de que é importante destacar: primado do ser humano sobre o interesse único da sociedade ou da Ciência; proibição da discriminação da pessoa em função do seu património genético; proibição de intervenções que tenham por objecto modificar o genoma humano a não ser por razões preventivas, de diagnóstico ou terapêuticas e desde que não tenham por finalidade introduzir alterações no genoma da descendência; direito ao respeito da vida privada no que toca a informações relacionadas com a saúde; impedimento da utilização de técnicas de procriação medicamente assistida para a escolha do sexo dos filhos excepto quando seja necessário para evitar doenças hereditárias graves; admissibilidade de testes genéticos preditivos somente para fins terapêuticos; regulamentação da investigação médica pormenorizada e precisa; proibição da comercialização do corpo humano e correlativa retribuição de qualquer das suas partes; exigência de consentimento informado do doente; direito do paciente ser informado relativamente ao seu estado de saúde bem como direito a não saber se for esta a sua vontade; proibição da clonagem humana, etc.

A Convenção protege os valores e direitos do homem, tendo em vista os avanços científicos e tecnológicos. Por isso os seus princípios baseiam-se na ética kantiana, segundo a qual o homem deve ser sempre o fim e nunca o meio, preservando, assim, a dignidade do ser humano.

338 *Direito do Genoma Humano*

direito de cada ordenamento, um maior careça, em virtude de deficiência mental [594][595], de doença ou de motivo similar [596], de capacidade para consentir numa intervenção, esta não poderá ser efectuada sem a autorização do seu representante, de uma autoridade ou de uma pessoa ou instância designada pela lei. E dispõe que a pessoa em causa deve, na medida do possível, tomar parte no processo de autorização.

A Convenção pretende tutelar todos aqueles que não têm capacidade para consentir [597]. Cada ordenamento jurídico tem um sistema relativo à representação dos incapazes. O direito interno deve determinar se um indivíduo goza de capacidade para consentir numa intervenção, devendo, apenas, privar a pessoa da sua capacidade de autonomia para a prática de actos em que isso seja necessário para a defesa dos seus interesses [598].

---

[594] No que diz respeito às pessoas que sofrem de perturbações mentais, a Convenção sobre os Direitos do Homem e a Biomedicina, no artigo 7.º (Protecção das pessoas que sofram de perturbação mental), estatui que, sem prejuízo das condições de protecção previstas na lei, incluindo os procedimentos de vigilância e de controlo e as vias de recurso, os indivíduos que padeçam de perturbações mentais graves não podem ser submetidos, sem o seu consentimento, a intervenções que tenham por objecto o tratamento dessas mesmas perturbações, excepto quando a ausência desses tratamentos puser seriamente em risco a sua saúde.

[595] Ainda relativamente às pessoas portadoras de perturbações mentais, cfr. , também, designadamente, a Recomendação n.º R 2 (1983), de 22 de Fevereiro, do Comité de Ministros do Conselho da Europa, sobre a protecção jurídica de pessoas portadoras de perturbações mentais; a Recomendação 1235 da Assembleia Parlamentar sobre a Psiquiatria e os Direitos do Homem; a Declaração do Hawai da Associação Mundial de Psiquiatras, de 10 de Julho de 1983 e a Declaração de Madrid, de 25 de Agosto de 1996.

[596] O Relatório explicativo esclarece que estão abrangidos os casos de acidente ou de estado de coma em que o doente não pode exprimir a vontade.

[597] Aliás, a Convenção determina que só são admitidas restrições ao exercício destes direitos nos casos previstos no artigo 26.º e desde que constituam providências necessárias, numa sociedade democrática, para a segurança pública, a prevenção de infracções penais, a protecção da saúde pública bem como para a salvaguarda dos direitos e liberdades de terceiros.

[598] Os representantes legais apenas podem autorizar procedimentos segundo indicação médica estrita, no melhor interesse da pessoa em causa.

O n.º 5 do artigo 6.º da Convenção consagra a faculdade de se retirar a autorização daquele que prestou o consentimento para protecção do interesse da pessoa em questão.

Nos termos do Relatório explicativo é dever do médico proteger o paciente das decisões que tomaria contra o seu interesse a pessoa ou a instância de cuja autorização é exigida. Deste modo, cabe ao médico não só respeitar os interesses do doente como, também, ter sempre presente as suas obrigações do foro profissional.

O Princípio da Autonomia Privada Posto em Causa? 339

IV. Também, de acordo com o preceituado na alínea c) do artigo 8.º (Consentimento) da Declaração Internacional sobre os Dados Genéticos Humanos da UNESCO, de 16 de Outubro de 2003, o incapaz maior que não esteja em condições de dar o seu consentimento deve participar, na medida do possível, no procedimento de autorização. Relativamente ao incapaz menor, a Declaração preconiza que a opinião deste deve ser tida em conta de modo proporcional à sua idade e grau de maturidade.

V. Segundo o Código Civil português, carecem de capacidade de exercício os menores (artigo 123.º e seguintes), os interditos (artigos 138.º e seguintes), os inabilitados (artigos 152.º e seguintes) e os que sofrem de incapacidade acidental (artigo 257.º). São também incapazes aqueles sobre quem incidem incapacidades especificamente relevantes determinadas por lei para casos de intervenções tipificadas, como é a hipótese da participação em ensaios clínicos.

VI. É indispensável referir que os requisitos relativos à capacidade do titular consagrados no n.º 3 do artigo 38.º do Código Penal (Consentimento) não são coincidentes com os requisitos da capacidade civil, pois pressupõem somente uma capacidade natural para dar conta do significado e extensão do comportamento consentido. A eficácia do consentimento depende da capacidade de quem é chamado a prestá-lo – idade mínima 14 anos e discernimento necessário para avaliar o seu sentido e alcance no momento em que o exerce –, podendo a competência para o prestar ser deferida ao respectivo representante legal, em caso de menoridade ou de incapacidade do doente.

Existe, assim, uma falta de coerência no nosso ordenamento jurídico entre a lei civil e a penal ([599]).

Defendo que o Direito Civil deveria fixar, nesta matéria, o limite mínimo de idade de 14 anos nos termos exigidos no Código Penal.

([599]) Embora se encontrem já previstos alguns casos de "maioridade antecipada", como analisarei, ainda, na Parte II, Título II, Capítulo III, Secção II, n.º 89.3.2.1.

340 *Direito do Genoma Humano*

89.3. *Incapazes*

89.3.1. Interditos e inabilitados. Razão de ordem

Do quadro das incapacidades previstas no Direito Civil português fazem parte, além da menoridade, da interdição e da inabilitação, a incapacidade do artigo 131.º do Código Civil e a denominada incapacidade de facto.

O regime estabelecido para a incapacidade por menoridade constitui o modelo a que o legislador civil "recorre para integrar o tratamento jurídico das demais" [600]. Na mesma linha de orientação, abordarei no número seguinte o caso particular dos menores como modelo da incapacidade jurídica, limitando-me a singelas considerações relativamente às outras modalidades de incapacidade.

O regime da interdição encontra-se consagrado nos artigos 138.º a 151.º do Código Civil e concerne a casos de anomalia psíquica, surdez-mudez ou cegueira que tornem a pessoa inapta para se governar a ela própria e aos seus bens. A incapacidade tem que ser actual, permanente e resultar de uma decisão judicial que confirma a existência de uma das referidas causas.

A inabilitação está disciplinada nos artigos 152.º a 156.º e reporta-se a situações de anomalia psíquica, surdez-mudez ou cegueira mas que não sejam de tal modo graves que justifiquem a interdição e, aplica-se, ainda, às pessoas que, pela sua habitual prodigalidade ou pelo consumo de bebidas alcoólicas ou de estupefacientes, não sejam capazes de reger convenientemente o seu património [601].

A lei estabeleceu um regime especial no artigo 131.º para os indivíduos que ao atingirem a maioridade, tenham contra eles pendente uma acção de interdição ou de inabilitação.

Há, ainda, como refere Luís Carvalho Fernandes [602], casos em que a tutela dos interesses do autor do acto pode exigir a sua invali-

---

[600] Luís Carvalho Fernandes, *Teoria Geral do Direito Civil, I,* Ob. cit., pág. 325.

[601] Para além das causas de inabilitação previstas no Código Civil, segundo o preceituado na alínea b) do n.º 2 do artigo 189.º do Código da Insolvência e da Recuperação de Empresas, a insolvência culposa constitui causa de inabilitação com o regime especial contido no n.º 3 do artigo 189.º e no artigo 190.º.

[602] Luís Carvalho Fernandes, *Teoria Geral do Direito Civil, I,* Ob. cit., págs. 358-363.

O Princípio da Autonomia Privada Posto em Causa? 341

dação, que embora seja de facto atendível, não possa fundar-se numa situação de incapacidade, juridicamente inexistente. A denominação incapacidade de facto abrange toda uma panóplia de hipóteses e tem a vantagem de as contrapor às incapacidades jurídicas. Assim, e entre outros exemplos possíveis, são consideradas incapacidades de facto a incapacidade acidental do artigo 257.º do Código Civil e a inimputabilidade em sede de responsabilidade civil prevista no n.º 1 do artigo 488.º do mesmo Diploma.

89.3.2. O caso particular dos menores como modelo da incapacidade jurídica

89.3.2.1. *Tutela jurídica de situações de "maioridade antecipada"*

I. Na análise que passo a fazer do enquadramento jurídico da incapacidade, tomarei como ponto de referência os menores.

II. De acordo com o disposto no artigo 122.º do Código Civil [603] são menores os que ainda não completaram 18 anos de idade.

Logicamente que o facto de um indivíduo ter 18 anos não implica que tenha maturidade. O limite corresponde aos princípios de ordem geral, de segurança e de certeza jurídica.

III. Aliás, o nosso Direito, na linha de outros ordenamentos jurídicos [604][605][606], prevê diversas hipóteses de "maioridade ante-

---

[603] Todavia, como esclarece ANTÓNIO MENEZES CORDEIRO, *Tratado de Direito Civil Português, I, Tomo III*, Ob. cit., págs. 308-309, o dispositivo dos artigos 122.º e seguintes, aparentemente relativo a incapacidades de âmbito genérico, só tem aplicação na área do Direito das Obrigações e, mesmo aí, no domínio dos negócios mais significativos.

[604] No Brasil, em 1995, o CONSELHO NACIONAL DOS DIREITOS DA CRIANÇA E DO ADOLESCENTE, na Resolução n.º 41/95, consagrou o direito de todo o adolescente ter conhecimento adequado da sua enfermidade, dos cuidados terapêuticos e diagnósticos, rejeitando a sua fase cognitiva. Por sua vez, o Código de Ética dos Médicos Brasileiros, de 1988, inseriu o conceito de "menor maduro" ou da denominada "maioridade sanitária", no artigo 103.º. O Código proíbe o médico de "revelar segredo profissional referente a paciente menor de idade, inclusive a seus pais ou responsáveis legais, desde que o menor tenha capacidade de avaliar seu problema e de se conduzir por seus próprios meios para solucioná-lo, salvo quando a não revelação possa acarretar danos ao paciente."

342 Direito do Genoma Humano

cipada" ([607]). Nesta orientação, o artigo 58.º do Código de Trabalho permite a celebração de contrato de trabalho directamente com o menor que tenha completado 16 anos de idade ([608]).

O artigo 5.º do Código Civil brasileiro considera competentes para tomar decisões alguns adolescentes: são os chamados "menores emancipados" cuja incapacidade jurídica cessa por concessão dos pais, ou de um deles na falta do outro, mediante instrumento público, independentemente de homologação judicial ou por sentença do juiz, ouvido o tutor, se o menor tiver 16 anos completos (I), com o casamento (II), pelo exercício de emprego público efectivo (III), pela colação de grau em curso de ensino superior (III), pelo estabelecimento civil ou comercial (IV), ou pela existência de relação de emprego, desde que, em função deles, o menor com 16 anos completos tenha economia própria (V).

([605]) Também, nos Estados Unidos da América, a legislação de diversos Estados já tinha consagrado o conceito de "menor maduro" para tomar decisões na área da saúde de adolescentes com mais de 14 anos de idade. A legislação possibilita e facilita o acesso de adolescentes a medidas de prevenção, diagnóstico e tratamento precoce para certas condições patológicas como é o caso da SIDA, do abuso de álcool, droga, etc. Várias leis nos Estados Unidos da América autorizam que os profissionais de saúde atendam menores que se apresentem sozinhos nas consultas, sem ser necessário requerer a permissão dos respectivos responsáveis. Cfr. A. HOLDER, *Minors's right to consent to medical care*, «JAMA», 275, (24), 1987, págs. 400-402; A. ENGLISH, *Treating adolescents: legal and ethical considerations*, «Med. Clin. North Ann», 74, (5), 1990, págs. 1097-1112; I. KENNEDY/A. GRUBB, *Medical Law: text and materials*, Butterworth's, London, 1989, pág. 10; E. PURSSEL, *Listening to children: medical treatment and consent*, «J. Adv. Nurs.», 21, (4), 1995, págs. 623-624.

([606]) Cada vez mais pertinente a proposta de J. FEINBERG, *The child's right to open future. Whose child? Children's rights, parental authority and state power*, William Aiken and Hugh LaFollette Editors, Littlefield, Adams & Co., Totowa, N. J., 1980, págs. 24 e 27, de *Rights-in-trust* relativamente às crianças. A ideia de um direito actual da criança face ao exercício futuro da sua autonomia. Direito esse que deve ser tutelado desde logo, *ab initio*, para que possa ser exercido posteriormente.

([607]) Porém, há casos em que as pessoas com 18 anos não têm capacidade para a prática de determinados actos. Lembro, entre outros exemplos possíveis, que o artigo 122.º da Constituição da República Portuguesa determina que só são elegíveis para Presidente da República os cidadãos eleitores maiores de 35 anos. Também, o n.º 2 do artigo 1.º da Lei n.º 22/97, de 27 de Junho, exige 21 anos para a licença de uso e porte de arma.

([608]) Sendo, no entanto, necessário que o menor tenha concluído a escolaridade obrigatória e não haja oposição escrita dos seus representantes legais.

O contrato celebrado directamente com o menor que não tenha completado 16 anos ou não tenha concluído a escolaridade obrigatória só é válido mediante autorização escrita dos seus representantes legais.

Há, ainda, que referir que o menor tem capacidade para receber a retribuição devida pelo seu trabalho, excepto quando houver oposição escrita dos seus representantes legais.

IV. No Código Civil, o artigo 127.º confere capacidade para a administração e disposição dos bens adquiridos pelo trabalho desempenhado pelo maior de 16 anos assim como para os negócios da vida corrente do menor que, estando ao alcance da sua capacidade natural, impliquem apenas despesas, ou disposições de bens, de diminuta importância. E, ainda, para os negócios jurídicos respeitantes à profissão, arte ou ofício que o menor tenha sido autorizado a exercer, ou os praticados no exercício dessa mesma profissão, arte ou ofício. Por seu turno, o menor de 16 anos tem capacidade para contrair casamento, de acordo com o disposto na alínea a) do artigo 1601.º, *a contrario sensu* [609]. Segundo o preceituado no artigo 132.º, o menor é, de pleno direito, emancipado pelo casamento. E o artigo seguinte estatui que a emancipação confere ao menor plena capacidade de exercício de direitos, ficando habilitado a reger a sua pessoa e a dispor livremente dos bens a ele pertencentes como se fosse maior [610]. Nos termos do 1886.º, *a contrario sensu*, cabe aos filhos maiores de 16 anos decidir sobre a sua educação religiosa. A partir dos 16 anos pode perfilhar (artigo 1850.º, n.º 1). Chamo à colação o facto de a lei determinar o dever de o tribunal, antes de decidir, ouvir os menores de 14 anos na falta de acordo dos pais no exercício do poder paternal (artigo 1901.º, n.º 3) bem como para a nomeação do tutor (artigo 1931.º, n.º 2). Também, se exige o consentimento do adoptando maior de 12 anos para poder ser adoptado (alínea a) do artigo 1981.º). Ainda em sede de adopção, o juiz deverá ouvir os filhos do adoptante maior de 12 anos (alínea a) do artigo 1984.º).

---

[609] A autorização para o casamento do menor de 18 anos e maior de 16 deve ser concedida pelos progenitores que exerçam o poder paternal, ou pelo tutor (artigo 1612.º, n.º 1 do Código Civil e artigos 149.º e 150.º do Código do Registo Civil). Essa autorização pode ser suprida pelo Conservador do Registo Civil se razões ponderosas justificarem a celebração do casamento e o menor tiver suficiente maturidade física e psíquica (artigo 1612.º, n.º 2 do Código Civil). Cfr. artigos 1601.º, alínea a), 1604.º, alínea a), 1609.º, n.º 3, *a contrario sensu*, 1649.º do Código Civil e artigos 255.º e 257.º do Código de Registo Civil.

[610] Com a excepção prevista no artigo 1649.º que comina sanções especiais para o menor que tenha casado sem ter obtido previamente autorização dos pais ou do tutor, ou o respectivo suprimento judicial.

344 *Direito do Genoma Humano*

V. Por sua vez, o n.º 3 do artigo 8.º do Decreto-Lei n.º 185/93, de 22 de Maio [611], determina que a confiança administrativa só pode ser atribuída se, após audição do representante legal e de quem tiver a guarda de direito e de facto do menor e, ainda, do menor com idade superior a 12 anos, resultar, inequivocamente, que estes não se opõem a tal decisão.

VI. Refiro, também, o artigo 10.º da Lei de Protecção de Crianças e Jovens em Perigo [612] que estatui que a intervenção de entidades com competência em matéria de infância e juventude e de comissões de protecção de crianças e jovens (previstas, respectivamente, nos artigos 7.º e 8.º deste Diploma) depende da não oposição da criança ou do jovem com idade igual ou superior a 12 anos. A oposição da criança com idade inferior a 12 anos é considerada relevante de acordo com a sua capacidade para compreender o sentido da intervenção. E o n.º 1 do artigo 84.º disciplina que as crianças e os jovens com mais de 12 anos, ou com idade inferior, quando a sua capacidade para compreender o sentido da intervenção o aconselhe, são ouvidos pela comissão de protecção ou pelo juiz sobre as situações que deram origem à intervenção e relativamente à aplicação, revisão ou cessação de medidas de promoção e protecção.

VII. Por tudo isto, e em síntese, o Direito Civil português, em matéria de consentimento informado para a prática do acto médico, deveria conferir maior relevância à vontade do incapaz, com capacidade de discernimento para avaliar o seu sentido e alcance, na esteira da evolução verificada a nível do direito comparado e do nosso Código Penal. Chamo ainda em abono desta ideia, o facto de a própria lei civil já permitir em situações particulares, como as referidas anteriormente, a tomada de decisões importantes por indivíduos com idade inferior a 18 anos.

---

[611] Com as alterações introduzidas pelo Decreto-Lei n.º 120/98, de 8 de Maio, e pela Lei n.º 31/2003, de 22 de Agosto.

O Princípio da Autonomia Privada Posto em Causa?   345

89.3.2.2. *Poder paternal*

89.3.2.2.1. Conteúdo e limites do poder paternal

I. O Código Civil estabelece, nos artigos 124.º e 1877.º e seguintes, a regra geral da representação paternal para os incapazes menores ([613]).

No entanto, o conteúdo do poder paternal tem limites, circunscrevendo-se à salvaguarda do interesse dos filhos nas suas várias vertentes. O artigo 1878.º do Código Civil determina que os pais devem ter em atenção a opinião dos filhos nas questões familiares importantes, devendo-lhe reconhecer autonomia na organização da sua vida. O artigo 1888.º enuncia os casos em que os pais não têm a administração dos bens dos filhos. Por seu turno, o artigo 1874.º impõe como dever recíproco de pais e filhos o mútuo respeito, auxílio e assistência.

Todos os actos que extravasem os poderes de representação carecem para o seu exercício do recurso a entidades terceiras que estejam dotadas de poderes de representação dos menores atendendo, sempre, à prossecução dos seus melhores interesses.

Também o Código Deontológico da Ordem dos Médicos, nos artigos 38.º, n.º 2, e 39.º, estatui, como regra geral, a conveniência de as decisões dos representantes legais serem partilhadas com as dos menores e dos incapazes maiores, quando estes tenham discernimento e maturidade para tanto.

II. O poder paternal não é, assim, absoluto e, consequentemente, a opinião do filho deve ser tida em conta, sempre que a sua compreensão já o possibilite. E, precisamente, porque a autoridade dos pais

---

([612]) Aprovada pela Lei n.º 147/99, de 1 de Setembro, e alterada pela Lei n.º 31/2003, de 22 de Agosto.

([613]) Sobre a matéria do exercício do poder paternal, cfr. Luís Carvalho Fernandes, *Teoria Geral do Direito Civil, I,* Ob. cit., págs. 268-293; Maria de Fátima Abrantes Duarte, *O Poder Paternal. Contributo para o Estudo do seu Actual Regime,* A.A.F.D.L., Lisboa, 1989, págs. 146 e seguintes; Maria Clara Sottomayor, *Exercício do poder paternal relativamente à pessoa do filho após o divórcio ou a separação judicial de pessoas e bens,* Universidade Católica Editora, Porto, 2002, págs. 23 e seguintes.

346   *Direito do Genoma Humano*

não é absoluta a decisão de submeter os menores aos testes genéticos deve ser aferida pelos princípios da justiça e da não maleficência. Estes princípios limitam claramente os testes genéticos e medidas terapêuticas que não visem o bem da criança [614].

III. Assim, penso que os pais só devem ser autorizados a solicitar os testes genéticos para os filhos nos casos em que se preveja que a enfermidade se declare antes da idade adulta e seja necessária a tomada de medidas preventivas. Não o podendo fazer pela simples pretensão de quererem saber qual a constituição genómica dos descendentes [615][616].

Por exemplo, nos diagnósticos genéticos pré-sintomáticos de doenças de manifestação tardia os pais não devem solicitar esse teste para o seu descendente (incapaz de consentir) excepto se for de prever que do resultado desse exame possa decorrer a necessidade de uma terapia imediata. Caso contrário, o teste poderia violar o *eventual e futuro* direito do próprio a não saber [617].

---

[614] JORGE BISCAIA, *Consentimento*, in «Direitos do Homem e Biomedicina», Ob. cit., pág. 100.

[615] Cfr. artigo 17.º da Lei n.º 12/2005, de 26 de Janeiro, sobre Informação genética pessoal e informação de saúde, publicada no Diário da República, I Série- A, n.º 18, de 26 de Janeiro de 2005 (mas ainda não regulamentada). Por exemplo, o n.º 4 do artigo 17.º desta Lei, permite a realização de testes genéticos a menores desde que sejam efectuados em seu benefício e nunca em seu prejuízo, com o consentimento informado dos pais ou tutores, mas sempre que possível obtendo-se o seu consentimento. O n.º 5 desta disposição proíbe expressamente a realização de testes preditivos em menores para doenças de início habitual na vida adulta e que não tenham actualmente hipótese de prevenção ou de cura comprovadamente eficaz. Por sua vez, o n.º 6 do referido artigo estabelece que o diagnóstico pré-natal para doenças de início habitual na vida adulta e para as quais ainda não existe cura não pode ter lugar somente para mera informação dos pais, mas única e exclusivamente para efeitos de prevenção da doença ou deficiência e dentro dos prazos estipulados na lei.

[616] A título de exemplo, em França, o COMITÉ CONSULTATIF NATIONAL D' ÉTHIQUE POUR LES SCIENCES DE LA VIE ET DE LA SANTÉ, no *Avis sur l'application des tests génétiques aux études individuelles, études familiales et études de population, (Problèmes des "banques" de l'ADN, des "banques" de cellules et de l' informatisation des donées)*, du 24 juin 1991, recomendou que os pais só podem submeter os filhos a análises genéticas se se provar que a doença se pode manifestar antes dos dezoito anos ou que há vantagens em se adoptarem, desde logo, acções preventivas.

[617] O direito a não saber será analisado na Parte II, Título II, Capítulo IV, Secção II.

O Princípio da Autonomia Privada Posto em Causa? 347

Isto é, as crianças só devem ser submetidas a exames genéticos se daí resultar benefício directo para elas. Além disso, é necessário verificar se o adiamento do teste até à idade adulta diminui a vantagem de alguma possível intervenção. Se não for esta a hipótese, é preferível esperar até que a criança apresente condições para se pronunciar conscientemente sobre o seu intuito de fazer ou não o exame.

Entendo, também, que os pais não podem realizar intervenções sobre o genoma dos filhos apenas com objectivos eugénicos. Será correcto a criança poder sentir que não é amada por si mas pelas características que previamente foram criteriosamente seleccionadas e proporcionadas pelos genes escolhidos por outrem?!...

89.3.2.2.2. Singularidade da confissão religiosa Testemunhas de Jeová

I. Chamo, ainda, à colação a controversa questão dos progenitores pertencentes a determinada religião [618][619] que não autorizam uma transferência sanguínea vital [620] para o filho menor [621].

II. Segundo o preceituado no n.º 1 do artigo 11.º (Educação religiosa dos menores) da Lei da Liberdade Religiosa, os pais [622] têm o direito de educação dos filhos em coerência com as próprias

---

[618] Por exemplo, a confissão religiosa Testemunhas de Jeová.

[619] O caso do adulto (capaz) que não consente, por razões religiosas, que nele seja feita uma transfusão de sangue será abordado na Parte II, Título II, Capítulo III, Secção IV, n.º 95.

[620] Entendo que a falta de consentimento ou o dissentimento dos pais só será admissível, quanto muito, quando não existir risco de morte iminente associado ao estado do doente.

[621] Lembro que o mencionado n.º 3 do artigo 38.º do Código Penal considera eficaz o consentimento prestado por quem tiver mais de 14 anos e possuir o discernimento necessário para poder avaliar o seu sentido e alcance.

[622] Na mesma orientação, o artigo 2.º do Protocolo Adicional n.º 1 à Convenção Europeia dos Direitos do Homem, o artigo 5.º da Declaração das Nações Unidas sobre a Eliminação de Todas as Formas de Intolerância e de Discriminação Fundadas na Religião e na Convicção, e o n.º 4 do artigo 18.º do Pacto de Direitos Civis e Políticos, determinam que os pais e, na sua falta, os tutores legais têm liberdade para escolher a educação religiosa e moral dos seus filhos de acordo com as suas convicções.

348   *Direito do Genoma Humano*

convicções em matéria religiosa, mas no respeito da integridade moral e física dos filhos e sem prejuízo da saúde destes [623][624].

III. Nas situações em que os pais não dão o consentimento [625] para uma transfusão sanguínea vital para o filho mas não se impõe urgência, justifica-se o recurso ao tribunal para que este fixe as medidas necessárias, designadamente, a inibição do exercício do poder paternal [626][627][628], nomeando-se um curador especial para a representação do menor [629].

---

[623] Lei n.º 16/2001, de 22 de Junho, publicada no Diário da República, I Série-A, n.º 143, de 22 de Junho de 2001.

[624] O n.º 2 do artigo 11.º da referida Lei da Liberdade Religiosa determina que os menores, a partir dos 16 anos de idade, têm o direito de realizar por si as escolhas relativas a liberdade de consciência, de religião e de culto.

[625] A exigência do consentimento dos representantes encontra-se consagrada, em termos gerais, nomeadamente no artigo 6.º da Convenção sobre os Direitos do Homem e a Biomedicina e no artigo 38.º do Código Deontológico da Ordem dos Médicos.

[626] Cfr., entre outros, o Parecer da Procuradoria-Geral da República, de 16 de Janeiro de 1992 (homologado em 7 de Julho de 1992). Segundo este Parecer o poder paternal é entendido como um poder-dever, um poder funcional que deve apenas ser exercido com o intuito de proteger o menor.

É corrente a identificação do poder paternal como um exemplo de poder funcional. Porém, como ensina Luís CARVALHO FERNANDES, *Teoria Geral do Direito Civil, I,* Ob. cit., págs. 268-269, esta construção do instituto só tendencialmente é verdadeira. No poder paternal existem, de facto, diversos poderes dos pais que assumem aquela configuração, a qual corresponde mesmo à normalidade das situações. Todavia, o poder paternal não se esgota neles.

O poder paternal, no entendimento do Autor, "deve ser qualificado como um instituto complexo" que abrange, "sem dúvida, poderes funcionais (v.g., o poder de dirigir a educação dos filhos, estabelecido no n.º 1 do art. 1878.º)" e "casos de verdadeiros direitos subjectivos (o direito de os pais utilizarem os rendimentos dos bens dos filhos na satisfação de necessidades da família, previsto no n.º 1 do art. 1896.º), deveres jurídicos (o dever de prover ao sustento e outras despesas dos filhos, como se estatui nos arts. 1879.º e 1880.º), e, hoje, mesmo um caso de obrigação natural (cfr. n.º 2 do art. 1895.º)".

Assim, "constitui uma visão limitada do instituto reconduzi-lo à categoria de poder funcional".

[627] Como esclarece Luís CARVALHO FERNANDES, *Teoria Geral do Direito Civil, I,* Ob. cit., pág. 286, "o regime de exercício do poder paternal traduz, em larga medida", "a confiança depositada pelo legislador numa actuação dos progenitores conforme aos interesses dos filhos menores", alicerçada nos "laços familiares particularmente intensos que entre eles se estabelecem. A intervenção do legislador, neste domínio, é, por isso, mais repressiva do que preventiva. Esta nota, que domina o regime do poder paternal, é bem patente na

O Princípio da Autonomia Privada Posto em Causa?　　349

IV. Nos casos em que o factor tempo está em causa, a vida do menor se encontra em risco e os pais não dão o consentimento, prevalece o princípio da beneficência [630][631], devendo, portanto, o médico proceder à transfusão de sangue. O consentimento dos pro-

---

inibição e nas limitações ao seu exercício". O Autor defende que "numa caracterização genérica, a inibição do exercício do poder paternal configura-se como uma *impossibilidade jurídica do seu exercício*. Não há, pois, uma cessação do poder paternal. Embora a lei não se ocupe especificamente do problema, o único entendimento a ela conforme é o de a inibição do poder paternal não afectar a sua titularidade, mas apenas o exercício. Neste sentido não pode deixar de se atribuir significado relevante ao facto de o legislador utilizar sempre a expressão *inibição do exercício* do poder paternal (cfr., v.g., n.º 1 do art. 1913.º, art. 1914.º e n.º 1 do art. 1915.º, todos do C. Civ.)".

[628] A inibição, total ou parcial, do exercício do poder paternal pode ser requerida pelo curador, qualquer parente do menor ou pessoa a cuja guarda o menor esteja confiado, de facto ou de direito, quando qualquer dos pais infrinja culposamente os deveres para com os filhos, com grave prejuízo destes, ou quando, por inexperiência, doença, ausência ou outras razões, não se mostre em condições de cumprir aqueles deveres. A acção de inibição do exercício do poder paternal encontra-se regulada nos artigos 194.º e seguintes da Organização Tutelar de Menores (aprovada pelo Decreto-Lei n.º 314/78, de 27 de Outubro, alterado pelos Decretos-Leis n.ºs 185/93, de 22 de Maio, 48/95, de 15 de Março, 58/95, de 31 de Março, 120/98, de 8 de Maio, e pelas Leis n.ºs 133/99, de 28 de Agosto, 147/99, de 1 de Setembro, 166/99, de 14 de Setembro e 31/2003, de 22 de Agosto. Os artigos 1.º a 145.º do Decreto-Lei n.º 314/78, de 27 de Outubro foram revogados pelo n.º 1 do artigo 4.º do Decreto-Lei n.º 147/99, de 1 de Setembro e pelo n.º 1 do artigo 4.º da Lei n.º 166/99, de 14 de Setembro, diplomas que entraram em vigor a 1 de Janeiro de 2001).

[629] Nos EUA, em 1983, o caso *Baby Doe*, relativo a um bebé recém nascido que tinha trisomia 21 e cujos pais não autorizavam a realização de intervenção cirúrgica, prosseguiu até ao Supremo Tribunal.

[630] Este princípio encontra-se previsto, designadamente, no artigo 8.º da Convenção sobre os Direitos do Homem e a Biomedicina. Segundo o preceituado nesta disposição, quando, devido a um caso de urgência, não puder ser obtido o consentimento apropriado, poder-se-á proceder imediatamente ao acto médico indispensável em benefício da saúde do indivíduo em questão.

[631] O CONSELHO NACIONAL DE ÉTICA PARA AS CIÊNCIAS DA VIDA no *Parecer 46/CNECV/05 sobre Objecção ao Uso de Sangue e Derivados para Fins Terapêuticos por Motivos Religiosos* defende que "...os doentes menores de idade carentes de discernimento necessário não podem considerar-se como tendo competência para assumir decisões sobre cuidados de saúde, pelo que são justificados os actos terapêuticos para os quais não foi obtido consentimento e que se destinam a salvar a sua vida ou prevenir sequelas, designadamente a administração de sangue e hemoderivados...deve ser requerida a autorização dos representantes legais, prevalecendo igualmente, em caso de recusa, o dever de agir decorrente do princípio da beneficência, porquanto aquela autorização não corresponde ao exercício da autonomia..." (disponível em http://www.cnecv.gov.pt/).

350 *Direito do Genoma Humano*

genitores não corresponde ao exercício da autonomia privada do menor; a autonomia da vontade é corolário da própria identidade pessoal.

Aliás, quando não se verifiquem outras razões relativas ao estado de saúde do menor que justifiquem a recusa dos pais, ou seja impossível, ou pura e simplesmente perigoso esperar, em virtude da urgência do procedimento clínico em causa, para recorrer ao tribunal, é corrente o entendimento de que o médico tem não só o poder como até o dever de agir sem o consentimento ou mesmo com o dissentimento dos pais [632][633]. A vida é o bem principal, tornando a realização do acto médico um dever fundamental, sobrepondo-se aos demais.

V. Parece-me que o acto médico praticado sem o consentimento dos representantes legais não pode ser enquadrado no tipo de crime disciplinado no artigo 156.º (Intervenções e tratamentos médico-cirúrgicos arbitrários) do Código Penal, no capítulo dos crimes contra a liberdade pessoal, dado que esta disposição exige o consentimento do doente e não prevê o instituto da representação. O princípio da legalidade bem como o da tipicidade impossibilitam a constatação deste tipo de delito. Deste modo, estamos perante um vazio legal, uma "lacuna" que não poder ser colmatada por "interpretação extensiva" [634]. Os representantes não têm o direito de dispor da vida do

---

[632] MANUEL DA COSTA ANDRADE, *Consentimento e Acordo em Direito Penal*, Ob. cit., págs. 412 e seguintes; JOÃO ÁLVARO DIAS, *Procriação assistida e Responsabilidade Médica, Stvdia Ivridica*, 21, Coimbra Editora, Coimbra, 1996, págs. 288 e seguintes; JOÃO VAZ RODRIGUES, *O consentimento informado para o acto médico no ordenamento jurídico português (Elementos para o estudo da manifestação da vontade do paciente)*, Centro de Direito Biomédico da Faculdade de Direito da Universidade de Coimbra, Coimbra Editora, Coimbra, 2001, págs. 214 e seguintes.

[633] Todavia, o n.º 3 da Base XIV da Lei de Bases da Saúde - Lei n.º 48/90, de 24 de Agosto – dispõe que a lei deve prever as condições em que os representantes legais dos menores e incapazes podem exercer os direitos que lhes cabem, designadamente, o de recusarem a assistência, com observância dos princípios constitucionais definidos.

[634] JOÃO VAZ RODRIGUES, *O consentimento informado para o acto médico no ordenamento jurídico português (Elementos para o estudo da manifestação da vontade do paciente)*, Ob. cit. , pág. 215.

menor. A falta de consentimento dos pais ([635]) não pode, de forma alguma, ser concebida como exercício ([636]) da autonomia da vontade do menor tutelada pelo referido artigo 156.º.

VI. O médico deve, assim, obter o consentimento informado do menor de 14 anos ([637]), sob pena de poder ser acusado de estar a praticar o crime de intervenções e tratamentos médico-cirúrgicos arbitrários estatuído no referido artigo 156.º, além de poder ser responsabilizado civil e disciplinarmente.

É, também, oportuno salientar que o artigo 69.º (Infância) da Constituição da República Portuguesa consagra o princípio de que as crianças gozam do direito a especial protecção da sociedade e do Estado contra todas as formas de opressão e de discriminação assim como contra o exercício abusivo da autoridade na família e noutras instituições. Por sua vez, a já citada Lei de Protecção de Crianças e Jovens em Perigo tem por objecto a promoção dos direitos e a protecção das crianças e dos jovens em perigo, de forma a garantir o seu bem-estar e desenvolvimento integral ([638])([639]).

89.3.2.3. Tutela, administração de bens e regimes especiais de suprimento da incapacidade dos menores

I. Além do poder paternal, o artigo 124.º do Código Civil determina que a incapacidade dos menores é suprida subsidiariamente pela tutela.

([635]) Por outras palavras, pelas razões carreadas, o médico não pode ser acusado pelos representantes do menor de ter cometido o crime previsto no artigo 156.º do Código Penal por ter procedido à transfusão sanguínea sem o consentimento daqueles.

([636]) Exercício, aliás, em representação.

([637]) Cfr., uma vez mais, o n.º 3 do artigo 38.º do Código Penal.

([638]) Mais concretamente o n.º 1 do artigo 3.º da Lei de Protecção de Crianças e Jovens em Perigo estatui que a intervenção para promoção dos direitos e protecção da criança e do jovem em perigo tem lugar quando os pais, o representante legal ou quem tenha a guarda de facto ponham em perigo a sua segurança, saúde, formação, educação ou desenvolvimento, ou quando esse perigo resulte de acção ou omissão de terceiros ou da própria criança ou do jovem a que aqueles não se oponham de modo adequado a removê-lo.

([639]) Cfr., também, a Lei Tutelar Educativa – Lei n.º 166/99, de 14 de Setembro.

352 *Direito do Genoma Humano*

II. A tutela constitui o meio subsidiário ou sucedâneo de suprimento da incapacidade dos menores, que só tem lugar quando o poder paternal não pode, em absoluto, ser exercido [640].

III. O artigo 124.º daquele Diploma não se reporta ao instituto da administração de bens nem a casos especiais de suprimento da incapacidade dos menores.

IV. Todavia, como ensina Luís Carvalho Fernandes, ainda que o legislador tivesse deixado de lado determinados casos especiais, "que podiam ser omitidos num preceito geral como o artigo 124.º", devia ter feito alusão à administração de bens, como meio complementar do poder paternal ou da tutela. O Autor explica que a única razão para a formulação desta disposição é a de a administração de bens não ser um meio de suprimento que possa existir isoladamente [641].

V. A administração de bens é um meio complementar do poder paternal ou da tutela. Ou seja, não tem lugar isoladamente; ela coexiste sempre com o poder paternal ou com a tutela.

Encontra-se disciplinada, nomeadamente, nos artigos 1922.º a 1926.º e 1967.º a 1972.º do Código Civil [642].

---

[640] No instituto da tutela, cfr., no Código Civil, designação do tutor, artigos 1927.º a 1934.º; direitos e obrigações do tutor, artigos 1935.º a 1947.º; remoção e exoneração do tutor, artigos 1948.º a 1950.º; conselho de família, artigos 1951.º a 1960.º; termo da tutela, artigo 1961.º; tutela de menores confiados a estabelecimentos de educação ou assistência, artigo 1962.º.

Cfr. Artigo 146.º, alínea a) e artigo 210.º da Organização Tutelar de Menores.

Cfr., na Lei de Protecção de Crianças e Jovens em Perigo, entre outras disposições, o artigo 69.º que estabelece o dever das comissões de protecção de crianças e jovens em perigo de comunicarem, ao Ministério Público, para efeitos de procedimento cível, as situações de facto do seu conhecimento que possam determinar a instituição da tutela.

Cfr., no Código Penal, o artigo 179.º que determina a inibição do exercício poder paternal, da tutela ou da curatela, por um período de 2 a 5 anos, para quem for condenado por crime previsto nos artigos 163.º a 176.º, atenta a gravidade do facto e a sua conexão com a função exercida pelo agente.

[641] Luís A. Carvalho Fernandes, *Teoria Geral do Direito Civil, I,* Ob. cit., pág. 267.

[642] Cfr., também, artigos 146.º, alínea a), 149.º e 210.º da Organização Tutelar de Menores.

O Princípio da Autonomia Privada Posto em Causa? 353

VI. Relativamente aos casos especiais de suprimento da incapacidade dos menores, refiro os representantes especiais ([643]), o protutor ([644]), o agente do Ministério Público ([645]) e os representantes de facto ([646]).

([643]) Como exemplos de representantes especiais, refiro a pessoa a quem, provisoriamente, o menor será confiado, no caso de estar em perigo a segurança, a saúde, a formação moral ou a sua educação, depois da morte do progenitor a quem estava confiado – artigo 1908.º do Código Civil; curador especial para aceitação de herança, legado ou doação – artigo 1891.º do mesmo Diploma; curador especial para representar o menor se houver conflito de interesses cuja resolução dependa de autoridade pública, entre qualquer dos progenitores e o filho sujeito ao poder paternal, ou entre os filhos – n.º 2 do artigo 1881.º do Código Civil; curador especial para representar o menor se houver conflito de interesses com o tutor – alínea c) *in fine* do artigo 1956.º do Código Civil; curador provisório, no caso de confiança judicial em processo de adopção - artigo 167.º da Organização Tutelar de Menores; curador especial e curador provisório para finalidades processuais – artigo 11.º do Código de Processo Civil e alínea b) do artigo 147.º da Organização Tutelar de Menores.

([644]) Cfr. artigos 1955.º e 1956.º do Código Civil.

([645]) Segundo o disposto no artigo 15.º do Código de Processo Civil, compete ao Ministério Público a defesa do incapaz e do ausente. O agente do Ministério Público pode actuar em diversas situações, para defesa do menor, tais como: inibição do exercício do poder paternal – n.º 1 do artigo 1915.º do Código Civil; remoção do tutor – artigos 1948.º e 1949.º do mesmo Diploma; remoção do administrador de bens – artigo 1972.º do Código Civil; remoção dos vogais do conselho de família – artigo 1960.º do Código Civil; anulação de actos praticados pelos pais em contravenção do preceituado no artigo 1889.º (que fixa os actos cuja validade depende de autorização do tribunal) e no artigo 1892.º (que estabelece a proibição de os pais adquirirem, sem autorização do tribunal, bens do filho sujeito ao poder paternal) prevista no artigo 1893.º do Código Civil; estabelecimento das providências adequadas, quando existir perigo para a segurança, saúde, formação moral e educação de um menor e não seja caso de inibição do exercício do poder paternal – artigo 1918.º do Código Civil; instauração de providências adequadas, quando a má administração ponha em perigo o património do menor e não seja situação de inibição do exercício do poder paternal – artigo 1920.º do Código Civil.

([646]) Os representantes de facto são pessoas a cuja guarda o menor esteja de facto confiado, nos termos do n.º 1 do artigo 1915.º do Código Civil. A alínea b) do artigo 5.º da Lei de Protecção de Crianças e Jovens em Perigo define guarda de facto como sendo a "relação que se estabelece entre a criança ou o jovem e a pessoa que com ela vem assumindo, continuadamente, as funções essenciais próprias de que tem responsabilidades parentais".

O representante de facto pode requerer, entre outros exemplos possíveis, a inibição do exercício do poder paternal – n.º 1 do artigo 1915.º do Código Civil; o estabelecimento de providências adequadas – artigo 1918.º do mesmo Diploma; a remoção do tutor – artigo 1949.º do Código Civil; remoção do administrador de bens – artigo 1972.º do referido Código; remoção dos vogais do conselho de família – artigo 1960.º do Código Civil.

354 *Direito do Genoma Humano*

VII. Dada a extensão deste trabalho, circunscrevi-me ao caso do poder paternal que constitui o principal meio de suprimento da incapacidade dos menores, limitando-me a estas singelas referências em sede de tutela, administração de bens e regimes especiais de suprimento da incapacidade dos menores.

89.3.2.4. Participação de menores em investigações biomédicas

I. Umas brevíssimas palavras ainda relativas à protecção das pessoas que não têm capacidade para consentir numa investigação. A Convenção sobre os Direitos do Homem e a Biomedicina, de 4 de Abril de 1997, admite, a título excepcional e sob condições muito restritas (previstas no artigo 17.º) ([647]) que se realizem, em pessoas que não têm capacidade para consentir, pesquisas que, embora não acarretando benefícios directos para a sua saúde e constituindo apenas

---

([647]) Para melhor explicitação da matéria, parece-me útil transcrever o artigo 17.º (Protecção das pessoas que careçam de capacidade para consentir numa investigação):

"1 – Nenhuma intervenção pode ser levada a efeito sobre uma pessoa que careça, nos termos do artigo 5.º, de capacidade para nela consentir, senão quando estiverem reunidas as seguintes condições:

    i)   As condições enunciadas no artigo 16.º, alíneas (i) a (iv) estejam preenchidas;

    ii) Os resultados da investigação admitam um benefício real e directo para a sua saúde;

    iii) A investigação não possa ser efectuada com uma eficácia comparável sobre sujeitos capazes de nela consentir;

    iv) A autorização prevista no artigo 6.º, tenha sido dada especificamente e por escrito; e

    v) A pessoa em causa não tenha manifestado a sua oposição.

2 – A título excepcional e nas condições de protecção prescritas na lei, uma investigação cujos resultados não comportam um benefício directo para a saúde da pessoa envolvida pode ser autorizada se estiverem reunidas as condições enunciadas nas alíneas (i), (iii), (iv) (v) do anterior n.º 1, bem como as seguintes condições suplementares:

    i)   A investigação tenha como finalidade contribuir, através de uma melhoria significativa do conhecimento científico do estado de saúde da pessoa, da sua doença ou perturbação, para obtenção, a prazo, de resultados que permitam um benefício para a pessoa em causa ou para outras pessoas do mesmo grupo etário ou que sofram da mesma doença ou perturbação ou apresentando as mesmas características.

    ii) A investigação apenas represente um risco mínimo, bem como uma coacção mínima para a pessoa em questão."

O Princípio da Autonomia Privada Posto em Causa? 355

um risco mínimo, possam reverter em benefício de outras que estejam em condições semelhantes ([648]).

II. Em Portugal, e no caso concreto dos menores que chamei à colação como modelo da incapacidade jurídica, o artigo 7.º (Participantes menores) da Lei n.º 46/2004, de 19 de Agosto, que aprova o regime jurídico aplicável à realização de ensaios clínicos com medicamentos de uso humano ([649])([650]), determina que o consentimento deve ser prestado pelos representantes legais, o qual deve reflectir a vontade presumível do menor, podendo ser revogado a todo o tempo, sem prejuízo para o menor.

Esta disposição exige que o menor receba previamente, por parte de pessoal qualificado do prisma pedagógico, informações relativas ao ensaio bem como aos riscos e benefícios, adequadas à sua capacidade de compreensão. Além disso, o ensaio só pode ser realizado depois de considerado o desejo expresso do menor que seja capaz de emitir uma opinião e avaliar as informações de se recusar a participar ou de se retirar do ensaio a qualquer momento.

III. Penso que os menores devem ter direito de decidir sempre que já tenham a compreensão suficiente para consentir, e desde que os riscos envolvidos sejam mínimos. Podendo, assim, contribuir solidariamente para o bem comum.

Em nome do princípio da solidariedade social cada pessoa pode assumir uma quota de sacrifício ou de risco para o bem da sociedade. Todavia, é necessário compreender adequadamente esta ideia para se evitar desembocar numa concepção colectivista de saúde. Não é possível aplicar a noção de parte e de todo, respectivamente, ao indivíduo e à sociedade: na pessoa concreta encontra-se o valor global e a razão principal da própria existência da sociedade.

Os interesses da Humanidade sobrepõem-se, aqui, aos valores individuais. A justificação carreada é a de que se esta investigação

---

([648]) É o caso, por exemplo, dos pacientes em coma ou dos doentes de Alzheimer.

([649]) Publicada no Diário da República, I – Série A, n.º 195, de 19 de Agosto de 2004.

([650]) Revoga o Decreto-Lei n.º 97/94, de 9 de Abril, sobre ensaios clínicos em seres humanos.

356   *Direito do Genoma Humano*

fosse totalmente proibida não seria possível debelar determinadas doenças [651][652].

Esta questão ilustra o relevantíssimo dilema produto do conflito entre os valores individuais – dignidade, integridade e autonomia da pessoa humana – e os interesses da sociedade – o desenvolvimento do tratamento e cura de enfermidades bem como o progresso científico [653].

90. Voluntariedade

I. O único consentimento conforme com a dignidade da pessoa é o que é dado com liberdade. A liberdade é indispensável para a autodeterminação do indivíduo e para a sua realização pessoal. O livre consentimento pode ser viabilizado, favorecido ou obstaculizado [654] de vários modos.

---

[651] O primeiro registo científico de que se tem notícia sobre a utilização de um contrato relativo a investigações em seres humanos data de 19 de Outubro de 1833. William Beaumont (1785-1853) foi o médico responsável pela realização das experiências e Alexis St. Martin o sujeito da investigação. Alexis receberia além de casa e alimentação 150,00 dólares para estar disponível por um ano para todas as experiências que fossem necessárias. Alexis tinha uma sequela de um tiro acidental de uma arma de fogo que possibilitava a observação do interior do seu estômago. William Beaumont é tido como sendo o primeiro fisiologista norte-americano.

[652] William Beaumont, em 1833, estabeleceu o primeiro código de ética na investigação, de que se tem conhecimento. Era constituído por um conjunto de regras para uma "investigação responsável". Uma dessas normas consagrava a necessidade do consentimento voluntário dos indivíduos que participassem na experiência. Uma outra directriz permitia que o projecto pudesse ser abandonado quando o participante assim o pretendesse. Cfr. WILLIAM BEAUMONT, *Experiments and observations in the gastric juice and the physiology of digestion*, Mineola, Dover, New York, 1833, págs. 58-70.

[653] A título de curiosidade, recordo alguns casos de extremado altruísmo. Assim, no século XIX, Eusébio Valli, injectou, em si próprio, uma mistura de pus variólico e pestoso; mais recentemente, Lázaro Spallanzani, para investigar o mecanismo da digestão, consumiu, reiteradamente, tubos com alimentos diferentemente preparados; Parker contraiu, voluntariamente, a febre, morrendo por causa disso; Desgenettes inoculou o conteúdo de um bubão de peste; Pettenkoffer ingeriu bacilos de cólera; Lindermann injectou, em si mesmo, uma substância causadora da sífilis; o médico Verner Forssman experimentou o cateterismo cardíaco, pela primeira vez, em si próprio, Pierre Currie queimou-se voluntariamente ao submeter-se à acção do rádio.

[654] Em 1967, o Comité Internacional Olímpico tomou a decisão de sujeitar todas as concorrentes femininas a uma análise comprovativa da sua "feminilidade". Assim, em 1992,

O Princípio da Autonomia Privada Posto em Causa?   357

Voluntariedade significa ausência de coacções físicas ou morais, o que não implica, logicamente, o afastamento do paciente de todo e qualquer conselho por parte de terceiros. A sua liberdade, face a testes genéticos ou terapia génica, pode estar sujeita a influência e a pressões oriundas de familiares, amigos, profissionais de saúde, etc.

II. Na defesa da liberdade de decisão é necessário ser, concomitantemente, exigente e realista: exigente na busca da maior liberdade possível, porém, realista, não pretendendo dela uma liberdade total, impossível à pessoa, uma vez que a liberdade se encontra sempre condicionada. A liberdade está limitada não só por factores externos, mas, também, pela disposição interna do próprio ser. A liberdade individual é sempre relativa e nunca absoluta porque ninguém consegue satisfazer todos os seus desejos sem entrar em conflito com as pretensões dos demais.

A lucidez face aos condicionamentos existentes é uma importante via para um maior grau de liberdade. Esta está, também, dependente do próprio contexto em que o consentimento é dado, por exemplo, da altura em que é prestado (antes ou depois da entrada no hospital, etc) ou da forma como é obtido (pela mera assinatura de formulários, explicado, etc). Os médicos necessitam, ainda, de ter em atenção o estatuto social, o nível cultural bem como o estado emocional (ansiedade, medo, etc) do paciente de modo a velarem pela maior pureza possível da sua liberdade do consentimento.

Todavia, a decisão do doente nem sempre é de cumprimento obrigatório. Caso solicite algo contrário à consciência do médico, este tem o direito de recusar.

---

as candidatas aos Jogos Olímpicos de Albertville foram submetidas a um teste genético de feminilidade. Vários médicos e biólogos protestaram contra a utilização dos exames para estes fins. A análise do DNA deve ser feita apenas por indicação médica ou judiciária, o que não era o caso. Tratava-se de competições desportivas. A única eventual consequência, longe de revestir natureza médica, seria a eliminação, *tout court*, da concorrente dos referidos Jogos. Este exemplo configura um caso em que o consentimento está fora de questão. A pessoa que não faça o teste está proibida de participar na competição. Esta situação consubstancia, sem dúvida, uma violação do princípio da autonomia da vontade. Cfr. COMITÉ CONSULTATIF NATIONAL D' ÉTHIQUE FRANÇAIS POUR LES SCIENCES DE LA VIE ET DE LA SANTE, *Avis n.º 30*, du 27 janvier 1992, e, também, JEAN-YVES NAU, *La féminité peut-elle être mise en cartes génétiques?*, «Le Monde», 28 janvier 1992.

358   *Direito do Genoma Humano*

91. Informação

91.1. *Noção e âmbito*

I. Depois de ter analisado a voluntariedade, cabe, agora, uma abordagem da informação como elemento do consentimento.

Aliás, a informação é companheira da liberdade; ou, se preferível, informação e liberdade caminham lado a lado de mãos dadas nas *estradas* do consentimento. Arriscar-me-ia, mesmo, a afirmar que sem esclarecimento não há liberdade. Com efeito, é verdadeiramente livre o consentimento prestado pelo doente sobre algo que desconhece?!...

Por consentimento informado, em termos amplos, entende-se o assentimento ([655]) livre e esclarecido que cada pessoa deve prestar com relação a quaisquer actos médicos a serem praticados em si própria.

Esta noção engloba os actos médicos de incidência somática e psíquica. Pode ter como finalidade a prevenção, identificação genética, diagnóstico, experimentação ou terapia e ser exercido quer em pessoas sãs quer em doentes ([656]).

A prevenção visa, como o próprio nome indica, impedir, evitar que a enfermidade se declare.

A identificação genética concerne à utilização da técnica pela qual o DNA de cada indivíduo fornece um perfil electroforético de bandas que é característica exclusiva da pessoa.

Os actos de diagnóstico abrangem, designadamente, os diagnósticos pré-sintomáticos de doenças monogénicas, os diagnósticos de predisposições e os diagnósticos de predição de riscos para futuras gerações.

Os actos de experimentação dizem respeito aos ensaios clínicos de medicamentos e terapêuticas em fase experimental.

Por fim, nos actos com fins terapêuticos o consentimento informado visa, regra geral, uma relação apenas bilateral, isto é, entre o doente e o médico. Situações excepcionais podem exigir, também, o

---

([655]) Daniel Serrão, *Consentimento informado*, in «Bioética», Ob. cit., pág. 79, afirma que preferiria a designação assentimento ou concordância.

([656]) Luís Archer, *Ainda os Direitos do Homem. O consentimento informado*, «Brotéria», Vol. 148, n.º 2, Lisboa, Fevereiro de 1999, págs. 156-157.

consentimento de um terceiro. Por exemplo, no caso de um transplante de órgãos é necessário o consentimento do dador.

II. O artigo 573.º do Código Civil estatui genericamente sobre a obrigação de informação, afirmando a sua existência sempre que o titular de um direito tenha dúvida fundada acerca da sua existência ou do seu conteúdo e outrem esteja em condições de prestar as informações necessárias.

91.2. *Critérios. Posição adoptada*

I. São inúmeros os critérios sugeridos relativamente à espécie de informação que deve ser transmitida ao doente.

II. De acordo com o critério clássico, designado de profissional, devem ser revelados ao paciente os elementos fixados pelas normas e costumes do conjunto de profissionais da saúde, tendo em atenção o estado actual dos conhecimentos. Este método é o que proporciona uma defesa mais segura da classe médica, na hipótese de litígios judiciais, por erro ou negligência. A principal crítica que lhe pode ser feita é a de não levar suficientemente em conta a vontade do principal interessado, deixando tudo ao livre arbítrio dos médicos que podem estar pouco preocupados com a autonomia da vontade do indivíduo e, que é, no fundo, o objectivo precípuo do consentimento informado.

III. Segundo o denominado critério médio, não profissional ou critério de uma pessoa normal, a informação a prestar é determinada tendo como padrão um hipotético indivíduo *normal* que simbolize a média da colectividade. O que esta pessoa quiser saber e puder compreender sobre as actividades médicas, constitui o conteúdo, o núcleo da informação a ser transmitida. Os defensores deste método entendem que o princípio da autonomia privada está mais tutelado com este método do que com o anterior, ao passo que o médico não está tão protegido relativamente a uma possível reclamação do doente. No entanto, considero que é um pouco ambíguo. Este critério baseia-se numa abstracção do que seria uma pessoa média, o padrão da

360   *Direito do Genoma Humano*

figura hipotética do indivíduo razoável. A dificuldade de definição do que se deve reputar de indivíduo *normal* faz com que seja um tanto ou quanto arbitrário.

IV. O critério subjectivo exige uma abordagem informativa adequada a cada pessoa, de acordo com os seus valores e expectativas. As informações devem ser adaptadas às particularidades do caso e às condições culturais, sociais e psicológicas do doente. O médico, fundamentando-se nos conhecimentos científicos e na sua experiência pessoal, deve tentar descobrir o que aquele doente quer e precisa saber.

Este critério proporciona uma tutela mais eficaz da autonomia da pessoa e constitui um estímulo para os médicos procurarem conhecer melhor as preocupações de cada doente e com eles estabelecerem uma boa relação. Porém, penso que o método subjectivo não pode ser considerado exemplar, uma vez que tem como referência um paciente concreto e aquilo que ele pode querer saber e entender relativamente à tomada de decisões. A informação a transmitir fica determinada pelas necessidades específicas daquele indivíduo.

V. O ideal seria tentar uma solução de compromisso razoável entre o segundo e o terceiro critérios.

As decisões relativas à informação a ser fornecida ao doente defrontam-se com muitas dificuldades e movem-se, frequentemente, num clima um tanto ou quanto delicado. O médico tem o dever de promover a autonomia do paciente e simultaneamente de zelar pelo seu bem-estar. No entanto, não são de excluir eventuais problemas devido ao medo de que a revelação de alguns elementos possa conduzir o paciente a tomar opções nitidamente irracionais. Além disso, o estado emocional em que o doente se encontra (ansiedade, medo), a capacidade de compreensão, o nível social, económico e cultural são aspectos a ter sempre em consideração para uma melhor informação. Por vezes, o próprio temor reverencial do paciente relativamente ao médico, a falta de tempo deste, as dúvidas sobre as eventuais alternativas, a complexidade dos testes e das terapias génicas a explicar são alguns exemplos de factores que dificultam uma informação adequada. O médico, para melhor se proteger contra possíveis

O Princípio da Autonomia Privada Posto em Causa?   361

reclamações, pode ter tendência para se exceder em informações sem grande interesse, dificultando, paradoxalmente, a decisão do doente.

VI. No que concerne aos termos em que se obtém o consentimento informado, não existem padrões válidos universalmente. Podem, no entanto, ser enunciados alguns critérios puramente gerais [657]:

A informação deve ser expressa (via oral e/ou escrita, consoante a estrutura jurídica concreta em que o acto médico é realizado) numa linguagem acessível. Não devem ser utilizados termos técnicos, específicos, de difícil compreensão para o paciente.

Com efeito, o médico não se deve limitar a dar informações, mas deve preocupar-se com que elas sejam compreensíveis e, na realidade, sejam compreendidas. Para este desiderato é, por vezes, útil deixar mediar algum tempo entre a informação e a decisão, para que o paciente possa pensar, colocar perguntas e decidir.

VII. Entendo que o médico deve revelar os elementos que considere fundamentais, indispensáveis, imprescindíveis para que o doente possa prestar um consentimento informado. Esse carácter de imprescindibilidade deve ser aferido não só do ponto de vista objectivo mas, também, subjectivo. Isto é, o médico deve referir todos os aspectos que uma pessoa média colocada na situação daquele doente necessitaria para dar o seu consentimento. Além disso, devem ser mencionados todos os elementos que, apesar de aparentemente irrelevantes para o comum dos pacientes, possam ser fundamentais para aquele doente em concreto.

Se não for prestada a informação necessária a um consentimento esclarecido, o consentimento é anulável e a intervenção no genoma humano é considerada um acto não autorizado com as decorrentes consequências a nível civil e penal.

---

[657] Como ensina GUILHERME FREIRE FALCÃO DE OLIVEIRA, *Estrutura jurídica do acto médico, consentimento informado e responsabilidade civil da equipa de saúde ou do médico*, in «O Consentimento Informado», Actas do I Seminário do Conselho Nacional de Ética para as Ciências da Vida, Ob. cit., pág. 85, "não há uma regra universalmente válida quanto ao modo como se respeita o direito à integridade física e moral do doente, isto é, quanto ao modo de exigir o consentimento informado. O que se decompõe em dois aspectos: por um lado, não há um padrão que fixe os termos em que se deve prestar a informação; por outro lado, não há também, uma tradição rígida para recolher o consentimento".

SECÇÃO III
Síntese legislativa

92. Introdução
93. Declarações, Resoluções, Convenções e Recomendações Internacionais
94. Direito português

92. Introdução

I. A data de 19 de Agosto de 1947 constitui um marco fundamental. Nesse dia foram julgados 23 alemães, a maioria deles médicos, acusados de crimes intimamente relacionados com a experimentação humana. O tribunal estipulou 10 princípios a observar nas situações de experimentação médica. O primeiro princípio impõe a necessidade de se obter um consentimento voluntário. Ou seja, a pessoa que consente tem de ser capaz do ponto de vista jurídico, tem de ser livre de escolher sem a interferência de outros elementos de força, fraude, coacção, etc. Além disso, tem de ter conhecimento e compreensão suficiente das questões suscitadas para poder tomar a decisão correcta. Por seu turno, o princípio nono determina que a pessoa tem liberdade de impedir a prossecução da experiência se atingir um estado físico ou mental que ela própria reconhece que não deve, ou, mesmo, não pode continuar.

O Código de Nuremberga, publicado em 1947, consagrou a necessidade absoluta de obter o consentimento voluntário das pessoas sujeitas a experiências biomédicas.

II. O princípio do consentimento informado encontra-se, actualmente, plasmado em inúmeros diplomas legislativos.

93. Declarações, Resoluções, Convenções e Recomendações Internacionais

I. Em 1974, na Finlândia, a Associação Médica Mundial elaborou a Declaração de Helsínquia, revista em Tóquio (1975), Veneza (1983), Hong-Kong (1989), Sommerset West (1996) e Edimburgo (2000), que estabeleceu normas em matéria de investigação biomédica.

A Declaração determinou que, na contabilização dos riscos, os interesses do ser humano devem prevalecer sobre os interesses científicos. Consagrou que o princípio do consentimento informado deve levar os responsáveis pela experimentação a dar particular atenção aos que não podem prestar ou recusar o consentimento por eles mesmos, aos que podem ser sujeitos a dar o consentimento sob coacção e aos que não vão ter benefícios pessoais directos com a investigação. Além disso, fixou a obrigatoriedade de submeter todo o protocolo de investigação a uma comissão de ética independente e definiu as garantias específicas a serem respeitadas nos casos de ensaios sem benefícios terapêuticos directos. Segundo o disposto na Declaração, a não observância desses princípios éticos deveria impossibilitar a publicação dos resultados da investigação.

Esta Declaração sustentou a necessidade de distinguir a experimentação terapêutica da não terapêutica. Na primeira, o médico deve obter, na medida do possível e tendo em particular atenção a personalidade do doente, o seu consentimento informado e livre. Se o paciente for incapaz é precisa a intervenção do representante legal. Porém, a experimentação não terapêutica é proibida sem consentimento informado e livre. O consentimento deve ser dado por escrito e a responsabilidade da experimentação não é da pessoa que a ela se sujeita, mas sim do cientista.

II. A Comissão de Saúde e Assuntos Sociais do Conselho da Europa, na Resolução n.º 10, de 29 de Janeiro de 1976, Estrasburgo: "Recomenda o Comité de Ministros do Conselho da Europa (os Ministros da Saúde) que convidem os Governos dos estados membros:...b) A chamarem a atenção dos médicos para que saibam que os doentes têm direito, se assim o manifestarem, de ser informados sobre a sua doença e o tratamento previsto e actuar de modo que no momento da admissão sejam esclarecidos no que respeita ao funcionamento e à equipa médica do estabelecimento."

III. O Comité de Ministros do Conselho da Europa, em Fevereiro de 1990, na Recomendação n.º R 3 (1990) sobre a investigação médica em seres humanos dá particular ênfase ao princípio da autonomia privada e ao consentimento informado.

IV. A Declaração Ibero-Latino-Americana sobre Ética e Genética, Declaração de Manzanillo de 1996, revista em Buenos Aires em 1998, estatui que o consentimento livre e informado para a realização das provas genéticas e intervenções no genoma humano deve ser garantido através de instâncias adequadas, em especial quando se trata de menores, incapazes e grupos que requeiram uma tutela especial.

V. A Carta dos Direitos das Pessoas Doentes aprovada pela Organização Mundial de Saúde disciplina o direito à autodeterminação.

VI. A Convenção sobre os Direitos do Homem e a Biomedicina, de 4 de Abril de 1997, dedica ao consentimento informado todo o capítulo II, onde se consagra a necessidade de qualquer intervenção "no domínio da saúde" ser precedida de um consentimento informado e esclarecido, assim como ser respeitado o possível dissentimento. Por exemplo, o artigo 5.º (Regra geral) determina que qualquer intervenção no domínio da saúde só pode ser efectuada após ter sido prestado pela pessoa em causa o seu consentimento livre e esclarecido. Este indivíduo deve receber previamente a informação adequada quanto ao objectivo e à natureza da intervenção, bem como às suas consequências e riscos. A pessoa em questão pode, em qualquer momento, revogar livremente o seu consentimento. São, também, estabelecidas regras gerais para as incapacidades (artigos 6.º e 7.º), para o privilégio terapêutico (artigo 8.º) e regras especiais para a investigação (artigo 16.º, v)) e para os transplantes de órgãos (artigos 19.º, n.º 2 e 20.º).

A Convenção não é clara relativamente à forma do consentimento. Porém, no seu Relatório estabelece-se que pode ser expresso verbalmente ou por escrito ou, ainda, implícito, dependendo do teor da intervenção.

VII. A Declaração Universal sobre o Genoma Humano e os Direitos do Homem da UNESCO, de 11 de Novembro de 1997, estatui, no artigo 5.º, que qualquer investigação, tratamento ou diagnóstico que afecte o genoma de uma pessoa só poderá ser realizada após uma avaliação rigorosa dos riscos e benefícios associados a essa acção e em conformidade com as normas e os princípios previstos pelo ordenamento jurídico respectivo. É exigido sempre o consentimento livre e esclarecido do próprio. Nos casos em que esse indivíduo não tenha capacidade de autodeterminação, obter-se-á o consentimento ou a autorização de acordo com a legislação vigente e com base nos interesses da pessoa.

VIII. O n.º 2 do artigo 3.º (Direito à integridade do ser humano) da Carta dos Direitos Fundamentais da União Europeia, aprovada, em Nice, em 7 de Dezembro de 2000, determina que, no domínio da Medicina e da Biologia, deve ser respeitado o consentimento livre e esclarecido da pessoa, nos termos da lei. Apesar de não ser um documento com carácter vinculativo, a Carta traduz os valores da União Europeia.

IX. Segundo o preceituado no artigo 8.º (Consentimento) da Declaração Internacional sobre os Dados Genéticos Humanos da UNESCO, de 16 de Outubro de 2003, para a recolha de dados genéticos humanos, dados proteómicos ou amostras biológicas bem como para o seu ulterior tratamento, utilização e conservação, é necessário obter o prévio consentimento livre, informado e expresso da pessoa interessada. O consentimento não pode ser influenciado por factores económicos ou outros benefícios pessoais. Quando, em conformidade com o direito nacional, um indivíduo não esteja em condições de outorgar o seu consentimento informado, é exigida a competente autorização do seu representante legal. O representante deve tomar em consideração o interesse superior do seu representado.

94. Direito português

I. O consentimento informado decorre, desde logo, da própria Constituição da República Portuguesa, mais concretamente, do direito à integridade pessoal consagrado no artigo 25.º.

Esta disposição reporta-se aos direitos fundamentais, os quais, nos termos do artigo 18.º do mesmo Diploma, têm eficácia imediata. Consequentemente, existe sempre uma exigência constitucional de consentimento informado ([658]).

A dignidade da pessoa humana encontra-se, também, tutelada noutros preceitos constitucionais ([659]). Assim, o artigo 1.º estatui que a dignidade da pessoa é um dos pilares onde se alicerça a República soberana. Por seu turno, o n.º 1 do artigo 7.º impõe o respeito dos direitos do homem nas relações internacionais e o artigo 13.º disciplina que todos os cidadãos têm a mesma dignidade social e são iguais perante a lei. O artigo 24.º consagra o direito à vida e o artigo 25.º o direito à integridade pessoal. O artigo 26.º estabelece os direitos à identidade pessoal, ao desenvolvimento da personalidade, à capacidade civil, à cidadania, ao bom nome e reputação, à imagem, à palavra, à reserva da intimidade da vida privada e familiar e à protecção legal contra quaisquer formas de discriminação. O n.º 2 desta norma determina o dever de a lei estipular as garantias efectivas contra a utilização abusiva, ou contrária à dignidade humana, de informações relativas às pessoas e famílias e o n.º 3 fixa que a lei garantirá a dignidade pessoal e a identidade genética do ser humano. O artigo 27.º disciplina o direito à liberdade e à segurança ([660]).

([658]) GUILHERME DE OLIVEIRA, *Estrutura jurídica do acto médico, consentimento informado e responsabilidade civil da equipa de saúde ou do médico*, in «O Consentimento Informado», Actas do I Seminário do Conselho Nacional de Ética para as Ciências da Vida, Ob. cit., págs. 84-85, sustenta que no sistema jurídico português "não pode haver qualquer dúvida de que o cidadão que entra em contacto com um médico está protegido na sua integridade física e moral"..."a defesa do direito à integridade física e moral do cidadão impõe-lhe a obtenção prévia do consentimento informado"..."a necessidade de obter o consentimento informado assenta na protecção dos direitos à integridade física e moral do doente; esta protecção tem dignidade constitucional e enquadra-se no tipo de normas que gozam do privilégio da «aplicação imediata», vinculando directamente todos os sujeitos de direito, públicos e privados".

([659]) Cfr. Parte II, Título III, Capítulo I.

([660]) ORLANDO DE CARVALHO, *Teoria Geral do Direito Civil – Sumários desenvolvidos para uso dos alunos do 2º ano (1ª turma) do Curso Jurídico de 1980/81*, Centelha, Coimbra, 1981, págs. 94 e seguintes, citado por JOÃO VAZ RODRIGUES, *O consentimento informado para o acto médico no ordenamento jurídico português (Elementos para o estudo da manifestação da vontade do paciente)*, Ob. cit., pág. 50, entende que "não havendo consentimento do paciente" haverá violação da liberdade de vontade e acrescenta que ao contrário do que se dispõe em sede de penal, "a falta de consentimento determina sempre, no campo civil, lesão do direito à integridade física, mesmo que se preencham os requisitos do artigo 150.º do Código Penal.

368 *Direito do Genoma Humano*

II. Por sua vez, no Código Civil o artigo 340.º reporta-se aos problemas do consentimento do lesado. O n.º 1 do artigo 70.º consagra uma tutela geral da personalidade e o n.º 1 do artigo 81.º estatui que toda a limitação voluntária ao exercício dos direitos de personalidade é nula se for contrária aos princípios de ordem pública. O n.º 2 do artigo 81.º determina que toda a limitação voluntária, quando legal, é sempre revogável ainda que com a obrigação de indemnizar os prejuízos causados às legítimas expectativas da outra parte.

III. Por seu turno, o Código Penal, no n.º 2 do artigo 38.º (Consentimento), estabelece os requisitos de forma do consentimento como causa de exclusão da ilicitude. Pode exprimir-se por qualquer forma, desde que traduza a vontade séria, livre e esclarecida do titular do interesse protegido. O que pressupõe que o titular tenha conhecimento pleno da situação, caso contrário a vontade não será esclarecida, assumindo particular sentido nas intervenções médicas.

O consentimento pode ser presumido, expresso e testemunhado, segundo o grau de gravidade de cada situação. Ou seja, nas simples é suficiente a forma oral; nas mais difíceis o consentimento deve ser dado por escrito; nos casos mais graves e de alto risco deve ser escrito, expresso [661] e testemunhado [662]. Estas últimas formas são, regra geral, utilizadas para defesa do médico ou da instituição [663].

Os requisitos relativos à capacidade do titular do interesse disciplinado no n.º 3 do artigo 38.º do Código Penal não coincidem com os requisitos da capacidade civil [664].

O Código Penal perfilhou a orientação de que os bens jurídicos relativos ao corpo e à saúde são livremente disponíveis pelo seu titular, e, consequentemente, o consentimento exclui a ilicitude, a não ser que a ofensa contrarie os bons costumes.

---

[661] Isto é, tem de mencionar, concretamente, para que procedimento médico está a ser conferido.

[662] Ou seja, as testemunhas devem confirmar que foi prestado livremente, sem coacção de nenhuma espécie.

[663] Por esta ordem de razões, não pode ser considerado consentimento informado e válido a pura e simples assinatura do doente num formulário impresso de autorização que frequentemente é apresentado ao paciente, por um funcionário administrativo.

[664] Cfr. Parte II, Título II, Capítulo III, Secção II, n.º 89.3.2.

O Princípio da Autonomia Privada Posto em Causa? 369

Relativamente às intervenções médico-cirúrgicas só é lícita a intervenção segundo o preceituado no artigo 150.º, que deve ser a medicamente indicada, feita por um médico, com fins terapêuticos e de acordo com as *leges artis*.

A excepção consagrada reporta-se ao denominado privilégio terapêutico ([665]) (artigos 38.º, 39.º, 149.º, 156.º e 157.º do Código Penal Português). Assim, o privilégio terapêutico funciona, precisamente, como um regime excepcional à tutela da autonomia privada.

Nestes moldes, o médico precisa do consentimento sob pena de o teste ou de a terapia génica poder ser considerada crime contra a liberdade pessoal, passível de pena de multa ou pena de prisão até três anos ([666]).

O n.º 1 do artigo 156.º (Intervenções e tratamentos médico--cirúrgicos) do Código Penal estatui as penas para a hipótese de ser realizada intervenção ou tratamento médico-cirúrgico arbitrário.

O facto não é punível, segundo o preceituado no n.º 2 do citado artigo 156.º, quando o consentimento só puder ser obtido com adiamento que implique perigo para a vida ou perigo grave para o corpo ou para a saúde.

Isto é, em casos de urgência, em que não se pode obter o consentimento informado, deve ser realizada imediatamente a intervenção médica ([667])([668]).

Também não é punível a falta de consentimento quando este tiver sido dado para certa intervenção ou tratamento, tendo vindo a realizar-se outro diferente por se ter revelado imposto pelo estado

---

([665]) Cfr. Parte II, Título II, Capítulo IV, Secção I, n.º 101.

([666]) MANUEL DA COSTA ANDRADE, *Consentimento e Acordo em Direito Penal*, Ob. cit., pág. 418, ensina que as intervenções e tratamentos que correspondem ao exercício consciente da actividade médica não constituem quaisquer ofensas corporais, mas podem ser punidas como tratamentos arbitrários.

([667]) MARGARET A. SOMMERVILLE, *Pain and suffering at interfaces of medicine and law*, in «Jus Medicum», Gent, 1985, págs. 133-142.

([668]) Nesta orientação, Pio XII, no *Discorso ai partecipanti alla VIII Assemblea dell'Associazione Medica Mondiale* (30/09/1954), in «Discorsi e Radiomessaggi», XVI, Tipografia Poliglotta Vaticana, Città del Vaticano, 1969, págs. 167-179, sustentou que nos casos em que o doente esteja perdido se não houver intervenção, se existir um medicamento, uma operação ou outro meio que, sem excluir qualquer perigo, tenha ainda alguma hipótese de ser bem sucedida, é de admitir, sem dúvida, que o médico poderá, com o consentimento explícito ou tácito do paciente, proceder à aplicação desse tratamento.

dos conhecimentos e da experiência da Medicina como meio para evitar um perigo para a vida, o corpo ou a saúde.

A primeira hipótese diz respeito aos casos de perigo na demora; enquanto a segunda concerne às situações em que há um alargamento da acção médica.

Não há punição por motivo de justificação da conduta do agente com base em consentimento presumido ou hipotético do doente. Ou seja, se este pudesse ter sido ouvido, não teria recusado o acto. Está consagrada uma exigência de não presunção (não se exige a presunção do consentimento mas a não presunção de recusa da intervenção ou do tratamento).

Esta disposição ampliou o âmbito do consentimento presumido disciplinado no n.º 2 do artigo 39.º, não exigindo para a eficácia do consentimento a sua presunção, mas, a não presunção como limite àquelas práticas. Isto é, enquanto no n.º 2 do artigo 39.º tem de se presumir o consentimento para que seja eficaz, no n.º 2 do artigo 156.º a não punibilidade só tem lugar desde que não seja de presumir a recusa do consentimento. Por outras palavras, estão consagradas, pela negativa, condições objectivas de punibilidade.

No n.º 3 do artigo 156.º está previsto um erro por negligência, traduzido na intervenção sem consentimento, mas na convicção errada de que o mesmo existia.

O consentimento pode ser revogado até à prática do teste ou da terapia génica.

A eficácia do consentimento, nos termos do preceituado no artigo 157.º (Dever de esclarecimento) do Código Penal, encontra-se condicionada ao prévio esclarecimento do doente pelo médico, que lhe possibilite inteirar-se do diagnóstico assim como da índole, do alcance, da envergadura e das possíveis consequências da intervenção ou do tratamento. Todavia, são exceptuados os casos em que este esclarecimento puder pôr em perigo a vida do doente ou for susceptível de lhe causar grave dano à saúde física ou psíquica; nestas hipóteses o médico fica dispensado de o fazer ou livre de o limitar às proporções que façam evitar esse risco.

IV. Por seu turno, o Código Deontológico da Ordem dos Médicos, no artigo 43.º, estabelece que tanto o prognóstico como o diagnóstico devem, em princípio, ser revelados ao doente. Todavia, e por motivos

O Princípio da Autonomia Privada Posto em Causa? 371

que a sua consciência julgue ponderosos, o médico tem o direito de não o fazer. Além disso, um prognóstico fatal só pode ser revelado ao doente com as precauções aconselhadas pelo exacto conhecimento do seu temperamento e da sua índole moral, mas, em regra, deve ser revelado ao familiar mais próximo que o médico considere indicado, a não ser que o doente o tenha previamente proibido, ou tenha indicado outras pessoas a quem a revelação deva ser feita.

V. A Base XIV, n.º 1 b) da Lei de Bases da Saúde – Lei n.º 48/90, de 24 de Agosto –, determina que os utentes têm direito a decidir receber ou recusar a prestação de cuidados que lhes é proposta, salvo disposição especial da lei.

VI. A Lei n.º 12/93, de 22 de Abril, exige o consentimento informado para a colheita e transplante de órgãos e tecidos de origem humana [669][670][671].

_____

[669] Segundo o disposto no artigo 8.º (Consentimento) da Lei n.º 12/93, de 22 de Abril, relativa à colheita e transplante de órgãos e tecidos de origem humana, o consentimento do dador e do receptor deve ser livre, esclarecido e inequívoco, podendo o dador identificar o beneficiário. O consentimento é prestado perante médico designado pelo director clínico do estabelecimento onde a colheita se realize e que não pertença à equipa de transplante. Quando estão em causa dadores menores, o consentimento deve ser prestado pelos pais, desde que não se encontrem inibidos do exercício do poder paternal ou, em caso de inibição ou falta de ambos, pelo tribunal. A dádiva de tecidos ou órgãos de menores com capacidade de entendimento e de manifestação de vontade também necessita da concordância destes. No que concerne aos maiores incapazes por razões de anomalia psíquica, a colheita só pode ser feita mediante autorização judicial. O consentimento do dador ou de quem legalmente o represente é livremente revogável.

O artigo 7.º (Informação) estabelece a necessidade de o médico informar de modo leal, adequado e inteligível, o dador e o receptor dos riscos possíveis, das consequências da dádiva e do tratamento e dos seus efeitos secundários, bem como dos cuidados a observar ulteriormente.

[670] Cfr. Portaria do Ministério da Saúde n.º 31/2002, de 8 de Janeiro.

[671] Cfr. Projecto de Proposta de Lei n.º 65/X que visa a alteração da Lei n.º 12/93, de 22 de Abril, relativa à colheita e transplante de órgãos e tecidos humanos que tem como objectivo, não só disciplinar aspectos não incluídos na referida Lei, como também transpor, parcialmente, para o nosso ordenamento jurídico a Directiva n.º 2004/23 do Parlamento Europeu e do Conselho, de 31 de Março de 2004, que passa a ter a designação de colheita e transplante de órgãos, tecidos e células de origem humana.

Cfr., também, *Parecer 50/CNECV/06 sobre a Proposta de Lei n.º 65/X (Alteração à Lei n.º 12/93, de 22 de Abril, relativa à colheita e transplante de órgãos e tecidos de origem humana)* do CONSELHO NACIONAL DE ÉTICA PARA AS CIÊNCIAS DA VIDA (disponível em http://www.cnecv.gov.pt/).

372 *Direito do Genoma Humano*

VII. Por sua vez, a Lei n.º 46/2004, de 19 de Agosto, que aprova o regime jurídico aplicável à realização de ensaios clínicos com medicamentos de uso humano, também, consagra a necessidade de consentimento informado a nível de ensaios clínicos.

VIII. O n.º 4 do artigo 16.º (Investigação sobre o genoma humano) da Lei n.º 12/2005, de 26 de Janeiro, sobre Informação genética pessoal e informação de saúde, determina que a investigação sobre o genoma humano só pode ter lugar depois de obtido o consentimento informado, expresso e por escrito e somente após ter ser sido explicado às pessoas envolvidas os seus direitos bem como a natureza e finalidades da investigação, os procedimentos usados e os potenciais riscos para os próprios e para terceiros. A exigência de consentimento informado encontra-se, também, patente designadamente nos artigos 9.º (Testes genéticos), 13.º (Testes genéticos no emprego), 17.º (Dever de protecção), 18.º (Obtenção e conservação de material biológico), 19.º (Bancos de DNA e de outros produtos biológicos) [672].

IX. O n.º 1 do artigo 14.º (Consentimento) da Lei n.º 32/2006, de 26 de Julho, sobre Procriação Medicamente Assistida, exige que os beneficiários das técnicas de procriação medicamente assistida prestem o seu consentimento livre, esclarecido, de forma expressa e por escrito, perante o médico responsável. De acordo com o preceituado no n.º 2 desta norma, os beneficiários, antes de darem o seu consentimento, devem ser informados por escrito, de todos os perigos e riscos conhecidos que possam resultar do recurso à procriação medicamente assistida, assim como das suas repercussões a nível ético, social e jurídico.

---

[672] A Assembleia da República já na Resolução n.º 48/2001, de 12 de Julho (Defesa e salvaguarda da informação genética pessoal) recomendava ao Governo a regulamentação urgente da aplicação de testes genéticos, diagnósticos ou preditivos nos cuidados de saúde nacionais, observando regras específicas e estritas de consentimento informado e de fins médicos ou de investigação médica.

Na Resolução n.º 47/2001, de 12 de Julho, a Assembleia da República tinha aprovado medidas de protecção da dignidade pessoal e da identidade genética do ser humano considerando o consentimento livre e esclarecido um princípio fundamental para a defesa e salvaguarda da dignidade pessoal e da identidade genética do ser humano.

SECÇÃO IV
A relação da pessoa consigo mesma e o consentimento informado

95. Relevância crescente do princípio da autonomia privada do doente
96. Valor jurídico das directrizes prévias; nomeação de um representante e testamento vital
97. Eventuais conflitos entre o doente e o médico na tomada de determinadas decisões
    97.1. Dissentimento do doente: fundamentação jurídica
    97.2. Objecção de consciência do médico
98. Alguns limites à autonomia do doente

95. Relevância crescente do princípio da autonomia privada do doente

I. O consentimento informado é a consagração do princípio da autonomia privada cuja importância, no que concerne às relações entre o médico e o doente, tem vindo a aumentar.

II. Nos últimos tempos, assistimos a uma alteração radical na relação médico-doente [673][674][675][676][677][678][679]. Para esta modifi-

---

[673] É fundamental nesta matéria uma alusão a Hipócrates (460-370 A.C.), mais concretamente ao seu Juramento. Contudo, quero lembrar que subsistem dúvidas relativamente à autenticidade do texto do Juramento.

O Juramento de Hipócrates está dividido em três partes. Na introdução procede-se à invocação da divindade. A parte central está subdividida, por seu turno, em dois capítulos: o primeiro concerne ao compromisso de respeito para com o mestre e com o ensino em geral; o segundo diz respeito, mais concretamente, à terapia, exigindo que o médico rejeite actos como o aborto e respeite sempre o dever de sigilo médico. Por fim, nas conclusões encontram-se previstas as sanções/maldições da divindade para quem o transgride e as bênçãos para quem o cumpre. O Juramento tem como pressuposto que o

374   *Direito do Genoma Humano*

cação foi muito significativa a revelação de que, em Nuremberga, alguns médicos tinham feito experiências em seres humanos sem o seu consentimento e, por vezes, mesmo contra a sua vontade [680].

---

médico actua sempre em benefício do paciente, não necessitando de posteriores confirmações quer do doente quer de qualquer outra pessoa.

Noutras culturas com influência semelhante à do *Corpus Hippocraticum* destacam-se o Juramento de Aseph Ben Berachyahu na Síria no século VI; a Oração diária do médico de Moisés Maimónides no Egipto no século XII e princípio do século XIII; os Deveres do médico de Mohamed Hasin na Pérsia no século XVIII.

[674] Luís ARCHER, *Ainda os Direitos do Homem. O consentimento informado*, «Brotéria», Ob. cit., págs. 163-164.

[675] Usando palavras de WALTER OSSWALD, *Da bipolarização à triangulação: a relação médico-doente*, «Brotéria», Vol. 148, n.º 5/6, Lisboa, Maio/Junho de 1999, pág. 576 a relação médico-doente traduz o confronto de dois corpos, logo de dois mundos correlatos, só podendo realizar-se plenamente na liberdade dos dialogantes. Assim o entenderam os Mestres do longo percurso da Medicina, desde Hipócrates de Cós, passando pela Medicina árabe (Avicena) e judaica (Maimónides) até à Renascença (Paracelso, com a sua orgulhosa divisa: "Que não seja de outrem, quem pode ser de si mesmo").

[676] A título de curiosidade, Platão escreveu que se um médico tradicional deparasse com um colega a dialogar com um doente explicando-lhe pormenorizadamente a enfermidade de que padecia e a filosofia do corpo, o médico "rir-se-ia" e dir-lhe-ia "espécie de louco, tu não o tratas, tu educa-lo, e ele só te pede que o trates e não que o faças médico.", PLATÃO, Leis IX, citado por PAULA MARTINHO DA SILVA, *Estrutura jurídica do acto médico, consentimento informado e responsabilidade civil da equipa de saúde ou do médico*, in «O Consentimento Informado», Actas do I Seminário do Conselho Nacional de Ética para as Ciências da Vida, Ob. cit., pág. 75.

[677] PIO XII, *Allocuzione all'Unione Italiana Medico-Biologica di "San Luca"* (12/11/1944), in «Discorsi e Radiomessaggi», VI, Tipografia Poliglotta Vaticana, Cidade do Vaticano, 1960, págs. 181-196, sustentou que o médico não pode tomar nenhuma medida sem o consentimento do doente. O médico só tem relativamente ao paciente os poderes que este lhe confere, quer explícita, quer implicitamente. Por seu turno, o doente não pode conferir ao médico mais direito do que aquele que ele tem. O paciente não é o senhor absoluto de si mesmo, do próprio corpo e espírito. Consequentemente, não pode dispor deles livremente a seu bel-prazer.

[678] FRANCISCO JAVIER ELIZARI, *Questões de bioética. Vida em Qualidade*, Ed. Perpétuo Socorro, Porto, 1996, pág. 15.

[679] O respeito pelo ser humano como um sujeito capaz de tomar decisões sobre si próprio e de assumir responsabilidades por erros cometidos tem aumentado gradual e significativamente em todos os países nórdicos, esclarece PAULA KOKKONEN, *Informed consent. A nordic perspective*, in «O Consentimento Informado», Actas do I Seminário do Conselho Nacional de Ética para as Ciências da Vida, Ob. cit., pág. 157.

[680] ELIO SGRECCIA, *Manual de Bioética. I – Fundamentos e Ética Biomédica*, Ob. cit., pág. 535, relata casos de judeus que, nos campos de concentração, foram sujeitos a cruéis experiências com medicamentos, gaz, venenos que provocaram, muitas vezes, a sua

O Princípio da Autonomia Privada Posto em Causa? 375

III. A partir dos anos 70, e de modo particular, nos EUA, o princípio da autonomia do doente teve uma relevância crescente. Os processos de responsabilidade civil e penal intentados pelos doentes aos médicos, por tratamentos ineficazes ou, mesmo, prejudiciais aumentaram de modo significativo.

IV. A era do paternalismo médico é, cada vez mais, posta em causa ([681])([682])([683])([684]).

V. O médico deixou de ser considerado um deus, um profeta, um pai, e passou a ser visto como um especialista.

VI. Por sua vez, o paciente já não é aquele sujeito passivo; mas sim um indivíduo que escuta, medita, analisa os prós e os contra e toma a decisão final. Em suma, transformou-se num sujeito activo, autónomo ([685])([686]).

---

própria morte, bem como a experiências mortais com câmaras de descompressão para estudar os efeitos do voo a elevadas altitudes. Segundo as actas do Processo de Nuremberga, para investigar os efeitos do congelamento foram submetidos presos a temperaturas polares produzidas de modo artificial. São, também, conhecidas situações de corte de ossos, de músculos e de nervos, injecções de presumíveis soros anticancerígenos, etc.

([681]) GUILHERME FREIRE FALCÃO DE OLIVEIRA, *O fim da «arte silenciosa»*, «Revista de Legislação e de Jurisprudência», Ano 128°, n.ºs 3852 e 3853, Julho e Agosto de 1995, pág. 102, refere que na velha tradição do paternalismo clínico o "médico é o pai e o doente é um incapaz; é um enfermo, um *infirmus*, um ente sem firmeza de julgamento e de vontade. O paciente não decidia nada." Entende que com este estilo de relações que perduraram até aos nossos dias, não tinha sentido formular o problema da falta de informação relevante para a decisão do paciente. Nem a falta de informação nem a falta de consentimento constituíram um problema no exercício da actividade clínica.

([682]) DANIEL SERRÃO, *Consentimento informado*, in «Bioética», Ob. cit., pág. 79.

([683]) WALTER OSSWALD, *Da bipolarização à triangulação: a relação médico-doente*, «Brotéria», Ob. cit., pág. 577, acrescenta que na forma clássica, o doente confia, entrega-se e o médico decide. Todavia, em virtude da universal rejeição do paternalismo médico esta relação médico-doente corre o risco de ser vista como obsoleta ou inconveniente.

([684]) HANS JAKOB MÜLLER, *The role of genetic disposition in human health and disease - bioethical aspects of DNA testing*, in «The future of DNA», Ob. cit., págs. 105-107.

([685]) Nesta orientação, WALTER OSSWALD, *Da bipolarização à triangulação: a relação médico-doente*, «Brotéria», Ob. cit., pág. 577, escreve que a noção de autonomia está hoje alicerçada na Bioética como um dos fundamentos principais que hão de reger as relações interpessoais. Defende que nada muda na relação médico-doente se entendermos o doente como ser livre, dotado de autonomia, co-responsável pela sua saúde.

376 *Direito do Genoma Humano*

VII. Apesar da constatação de a era do paternalismo médico ser posta em causa, não devemos radicalizar os problemas e entender que antigamente se reconheciam ao médico todos os direitos e ao doente apenas deveres, e que actualmente se vive num contexto diametralmente oposto. Os direitos e deveres são e continuarão a ser recíprocos.

Quando se pensa nos direitos do homem no âmbito de um tratamento médico visam-se, essencialmente, os do homem doente. O que, de certa forma, é lógico, pois são esses direitos que são mais passíveis de serem violados pelo denominado paternalismo médico. Porém, entendo que tendo em consideração o mesmo respeito devido ao paciente é, ainda, necessário proteger, tutelar os direitos do homem médico. Se partirmos (e bem!) do pressuposto de que esses direitos são inerentes ao próprio facto de ser homem, esta afirmação é, também, válida para o médico.

A dignidade transcendente da pessoa humana é inerente ao doente e ao médico. Nem autoritarismo profissional nem *esquecimento* dos deveres do médico para com o doente.

Na Medicina actual, embora com variantes consoante os diferentes contextos geográficos, é cada vez maior a tendência verificada no sentido de ser o paciente a ter a última palavra relativamente aos tratamentos prescritos pelo médico.

Do princípio da autonomia decorre a possibilidade de o doente consentir ou recusar uma intervenção [687].

VIII. De qualquer modo, poder-se-á colocar a questão de saber se, ainda, hoje, em várias situações, não será mais correcto falar em

---

[686] GUILHERME FREIRE FALCÃO DE OLIVEIRA, *O fim da «arte silenciosa»*, «Revista de Legislação e de Jurisprudência», Ob. cit. pág. 103, sublinha que a necessidade de prestar esclarecimentos e de obter um consentimento informado "ganhou sentido na prática médica, como um aspecto da boa prática clínica". Sustenta que no último termo desta evolução, a necessidade de esclarecer e de obter um consentimento informado não é apenas um aspecto da boa prática clínica, dos deveres gerais do médico, mas principalmente o cumprimento do "dever de respeitar um direito autónomo do doente à livre determinação".

[687] O Relatório explicativo da Convenção sobre os Direitos do Homem e a Biomedicina chama a atenção para o facto de a palavra intervenção ser entendida em sentido amplo abrangendo todos os actos médicos, especialmente de natureza preventiva, terapêutica, de diagnóstico ou de investigação.

O Princípio da Autonomia Privada Posto em Causa? 377

relatividade na autonomia. Não será de questionar o quanto o doente está (ou não?!...) em situação de igualdade face ao médico, para poder, na realidade, discutir e decidir qual a melhor técnica a ser utilizada no seu caso? O doente sabe que necessita de tratamento mas, frequentemente, não dispõe do conhecimento científico e encontra-se, muitas vezes, *debilitado*, *fragilizado* pela enfermidade de que padece.

Por sua vez, que candidato ao trabalho recusará dar o seu consentimento à entidade patronal para aceder ao seu genoma se essa for condição *sine qua non* para ser contratado [688]? Ou, que segurando o fará relativamente à companhia de seguros [689]? Ou, ainda, o indivíduo que necessita de recorrer ao crédito bancário poderá negar o seu consentimento se o conhecimento do seu genoma pelo banco for requisito para a concessão do empréstimo? É verdadeiramente livre?!...

Assim sendo, é possível afirmar que o princípio da autonomia privada para a prática do consentimento está, à partida, em muitos casos, condicionado.

96. Valor jurídico das directrizes prévias; nomeação de um representante e testamento vital

I. As denominadas directrizes prévias constituem um exemplo paradigmático do princípio da autonomia privada.

As directrizes prévias pretendem ser um instrumento que garanta o respeito pela vontade do paciente quando este se encontrar incapacitado para a exprimir. Em inúmeras hipóteses, não haverá lugar para qualquer dúvida sobre o tratamento a realizar. Porém, nas situações em que existem diferentes opções, o conhecimento dos desejos do doente facilita o papel não só da família como dos profissionais de saúde.

As directrizes prévias têm várias vantagens. A principal é, desde logo, a protecção do direito à autodeterminação. Possibilitam conhe-

---

[688] Cfr. Parte II, Título III, Capítulo III.
[689] Cfr. Parte II, Título III, Capítulo IV.

378 *Direito do Genoma Humano*

cer o que o doente faria numa situação concreta e evitam indecisões e outros problemas aos familiares e aos médicos na altura em que é necessário tomar determinadas decisões.

II. Todavia, não se podem olvidar os pontos críticos. Por vezes, o doente pode decidir de diferente modo quando é capaz e quando não é incapaz. Ou seja, em teoria (quando ainda está bem) e na prática (quando passa concretamente pela situação de que é alvo). Além disso, entre a data da manifestação da sua vontade e a da incapacidade, podem aparecer novos tratamentos mais eficazes. Por outro lado, se as directrizes tiverem um teor muito vago, a sua utilidade para se decidir, do ponto de vista clínico, é diminuta. Pelo contrário, se forem muito específicas poderão constituir um forte obstáculo a alterações entretanto ocorridas.

III. Os tipos de directrizes prévias mais comuns são a nomeação ou designação de um representante (uma espécie de "procurador" para as decisões de saúde) e os testamentos de vida.

IV. A nomeação de uma pessoa para representar outra em matérias do foro financeiro é usual ([690]). Este procedimento poderá abranger, também, as opções de saúde para quando o outorgante estiver incapacitado de as tomar pessoalmente ([691]).

([690]) Esta procuração tem nos Estados Unidos da América a denominação de *health-care proxies*. Cfr. PAULA MARTINHO DA SILVA, anotação ao artigo 9.º, in «Convenção dos Direitos do Homem e da Biomedicina anotada», Edições Cosmos, Lisboa, 1997, pág. 47.

([691]) Transcrevo um modelo da American Medical Association (AMA), *Advance medical directives for patients*, Chicago, 1992, págs. 12-13:

"1ª Opção: Gostaria que me fossem ministrados todos os tratamentos médicos que contribuam para me manter vivo (reanimação cárdio-pulmonar, antibióticos e outros medicamentos, transfusões de sangue ou derivados, raios X, e outros exames diagnósticos, cirurgia, intervenções artificiais que possibilitem realizar uma função corporal, como por exemplo, respiração artificial, alimentação artificial intravenosa ou por tubo, diálise renal).

2ª Opção: Gostaria que me fossem ministrados apenas aqueles tratamentos que, além de me manterem vivo, me ofereçam uma oportunidade razoável de recuperação para que me seja possível:

a) Ou entender o que me disserem, respondendo com um simples aperto de mão, com um movimento de olhos ou outro sinal;

b) Ou falar ou escrever de modo a manter uma conversa;

O Princípio da Autonomia Privada Posto em Causa? 379

A diferença deste documento em relação ao testamento de vida é nítida. No primeiro nomeia-se uma pessoa a quem compete decidir; ao passo que no testamento de vida são dadas indicações de como agir, mas não é nomeado ninguém para tomar decisões [692].

Porém, estamos perante uma delegação de poderes relativamente ao conteúdo de direitos fundamentais cuja indisponibilidade poderá levantar grandes obstáculos à eficácia do próprio documento.

A vantagem deste método está em não se ficar adstrito a um simples documento, como o testamento de vida, sobre cuja interpretação se poderão suscitar sempre algumas dúvidas, mas em se ter alguém que, num eventual confronto com os médicos e instituições hospitalares, estará apto para a tomada de decisões [693].

V. O testamento de vida, testamento biológico [694], testamento de paciente [695] ou testamento vital é um documento escrito por uma pessoa capaz e que contém directivas em matéria do foro médico para a hipótese de se tornar incapaz [696][697][698].

Este documento é um expoente da tutela conferida ao princípio da autonomia privada. A decisão última cabe ao próprio, ao interessado directo.

---

c) Ou deixar o hospital e poder viver sem estar dependente de uma máquina para respirar;
d) Ou fazer alguma das seguintes tarefas que considero importantes: ler, lavar-me e vestir-me sozinho."

[692] É óbvio que o representante deverá actuar como pensa que faria o doente. Daí que para assegurar essa coerência seja natural que, regra geral, se recorra a familiares ou amigos próximos que conheçam bem o paciente.

[693] Actualmente, muitas vezes, a nomeação do representante é acompanhada de um documento com indicações fornecidas pelo próprio interessado.

[694] Cfr. J.J. GOMES CANOTILHO/VITAL MOREIRA, *Constituição da República Portuguesa Anotada*, Coimbra Editora, Coimbra, 1993, pág. 176.

[695] Cfr. MANUEL DA COSTA ANDRADE, *Consentimento e Acordo em Direito Penal*, Ob. cit., pág. 457.

[696] Por vezes, também denominados desejos previamente expressos, disposições antecipadas ou consentimento antecipado.

[697] *Testament de vie, living will, testamenti di vita.*

[698] RICHARD EDGES, *Bioethics, Health Care and the Law. A Dictionary*, ABC-CLIO, Santa Barbara, California, 1999, págs. 134-135; C. M. R. CASABONA, *El Derecho y la Bioética ante los limites de la vida humana*, Ed. Ramón Areces, Madrid, SA, 1994, pág. 462.

380   *Direito do Genoma Humano*

Nos EUA, é corrente o recurso ao *living will* como corolário da importância conferida à autonomia privada. A Califórnia foi o primeiro Estado Americano a legalizar o testamento em vida, em 30 de Novembro de 1976, ao publicar o Natural Death Act. Este Documento aceita que o próprio se oponha a tratamentos desproporcionados e já inúteis [699] desde que o faça com 5 anos de antecedência.

Posteriormente, 37 Estados norte-americanos seguiram o exemplo da Califórnia.

A própria Convenção sobre os Direitos do Homem e a Biomedicina, de 4 de Abril de 1997, determina, no artigo 9.º (Vontade anteriormente manifestada), que deve ser tida em consideração a vontade anteriormente manifestada no tocante a uma intervenção médica por um paciente que, no momento da intervenção, não se encontre em condições de expressar a sua vontade. Ou seja, é possível dar o consentimento por antecipação para ser válido em eventuais situações em que o indivíduo em questão não se encontra em condições de o exprimir [700].

O testamento de vida contém a vontade expressa do doente sobre a forma como gostaria de ser tratado num caso limite. Este documento pode ter indicações para não se proceder a reanimação ou para serem mantidas as funções metabólicas principais necessárias à subsistência. Frequentemente, prevê, também, a permissão ou a proibição da presença da família nessa fase.

O testemunho vital é, por vezes, imperfeito na medida em que têm apenas regras gerais de acção e, assim, não contempla todas as hipóteses. Porém, por outro lado, o excesso de detalhes faz com que se corra o risco de excluir algo importante que não está pormenorizado. Pode, ainda, acontecer que o documento não seja acessível quando é preciso, seja demasiado antigo ou não se coadune com aquela situação em concreto. O testamento vital posterga, em certos moldes [701], a comunicação entre o doente, os familiares e os profissionais de saúde na altura das decisões.

_____

[699] A denominada obstinação terapêutica.

[700] O Relatório explicativo da Convenção alerta para o facto de que nem toda a vontade expressa pela pessoa deve ser obrigatoriamente seguida, nomeadamente nas situações em que essa vontade foi expressa muito tempo antes da intervenção e os procedimentos científicos tenham melhorado.

[701] O diálogo tende a ser substituído pela mera leitura e observância do que está escrito e definido no testamento.

O Princípio da Autonomia Privada Posto em Causa? 381

O testamento de vida, esclarece Mário Raposo ([702]), não deve ser concebido, como um testamento, na acepção que vigora no nosso ordenamento jurídico, nem na maior parte das legislações como a portuguesa, onde não é "derrogável" o requisito da "solenidade". Os testamentos são elaborados para produzir efeitos após a morte do autor da sucessão enquanto os testamentos de vida são redigidos para valerem antes da morte. De referir, também, o facto de apesar de o testamento se encontrar concebido pelo n.º 1 do artigo 2179.º do nosso Código Civil como um acto unilateral e revogável de disposição de todos ou de parte dos bens, o n.º 2 desta norma permite que no testamento sejam inseridas disposições de carácter não patrimonial. No dizer do Autor, os testamentos de vida constituirão meras "declarações de vontade" sem "destinatário concreto (família? médico?)" e cuja coercividade será proveniente de um "imperativo ético" que recairá sobre essas mesmas pessoas. Poder-se-ia, quanto muito, configurar a hipótese de a deixa testamentária estar subordinada a uma condição que corresponderia a uma atitude a assumir pelo beneficiário antes da morte do testador. Todavia, as declarações que atentem contra o curso normal da vida do declarante são inválidas. Como sublinha Mário Raposo, será nulo e de nenhum efeito o pedido feito ao médico para provocar directamente a morte do doente mesmo no caso de uma doença terminal. No entanto, o paciente deve ter legitimidade para pedir que, em fase terminal, não o sujeitem a tratamentos desproporcionados e já desnecessários (obstinação terapêutica), de modo a que o resto de tempo da sua vida e a sua própria morte tenham a maior dignidade possível.

([702]) MÁRIO RAPOSO, *Testamento de vida*, in «Novos Desafios à Bioética», Ob. cit., pág. 258.

382   *Direito do Genoma Humano*

97. Eventuais conflitos entre o doente e o médico na tomada de determinadas decisões

97.1. *Dissentimento do doente: fundamentação jurídica*

I. Na tomada de determinadas decisões surgem, por vezes, conflitos entre o doente e o médico [703].

É, precisamente, aqui que o princípio da autonomia privada reveste, uma vez mais, enorme importância. Em virtude deste princípio, a última opção pertence ao próprio, excepto se se sobrepuserem determinados direitos da sociedade tais como a protecção da saúde pública [704].

II. A título de exemplo, refiro-me, ainda que sucintamente, à controvertida questão do adulto consciente que não autoriza, por razões de natureza religiosa, uma transfusão de sangue considerada vital, pelo médico. As testemunhas de Jeová, partindo de textos bíblicos que proíbem comer sangue [705][706][707], alargam a proibição às

---

[703] O consentimento é, muitas vezes, usado como um meio de defesa institucional. Nesta orientação, JOÃO QUEIROZ E MELO, *Interferência do Consentimento Informado no Aspecto Técnico-científico do Exercício da Medicina*, in «O Consentimento Informado», Actas do I Seminário do Conselho Nacional de Ética para as Ciências da Vida, Ob. cit., pág. 102, defende que o consentimento habitualmente não é usado como uma forma de compreensão mas sim de defesa institucional. "Acha que é bom e deve ser obrigatório". Poderá ser "mais um passo" para que haja, por exemplo, "um processo hospitalar único em todos os hospitais" – "o que, como sabemos, não existe". Acrescenta que o consentimento "toca" num componente ético fundamental de que a relação médico-doente é o núcleo essencial. Deve ser concebido como um "meio para alcançar esta relação médico-doente e não como um fim em si próprio".

[704] Cfr. Parte II, Título II, Capítulo IV, Secção II, n.º 106, onde são indicadas algumas das doenças de declaração obrigatória.

[705] Existe uma vastíssima bibliografia a respeito desta questão. Regra geral, esta problemática é abordada de modo diferente consoante se trate de doentes com ou sem capacidade jurídica. Quando a situação envolve doentes incapazes, o problema ganha outras conotações, pois o papel do médico de proteger o doente pode ser ampliado, apesar da vontade expressa dos responsáveis legais do paciente. Cfr. Parte II, Título II, Capítulo III, Secção II, n.º 89.3.2.2.2.

[706] GÉNESIS, Cap. 9, Vers. 4: "Somente não comereis a carne com a sua alma, o sangue." LEVÍTICO, Cap. 17, Vers. 10-14: "Se qualquer homem da casa de Israel ou qualquer estrangeiro residente no meio deles, comer sangue, voltar-Me-ei contra ele e eliminá-lo-ei do

O *Princípio da Autonomia Privada Posto em Causa?*

transfusões, chegando ao ponto de, frequentemente, alguns dos seus membros colocarem em sério risco a própria vida.

III. Apesar de existirem decisões em sentido contrário ([708]), entende-se, regra geral, que esta recusa está tutelada pelos limites legítimos do princípio da autonomia da vontade do doente ([709])([710])([711]).

---

seu povo. Porque o sangue é o princípio vital da carne, que vos concedo sobre o altar, a fim de vos servir de expiação, pois o sangue é que faz expiação pela pessoa. Por isso, disse aos filhos de Israel: Nenhum de vós comerá sangue, e o estrangeiro residente no meio de vós também não comerá sangue. Qualquer dos filhos de Israel, ou dos estrangeiros residentes no meio deles, que caçar um animal selvagem ou uma ave própria para comer, derramar-lhe-á o sangue e cobri-lo-á com terra. Porque o princípio vital de toda a criatura é o sangue que está no seu corpo, por isso Eu disse aos filhos de Israel: Não comereis o sangue de carne alguma, porque a vida de toda a carne é o seu sangue; quem o comer será eliminado."

DEUTERONÓMIO, Cap. 12, Vers. 23-25: "Mas guarda-te de comer o sangue, porque o sangue é a vida, e não deves comer a vida com a carne. Portanto, não o comas; derrama-o na terra como se fora água. Não o comas, a fim de seres feliz, tu e os teus filhos depois de ti, tendo feito o que é recto aos olhos do Senhor."

ACTOS DOS APÓSTOLOS, Cap. 15, Vers. 19-20: "Por isso, sou da opinião que não se devem importunar os pagãos convertidos a Deus. Que se lhes diga, apenas, para se absterem de tudo quanto foi conspurcado pelos ídolos, da impudicícia das carnes sufocadas e do sangue."

([707]) Para os judeus o sangue identifica-se com a vida e comê-lo seria como que invadir uma área reservada a Deus.

([708]) CARLOS MARIA ROMEO CASABONA, *El médico ante el Derecho,* Ministerio de Sanidad y Consumo, 1990, págs. 49-50, faz alusão a dois acórdãos do Supremo Tribunal referentes a duas acções propostas por testemunhas de Jeová contra médicos. Os autores alegaram que os médicos tinham procedido a transfusões sanguíneas contra a sua vontade. O Supremo proferiu decisões coincidentes em ambos os casos, tutelando a prática médica. Porém, com fundamentos diferentes. Num acórdão, o Supremo entendeu que, apesar de ter sido invocado atentado contra a liberdade religiosa, esta tem, também, limites, designadamente a salvaguarda da saúde, da moral pública e da segurança. Por seu turno, na outra situação fundou a sua decisão no dever do médico de evitar incorrer nos crimes de cooperação passiva com o suicídio bem como na omissão de socorro.

([709]) Também, nas hipóteses em que as vantagens de uma terapia não são proporcionais aos incómodos, o princípio da autonomia da vontade protege a decisão do doente de não consentir no tratamento.

([710]) O CONSELHO NACIONAL DE ÉTICA PARA AS CIÊNCIAS DA VIDA no *Parecer 46/CNECV/05 sobre Objecção ao Uso de Sangue e Derivados para Fins Terapêuticos por Motivos Religiosos* considera que "A autonomia implica a capacidade do doente exprimir as suas preferências, nomeadamente as decorrentes das suas convicções religiosas. A recusa em aceitar transfusões de sangue e hemoderivados enquadra-se no direito de o doente decidir sobre os cuidados de saúde que deseja receber, desde que lhe seja

384   *Direito do Genoma Humano*

O paciente tem o direito de decidir, de escolher os seus cuidados de saúde desde que tenha capacidade para o fazer. Assim, a Testemunha de Jeová tem direito de recusar a transfusão sanguínea mesmo que isso implique a sua morte. Este seu direito encontra-se alicerçado, designadamente, pelo direito à liberdade de religião e pelo direito de liberdade de consciência ([712]).

IV. O artigo 18.º da Declaração Universal dos Direitos do Homem estabelece que toda a pessoa tem direito à liberdade de pensamento, de consciência e de religião.

Também o artigo 9.º da Convenção Europeia dos Direitos do Homem tutela o direito à liberdade de pensamento, de consciência e de religião.

Na mesma linha, e com redacção semelhante o artigo 18.º do Pacto Internacional de Direitos Civis e Políticos.

Por sua vez, a Constituição da República Portuguesa disciplina a liberdade de consciência, de religião ([713]) e de culto no artigo 41.º.

---

reconhecida a capacidade para tal e existam condições para a exercer" e, ainda, "Quando haja uma recusa válida o médico e/ou outros profissionais de saúde têm o dever de a respeitar" (disponível em http://www.cnecv.gov.pt/). Cfr., também, *Relatório/Parecer 46/ CNECV/05 sobre Objecção ao Uso de Sangue e Derivados para Fins Terapêuticos por Motivos Religiosos* (disponível em http://www.cnecv.gov.pt/).

([711]) A título de exemplo, na Dinamarca, o DANISH COUNCIL OF ETHICS, na *Betaenkning om afkald pá livslaengende behandling livstestamenter m. v. Bet. nr 1184, Kobenhavn 1989*, pág. 36, já tinha proibido a realização de transfusões de sangue a pessoas que expressamente declarassem não o pretender, ainda que no momento da transfusão se encontrassem inconscientes.

O ponto de vista subjacente é o de que deve ser respeitado o princípio da autonomia da vontade da pessoa mesmo quando esta não possa defender o (s) seu (s) direito (s).

([712]) JORGE MIRANDA, *Manual de Direito Constitucional, Tomo IV, Direitos Fundamentais*, Ob. cit., pág. 416, esclarece que a "liberdade religiosa aparece indissociável, como não podia deixar de ser, da liberdade de consciência. No entanto, não se lhe assimila, visto que, por um lado, a liberdade de consciência é mais ampla e compreende quer a liberdade de ter ou não ter religião (e de ter qualquer religião) quer a liberdade de convicções de natureza não religiosa (filosófica, designadamente); e, por outro lado, a liberdade de consciência vale, por definição, só para o foro individual, ao passo que a liberdade religiosa possui (como já se acentuou) também uma dimensão social e institucional."

([713]) Sobre a liberdade religiosa, cfr., entre outros, JORGE MIRANDA, *Manual de Direito Constitucional, Tomo IV, Direitos Fundamentais*, Ob. cit., págs. 405 e seguintes; MARIA DA GLÓRIA GARCIA, *Liberdade de consciência e liberdade religiosa*, «Direito e Justiça», Vol. XI,

O Princípio da Autonomia Privada Posto em Causa? 385

A liberdade de religião encontra-se, também, consagrada na Lei da Liberdade Religiosa – Lei n.º 16/2001, de 22 de Junho –.

V. Com efeito, nos casos em que o doente levanta objecções de natureza religiosa ou moral ([714]), designadamente a uma transfusão de sangue, há que aceitar a sua decisão, respeitando o princípio da autonomia da vontade ([715])([716])([717]).

VI. Segundo o preceituado no n.º 2 do artigo 340.º (Consentimento do lesado) do Código Civil, o consentimento não exclui a ilicitude do acto, quando este for contrário a uma proibição legal ou

---

Tomo 2, Universidade Católica Editora, Lisboa, 1997, págs. 73 e seguintes; CARLOS BLANCO DE MORAIS, *Liberdade religiosa e direito de informação – o direito de antena das confissões religiosas e o serviço público de televisão*, in «Perspectivas Constitucionais. Nos 20 anos da Constituição de 1976», Org. Jorge Miranda, Vol. II, Coimbra Editora, Coimbra, 1997, págs. 239 e seguintes; J. J. GOMES CANOTILHO/JÓNATAS MACHADO, *Bens culturais, propriedade privada e liberdade religiosa*, sep. «Revista do Ministério Público», Ano 16.º, n.º 64, Lisboa, Outubro-Dezembro de 1995, págs. 11-38; JÓNATAS MACHADO, *Pré-compreensões na disciplina jurídica do fenómeno religioso*, sep. do Vol. LXVIII do «Boletim da Faculdade de Direito da Universidade de Coimbra», Coimbra, 1992, págs. 65 e seguintes; JÓNATAS MACHADO, *A Constituição e os movimentos religiosos minoritários*, sep. do Vol. LXXII do «Boletim da Faculdade de Direito da Universidade de Coimbra», Coimbra, 1996, págs. 193-271; JORGE BACELAR GOUVEIA, *A protecção de dados informatizados e o fenómeno religioso em Portugal*, «Revista da Faculdade de Direito da Universidade de Lisboa», Lisboa, 1993, págs. 181 e seguintes; MANUEL AFONSO VAZ, *Regime das confissões religiosas*, in «Perspectivas Constitucionais. Nos 20 anos da Constituição de 1976», Org. Jorge Miranda, Vol. III, Coimbra Editora, Coimbra, 1998, págs. 391 e seguintes.

([714]) De qualquer modo, e sempre que possível, o dissentimento do paciente deve ser reduzido a escrito, para fins probatórios. Fica, assim, salvaguardada a posição do médico e afastada a hipótese deste ser acusado do crime tipificado no artigo 284.º do Código Penal. Esta disposição sanciona com pena de prisão até 5 anos o médico que recuse prestar auxílio no caso de perigo para a vida ou perigo grave para a integridade física de outra pessoa (que não possa ser removido de outro modo). Refiro, ainda, o artigo 26.º do Código Deontológico da Ordem dos Médicos que impõe ao médico um dever geral de tratar.

([715]) Nesta orientação, o n.º 1 do artigo 41.º do Código Deontológico da Ordem dos Médicos consagra o dever de "respeitar escrupulosamente as opções religiosas, filosóficas ou ideológicas e os interesses legítimos do doente".

([716]) Cfr. WALTER OSSWALD, *O consentimento informado enquadrado no tema global da decisão médica*, in «O Consentimento Informado», Actas do I Seminário do Conselho Nacional de Ética para as Ciências da Vida, Ob. cit., pág. 143.

([717]) Grande parte dos médicos entendem que devem optar pela transfusão de sangue se o doente entrar já inconsciente no hospital e não existir nenhuma indicação prévia dada pelo próprio em sentido contrário.

386 *Direito do Genoma Humano*

aos bons costumes. Por sua vez, nos termos do artigo 334.º (Abuso do direito) do mesmo Diploma, é ilegítimo o exercício de um direito, quando o titular exceda manifestamente os limites impostos pela boa fé, pelos bons costumes ou pelo fim social ou económico desse direito. Em sede de Direito Penal, o n.º 1 do artigo 38.º (Consentimento) do Código Penal estabelece que, fora dos casos especialmente consagrados na lei, o consentimento exclui a ilicitude do facto quando se reportar a interesses jurídicos livremente disponíveis e o facto não ofender os bons costumes.

Chamo à colação os artigos 143.º (Ofensa à integridade física simples) e seguintes do Código Penal relativos aos crimes contra a integridade física, destacando o artigo 150.º (Intervenções e tratamentos médico-cirúrgicos) que disciplina, concretamente, as intervenções e tratamentos médico-cirúrgicos.

De acordo com o n.º 2 do artigo 149.º (Consentimento) do Código Penal, devem ser tidos em consideração designadamente os motivos e os fins do agente ou do ofendido tal como os meios empregados e a amplitude previsível da ofensa, para decidir se a ofensa ao corpo ou à saúde contraria os bons costumes.

Desta forma, uma vez que o dissentimento não viola proibições legais nem consubstancia ofensa aos bons costumes, o médico não pode ser responsabilizado penal ou civilmente por respeitar a decisão do doente e não realizar a transfusão sanguínea.

97.2. *Objecção de consciência do médico*

I. Por outro lado, e no que diz respeito ao princípio da autonomia da vontade do médico, parece-me útil referir que este tem o direito de evocar objecção de consciência. Com efeito, nenhum médico pode ser obrigado a acompanhar um doente que não quer uma terapia que lhe permitiria melhorar o estado de saúde ou mesmo evitar a morte [718], desde que exista quem o substitua e não sejam postos em causa os cuidados a ministrar a esse paciente [719].

---

[718] Cfr. n.º 3 do artigo 38.º do Código Deontológico da Ordem dos Médicos.
[719] Cfr. WALTER OSSWALD, *O consentimento informado enquadrado no tema global da decisão médica*, in «O Consentimento Informado», Actas do I Seminário do Conselho Nacional de Ética para as Ciências da Vida, Ob. cit., pág. 143.

98. Alguns limites à autonomia do doente

I. Feinberg na *Social Philosophy* defende que a restrição à liberdade de cada indivíduo pode ser justificada pelos seguintes motivos: para evitar injuriar pessoas singulares (princípio do prejuízo privado); não prejudicar interesses públicos (princípio do prejuízo público); prevenir ofensas a terceiros (princípio da ofensa); impedir o auto prejuízo (princípio paternalista); promover o auto benefício (princípio do paternalismo extremo); prevenir ou punir o pecado (princípio do moralismo legal); beneficiar terceiros (princípio do *welfare*).

Estes princípios de limitação da liberdade devem auxiliar a melhor compreender e aceitar a necessidade absoluta da prática de testes genéticos em certos casos.

II. Com efeito, o princípio da autonomia privada pode ser restringido pelos direitos duma sociedade democrática, designadamente, pela protecção da saúde pública, dos direitos e liberdades de terceiros, da segurança pública, da prevenção do crime, etc [720].

A título de exemplo, a obrigação de sujeição a um teste genético para fins de identificação de uma pessoa no âmbito de uma investigação criminal, uma vacina obrigatória [721][722] contra enfermidades muito

---

[720] Como esclarece LUÍS CARVALHO FERNANDES, *Teoria Geral do Direito Civil, I*, Ob. cit., pág. 729, a regra é os tratamentos médicos dependerem de consentimento do próprio, ou, nos casos em que ele o não possa prestar, de pessoas que com ele mantêm certa relação. No entanto, podem "verificar-se situações particulares, de interesse geral (de sanidade, de higiene), que imponham a realização de certas intervenções (vacinação). Como podem também verificar-se casos em que os tratamentos se justifiquem por ocorrerem situações de perigo para bens jurídicos de relevante valor, do próprio ou de outrem, pessoais ou patrimoniais. Assim, pode ser determinado o internamento compulsivo de pessoas que sofram de anomalia psíquica grave."

Nesta orientação, a Lei da Saúde Mental (Lei n.º 36/98, de 24 de Julho, publicada no Diário da República, I - Série A, de 24 de Julho de 1998) permite o internamento compulsivo de pessoas que sofram de anomalia psíquica grave. Segundo o preceituado nos artigos 12.º e seguintes e 22.º e seguintes o internamento está dependente de decisão judicial excepto se existir perigo iminente para essas pessoas, que justifique o internamento de urgência.

[721] Nesta linha, JORGE BISCAIA, *Consentimento*, in «Direitos do Homem e Biomedicina», Ob. cit., pág. 101, sublinha que nas vacinações denominadas obrigatórias existe um consentimento presumido já que se supõe que o "bem comum dispensa a liberdade de recusar". Todavia, não é possível "ignorar que, por exemplo, as primeiras vacinas contra

388   *Direito do Genoma Humano*

contagiosas, o internamento compulsivo de doente mental ([723])([724]) que ameace a sua vida ou a vida de terceiros, etc.

Também em determinadas doenças infecto-contagiosas de declaração obrigatória, os doentes são examinados mesmo contra a sua vontade. Nos estabelecimentos prisionais os presos são obrigatoriamente inspeccionados por médicos quando do início do cumprimento da pena. Assim, como nas inspecções militares não é possível recusar os exames médicos.

Isto é, o princípio da autonomia pode ser restringido na estrita medida em que o exija o interesse público. De qualquer modo, entendo que o direito à informação não fica postergado. O esclarecimento do acto obrigatório, além de ser um direito, possibilita uma melhor aceitação dessa limitação imposta à autonomia privada.

---

o sarampo provocaram graves degenerescências cerebrais e que durante anos se usou obrigatoriamente a vacina contra a varíola, sem consentimento prévio em relação ao potencial risco de encefalite". Embora se tenha conseguido "erradicar a doença", não é de admitir "correr um risco grave sem qualquer esclarecimento prévio".

([722]) Nos Estados Unidos da América desde, pelo menos, 1905 (data em que o Supremo Tribunal Federal legitimou a vacinação obrigatória quando de um surto epidémico) a saúde pública foi considerada como um valor hierarquicamente superior à liberdade individual e à livre opção. Cfr. João Álvaro Dias, *Dano corporal. Quadro epistemológico e aspectos ressarcitórios*, Colecção Teses, Almedina, Coimbra, 2001, pág. 419.

([723]) Germano Marques da Silva defende que a admissibilidade do internamento compulsivo representa a síntese entre o direito fundamental à liberdade e o direito à segurança colectiva. A Lei sacrifica a liberdade individual para a defesa da segurança de todos e, nessa medida, pode indiciar a evolução legislativa perante situações análogas. No entendimento de Germano Marques da Silva há que esperar que a evolução legislativa que se avizinha se mantenha fiel às preocupações que a Lei n.º 36/98, de 24 de Julho, consagra, citado por Stela Barbas, *Lei da Saúde Mental,* «Forum Iustitiae. Direito & Sociedade», n.º 2, Lisboa, 1999, pág. 77.

([724]) Cfr. Figueiredo Dias, *Sobre a inimputabilidade jurídico-penal em razão de anomalia psíquica: a caminho de um novo paradigma?*, in «Temas Básicos da Doutrina Penal, sobre a Doutrina Geral do Crime», Coimbra Editora, Coimbra, 2001, págs. 257 e seguintes; Maria João Antunes, *Medidas de segurança de internamento e facto de inimputável em razão de anomalia psíquica*, Coimbra Editora, Coimbra, 2002; Paula Martinho da Silva, *Internamento forçado dos doentes mentais. Breve perspectiva a partir dos quadros "O Louco"* de Dominguez Alvarez e a *"Antítese da Calma"* de António Dacosta, in «Bem da Pessoa e Bem Comum. Um Desafio à Bioética», Ob. cit., pág. 181; João Barreto, *O internamento forçado nas doenças mentais*, in «Bem da Pessoa e Bem Comum. Um Desafio à Bioética», Ob. cit., pág. 187.

CAPÍTULO IV
DIREITO À AUTODETERMINAÇÃO INFORMACIONAL GENÓMICA

Sumário

SECÇÃO I
Direito a ser informado do resultado dos testes genéticos

99. Introdução
100. O direito a ser informado e o princípio da autonomia privada
101. Excepções

SECÇÃO II
Direito a não ser informado do resultado dos testes genéticos

102. Introdução
103. O direito a não ser informado e o princípio da autonomia privada
104. Excepções
105. Um dever de saber?
106. Sigilo médico

SECÇÃO I
Direito a ser informado do resultado dos testes genéticos

99. Introdução
100. O direito a ser informado e o princípio da autonomia privada
101. Excepções

99. Introdução

I. Na linha da Metafísica Aristotélica, podemos afirmar que todo o homem por natureza deseja saber.

II. Segundo as teorias de Santo Agostinho e de São Tomás de Aquino, a Moral ensinou sempre o dever de dizer a verdade. No entanto, face a situações complexas procurou subterfúgios para, sem a revelar integralmente, não desembocar na mentira.

Kant sustentou que declarar a mentira lícita equivaleria a tratar o ser humano não como um fim em si mesmo mas como um meio a favor do próprio interesse.

III. No entanto, até os mais acérrimos defensores da verdade chegaram à conclusão que nem sempre é viável revelá-la. Daí que, em casos excepcionais, parece ser mais correcto empregar fórmulas ambíguas para proteger os segredos.

Durante séculos, a ética médica tinha como regra mandar silenciar, completamente, a informação do médico ao paciente. Em 1847, o Código dos Médicos Americanos só admitia excepção a essa norma na hipótese de erro. Esse mesmo Diploma, na redacção de 1957, concede ao médico o direito de decidir se quer ou não informar o paciente. A Declaração de Genebra não se pronuncia sobre a temática. Este silêncio fundamentava-se num excessivo paternalismo médico.

392 *Direito do Genoma Humano*

O dever de informação só existia quando se aproximasse a hora da morte para que o paciente pudesse cumprir os seus deveres familiares, religiosos, profissionais, económicos e sociais.

IV. Hoje em dia, muito raramente, haverá quem sustente que o doente não deve ser informado ou, pelo contrário, atribua a esse direito um carácter absoluto. Não existe uma prática homogénea nos diversos ordenamentos jurídicos. Por exemplo, nos Estados Unidos da América a regra é que o doente tem sempre direito a ser informado. O mesmo não se verifica em toda a Europa. Diferenças, portanto, de país para país, e, dentro de cada país, as opiniões ainda variam consoante os médicos, enfermeiros e restantes profissionais da saúde.

V. O direito à verdade insere-se no âmbito de uma concepção do ser humano segundo a qual corresponde à própria pessoa enfrentar racionalmente os acontecimentos da vida. Nesta concepção de cariz antropológico, a verdade é um requisito imprescindível para tutelar a liberdade sobre a própria condição existencial. A verdade liberta da dúvida, da incerteza, da ansiedade de não saber.

O ser humano tem direito à verdade.

Deve ser consagrado o direito à autodeterminação informacional ou informativa (*right of gene-informational self determination, recht auf geninformationelle selbstbestimmung, derecho a la auto determinacion informativa*) ([725])([726])([727]) genómica. O doente tem direito de conhecer o seu diagnóstico (qual a enfermidade de que padece) e o seu prognóstico (evolução da patologia) bem como os riscos e objectivos do tratamento. Todas as pessoas têm direito a uma informação verdadeira sobre a sua constituição genética, sobre o seu genoma bem como direito a não serem informadas se assim o desejarem.

([725]) Este direito foi qualificado como direito fundamental na Sentença de 15 de Dezembro de 1983 na *Bundesverfassungsgericht.*

([726]) Victor Goyri, *Genética Humana y Derecho a la Vida Privada,* in «Genética Humana y Derecho a la Intimidad», Universidad Nacional Autónoma de México, México, 1995, págs. 34-35.

([727]) Artigo 35.º da Constituição da República Portuguesa. Todavia, o direito português não concebe o direito à autodeterminação informacional como um bem jurídico-penal. Cfr. Manuel da Costa Andrade, *Direito Penal Médico. Sida: testes arbitrários, confidencialidade e segredo*, Coimbra Editora, Coimbra, 2004, págs. 63 e seguintes.

O Princípio da Autonomia Privada Posto em Causa? 393

VI. Nesta linha, a Resolução do Parlamento Europeu, aprovada em 16 de Maio de 1989, sobre os problemas éticos e jurídicos da manipulação jurídica, disciplina não só o direito de cada pessoa ser informada com verdade e respeito sobre a sua constituição genética como, também, o direito a não saber ([728]).

O artigo 10.º (Vida privada e direito à informação) da Convenção sobre os Direitos do Homem e a Biomedicina, de 4 de Abril de 1997, determina que qualquer pessoa tem direito ao respeito pela sua vida privada relativamente a informações sobre a sua saúde bem como direito de conhecer toda a informação recolhida sobre a sua saúde. Todavia, a vontade de não ser informada deverá ser respeitada ([729]).

O artigo 5.º c) da Declaração Universal sobre o Genoma Humano e os Direitos do Homem, de 11 de Novembro de 1997, consagra o direito de cada pessoa decidir ser informada ou não dos resultados dos testes genéticos e das suas consequências ([730]).

Na mesma orientação, o artigo 10.º (Direito a decidir ser ou não informado dos resultados da investigação) da Declaração Internacional sobre os Dados Genéticos Humanos da UNESCO, de 16 de Outubro

---

([728]) Mais concretamente, o ponto n.º 12 da citada Resolução sobre os problemas éticos e jurídicos da manipulação jurídica considera como condição prévia essencial para a utilização de análises genéticas que estas análises e as consultas correspondentes possam ser orientadas exclusivamente para o bem-estar das pessoas em questão, sempre com carácter voluntário, e que os resultados da pesquisa sejam comunicados aos interessados, se estes assim o desejarem. Assim sendo, o médico não tem o direito de informar os familiares desses indivíduos sem o seu consentimento. O princípio da autodeterminação individual das pessoas observadas deve ter prioridade sobre as pressões de carácter económico dos sistemas de saúde, uma vez que todo o indivíduo tem o direito inviolável quer de conhecer os seus genes quer de não os conhecer.

([729]) Segundo o preceituado no n.º 3 do artigo 10.º da Convenção sobre os Direitos do Homem e a Biomedicina, a lei pode, a título excepcional, prever, no interesse do paciente, restrições ao exercício dos direitos estabelecidos no n.º 2.

([730]) Cfr., também, Convenção do Conselho da Europa para a protecção das pessoas no que diz respeito ao tratamento de dados de carácter pessoal, de 28 de Janeiro de 1981; Recomendação n.º R 11 (1994), *On Screening as a Tool of Preventive Medicine*, adoptada pelo Conselho da Europa, em 10 de Outubro de 1994; Directiva n.º 95/46/CE do Parlamento Europeu e do Conselho, de 24 de Outubro de 1985, para a protecção das pessoas singulares relativamente ao tratamento de dados pessoais e à livre circulação desses dados; Lei n.º 10/91, de 29 de Abril, com as modificações introduzidas pela Lei n.º 28/94, de 29 de Agosto; Base XIV, n.º 1 e) da Lei de Bases da Saúde – Lei n.º 48/90, de 24 de Agosto.

394   *Direito do Genoma Humano*

de 2003, disciplina o direito a decidir ser ou não informado dos resultados da investigação ([731]).

Em Portugal, o n.º 2 do artigo 3.º (Propriedade da informação de saúde) da Lei n.º 12/2005, de 26 de Janeiro, sobre Informação genética pessoal e informação de saúde, estabelece que o titular da informação de saúde tem o direito de, querendo, conhecer todo o seu processo clínico ([732])([733]).

VII. No âmbito do princípio da autonomia privada ganha particular acuidade o problema do direito a saber *versus* direito a não saber.

Entendo que todos temos direito à verdade que procuramos e todos temos direito a não sermos informados se assim o desejarmos.

100. O direito a ser informado e o princípio da autonomia privada

I. As pessoas têm direito de ser informadas sobre o seu estado de saúde, bem como de aceder ao seu processo clínico, de controlar a veracidade, e de retirar ou corrigir o (s) dado (s) que considere (m) incompleto (s) ou errado (s) ([734])([735]).

([731]) Segundo o preceituado no artigo 10.º da Declaração Internacional sobre os Dados Genéticos Humanos, quando se recolham dados genéticos humanos, dados proteómicos humanos ou amostras biológicas com fins de investigação médica e científica, é necessário comunicar ao principal interessado que tem direito de decidir se quer ou não ser informado dos resultados da investigação. Todavia, esta disposição não se aplica a investigações sobre dados irreversivelmente dissociados de pessoas identificáveis nem a dados que não permitam retirar conclusões particulares sobre os indivíduos que tenham participado nessas investigações. Os familiares identificados que possam ser afectados pelos resultados têm também direito a não ser informados.

([732]) Porém, o acima referido n.º 2 do artigo 3.º da Lei n.º 12/2005, de 26 de Janeiro, sobre Informação genética pessoal e informação de saúde, exceptua os casos em que o doente não pode aceder à informação de saúde que a ele diga respeito: isto é, quando existirem circunstâncias devidamente justificadas e se demonstre, de modo inequívoco, que esse conhecimento pode ser prejudicial ao próprio.

([733]) Cfr., também, nomeadamente os artigos 6.º, 7.º, 9.º da Lei n.º 12/2005, de 26 de Janeiro, sobre Informação genética pessoal e informação de saúde.

([734]) Tal como para *genetic data*, as legislações estatuem que o sujeito ao ser informado dos resultados dos testes deverá receber aconselhamento genético. Neste sentido, o

II. Subjacente a este direito encontra-se o respeito pelo princípio da dignidade da pessoa como ser autodeterminado. Todo o ser humano goza do direito à identidade pessoal e à integridade física e moral.

O direito de consentir um tratamento assenta no princípio da autonomia privada e no princípio da inviolabilidade da vida humana.

III. Deste direito de informação do doente decorre o de ter uma cópia da sua ficha médica ou prontuário ([736]). Esta medida permite, designadamente, que o paciente possa confrontar o parecer do seu

---

princípio 1 da Recomendação n.º R 13 (1990), do Comité de Ministros do Conselho da Europa: *"No prenatal genetic screening and/or prenatal genetic diagnosis tests should be carried out if counselling prior to and after the tests is not available. "*

Por sua vez, o princípio 3 da referida Recomendação n.º R 3 (1992), do Comité de Ministros do Conselho da Europa estatui: *"Any genetic testing and screening procedure should be accompanied by appropriate counselling, both before and after the procedure. Such counselling must be non-directive. The information to be given should include the pertinent medical facts, the results of tests, as well as the consequences and choices. It should explain the purpose and the nature of the tests and point out possible risks..."*

([735]) Além disso, quando é muito alto o risco de ser portador de determinados genes, pode ser mais prejudicial para o próprio a dúvida que a confirmação.

([736]) Os documentos com elementos genómicos do doente são registados numa ficha clínica ou prontuário. Trata-se de um arquivo em papel ou informatizado cujo objectivo é facilitar a manutenção e o acesso às informações genómicas obtidas.

Há quem sustente que o livre acesso aos relatórios médicos poderia constituir um obstáculo ao bem do doente e da própria Medicina na medida em que se o paciente pudesse aceder livremente aos seus dados seria provável que os médicos subtraíssem do relatório determinados elementos. Contudo, nalguns casos, o conhecimento do relatório pelo próprio obrigará o médico a ser mais diligente na sua elaboração.

Reconheço que o direito de o paciente aceder à sua ficha clínica está, na prática, muitas vezes, condicionado pelo tipo de medicina praticada, pelas suas relações com o médico, pelo próprio contexto social, etc. No entanto, o princípio da autonomia da vontade do doente bem como o seu direito à informação não podem ser postos em causa.

O doente tem direito de conhecer que espécie de informação sobre a sua pessoa se encontra nos prontuários bem como de exigir a eliminação de alguns pontos e a inclusão de outros. Tem, ainda, o direito de conhecer que uso se pretende fazer desses dados.

Os relatórios revestem interesse clínico, científico e médico-legal. No que concerne ao primeiro, a elaboração da ficha clínica não tem como principal objectivo informar o paciente, mas prestar uma boa informação sobre ele para o seu melhor acompanhamento. O relatório é um documento de síntese para utilização do médico no tratamento do doente. Se os cuidados são prestados por uma equipa e não apenas por um médico o prontuário transforma-se num instrumento fundamental de comunicação entre eles.

396   *Direito do Genoma Humano*

médico com o de outro profissional para ouvir uma segunda opinião, sem necessidade de repetição de exames; o duplicado constitui, também, uma segurança no caso de extravio do original ou de a clínica encerrar. Defendo que a ficha clínica é propriedade do doente. O médico ou a instituição hospitalar apenas detém a guarda desses elementos para preservar o historial genético de cada doente ([737]).

Dessa ficha deve constar toda a informação médica recolhida, nomeadamente anotações, resultado dos exames realizados e identificação da equipa que tratou o doente.

IV. Tem, ainda, que ser feita uma menção especial às chamadas "descobertas inesperadas": nos testes ou durante as operações é frequente detectarem-se outras doenças com que não se contava.

Penso que o direito a saber abarca estas hipóteses. Ou seja, o paciente tem direito a conhecer tudo acerca da sua saúde ([738]).

101. Excepções

I. Todavia, não é de admitir um direito absoluto e ilimitado a saber tudo, até para que se possa respeitar o direito a não saber ou a que não se saiba.

A ficha clínica tem, também, grande relevância para a investigação científica, objectivo este que não tem em vista propriamente o interesse do paciente mas o bem social. Penso que uma vez preservada a intimidade, o paciente deveria, solidariamente, autorizar a sua utilização para efeitos de investigação científica.

No que diz respeito ao ponto de vista médico-legal, os relatórios constituem elementos de relevante valor jurídico para os tribunais.

([737]) O n.º 1 do artigo 3.º da Lei n.º 12/2005, de 26 de Janeiro, sobre Informação genética pessoal e informação de saúde, determina que a informação de saúde é propriedade da pessoa sendo as unidades do sistema de saúde somente depositárias dessa mesma informação. A referida informação de saúde abrange os dados clínicos registados, resultados de análises e outros exames subsidiários bem como intervenções e diagnósticos.

([738]) Todavia, o princípio 11 da Recomendação n.º R 3 (1992), do Comité de Ministros do Conselho da Europa, respeitante a provas genéticas e a detecção com fins de assistência sanitária, determina: "*In conformity with national legislation unexpected findings may be communicated to the person tested only if they are of direct clinical importance to the person or the family*".

A restrição imposta por esta norma colide com o direito a saber. No meu entendimento a informação adicional só não deverá ser revelada ao próprio se este tiver manifestado que não tem interesse em conhecê-la.

O Princípio da Autonomia Privada Posto em Causa? 397

II. Com efeito, existem algumas excepções geralmente aceites ao direito a ser informado.

III. É o caso do já referido (739) privilégio terapêutico (740): nalgumas situações é previsível que a revelação do estado de saúde ao doente lhe possa acarretar tantos danos que é preferível não o fazer (741). Por exemplo, essa informação pode desanimá-lo, provocando, assim, uma menor cooperação por parte dele, o que implicaria uma diminuição das suas perspectivas de recuperação. De qualquer modo, não deixa de ser preocupante a facilidade com que familiares e médicos entendem que têm o direito de decidir pelo paciente. Não estou, logicamente, a pôr em causa as boas intenções dessas pessoas. Todavia, essa *excessiva* tendência para esconderem a doença, em prol do bem do doente, poderá ter, nalguns casos, por detrás de si, outras razões (ainda que do domínio do subconsciente ou do inconsciente). Com efeito, o silêncio pode ser um simples pretexto para evitar dar notícias desagradáveis. E, porque razão partir do pressuposto que o ocultamento da verdade é a melhor solução para o principal interessado? Na realidade, muitos doentes desconfiam, intuem ou, mesmo, conhecem o seu estado, sem que ninguém lhes revele a verdade.

Como norma, a única justificação moralmente aceitável para que o médico omita a verdade é a de que naquele momento e situação é melhor para o doente não saber a verdade. A avaliação deste carácter de excepção deve ser feito pelo médico em função dos argumentos carreados pelos familiares do paciente e fundamentando-se, principalmente, na sua observação e experiência profissional.

O quadro acima traçado é característico das culturas latinas que têm uma *dimensão* mais familiar. Frequentemente, as informações médicas são, primeiramente, reveladas à família e, só depois, ao

---

(739) Cfr. Parte II, Título II, Capítulo III, Secção III, n.º 94.

(740) Também designado privilégio médico, como refere JOÃO ÁLVARO DIAS, *Procriação assistida e Responsabilidade Médica*, Ob. cit., pág. 275. Contudo, MANUEL DA COSTA ANDRADE, *Consentimento e Acordo em Direito Penal*, Ob. cit., pág. 461, prefere a utilização da expressão privilégio terapêutico, pela associação aos valores subjacentes ao interesse terapêutico, assim como a este, concedendo-lhe, também, autonomia dogmática e prático-jurídica em relação ao diagnóstico, com o qual é frequentemente associado.

(741) Um princípio fundamental da Ética é o de nunca prejudicar o paciente.

próprio. Pelo contrário, nos países anglo-saxónicos, com um cariz mais individualista, a regra é a de que o doente é o primeiro a ser informado, e é a este que compete resolver se pretende ou não divulgar a terceiros os dados de informação médica que a ele dizem respeito.

O paciente deve ter o direito de decidir e definir o que é bom e o que é mau para si próprio.

Regra geral, o privilégio terapêutico só é admissível em circunstâncias muito particulares. Em princípio, prevalece o direito a ser informado.

IV. Outro argumento carreado para a não revelação da verdade prende-se com a situação do médico e do doente. Diz-se, por vezes, que o médico quase nunca tem conhecimento da totalidade da verdade e que a sua insegurança relativamente ao diagnóstico e prognóstico é muito elevada. Porém, se é certo que esta situação pode ocorrer, não é possível radicalizar partindo de uma pseudo-hipótese absurda de ignorância da classe médica. Até nos casos mais complexos, existe sempre uma determinada margem de certeza.

SECÇÃO II
Direito a não ser informado do resultado dos testes genéticos

102. Introdução
103. O direito a não ser informado e o princípio da autonomia privada
104. Excepções
105. Um dever de saber?
106. Sigilo médico

102. Introdução

I. No que diz respeito à verdade pode, desde logo, colocar-se a questão de saber que tipo de verdade ou, se preferível, até que ponto de verdade. Por outras palavras, todos os doentes desejam saber a "verdade, toda a verdade, só a verdade e nada mais que a verdade" ([742]) sobre o seu diagnóstico e prognóstico?

O doente pretende, por vezes, apenas, uma resposta tranquilizadora, ainda que não inteiramente verdadeira.

103. O direito a não ser informado e o princípio da autonomia privada

I. Haverá, assim, o dever de informar aquele que não quer ser informado?

([742]) Nesta linha, remeto para o que escrevi sobre o designado privilégio terapêutico, cfr. Parte II, Título II, Capítulo III, Secção III, n.º 94 e Parte II, Título II Capítulo IV, Secção I, n.º 101.

II. Como referi na secção I, defendo que todos temos direito à verdade que procuramos bem como direito a não sermos informados se, assim, o desejarmos ([743])([744])([745]).

III. Cada vez mais se fala neste direito a não saber. Tem como objectivo evitar que as pessoas sejam forçadas a olhar para uma bola de cristal adivinhando o seu futuro ([746])([747]).

O direito a não ser informado denota algumas semelhanças com o direito de personalidade evocado, muitas vezes, em sede de propriedade intelectual ou na defesa do direito à imagem – o chamado *droit à l' oubli*.

Este direito está intimamente ligado ao direito à identidade pessoal, ao direito à liberdade, ao direito à integridade física e moral e ao direito à reserva sobre a intimidade da vida privada.

([743]) Como ensina AGOSTINHO DE ALMEIDA SANTOS, *Os pilares da nova genética. Eficácia, prudência, razão*, «Communio. Revista Internacional Católica», Ob. cit., pág. 457, "parece importante que a detecção genética de predisposição a doença, a ser possível em larga escala, seja apenas efectuada com base no desejo individual livremente expresso e nunca por uma qualquer imposição".

([744]) No entendimento de WALTER OSSWALD, *O consentimento informado enquadrado no tema global da decisão médica*, in «O Consentimento Informado», Actas do I Seminário do Conselho Nacional de Ética para as Ciências da Vida, Ob. cit., pág. 144, o problema da verdade que o doente consegue suportar é o da verdade que o doente deseja saber. Considera uma "violência inaudita dizer uma verdade que ninguém pediu." É um facto conhecido que há doentes que não querem saber a verdade. "Não há o direito de dar informação que não é solicitada. É uma pura violência e uma invasão da privacidade das pessoas" fornecer informação que eles não querem saber sobre o seu estado, conclui Walter Osswald.

([745]) ANN CAVOUKIAN, *Confidentiality issues in genetics: the need for privacy and the right "not to know"*, «Law & Genome Review», 2, University of Deusto, Bilbao, 1995, pág. 34.

([746]) Porém, reconheço que este direito a não saber implica algumas contradições praticamente insolúveis: como é possível obter um consentimento informado que não seja completamente informado?!...Ou, por outras palavras, como é que uma pessoa decide não saber sem saber o que há para saber?

([747]) Poder-se-ia, ainda, colocar a questão de saber se este direito a não saber deve circunscrever-se à análise genética ou, pelo contrário, deve ser consagrado independentemente do tipo de diagnóstico usado, como por exemplo, em testes de VIH? Todavia, o fim deste trabalho é outro.

O Princípio da Autonomia Privada Posto em Causa? 401

IV. A eventual consagração de um direito de a sociedade usar todo e qualquer processo tecnológico pode ameaçar o princípio da autonomia, configurando uma nova e diferente forma de ditadura: a ditadura científica.

V. É importante frisar que, em inúmeras situações, os progressos operados a nível do diagnóstico não são acompanhados por correlativas medidas terapêuticas.

Ou seja, nem todas as enfermidades genéticas detectadas podem ser tratadas. Em muitas situações, o teste serve, apenas, para se saber que a doença se vai desenvolver mas não é possível a sua prevenção. É o caso da Coreia de Huntington ([748]) que pode ser diagnosticada muito precocemente (ainda na fase embrionária) em pessoas aparentemente saudáveis.

Quais os efeitos que pode produzir numa pessoa a informação de que padece de uma enfermidade genética cujas manifestações iniciar-se-ão cerca dos quarenta anos e conduzirão a uma deterioração do seu estado de saúde?

Nesta linha, há quem sustente que nas hipóteses em que não é possível tomar medidas preventivas ou terapêuticas, o conhecimento antecipado consubstancia uma fonte de preocupação e, mesmo, de *terror* para o testado, e que o estado actual da Medicina ainda faz com que, nestes casos, a previsão não seja uma bênção mas uma maldição.

No entanto, parece-me tratar-se de uma má comparação na medida em que a medicina preditiva, além da previsão, tem também como objectivo o aperfeiçoamento da terapia genética para poder fazer face precisamente a esses casos.

Penso, e na esteira da doutrina e da legislação já existente, que a decisão concerne apenas ao próprio e a mais ninguém.

([748]) Outro exemplo paradigmático é o diagnóstico genético da doença de Alzheimer.

402 *Direito do Genoma Humano*

104. Excepções

I. Todavia, o direito a não saber não é absoluto.
O direito a não ser informado pode, em determinadas situações, colidir com interesses de terceiros ou com o dever de informação do médico.

II. Nesta orientação, a Convenção sobre os Direitos do Homem e a Biomedicina, de 4 de Abril de 1997, remete para a lei de cada país a faculdade de se abrirem certas excepções [749]. Por exemplo, se estiverem terceiros em risco [750], há necessidade de informar o doente. Ou se o médico diagnosticar uma predisposição para uma enfermidade e a única forma de a debelar for revelá-la ao paciente para se poderem tomar medidas de prevenção. Nestes casos, o direito interno deverá determinar se a informação ao doente poderá configurar uma excepção.

III. A medicina predizente ao possibilitar diagnosticar, com bastante antecedência, determinadas doenças genéticas fez com que a família do paciente deixasse de ser apenas um suporte material e moral para passar a ser uma comunidade de pessoas provavelmente também afectadas pela mesma enfermidade. O doente será visto cada vez menos como um indivíduo e mais como um membro de uma família em risco.
A revelação do resultado do teste ao próprio e aos restantes membros da sua família é, por vezes, de extrema importância, designadamente para poderem ser tomadas medidas diagnósticas, preventivas ou terapêuticas [751][752][753].

---

[749] Cfr. n.º 3 do artigo 10.º da Convenção.

[750] Para além dos danos físicos que o não conhecimento da verdade pode causar a terceiros, podem ser invocados danos morais para se quebrar a privacidade?

[751] Do ponto de vista médico o paciente é toda a família e não somente o próprio, cfr. BERG, *Confidentiality issues in medical genetics: the need for laws, rules and good practices to secure optimal disease control*, in «Ethics and Human Genetics», Council of Europe, 2nd Symposium on Bioethics, 1994, págs. 122-134.

[752] Por exemplo, pode ser determinante avisar os familiares de portadores de mutações associadas a doenças graves, designadamente no âmbito da oncologia, para efeitos de diagnósticos precoces, prevenção ou terapia.

O Princípio da Autonomia Privada Posto em Causa? 403

IV. Por seu turno, a tentativa de diminuição da ansiedade, a preparação emocional para a doença e a planificação da vida no que concerne à tomada de determinadas decisões como a procriação, educação, ocupação profissional ([754]), etc são, regra geral, alguns dos argumentos carreados pelos familiares em risco para acederem aos resultados dos testes genéticos ([755]).

V. E há situações em que o conhecimento da informação é a única forma de evitar que terceiros ([756]) sejam, também, afectados.

([753]) Com o conhecimento do genoma, a decisão de ter ou não filhos pode passar a ser tão relevante no pensamento terapêutico como é actualmente a utilização de medicamentos ou a cirurgia. Assim, pode ser fundamental as pessoas submeterem-se a testes genéticos se resolverem ter filhos.

A título de exemplo, a Comunidade dos Judeus Ashkenazy em Nova Iorque e em Jerusalém aconselha as pessoas a realizarem testes genéticos antes de casarem.

O Projecto chamado *Dor Yeshorim, Hebrew for the generation of the righteous* encoraja os jovens judeus ortodoxos a submeterem-se a testes (de sangue) para determinar se são ou não portadores de genes responsáveis por doenças genéticas como a fibrose quística, a Tay Sachs e a Gavcher.

Em Chipre é comum a prática de testes genéticos para averiguar da existência ou não de doenças genéticas. De forma a tentar reduzir a elevada percentagem de indivíduos afectados pela talassemia, o Governo "aconselha" a realização destes exames antes do casamento. Embora o teste não seja tecnicamente obrigatório, as pessoas não se podem casar sem um certificado pré-matrimonial. A licença para o casamento não é emitida sem esse certificado. E, por seu turno, o certificado pré-matrimonial não é passado sem a realização do teste genético.

Porém, o resultado do teste genético só é revelado aos interessados. A decisão final de casar ou não é deixada à livre vontade das partes. Contudo, são advertidos das consequências da presença do gene responsável por essa doença no nascimento da criança.

([754]) Para prevenir, nomeadamente, as consequências desfavoráveis da exposição de certos poluentes ambientais causadores de enfermidades na presença de um genótipo de susceptibilidade.

([755]) No entendimento de JORGE SEQUEIROS, *Do Presente e do Futuro da Predição de Doenças Genéticas de Manifestação Tardia,* in «Poderes e Limites da Genética», Actas do IV Seminário do Conselho Nacional de Ética para as Ciências da Vida, Ob. cit., págs. 95-96, a experiência com programas de teste preditivo na doença de Huntington pode possibilitar uma adaptação mais saudável à doença genética e melhorar a qualidade de vida, diminuindo a ansiedade provocada pela incerteza no que diz respeito ao futuro, promovendo a coesão familiar e aumentando a segurança económica dos indivíduos testados e das suas famílias.

([756]) Quando me refiro a terceiros estou a pensar não só nos familiares mas também nos colegas de trabalho, no público em geral, etc.

A título de exemplificação, pode ser vital informar que tem caracteres genéticos que não são compatíveis com a sua profissão de camionista ou de aviador.

Esta questão será desenvolvida na Parte II, Título III, Capítulo III.

105. Um dever de saber?

I. Assim sendo, a par do direito a saber e do direito a não saber admitir-se-á, em determinados casos, a consagração de uma nova figura: o dever de saber ([757])?

II. Com efeito, há casos em que o direito do testado a não saber pode ser afectado pelo direito da família a saber ([758])([759]).

Verifica-se, deste modo, uma fortíssima pressão no direito à privacidade ([760]). Apesar de não existir um dever jurídico, por parte do próprio, de se submeter ao teste, este fica colocado numa situação extremamente constrangedora e um tanto ou quanto responsabilizante.

Existem, assim, poderosos argumentos para tutelar os interesses envolvidos.

Estamos perante um nítido conflito de deveres. E o conflito de deveres, pela sua natureza e âmbito, só se aplica em circunstâncias excepcionais.

III. Nestas situações, tenta-se que o indivíduo que se submeteu ao exame revele o resultado aos membros da sua família ([761]).

([757]) Um argumento possível para responder a esta questão (de um dever de saber?) é o de que se o conhecimento humano é por natureza limitado não faz sentido dizer que o homem tem um dever de saber.

([758]) Mas, curiosamente, pode ocorrer hipótese diametralmente oposta. Isto é, o direito de não saber da família pode ser afectado pelo direito a saber da pessoa que se submeteu ao teste. Na medida em que pode ser extremamente difícil, no âmbito familiar, preservar a privacidade do resultado do exame. Por exemplo, o direito do descendente a não saber é posto em causa quando um seu ascendente (que faz uso do seu direito a saber) realiza um teste e é informado de que padece de determinada enfermidade genética necessariamente transmissível. Além disso, por vezes, é precisa a intervenção da família para uma melhor análise do genoma do testado (por exemplo, através do fornecimento de certos dados).

O Relatório do Health Council of the Netherlands, *Genetic Screening*, The Hague, 1994, pág. 69, determina que a natureza hereditária da enfermidade implica que a informação obtida tenha, também, interesse para os outros membros da família. No entanto, pode conduzir a situações de *stress* quando a pessoa testada quer conhecer o resultado mas, por vezes, um parente seu não quer. Por exemplo, um indivíduo quer saber se corre o risco de vir a padecer de cancro e os familiares preferem desconhecer.

([759]) Dois direitos em colisão?

([760]) O direito à privacidade será analisado no capítulo seguinte.

([761]) A revelação (ou não) à entidade patronal e à companhia de seguros será analisada na Parte II, Título III, Capítulo III e Capítulo IV, respectivamente.

O Princípio da Autonomia Privada Posto em Causa? 405

Regra geral, a informação é transmitida pelo testado sem qualquer dificuldade.

No entanto, por vezes, o doente não quer que ninguém saiba que ele é portador de certo gene.

IV. Não é, portanto, pacífica a questão de saber se o próprio tem ou não a obrigação de informar a família ([762])([763]).

([762]) Por exemplo, em França, o artigo L. 1131-1 do *Code de la Santé Publique*, recentemente alterado pelo artigo 4.º da *Loi n.º 2004-800, du 6 août 2004, relative à la bioéthique*, determina: "*L'examen des caractéristiques génétiques d'une personne ou son identification par empreintes génétiques sont régis par les dispositions du chapitre III du titre Ier du livre Ier du code civil et par les dispositions du présent titre, sans préjudice des dispositions du titre II du présent livre. Toutefois, lorsqu'il est impossible de recueillir le consentement de cette personne ou, le cas échéant, de consulter la personne de confiance mentionnée à l'article L. 1111-6, la famille ou, à défaut, un de ses proches, l'examen ou l'identification peuvent être entrepris à des fins médicales, dans l'intérêt de la personne. En cas de diagnostic d'une anomalie génétique grave posé lors de l'examen des caractéristiques génétiques d'une personne, le médecin informe la personne ou son représentant légal des risques que son silence ferait courir aux membres de sa famille potentiellement concernés dès lors que des mesures de prévention ou de soins peuvent être proposées à ceux-ci. L'information communiquée est résumée dans un document signé et remis par le médecin à la personne concernée, qui atteste de cette remise. Dans ce cas, l'obligation d'information à la charge du médecin réside dans la délivrance de ce document à la personne ou à son représentant légal. La personne concernée, ou son représentant légal, peut choisir d'informer sa famille par la procédure de l'information médicale à caractère familial. Elle indique alors au médecin le nom et l'adresse des membres de sa famille dont elle dispose en précisant le lien de parenté qui les unit. Ces informations sont transmises par le médecin à l'Agence de la biomédecine qui informe, par l'intermédiaire d'un médecin, lesdits membres de l'existence d'une information médicale à caractère familial susceptible de les concerner et des modalités leur permettant d'y accéder. Les modalités de recueil, de transmission, de conservation et d'accès à ces informations sont précisées par un décret en Conseil d'Etat, pris après avis de la Commission nationale de l'informatique et des libertés. Le fait pour le patient de ne pas transmettre l'information relative à son anomalie génétique dans les conditions prévues au troisième alinéa ne peut servir de fondement à une action en responsabilité à son encontre.*"

Alguns anos antes, mais concretamente em 1995, o COMITÉ CONSULTATIF NATIONAL D' ÉTHIQUE POUR LES SCIENCES DE LA VIE ET DE LA SANTÉ, no Parecer subordinado ao título *Génétique et Médecine: de la prédiction à la prévention*, acentuou a necessidade de respeitar o segredo médico face a terceiros, incluindo os membros da família. Este Parecer demonstra bem como o segredo médico deve ser reforçado tanto quanto possível. Contudo, chama a atenção para o facto de não ser um princípio absoluto. Se os testes genéticos detectarem a existência de riscos, o médico tem o dever de tentar convencer o doente a revelar o seu estado aos seus próximos. Se não o conseguir, o

A natureza deste dever é, regra geral, imprecisa. Há, sem dúvida, uma obrigação moral ([764]), mas, é discutível se esta obrigação pode revestir natureza jurídica. Chamo à colação o dever geral de ajudar pessoas em perigo, incorrendo em responsabilidade civil quem não o fizer. Penso que existe um dever de ajuda em relação aos restantes membros da família.

Assim, e na esteira de Fernando Regateiro ([765]), considero que se houver familiares em risco e a prevenção da doença ou o seu tratamento estiver dependente da utilização do resultado do exame feito no indivíduo que tenha decidido não querer saber, esta informação pode e deve ser usada para orientar o acompanhamento dos familiares em risco, mesmo que as intervenções operadas nessas pessoas revelem o seu estatuto genético. Igual argumentação pode ser carreada para as situações em que uma pessoa já conhece os resultados dos exames mas não quer que mais ninguém saiba. O princípio da autonomia deve ter em atenção o indivíduo como membro integrante de uma família e da sociedade, pelo que têm de ser ponderados os interesses dos terceiros envolvidos. Todavia, devem ser empreendidos todos os esforços para evitar prejudicar aquele que decidiu revelar a informação obtida nos seus exames para possibilitar conhecer melhor as alterações genéticas na família.

---

dever de sigilo colide com o dever de informar, prevalecendo este último. O Comité refere, ainda, que *"Le médecin sera confronté à un grave conflit éthique sur lequel la société devra se prononcer, en tenant compte du caractère inacceptable de la non-assistance à personne en danger, particulièrement lorsque des enfants sont concernés"*. Cfr. COMITÉ CONSULTATIF NATIONAL D'ÉTHIQUE POUR LES SCIENCES DE LA VIE ET DE LA SANTE, *Avis n.° 46 sur la Génétique et Médecine: de la prédiction à la prévention*, du 30 octobre 1995, Les Cahiers du C.C.N.E., 6, 1996, págs. 5-39.

([763]) O Relatório do NUFFIELD COUNCIL ON BIOETHICS, 5.25. considera que "O dever primeiro de comunicar dados genéticos à família ou a terceiros envolvidos pertence ao próprio e não ao médico. Porém, este pode fazê-lo a pedido do doente".

([764]) Nos Estados Unidos da América têm sido, frequentemente, carreados argumentos éticos para justificar este dever. Cfr. KATHLEEN CRANLEY GLASS, *Challenging the Paradigm: Stored Tissue Samples and Access to Genetic Information*, in «The Human DNA: Law and Policy», International and Comparative Perspectives, Ed. Bartha Maria Knoppers, Kluwer Law International, The Hague, London, Boston, 1997, pág. 161.

([765]) FERNANDO REGATEIRO, *Doenças genéticas*, in «Comissões de Ética. Das bases teóricas à actividade quotidiana», Ob. cit., pág. 348.

O *Princípio da Autonomia Privada Posto em Causa?*

E, quando o conhecimento da genética permitir ilações mais profundas e seguras sobre as associações entre certas susceptibilidades e o estatuto multigénico individual, é previsível que o respeito pela autonomia seja, como refere Regateiro ([766]), ainda mais "mitigado", em especial quando o uso dos dados individuais tiver repercussões no bem comum dos cidadãos.

106. Sigilo médico

I. Nos casos em que a detecção de uma anomalia genética de carácter familiar recomende a recolha de amostras biológicas do conjunto dos membros da família, mas o testado não os quiser informar, competirá ao médico esse dever?

II. Contudo, o médico não está adstrito a sigilo ([767])([768])?

O médico ou viola o princípio do sigilo médico ou viola o princípio da beneficência em relação às outras pessoas envolvidas e que se encontram em situação de risco.

([766]) Nesta orientação, FERNANDO REGATEIRO, *Doenças genéticas*, in «Comissões de Ética. Das bases teóricas à actividade quotidiana», Ob. cit., pág. 348, chama à colação os casos dos agentes de segurança *vs.* predisposições para o uso descontrolado da força e dos pilotos de avião ou de outros transportes públicos *vs.* susceptibilidade para doenças agudas.

([767]) Curiosa a classificação do segredo feita pela moral católica tradicional em segredo natural, confiado e prometido. No segredo natural a revelação encontra-se excluída pela própria natureza, teor da coisa em si (sentimentos, defeitos ocultos, etc); no segredo prometido a obrigação de sigilo decorre, como o próprio nome indica, de uma promessa; o segredo confiado é aquele em que existe um pacto, um acordo, um conluio de não divulgar a informação recebida.

([768]) Uma vez mais, a comparação com a experiência da SIDA é importante para a análise ético-jurídica da questão. Suscitou grande polémica a tomada de posição da Academia Francesa de Medicina em favor de um *"approach"* mais flexível do segredo médico. Cfr. *Le Monde des débats, SIDA: faut-il lever le secret médical?* Paris, Junho de 1994.

Nos Estados Unidos da América, existe legislação sobre registos médicos relacionados com o VIH, que protegem contra a discriminação, de molde a estimular a realização voluntária de exames de VIH. Os tribunais norte-americanos têm entendido que determinados valores podem ter prioridade sobre o segredo médico: a terapia individual, a saúde pública e a protecção de terceiros. Naturalmente que a vida de crianças em perigo tem maior importância que a intimidade do paciente. Inclusivamente a investigação científica, nomeadamente a financiada com fundos públicos, pode, por vezes, limitar o sigilo médico.

E o que é o sigilo? Quais os seus limites? Quando pode ser violado? Quando deve ser quebrado? O que é que a equipa médica tem autorização para divulgar e o que deve calar em nome do direito do doente ao sigilo? A partir de que momento é invadida a privacidade do agregado familiar?

O sigilo impõe-se a todos os médicos ([769]) e abrange todos os factos que tenham chegado ao seu conhecimento no exercício do seu *"mister* ou por causa dele" ([770]).

A garantia da preservação do segredo, além de ser uma obrigação legal consagrada, designadamente, no nosso Código Penal ([771]) e na maior parte dos códigos de ética profissional, é um dever de todos os profissionais da área da saúde.

Este dever tem que ser cumprido, excepto se entrar em conflito com um dever de igual ou maior valor. Por exemplo, existem casos que constituem excepção à manutenção do segredo devido ao risco de vida associado ao benefício social que pode ser obtido.

A preservação do segredo é um dever de todos e para com todos.

O conhecimento da enfermidade pode ter consequências negativas a nível do trabalho e de muitas outras relações sociais.

É certo que o carácter embaraçoso a que doença se encontrava associada noutros tempos está cada vez mais diluído. Todavia, não é, ainda possível, afirmar que esses preconceitos já desapareceram totalmente.

([769]) O artigo 67.º do Código Deontológico determina: "O segredo profissional impõe-se a todos os Médicos e constitui matéria de interesse moral e social."

([770]) Pela sua relevância para o tema em análise, parece-me útil transcrever o artigo 68.º do Código Deontológico: "1 – O segredo profissional abrange todos os factos que tenham chegado ao conhecimento do Médico no exercício do seu mister ou por causa dele, e compreende especialmente: a) Os factos revelados directamente pelo doente, por outrem a seu pedido ou terceiro com quem tenha contactado durante a prestação de cuidados ou por causa dela; b) Os factos apercebidos pelo Médico, provenientes ou não da observação clínica do doente ou de terceiros; c) Os factos comunicados por outro Médico obrigado, quanto aos mesmos, a segredo profissional. 2 – A obrigação do segredo existe quer o serviço solicitado tenha ou não sido prestado e quer seja ou não remunerado. 3 – O segredo é extensivo a todas as categorias de doentes, incluindo os assistidos por instituições prestadoras de cuidados de saúde. 4 – É expressamente proibido ao Médico enviar doentes para fins de diagnóstico ou terapêutica a qualquer entidade não vinculada a segredo profissional médico a menos que para tal obtenha o seu consentimento expresso ou que o envio não implique revelação do segredo."

([771]) Cfr. artigo 195.º do Código Penal Português.

O *Princípio da Autonomia Privada Posto em Causa?*

III. No entanto, infelizmente, nem sempre é fácil guardar segredo e existe, frequentemente, uma certa permissividade em relação a ele.

A par da medicina particular prevalece, cada vez mais, a pública em cuja gestão intervêm diversos indivíduos que não são profissionais de saúde. Com o desenvolvimento das diversas especialidades, a medicina em equipa ganhou terreno face à individual. Por sua vez, a catalogação e a análise dos registos clínicos revestem grande importância para a saúde pública. E actualmente, em virtude da informatização, os dados pessoais do paciente podem ser acessíveis a um universo muito vasto de indivíduos.

Nem todos os autores são apologistas do segredo médico chegando ao ponto de alguns o considerarem uma prática anti-social.

IV. Porém, o sigilo, embora não seja um fim em si mesmo, tutela realidades de grande significado humano e está associado à própria dignidade do doente, à sua autonomia, à sua imagem, enfim ao seu eu. A falta de segredo, como regra geral, poderia afectar a relação médico-paciente. Nalgumas enfermidades, o sigilo protege o indivíduo de uma eventual discriminação social e proporciona-lhe uma maior estabilidade ([772]).

V. Voltando à questão inicialmente equacionada, se o indivíduo que se sujeitou ao teste genético não quiser revelar à família o resultado dos exames, sendo a sua revelação fundamental para esta poder tomar determinadas medidas ([773]), o médico terá o dever de os informar?

VI. Se defendermos que compete ao médico revelar a informação, as questões tornam-se ainda mais problemáticas pelo facto de, ao longo da História, diversas culturas terem conferido grande importância

---

([772]) A violação do dever de segredo pode originar sanções de natureza criminal (artigos 195.º e 383.º do Código Penal), civil e disciplinar (responsabilidade disciplinar profissional - face à Ordem dos Médicos; responsabilidade disciplinar administrativa - para os médicos que exercem em serviços públicos e responsabilidade disciplinar laboral - para os médicos que trabalham no sector privado no âmbito de um contrato de individual de trabalho).

([773]) Por exemplo, para a família se submeter a idêntico teste genético com o intuito de averiguar se, também, algum dos seus membros padece da mesma enfermidade que o testado.

ao segredo médico ([774]). As relações médico-paciente são fundadas na confiança, garantidas pelo dever do médico de não divulgar informação sobre os seus pacientes. A revelação de informações confidenciais viola direitos individuais e prejudica princípios e fundamentos da prática médica.

Consequentemente, o médico antes de decidir informar (ou não) os restantes membros da família, contra a vontade do próprio, deve não só ponderar os interesses envolvidos (direito do doente à privacidade *versus* direito à saúde da família) mas, também, ter em consideração que a sua opção pode acarretar a perda de confiança na profissão médica.

VII. Esta matéria tem sido objecto de debate em várias instâncias internacionais. A orientação dominante é a de que o sigilo médico não é absoluto e deve cessar sempre que estejam em causa interesses graves de terceiros ([775])([776])([777]).

([774]) O Juramento de Hipócrates, no século V A. C., já protegia o direito de o doente ter a sua intimidade preservada: "Qualquer coisa que eu observe ou escute, profissional ou privadamente, que não deva ser divulgada, eu manterei em segredo, não o revelando a ninguém.", cfr. GER LLOYD, *Hippocratic writings*, Penguin, London, 1983, pág. 67.

O dever dos médicos e restantes profissionais de saúde de guardar segredo surgiu nos Códigos Penais a partir do século XIX, englobando os factos que lhe são confiados bem como os revelados pelos exames.

([775]) A questão está em saber se se deve privilegiar o indivíduo ou a família. Se se privilegiar a lógica da família unidade, cada membro tem um direito individual de ser informado e, só em casos excepcionais, poderá o indivíduo acerca do qual a informação se refira opor-se a este direito. Porém, este raciocínio transformará a excepção na regra.

([776]) Quando a nova Recomendação do Conselho da Europa sobre a protecção de dados médicos foi elaborada, o Steering Committee on Bioethics (CDBI) perfilhou a tese de que os dados genéticos são por natureza hereditários e dizem respeito aos vários membros da família. Do ponto de vista biológico, é necessário ter em consideração não apenas um indivíduo mas a sua família ou, alternativamente, cada membro da família. O CDBI considera que as categorias legais devem ser revistas de forma a tomarem em devida conta a realidade genética.

No Reino Unido, o NUFFIELD COUNCIL ON BIOETHICS, no *Report on Genetic Screening: Ethical Issues,* N.C.B., 28, Bedford Square, London, WC1 3EG, 1993, determinou que nas situações em que a informação de testes genéticos possa ser vital para o bem-estar dos restantes membros da família, esta deve ser tratada como uma unidade em detrimento do princípio da autonomia individual do doente.

Em Portugal, o CONSELHO NACIONAL DE ÉTICA PARA AS CIÊNCIAS DA VIDA, no *Relatório/Parecer 43/CNECV/2004 sobre o Projecto de Lei n.º 28/IX. Informação*

O Princípio da Autonomia Privada Posto em Causa?

Quando há um conflito entre o dever de defesa do interesse do paciente (no sigilo médico) e o dever de assistência médica a pessoas cuja saúde esteja em perigo deve prevalecer este dever. Para ilustrar esta colisão de direitos, chamo à colação o preceituado no artigo 2.º (Primado do ser humano) da Convenção sobre os Direitos do Homem e a Biomedicina e o previsto no artigo 26.º (Restrições ao exercício dos direitos) do mesmo Diploma. Nos termos desta disposição, o exercício dos direitos e as disposições de protecção consagrados na Convenção ([778]) podem ser objecto de restrições previstas na lei que constituam providências necessárias, numa sociedade democrática, para a segurança pública, a prevenção de infracções penais, a protecção da saúde pública ou a salvaguarda dos direitos e liberdades de terceiros.

O médico pode quebrar o sigilo em casos morais ou deontológicos e outros resultantes de disposições legais.

Por maior importância que possa ter o segredo profissional, acima dele existem interesses mais valiosos, quer pessoais quer sociais, face aos quais ele não pode prevalecer, como na defesa da saúde da

---

genética pessoal e informação de saúde (disponível em http://www.cnecv.gov.pt/), refere que o Projecto alude claramente à possibilidade dos familiares biológicos directos tomarem conhecimento de certos dados genéticos, desde que isso seja "necessário para conhecer melhor o seu próprio estatuto genético, mas não para conhecer o estatuto da pessoa a quem a amostra pertence". O Conselho acrescenta que deveria ser feita uma menção ao dever ético do médico geneticista de informar os familiares que se encontrem em risco genético, e à função das associações profissionais de esclarecimento da sociedade relativamente aos limites do segredo profissional e ao domínio do direito à privacidade individual. O Conselho considera que, embora a privacidade seja um valor que goza de particular protecção nas sociedades ocidentais, pode ser "perturbado por um motivo de força maior como o legítimo interesse dos familiares directos no acesso à informação genética do caso *índex*, desde que esta informação permita determinar o seu próprio estatuto genético".

([777]) O princípio 11 da citada Recomendação n.º R 3 (1992), do Comité de Ministros do Conselho da Europa, respeitante a provas genéticas e a detecção com fins de assistência sanitária, disciplina que a revelação, contra a vontade do próprio, do resultado das descobertas inesperadas, aos membros da família do testado, só deve ser autorizada pelas leis nacionais, quando a vida destes estiver em perigo. No entanto, parece-me excessiva a exigência de perigo de vida. Em determinadas situações bastará um sério risco para a saúde.

([778]) O n.º 2 do artigo 26.º estatui que as restrições não podem ser aplicadas aos artigos 11.º, 13.º, 14.º, 16.º, 17.º, 19.º, 20.º e 21.º. Porém, não se reporta ao citado artigo 2.º.

412   *Direito do Genoma Humano*

comunidade, na administração da justiça e na tutela da honra do doente e do médico ([779])([780]).

Assim, o médico está dispensado de manter sigilo ([781]) designadamente em situações de doenças infecto-contagiosas de declaração obrigatória ([782])([783])([784])([785])([786]). Quando, além do bem individual,

---

([779]) J. A. ESPERANÇA PINA, *A responsabilidade dos médicos*, Lidel, Lisboa, 1998, pág. 128.

([780]) O n.º 4 do artigo 519.º do Código de Processo Civil remete para o preceituado no Código de Processo Penal a verificação da legitimidade da escusa e da dispensa do dever de sigilo invocado. Por sua vez, o artigo 135.º deste Diploma consagra um princípio de ponderação de interesses.

([781]) Nesta orientação, o artigo 70.º do Código Deontológico faz alusão à escusa do segredo nas condições que se seguem: "a) O consentimento do doente ou seu representante quando a revelação não prejudique terceiras pessoas com interesse na manutenção do segredo; b) O que for absolutamente necessário à defesa da dignidade, da honra e dos legítimos interesses do Médico e do doente, não podendo nestes casos o Médico revelar mais do que o necessário e sem prévia consulta ao Presidente da Ordem."

Por sua vez, o artigo 72.º refere que as obrigações do segredo profissional não impedem que o Médico tome as precauções necessárias, promova ou participe em medidas de defesa sanitária, indispensáveis à salvaguarda da vida e saúde de pessoas, nomeadamente dos membros da família e outras que residam ou se encontrem no local onde esteve o doente.

([782]) Em Portugal, a lista de doenças de declaração obrigatória encontra-se ordenada de acordo com o código da 10.ª Revisão da Classificação Internacional de Doenças, conforme a deliberação n.º 131/97, de 27 de Julho, e constante da Portaria n.º 1071/98, de 31 de Dezembro, do Ministério da Saúde. Esta Portaria fixou a tabela de doenças de declaração obrigatória a partir de 1 de Janeiro de 1999. Assim, designadamente, têm de ser obrigatoriamente declaradas as seguintes enfermidades: cólera, difteria, doença de Creutzfeldt Jakob (encefalopatia espongiforme subaguda), doença de Hansen (lepra), doença dos Legionários, febre-amarela, febres tifóide e paratifóide, hepatite aguda A, hepatite aguda B, hepatite aguda C, infecções gonocócicas, malária, meningite meningocócica, peste, poliomielite aguda, raiva, sarampo, sífilis congénita ou precoce, tétano, tosse convulsa, tuberculose do sistema nervoso ou miliar ou respiratória.

([783]) Em Portugal, até à publicação da Portaria n.º 258/2005, de 16 de Março, do Ministério da Saúde, a SIDA não integrava a tabela de doenças de declaração obrigatória referida na nota anterior. Deste modo, o comportamento do médico nos casos de SIDA é um exemplo paradigmático do conflito de exigências, continuando a existir os que defendem o carácter absoluto do segredo profissional e os que sustentam a legalidade e justeza moral da denúncia da enfermidade, embora sob reserva e anonimato.

Contudo, na linha da concepção de que o Estado tem o dever de acompanhar a epidemiologia e a evolução das doenças, especialmente as que são evitáveis, a referida Portaria determina que a declaração é obrigatória "aquando do diagnóstico em qualquer estádio da infecção por VIH de portador assintomático (PA), complexo relacionado com a SIDA (CRS-LGP) e SIDA, e sempre que se verifique mudança de estadiamento ou óbito."

O Princípio da Autonomia Privada Posto em Causa? 413

está em causa o bem da sociedade, o médico está não só dispensado de sigilo profissional como, também, tem o dever de participar a doença à autoridade sanitária, embora, salvaguardando, na medida do possível, a intimidade do doente. A comunicação de enfermidades infecto-contagiosas, para que o indivíduo possa ser tratado e isolado de forma a evitar o contágio de terceiros, é extraordinariamente importante.

Nestas hipóteses, o médico deixa de ter o dever de preservar o sigilo relativamente aos dados obtidos, para poder beneficiar a sociedade como um todo. Surge um novo dever que se sobrepõe a um outro dever de valor inferior [787].

Se a pessoa consentiu na divulgação do segredo também não há violação do mesmo. Chamo, ainda, à colação os casos em que o médico considera melhor para o paciente não lhe pedir autorização. Equaciona-se, uma vez mais, a clássica questão da obrigação de respeitar, por um lado, a autonomia do doente e, por outro, de zelar pelo seu bem, entendido este do ponto de vista do médico.

---

[784] No que diz respeito ao problema da declaração obrigatória de doenças infecto-contagiosas, cfr., designadamente, ARMANDO DE CARVALHO/ARMANDO PORTO, *Doenças infecciosas*, in «Comissões de Ética. Das bases teóricas à actividade quotidiana», Ob. cit., pág. 299.

[785] Nos Estados Unidos da América, leis de saúde pública impõem o dever de comunicar todos os casos de tuberculose, SIDA, doenças sexualmente transmissíveis, hepatite e outras enfermidades contagiosas. A justificação carreada é a de que com estas normas se pretende salvaguardar o bem da sociedade. Por exemplo, o N.Y. Public Health Law, § 2101, disciplina: "every physician to immediately give notice of every case of communicable disease...to the health officer of the local health district...", citado por JOHN BALINT, *Issues of Privacy and Confidentiality in the new genetics*, «Albany Law Journal of Science and Technology 27», 1998, nota 32, pág. 10.

[786] Relativamente ao preenchimento do tipo de crime de propagação de doença, alteração de análise ou de receituário previsto no artigo 283.º, cfr., entre outros, J. M. DAMIÃO DA CUNHA, *Anotação ao artigo 283.º*, in «Comentário Conimbricense do Código Penal. Parte Especial», Ob. cit., págs. 1009 e seguintes.

[787] Todavia, mesmo nestas hipóteses são possíveis diferentes abordagens. Por exemplo, na legislação norte-americana existe o conceito de "informação privilegiada", isto é, aquelas dadas em confiança a um advogado, padre, médico ou cônjuge que não podem ser reveladas sequer em tribunal, desde que este privilégio seja solicitado pelo cliente, crente, doente ou cônjuge, respectivamente. Por sua vez, no Brasil, os Códigos de Ética Médica impossibilitam estes profissionais de revelar essas informações mesmo em julgamento, independentemente da solicitação do privilégio por parte do doente.

414 *Direito do Genoma Humano*

É certo que há situações em que se pode agir sem consultar o doente, mas este tipo de procedimento não deve ser generalizado pois isso traduziria um excesso de paternalismo médico que em nada se coaduna com o respeito devido ao princípio da autonomia privada.

Assistimos a um aumento constante do zelo na protecção da autonomia e da privacidade. No entanto, deparamo-nos concomitantemente com progressos tecnológicos que possibilitam cada vez mais a sua invasão.

VIII. Deste jeito, e a título de conclusão, entendo que nos casos em que o teste genético revele a existência de uma anomalia genética de carácter familiar que conduza a considerar a colheita de amostras biológicas do conjunto dos membros da família, deverá ser o próprio, e não o médico quem lhes deve comunicar directamente. Contudo, se aquele recusar, o médico deverá lembrá-lo da sua responsabilidade e tentar convencê-lo a informar os familiares. Se não conseguir, o dever de sigilo médico entra em contradição com o dever de informar os familiares em questão de um risco que pode ser objecto de prevenção. O médico defronta-se com um grave conflito ético, devendo, sempre, ter em devida consideração o carácter inadmissível de não prestar assistência a pessoas em perigo, especialmente quando estejam envolvidas crianças. Estamos perante uma colisão de direitos. Assim, e tendo em devida conta o preceituado no artigo 335.º do Código Civil, sustento que a revelação da informação necessária para a protecção da vida humana prevalece sobre o dever de sigilo. Embora o segredo médico deva ser o mais possível tutelado, não existe, por definição, nenhum princípio deontológico absoluto.

CAPÍTULO V
DIREITO À PRIVACIDADE GENÓMICA

Sumário

SECÇÃO I
Introdução

107. Necessidade de registo
108. Genoma e identificação
109. O equacionar de alguns problemas

SECÇÃO II
Síntese legislativa

110. Privacidade e informação de saúde

SECÇÃO III
A conquista do *nosce te ipsum*

111. Conhecimento do homem na sua integralidade

SECÇÃO IV
Privacidade genómica ou discriminação genómica

112. Autonomia, privacidade e igualdade
113. A pessoa *prisioneira* do seu próprio genoma
114. Alguns limites ao direito à privacidade genómica

SECÇÃO I
Introdução

107. Necessidade de registo
108. Genoma e identificação
109. O equacionar de alguns problemas

107. Necessidade de registo

I. *"Por aqueles dias, saiu um édito da parte de César Augusto, para ser recenseada toda a terra. Este recenseamento foi o primeiro que se fez, sendo Quirino governador da Síria. E iam todos recensear--se, cada qual à sua própria cidade."*

São Lucas, Cap. 2, Vers. 1-3.

II. São Lucas faz referência ao primeiro recenseamento universal ordenado pelo imperador César Augusto, na altura em que Quirino era governador da Síria.

Este texto constitui um exemplo da longa tradição de registo de nomes, nascimentos, casamentos, etc. A sempre e mesma ideia da necessidade de registar para assegurar o perfeito e coerente enquadramento da vida social [788].

III. Actualmente, a constituição de registos de dados recolhidos na análise do genoma humano inscreve-se nesta tradição.

Quando se procede a grandes projectos de registos surgem, regra geral, diferentes reacções de campos opostos.

---

[788] STELA BARBAS, *Da privacidade dos dados genéticos*, «Forum Iustitiae. Direito & Sociedade», n.º 15, Lisboa, Setembro de 2000, págs. 56-57.

418 *Direito do Genoma Humano*

Não se trata de algo inteiramente novo. Os actuais debates reflectem, no fundo, as polémicas em torno da criação do bilhete de identidade, dos cartões de crédito e débito, etc. Há apenas uma nova configuração dos litígios que opõem, como já é costume, os *naifs* profetas da esperança aos velhos do Restelo, os profetas da desgraça que anunciam os seus temíveis oráculos.

De um lado, os que preconizam as vantagens que resultam para a ordem social, designadamente a protecção dos cidadãos; do outro, os que receiam os fantasmas dos regimes totalitários.

As sociedades têm necessidade de identificar os seus membros e de proceder ao correlativo registo. Porém, há que admitir que toda e qualquer identificação e registo pode conduzir a abusos.

Existe, concomitantemente, necessidade, ordem, controlo e risco.

O registo tem não só um objectivo individual, pessoal, mas, também, social. Um dos fins do registo é possibilitar um melhor acompanhamento do paciente. O registo tem ainda finalidades de ordem pública ao possibilitar, por exemplo, marcar a incidência de determinadas doenças no tempo e no espaço.

108. Genoma e identificação

I. De uma maneira geral, pode dizer-se que a privacidade [789][790] consiste na limitação de acesso às informações de um determinado

---

[789] A confidencialidade é a garantia de resguardo das informações dadas em confiança. É a protecção contra a sua divulgação não autorizada.

Confidencialidade deriva da palavra confiança que é a base para um bom vínculo terapêutico. O doente confia que o médico vai guardar segredo de tudo o que lhe contar. Os deveres do médico para com a preservação da informação geral do doente não cessam com a morte deste. O médico nem sequer deve confirmar dados que sejam já do conhecimento público.

Há quem distinga quebra de privacidade de quebra de confidencialidade nos seguintes moldes: a primeira consubstancia-se na observação do doente sem autorização do próprio, bem como no acesso desnecessário ou na utilização de informações sem a devida autorização do doente. A segunda consiste em revelar ou deixar revelar informações fornecidas em confiança. A confiança é a garantia do resguardo das informações dadas pessoalmente e a protecção contra a sua revelação não autorizada. Ao passo que a privacidade é a limitação do acesso às informações de um determinado indivíduo, de acesso à própria pessoa, à sua intimidade, envolvendo questões como o anonimato e o sigilo. É a liberdade que o doente

O Princípio da Autonomia Privada Posto em Causa? 419

indivíduo. É a preservação do anonimato e dos segredos. É o respeito ao direito de cada pessoa de se manter isolada ou afastada. É o direito que todo o doente tem de não ser observado sem o seu consentimento ([791]).

II. Há, por vezes, um conflito entre o interesse público e a privacidade ([792]). Os potenciais benefícios da existência do registo para a sociedade, mais concretamente para a saúde pública, têm de ser ponderados face aos perigos associados à perda de privacidade dos indivíduos envolvidos. Todavia, a protecção da privacidade genó-

---

tem de não ser observado sem autorização. Cfr. Bioethics Information Retrieval Project. Bioethics Thesaurus, Kennedy Institute of Ethics, Washington, 1995, págs. 9 e 38.

Em Espanha, a *Ley Orgánica 5/1992, 29 Octubre, de regulación del tratamiento automatizado de los datos de carácter personal*, na sua exposição de motivos (parágrafo 2) também já distinguia privacidade de intimidade. A Lei refere que o desenvolvimento progressivo das técnicas de recolha, armazenamento e de acesso dos dados pode ameaçar a privacidade. A intimidade tutela a esfera em que se desenvolvem os factos particularmente reservados da vida pessoal tais como o domicílio. A privacidade é um conceito mais amplo, mais global, de facetas da sua personalidade que, isoladamente consideradas, podem carecer de significado intrínseco, mas que, coerentemente entrelaçadas entre si, dão um retrato da personalidade do indivíduo, que este tem direito a manter reservado.

([790]) Sobre o princípio da privacidade, cfr., entre outros, ANTÓNIO MENEZES CORDEIRO, *Tratado de Direito Civil Português, I, Tomo III*, Ob. cit., págs. 207 e seguintes; RITA AMARAL CABRAL, *O Direito à Intimidade da Vida privada (Breve reflexão acerca do artigo 80.º do Código Civil)*, sep. «Estudos em Memória do Prof. Doutor Paulo Cunha», Lisboa, 1989, págs. 383-406; PAULO MOTA PINTO, *O Direito à Reserva sobre a Intimidade da Vida Privada*, sep. «Boletim da Faculdade de Direito da Universidade de Coimbra», Vol. LXIX, Coimbra, 1993, págs. 505-584; FARIA COSTA, *Direito Penal, a Informática e Reserva da Vida Privada*, in «Direito Penal da Comunicação. Alguns escritos», Coimbra Editora, Coimbra, 1998, págs. 65 e seguintes; MANUEL DA COSTA ANDRADE, *Direito Penal Médico. Sida: testes arbitrários, confidencialidade e segredo*, Ob. cit., págs. 94 e seguintes.

([791]) É possível afirmar que a privacidade é um conceito mais amplo que a intimidade, uma vez que há actos da vida privada que não *desaguam* na esfera da intimidade. A jurisprudência constitucional alemã procede à distinção em três esferas da vida privada: a esfera íntima, a privada e a social. Cfr., relativamente a esta questão, MANUEL DA COSTA ANDRADE, *Direito Penal Médico. Sida: testes arbitrários, confidencialidade e segredo*, Ob. cit., págs. 94 e seguintes.

([792]) É possível defender que a vida privada não se define e é inútil tentar fazê-lo uma vez que os seus contornos fugazes estão ao sabor das circunstâncias. A confusão terminológica e conceptual que a envolve acresce ainda mais as dificuldades. Cfr. MARIE THÉRÈSE MEULDERS-KLEIN, *Vie privée et vie familiale*, «Revue Internationale de Droit Comparé», 4, Paris, 1992, pág. 770.

420 Direito do Genoma Humano

mica, embora extraordinariamente importante, não deve ter prioridade sobre a vida, a saúde e segurança da população. Não é de admitir que a privacidade funcione, *de per si*, como um travão. Os Estados devem elaborar legislação e tomar as medidas necessárias de molde a permitir a existência de registos, mas, simultaneamente, salvaguardar a privacidade. É indispensável assegurar um método eficaz de protecção dos dados pessoais [793], especialmente se estes estiverem informatizados.

III. Podemos correr o risco de a curto prazo, a par do número do bilhete de identidade, de contribuinte, da segurança social, passarmos a ser identificados por um novo número [794]: o do nosso genoma. Este retrata as características físicas, psíquicas, doenças presentes e futuras e as meras predisposições genéticas, as possíveis, ou, se preferível, as previsíveis reacções e comportamentos e tantas outras particularidades que nos definem.

IV. Mas, a divulgação sem limites [795] da informação genómica implicaria a violação do nosso mais profundo e íntimo eu.

V. Como regra, é possível adiantar que esta informação genómica só pode ser obtida ou revelada mediante o prévio consentimento do próprio. Qualquer excepção a este princípio carece de fundamentação.

---

[793] Relativamente à constituição de um banco de DNA e de outros produtos biológicos, cfr., entre outros exemplos possíveis, artigo 19.º da Lei n.º 12/2005, de 26 de Janeiro, sobre Informação genética pessoal e informação de saúde, *European Group on Ethics in Science and New Technologies to the European Commission. EGE Opinion n.º 11 on The Ethical Aspects of Tissue Banking* (21 July 1998), EGE *Opinion n.º 19 on Ethical Aspects of Umbilical Cord Blood Banking* (16 March 2004).

[794] Porém, por enquanto, como esclarece Luís Carvalho Fernandes, *Teoria Geral do Direito Civil*, I, Ob. cit., pág. 167, "um sistema de numeração das pessoas, pela atribuição, a cada uma delas, de um número com certa composição – número nacional de identificação – que pudesse ser utilizado num sistema informático ...encontra-se hoje prejudicado, entre nós, pela Constituição, que expressamente proíbe «a atribuição de um número nacional único aos cidadãos» (n.º 5 do art. 35.º). E acrescenta que "deve, contudo, referir-se que não está prejudicada pelo preceito constitucional a adopção de um número fiscal do contribuinte, instituído pelo Decreto-Lei n.º 463/79, de 30 de Novembro."

[795] T.H. Murray, *Genetics and the Moral Mission of Health Insurance*, «Hasting Center Report», 22, n.º 6, 1992, págs. 12-17, citado por J. GAFO, *Problemas éticos del Proyecto Genoma Humano*, in «Ética y Biotecnología», Ob. cit., pág. 213.

O Princípio da Autonomia Privada Posto em Causa? 421

109. O equacionar de alguns problemas

I. Nesta área, há todo um conjunto de problemas a equacionar, tais como: quais as semelhanças e diferenças entre a informação genómica e médica? Quem tem direito de acesso [796] a esta informação e com que fins? O próprio tem direito de aceder a esses dados e/ou o direito de os destruir em que circunstâncias? Quem tem direito de divulgação (incluindo utilizações secundárias por terceiros) [797]? Quem tem direito de controlar a informação oriunda dos testes genéticos? Os bancos de dados têm o dever de notificar o próprio da possibilidade de obter novos elementos a partir da informação armazenada? E, ou, têm a obrigação de notificar os familiares de que têm probabilidade de padecer de doenças graves? Os pais têm direito de acesso aos dados genómicos dos seus filhos e vice-versa? Os outros familiares que se encontram em situação de risco podem aceder à informação genómica do paciente? O noivo ou o cônjuge pode ter acesso aos elementos genómicos do outro [798]? Os familiares têm o dever de cooperar nos estudos das relações genéticas? Do ponto de

---

[796] Direito de acesso, desde logo, do próprio interessado. Pois sem este direito não lhe é possível verificar se a informação genética sobre a sua pessoa está incorrecta e, em caso afirmativo, proceder à correcção. Cfr. artigo 11.º (Direito de acesso) e artigo 12.º (Direito de oposição do titular dos dados) da Lei de Protecção de Dados Pessoais, e, designadamente, artigos 3.º (Propriedade da informação de saúde), 4.º (Tratamento da informação de saúde), 5.º (Informação médica), 6.º (Informação genética), 7.º (Bases de dados genéticos), 18.º (Obtenção e conservação de material biológico) da referida Lei n.º 12/2005, de 26 de Janeiro, sobre Informação genética pessoal e informação de saúde.

Aliás, o direito a saber (anteriormente referido) constitui, no meu entendimento, uma garantia deste mesmo direito de acesso.

[797] A nível da protecção de dados pessoais informatizados, é possível distinguir, nomeadamente, o direito ao controlo, o direito à não difusão e o direito ao não tratamento de determinados dados designados de pessoalíssimos. Para maior desenvolvimento, cfr. J. J. GOMES CANOTILHO/VITAL MOREIRA, *Constituição da República Portuguesa Anotada*, Ob. cit., anotações II e seguintes ao artigo 35.º; JORGE BACELAR DE GOUVEIA, *Os direitos fundamentais à protecção de dados pessoais informatizados,* «Revista da Ordem dos Advogados», Lisboa, Dezembro de 1991, págs. 717 e seguintes.

[798] A utilização da informação genética está a generalizar-se. Se o historial genético do doente passar a constar de um *chip*, os médicos facilmente poderão ver se determinado medicamento está contra indicado para quem possui essas características. Chegaremos a um ponto em que se construirão programas informáticos que possibilitem saber se os noivos constituem uma "parelha" genomicamente adequada?!...

422   *Direito do Genoma Humano*

vista genómico, o paciente é apenas o próprio, ou o conceito deve ser alargado aos parentes mais próximos? Quais os limites à necessidade de recolher informação genómica para a planificação da saúde pública? Quem é o proprietário da informação genómica? Quem tem direito de recolher a informação genómica? Em que termos as entidades privadas ou os organismos públicos podem obter amostras de DNA? Quando é necessário o prévio consentimento para o armazenamento desses dados? Esse consentimento é passível de ser outorgado quando se desconheça o significado desses dados? Qual a natureza da amostra de DNA? É parte da pessoa? Constitui apenas informação acerca do indivíduo? Se considerarmos que essa amostra é uma extensão do corpo humano então cada exame pode ser visto como um acto médico e, como tal, necessitará do consentimento voluntário e informado do interessado para cada procedimento. Assim sendo, quando a amostra for obtida para um determinado propósito e armazenada é pertinente colocar a questão de saber se esse consentimento se pode estender a possíveis futuras utilizações desse DNA. A longa estabilidade da conservação das amostras de DNA possibilita que amanhã se retire informação e use esse DNA para finalidades no presente ainda inimagináveis. Como se poderá dar o prévio consentimento hoje para usos futuros desconhecidos? Não me parece lógico conceber a admissão de um consentimento tão geral e abstracto como se de um cheque assinado em branco se tratasse cujo preenchimento estaria ao livre arbítrio do médico, do investigador, da instituição hospitalar ou do responsável pelo banco de dados. Neste caso, o direito à privacidade estaria, desde logo, posto em causa.

II. As respostas a estas perguntas ([799]) terão grande impacto não só na nossa própria privacidade mas, também, na sociedade do futuro.

([799]) Algumas destas questões encontram-se já solucionadas pela Lei n.º 12/2005, de 26 de Janeiro, sobre Informação genética pessoal e informação de saúde.

SECÇÃO II
Síntese legislativa

110. Privacidade e informação de saúde

110. Privacidade e informação de saúde

I. A Convenção Europeia n.º 108, de 28 de Janeiro de 1981 ([800]), para a protecção das pessoas com respeito ao tratamento automatizado dos dados de carácter pessoal, tem como finalidade garantir, no território de cada Parte, a todas as pessoas singulares, independentemente da sua nacionalidade ou residência, o respeito pelos seus direitos e liberdades fundamentais, e especialmente pelo seu direito à vida privada, face ao tratamento automatizado dos seus dados de carácter pessoal. A Convenção, na alínea a) do artigo 2.º, definiu dados de carácter pessoal como sendo toda e qualquer informação relativa a uma pessoa singular identificada ou susceptível de identificação (titular dos dados) ([801]).

II. O princípio 11 da Recomendação n.º R 13 (1990), do Comité de Ministros do Conselho da Europa, consagrou que os dados genéticos devem ser recolhidos, processados e armazenados nos termos da

---

([800]) O artigo 12.º da Declaração Universal dos Direitos Humanos, de 1947, já consagrava o direito à não interferência na vida privada ou familiar.

([801]) O artigo 6.º (Categorias especiais de dados) da Convenção determina que os dados de carácter pessoal que revelem a origem racial, as opiniões políticas, as convicções religiosas ou outras, assim como os dados de carácter pessoal referentes à saúde ou à vida sexual, só poderão ser objecto de tratamento automatizado quando o direito interno tutelar medidas adequadas. O mesmo se aplica aos dados de carácter pessoal relativos a condenações penais. As excepções a esta regra encontram-se previstas no artigo 9.º.

424   *Direito do Genoma Humano*

citada Convenção Europeia n.º 108, de 28 de Janeiro de 1981, e da Recomendação n.º R 1 (1981), do referido Comité, sobre a regulamentação dos bancos automatizados de dados médicos. E o princípio 13 reconheceu que só o próprio tem direito de acesso a estes elementos. Os princípios 12 e 13 determinam que se deve manter confidencial toda e qualquer informação de carácter pessoal.

III. Por sua vez, o princípio 9 da Recomendação n.º R 3 (1992), do Comité de Ministros do Conselho da Europa, estipulou que as pessoas que lidam com informação genética devem estar vinculadas por normas deontológicas e regras estabelecidas nas legislações nacionais que tenham por objectivo impedir a utilização indevida da dita informação e, em especial, preservar uma estrita confidencialidade. A informação do foro pessoal obtida mediante a realização de provas genéticas encontra-se ao abrigo das normas de protecção de dados médicos (ao mesmo nível que os restantes dados médicos).

Segundo o preceituado na Recomendação n.º R 11 (1994), do mencionado Comité de Ministros, o direito à privacidade exige, como regra geral, que os resultados das provas não sejam comunicados a quem não deseje ser informado e sejam recolhidos, armazenados e tratados com carácter confidencial, e adequadamente protegidos. É preferível não submeter ao teste as pessoas que não desejem ser informadas dos resultados do mesmo. Esta Recomendação determina, ainda, que nenhum dado de carácter pessoal derivado do teste deverá ser comunicado a terceiros, excepto se o examinado tiver dado o seu consentimento ou ele se realize em conformidade com o previsto no direito nacional.

A Recomendação n.º R 5 (1997) daquele Comité relativa à Protecção dos Dados Médicos consagrou que o respeito dos direitos e liberdades fundamentais, nomeadamente do direito à vida privada, deve ser garantido quando da colheita e do tratamento dos dados médicos. Estende esta protecção aos nascituros. No entanto, prevê que os dados possam ser revelados, em determinados casos, para responder a exigências de saúde pública ou a um interesse público importante; para a protecção dos direitos e liberdades de terceiros; para cumprimento de certas obrigações contratuais, etc.

O Princípio da Autonomia Privada Posto em Causa? 425

IV. A Jurisprudência do Tribunal Europeu dos Direitos do Homem estabeleceu que o respeito do carácter confidencial das informações constitui um princípio essencial do sistema jurídico. O controlo será tanto mais rigoroso quanto mais as informações digam respeito a questões "sensíveis e íntimas" ([802]).

V. A Convenção Europeia dos Direitos do Homem, de 1950, no seu artigo 8.º (Direito ao respeito pela vida privada e familiar), precisa as condições de legitimidade a que devem estar sujeitas as medidas gerais atentatórias da vida privada decididas pela autoridade pública contra o consentimento dos indivíduos. A ingerência deve estar prevista por uma lei e respeitar as regras que num Estado democrático são necessárias à defesa da ordem, à prevenção das infracções penais, etc.

VI. O n.º 1 do artigo 10.º (Vida privada e direito à informação) da Convenção sobre os Direitos do Homem e a Biomedicina, de 4 de Abril de 1997, estatui que qualquer pessoa tem direito ao respeito da sua vida privada no que toca a informações relacionadas com a sua saúde.

VII. A Declaração Universal sobre o Genoma Humano e os Direitos do Homem da UNESCO, de 11 de Novembro de 1997, determina, no artigo 7.º, a necessidade absoluta da confidencialidade dos dados genéticos.

VIII. A Carta dos Direitos Fundamentais da União Europeia, aprovada em 7 de Dezembro de 2000, em Nice, disciplina, no artigo 7.º (Respeito pela vida privada e familiar) que todas as pessoas têm direito ao respeito pela sua vida privada e familiar. E determina, no artigo 8.º (Protecção de dados pessoais), que as pessoas têm direito à protecção dos dados de carácter pessoal que lhe digam respeito. Dados esses que devem ser objecto de um "tratamento leal", para finalidades concretas e com o prévio consentimento do indivíduo interessado ou com outro fundamento legítimo tutelado na lei. A Carta estabelece, também, o direito de acesso e de rectificação dos dados coligidos.

([802]) Arrêt Z. c/Finlande du 25 Février 1997.

426   *Direito do Genoma Humano*

IX. Nos termos do artigo 14.º (Vida privada e confidenciali-dade) da Declaração Internacional sobre os Dados Genéticos Huma-nos da UNESCO, de 16 de Outubro de 2003, os Estados devem desenvolver todos os esforços necessários para proteger a privacidade. Os dados genéticos humanos, os dados proteómicos humanos e as amostras biológicas não devem ser revelados nem colocados à disposição de terceiros, em particular das entidades patronais, companhias seguradoras, estabelecimentos de ensino e dos familiares da pessoa em questão, excepto quando estejam em causa interesses públicos previstos no direito nacional e internacional ou quando se tenha obtido o prévio consentimento livre, esclarecido e expresso do próprio.

X. Em Portugal, a Constituição da República protege a reserva da intimidade da vida privada nos artigos 26.º, n.º 1 *in fine* e n.º 2 (Outros direitos pessoais) ([803])([804]), 34.º (Inviolabilidade do domicílio e da correspondência) e 35.º (Utilização da informática). O Código Penal dedica todo o capítulo VII, do título I, do livro II (artigos 190.º e seguintes) à protecção do bem jurídico reserva da vida privada. O Código Civil ([805]) consagra o direito à reserva sobre a intimidade da vida privada no artigo 80.º (Direito à reserva sobre a intimidade da vida privada).

Esta matéria encontra-se, também, disciplinada na Lei de Protec-ção de Dados Pessoais ([806]) que transpôs para a nossa ordem jurídica

---

([803]) Cfr. Parte II, Título III, Capítulo I, Secção II.

([804]) Segundo J. J. GOMES CANOTILHO/VITAL MOREIRA *Constituição da República Portuguesa Anotada*, Ob. cit., anotação ao artigo 26.º, págs. 181-182, este direito analisa-se principalmente em dois direitos menores: "a) o direito a impedir o acesso de estranhos a informações sobre a vida privada e familiar e b) o direito a que ninguém divulgue as informações que tenha sobre a vida privada e familiar de outrem".

([805]) Como ensina ANTÓNIO MENEZES CORDEIRO, *Tratado de Direito Civil Português, I, Tomo III*, Ob. cit., pág. 205, o Código Civil, a coroar o tratamento dado aos direitos de personalidade, estatui, no artigo 80.º, o direito à reserva sobre a intimidade da vida privada. Este direito postula uma liberdade fundamental que é a de que cada um ter de orientar a sua vida privada como entender sem, no entanto, prejudicar terceiros. Posto isto, conclui Menezes Cordeiro, "queda um bem": a concreta vida privada do sujeito. Bem este que se torna o suporte do inerente direito. Considera que a vida privada compreende, designadamente a origem, a identidade e a situação de saúde da pessoa.

([806]) Lei de Protecção de Dados Pessoais - Lei n.º 67/98, de 26 de Outubro, – com a rectificação n.º 22/98, de 28 de Novembro. Cfr., também, a Lei de organização e funcionamento

O *Princípio da Autonomia Privada Posto em Causa?*

interna a Directiva n.º 95/46/CE do Parlamento Europeu e do Conselho, de 24 de Outubro de 1995, relativa à protecção das pessoas singulares no que diz respeito ao tratamento de dados pessoais e à livre circulação desses dados ([807]). Segundo o preceituado no artigo 2.º (Princípio geral) desta Lei, o tratamento ([808]) de dados pessoais ([809]) deve processar-se de modo transparente e no estrito respeito pela reserva da vida privada, bem como pelos direitos, liberdades e garantias fundamentais ([810]).

---

da Comissão Nacional de Protecção de Dados (Lei n.º 43/2004, de 18 de Agosto), publicada no Diário da República, I Série-A, n.º 194, de 18 de Agosto de 2004; a Directiva n.º 2002/58/CE do Parlamento Europeu e do Conselho, de 12 de Julho de 2002, relativa ao tratamento de dados pessoais e à protecção da privacidade no sector das comunicações electrónicas, publicada no Jornal Oficial das Comunidades Europeias n.º L 201 de 31/07/ 2002, págs. 0037-0047; Regulamento (CE) n.º 2725/2000 do Conselho, de 11 de Dezembro de 2000, relativo à criação do sistema «Eurodac» de comparação de impressões digitais para efeitos da aplicação efectiva da Convenção de Dublim, publicado no Jornal Oficial das Comunidades Europeias n.º L 316/1 de 15/12/2000, págs. 0001-0010.

([807]) Publicada no Jornal Oficial das Comunidades Europeias n.º L 281 de 23/11/ 1995, págs. 0031-0050.

([808]) A Lei de Protecção de Dados Pessoais define "tratamento" de dados pessoais, na alínea b) do artigo 3.º (Definições), como sendo toda a operação ou conjunto de operações relativamente a dados pessoais, efectuadas com ou sem meios automatizados, como é o caso da recolha, do registo, da organização, da conservação, da adaptação ou da alteração, da recuperação, da consulta, da utilização, da comunicação por transmissão, por difusão ou por qualquer outro modo de colocação à disposição, com comparação ou interconexão, e, ainda, do bloqueio, do apagamento ou da eliminação.

([809]) A Lei de Protecção de Dados Pessoais define "dados pessoais", na alínea a) do artigo 3.º (Definições), como sendo qualquer informação, independentemente da sua natureza e do respectivo suporte, incluindo som e imagem, que diga respeito a um indivíduo singular identificado ou identificável (titular dos dados). Por sua vez, considera identificável a pessoa que possa ser identificada quer directa quer indirectamente, nomeadamente por referência a um número de identificação ou a um ou mais elementos específicos da sua identidade física, fisiológica, psíquica, económica, cultural ou social.

([810]) Chamo, também, à colação o n.º 1 do artigo 7.º (Tratamento de dados sensíveis) da Lei de Protecção de Dados Pessoais que proíbe o tratamento de dados pessoais relativos a convicções filosóficas ou políticas, filiação partidária ou sindical, fé religiosa, vida privada e origem racial ou étnica, assim como o tratamento de dados referentes à saúde e à vida sexual, incluindo os dados genéticos. Os n.ºs 2, 3 e 4 deste artigo determinam os casos excepcionais em que é permitido o tratamento dos dados referidos anteriormente. Parece-me oportuno referir que, de acordo com o preceituado no n.º 4, é admitido o tratamento dos dados relativos à saúde e à vida sexual, incluindo os dados genéticos, quando for necessário para fins de medicina preventiva, de diagnóstico médico, de prestação de cuidados ou tratamentos médicos ou de gestão de serviços de saúde, desde que o tratamento desses

428   *Direito do Genoma Humano*

O artigo 30.º (Acesso à informação genética ou biológica) da Lei n.º 45/2004, de 19 de Agosto, que estabelece o regime jurídico das perícias médico-legais, estatui que o acesso à informação genética ou biológica ([811]) e o tratamento desses mesmos dados são regulados em legislação específica que proteja os direitos fundamentais das pessoas, de acordo com a Constituição e com o direito internacional aplicável.

A informação de saúde, a informação genética, a circulação de informação e a intervenção sobre o genoma humano no sistema de saúde, assim como as regras para a colheita e conservação de produtos biológicos para fins de testes genéticos ou de investigação são objecto da Lei n.º 12/2005, de 26 de Janeiro, sobre Informação genética pessoal e informação de saúde. O artigo 2.º (Informação de saúde) define informação de saúde como sendo toda a informação que de forma directa ou indirecta se encontra ligada à saúde, presente ou futura, de um indivíduo vivo ou falecido, bem como a sua história clínica familiar. O artigo 5.º (Informação médica) considera informação médica a informação de saúde que se destina a ser usada em prestações de cuidados ou tratamentos de saúde. Por sua vez, de acordo com o preceituado no artigo 6.º (Informação genética) por informação genética deve entender-se a informação de saúde relativa às características hereditárias de uma ou de várias pessoas que sejam aparentadas entre si ou que tenham características comuns daquele tipo. O conceito de informação genética não abrange a informação oriunda de testes de parentesco, de estudos de heterozigotia em gémeos, de exames de identificação genética para investigação criminal nem o estudo das mutações somáticas no cancro.

Dada a vastidão da área limito-me a estas breves considerações e a uma remissão para a referida Lei n.º 12/2005, de 26 de Janeiro, sobre Informação genética pessoal e informação de saúde, que aborda pormenorizadamente estas problemáticas.

---

dados seja feito por um profissional de saúde sujeito a segredo ou por outro indivíduo igualmente obrigado a sigilo profissional, seja notificado à Comissão Nacional de Protecção de Dados, nas condições previstas nesta Lei, e sejam tuteladas as medidas necessárias de segurança da informação.

([811]) Cfr. Directiva n.º 2004/23/CE, de 31 de Março, do Parlamento Europeu e do Conselho, sobre o estabelecimento de normas de qualidade e segurança relativamente à dádiva, colheita, análise, processamento, preservação, armazenamento e distribuição de tecidos e células de origem humana.

SECÇÃO III
A conquista do *nosce te ipsum*

111. Conhecimento do homem na sua integralidade

111. Conhecimento do homem na sua integralidade

I. A análise do genoma humano pode constituir, sem dúvida, significativa ameaça à nossa privacidade genómica [812].

II. No que concerne à problemática da eventual violação do direito à privacidade genómica pelos testes genéticos parece-me indispensável traçar uma distinção clara entre o denominado DNA codificante [813] e o não codificante [814][815]. O primeiro é responsá-

---

[812] Já em 1982, no *Designing Genetic Information Policy*, o U.S. Congress alertava para a necessidade de proteger a informação recolhida na análise do genoma humano. Cfr. U.S. Congress, House of Representatives, Committee on Government Operations, *Designing Genetic Information Policy: The Need for an Independent Policy Review of the Ethical, Legal, and Social Implications of the Human Genome Project*, Washington D.C., Government Printing Office, 1992, pág. 2.

Também, o Office of Technology Assessment (OTA) num Relatório publicado em 1990, sobre o uso forense dos testes de DNA, expressou, de modo inequívoco, a sua preocupação relativamente ao problema da privacidade. Cfr. *OTA Report, Genetic Witness: Forensic Uses of DNA tests*, U.S. Government Printing Office, 1990.

[813] Os testes genéticos sobre o DNA codificante têm inúmeras utilizações: diagnóstico pré-natal, diagnóstico pré-implantatório, etc. As entidades patronais e as companhias seguradoras gostariam de ter acesso aos resultados dos testes antes da celebração, respectivamente, do contrato de trabalho ou de seguro, uma vez que estes possibilitam conhecer o estado de saúde presente e futura do trabalhador ou do segurado.

[814] O DNA não codificante não contém informação genética importante para a síntese proteica, não possuindo informação para efeitos de predisposições genéticas para determinadas doenças, Porém, é a parte mais relevante para efeitos médico-legais.

430   *Direito do Genoma Humano*

vel pelas características psíquicas da pessoa, pelas suas doenças ou predisposições genéticas. Por sua vez, o DNA não codificante permite, apenas, identificar o indivíduo: determina a nossa individualidade, o nosso carácter único e irrepetível ([816])([817]).

III. Entendo que a utilização do DNA somente para efeitos de identificação não põe em causa a privacidade.

É semelhante ao *fingerprinting*. Possibilita identificar, reconhecer a pessoa e não conhecê-la. Limita-se a fornecer uma marca individual, mas não revela detalhes sobre aquele indivíduo concreto nem qualquer tipo de ilações sobre a totalidade da informação hereditária.

IV. O DNA codificante ([818]) consubstancia um exemplo do que pode ser designado como núcleo duro da privacidade. Face a qualquer outro tipo de intromissão, o exame do genoma descobre e afecta a intimidade biológica mais profunda da pessoa, constitutiva da essência do ser humano.

V. Do ponto de vista da privacidade, a informação genómica parece revestir, ainda, maior importância que a médica (em geral).

([815]) No que concerne à relevância da distinção entre o DNA codificante e o DNA não codificante em sede do Direito da Família. DNA e investigação da filiação e do Direito Processual Penal. DNA e investigação criminal, cfr., respectivamente, Parte II, Título III, Capítulo II, Secção VI, n.º 154.3. e Parte II, Título III, Capítulo VI, Secção IV , n.º 188.

([816]) De qualquer modo, o DNA não codificante deve, também, ser objecto de tutela, não só porque possibilita, designadamente, excluir a paternidade (ao demonstrar que x não é pai de y), como ainda porque futuramente a Ciência poderá extrair dele informações que transcendem a mera identificação.

No estado actual da Ciência, esta técnica científica não permite, ainda, proceder a estas extrapolações. Porém, parece-me útil a elaboração de normas jurídicas que circunscrevam a utilização da investigação à finalidade pretendida, isto é, a pura e simples identificação da pessoa em causa.

([817]) Há que ter em atenção que, à medida que o conhecimento da função dos vários genes aumenta, também, aumenta a possibilidade de extrair mais informação das amostras conservadas. Assim, é necessário advertir o principal interessado que o que no presente ainda não é relevante, no futuro o poderá ser.

([818]) É cada vez maior o interesse que suscita esta nova classe de conhecimento humano, designada de informação genética – *informgenics* – Ou seja, a ciência relativa à recolha, manipulação, classificação, armazenamento e recuperação dos conhecimentos genéticos registados.

O Princípio da Autonomia Privada Posto em Causa? 431

O genoma de cada indivíduo deve merecer especial protecção por conter informação única diferente de todos os outros tipos de informação pessoal ([819]). Não se trata apenas de um relatório de exame clínico de rotina cujos dados podem ser alterados com dieta ou medicamentos. O resultado do teste genético não muda; mantém-se durante toda a sua vida e permite analisar o presente, o historial clínico do paciente bem como predizer o seu futuro.

De facto, é possível prever com bastante antecedência, e, nalguns casos, com um grau de acerto de cerca de 100 %, se determinada enfermidade se vai manifestar posteriormente. A divulgação desses elementos é susceptível de influenciar opções relativas à educação, à actividade profissional, ao casamento, à procriação, etc, podendo prejudicar seriamente o próprio examinado ([820]).

O conhecimento do genoma de uma pessoa ao proporcionar, também, um *olhar lateral* para os restantes membros da família revela informação relativa aos seus parentes. Podendo, assim, inclusivamente, gerar conflitos nos relacionamentos familiares.

VI. Estamos a um milésimo da última fronteira do homem se conhecer a si próprio na sua integralidade como todas as vantagens e perigos que daí necessariamente decorrem. Consubstanciará, sem dúvida, a conquista da velhíssima aspiração do *nosce te ipsum*!...

([819]) Em Dezembro de 1998, o Parlamento da Islândia aprovou a Lei *Health Sector Database Act* que autorizou o Ministério da Saúde a conceder, à *deCode Genetics* (empresa norte-americana), uma licença exclusiva para proceder à unificação das bases de dados sobre saúde e características pessoais de todos os indivíduos do país. Estas bases acumulavam elementos desde 1915. O governo da Islândia pretende cruzar a informação médica oriunda de processos clínicos existentes e reunida numa base de dados centralizada, a denominada *Icelandic Healthcare Database*, com elementos do foro genotípico e genealógico.

Em Junho de 1999, teve início a constituição deste banco de dados que reúne os demais que se encontravam dispersos. Considerou-se desnecessário o prévio consentimento informado, com o argumento de que a empresa não terá acesso ao arquivo com o nome das pessoas. Todavia, não é só o nome que identifica o ser humano, as restantes características podem identificar cada um dos habitantes. Optou-se pelo consentimento presumido. Assegurou-se, assim, a possibilidade de dissentimento. Isto é, os interessados podem manifestar-se no sentido de não permitirem a recolha de informação relativamente a eles próprios (trata-se de um regime semelhante ao existente em Portugal em sede de transplantes de órgãos de cadáveres).

([820]) ANGELA APARISI MIRALLES, *El Proyecto Genoma Humano: algunas reflexiones sobre sus relaciones con el Derecho*, Ob. cit., págs. 132-133.

SECÇÃO IV
Privacidade genómica ou discriminação genómica

112. Autonomia, privacidade e igualdade
113. A pessoa *prisioneira* do seu próprio genoma
114. Alguns limites ao direito à privacidade genómica

112. Autonomia, privacidade e igualdade

I. O direito à privacidade genómica encontra-se profundamente ameaçado pelo facto de os dados médicos, o historial clínico do doente terem deixado de estar apenas na posse do médico (nos ficheiros do seu arquivo pessoal) e terem passado a ser informatizados com todas as vantagens e perigos inerentes [821].

Sempre que existir a hipótese de utilizar a informação genómica para fins poucos claros o direito à privacidade reassume todo o seu vigor e entra em colisão com essas finalidades.

À medida que cresce a possibilidade de extrair informações mais detalhadas das amostras genómicas e melhoram as tecnologias informáticas é, também, cada vez mais indispensável, proteger os dados recolhidos, registados e conservados.

---

[821] A informatização dos registos médicos tem sido muito facilitada graças aos progressos da informática. Esta ao proporcionar armazenar uma grande quantidade de elementos bem como a sua rápida transmissão e fácil utilização, permite um melhor conhecimento das doenças e das suas causas. A sua utilidade é nítida em diversas áreas: na assistência, na programação, na investigação, etc. A informatização possibilita, designadamente, analisar a mobilidade da população, programar mais eficazmente a prevenção, adequar mais justamente os serviços de saúde às necessidades, elaborar estatísticas mais completas e detalhadas, fazer várias previsões no domínio da saúde.

Em contrapartida, existem, simultaneamente, maiores riscos para a privacidade das pessoas ser violada em virtude da grande quantidade de dados reunidos sobre elas e ao seu fácil acesso por parte de muitos indivíduos.

434 *Direito do Genoma Humano*

II. Com efeito, há, sem dúvida, um vasto consenso sobre a necessidade de proteger a privacidade da informação recolhida na análise do genoma humano.

III. Porém, na prática não existe ainda uniformidade no tratamento da matéria.

IV. É preciso conciliar dois critérios fundamentais, aparentemente contraditórios: o primeiro sustenta que o direito à privacidade é, em todo e qualquer caso, inviolável, de modo que qualquer *brecha*, por mais pequena que seja, encerra em si um grave perigo. Assim, quanto maior é o avanço científico maior tem de ser, também, o cuidado, o empenho na tutela do direito à privacidade. Pelo contrário, o segundo critério defende que o direito não pode ser um travão, um obstáculo aos progressos científicos nem sequer os pode ignorar; mas sim deve recebê-los no seu seio para ser, na verdade, um *modus vivendi* social.

V. É imprescindível encontrar um compromisso razoável entre o direito à privacidade e o direito à investigação.

VI. Penso que o núcleo do direito à privacidade genómica não se deve circunscrever a uma perspectiva negativa, estática, entendida, essencialmente, como um direito de defesa, de protecção que se limite a punir, no âmbito civil ou penal, as agressões já realizadas. Reveste, também, uma visão positiva, dinâmica que se traduz no direito de autocontrolo, de autodeterminação do próprio relativamente à informação genómica que lhe diga respeito.

Este entendimento permite uma aproximação do conceito de privacidade ao de autonomia, e, inclusivamente, ao de igualdade. Uma vez que, no fundo, se trata da possibilidade de cada indivíduo decidir relativamente aos seus dados genómicos, sem por isso poder ser discriminado ([822]).

([822]) Nesta linha, J. H. F. SHATTUCK, *Rights of Privacy*, National Textbook Co. & American Civil Liberties Union, Skokie, New York, 1977, págs. 45-46; L. LUSKY, *Invasion of Privacy: a Clarification of Concepts*, «Law Review», n.º 72, Columbia, 1971, págs. 693-694; A. F. WESTIN, *Privacy and Freedom*, Atheneum, New York, 1967, pág. 7, define

O Princípio da Autonomia Privada Posto em Causa? 435

113. A pessoa *prisioneira* do seu próprio genoma

I. Nenhum ser humano escolhe o seu próprio genoma. Porém, é, por vezes, *etiquetado*, *catalogado*, marginalizado em função do genoma que possui. Criando-se, assim, classes genómicas distintas, com todo o cortejo de discriminações que necessariamente acarreta.

II. Os dados genómicos revestem grande interesse para as companhias seguradoras, farmacêuticas, bancos, entidades patronais, etc [823]. O eventual direito destas à informação poderá vir a tornar-se uma realidade se o direito à privacidade não for respeitado, salvaguardado.

III. Quando hoje, por exemplo, se fala em direito à diferença, pode, desde logo, definir-se ao lado do direito à saúde o direito à doença que não permita qualquer discriminação por razões de inferioridade genómica. Toda a pessoa deve ter o direito de conhecer os dados de investigação genómica que lhe digam respeito e em paralelo o direito de preservar o conhecimento desses dados exclusivamente para si numa concepção mais ampla de autonomia e de privacidade.

IV. É necessário evitar a todo o custo que a genética se converta num factor de discriminação do ser humano em consequência dos elementos obtidos sobre o seu genoma. Há que tentar concatenar os progressos científicos com o respeito dos direitos fundamentais e invioláveis do homem [824].

---

privacidade como *"A right to control information about oneself"*; A.E. Pérez Luño, *Derechos Humanos, Estado de Derecho y Constitución*, Tecnos, Madrid, 1986, págs. 329-330; C. Junkerman/D. Schiedermayer, *Practical ethics for resident physicians: a short reference manual*, M.C.W., Wisconsin, 1993, págs. 27-28.

[823] Usando palavras de Agostinho De Almeida Santos, *Os pilares da nova genética. Eficácia, prudência, razão*, «Communio. Revista Internacional Católica», Ob. cit., pág. 457, a "confidencialidade dos resultados dos exames genéticos preditivos tem também de ser garantida e até imposta por via legislativa", de modo a "evitar" a sua revelação generalizada bem como o registo de dados genéticos do foro íntimo em "ficheiros electrónicos individuais, ao lado, por exemplo, de informações sobre crédito bancário ou registo criminal. Caso assim não seja, poderá desaparecer um dos últimos vestígios da privacidade individual".

[824] As questões éticas suscitadas pela utilização da informação oriunda dos testes genéticos não pode ser olvidada. O Estado, investigadores e o público em geral devem

114. Alguns limites ao direito à privacidade genómica

I. É certo que a divulgação, *tout court*, de algo tão íntimo como o resultado dos testes genéticos viola o direito à privacidade genómica e pode dar origem a discriminações.

II. Porém, o direito à privacidade genómica não é absoluto. Com efeito, são admissíveis limitações a este direito designadamente quando:

a) Um sério dano físico ou psíquico tiver grande probabilidade de ocorrer (princípio da não maleficência);
b) Um benefício real resultar da violação desse direito (princípio da beneficência);
c) For o último recurso, depois de terem sido tentados outros meios (princípio da autonomia);
d) For generalizável, isto é, o mesmo procedimento será novamente usado noutro caso com características idênticas, independentemente do estatuto económico e social do doente em causa (princípio da justiça).

III. Nesta linha, e como analisarei no Capítulo II do Título III desta Parte, sustento que numa acção de investigação da filiação o princípio da privacidade genómica pode ceder face ao direito de todo o ser humano à identidade genómica.

O direito à verdade da criança opõe-se ao direito à privacidade dos adultos mas, também, o direito à verdade do adulto colide com o direito à privacidade da criança ou de outro adulto. A necessária conciliação é feita pelas normas do Direito da Família quando, nomea-

---

desempenhar um papel activo na fiscalização daqueles que necessariamente utilizarão estas novas descobertas genéticas em moldes nunca anteriormente contemplados. Nesta linha, ANN CAVOUKIAN, *Confidentiality issues in genetics: the need for privacy and the right "not to know"*, «Law & Genome Review», Ob. cit., pág. 59, sublinha que as sociedades democráticas se orgulham do progresso conseguido na salvaguarda dos direitos humanos, protegendo o indivíduo contra o uso arbitrário da força. E acrescenta que os testes genéticos podem configurar uma violação a esta protecção se conduzirem, designadamente, a discriminações no trabalho.

O Princípio da Autonomia Privada Posto em Causa? 437

damente fixam as condições e os prazos para as acções de investigação da filiação ([825]).

O direito à identidade genómica está intimamente relacionado, diria mesmo, tutelado pelo direito fundamental à saúde na medida em que o conhecimento das origens genómicas possibilita prever e nalguns casos prevenir o despoletar de algumas enfermidades.

Se a existência do direito à identidade genómica implica o cessar da prevalência do direito à privacidade, o mesmo será dizer que este direito fica, por seu turno, subordinado à necessidade de tentar melhorar as condições de saúde.

A colisão entre estes direitos está, muitas vezes, condicionada pelo grau de divulgação que se pretende dos resultados dos testes genéticos ([826]).

IV. Outro exemplo possível de ser trazido à colação diz respeito aos casos em que o doente recusa revelar à família ([827]) a existência de riscos eventualmente transmissíveis ([828]).

A informação genómica individual é, também, familiar e transgeracional, sendo necessária a participação de outros membros da família para muitos diagnósticos e consequentes tratamentos. Assim, têm de ser revistos os deveres familiares clássicos.

Nestas situações, defendo que o direito à privacidade genómica deve ceder perante o direito à saúde de terceiros.

V. Igual solução nas hipóteses de investigação criminal em que o direito à privacidade tem, por vezes, que ceder face à necessidade imperiosa da descoberta da verdade.

([825]) No dizer de ANTÓNIO MENEZES CORDEIRO, *Tratado de Direito Civil Português, I, Tomo III*, Ob. cit., pág. 213, "o direito que as pessoas tenham de conhecer os seus antepassados e os seus parentes actuais colide com o direito que todas essas pessoas tenham à reserva sobre os mapas genéticos respectivos e sobre a sua vida íntima".

([826]) Por exemplo, somente para evitar a sua transmissão à descendência.

([827]) Cfr. Parte II, Título III, Capítulo II.

([828]) É o que acontece, designadamente, quando o indivíduo que se submeteu ao teste descobre que é portador de uma enfermidade contagiosa.

VI. Em síntese, o princípio da autonomia e o direito à privacidade devem ter sempre em linha de conta que o indivíduo não está isolado num mundo à parte, numa ilha; ele pertence a uma família, a um grupo, a uma sociedade, pelo que é necessário ponderar os interesses de terceiros envolvidos. O direito à privacidade genómica bem como o direito à autodeterminação informacional genómica, ou seja, o direito de determinar o âmbito, graus e moldes segundo os quais o próprio revela ou não a sua informação genómica assumem, assim, cada vez mais, significado.

O direito à privacidade genómica não é, pois, absoluto.

CAPÍTULO VI

CLONAGEM HUMANA

Sumário

SECÇÃO I
Introdução

115. Clonagem terapêutica e clonagem reprodutiva
116. O clone tem a sua autonomia privada coarctada *ab initio*

SECÇÃO II
Clonagem terapêutica

117. Âmbito da clonagem terapêutica
118. A problemática da criação e utilização de embriões humanos obtidos por clonagem
119. Outros grupos de células estaminais humanas
    119.1. Noção de células estaminais (*stem cells*)
    119.2. Origem das células estaminais
    119.3. Células estaminais embrionárias (*embryonic stem cells*)
    119.4. Células estaminais provenientes de tecido fetal humano obtido na sequência de um aborto (*embryonic germ cells*)
    119.5. Células estaminais oriundas de órgãos de um indivíduo adulto (*adult stem cells*)
    119.6. Células estaminais extraídas de estruturas biológicas que se assemelhem a embriões humanos mas que são incapazes de dar origem a um ser humano e de linhas celulares previamente existentes obtidas a partir de células estaminais embrionárias

440   *Direito do Genoma Humano*

120. Proposta de legislação
   120.1. Investigação em células estaminais
   120.2. Comissão Nacional para a avaliação e autorização de projectos de investigação em células estaminais embrionárias
   120.3. Bancos de linhas celulares estaminais

SECÇÃO III
Clonagem reprodutiva de seres humanos

121. Âmbito da clonagem reprodutiva de seres humanos
122. Dúvidas e contradições suscitadas no nosso Direito Civil pela clonagem reprodutiva de seres humanos
123. Síntese legislativa
124. Proposta de legislação
   124.1. Clonagem reprodutiva de seres humanos

SECÇÃO IV
Posição adoptada

125. O recurso a outras células estaminais como fonte alternativa
126. Condenação da clonagem reprodutiva
127. Expressão de um novo materialismo: a genomania?
128. O ser humano não se reduz ao genoma

SECÇÃO I

Introdução

115. Clonagem terapêutica e clonagem reprodutiva
116. O clone tem a sua autonomia privada coarctada *ab initio*

115. Clonagem terapêutica e clonagem reprodutiva

I. A clonagem [829], ou pelo menos uma certa ideia de clonagem, perde-se no princípio do tempo, no Antigo Testamento, quando Deus retira uma costela de Adão para criar a mulher [830][831].

II. O ser humano já não se limita à descrição dos processos biológicos, ele vai mais longe. Tenta, mesmo, modificar o curso da evolução das espécies.

A revolução genómica ao possibilitar agir sobre as células da vida ameaça desnaturar a identidade humana e fabricar, em laboratório, outros seres *autónomos* planeados pela Ciência.

---

[829] A palavra clonagem tem origem no grego *klwn* e designa um ramo de uma árvore, um rebento ou um enxerto.

[830] GÉNESIS 2, 21-23.

[831] A título de curiosidade, vem a propósito lembrar o mito dos andróginas que surge no Banquete de Platão, onde Aristófanes relata que cada um dos primeiros seres humanos gozavam de autonomia reprodutiva. Porém, Zeus resolveu enfraquecê-los, dividindo-os a meio, destruindo, desta forma, a sua autoreprodução. Cada um passou a só se poder reproduzir unindo-se à sua outra metade. Daqui resulta a ainda hoje usada expressão "cara-metade". A atracção entre os sexos é explicada porque "a nossa antiga natureza era tal, que constituíamos um todo uno. O amor é a ânsia desta plenitude." Cfr. PLATÃO, *O Banquete ou do Amor*, Atlântida Editora, 1968, págs. 64-70, citado por LUÍS ARCHER, *Clonagem – Verdade científica e sonho mítico*, «Brotéria Genética», XX (XCV), Lisboa, 1999, págs. 108-109.

442 *Direito do Genoma Humano*

III. A clonagem humana abrange os procedimentos que têm como objectivo a criação de seres humanos geneticamente idênticos uns aos outros no que concerne, pelo menos, ao "conteúdo de genes localizados no núcleo" [832].

IV. A clonagem [833][834][835][836][837][838][839] humana pode ser terapêutica (também denominada clonagem não reprodutiva) ou reprodutiva.

---

[832] FERNANDO REGATEIRO, *Manual de Genética Médica*, Imprensa da Universidade, Coimbra, 2003, págs. 323.

[833] A clonagem de animais ou plantas não suscita particulares problemas ético-jurídicos desde que se cumpram as normas internacionalmente aceites para a experimentação animal e seja garantida a preservação da biodiversidade.

[834] Em 1999, a revista «Nature biotechnology» anunciou que a Genzyme Transgenics produziu três clones de cabras que segregam, no leite, a antitrombina III humana de elevada relevância clínica.

[835] Ian Wilmut, um cientista escocês, conseguiu clonar uma ovelha (Dolly) através de uma nova técnica que consiste no transplante de material genético de uma ovelha adulta, obtido a partir de uma célula somática diferenciada, para um ovo do qual se extraiu o núcleo.

Wilmut e Campbell, ambos do Roslin Institute, de Edimburgo, publicaram na revista «Nature» a metodologia que possibilitou o desenvolvimento de um ovo de ovelha transformado por clonagem.

Para a criação da ovelha Dolly foram retirados os núcleos naturais de ovócitos de ovelha. Naquelas células foram introduzidos outros núcleos provenientes de células de glândula mamária de um animal adulto da mesma espécie. A ovelha dadora dos núcleos tinha o genoma alterado de forma a permitir a produção de um leite com uma proteína muito importante para tratar determinadas doenças da coagulação na espécie humana. A finalidade última era a da obtenção, por clonagem, de réplicas de animais excretores no leite daquela proteína para produção industrial. Todavia, a Dolly teve um envelhecimento precoce.

Cfr. IAN WILMUT, *Viable offspring derived from foetal and adult mammalian cells*, «Nature», 385, 1997, págs. 810-813; WALTER OSSWALD, *Hello, Dolly, Hans Jonas e seis caveats*, «Brotéria», Vol. 144, n.º 5/6, Lisboa, Maio/Junho de 1997, págs. 581-585; FERNANDO REGATEIRO, *Manual de Genética Médica*, Ob. cit., págs. 324-325.

[836] De referir, também, o exemplo da ovelha Polly em que foi clonado o gene humano produtor da factor IX da coagulação do sangue. Trata-se de uma proteína que é utilizada no tratamento da hemofilia B e que é segregada no leite dessa ovelha. O interesse clínico desta proteína é da maior importância.

Posteriormente, têm sido "fabricadas" ovelhas que segregam no leite outras proteínas humanas com grande relevância terapêutica e dificilmente obtidas pelos métodos tradicionais.

[837] Têm sido bem sucedidas as experiências semelhantes às descritas nas notas anteriores, com outros animais de espécies inferiores, confirmando o facto há muitos anos demonstrado da possibilidade de existência de reprodução assexuada. Este tipo de reprodução

O Princípio da Autonomia Privada Posto em Causa? 443

V. São realidades completamente distintas: a clonagem terapêutica, como o próprio nome indica, visa a terapia, a cura de determinadas doenças e não a reprodução de pessoas.

VI. Por sua vez, a clonagem reprodutiva pretende a criação, a *fabricação* de um ser humano geneticamente muito semelhante a outro ser humano.

116. O clone tem a sua autonomia privada coarctada *ab initio*

I. Os profetas da clonagem visam a criação de indivíduos geneticamente idênticos ([840]) a outros, com a mesma estrutura física, a mesma aparência, a mesma maneira de ser e de estar no mundo, os mesmos gostos, pensamentos, idiossincrasias. Enfim, teríamos, assim, um mundo mais uniforme ([841])!...

---

que, é, aliás, o mecanismo de procriação nas bactérias, existe também em inúmeras espécies vegetais. Os gémeos monozigóticos são outro exemplo possível.

([838]) FERNANDO REGATEIRO, *Doenças genéticas*, in «Comissões de Ética. Das bases teóricas à actividade quotidiana», Ob. cit., pág. 353 e *Manual de Genética Médica*, Ob. cit., pág. 323, afirma que em espécies animais, de elevado valor comercial, estão fixadas as metodologias para a clonagem embrionária, de forma a conseguir o desenvolvimento de diversas espécies geneticamente idênticas, a partir de um embrião original.

([839]) Até ao momento a clonagem reprodutiva nos mamíferos tem uma eficácia muito baixa sendo mesmo insuficiente nos primatas, como aliás refere MÁRIO SOUSA, *Que Clonagem*, «Boletim da Ordem dos Advogados», n.º 24/25, Lisboa, Janeiro-Fevereiro, Março-Abril de 2003, pág. 13. Acrescenta que a taxa de patologias é extraordinariamente elevada (99 em cada 100 tentativas originam fetos anómalos) e os animais sobreviventes padecem de inúmeras enfermidades. O Autor esclarece que estas falhas têm ocorrido em todos os testes, nos mamíferos laboratoriais (roedores), de estimação, de interesse agro-alimentar, de interesse farmacêutico (medicamentos) e de interesse médico (órgãos para transplantes). Por estas razões, considera-se que a aplicação da clonagem reprodutiva de seres humanos viola as disposições éticas que regulamentam a experimentação clínica.

([840]) A expressão geneticamente idênticos refere-se apenas aos genes nucleares e não aos genes mitocondriais.

([841]) As razões carreadas para a justificação do recurso à clonagem reprodutiva de seres humanos são as mais variadas. Podendo, desde já, ser enunciadas, entre outras, as seguintes hipóteses: pessoas que, na falta de dador compatível para transplante, procuram encontrar no clone do filho gravemente doente a sua possível cura; os que receando uma futura doença, consideram o clone a "fonte ideal" para transplantes; indivíduos que, não aceitando a morte dos seus entes queridos, concebem a clonagem como um meio de

444 *Direito do Genoma Humano*

Um homem novo para um mundo novo. Ou, diria antes, um homem *igual* (porque clonado) para um mundo diferente!...

II. Progressivamente a função natural de procriar é substituída por gestos de programação racional. Chegaremos a um ponto em que a par da procriação temos a (re) produção. A pessoa humana já não se limita a procriar novos seres distintos, únicos, irrepetíveis; passou, também, a (re) produzir, a *decalcar*, a *fotocopiar* indivíduos previamente procriados. Escolhe-se a qualidade da carga genética antes de se decidir pela gravidez.

III. Se um programa genético pode determinar a vontade e capacidade de perceber e decidir da pessoa está, também, desde logo, em causa um princípio fundamental do Direito: o princípio da autonomia privada, como expressão de uma regra mais ampla, a grande máxima da liberdade: é lícito tudo o que não é proibido.

O ser programado por clonagem, igual a outrem, cujas características nós escolhemos previamente para ele, tem a sua autonomia da vontade coarctada *ab initio*.

IV. Aceitar o *homem novo* de vontade predeterminada pela Ciência seria reduzir o Direito a um absurdo, a um impossível.

É o rompimento total com o passado [842]. Está aberto definitivamente o conflito entre a *força da razão*, a tentação da Ciência em criar um *homem novo*, e a necessidade de manter as raízes da nossa própria identidade. É a controvérsia sem termo, dados os avanços rapidíssimos da técnica e o evoluir, embora a velocidade menor, dos

---

"ressuscitação"; casais inférteis que não aceitam a procriação medicamente assistida heteróloga; seres humanos que concebem a clonagem como solução para a eterna perpetuação do seu eu.

[842] Como ensina AGOSTINHO DE ALMEIDA SANTOS, *Clonagem humana*, in «Andrologia Clínica», Sociedade Portuguesa de Andrologia, Saúde, Sá - Artes Gráficas, 2000, pág. 226, os "tempos que correm são de profundas mudanças e impõem prudentes reflexões. Importa avaliar que interesses estão em jogo e servem o Homem. É tempo de declarar, face a deslumbrantes avanços científicos, que nem tudo o que é possível tecnicamente é socialmente desejável ou eticamente aceitável. Talvez seja preciso já, a partir de hoje, ser capaz de dizer basta. Talvez seja preciso proibir agora o que tem de ser proibido. Sobretudo, para que amanhã não venham a concretizar-se alguns HORRORES QUASE POSSÍVEIS."

valores que caracterizam a vida social. Uma nova civilização com outras temáticas? Qual o futuro da Humanidade e, consequentemente, do Direito a partir do momento em que é viável *construir* um novo homem *igual* a um outro homem? É, sem dúvida, um dos grandes desafios do século XXI.

SECÇÃO II
Clonagem terapêutica

117. Âmbito da clonagem terapêutica
118. A problemática da criação e utilização de embriões humanos obtidos por clonagem
119. Outros grupos de células estaminais humanas
    119.1. Noção de células estaminais (*stem cells*)
    119.2. Origem das células estaminais
    119.3. Células estaminais embrionárias (*embryonic stem cells*)
    119.4. Células estaminais provenientes de tecido fetal humano obtido na sequência de um aborto (*embryonic germ cells*)
    119.5. Células estaminais oriundas de órgãos de um indivíduo adulto (*adult stem cells*)
    119.6. Células estaminais extraídas de estruturas biológicas que se assemelhem a embriões humanos mas que são incapazes de dar origem a um ser humano e de linhas celulares previamente existentes obtidas a partir de células estaminais embrionárias
120. Proposta de legislação
    120.1. Investigação em células estaminais
    120.2. Comissão Nacional para a avaliação e autorização de projectos de investigação em células estaminais embrionárias
    120.3. Bancos de linhas celulares estaminais

117. Âmbito da clonagem terapêutica

I. A clonagem terapêutica tem como objectivo obter células e tecidos (e, se possível, órgãos) geneticamente idênticos aos de um certo doente e que, por isso, possam ser usados, sem riscos de imuno--rejeição, no tratamento de determinadas doenças [843].

---

[843] A ideia de assegurar a cada pessoa uma "reserva" dos seus próprios tecidos foi sustentada por JACQUES TESTART, *L'Oeuf Transparent*, Ob. cit., págs. 139-140, citado por LUÍS ARCHER, *Clonagem não reprodutiva*, «Cadernos de Bioética», n.º 22, Centro de Estudos

448   *Direito do Genoma Humano*

118. A problemática da criação e utilização de embriões humanos obtidos por clonagem

I. A clonagem terapêutica é feita com recurso a embriões obtidos por clonagem somática ou embrionária posteriormente "desenvolvidos *in vitro* até à fase de blastocisto" mas sem implantação intra-uterina ([844]).

II. É importante, desde já, esclarecer que neste caso se poderá dizer que não existe propriamente um embrião uma vez que não proveio da fusão de gâmetas.

III. Há quem ([845]) o considere um artefacto técnico, um amontoa-do de células totipotentes, um "embrionóide". É, na sua essência, parte de um corpo já constituído e não o projecto de um corpo a constituir. Trata-se de uma célula somática, manipulada em meio de cultura, que se divide e se organiza de modo análogo a um embrião em cultura mas que não se destina a ser implantado.

Assim sendo, seriam criados embriões por clonagem e cultivados até à fase de blastocisto (5-7 dias). A respectiva massa celular interna seria aproveitada para o isolamento e cultura de células estaminais.

IV. Mas, como se poderá provar que o embrião obtido por clonagem afinal não é um embrião?

O que é certo é que, apesar da sua origem, esse "ser", "embrião", "ente" ou o que lhe quiserem chamar está destinado, pela sua própria dinâmica interna, a tornar-se numa pessoa como outra qualquer.

---

de Bioética, Coimbra, Abril de 2000, pág. 68. O método preconizado consistia em dividir um embrião em dois na sua primeira fase de desenvolvimento *in vitro*, durante pelo menos três ou quatro semanas; os primórdios de tecidos seriam dissecados e congelados. O bebé logo que nascesse já teria o seu banco de tecidos garantido: "*je suis prêt à parier la moitié des droits d'auteur sur ce livre que, dans vingt ou trente ans, ces idées seront admises et peut-être banalisés. Ainsi seulement pourrait être dépassé la limite théorique de longévité humaine qu'on estime à cent vingt ou cent trente ans.*"

([844]) FERNANDO REGATEIRO, *Manual de Genética Médica*, Ob. cit., págs. 325 e 459. O Autor esclarece que são recolhidas células pluripotentes para fins terapêuticos, da massa interna dos blastocistos, "eventualmente após a indução específica da diferenciação no tipo de células ou tecidos" usados no tratamento.

([845]) DANIEL SERRÃO, *Que estatuto para um "clone" humano?*, «Boletim da Ordem dos Advogados», n.º 24/25, Lisboa, Janeiro-Fevereiro, Março-Abril de 2003, págs. 8-9.

O *Princípio da Autonomia Privada Posto em Causa?*   449

Concordo com Walter Osswald ([846]) quando sustenta que não é suficiente afirmar ser o seu destino que define a sua natureza, por ser abstrusa a noção de a essência de um ser estar dependente do uso que dele se pretende fazer. E, este argumento aplicar-se-ia, também, aos embriões excedentários ou supra-numerários e aos embriões produzidos somente para fins experimentais.

Além disso, a questão precípua subsiste: é legítimo *fabricar* um embrião humano para depois o eliminar, aproveitando as suas células? O embrião transformado num *stock* de peças sobresselentes à disposição dos que as poderiam comprar?!...Esta abordagem descartável do embrião é incompatível com a dignidade da vida humana.

Para já, dada a ausência de consenso ético sobre a utilização destes embriões, deve ser incentivada a investigação noutros grupos de células estaminais humanas como as que vou referir.

119. **Outros grupos de células estaminais humanas**

119.1. *Noção de células estaminais (stem cells)*

I. As células estaminais ([847])([848]) são aquelas que ainda não conseguiram um grau de diferenciação e de especialização que lhes

---

([846]) WALTER OSSWALD, *Que futuro para as células estaminais*, «Brotéria», Vol. 157, n.º 1, Lisboa, Julho de 2003, págs. 13-15, acrescenta que este argumento até se poderá aplicar aos fetos que as mães considerem indesejáveis e não queiram conduzir até ao nascimento: se a mulher rejeita o feto e não tem projecto para a sua vida extra-uterina, ele deixaria de ser um feto e não haveria objecções ao seu abortamento.

No mesmo artigo, WALTER OSSWALD cita, entre outros, Anne McLaren. No dizer de ANNE MCLAREN, *Ethical and Social Considerations of Stem Cell Research*, «Nature», 414, 2001, págs. 129-131, "Trata-se de um argumento eticamente conveniente para os países em que toda a investigação sobre embriões humanos é proibida, mas exige um considerável grau de sofisma".

([847]) Células estaminais, progenitoras ou troncolares. Não há consenso sobre a melhor forma de traduzir para português a expressão inglesa *stem cells*.

([848]) Para a análise da problemática das células estaminais segui de perto os ensinamentos de WALTER OSSWALD, *Que futuro para as células estaminais*, «Brotéria», Ob. cit., págs. 13 e seguintes e de LUÍS ARCHER, *Clonagem – verdade científica e sonho mítico*, «Brotéria Genética», Ob. cit., págs. 121-122; LUÍS ARCHER, *Clonagem não reprodutiva*, «Cadernos de Bioética», Ob. cit., pág. 80.

450 *Direito do Genoma Humano*

permita desempenhar uma função específica num órgão como o coração, o fígado ou o cérebro. Porém, são precursoras dessas células especializadas. Por outras palavras, são células mestras que têm a capacidade de se transformarem noutros tipos de células.

II. Os organismos dos animais superiores são constituídos por células que se desenvolveram a partir de uma única célula, o ovo ou zigoto, cujo património genético foi transmitido em igual proporção pelas duas linhas progenitoras. O ovo e as células resultantes das primeiras divisões celulares que irão dar origem ao embrião são células totipotentes [849]. À medida que o desenvolvimento se processa, as células vão-se diferenciando em cada tecido a seu modo para constituírem os diversos órgãos do organismo. Todavia, diferenciando-se, perdem a capacidade de se transformar noutras linhas celulares, em parte devido a alterações cromossómicas. Algumas linhas de evolução celular durante a formação dos organismos perdem a capacidade de se multiplicar, como a maioria das células do sistema nervoso [850].

III. A terapia com células estaminais tem como objectivo desenvolver células ou tecidos diferenciados para transplantes na doença de Parkinson, Alzheimer, diabetes, enfarte, leucemia, doenças vasculares-
-cerebrais, lesões na espinal medula ou nas cartilagens, etc.

IV. A aceitabilidade jurídica e ética da investigação em células estaminais depende não só dos objectivos, mas também, da origem das células estaminais.

([849]) As células totipotentes têm capacidade de se dividir dando origem a outras que se podem diferenciar nos múltiplos tecidos dos órgãos que constituem o indivíduo adulto. São células totalmente indiferenciadas que podem originar todas as células de um organismo bem como os seus "anexos embrionários". Cfr. FERNANDO REGATEIRO, *Manual de Genética Médica*, Ob. cit., pág. 458.

([850]) As células multipotentes podem originar vários tecidos tais como as células estaminais do adulto. Por sua vez, as células pluripotentes têm potencial para dar origem a um organismo completo mas, contrariamente, às totipotentes, já não para os seus anexos. Cfr. FERNANDO REGATEIRO, *Manual de Genética Médica*, Ob. cit., pág. 458.

119.2. *Origem das células estaminais*

I. As células estaminais podem ser provenientes de embriões, de tecido fetal humano obtido na sequência de um aborto ou de órgãos de um indivíduo adulto. As células estaminais podem também ser extraídas de estruturas biológicas que se assemelhem a embriões humanos mas que são incapazes de dar origem a um ser humano e de linhas celulares previamente existentes obtidas a partir de células estaminais embrionárias.

Passo a analisar estes grupos de células estaminais, por esta ordem.

119.3. *Células estaminais embrionárias (embryonic stem cells)*

I. As células estaminais embrionárias [851] podem multiplicar-se *in vitro* por tempo indeterminado, sem envelhecimento, nem diferenciação ou morte [852].

As células que resultam das primeiras divisões do ovo são totipotentes. Porém, o isolamento e a preparação destas células na espécie humana implica necessariamente a criação artificial de embriões humanos ou a utilização de embriões excedentários.

Em síntese, as células estaminais embrionárias podem ser extraídas de embriões humanos produzidos *in vitro* propositadamente com essa finalidade; ou de embriões excedentários; ou de embriões clonados.

II. No entanto, a utilização destas células gera grande polémica com teses completamente distintas: a) a vida humana é uma só, desde a concepção até à morte e, uma vez que o uso destes embriões

---

[851] O n.º 2 do artigo 9.º (Investigação com recurso a embriões) da Lei n.º 32/2006, de 26 de Julho, sobre Procriação Medicamente Assistida (publicada no Diário da República, I Série, n.º 143, de 26 de Julho, págs. 5245-5250), permite a investigação científica em embriões com a finalidade de prevenção, diagnóstico ou terapia de embriões, de aperfeiçoamento de técnicas de PMA, de constituição de bancos de células estaminais para programas de transplantação bem como com quaisquer outros intuitos terapêuticos. Todavia, esta Lei ainda não se encontra regulamentada.

[852] Cfr. J.A. THOMSON/M.A. WAKNITZ/J. J. SWIERGIEL/V.S. MARSHALL, *Embryonic stem cell lines derived from human blastocists*, «Science», 282, 1998, págs. 1061-1062.

452 *Direito do Genoma Humano*

implica necessariamente a sua destruição, essa destruição equivale à sua morte; b) pelo contrário, estamos apenas perante nada mais, nada menos que células com potencial para originar indivíduos adultos, o que faz com que seja eticamente aceitável, sob determinadas condições, a utilização de embriões; c) enquanto esta problemática não for resolvida deve ser aplicado o velho princípio precaucionista que determina consubstanciar grave ilícito destruir uma entidade sobre a qual ainda existem dúvidas relativamente ao seu estatuto de ser humano.

III. Como considero que o embrião tem o genoma fixado desde o momento da concepção a admissibilidade da criação ou utilização de embriões não implantados que implicasse a sua ulterior destruição entraria, logicamente, em contradição com toda a arquitectura desta tese. Os embriões não são meros aglomerados de células ou um qualquer protoplasma: são vidas humanas incipientes com tudo o que isso acarreta. O recurso a estes embriões implicaria o sacrifício da sua vida. A eventual cura de uns seria feita à custa da morte de outros. Esta perspectiva utilitarista do embrião põe em causa o princípio da dignidade da vida humana.

Nesta linha, a Declaração sobre a produção e o uso científico e terapêutico das células estaminais embrionárias humanas da Pontifícia Academia Para A Vida considera "moralmente ilícito produzir e/ou utilizar embriões humanos vivos para a preparação de células estaminais"..."Para um católico, tal posição está confirmada pelo Magistério explícito da Igreja que, na Encíclica *Evangelium Vitae*, – referindo-se já à Instrução *Donum Vitae* da Congregação para a Doutrina da Fé – afirma: o ser humano deve ser respeitado e tratado como uma pessoa desde a sua concepção e, por isso, desde esse momento, devem-lhe ser reconhecidos os direitos da pessoa, entre os quais, e primeiro de todos, o direito inviolável de cada ser humano inocente à vida" [853][854].

---

[853] Declaração sobre a produção e o uso científico e terapêutico das células estaminais embrionárias humanas da Pontifícia Academia Para A Vida, Vaticano, 25 de Agosto de 2000.

[854] Cfr. João Paulo II, Carta Encíclica *Evangelium Vitae*, 25 de Março de 1995; Acta *Apostolicae Sedis*, 87, 1985, págs. 401-522; Congregação Para a Doutrina da Fé, Instrução sobre o respeito à vida humana nascente e a dignidade da procriação *Donum Vitae*, 22 de Fevereiro de 1987; Acta *Apostolicae Sedis*, 80, 1988, págs. 70-102.

119.4. *Células estaminais provenientes de tecido fetal humano obtido na sequência de um aborto (embryonic germ cells)*

I. A pesquisa que utiliza células estaminais obtidas de fetos abortados não suscita particulares questões éticas desde que se trate de abortos espontâneos ou terapêuticos. Todavia, a investigação em *embryonic germ cells* revela que cerca de 60 % dos embriões que resultam de aborto espontâneo têm anomalias cromossómicas ou outras. Os maiores riscos de anomalias têm de ser tidos em atenção, especialmente se as experiências incluírem transplantes de tecidos. De qualquer modo, têm de ser respeitadas algumas normas éticas, como, por exemplo, o consentimento informado da mulher que aborta e a separação total entre a decisão de abortar e a de recolher material celular ([855]).

119.5. *Células estaminais oriundas de órgãos de um indivíduo adulto (adult stem cells)*

I. Estas células têm capacidade para se dividirem. É muito importante a replicação de células para a criação de tecidos, órgãos e medicamentos para a terapia génica ou para a área da proteómica. Estas células podem ser retiradas de pequenas amostras de tecidos do adulto (por exemplo, medula óssea, derme, vísceras, sistema nervoso central) ser multiplicadas e diferenciadas *in vitro*, sendo posteriormente usadas para transplante no próprio organismo donde foram extraídas para cura ou correcção de doenças ou de incapacidades graves ou fatais. Esta modalidade de transplante evita problemas de imuno-rejeição e de contaminação por vírus do dador.

II. Mas, também podem ser usadas *adult stem cells* de um dador, especialmente na hipótese de transplantação de células estaminais hematopoiéticas, isoladas do sangue periférico ou da medula óssea e seleccionadas com anticorpos ([856]).

([855]) Cfr. EC WORKING GROUP ON HUMAN EMBRYOS AND RESEARCH (Chairman W. Osswald), *Second Report,* CEE, Brussels, 1994.

([856]) Cfr. Luís Archer, *Clonagem não reprodutiva,* «Cadernos de Bioética», Ob. cit., pág. 73.

454   *Direito do Genoma Humano*

III. A investigação em células estaminais adultas constitui uma alternativa promissora e eticamente aceitável à utilização de células estaminais embrionárias [857]. Nesta orientação, a Comissão Temporária do Parlamento Europeu para a Genética Humana nas suas Conclusões sobre as implicações éticas, jurídicas, económicas e sociais da genética humana [858] apoia inteiramente a investigação em células estaminais adultas e sublinha que através da investigação em células estaminais adultas foram obtidos efeitos terapêuticos positivos concretos para vários doentes em alguns domínios de investigação (por exemplo, leucemia, tratamento de lesões de cartilagens e de ossos) enquanto que a investigação em células estaminais embrionárias somente alcançou efeitos terapêuticos positivos muito incipientes em experiências com animais.

IV. O Conselho Nacional de Ética para as Ciências da Vida, no *VII Relatório sobre o Estado da Aplicação das Novas Tecnologias à Vida Humana*, defende que o recurso às células estaminais do adulto é uma solução que "contentaria todos" e não acarretaria problemas éticos substanciais. E acrescenta que se registaram já importantes avanços. Para além das células estaminais hematopoiéticas, oriundas da medula óssea e responsáveis pela formação de todas as células sanguíneas, isolaram-se contingentes de células estaminais no cérebro adulto, nomeadamente no hipocampo e no bolbo olfactivo. O CNECV

---

[857] João Paulo II, no discurso apresentado no XVIII Congresso Internacional da Sociedade dos Transplantes, em 29 de Agosto de 2000 (publicado na íntegra em «Acção Médica», Ano LXIV, 2000, págs. 172-176 e citado por Joaquim Pinto Machado, *Colheita de órgãos e de tecidos de dadores vivos*, in «Direitos do Homem e Biomedicina», Ob. cit., pág. 127), reportou-se à experimentação de novas terapias sucedâneas ao transplante de órgãos. Sua Santidade, após ter recriminado o uso de células estaminais embrionárias, considerou que a utilização de células estaminais de adulto constitui uma das vias pela qual deverá progredir a investigação.

No ano 2000 foi já possível obter, a partir de células estaminais de cérebro de adulto, vários tipos de células do sistema nervoso central e células musculares, hepáticas, cardíacas e sanguíneas. Cfr. Joaquim Pinto Machado, *Colheita de órgãos e de tecidos de dadores vivos*, in «Direitos do Homem e Biomedicina», Ob. cit., pág. 127.

[858] Comissão Temporária do Parlamento Europeu para a Genética Humana nas suas Conclusões sobre as implicações éticas, jurídicas, económicas e sociais da genética humana (8 de Novembro de 2001), in «Genética Humana. A hora do legislador», Coord. Jorge Moreira da Silva, Ob. cit., pág. 128.

O Princípio da Autonomia Privada Posto em Causa? 455

reporta-se também à descoberta da plasticidade destas células, que podem originar células diferenciadas características de órgãos diferentes daqueles onde se encontram: células estaminais do sistema nervoso central originam designadamente neurónios, células sanguíneas, musculares, hepáticas e cardíacas; sendo, também, viável a diferenciação no sentido oposto. O CNECV refere que já foram "imortalizadas" linhas celulares hepáticas obtidas a partir de células estaminais humanas (ou seja, tornadas cultiváveis indefinidamente) e transplantadas para o fígado de ratos com lesão hepática grave, prevenindo, desta forma, a sua morte [859].

Posteriormente, o Conselho Nacional de Ética para as Ciências da Vida no Parecer 47/CNECV/05 sobre a Investigação em Células Estaminais reitera a ideia de que investigação em células estaminais de tecidos adultos deve ser incentivada [860].

V. Neste momento, o grande problema das células estaminais consiste em descobrir técnicas que permitam controlar a sua diferenciação, multiplicação, adaptação e integração nos órgãos em que as células delas derivadas venham a ser implantadas.

VI. Assim, entendo que a utilização de células estaminais de órgãos de adultos não suscita problemas desde que se cumpram as habituais regras do consentimento informado, do respeito da integridade do corpo humano, etc.

De qualquer modo, devem ser sempre respeitados os princípios da justiça, da beneficência e da autonomia:

---

[859] CONSELHO NACIONAL DE ÉTICA PARA AS CIÊNCIAS DA VIDA, *VII Relatório sobre o Estado da Aplicação das Novas Tecnologias à Vida Humana*, 1999 (disponível em http://www.cnecv.gov.pt/).

[860] CONSELHO NACIONAL DE ÉTICA PARA AS CIÊNCIAS DA VIDA, *Parecer 47/CNECV/05 sobre a Investigação em Células Estaminais* (disponível em http://www.cnecv.gov.pt/). Cfr., também, do CONSELHO NACIONAL DE ÉTICA PARA AS CIÊNCIAS DA VIDA *as Declarações* relativas ao *Parecer 47/CNECV/05 sobre a Investigação em Células Estaminais*, o *Relatório sobre Investigação em Células Estaminais*, 2005, o *Parecer 44/CNECV/04 sobre Procriação Medicamente Assistida*, o *Parecer 48/CNECV/06 sobre Clonagem Humana*, as *Declarações relativas ao Parecer 48/CNECV/06 sobre Clonagem* Humana e o *Relatório sobre Clonagem Humana*, 2006 (disponíveis em http://www.cnecv.gov.pt/).

456 *Direito do Genoma Humano*

O princípio da justiça exige igualdade na aplicação da técnica a todos os membros da sociedade que dela necessitem. Devem ser observados os critérios sociais da política de saúde inerentes a todo e qualquer Estado de Direito.

A beneficência ou pelo menos a não maleficência implica que a investigação destas técnicas em pessoas só seja empreendida depois de ter sido feita uma avaliação rigorosa dos eventuais riscos e possíveis benefícios para aquele indivíduo concreto.

Por sua vez, o princípio da autonomia determina, designadamente, a exigência de consentimento informado bem como o respeito pelo princípio da privacidade.

VII. Em síntese, a investigação em células estaminais de órgãos do indivíduo adulto realizada nestes moldes não só é de admitir como devem ser realizados todos os esforços para o seu aperfeiçoamento.

É, sem dúvida, uma alternativa extraordinariamente importante, que não levanta objecções éticas e em que o doente pode ser tratado com tecidos obtidos a partir das suas próprias células estaminais, evitando-se, desta forma, não só problemas de imuno-rejeição como, também, de contaminação por vírus do dador.

119.6. *Células estaminais extraídas de estruturas biológicas que se assemelhem a embriões humanos mas que são incapazes de dar origem a um ser humano e de linhas celulares previamente existentes obtidas a partir de células estaminais embrionárias*

I. Julgo, também, que deve ser autorizada a utilização para fins de investigação científica em células estaminais extraídas de estruturas biológicas que se assemelhem a embriões humanos mas que são incapazes de dar origem a um ser humano e em linhas celulares previamente existentes obtidas a partir de células estaminais embrionárias desde que não tenha havido conivência com a sua obtenção. Procederei a uma abordagem sucinta destas hipóteses.

O Princípio da Autonomia Privada Posto em Causa? 457

A – Células estaminais extraídas de estruturas biológicas que se assemelhem a embriões humanos mas incapazes de dar origem a um ser humano.

Para obter células estaminais extraídas de estruturas biológicas que se assemelhem a embriões humanos mas incapazes de dar origem a um ser humano podem, como explica Walter Osswald ([861]), ser usados dois processos: a reprogramação nuclear e a partenogénese.

A reprogramação nuclear, seguida de transferência para um ovócito, origina uma estrutura (com células estaminais) semelhante a um embrião mas que tem apenas dois folhetos e não três. Não se pode afirmar que é um embrião na medida em que esta estrutura é incapaz de se implantar no útero e de evoluir até gerar um ser humano, evitando-se, assim, qualquer problemática ética.

A partenogénese é um procedimento que consiste na segmentação do ovócito em blastómeros mas sem ter havido previamente fecundação ([862]). Por outras palavras, traduz-se na activação de um ovócito (activação essa operada por meios eléctricos e químicos) de forma a induzir o ovócito a dividir-se, imitando os primeiros passos de um embrião. Estas estruturas, designadas partenotas, são constituídas por células haplóides ([863]), que terão de passar a células diplóides ([864]) para poderem ser usadas em experiências com células estaminais. O método, que usa apenas o óvulo humano, dispensa o espermatozóide, e até mesmo a transferência nuclear utilizada na clonagem. A partenogénese foi descoberta inicialmente em ouriços--do-mar.

Os partenotas nunca podem originar um ser humano e consequentemente não existem objecções éticas à utilização deste método.

Todavia, subsistem, ainda, dificuldades na execução de qualquer uma destas técnicas.

([861]) Walter Osswald, *Que futuro para as células estaminais,* «Brotéria», Ob. cit., págs. 17-18.

([862]) Fernando Regateiro, *Manual de Genética Médica,* Ob. cit., págs. 474.

([863]) As células haplóides são células que contêm apenas metade dos cromossomas do indivíduo adulto.

([864]) As células diplóides são células que têm a carga genética completa.

458   *Direito do Genoma Humano*

B – Linhas celulares previamente existentes obtidas a partir de células estaminais embrionárias.

Por sua vez, as linhas celulares são células idênticas provenientes de células estaminais embrionárias e que em meio próprio têm capacidade de se multiplicarem indefinidamente mantendo as suas características indiferenciadas.

Estas células, esclarece Walter Osswald ([865]), ao contrário do que se passa com o embrião, não têm em si próprias, uma "dinâmica interna" que lhes permita criar um organismo humano completo, por "falta de capacidade" para originar o trofoblasto.

As linhas celulares, desde que apoiadas por uma outra estrutura embrionária, reúnem condições para dar origem a um novo organismo. Todavia, neste caso, estamos perante uma manipulação exterior à sua dinâmica, de certa forma semelhante à clonagem reprodutiva, pela qual uma célula somática, inserida num ovócito enucleado, também poderá produzir um organismo completo. Do mesmo modo como esta hipótese não nos leva a conferir às células somáticas um estatuto moral idêntico ao do embrião, também este estatuto não deverá ser dado às linhas celulares oriundas das células estaminais embrionárias.

Deste jeito, e como refere Luís Archer ([866]), desde que não tenha havido qualquer "cumplicidade" no que concerne à extracção inicial das linhas celulares, não se colocam objecções de natureza ética à investigação científica naquelas linhas para fins terapêuticos.

120. Proposta de legislação

I. Assim, a futura legislação nesta área poderia ser elaborada nos seguintes termos:

([865]) WALTER OSSWALD, *Que futuro para as células estaminais,* «Brotéria», Ob. cit., págs. 17-18.

([866]) LUÍS ARCHER, *Clonagem – verdade científica e sonho mítico,* «Brotéria Genética», Ob. cit., págs. 121-122; LUÍS ARCHER, *Clonagem não reprodutiva,* «Cadernos de Bioética», Ob. cit., pág. 80.

O *Princípio da Autonomia Privada Posto em Causa?*

120.1. *Investigação em células estaminais*

Art. ...
Investigação em células estaminais

1 – A investigação em células estaminais de órgãos do adulto será apoiada pelo Estado.

2 – É autorizada a investigação científica, para benefício do próprio embrião, para o aperfeiçoamento do processo de procriação medicamente assistida ou para a prevenção, diagnóstico ou terapêutica de doenças humanas, em:

a) Células estaminais extraídas de estruturas biológicas que se assemelhem a embriões humanos mas incapazes de dar origem a um ser humano.

b) Linhas celulares previamente existentes obtidas a partir de células estaminais embrionárias desde que não tenha havido conivência com a sua obtenção.

c) Células estaminais embrionárias ou fetais ([867]) resultantes de abortamentos espontâneos ou terapêuticos.

d) Células estaminais de embriões não implantados inviáveis.

3 – Para efeitos do disposto na alínea d) do número anterior é necessário um parecer médico fundamentado nos termos das boas *leges artis* que comprove que aqueles embriões não reúnem as características indispensáveis para se proceder à sua transferência para o útero materno.

4 – É proibida a experimentação destrutiva de embriões humanos.

([867]) Ao longo deste trabalho a palavra embrião e feto têm sido deliberadamente utilizadas indistintamente, como, aliás, já foi afirmado e justificado. De qualquer modo, nesta proposta de legislação quero deixar claro, sem margem para qualquer dúvida, para os que não compartilham das mesmas teses que eu, que quando defendo a possibilidade de investigação em células estaminais obtidas em abortos espontâneos ou terapêuticos refiro-me não só às embrionárias, mas também às fetais.

460   *Direito do Genoma Humano*

120.2. *Comissão Nacional para a avaliação e autorização de projectos de investigação em células estaminais embrionárias* ([868])

Art. ...
Comissão Nacional para a avaliação e autorização de projectos de investigação em células estaminais embrionárias

Será criado, por ... (Lei ou Decreto-Lei), um organismo competente, no âmbito do Ministério da Saúde e do Ministério da Ciência e do Ensino Superior, para a avaliação e autorização dos projectos de investigação em células estaminais embrionárias.

120.3. *Bancos de linhas celulares estaminais*

Art. ...
Bancos de linhas celulares estaminais

É permitida a criação de bancos de linhas celulares estaminais para a concretização dos projectos de investigação autorizados pelo organismo competente.

([868]) Recentemente a Lei n.º 32/2006, de 26 de Julho, sobre Procriação Medicamente Assistida, na alínea e) do n.º 2 do artigo 30.º (Conselho Nacional de Procriação Medicamente Assistida) determina que compete ao Conselho Nacional de Procriação Medicamente Assistida emitir parecer sobre a constituição de bancos de células estaminais, assim como relativamente ao destino do material biológico oriundo do encerramento destes.

SECÇÃO III
Clonagem reprodutiva de seres humanos

121. Âmbito da clonagem reprodutiva de seres humanos
122. Dúvidas e contradições suscitadas no nosso Direito Civil pela clonagem reprodutiva de seres humanos
123. Síntese legislativa
124. Proposta de legislação
    124.1. Clonagem reprodutiva de seres humanos

121. Âmbito da clonagem reprodutiva de seres humanos

I. A clonagem reprodutiva de seres humanos tem como objectivo a criação fora do corpo humano de um embrião cujo material é proveniente de uma célula retirada de um tecido ou órgão (célula somática) de um indivíduo (vivo ou morto). Posteriormente, este embrião é transferido para um útero para dar origem a um ser humano, um clone de uma pessoa (preexistente).

Por outras palavras, esta modalidade de clonagem consiste na reprodução assexuada através da técnica de transplantação celular ou nuclear, sendo o clone o produto dessa reprodução.

Tem como finalidade obter uma *cópia* de outra pessoa. Não existe aqui uma *mistura* de informação genética de dois progenitores. Assim, a clonagem reprodutiva implica a perda da diversidade genética e a existência de seres humanos com a mesma identidade não só na aparência externa [869] como, também, na própria constituição genética [870].

---

[869] Designadamente, nas impressões digitais.

[870] Nomeadamente, nos grupos sanguíneos, nos grupos de histocompatibilidade, nas tendências e nas capacidades.

462   *Direito do Genoma Humano*

II. A imortalidade esteve sempre presente nas fantasias humanas. A clonagem está ligada, precisamente, ao tema da imortalidade. A múmia egípcia foi designada como uma cópia do morto. Actualmente, o homem pretende uma cópia do vivo ou do defunto, já não uma cópia morta mas uma cópia com vida.

122. Dúvidas e contradições suscitadas no nosso Direito Civil pela clonagem reprodutiva de seres humanos

I. A clonagem de seres humanos é uma área que além de estar em permanente evolução não tem um conteúdo perfeitamente definido no sentido de ser extraordinariamente difícil traçar a fronteira entre os dados tecnológicos já adquiridos e os que não passam de uma simples e pura conjectura. Isto é, a dificuldade da distinção clara entre o que já é Ciência e o que ainda é ficção, entre a realidade e a utopia.

II. De qualquer modo, e como é natural, trata-se de matéria que suscita, desde logo, inúmeras dúvidas e contradições, designadamente no nosso Direito Civil.

III. Passo a enumerar algumas hipotéticas questões do foro jurídico e ético que podem ser equacionadas se (ou, quiçá, quando!...) a clonagem humana se realizar [871].

Assim, a noção de progenitura é a mesma quando aplicada ao clone? As tradicionais categorias de paternidade e de maternidade não se encontram pervertidas pelo processo tecnológico de *fabricação* do clone? O clone tem pais? Ou é um ser *solto* na vida; um ser já

---

[871] STELA BARBAS, *Direito e Clonagem: Uma Profecia?*, in «A investigação Portuguesa: desafios de um novo milénio», Actas do II Encontro de Investigadores Portugueses (Setembro 1998), Ed. pat. por Fundação Calouste Gulbenkian, Caixa Geral de Depósitos e Fundação Luso-Americana para o Desenvolvimento, Universidade dos Açores, Ponta Delgada, 2001, págs. 107-112; STELA BARBAS, *Testes genéticos, terapia génica, clonagem*, in «Estudos de Direito da Bioética», I Curso de Pós-Graduação em Direito da Bioética na Faculdade de Direito da Universidade de Lisboa, Coord. José de Oliveira Ascensão, Almedina, Coimbra, 2005, págs. 309-328.

órfão antes da sua própria concepção?!...Porém, se considerarmos que o clone tem pais, ele é descendente ou irmão gémeo do ser clonado? Ou seja, é filho do ser clonado e neto dos pais deste ou filho destes? Quem são os pais do clone? Analisemos as diversas hipóteses: A mulher gestante? A dadora do óvulo? O (a) dador (a) da célula matriz? A mulher que gestou pode ser apenas uma mãe de aluguer que se limita a albergar no seu útero um clone, mas, para o qual não contribuiu nem com o óvulo nem com a célula matriz. A dadora do óvulo também não deve ser considerada a mãe, já que o núcleo do seu óvulo foi retirado para se proceder à clonagem, não tendo, assim, o clone qualquer ligação genética com aquela mulher. Será, então, o (a) dador (a) da célula matriz? Vejamos, se uma mulher resolver clonar-se e der à luz o próprio clone, ela é sua mãe ou irmã? Segundo o preceituado no n.º 1 do artigo 1796.º do Código Civil, a filiação resulta do facto do nascimento. Logo, é mãe. Todavia, é a mãe da própria gémea?!...E quem é o pai? Ou melhor, é correcto, neste caso, falar em paternidade já que se trata de uma reprodução assexuada e, portanto, o clone recebe a informação genética apenas de um progenitor? Se a noção de progenitura for reduzida à transmissão da carga genética só existe um ascendente biológico. No entanto, se a parturiente for casada, nos termos do n.º 2 do artigo 1796.º e do artigo 1826.º, o pai é o marido da mãe. É a consagração da velha máxima *Pater is est quem justae nuptiae demonstrant*. Assim, o pai seria o marido da mulher clonada. E, se o cônjuge consentiu na inseminação artificial não pode impugnar a presunção de paternidade que sobre ele recai, de acordo com o n.º 3 do artigo 1839.º do Código Civil.

IV. Imaginemos, agora, que o casal já tinha filhos, qual a relação de parentesco entre estes e o clone? São sobrinhos ou irmãos do clone? Se considerarmos que o clone é irmão gémeo do ser clonado, então, são sobrinhos, se, pelo contrário, defendermos que o clone é filho, neste caso, ele é irmão dos restantes filhos do casal. E que irmão? Germano? Uterino? As decorrências jurídicas são, obviamente, diferentes.

464   *Direito do Genoma Humano*

V. E uma outra hipótese, se a mulher não for casada, o clone é um filho nascido fora do casamento. E o reconhecimento do filho nascido ou concebido fora do matrimónio efectua-se por perfilhação ou por decisão judicial em acção de investigação, segundo o disposto no artigo 1847.º ([872]).

VI. E se uma filha resolver clonar o seu pai falecido há algum tempo. Como, de acordo com o preceituado no artigo 1855.º do mesmo Código, a perfilhação só é válida se for posterior à concepção, o reconhecimento da paternidade por perfilhação não pode ter lugar. Por sua vez, segundo o disposto na alínea a) do artigo 1866.º, também não é admitida a averiguação oficiosa da paternidade uma vez que se trata de parentes em linha recta (pai e filha) ([873]).

VII. Suponhamos, ainda, que uma mulher decide clonar-se e para este fim celebra um contrato de gestação uterina com uma mãe portadora, de aluguer, ou hospedeira. Quem é a mãe? Segundo o critério legal anteriormente referido, mãe é quem dá à luz ([874]). Ou seja, a hospedeira. E o pai seria o marido da mãe. Isto é, o marido da portadora. No entanto, como referi anteriormente, a mãe de aluguer pode nem sequer ter contribuído com o óvulo ou com a célula matriz.

VIII. Imaginemos que um casal resolve ter um filho, clone do pai, e uma filha, clone da mãe. Os progenitores biológicos são pais? Avós? Irmãos? Para dificultar ainda mais, suponhamos que a mulher não pode (ou não quer) engravidar e recorre a uma mãe de aluguer.

([872]) Stela Barbas, *Clonagem, alma e direito*, in «Comemorações dos 35 anos do Código Civil e dos 25 anos da Reforma de 1977», Vol. I, Direito da Família e das Sucessões, Coimbra Editora, Coimbra, 2004, págs. 257-264.

([873]) Guilherme de Oliveira, *Estabelecimento da Filiação*, Almedina, Coimbra, 1997, pág. 148, relativamente ao artigo 1866.º, esclarece que o legislador não quis impor aos particulares a revelação do incesto através de um procedimento oficioso, para não produzir "traumatismos".

([874]) Também de acordo com o n.º 3 do artigo 8.º (Maternidade de substituição) da Lei n.º 32/2006, de 26 de Julho, sobre Procriação Medicamente Assistida, é considerada, para todos os efeitos legais, mãe da criança que vier a nascer a mulher que suportar uma gravidez de substituição.

O Princípio da Autonomia Privada Posto em Causa?

Passamos a ter três mães. E, no caso de o óvulo não ser seu nem da mãe portadora mas de uma dadora temos quatro mães.

IX. São problemas extraordinariamente importantes, uma vez que a ideia da filiação e, consequentemente, da família, será completamente diferente da enraizada nas nossas sociedades.

X. Colocam-se, também, questões em sede do Direito das Sucessões: o clone integrará a 1ª ou a 3ª classe de sucessíveis do artigo 2133.º? Será um herdeiro legitimário (artigo 2157.º)? E como tal não pode ser privado da sua legítima (artigo 2156.º), a não ser na hipótese (pouco frequente no nosso ordenamento jurídico) da deserdação (artigo 2166.º do Diploma sempre referido)?

XI. Quiçá, num futuro não muito longínquo, a par das famílias heterossexuais, homossexuais e monogâmicas, conviveremos com um nova família: a família clonada, com clones ou de clones?!...

XII. A clonagem humana implicará, deste modo, alteração de conceitos fundamentais do Direito Civil.

XIII. Num outro caso hipotético, Emília e Manuel têm um filho de seis anos de idade chamado Carlos. Resolvem ter, através da clonagem, outro filho igual a Carlos. Carlos tem um irmão gémeo seis anos mais tarde. À medida que Carlos cresce observa o irmão a *repetir* o seu desenvolvimento?!...

Será de admitir que se possa produzir uma criança fenotipicamente idêntica ao ser que lhe deu origem genética?

Como se processará o desenvolvimento psíquico-intelectual do sósia genético?

A imagem da pessoa que lhe deu origem poderá funcionar como um travão, uma barreira ao livre desenvolvimento da sua própria personalidade?

O produto da cultura biológica sempre que olhar para o *progenitor* olhará também para o seu próprio futuro.

Com estas condicionantes poder-se-á defrontar com inúmeras dificuldades para conseguir adquirir uma personalidade, uma identi-

466   *Direito do Genoma Humano*

dade própria, diferente do *progenitor* (pensando na já conhecida enorme influência mútua que existe entre gémeos verdadeiros).

XIV. Se for aceite a clonagem a partir de cromossomas de ídolos famosos é provável que o fenómeno do mimetismo, a que os ídolos andam na maior parte das vezes associados, conduza a que muitos pais *mandem fabricar* os filhos de acordo com esses modelos. Admitir-se-á que a criança fruto da técnica de *cloning* tenha que transportar durante toda a vida nos ombros a patética escolha dos progenitores por um determinado ídolo político, desportivo ou do mundo do espectáculo?

Será correcto a criança poder sentir que não é amada por si mas pelas suas características que previamente foram ou não seleccionadas e proporcionadas pelos genes?

XV. Clonar um indivíduo é querê-lo *por medida*; é *moldar-lhe*, coarctar-lhe o seu destino.

O clone será uma cópia do ser clonado. E, por princípio, a cópia vale menos que o original. Dois tipos de seres humanos? Os originais e as (re) produções? (Re) produções boas ou más, perfeitas ou imperfeitas mas simples, meras (re) produções!...Qual o estatuto jurídico do clone? Logicamente, o mesmo dos restantes seres humanos.

XVI. A última fronteira nesta escalada de hipóteses suscitada pela biotecnologia seria a de uma Humanidade dividida em duas ou mais *raças* com destinos diferentes: uma de super-homens, belos, fortes e inteligentes, de amos e outra de infra humanos para servir aquela.

É um mundo novo!...

O Princípio da Autonomia Privada Posto em Causa? 467

123. Síntese legislativa

I. A nível internacional existe um consenso quase generalizado relativamente à proibição da clonagem reprodutiva de seres humanos ([875]).

II. Nesta linha, o artigo 11.º da Declaração Universal sobre o Genoma Humano e os Direitos do Homem, adoptada pela UNESCO em 11 de Novembro de 1997, consagra que as práticas contrárias à dignidade humana, como a clonagem de pessoas, não devem ser permitidas.

III. Por sua vez, a Assembleia Parlamentar do Conselho da Europa, pela Recomendação 1046, sobre a Utilização de Embriões e Fetos Humanos para Fins Diagnósticos, Terapêuticos, Científicos, Industriais e Comerciais, de 24 de Setembro de 1986, recomenda ao Comité de Ministros que convide os Governos dos Estados membros a vedar a criação de indivíduos idênticos por clonagem ou por outros métodos, com fins de selecção de raça ou não ([876]).

([875]) Clinton estabeleceu uma moratória para projectos relacionados com a clonagem de seres humanos, e, solicitou ao National Bioethics Advisory Commission um relatório sobre os problemas éticos e legais da clonagem de seres humanos.

Em Junho de 1997, o United States Bioethics Advisory Commission elaborou o *Cloning Human Beings: Report and Recommendations of the National Bioethics Advisory Commission*, Rockville, Maryland, 1997.

O National Bioethics Advisory Commission examinou vários aspectos deste problema, designadamente os possíveis efeitos psicológicos no novo ser, a degradação da qualidade de vida familiar, e, ainda a chamada dimensão de escravatura, ou seja, a possibilidade de determinadas pessoas serem tentadas a clonar indivíduos para serem escravos de outros. A Comissão analisou, ainda, as repercussões nos valores religiosos, morais e culturais da sociedade.

O National Bioethics Advisory Commission condenou toda e qualquer tentativa (quer do sector público ou privado) de clonagem de seres humanos e recomendou a criação de normas jurídicas nesta orientação. Considerou que a posição deve ser revista dentro de três ou quatro anos e sustentou que os Estados Unidos devem cooperar com outras nações e organizações internacionais para uma maior e mais eficaz uniformização de medidas nesta área.

([876]) A Recomendação 1046 está publicada em *Council of Europe, Texts of the Council of Europe on Bioethical Matters [CDBI/INF (93) 2]*, Council of Europe, Strasbourg, 1993, págs. 15-19.

468 *Direito do Genoma Humano*

IV. A Organização Mundial de Saúde, na Resolução adoptada na 50.ª Assembleia Mundial de Saúde, em 14 de Maio de 1997, preconizou que a utilização da clonagem para reproduzir pessoas não é aceitável no plano ético e é contrária à integridade do ser humano.

V. O Parlamento Europeu, na Resolução sobre os Problemas Éticos e Jurídicos da Manipulação Genética, de 16 de Março de 1989, sustentou ser a proibição penal a única reacção possível à eventual criação de seres humanos por clonagem, assim como de todas as experiências que tenham por fim a produção de seres humanos por esse método.

VI. Na Resolução de 11 de Março de 1997, especificamente dedicada à clonagem humana, o Parlamento Europeu recomenda aos Estados membros que não permitam a clonagem de seres humanos (como aliás, já o tinha feito na anterior Resolução de 28 de Outubro de 1993 relativa à clonagem de embriões humanos) e solicita à Comissão Europeia a elaboração de um relatório sobre eventuais investigações levadas a cabo nesta área no espaço comunitário.

VII. Por seu turno, a Convenção sobre os Direitos do Homem e a Biomedicina, de 4 de Abril de 1997, não proíbe especificamente a clonagem. Porém, parece fazê-lo, de forma implícita, já que no artigo 1.º estatui que "As partes na presente Convenção protegem o ser humano na sua dignidade e identidade e garantem a toda a pessoa, sem discriminação, o respeito da sua integridade e dos seus outros direitos e liberdades fundamentais relativamente às aplicações da biologia e da medicina", e no artigo 13.º disciplina que "uma intervenção que tenha por fim modificar o genoma humano só pode ser feita... se não tiver por objectivo introduzir uma modificação no genoma da descendência" ([877]).

([877]) Parece-me útil referir que, mesmo antes do Protocolo, se considerava que a clonagem humana reprodutiva já se encontrava proibida pelos artigos referidos da Convenção sobre os Direitos do Homem e a Biomedicina, e ainda pelo seu artigo 18.º. Chamo também à colação a Recomendação n.º 1046, de 24 de Setembro de 1986, sobre a utilização de embriões e fetos humanos com fins diagnósticos, terapêuticos, científicos, industriais e

O Princípio da Autonomia Privada Posto em Causa? 469

VIII. O artigo 1.º do Protocolo Adicional à Convenção, sobre a interdição da clonagem de seres humanos, assinado, em Paris, em 12 de Janeiro de 1998 ([878]), veda toda e qualquer intervenção cuja finalidade seja a de criar um ser humano geneticamente idêntico a outro ser humano, vivo ou morto. Segundo o preceituado no n.º 2 do artigo 1.º a expressão ser humano "geneticamente idêntico" a outro ser humano significa um ser humano que tem em comum com outro o mesmo conjunto de genes nucleares ([879]).

IX. Segundo o preceituado no n.º 2 do artigo 3.º da Carta dos Direitos Fundamentais da União Europeia, aprovada em 7 de Dezembro de 2000, em Nice, deve ser respeitada, no domínio da Medicina e da Biologia, a proibição da clonagem reprodutiva de seres humanos.

---

comerciais e a Recomendação n.º 1100, de 2 de Fevereiro de 1989, sobre a utilização de embriões e fetos humanos na investigação científica. Todavia, como este entendimento não era pacífico, o próprio Comité Director de Bioética adiantou a hipótese de se rever a Convenção ou de se elaborar um novo documento de modo a proibir expressamente a clonagem. A Assembleia Parlamentar do Conselho da Europa pronunciou-se na mesma orientação. O Protocolo veio, assim, precisamente, afastar essas dúvidas.

([878]) Ratificado por Portugal, pela Resolução da Assembleia da República n.º 1/2001, de 3 de Janeiro (Publicada no Diário da República, I Série - A, n.º 2, de 3 de Janeiro de 2001).

([879]) Todavia, o Protocolo não faz qualquer referência expressa à clonagem terapêutica. Assim sendo, este Protocolo parece não se aplicar a quaisquer técnicas, que eventualmente se venham a desenvolver posteriormente, de clonagem reprodutiva em que se insiram no ser clonado "genes do elemento não clonante do casal". Além disso, esclarece LUÍS ARCHER, *Comentário ao protocolo adicional que proíbe a clonagem de seres humanos*, in «Direitos do Homem e Biomedicina», Ob. cit., pág. 169, como, do ponto de vista técnico, todos os passos, com excepção do último, da clonagem reprodutiva e da não reprodutiva são idênticos, se um investigador trabalhar em clonagem terapêutica com o objectivo secreto de realizar os exames necessários para proceder à clonagem reprodutiva, não fica abrangido pela proibição prevista pelo Protocolo.

O ponto 2 do *Explanatory Report to the Additional Protocol to the Convention on Human Rights and Biomedicine on the Prohibition of Cloning Human Beings* procede à distinção entre: clonagem de células, uso de células embrionárias em procedimentos de clonagem e clonagem reprodutiva de seres humanos. O *Explanatory Report* limita-se a referir que a clonagem de células não suscita polémica e que o uso de células embrionárias para efeitos de clonagem é tratado no Protocolo Adicional sobre a protecção do embrião. Todavia, proíbe a clonagem reprodutiva de seres humanos.

470 Direito do Genoma Humano

X. A Lei Espanhola – *Ley 14/2006, de 26 de mayo, sobre Técnicas de Reproducción Humana Asistida* – [880] proíbe a clonagem reprodutiva de seres humanos [881][882].

XI. Em Itália, a *Legge 19 febbraio 2004, n.º 40 – Norme in materia di procreazione medicalmente assistita* – [883] não permite a clonagem [884].

XII. A Lei Alemã para a Defesa do Embrião, de 13 de Dezembro de 1990, – *Gesetz Zum Schutz von Embryonen* –, no § 6, pune com pena de prisão até cinco anos ou multa todo aquele que provoque artificialmente o aparecimento de um embrião humano com a mesma formação genética que um outro embrião, feto ou defunto (n.º 1). E será igualmente punido todo aquele que transferir para uma

---

[880] Publicada no *Boletín Oficial del Estado*, n.º 126, de 27 de mayo de 2006, págs. 19947-19957.

[881] De acordo com o preceituado no n.º 3 do artigo 1.º (*Objeto y ámbito de aplicación de la Ley*) "*Se prohíbe la clonación en seres humanos con fines reproductivos*". A violação desta proibição é considerada infracção muito grave pelo artigo 26.º (*Infracciones*).

[882] Já o n.º 2 do artigo 20.º da Lei Espanhola - *Ley 35/1988, de 22 de noviembre, sobre Técnicas de Reproducción Asistida* (publicada no *Boletín Oficial del Estado, n.º 282, de 24 de noviembre de 1988*) qualificava como infracção muito grave: "*Crear seres humanos idénticos, por clonación u otros procedimientos dirigidos a la selección de la raza*" (alínea k) e "*La creación de seres humanos por clonación en cualquiera de las variantes o cualquier otro procedimiento capaz de originar varios seres humanos idénticos*" (alínea l). A *Ley 45/2003, de 21 de noviembre, por la que se modifica la Ley 35/1988, de 22 de noviembre, sobre Técnicas de Reproducción Asistida* (publicada no *Boletín Oficial del Estado, n.º 280, de 22 de noviembre de 2003*, págs. 41458-41463) não alterou esta disposição.
O Código Penal Espanhol de 1995 (aprovado pela *Ley Orgánica n.º 10/95, de 23 de noviembre*), no n.º 2 do artigo 161.º, proíbe a criação de seres humanos idênticos por clonagem ou quaisquer outros procedimentos que visem a selecção racial.

[883] Publicada na *Gazzetta Ufficiale*, n.º 45 del 24 febbraio 2004.

[884] O n.º 7 do artigo 12.º (*Divieti generali e sanzioni*) impõe: "*Chiunque realizza un processo volto ad ottenere un essere umano discendente da un'unica cellula di partenza, eventualmente identico, quanto al patrimonio genetico nucleare, ad un altro essere umano in vita o morto, è punito con la reclusione da dieci a venti anni e con la multa da 600.000 a un milione di euro. Il medico è punito, altresí, con l'interdizione perpetua dall'esercizio della professione.*" E o n.º 3 c) do artigo 13.º (*Sperimentazione sugli embrioni umani*) estatui: "*Sono, comunque, vietati:... interventi di clonazione mediante trasferimento di nucleo o di scissione precoce dell'embrione o di ectogenesi sia a fini procreativi sia di ricerca.*"

mulher um embrião designado no parágrafo 1 (n.º 2). É, ainda, punível a experiência (n.º 3).

XIII. Em França, a recente *Loi n.º 2004-800, du 6 août 2004,
relative à la bioéthique* ([885])([886]), nos artigos 21.º, 22.º e 25.º, proíbe
a clonagem. Esta lei modificou o próprio Código Civil e a Lei de
Saúde Pública ([887])([888]).

([885]) Publicada no *Journal Officiel de la République Française (L'Assemblée
nationale et le Sénat ont adopté, vu la décision du Conseil constitutionnel n.º 2004-498 DC,
du 29 juillet 2004; le Président de la République promulgue la loi).*

([886]) Para a compreensão desta lei é decisiva toda uma série de trabalhos preparatórios
da maior importância, cfr. *Assemblée nationale:* Projet de loi n.º 3166; Rapport de M. Alain
Claeys, au nom de la commission spéciale, n.º 3258; Rapport d'information de Mme Yvette
Roudy, au nom de la délégation aux droits des femmes, n.º 3525; Discussion les 15, 16 et
17 janvier 2002 et adoption le 22 janvier 2002.

Sénat: Projet de loi, adopté par l'Assemblée nationale en première lecture, n.º 189
(2001-2002); Rapport de M. Francis Giraud, au nom de la commission des affaires
sociales, no 128 (2002-2003); Rapport d'information de Mme Sylvie Desmarescaux, au
nom de la délégation aux droits des femmes, n.º 125 (2002-2003); Discussion et adoption
les 28, 29 et 30 janvier 2003.

Assemblée nationale: Projet de loi n.º 593; Rapport de M. Pierre-Louis Fagniez, au
nom de la commission des affaires culturelles, n.º 761; Avis de Mme Valérie Pecresse, au
nom de la commission des lois, n.º 709; Discussion les 9, 10 et 11 décembre 2003 et
adoption le 11 décembre 2003.

Sénat: Projet de loi, adopté par l'Assemblée nationale, n.º 116 (2003-2004); Rapport
de M. Francis Giraud, au nom de la commission des affaires sociales, n.º 333 (2003-2004);
Discussion et adoption le 8 juin 2004.

Assemblée nationale: Projet de loi, modifié par le Sénat en deuxième lecture, n.º
1662; Rapport de M. Pierre-Louis Fagniez, au nom de la commission mixte paritaire, n.º
1671; Discussion et adoption le 8 juillet 2004.

Sénat: Rapport de M. Francis Giraud, au nom de la commission mixte paritaire, n.º
344 (2003-2004); Discussion et adoption le 8 juillet 2004.

Conseil constitutionnel: Décision n.º 2004-498 DC, du 29 juillet 2004, publiée au
Journal officiel, du 29 juillet 2004.

([887]) Assim, o artigo 21.º da *Loi n.º 2004-800, du 6 août 2004, relative à la
bioéthique,* determina: "*Après le deuxième alinéa de l'article 16.º - 4 du code civil, il est
inséré un alinéa ainsi rédigé: Est interdite toute intervention ayant pour but de faire naître
un enfant génétiquement identique à une autre personne vivante ou décédée.*"

E o artigo 22.º acrescenta: "*Dans un délai d'un an à compter de la publication de la
présente loi, le Gouvernement déposera devant le Parlement un rapport présentant les
initiatives qu'il aura prises auprès des instances appropriées pour élaborer une législation
internationale réprimant le clonage reproductif.*"

472   Direito do Genoma Humano

XIV. O n.º 3 do artigo 26.º da Constituição da República Portuguesa (aditado pela Lei Constitucional n.º 1/97, de 20 de Setembro) determina que a lei garantirá a dignidade pessoal e a identidade genética do ser humano, nomeadamente na criação, desenvolvimento e utilização das tecnologias e na experimentação científica [888][889].

---

[888] Por sua vez, o artigo 25.º estatui: "*I. - Le titre V du livre Ier de la deuxième partie du Code de la Santé Publique devient le titre VI et les articles L. 2151-1 à L. 2153-2 deviennent les articles L. 2161-1 à L. 2163-2.*

II. - Il est rétabli, dans le livre Ier de la deuxième partie du même code, un titre V ainsi rédigé:

Titre V - Recherche sur l'embryon et les cellules embryonnaires - Chapitre unique -

Art. L. 2151-1. - Comme il est dit au troisième alinéa de l'article 16-4 du code civil ci-après reproduit :

Art. 16-4 (troisième alinéa). - Est interdite toute intervention ayant pour but de faire naître un enfant génétiquement identique à une autre personne vivante ou décédée.

Art. L. 2151-2. - La conception in vitro d'embryon ou la constitution par clonage d'embryon humain à des fins de recherche est interdite.

Art. L. 2151-3. - Un embryon humain ne peut être ni conçu, ni constitué par clonage, ni utilisé, à des fins commerciales ou industrielles.

Art. L. 2151-4. - Est également interdite toute constitution par clonage d'un embryon humain à des fins thérapeutiques."

[889] O CONSELHO NACIONAL DE ÉTICA PARA AS CIÊNCIAS DA VIDA no *Parecer 48/CNECV/06 sobre Clonagem Humana* sustenta que "independentemente da viabilidade da clonagem com finalidade reprodutiva, esta deve ser proibida porque viola a dignidade humana" (disponível em http://www.cnecv.gov.pt/). Cfr. *Relatório 48/CNECV/06 sobre Clonagem Humana* e *Declarações relativas ao Parecer sobre Clonagem Humana 48/CNECV/06* (disponíveis em http://www.cnecv.gov.pt/).

Já no *Parecer 21/CNECV/97 sobre Implicações éticas da clonagem* considerava que a clonagem de seres humanos devia ser proibida e no *Relatório/Parecer 3/CNE/93 sobre Reprodução Medicamente Assistida*, o Conselho excluía como forma "de instrumentalização do processo reprodutivo...a criação de seres humanos geneticamente idênticos por clonagem ou outros meios" (ambos disponíveis em http://www.cnecv.gov.pt/).

Cfr., ainda, *VII Relatório sobre o Estado da Aplicação das Novas Tecnologias à Vida Humana* do CONSELHO NACIONAL DE ÉTICA PARA AS CIÊNCIAS DA VIDA, 1999, *Parecer 44/CNECV/04 sobre Procriação Medicamente Assistida*, *Parecer 47/CNECV/05 sobre Investigação em Células Estaminais* (disponíveis em http://www.cnecv.gov.pt/).

[890] Em Itália, o COMITATO NAZIONALE PER LA BIOETICA pronunciou-se contra a clonagem reprodutiva no Parecer *La clonazione*, 17 ottobre 1997. Cfr., também, no mesmo sentido, na Bélgica, o COMITÉ CONSULTATIF DE BIOÉTHIQUE DE BELGIQUE, *Avis n.º 10 concernant le clonage reproductif, du 14 juin 1999*; em França, o COMITÉ CONSULTATIF NATIONAL D' ÉTHIQUE POUR LES SCIENCES DE LA VIE ET DE LA SANTE, *Avis n.º 54, Réponse au Président de la République au sujet du clonage reproductif, du 22 avril 1997*; nos Estados Unidos da América, o NATIONAL BIOETHICS ADVISORY COMMISSION, *Cloning Human Beings: Report and Recommendations*, Vol. I, Rockville, Maryland, June 1997.

O *Princípio da Autonomia Privada Posto em Causa?*   473

XV. O n.º 1 do artigo 5.º da Proposta Portuguesa de Lei n.º 135/VII sobre Técnicas de Procriação Medicamente Assistida, de 30 de Julho de 1997 [891], proíbe o recurso a técnicas de procriação medicamente assistida com o objectivo deliberado de criar seres humanos idênticos, designadamente por clonagem, ou de dar origem a quimeras ou de intentar a fecundação interespécies. Esta Proposta de Lei, após ter sido discutida na Assembleia da República, deu origem ao Decreto n.º 415/VII, de 17 de Junho de 1999 [892], que visava regulamentar as técnicas de procriação medicamente assistida. No entanto, o Decreto foi vetado pelo Presidente da República no dia 30 de Julho de 1999 [893].

---

[891] Diário da República, II Série-A, n.º 69, de 1 de Agosto de 1997, págs. 1324-1329.

[892] Diário da República, II Série-A, n.º 80, de 16 de Julho de 1999, págs. 2296-2300.

[893] Diário da República, II Série-A, n.º 82, de 3 de Agosto de 1999, pág. 2316.

O Sr. Presidente da República sustentou: "...Trata-se de legislação da maior importância, não apenas pela relevância intrínseca do seu objecto mas também porque, não existindo, entre nós, qualquer enquadramento jurídico específico desta matéria, urge criá-lo em termos que salvaguardem a dignidade da pessoa humana.

Não se pode esquecer, porém, que a complexidade das questões em causa, pela delicadeza da necessária composição de direitos fundamentais e outros interesses constitucionais envolvidos e pelas dúvidas científicas e interrogações éticas que suscitam, exige a maior prudência da parte do legislador...

O Decreto n.º 415/VII da Assembleia da República é positivo a muitos títulos e, desde logo, nessa sua intenção de conferir protecção jurídica a valores que todos partilhamos.

Porém, várias das soluções nele preconizadas parecem-me demasiado controversas e conflituais para permitirem a prossecução adequada, nos termos referidos, dos objectivos de garantia e harmonização de todos os valores, direitos e interesses dignos de protecção. Por outro lado, e conforme tem sido salientado por sectores significativos da comunidade científica e médica actuante neste domínio, a regulamentação aprovada pela Assembleia da República, tal como consta deste decreto, poderia colocar em risco a própria viabilidade prática de algumas das mais importantes técnicas de procriação medicamente assistida e ter consequências desproporcionadas e desnecessariamente gravosas para os beneficiários interessados.

Sem prejuízo de uma necessária reapreciação global de todo o diploma...atentas as dificuldade inerentes a uma primeira regulação jurídica de matérias tão complexas e afectando valores tão relevantes na sociedade portuguesa, parece-me, por outro lado, altamente aconselhável que os sectores sociais, científicos e profissionais mais directa e quotidianamente confrontados com estas realidades sejam chamados a participar na busca de soluções legislativas...".

XVI. O n.º 1 do artigo 7.º da Lei n.º 32/2006, de 26 de Julho, sobre Procriação Medicamente Assistida, proíbe a clonagem reprodutiva que tenha como intuito criar seres humanos geneticamente idênticos a outros ([894]).

124. Proposta de legislação

Entendo que a clonagem reprodutiva de seres humanos deveria ter ser legislada nos termos que se seguem.

124.1. *Clonagem reprodutiva de seres humanos*

Art. ...
Clonagem reprodutiva de seres humanos

1 – É proibida toda e qualquer intervenção que tenha como objectivo criar um ser humano geneticamente idêntico a outro ser humano, vivo ou morto.

2 – Para efeitos do número anterior, entende-se por ser humano geneticamente idêntico a outro ser humano, aquele que tem em comum com outro o mesmo conjunto de genes nucleares.

([894]) Tive a honra de ter sido convidada pela Presidência do Conselho de Ministros para elaborar o Projecto de Lei da Procriação Medicamente Assistida. Trabalhei cerca de dois anos com o Senhor Secretário de Estado da Presidência do Conselho de Ministros como "jurisconsulta convidada para a elaboração do Projecto de Procriação Medicamente Assistida".

SECÇÃO IV
Posição adoptada

125. O recurso a outras células estaminais como fonte alternativa
126. Condenação da clonagem reprodutiva
127. Expressão de um novo materialismo: a genomania?
128. O ser humano não se reduz ao genoma

125. **O recurso a outras células estaminais como fonte alternativa**

I. Relativamente à clonagem terapêutica entendo que, em virtude dos argumentos anteriormente enunciados (designadamente a ausência de consenso ético sobre a utilização de embriões humanos), deve ser explorado um vasto campo de investigação com o auxílio de outros grupos de células estaminais humanas (tais como as referidas neste estudo).

126. **Condenação da clonagem reprodutiva**

I. No que concerne à clonagem reprodutiva de seres humanos defendo a sua proibição nomeadamente pela gravidade das questões que coloca à dignidade da pessoa bem como ao próprio equilíbrio da nossa espécie.

O homem é um fim em si mesmo e não um meio ou um objecto para o que quer ou para quem quer que seja.

II. De qualquer modo, julgo que não corremos o temível risco da criação de seres exactamente iguais. Não está, de forma alguma, aberto o caminho para as *Rank Xerox* da Humanidade.

127. Expressão de um novo materialismo: a genomania?

I. A *obsessão* pelo genoma humano, ou diria mesmo, a genomania tende a reduzir a pessoa a um complexo, um conglomerado de elementos genómicos prontos para serem analisados e programados.

O entusiasmo actual pelo acesso aos dados genéticos explica-se pelos progressos alcançados na compreensão dos mecanismos da hereditariedade e na capacidade de identificação dos indivíduos segundo as suas características genéticas únicas e irrepetíveis.

II. Porém, poder-se-á colocar a questão de saber se não existirá perigo de estarmos a caminhar para uma visão redutora do ser humano; uma genomização da vida social? Traduzirá este fascínio a expressão de um novo materialismo que reduz o conhecimento do corpo ao mecanismo do genoma de que depende o fenótipo de cada um? O prémio não será um risco acrescido de supervalorização do indivíduo com o concomitante postergar da pessoa cuja existência é, também, uma coexistência, um relacionamento com o outro [895]?!...

128. O ser humano não se reduz ao genoma

I. Todavia, se é verdade que a carga genética participa da dignidade da pessoa como elemento característico da sua corporalidade e da sua identidade, ela não esgota o valor e a riqueza da pessoa. Esta, graças à sua vida espiritual, transcende a corporalidade e, logo, a própria carga genética.

O conjunto de genes constitui o código hereditário que guia e determina a estrutura da individualidade corporal. Por seu turno, o corpo é substancialmente unido ao espírito. Desde a concepção e, ao longo de toda a sua vida, a pessoa é a união do corpo e do espírito, um corpo espiritualizado e um espírito incarnado. A profunda unidade ontológica faz do homem um ser *corpore et anima unus.*

---

[895] STELA BARBAS, *Clonagem, alma e direito,* in «Comemorações dos 35 anos do Código Civil e dos 25 anos da Reforma de 1977», Vol. I, Ob. cit., pág. 262.

O homem não é apenas corporalidade. Ele é constituído por corpo e alma. Assim sendo, nunca subsistirá o perigo dos *fantasmas* da criação de seres rigorosamente iguais uma vez que não se pode clonar a alma. Nestes moldes, a identidade metafísica e originalidade do ser clonado estão sempre salvaguardadas visto que só o corpo pode ser manipulado.

II. No entanto, este argumento da alma não tem relevância para quem entende que a fundamentação espiritual não colhe. Nesta linha, é preferível argumentar que cada ser vivo é o produto do diálogo entre genoma e meio ambiente.

Ao longo de cada percurso existencial, a vida espiritual, a cultura e o meio de vida enriquecem a personalidade para além do puro determinismo genómico ([896]).

A vida humana consiste, precisamente, na consubstanciação do ser da pessoa através da sua actuação.

Chamo à colação o exemplo dos gémeos idênticos cuja personalidade se pode desenvolver de modo completamente diferente.

Por outras palavras, a réplica da estrutura corpórea não dá origem a um ser humano igual a outrem. Não é possível clonar a identidade psicológica de uma pessoa pois é necessário ter em conta a sua própria originalidade, a liberdade, a cultura e o meio ambiente que estruturam a idiossincrasia, a personalidade e o modo de ser e de estar na vida de cada indivíduo.

O modo de ser e de estar de cada pessoa não depende, apenas, dos seus genes mas, também, do meio ambiente, da família, dos amigos, dos vizinhos, da escola que frequentou, do trabalho que exerceu, da educação, das experiências que o marcaram desde a primeira infância, ou, simplesmente, por outras palavras, do contexto espácio-temporal da sua própria existência!...

([896]) Como refere AGOSTINHO DE ALMEIDA SANTOS, *Os pilares da nova genética. Eficácia, prudência, razão*, «Communio. Revista Internacional Católica», Ano XIV, n.º 5, Universidade Católica Portuguesa, Lisboa, Outubro de 1997, pág. 459, não pode deixar de se "postular que o homem, para além da complexidade biológica que encerra, é dotado de uma inteligência que pensa por si própria, que pensa os outros e pensa o mundo, constituindo um complexo sistema de individualização peculiar a partir do qual tem de continuar a poder decidir em plena liberdade".

III. A procura de um *homem novo* mas igual a outrem não pode supor somente a manipulação genómica, mas a salvaguarda do meio ambiente, as modificações da sociedade, a alteração de estruturas, o cuidado com elementos básicos como a alimentação, habitação, saúde, educação, etc.

IV. Cada ser humano vive, necessariamente, a sua solidão genómica. Ele é único, indivisível e irrepetível. Tudo o que faz com que Kelsen seja homem também se encontra nos outros homens, mas aquilo que determina que esse homem seja Kelsen é pertença apenas de um só. Isto é, a pessoa não é, assim, a natureza humana em Kelsen ou Platão, é Kelsen ou Platão. Ela compreende além dos princípios específicos, características e qualidades individuais, ao ponto de não ser suficiente dizer que ela é composta de tal alma, de tal carne ou de tais ossos.

A alma, a carne e os ossos determinam a natureza humana, mas é, precisamente, esta alma, esta carne e estes ossos que determinam este concreto indivíduo.

O Homem é dono da sua própria consciência. Afirmou-o a filosofia grega, acrescentou-o o profetismo hebraico e concluiu-o o espiritualismo cristão.

V. A clonagem reprodutiva de seres humanos ao prejudicar todos estes mecanismos naturais da vontade põe em causa valores, conceitos, ideias que caracterizam a nossa Civilização e de modo particular os princípios e fundamentos do Direito.

Todos os esforços desenvolvidos no sentido de homogeneizar as propriedades biológicas dos indivíduos são de condenar.

A riqueza de uma nação está precisamente na diversificação humana e não na sua homogeneidade, na identidade da espécie e na diversidade dos seres humanos.

É cada vez maior a necessidade de repersonalização do Direito salvaguardando a dignidade da pessoa, o seu valor assim como a sua identidade única e irrepetível que constitui, aliás, o cerne, o núcleo do direito à diferença.

É pertença da Humanidade o respeito pela biodiversidade.

Para o grupo e para a espécie o que confere a um indivíduo o seu valor genético não é só a qualidade dos genes em si, mas, também, o facto de ele não ter o mesmo conjunto de genes que os outros, a circunstância de ser único e irrepetível.

TÍTULO III
TUTELA JURÍDICA DO GENOMA HUMANO EM ESPECIAL

Sumário

CAPÍTULO I
GENOMA E DIREITO CONSTITUCIONAL

SECÇÃO I
Até ao Direito Constitucional

129. Problemas equacionados

SECÇÃO II
Conclusões a partir da pessoa?

130. A vida humana como valor anterior e superior à Constituição
131. Liberdade de investigação e direitos constitucionais
132. Direito à identidade. Identidade pessoal e identidade genómica
133. Direito à diferença. Democracia ou "genomacracia"
134. Enigmas
135. Biodireito e direitos constitucionais

482   *Direito do Genoma Humano*

CAPÍTULO II
GENOMA E DIREITO DA FAMÍLIA
DNA E INVESTIGAÇÃO DA FILIAÇÃO

SECÇÃO I
Introdução

136. A questão essencial da identidade

SECÇÃO II
Verdade genómica ou realidade sociológica? Síntese legislativa

137. Introdução
138. Do realismo germânico ao voluntarismo de inspiração francesa.
Algumas soluções de direito comparado
139. Ordenamento jurídico português
140. Proposta de legislação

SECÇÃO III
Direito à identidade genómica

141. Razão de ser

SECÇÃO IV
Tipos de testes

142. Introdução
143. Testes médicos
144. Testes genéticos
145. Testes genéticos: continuação; o teste de DNA

SECÇÃO V
Estabelecimento da filiação

146. Estabelecimento da maternidade
147. Estabelecimento da paternidade
148. Estabelecimento da filiação: continuação. Vantagens da utilização do teste de DNA
149. Estabelecimento da filiação e procriação medicamente assistida. Ordenamento jurídico português

Tutela Jurídica do Genoma Humano em Especial   483

150. Estabelecimento da filiação e procriação medicamente assistida. Proposta de legislação
    150.1. Princípios gerais
    150.2. Maternidade
    150.3. Paternidade
    150.4. Presunção de paternidade
    150.5. Mãe portadora
    150.6. Inseminação e fertilização *in vitro post-mortem*
    150.7. Implantação / transferência *post-mortem*

SECÇÃO VI
Da recusa à sujeição a um teste

151. Introdução
152. Alguns exemplos de direito comparado
153. Ordenamento jurídico português
154. Posição adoptada
    154.1. Princípio geral
    154.2. Algumas especificidades
    154.3. Admissibilidade da sujeição compulsiva a testes genéticos? Necessidade de elaboração de uma lei específica que imponha a realização coerciva de testes de DNA para fins de determinação do perfil genómico do progenitor

CAPÍTULO III
**GENOMA E DIREITO DO TRABALHO
LIMITES DA ENTIDADE PATRONAL AO CONHECIMENTO
DO GENOMA DO TRABALHADOR**

SECÇÃO I
Introdução

155. Problemas equacionados
156. Monitorização genética dos trabalhadores
157. Direitos do trabalhador, da entidade patronal e da sociedade
158. Opções legislativas

SECÇÃO II
Regime jurídico e soluções propostas

159. Síntese legislativa
160. Predição de doenças monogénicas
    160.1. Predição de doenças monogénicas incuráveis
    160.2. Predição de doenças monogénicas para as quais já há terapia disponível

484 *Direito do Genoma Humano*

161. Predisposição para doenças multifactoriais
    161.1. Introdução
    161.2. Carácter meramente probabilístico das predisposições genéticas
    161.3. Direito à privacidade
    161.4. Direito a não saber
    161.5. Direito ao trabalho
    161.6. Discriminação genómica
    161.7. Criação de classes de saudáveis doentes
    161.8. Procriação de seres humanos com o genoma procurado pelo mercado
    161.9. Nota final

CAPÍTULO IV
GENOMA E DIREITO DOS SEGUROS
LIMITES DAS SEGURADORAS AO CONHECIMENTO
DO GENOMA DO SEGURADO

SECÇÃO I
Problemas equacionados

162. Introdução
163. O risco como pressuposto causal do contrato de seguro
164. Colisão de interesses
165. De um dever de informação?
166. De um direito a exigir o teste?

SECÇÃO II
Regime jurídico

167. Síntese legislativa

SECÇÃO III
Soluções propostas

168. Introdução
169. Predição de doenças monogénicas. Fundamento e alcance da não existência de um regime jurídico privilegiado para estas enfermidades, em sede do Direito dos Seguros
170. Predisposições para doenças multifactoriais. Fundamento e alcance da criação de um regime jurídico diferenciado para estas enfermidades, em sede do Direito dos Seguros

CAPÍTULO V
GENOMA E CRIMINOLOGIA

SECÇÃO I
Introdução

171. Genoma *deficiente*: maldição ou bênção?!...

SECÇÃO II
O Programa do genoma humano e a eventual determinante correlação entre a constituição genómica e a prática do crime

172. O carácter interdisciplinar do delito
173. Sanção criminal ou tratamento médico?
174. Antropologia criminal de Lombroso
175. Críticas às teorias antropológico-causais do determinismo lombrosiano
176. A componente biológica do crime é recorrente no caminhar da História
177. Mitificação dos genes
178. Determinismo
179. Livre arbítrio
180. De um Neolombrosianismo

SECÇÃO III
Posição adoptada

181. A indispensabilidade de afastar a tentação de outro determinismo
182. A componente genómica do crime não pode ser subestimada nem supervalorizada

CAPÍTULO VI
GENOMA E DIREITO PROCESSUAL PENAL
DNA E INVESTIGAÇÃO CRIMINAL

SECÇÃO I
Introdução

183. O maior avanço na Medicina Legal. Problemas equacionados

SECÇÃO II
Vantagens da utilização do DNA na investigação criminal

184. Análise do DNA
185. Importância capital da aplicação do estudo do DNA na resolução de perícias médico-legais

486 *Direito do Genoma Humano*

SECÇÃO III
Admissibilidade da sujeição compulsiva a testes de DNA? Síntese legislativa

186. Direito comparado
187. Ordenamento jurídico português

SECÇÃO IV
Posição adoptada

188. Necessidade de elaboração de uma lei específica que autorize a recolha coactiva de DNA e o posterior teste genético

CAPÍTULO I
GENOMA E DIREITO CONSTITUCIONAL

Sumário

SECÇÃO I
Até ao Direito Constitucional

129. Problemas equacionados

SECÇÃO II
Conclusões a partir da pessoa?

130. A vida humana como valor anterior e superior à Constituição
131. Liberdade de investigação e direitos constitucionais
132. Direito à identidade. Identidade pessoal e identidade genómica
133. Direito à diferença. Democracia ou "genomacracia"
134. Enigmas
135. Biodireito e direitos constitucionais

SECÇÃO I
Até ao Direito Constitucional

129. Problemas equacionados

129. Problemas equacionados

I. A intervenção científica na reprodução humana introduziu diversas alterações (pelo menos potenciais) no *ser* humano que têm o maior interesse para o tema que estou a tratar.

II. Não se trata propriamente da dissolução entre a reprodução e a sexualidade. Em termos da sexualidade poder servir unicamente para prazer dos seus actores e a reprodução estar separada desta, podendo ser produzida por meios artificiais e eventualmente em máquinas [897]. O que está mais em causa, e se afigura a revolução mais profunda e com maiores consequências de futuro, não é a reprodução separada da sexualidade, mas a transformação do ser humano que seria reproduzido, natural ou artificialmente, através de intervenções genéticas. Em termos de se perguntar se, fixando-se os caracteres da pessoa, não se ofenderá "o direito àquela margem de indeterminação que está na pré-história de toda a liberdade" [898]. Levantam-se aqui problemas de toda a natureza, ética, científica e finalmente jurídica.

---

[897] Cfr. ALDOUS HUXLEY, *Admirável Mundo Novo*, Ed. «Livros do Brasil» Lisboa, n.º 25, Lisboa, 1957, pág. 21; JOSÉ DE OLIVEIRA ASCENSÃO, *Procriação assistida e direito,* sep. «Estudos em Homenagem ao Prof. Doutor Pedro Soares Martínez», Ob. cit., págs. 646-647.

[898] LUÍS ARCHER, *Procriação Artificial - Reflexão sobre pessoas e coisas*, «Revista Jurídica da Faculdade de Direito da Universidade de Lisboa», n.ºs 13 e 14, A.A.F.D.L, Lisboa, 1990, pág. 193.

III. Preocupações éticas e científicas que estão necessariamente antes do Direito, embora sendo contemporâneas do Direito [899]. É por isso que antes de chegar ao Direito, sobretudo ao Direito Constitucional (cume, pelo menos garantístico, do sistema jurídico) há que percorrer um longo caminho antes do Direito, observando a realidade, a pessoa e a sociedade, o quadro de valores que construíram e ao qual devem obediência, no sentido de determinar alguns rectos caminhos, a nível das pessoas, da sociedade, da família, etc. Só depois se poderá chegar aos Direitos parcelares, como o Direito da Família, o Direito das Pessoas, o Direito do Trabalho, etc, para se culminar com alguns dos princípios gerais que devem ter sede em Direito constitucional.

IV. O percurso aqui é algo facilitado: já existe o número 3 do artigo 26.º da Constituição da República introduzido pela revisão constitucional de 1997, que consagra uma expressa referência à garantia da dignidade pessoal e da identidade genética do ser humano.

Esta disposição constitucional e outras que se lhe sigam, através do adensamento significativo do conteúdo normativo desta, têm de ser o produto de um longo percurso nos ramos de Direito fundamentais para a pessoa como o Direito da Família, o Direito das Pessoas, o Direito da Genética, o Direito da Medicina, etc. Percurso que se tem revelado extremamente difícil em todos os países europeus e em todos os países do mundo, pois os próprios problemas jurídicos mais antigos que se põem nesta matéria, como sejam os da procriação artificial, têm resistido a respostas expressas do direito positivo, com vazios legislativos que levantam grandes dificuldades ao aplicador do Direito. Parece tratar-se, pelo menos, de uma primeira *surpresa* que durava há dezenas de anos, de matérias que têm estado aquém do Direito, embora seja de admitir que não estejam definitivamente além desse mesmo Direito. Reconheço que a introdução de respostas demasiadamente apressadas nestas matérias levaria a uma reconstrução da realidade segundo juízos ético-jurídicos, extremamente deformantes desta realidade, e obstaculizantes da própria evolução de

---

[899] Utilizo aqui expressões de Diogo Leite de Campos, *Do direito ao Direito; regresso ao direito: o papel do jurista* (no prelo).

Tutela Jurídica do Genoma Humano em Especial 491

situações fundamentais para a pessoa humana *futura*. Deste modo, a minha observação tem sido, até aqui, uma observação largamente antes do Direito.

Uma análise da realidade, da Biologia, da Medicina, do ser humano em si mesmo e na sociedade, embora sempre em diálogo com a estrutura de valores éticos que a sociedade construiu para se reger e aos quais todos e cada um devem obediência. Valores também eles sempre em evolução, sobretudo numa matéria como esta em que as pessoas e as sociedades, com estranheza, se encontram incapazes de responder. Assim, em vez de ter tentado construir imediatamente normas, nomeadamente normas de Direito Constitucional, para a partir delas tentar entender e descrever uma realidade, resolvendo casos mais ou menos hipotéticos; tenho tentado deixar a reflexão/criação do Direito para o fim. Caso contrário estaria a deformar a realidade, primeiro com a minha observação, depois com a sua transformação através de regras jurídicas, com o risco de essas mesmas regras jurídicas dos diversos campos segmentários do Direito, serem por sua vez transformadas através da criação de normas jurídicas constitucionais que viriam transformar por ricochete todos os níveis anteriores. É assim um olhar, em princípio ingénuo, que tento lançar sobre os problemas da Bioética para depois os transformar em Direito. Não farei de outra maneira aqui no Direito Constitucional, que pressupõe uma análise cuidadosa dos problemas que suscitam nos ramos parcelares do Direito que se seguirão.

SECÇÃO II
Conclusões a partir da pessoa?

130. A vida humana como valor anterior e superior à Constituição
131. Liberdade de investigação e direitos constitucionais
132. Direito à identidade. Identidade pessoal e identidade genómica
133. Direito à diferença. Democracia ou "genomacracia"
134. Enigmas
135. Biodireito e direitos constitucionais

130. A vida humana como valor anterior e superior à Constituição

I. Será possível tirar conclusões nesta matéria, através de um diálogo com a própria noção de pessoa humana: ser livre, auto-criador, sede de valores, reconhecendo-se em todos os outros como idênticas sedes de valores [900]?

II. Esta concepção da pessoa humana na sua dignidade terá sido, com certeza, um dos ingredientes na elaboração do número 3 do artigo 26.º. Mas terão também sido seus ingredientes considerações como, por exemplo, que a procriação deve estar no domínio das leis da natureza, a competência exclusiva e responsabilidade dos pais na procriação do filho, sem interferências, no tratamento do ser humano como pessoa e não como coisa, ou seja rejeitando-se em princípio como objecto de transformação mesmo que pareça ser em seu benefício. Indo um pouco mais atrás verifica-se que a primeira preocupação da Constituição, presente logo no artigo 1.º é a garantia da

---

[900] DIOGO LEITE DE CAMPOS, *A Génese dos Direitos da Pessoa*, in «Nós. Estudos sobre o Direito das Pessoas», Almedina, Coimbra, 2004, págs. 13-21.

dignidade da pessoa humana [901], anterior e superior à vontade popular [902] e o reconhecimento, no número 1 do artigo 24.º, da inviolabilidade da vida humana. Como ensina Jorge Miranda, a Constituição "confere uma unidade de sentido, de valor e de concordância prática ao sistema de direitos fundamentais. E ela repousa na dignidade da pessoa humana...ou seja, na concepção que faz da pessoa fundamento e fim da sociedade e do Estado" [903].

O Direito à vida aparece pois como um valor "fundamentante da defesa de todos os demais" [904]. É a vida humana que aparece como valor central anterior e superior à Constituição e ao Direito em geral. O Estado de Direito material é necessariamente um "Estado humano" [905]. O primeiro aspecto de dignidade da vida humana, da pessoa humana, se quisermos, passa pelo respeito da sua procriação e configuração natural, sem manipulações destinadas a configurá-la a outros interesses estranhos a ela mesma. Ou seja: a pessoa humana, antes de estar com os outros, é ela mesma, e neste sentido tem de ser respeitada [906]. Assim, contra a vida humana, seja qual for o seu estádio, e seja qual for o seu *valor*, não podem ser invocados interesses estranhos, alegadamente superiores, que a reifiquem, ponham em causa ou eliminem.

---

[901] JORGE MIRANDA, *Manual de Direito Constitucional, Tomo IV, Direitos Fundamentais*, Ob. cit., pág. 184, esclarece que "não é exactamente o mesmo falar em dignidade da pessoa humana e em dignidade humana. Aquela expressão dirige-se ao homem concreto e individual; esta à humanidade, entendida ou como qualidade comum a todos os homens ou como conjunto que os engloba e ultrapassa". E acrescenta que "declarando a comunidade política portuguesa «baseada na dignidade da pessoa humana», a Constituição afasta e repudia qualquer tipo de interpretação transpersonalista ou simplesmente autoritária que pudesse permitir o sacrifício dos direitos ou até da personalidade individual em nome de pretensos interesses colectivos. Todavia, no art. 26.º fala-se tanto em «dignidade pessoal» (n.º 3) como em «dignidade humana» (n.º 2)".

[902] PAULO OTERO, *O poder de substituição em direito administrativo: enquadramento dogmático constitucional*, 11, Lex, Lisboa, 1995, especialmente pág. 553.

[903] JORGE MIRANDA, *Manual de Direito Constitucional, Tomo IV, Direitos Fundamentais*, Ob. cit., pág. 180.

[904] FERNANDO JOSÉ BRONZE, *A metodonomologia entre a Semelhança e a Diferença (Reflexão problematizante dos pólos da radical matriz analógica do discurso jurídico)*, Coimbra Editora, Coimbra, 1994, pág. 174.

[905] PAULO OTERO, *Personalidade e Identidade Pessoal e Genética do Ser Humano: Um perfil constitucional da bioética*, Ob. cit., pág. 39.

[906] DIOGO LEITE DE CAMPOS, *A Génese dos Direitos da Pessoa*, in «Nós. Estudos sobre o Direito das Pessoas», Ob. cit., págs. 13-21.

131. Liberdade de investigação e direitos constitucionais

I. O artigo 42.º da Constituição da República Portuguesa tutela a liberdade de criação intelectual, artística e científica. A actividade científica é precedida de todo um conjunto de trabalhos de investigação. E a liberdade de investigação constitui, por sua vez, um precedente lógico da actuação científica. Mas a liberdade de investigação não pode ser absoluta pois caso contrário podiam ser postos em causa direitos como a vida (artigo 24.º), a integridade moral e física (artigo 25.º), a igualdade (artigo 13.º), a identidade pessoal e genética (artigo 26.º), a liberdade e segurança (artigo 27.º). É necessário procurar um ponto de equilíbrio entre os vários direitos constitucionais que podem estar em conflito. Ponto esse que deve ser encontrado na dignidade da pessoa humana (artigo 1.º) que constitui um pilar fundamental do Estado de Direito. Usando palavras de Jorge Miranda, "para além da unidade do sistema, o que conta é a unidade da pessoa. A conjugação dos diferentes direitos e das normas constitucionais, legais e internacionais a eles atinentes torna-se mais clara a essa luz". O ser humano "encontra-se muitas vezes dividido por interesses, solidariedades e desafios discrepantes; só na consciência da sua dignidade pessoal retoma unidade de vida e de destino" [907]. Assim sendo, a liberdade de investigação é a regra mas não é total, ilimitada; deve ser objecto das restrições necessárias para a preservação da dignidade da pessoa. A investigação ou experimentação científicas nunca podem ser feitas contra a dignidade e a vida humanas, mesmo quanto àquele que vai nascer [908].

Nesta ordem de ideias, se insere a referência pelo Conselho da Europa ao primado do Ser Humano no âmbito da Biologia e da Medicina salientando-se que "o interesse e o bem do ser humano devem prevalecer sobre o mero interesse da sociedade ou da ciência" (artigo 2.º da Convenção sobre os Direitos do Homem e a Biomedicina, assinada, em Oviedo, em 4 de Abril de 1997). A tutela constitucional

---

[907] JORGE MIRANDA, *Manual de Direito Constitucional, Tomo IV, Direitos Fundamentais*, Ob. cit., pág. 182.

[908] JOÃO ÁLVARO DIAS, *Procriação medicamente assistida, dignidade e vida*, in «Ab uno ad omnes», Coord. Antunes Varela/D. Freitas do Amaral/Jorge Miranda/J.J. Gomes Canotilho, Coimbra Editora, Coimbra, 1998, pág. 133.

496 *Direito do Genoma Humano*

da inviolabilidade da vida humana e da sua dignidade projectam-se não só para um momento anterior ao nascimento [909] – há que acabar com o nascimento [910] –, como também para qualquer momento anterior à própria concepção, mas que se insira num processo causal que leve ao aparecimento, ou que seja susceptível de promover o surgimento, de um novo ser humano.

132. Direito à identidade. Identidade pessoal e identidade genómica

I. Dêmos mais um passo, e passemos ao reconhecimento pela Constituição do direito à identidade pessoal no número 1 do seu artigo 26.º. Assim cada pessoa é uma identidade em si mesma, um ser em si mesmo, uma realidade singular distinta de todas as demais.

A identidade pessoal comporta também uma identidade histórica, em termos de cada pessoa ter a sua identidade também determinada em relação à sua família, aos seus antepassados, podendo-se falar aqui de um direito à historicidade pessoal [911] ou, noutro sentido, de um direito às raízes pessoais. Esta identidade única da pessoa humana leva, nomeadamente, à total e absoluta proibição da clonagem humana, enquanto mecanismo de reprodução de um mesmo ser.

II. Nesta orientação, a Organização Mundial de Saúde, na Resolução da 50.ª Assembleia Mundial da Saúde, de 14 de Maio de 1997, considera que a utilização da clonagem humana não é aceitável, mostrando-se "contrária à integridade da pessoa humana e à moral"; a UNESCO, através da Declaração Universal sobre o Genoma Humano e os Direitos do Homem, de 11 de Novembro de 1997, afirma no seu artigo 11.º que a clonagem destinada a fins de reprodução de

---

[909] Nesta linha, JORGE MIRANDA, *Manual de Direito Constitucional, Tomo IV, Direitos Fundamentais*, Ob. cit., pág. 183, "A dignidade da pessoa humana refere-se à pessoa desde a concepção, e não só desde o nascimento", e na pág. 186, "a dignidade da pessoa é tanta da pessoa já nascida como da pessoa desde a concepção".

[910] DIOGO LEITE DE CAMPOS, *O Estatuto Jurídico do Nascituro,* in «Nós. Estudos sobre o Direito das Pessoas», Ob. cit., págs. 79-84.

[911] J.J. GOMES CANOTILHO / VITAL MOREIRA, *Constituição da República Portuguesa Anotada*, Ob. cit., anotação ao artigo 26.º, pág. 179.

seres humanos deve ser interdita. Também se pode referir o Protocolo Adicional à Convenção Sobre os Direitos do Homem e a Biomedicina que proíbe a Clonagem de Seres Humanos, assinado, em Paris, em 12 de Janeiro de 1998; a Resolução do Parlamento Europeu sobre os Problemas Éticos e Jurídicos da Manipulação Genética, de 16 de Março de 1989, considerando que a repressão penal era a única reacção possível contra a clonagem humana; a Resolução do Parlamento Europeu especificamente dedicada à clonagem humana, de 11 de Março de 1997, proibindo a clonagem de embriões humanos. Nesta sequência encontramos o direito de se conhecer a si próprio ou a definição integral da sua identidade genética ([912]), não havendo quaisquer outros interesses que possam impedir a alguém a respectiva origem e o património genético.

III. Como sublinha Paulo Otero ([913]), o artigo 26.º da Constituição da República Portuguesa vincula uma intervenção positiva do legislador, e permite em si mesmo considerar inválidos actos normativos ou não normativos de Direito ordinário cujo conteúdo seja atentatório da identidade genética do ser humano.

A afirmação da individualidade genética de cada ser humano com a sua identidade, em termos de irrepetibilidade do genoma de cada indivíduo, leva à exclusão da admissibilidade constitucional da clonagem reprodutiva de seres humanos.

Além disso e ainda mais evidentemente, é possível deduzir, também, a proibição de quaisquer práticas que visem a produção de seres híbridos ou quiméricos, destituídos de completa e perfeita natureza humana, o que seria um atentado à identidade genética do ser humano.

IV. Deste modo, julgo possível proceder a uma distinção entre a identidade pessoal e a identidade genética ou se preferível genómica ([914]). Eu diria que a primeira transcende a segunda. Isto é, a

---

([912]) STELA MARCOS DE ALMEIDA NEVES BARBAS, *Direito ao Património Genético*, Ob. cit., pág. 174.

([913]) PAULO OTERO, *Personalidade e Identidade Pessoal e Genética do Ser Humano: Um perfil constitucional da bioética*, Ob. cit., pág. 86.

([914]) O direito à identidade genómica no direito da família será analisado no capítulo seguinte.

498 Direito do Genoma Humano

identidade genómica é parte integrante da identidade pessoal mas esta não se circunscreve àquela. A pessoa é um ser dotado de liberdade, ou é *de per si* liberdade; goza de autonomia, autodetermina-se, é um ser racional e autónomo. Como referi no capítulo da clonagem [915], cada ser vivo é o produto do diálogo entre genoma e meio ambiente. Ao longo de cada percurso existencial, a vida espiritual, a cultura e o meio enriquecem a personalidade para além do puro determinismo genómico. Assim, o clone nunca terá a mesma identidade pessoal do ser clonado embora possa ter a mesma carga genética, tal como acontece com os gémeos univitelinos [916]. A réplica da estrutura genómica não origina um indivíduo igual ao ser clonado. Não é possível clonar a identidade pessoal pois é necessário ter em conta a originalidade, a liberdade, a racionalidade, a alma, a cultura e o meio ambiente que estruturam a idiossincrasia, a personalidade e o modo de ser e de estar na vida de cada pessoa. Ou seja, que conferem àquele concreto ser humano uma identidade pessoal única, indivisível e irrepetível.

133. Direito à diferença. Democracia ou "genomacracia"

I. A problemática do direito à identidade pessoal e genética está intimamente relacionada com o direito à diferença de cada homem que, embora igual em direitos e deveres relativamente aos demais membros da espécie humana, é, no entanto, distinto de todos os outros. E a riqueza da Humanidade está precisamente na diversificação humana e não na sua homogeneidade. É pertença da Humanidade o respeito pela biodiversidade. É cada vez maior a necessidade de

---

[915] Cfr. Parte II, Título II, Capítulo VI e Stela Barbas, *Direito e Clonagem: Uma Profecia?*, in «A investigação Portuguesa: desafios de um novo milénio», Actas do II Encontro de Investigadores Portugueses (Setembro 1998), Ob. cit., págs. 107-112; Stela Barbas, *Clonagem, alma e direito*, in «Comemorações dos 35 anos do Código Civil e dos 25 anos da Reforma de 1977», Vol. I, Direito da Família e das Sucessões, Ob. cit., págs. 257-264; Stela Barbas, *Testes genéticos, terapia génica, clonagem*, in «Estudos de Direito da Bioética», I Curso de Pós-Graduação em Direito da Bioética na Faculdade de Direito da Universidade de Lisboa, Ob. cit., págs. 309-328.

[916] Além de que ambos têm um conjunto de genes característicos e comuns a todos os que pertencem à espécie *Homo Sapiens*.

Tutela Jurídica do Genoma Humano em Especial   499

salvaguardar a dignidade humana ([917]), o valor da pessoa assim como a sua identidade única e irrepetível que constitui, aliás, o núcleo do direito à diferença, não podendo, assim, a pessoa ser discriminada por causa do seu genoma. Todos os cidadãos têm a mesma dignidade social e são iguais perante a lei, como, aliás, disciplina o artigo 13.º da Constituição da República Portuguesa.

II. Porém, está aberto o caminho para uma nova era: a era da discriminação genómica.

III. As tecnologias do genoma humano passarão a funcionar como a fiel balança que pesa o valor da vida humana? A ciência genómica promoverá as diferenças, eliminando, modificando e *fabricando* características que façam com que se olhem os outros como diferentes e não se tratem como iguais? E o vetusto e fundamental princípio da igualdade ([918])?

([917]) O princípio da dignidade da pessoa humana não é um princípio recente. Utilizado por Pic de la Mirandole desde o século XV está na origem do humanismo.

([918]) JORGE MIRANDA, *Manual de Direito Constitucional, Tomo IV, Direitos Fundamentais*, Ob. cit., págs. 237 e seguintes, ensina que a análise do sentido de igualdade "tem de assentar em três pontos firmes..."

"a) Que igualdade não é identidade e igualdade jurídica não é igualdade natural ou naturalística;

b) Que igualdade significa intenção de racionalidade e, em último termo, intenção de justiça;

c) Que igualdade não é uma «ilha», encontra-se conexa com outros princípios, tem de ser entendida – também ela – no plano global dos valores, critérios e opções da Constituição material."

Para Jorge Miranda, "o sentido primário do princípio é negativo: consiste na vedação de privilégios e de discriminações. «Ninguém pode ser privilegiado, beneficiado, prejudicado, privado de qualquer direito ou isento de qualquer dever...»." Entende que os "privilégios são situações de vantagens não fundadas e discriminações situações de desvantagem; ao passo que discriminações positivas são situações de vantagem fundadas, desigualdades de direito em consequência de desigualdades de facto, tendentes à superação destas e, por isso, em geral, de carácter temporário..."

"...Não se trata, de resto, apenas de proibir discriminações. Trata-se também de proteger as pessoas contra discriminações..."

No entendimento do Autor, "mais rico e exigente vem a ser o sentido positivo:

a) Tratamento igual de situações iguais (ou tratamento semelhante de situações semelhantes);

500 Direito do Genoma Humano

IV. O conhecimento das desigualdades genómicas existentes põe em causa, desde logo, a concepção clássica de que todas as pessoas nascem iguais.

V. Com o Projecto do genoma humano podemos chegar à conclusão que do ponto de vista genómico em determinados aspectos somos genomicamente mais iguais do que julgávamos. Assim sendo, a denominada "igualdade de oportunidades" na área da formação adquirirá uma relevância "dramática" na perspectiva da "justiça social", por passar a ser "determinante do nível" a alcançar pelo ser humano ([919]).

VI. No entanto, também é plausível que se descubra que noutros pontos fundamentais as diferenças que nos separam uns dos outros, a nível genómico, são ainda maiores do que se pensava ([920]).

As pessoas poderão ser *avaliadas* e, consequentemente, *etiquetadas* e discriminadas em função do genoma que possuem?!...

O acesso ao genoma pode, deste modo, configurar um instrumento de discriminação, nomeadamente em questões laborais ([921]), contratos de seguros ([922]), etc.

Acentua-se o risco de discriminação e ameaça-se fortemente o princípio da igualdade.

Caminhamos da democracia rumo à "genomacracia"?!...([923]).

---

b) Tratamento desigual de situações desiguais, mas substancial e objectivamente desiguais – «impostas pela diversidade das circunstâncias ou pela natureza das coisas» – e não criadas ou mantidas artificialmente pelo legislador;

c) Tratamento em moldes de proporcionalidade das situações relativamente iguais ou desiguais e que, consoante os casos, se converte para o legislador ora em mera faculdade, ora em obrigação;

d) Tratamento das situações não apenas como existem mas também como *devem* existir, de harmonia com os padrões da Constituição material (acrescentando-se, assim, uma componente activa ao princípio e fazendo da igualdade perante a lei uma verdadeira igualdade através da lei)."

([919]) Luís Archer, *Desafios da nova genética*, Ob. cit., pág. 71.

([920]) Luís Archer, *Desafios da nova genética*, Ob. cit., pág. 71.

([921]) Cfr. Parte II, Título III, Capítulo III.

([922]) Cfr. Parte II, Título III, Capítulo IV.

([923]) Luís Archer, *Da Genética à Bioética*, Ob. cit., pág. 158, fala em "genocracia".

134. Enigmas

I. O entusiasmo actual pelo acesso aos dados genéticos explica-se, sem dúvida, pelos progressos alcançados pelo Projecto do genoma humano.

Contudo, poder-se-á colocar a questão de saber se não haverá perigo de estarmos a avançar para uma visão reducionista ou redutora do ser humano; uma genomização da vida? Traduzirá esta admiração, ou, quiçá, esta obsessão a expressão de um novo materialismo que reduz o ser humano ao seu genoma? O prémio não será um risco acrescido de supervalorização do indivíduo com o concomitante postergar da pessoa humana cuja existência é, também, uma coexistência, um relacionamento com o outro? Como sublinha Jorge Miranda ([924]) "cada pessoa" tem "de ser compreendida em relação com as demais. A dignidade de cada pessoa pressupõe a de todos os outros".

II. Os progressos genómicos têm acarretado toda uma conjuntura da qual não existe anteriores referências sobre o que fazer, como o fazer e quando o fazer, uma vez que se trata de algo totalmente inédito na história da Humanidade.

O risco passou a ser uma constante e o regresso ao passado, além de impossível, já nem sequer é uma utopia.

135. Biodireito e direitos constitucionais

I. Reitera-se, aqui, a necessidade de fundamentar os problemas suscitados pelo Biodireito sob a perspectiva dos direitos constitucionais que tutelam a vida (artigo 24.º), a saúde (artigo 64.º) ([925]), a

---

([924]) JORGE MIRANDA, *Manual de Direito Constitucional, Tomo IV, Direitos Fundamentais*, Ob. cit., pág. 188.

([925]) O artigo 64.º estatui que todos têm direito à saúde e dever de a defender e promover, cabendo prioritariamente ao Estado o dever de criar as condições necessárias para a realização deste direito, garantido, designadamente, o acesso igualitário de todos os cidadãos aos cuidados da medicina e disciplinando e controlando a produção, distribuição, comercialização e utilização dos produtos químicos, biológicos e farmacêuticos e demais meios de tratamento e diagnóstico.

integridade moral e física (artigo 25.º), a reserva da intimidade da vida privada e familiar (artigo 26.º), a identidade pessoal e genética (artigo 26.º), o desenvolvimento da personalidade (artigo 26.º), a universalidade (artigo 12.º), a igualdade (artigo 13.º), a liberdade e a segurança (artigo 27.º), a liberdade de consciência, de religião e de culto (artigo 41.º), entre outros.

CAPÍTULO II

GENOMA E DIREITO DA FAMÍLIA
DNA E INVESTIGAÇÃO DA FILIAÇÃO

Sumário

SECÇÃO I
Introdução

136. A questão essencial da identidade

SECÇÃO II
Verdade genómica ou realidade sociológica? Síntese legislativa

137. Introdução
138. Do realismo germânico ao voluntarismo de inspiração francesa. Algumas soluções de direito comparado
139. Ordenamento jurídico português
140. Proposta de legislação

SECÇÃO III
Direito à identidade genómica

141. Razão de ser

504 *Direito do Genoma Humano*

SECÇÃO IV
Tipos de testes

142. Introdução
143. Testes médicos
144. Testes genéticos
145. Testes genéticos: continuação; o teste de DNA

SECÇÃO V
Estabelecimento da filiação

146. Estabelecimento da maternidade
147. Estabelecimento da paternidade
148. Estabelecimento da filiação: continuação. Vantagens da utilização do teste de DNA
149. Estabelecimento da filiação e procriação medicamente assistida. Ordenamento jurídico português
150. Estabelecimento da filiação e procriação medicamente assistida. Proposta de legislação
    150.1. Princípios gerais
    150.2. Maternidade
    150.3. Paternidade
    150.4. Presunção de paternidade
    150.5. Mãe portadora
    150.6. Inseminação e fertilização *in vitro post-mortem*
    150.7. Implantação / transferência *post-mortem*

SECÇÃO VI
Da recusa à sujeição a um teste

151. Introdução
152. Alguns exemplos de direito comparado
153. Ordenamento jurídico português
154. Posição adoptada
    154.1. Princípio geral
    154.2. Algumas especificidades
    154.3. Admissibilidade da sujeição compulsiva a testes genéticos? Necessidade de elaboração de uma lei específica que imponha a realização coerciva de testes de DNA para fins de determinação do perfil genómico do progenitor

SECÇÃO I
Introdução

136. A questão essencial da identidade

136. A questão essencial da identidade

I. Um dos fenómenos característicos do ser humano é a sua capacidade, se não, mesmo, a obsessão de caracterizar, classificar e nomear tudo o que conhece. A eterna questão "Quem?" desde sempre se colocou e continuará a colocar. Apenas as formas de lhe responder se modificaram. Desde Pilatos, que perguntou a Jesus "Quem és Tu?", até ao magistrado que questiona "quem é o pai da criança?", a problemática de fundo será sempre a mesma.

A inovação consiste em, graças aos progressos na área da identificação genética, o juiz, actualmente, poder obter uma resposta *cientificamente comprovada* a esta questão.

II. O respeito da dignidade humana exige uma avaliação prévia do que é justo e bom, do que é aceitável e desejável, do que está ou deve estar ao serviço da pessoa. Nesta óptica, no âmbito da identificação genética é necessário tentar conciliar, harmonizar interesses que nem sempre coincidem: o interesse individual com o colectivo, a verdade genómica com a social, o interesse da criança com o da estabilidade familiar, etc. É premente a reafirmação de determinados princípios fundamentais como a justiça e a equidade, a não maleficência e a autonomia do ser humano.

III. Coloca-se a questão de saber se é o conhecimento da verdade que determina as escolhas da sociedade ou se são as raízes culturais em relação com os valores considerados essenciais.

506 *Direito do Genoma Humano*

IV. A possibilidade técnico-científica de aceder à verdadeira progenitura acarretou inúmeras repercussões no direito da filiação [926].

O laço jurídico da filiação é uma relação de direito que assenta, regra geral, numa relação de facto, ou seja, em laços de consanguinidade, laços genómicos. Porém, não existe uma adequação perfeita entre estas duas relações, e a principal razão de ser não se encontra propriamente apenas na falta de meios de prova mas nas escolhas deliberadas entre as filiações que merecem ou não ser reconhecidas e nos fundamentos culturais e sociais em que assentam as opções.

V. Ao longo da História, o princípio da desigualdade presidiu ao tratamento das situações de procriação fora do matrimónio traduzido no diferente tratamento dado aos filhos legítimos e ilegítimos.

Actualmente, verifica-se, em diversos ordenamentos jurídicos, uma forte preocupação com o estabelecimento de filiações que correspondam à verdade biológica. As mentalidades modificaram-se e privilegiaram o princípio da igualdade como sendo um critério novo e essencial; há que acabar com as discriminações entre filhos legítimos e ilegítimos. Todo o indivíduo tem direito a não ser discriminado e a gozar de tratamento igual aos restantes. A descoberta da verdade ou, se preferível, a possibilidade técnica de comprovar a verdade genética da progenitura constitui uma garantia fundamental do homem.

VI. Qual a nossa verdadeira identidade? A genómica? A sociológica? O produto de ambas? O fruto de todo um conjunto de factores conexos entre si?

O estabelecimento da filiação será sempre objecto de opções fundamentais quanto aos elementos que devem servir de base ao parentesco em função de valores e de interesses considerados preponderantes no tempo e no espaço. O primeiro dos quais, o direito da criança, em que a verdade genómica assume um lugar de destaque. Contudo, não pode ser, logicamente, o único dado a ter em conta. O balanço ou a correcta articulação dos valores culturais essenciais de

---

[926] É já viável, através do líquido amniótico, estabelecer a paternidade da criança mesmo antes do seu nascimento.

cada sociedade está sempre em permanente construção: não está ainda construído, está-se construindo dia a dia. É, precisamente, aqui que residem as grandes dificuldades para o legislador e para o magistrado que têm que optar e decidir em função dessa prévia escolha.

A problemática reside, por vezes, não tanto na opção da filiação *certa* do ponto de vista científico, mas na que se afigura mais desejável para a criança e no peso a atribuir a cada um dos pratos da balança.

A Ciência não dá resposta a esta escolha, não pode *de per si* pôr fim a todos os dilemas existenciais próprios da condição do ser humano; todavia, ela possibilita decifrar os enigmas, os mistérios, com todo o seu cortejo de inverosimilhanças, da identidade humana, não mais permitindo que o homem se refugie na escuridão das trevas, do desconhecido, do imponderável.

SECÇÃO II
Verdade genómica ou realidade sociológica?
Síntese legislativa

137. Introdução
138. Do realismo germânico ao voluntarismo de inspiração francesa. Algumas
soluções de direito comparado
139. Ordenamento jurídico português
140. Proposta de legislação

137. Introdução

I. A interrogação verdade genómica ou verdade sociológica é
cada vez mais actual. De um lado, a realidade científica, a biológica,
a genómica; do outro, a realidade social, a estabilidade sócio-afectiva
da criança.

Nem sempre estas duas realidades são coincidentes.

II. Para os defensores da vertente social, a opção pela primeira
circunscreve a família a uma perspectiva redutora: ao sangue, ao
genoma, por vezes, em detrimento dos interesses da criança. Daí, o
juiz necessitar ter em atenção todo um conjunto de factores como a
idade da criança, o meio familiar, etc, antes de proferir a sentença.
A descoberta da verdade possibilitada pelos novos testes de DNA
imiscui-se na intimidade da família, pondo mesmo em causa a legitimidade da manutenção das relações familiares. O segredo tutela o
valor da defesa da intimidade da vida privada; é uma forma de
estimular a doação de gâmetas; constitui uma garantia para o dador
de que o filho não virá exigir quaisquer direitos; por seu turno, o
dador anónimo também não poderá reclamar algum direito sobre o
filho; a revelação de certos elementos relativos à origem biológica da

510   *Direito do Genoma Humano*

criança pode levar os dadores a esconderem características fundamentais para os diagnósticos pré-natais além de que a identidade do dador dificulta a atribuição da paternidade ao cônjuge da mulher inseminada. O exame do genoma para efeitos de determinação da filiação é, ainda, susceptível de configurar grave atentado ao direito à privacidade.

III. Pelo contrário, os defensores da verdade genética sustentam que constitui abuso de direito o facto de o presumível pai invocar o direito à privacidade para justificar a sua não sujeição ao teste, na medida em que priva, deliberadamente, e sem justificação razoável, a criança de conhecer as origens genéticas.

138. Do realismo germânico ao voluntarismo de inspiração francesa. Algumas soluções de direito comparado

I. As leis e o próprio *Volksgeist* (espírito dos povos) impelem ao desejo de saber ou, pelo contrário, ao de ignorar a verdade do sangue? Verdade genómica ou realidade sociológica?

II. As soluções preconizadas variam consoante os ordenamentos jurídicos.

A Convenção sobre os Direitos da Criança, aprovada pela Assembleia-geral das Nações Unidas, em 20 de Novembro de 1989, e ratificada por Portugal em 12 de Setembro de 1990 [927], estatui, no artigo 7.º, que a criança tem, na medida do possível, direito de conhecer os pais e de ser educada por eles.

Independentemente das possíveis interpretações desta norma pelos Estados, penso que a questão deve ser sempre colocada em função da relação da criança com os progenitores.

No entendimento de alguns autores [928], esta disposição normativa pode ser interpretada no sentido de que o que educa tem direito

---

[927] Resolução n.º 20/90, da Assembleia da República, publicada no Diário da República, I Série, n.º 211, de 12 de Setembro de 1990, 3738 – (2) – 3738 (20).

[928] Cfr., entre outros, C. NEIRINCK, *Le droit de l'enfance après la Convention des Nations Unies*, in «Encyclopédie Delmas pour la Vie des Affaires», Collection française, Delmas, pág. 27.

Tutela Jurídica do Genoma Humano em Especial

de ser designado como pai. Assim sendo, esta norma ultrapassa o simples conhecimento das origens biológicas estabelecendo uma dimensão afectiva não necessariamente coincidente com a genómica.

Outra possível interpretação desta regra jurídica é a de que o artigo 7.º parece pretender equiparar a noção de pais com a de progenitores. Estabelece o direito da criança ver estabelecida a sua filiação.

Mas, qual o significado da expressão "na medida do possível", consagrada na Convenção? Dirá, apenas, respeito aos obstáculos materiais ao conhecimento da filiação, permitindo o recurso aos testes genéticos? Ou, incluirá também os obstáculos legais e, consequentemente, estará vedado este tipo de investigações? Na falta de norma jurídica a circunscrever a utilização dos testes genéticos ao contexto judiciário, a investigação clandestina da filiação corre o grave risco de se tornar prática corrente. Se se admitir a primeira das opções anteriormente referidas, poder-se-á, ainda, colocar a questão de saber se os pais têm a faculdade de exercer, em nome do filho, o direito que a este pertence de conhecer as suas origens genómicas? Penso que deve ser considerado pura e simplesmente um direito próprio do filho que o poderá exercer, por exemplo, quando atingir a maioridade.

III. A Resolução do Parlamento Europeu sobre Fecundação Artificial *In Vivo* e *In vitro*, de 16 de Março de 1989, bem como a Declaração Universal sobre o Genoma Humano e os Direitos do Homem da UNESCO, de 11 de Novembro de 1997, consagram o direito à identidade genética.

IV. Os juristas alemães costumam contrapor os sistemas germânicos de filiação aos de tradição românica (cujo modelo foi o direito francês) sob a designação respectivamente de *Abstammungssystem* – sistema da descendência, fundado no sangue – e *Anerkennungssystem* – sistema do reconhecimento, assente na vontade – para traduzir a oposição de base que separa o realismo germânico do voluntarismo de inspiração francesa ([929]).

([929]) No entanto, são muitas as vozes críticas a esta distinção. Destaco, entre outros, G. HOLLEAUX, *De la filiation en droit allemand, suisse et français*, Cujas, Paris, 1966 e R. FRANCK, *La signification différente attachée à la filiation par le sang en droit allemand et français de la famille*, «Revue Internationale de Droit Comparé», 1993, págs. 635-637.

V. Deve-se ao realismo alemão a formulação das normas relativas à contestação da paternidade do marido e à pensão de alimentos da criança nascida fora do casamento, prevendo ambas a *offenbar unmöglich*, isto é, a prova da impossibilidade manifesta da paternidade.

O direito alemão tornou obrigatória a investigação da verdade a todo o custo e por qualquer meio, ao ponto de chegar a impor às mães não casadas o dever de indicar o nome do (s) possível (eis) pai (s) dos seus filhos [930]. O § 372.ª do Código de Processo Civil (ZPO) estatui a obrigatoriedade da realização dos exames médicos necessários para o estabelecimento da filiação [931]. O Tribunal Constitucional Federal Alemão, a propósito de uma acção de contestação da paternidade intentada por uma filha maior contra o marido da mãe, em Acórdão de 31 de Janeiro de 1989 [932], considerou, com base na alínea 1 do artigo 1.º e na alínea 1 do artigo 2.º da Constituição, que o direito de todo o indivíduo conhecer as suas origens genéticas é um direito fundamental.

VI. Pelo contrário, o sistema francês dá particular importância à vontade como fundamento da filiação, condicionando, ainda, a procura da verdade biológica, na esteira do Código Civil de 1804 [933].

O direito francês [934], apesar das intenções de promover a descoberta da verdade, consagradas na Reforma de 1982, deteve, durante muito tempo, o *record* da recusa deliberada da verdade biológica [935][936][937].

---

[930] C. FUNDER, *Constitutional Principle and the Establishment of the Legal Relationship between the Child and the Non-Marital Father: A Study in Germany, the Netherlands and England*, «Inter. Journal of Law and the Family», 1993, págs. 40-41.

[931] Relativamente à questão particular de saber se, no direito comparado, é possível a realização coerciva dos testes genéticos para o estabelecimento da filiação, cfr. Parte II, Título III, Capítulo II, Secção VI, n.º 152.

[932] *BverfG* 31 Jan. 1989.

[933] O célebre *Code Napoléon* aprovado em 21 de Março de 1804.

[934] G. RAYMOND, *La volonté individuelle en matière de filiation*, «Revue Trimestriel de Droit Civil», 1982, pág. 538.

[935] O ordenamento jurídico francês na *Loi n.º 93-22, du 8 janvier 1993*, permitia o anonimato da mãe (casada ou não), no acto do nascimento – o célebre *l'accouchement sous X* – (privando a criança, deste modo, do direito de saber quem é o pai e a mãe), e proibia toda e qualquer acção de investigação da filiação nas situações em que a mãe queria manter o segredo do parto.

VII. Também, o direito do Québec levanta vários obstáculos à investigação da filiação biológica dando grande relevância aos aspectos subjectivos de cada caso concreto. Considera que os testes genéticos não podem prejudicar os fundamentos da filiação. Desde a Reforma operada em 1991 ([938]), se existir concordância entre a chamada *possession d'état* e o *titre*, a filiação estabelecida torna-se imutável, não podendo ser posta em causa ([939])([940]). A verdade sócio-

---

A *Loi n.º 96-604, du 5 juillet 1996, sur l'adoption*, veio, também, vedar a revelação de informações que pudessem pôr em causa o segredo da identidade.

Posteriormente, na linha da Convenção sobre os Direitos da Criança, de 20 de Novembro de 1989, das Nações Unidas, foi aprovada a *Loi relative à l'acess aux origines des personnes adoptés et pupilles de l'État, du 10 janvier 2002*, que promoveu, de certa forma, a conciliação dos interesses das mães que querem dar à luz mantendo o anonimato e os direitos das crianças que querem conhecer as suas origens.

Todavia, o artigo L. 1244-7 do Code de la Santé Publique, recentemente modificado pelo artigo 12.º da *Loi n.º 2004-800, du 6 août 2004, relative à la bioéthique* (publicada no *Journal Officiel de la République Française, 7 août 2004*), estatui que: "*La donneuse d'ovocytes doit être particulièrement informée des ... conditions légales du don, notamment du principe d'anonymat...*".

([936]) Nos termos do artigo 16.º, n.º 11, do Code Civil Français (com as alterações introduzidas pela referida *Loi n.º 2004-800, du 6 août 2004, relative à la bioéthique*), os exames para identificação genética só podem ser realizados no quadro de um processo judiciário, com o prévio consentimento expresso do interessado.

([937]) Cfr. G. Delaisi de Parseval/P. Verdier, *Enfant de personne*, Éditions Odile Jacob, Paris, 1994, pág. 10; C. BONNET, *Geste d'amour, l'accouchement sous X*, Éditions Odile Jacob, Paris, 1990, pág. 23; Jacqueline Rubbellin-Devichi, *Une importante réforme en droit de la famille. La Loi n.º 93-22, du 8 janvier 1993*, «J.C.P.», 3659, 1993, pág. 5.

([938]) A Reforma de 1980 já tinha originado importantes alterações em matéria de filiação, designadamente ao acabar com a distinção entre filhos legítimos e ilegítimos promovendo a igualdade (artigo 584.º do Código Civil de 1980 substituído em 1991 pelo artigo 522.º do Código Civil). *Office de Révision du Code Civil, Rapport sur le Code Civil, Vol. I, Project de Code Civil*, Éditeur Officiel, Québec, 1978, págs. 107 e 109, *Section I, De l'établissement de la filiation, Section III, De la preuve de la filiation*.

Nesta linha, segundo o preceituado no actual artigo 522.º do Code Civil du Québec, C. c. Q., L. Q., 1991, c. 64: "*Tous les enfants dont la filiation est établie ont les mêmes droits et les mêmes obligations, quelles que soient les circonstances de leur naissance*".

([939]) *Droit de la Famille - 737, (1990) R. J. Q. 85, (C. A.), Droit de la Famille - 989, (1991) R. J. Q. 1343, (C. S.).*

([940]) O artigo 530.º do Code Civil du Québec, C. c. Q., L. Q., 1991, c. 64, disciplina: "*Nul ne peut réclamer une filiation contraire à celle que lui donnent son acte de naissance et la possession d'état conforme à ce titre. Nul ne peut contester l'état de celui qui a une possession d'état conforme à son acte de naissance*".

514   *Direito do Genoma Humano*

-afectiva tem um pendor de tal forma importante que justifica o dificultar do acesso a todo o custo à verdade biológica. Os tribunais deste país não hesitam em privilegiar a verdade sócio-afectiva em nome do interesse psicológico da criança e da estabilidade familiar ([941])([942]). O legislador, por razões de ordem pública, quis evitar que o desenvolvimento dos exames genéticos pudesse pôr em causa, em qualquer momento e circunstância, a vida privada ([943]). Considera existir atentado a este direito quando uma informação genética é guardada ou utilizada sem o conhecimento do próprio ou contra a sua vontade ou quando é usada para descobrir factos que o interessado não deseja divulgar ([944]).

VIII. Em Espanha, a actual *Ley 14/2006, de 26 de mayo, sobre Técnicas de Reproducción Humana Asistida* ([945]) consagra o princípio do anonimato do dador. Todavia, esta disposição permite que em determinadas condições já se possa revelar a identidade dos dadores ([946])([947]).

([941]) Jean Pineau, *La famille: droit applicable au lendemain de la «Loi n.º 89», suivi d'un addendum sur les dispositions mises en vigueur le 1.º Décembre 1982*, P. U. M., Montréal, 1983, pág. 193.

([942]) Contra, Gérard Trudel, *Traité de Droit Civil du Québec*, t. 2., Wilson, Lalfeur, Montréal, 1943, pág. 61; Pierre Basile Mignault, *Droit Civil Canadien*, t. 2., Théoret, Montréal, 1996, pág. 61.

([943]) *Droit de la Famille - 2143, (1995) R. D. F. 137, 140 (C. S.).*

([944]) De registar uma decisão célebre de um juiz do Québec que comenta a fiabilidade dos testes genéticos: *Droit de la Famille - 2219, (1995) R. D. F. 432 (C. S.) (em apelação, C. A. Q. 200-09-000314-952, 200-09-000315-959, 200-09-000327-954 e 200-09-000332-954).*

([945]) Publicada no *Boletín Oficial del Estado*, n.º 126, de 27 de mayo de 2006, págs. 19947-19957.

([946]) Nesta orientação, o n.º 5 do artigo 5.º (*Donantes y contratos de donación*) desta Lei determina que "*La donación será anónima y deberá garantizarse la confidencialidad de los datos de identidad de los donantes por los bancos de gametos, así como, en su caso, por los registros de donantes y de actividad de los centros que se constituyan. Los hijos nacidos tienen derecho por sí o por sus representantes legales a obtener información general de los donantes que no incluya su identidad. Igual derecho corresponde a las receptoras de los gametos y de los preembriones. Sólo excepcionalmente, en circunstancias extraordinarias que comporten un peligro cierto para la vida o la salud del hijo o cuando proceda con arreglo a las Leyes procesales penales, podrá revelarse la identidad de los donantes, siempre que dicha revelación sea indispensable para evitar el peligro o para conseguir en fin legal propuesto. Dicha revelación tendrá carácter restringido y no implicará en ningún caso publicidad de la identidad de los donantes*". Cfr., também, o n.º 4 do artigo 6.º (*Usuarios de las tecnicas*) desta Lei.

139. Ordenamento jurídico português

I. Em Portugal, a coincidência entre a filiação natural e a jurídica deixou de ser princípio absoluto ([947]). O n.º 3 do artigo 1839.º do Código Civil determina que o cônjuge que consentiu na inseminação artificial não pode impugnar a presunção de paternidade que sobre

---

([947]) Já o n.º 5 do artigo 5.º da *Ley 35/1988, de 22 de noviembre, sobre Técnicas de Reproducción Asistida* (publicada no *Boletín Oficial del Estado*, n.º 282, de 24 de noviembre de 1988) consagrava o princípio do anonimato do dador. Esta disposição não foi alterada pela *Ley 45/2003, de 21 de noviembre, por la que se modifica la Ley 35/1988, de 22 de noviembre, sobre Técnicas de Reproducción Asistida* (publicada no *Boletín Oficial del Estado*, n.º 280, de 22 de *noviembre* de 2003, págs. 41458-41463).

Cfr., também, *Ley 42/1988, de 28 de diciembre, de donación y utilización de embriones y fetos humanos o de sus células, tejidos u órganos*; *Ley Orgánica n.º 10/1995, de 23 de noviembre, del Código Penal*; *Real Decreto 1/3/1996, n.º 412/1996, reproducción asistida humana (Establece los protocolos obligatorios de estudio de los donantes y usuarios relacionados con las técnicas de reproducción humana asistida y regula la creación y organización del Registro Nacional de Donantes de Gametos Y Preembriones con fines de reproducción humana - Boletín Oficial del Estado, n.º 72, de 23 de marzo de 1996, 11253-11255)*; *Sentencia 116/1999, de 17 de junio, del Pleno del Tribunal Constitucional*; *Ley 6/1997, de 14 de abril, de Organización y Funcionamiento de la Administración General de Estado*.

([948]) Sobre a problemática da procriação medicamente assistida heteróloga, cfr., entre outros, FRANCISCO MANUEL PEREIRA COELHO, *Procriação assistida com gâmetas do casal*, in «Procriação Assistida, Colóquio Interdisciplinar», (12-13 de Dezembro de 1991), Centro de Direito Biomédico da Faculdade de Direito da Universidade de Coimbra, Coimbra, 1993, pág. 25; J.C. VIEIRA DE ANDRADE, *Procriação Assistida com Dador*, in «Procriação Assistida, Colóquio Interdisciplinar», (12-13 de Dezembro de 1991), Ob. cit., pág. 50; GUILHERME FREIRE FALCÃO DE OLIVEIRA, *Legislar sobre procriação assistida*, in «Procriação Assistida, Colóquio Interdisciplinar», (12-13 de Dezembro de 1991), Ob. cit., pág. 90, *Critério jurídico da Paternidade*, Almedina, Coimbra, 1998, pág. 499; AUGUSTO LOPES CARDOSO, *Os desafios do Direito face às actuais questões de reprodução humana assistida*, «Cadernos de Bioética», n.º 17, Centro de Estudos de Bioética, Coimbra, Novembro de 1998, pág. 45; CLARA PINTO CORREIA, *O essencial sobre os "bebés-proveta"*, Imprensa Nacional-Casa da Moeda, Lisboa, 1986, pág. 26; JOSÉ SOUTO DE MOURA, *Acesso à filiação, procriação medicamente assistida e filiações enxertadas*, «Revista do Ministério Público», Ano 19.º, n.º 73, Lisboa, Janeiro-Março de 1998, pág. 130; JOSÉ DE OLIVEIRA ASCENSÃO, *Procriação assistida e direito*, sep. «Estudos em Homenagem ao Prof. Doutor Pedro Soares Martínez», Ob. cit., pág. 649; STELA BARBAS, *Consequências da Manipulação Genética no Direito das Pessoas e na Condição Jurídica dos Nascituros*, «Tribuna da Justiça», n.º 6, Lisboa, Outubro--Dezembro de 1990, págs. 83-102; STELA BARBAS, *Da problemática jurídica dos embriões excedentários*, sep. «Revista de Direito e de Estudos Sociais», Ano XXXXI, n.º 1-2, Verbo, Lisboa, 2000, págs. 103-113.

516   *Direito do Genoma Humano*

ele recai. Não será plausível considerar a relação de *parentesco* que resulta da aplicação desta regra como sendo uma diferente forma de relação jurídica familiar? O legislador não distingue de que tipo de inseminação se trata: homóloga ou heteróloga. E, como de acordo com a velha regra de interpretação *ubi lex non distinguit nec nos distinguere debemus*, poder-se-á dizer que abrange as duas [949]. Isto é, se o cônjuge consentiu na inseminação não pode depois impugnar a presunção de paternidade que sobre ele recai mesmo nos casos em que o *seu* filho resultou de uma inseminação artificial com sémen de terceiro?!...Predomina, portanto, nesta norma a verdade social em detrimento da realidade científica. Porém, o n.º 2 do artigo 1859.º do Código Civil possibilita ao perfilhante impugnar a todo o tempo a paternidade que se estabeleceu mesmo que ele tenha consentido na perfilhação. Assistimos, assim, a mais uma contradição entre disposições legais no seio do mesmo Diploma.

II. Reconheço que se poderá alegar que o sigilo é importante para assegurar a reserva da intimidade da vida privada e familiar prevista no n.º 1 do artigo 26.º da Constituição da República Portuguesa e que é, também, possível argumentar, analogicamente, com o instituto da adopção [950] que preconiza o anonimato do pai biológico.

III. Todavia, o anonimato colide com o preceituado no n.º 1 e no n.º 3 do citado artigo 26.º da Constituição que reconhece a todos o direito à identidade pessoal e à identidade genética [951][952].

---

[949] E de que tipo de consentimento se trata? Expresso ou tácito? Idêntico raciocínio poderá ser aplicado relativamente ao consentimento, sendo, portanto, suficiente o consentimento tácito.

[950] Em especial, os artigos 1985.º e 1987.º do Código Civil.

[951] Entre nós, o artigo 12.º do Decreto n.º 415/VII, de 17 de Junho de 1999, relativo às Técnicas de Procriação Medicamente Assistida, determinava que a pessoa nascida de um óvulo ou espermatozóide doados tinha direito, aos 18 anos, a requerer informações sobre as circunstâncias do seu nascimento, incluindo a identificação dos dadores de gâmetas ou do embrião (embora garantida a confidencialidade das informações obtidas). Porém, como referi anteriormente, esta Proposta foi vetada pelo Presidente da República, em 30 de Julho de 1999.

[952] O CONSELHO NACIONAL DE ÉTICA PARA AS CIÊNCIAS DA VIDA, no *Parecer 44/CNECV/04 sobre a Procriação Medicamente Assistida*, considera que no caso de PMA com recurso a dador de gâmetas, deverá ser salvaguardada a possibilidade de

Tutela Jurídica do Genoma Humano em Especial 517

IV. De qualquer modo, assim sendo, o sistema jurídico não pode ficar ferido pela contradição de o artigo 1987.º do Código Civil determinar a impossibilidade de estabelecimento e prova da filiação natural do adoptado fora do processo preliminar de publicações. Julgo, e salvo o devido respeito por quem defende tese contrária, que o próprio regime da adopção deveria ser modificado no sentido de consagrar o direito do adoptado, depois de atingir a maioridade, de conhecer as suas raízes genómicas, a sua história, a sua própria identidade, o seu Património Genético [953][954].

V. Em síntese, em virtude das referidas contradições legais existentes e de toda a problemática que o n.º 3 do artigo 1839.º [955] do Código Civil envolve, e pelas razões que apresentarei na secção seguinte, defendo que no âmbito da Lei da procriação medicamente assistida deveria existir uma norma que expressamente consagrasse o direito à identidade genómica [956].

140. Proposta de legislação

I. No meu modesto entendimento poderia ser elaborada, em sede de procriação medicamente assistida, uma norma como a seguinte:

---

identificação do dador, a pedido do seu filho biológico e a partir da maioridade legal deste, no reconhecimento ao direito do próprio à identidade pessoal e biológica. A informação genética relevante para a saúde do filho biológico e não identificável do dador deverá manter-se permanentemente acessível, podendo ser solicitada, antes da maioridade do filho biológico, pelos seus representantes legais (disponível em http://www.cnecv.gov.pt/).

[953] STELA BARBAS, *Direito à Identidade Genética*, «Forum Iustitiae. Direito & Sociedade», n.º 6, Lisboa, Novembro de 1999, págs. 39-41.

[954] A justificação para a defesa da consagração do direito à identidade genómica será feita na Parte II, Título III, Capítulo II, Secção III.

[955] Que é, aliás, a única disposição do Código Civil que se reporta à inseminação artificial.

[956] Lembro que a actual Lei n.º 32/2006, de 26 de Julho, sobre Procriação Medicamente Assistida, no n.º 4 do artigo 15.º (Confidencialidade) só permite a obtenção de informações sobre a identidade do dador de gâmetas ou embriões quando existirem razões ponderosas reconhecidas por sentença judicial.

Artigo ...
Direito à identidade genómica

1 – O indivíduo nascido por inseminação ou fertilização heteróloga tem direito, após a maioridade, a conhecer a sua identidade.

2 – Para efeitos do disposto no número anterior, deve ser apresentado pelo próprio um requerimento à Comissão Nacional de Procriação Medicamente Assistida.

3 – A Comissão Nacional de Procriação Medicamente Assistida deve não só revelar a identificação do dador como, também, fornecer uma cópia do processo individual inscrito no Registo Nacional de Procriação Medicamente Assistida.

4 – Se existirem razões sérias de natureza médica, pode o representante do interessado durante a menoridade deste solicitar à Comissão Nacional de Procriação Medicamente Assistida informações relativas às características genéticas do dador, incluindo, se necessário, a identificação deste.

5 - O pedido a que se refere o número anterior deve ser apoiado em pareceres fundamentados de dois médicos geneticistas de diferentes instituições.

SECÇÃO III
Direito à identidade genómica

141. Razão de ser

141. Razão de ser

I. O ser humano tem direito à identidade genómica.

Não pode haver dois tipos de pessoas: as que podem conhecer e as que não podem conhecer as suas raízes genómicas.

A afirmação de que a paternidade genética não tem valor porque superada pela social é susceptível de críticas. Uma coisa é o reconhecimento da relevância da paternidade social, outra é sacrificar, postergar, em função da ênfase na paternidade social, o direito à identidade, mesmo que não tenha qualquer efeito patrimonial. Além do mais, se a paternidade social estiver despojada de efeitos patrimoniais, que consequências pejorativas teria essa identificação para o doador ao ponto de inviabilizar as doações? Se se considera que a doação prejudica o dador, significa que, pelo menos do ponto de vista psicológico, o genoma está a ser visto na perspectiva de um objecto susceptível de manipulação e de transferência.

II. O direito a conhecer a própria identidade ([957]), ou seja, poder responder a perguntas como: quem sou eu? Quem são os meus progenitores? É uma interrogação que inquieta não só as personagens de ficção de obras famosas da literatura como, também, mulheres e

---

([957]) Sobre o direito à identidade genética, cfr., nomeadamente, PAULO OTERO, *Personalidade e Identidade Pessoal e Genética do Ser Humano: Um perfil constitucional da bioética*, Ob. cit., págs. 9 e seguintes.

520 *Direito do Genoma Humano*

homens comuns. Por vezes, a dúvida chega a atingir foros perfeitamente dramáticos em razão de circunstâncias peculiares da existência pessoal. As respostas proporcionadas pelos diferentes ordenamentos jurídicos têm estado condicionadas, ao longo da História, por inúmeros factores de pendor sócio-cultural e especialmente científico.

A crise de identidade determinada pela ignorância e, de modo particular, pela obstrução do conhecimento das suas origens genómicas é mais um fundamento para justificar este direito.

A criança deve ter conhecimento ([958]), o mais cedo possível, que é adoptada para evitar que um dia venha a saber *bruscamente*, por acaso, por descuido ou por terceiros, a verdade. Trata-se de uma realidade que lhe deve ser transmitida progressivamente e clarificada à medida do seu crescimento.

Qual o impacto da descoberta (tardia) da realidade de que afinal o *seu* progenitor o é não o sendo? Geram-se, por vezes, autênticas neuroses existenciais de escolha de identidade, verdadeiras crises de referência entre os pais genéticos e os sociais.

Deve ser consagrado o direito de os filhos conhecerem as suas origens genómicas bem como o direito de os presuntivos progenitores a não lhes ser atribuída uma falsa paternidade ou maternidade.

III. O conhecimento das raízes genómicas permite realizar determinadas necessidades da criança: necessidades físicas, por um lado, uma vez que sabendo quem é o progenitor pode aceder à informação médica que precisa; necessidades psicológicas, por outro lado, na medida em que o desejo de saber as origens é um elemento fundamental do desenvolvimento psicossocial ([959]).

([958]) ADRIANO DE CUPIS, *I diritti della personalità*, in «Trattato de Diritto Civile e Commerciale», IV, Giuffrè Editore, Milano, 1982, págs. 400 e 408, reporta-se à tutela da verdade da pessoa em si mesma, contra alterações à essência pessoal, própria e específica do ser humano realizadas através da omissão de elementos pessoais reais ou pela introdução de elementos irreais.

([959]) Tem-se constatado que as pessoas a quem se esconde a verdade acabam por desenvolver perturbações relacionadas com a sua auto-estima, têm pouca confiança em si próprias e têm frequentemente problemas de identidade e afectividade. Cfr. D. M. BRODZINSKY, *The psychology of adoption*, Oxford University Press, 1990, citado por MIGUEL RICOU, *Inseminação artificial com recurso a dação de gâmetas: implicações psicológicas*, in «Genética e Reprodução Humana», Ob. cit., pág. 149.

Tutela Jurídica do Genoma Humano em Especial 521

IV. É significativo o número de filhos cujos pais não são os maridos das mães. É, frequentemente, citada uma taxa de 10 % em tratados de genética. Macintyre e Soomon, após um profundo estudo comparativo, referem que a taxa varia entre 2 e 30 % ([960]). Baker e Bellis citam estudos com uma faixa de 9 a 30 % ([961]). De acordo com os dados constantes de uma estatística realizada em França, em 1981 ([962]), 7 a 10 % das crianças "pretensamente legítimas" na realidade não o são ([963]). Muitos outros autores defendem que a percentagem varia apenas entre 2 e 4 % ([964])([965]).

Estes exemplos permitem demonstrar que, por vezes, os maridos duvidam da sua paternidade e, por seu turno, os filhos duvidam da sua filiação, dando origem a um clima de permanente instabilidade, insegurança, na relação familiar.

O sigilo condiciona o estabelecimento da filiação implicando a despersonalização da reprodução. Além disso, é susceptível de originar futuros incestos (por exemplo, quando uma mulher é inseminada artificialmente com sémen do próprio pai, irmão, etc).

V. O conhecimento das características genómicas do dador é fundamental para diagnosticar eventuais doenças genéticas e outras anomalias graves. Caso contrário, não é possível definir, em situações concretas, o meio de transmissão hereditária de certas enfermidades para os descendentes ([966]).

([960]) S. MACINTYRE/A. SOOMON, *Non-paternity prenatal genetic screening*, «Lancet», 338, 1991, págs. 868-871.

([961]) R. BAKER/M. BELLIS, *Human sperm competition,* Chapman Hall, New York, 1995, págs. 200-222.

([962]) DENISE SALMON, *La preuve scientifique de la paternité: état de la Science et Déontologie*, in «Droit de la Filiation et progrès scientifiques», Coord. Catherine Labrusse/ Gérard Cornu, Économica, Paris, 1981, pág. 44.

([963]) Muitos filhos são aceites pelo pais apesar de estes estarem conscientes da situação. Esta aceitação pode resultar de várias causas: o desejo de manter o segredo, a ideia de que não importa apenas a paternidade biológica, o perdão à mulher infiel, etc.

([964]) D. J. H. BROCK/A. E. SHRIMPTON, *Non-paternity prenatal genetic screening,* «Lancet», 338, 1991, pág. 1151.

([965]) M. G. LEROUX/M. T. PASCAL/O. HERBERT/A. DAVID/J. P. MOISAN, *Non-paternity and genetic counselling*, «Lancet», 340, 1992, pág. 607.

([966]) A Comissão de Ética da American Society for Reproductive Medicine considera um imperativo para os profissionais de saúde envolvidos num processo de procriação medicamente assistida providenciarem um *follow-up* da família, incluindo, logicamente, a criança.

O sigilo pode ter sérias consequências, designadamente no momento de um exame médico em que é fundamental proceder à "anamnese" dos antecedentes familiares; quando o médico pergunta ao doente o "historial" clínico dos seus antepassados. Por exemplo, o indivíduo que foi adoptado e não o sabe, julgando, portanto, que os seus pais adoptivos são os seus progenitores genéticos indicará alguns antecedentes que não tem mas que julga ter e não referirá alguns que tem mas que não sabe, nem sequer imagina ter [967].

A propagação de taras genéticas e de doenças conhecidas e graves através do sémen é um dado adquirido e implica a observância de determinados requisitos dos dadores [968].

VI. Podemos, ainda, alegar que o segredo pode estar, em termos gerais, em profunda contradição com direitos humanos fundamentais.

O espaço familiar e mais circunstâncias sociais são indispensáveis, mas não nos dão o total conhecimento de nós próprios, se for escondida a nossa origem genómica.

Assegurar o anonimato aos dadores implica negar à criança uma parte das suas raízes, da sua história, em suma da sua própria identidade.

Sem sabermos de onde provimos não é possível descobrir para onde vamos ou para onde pretendemos ir. Precisamos de ter consciência da nossa própria identidade; necessitamos da certeza da nossa proveniência genómica até para podermos ter dúvidas acerca de nós próprios.

VII. Todo o ser humano deve ter o direito de saber quem é o seu pai e mãe genéticos [969].

Actualmente que possuímos meios de prova científica cada vez mais perfeitos, e que o princípio da igualdade entrou nos espíritos e

---

[967] JOAQUIM PINTO MACHADO, *Problemas éticos relativos à reprodução/ procriação medicamente assistida*, in «Novos desafios à bioética», Ob. cit., pág. 103.

[968] Que nem sempre estão disponíveis, designadamente para a repetição de testes laboratoriais.

[969] Nesta orientação, DIOGO LEITE DE CAMPOS, *Direito da Família e das Sucessões*, Ob. cit., pág. 111, defende: "um direito que propendo a considerar incluído na Constituição "material" e que julgo que devia ser inserido na Constituição "formal" é o direito a ter pai e mãe." Concebe este direito como o que assiste a qualquer pessoa de conhecer a sua paternidade e maternidade biológicas, e ser assistido pelos seus progenitores naturais.

nas leis, uma nova via deverá ser aberta e conduzir ao princípio da verdade genómica como instrumento de um direito fundamental, o da igualdade.

A ninguém pode ser negado o direito de saber a forma como foi gerado ou o direito de se conhecer a si próprio ou a definição integral da sua identidade genómica.

SECÇÃO IV
Tipos de testes

142. Introdução
143. Testes médicos
144. Testes genéticos
145. Testes genéticos: continuação; o teste de DNA

142. Introdução

I. Os testes ([970]) consubstanciam um método imprescindível para o Tribunal poder decidir com segurança nos processos de investigação da paternidade/maternidade.

Estes testes são de dois tipos: médicos e genéticos.

143. Testes médicos

I. Os testes médicos, muito utilizados durante anos, circunscrevem-se à análise do homem – exame andrológico – ou da mulher – ginecológico – ou da criança – exame de maturidade – ([971]).

([970]) Os exames de investigação da paternidade constituem o principal núcleo de trabalho dos Serviços de Biologia Forense dos Institutos de Medicina Legal. Têm como primordial função contribuir para o esclarecimento de questões de natureza social, no domínio dos exames de investigação genética da filiação (da paternidade e da maternidade).

([971]) Por exemplo, é possível provar, desde logo, que determinado indivíduo não é o pai daquela criança se durante o período em que mantiveram relações sexuais um deles era infértil.

144. Testes genéticos

I. O segundo grupo de testes, os genéticos, estabelece um estudo comparativo entre os caracteres genéticos dos presumíveis pais e os da criança.

Podem ser realizados pela análise da aparência externa (testes biológicos hereditários ou antropomórficos), ou por exames de sangue, ou através de DNA.

Os biológicos de hereditariedade ([972]) comparam os traços físicos (olhos, nariz, orelhas, boca, formato do crânio, etc) dos pais com os da criança ([973]).

A base científica dos exames de sangue foi descoberta, em 1900, pelo Prémio Nobel Karl Landsteiner ([974]). Landsteiner, imunologista e patologista austríaco, descobriu as diferenças principais dos vários tipos sanguíneos humanos. Primeiro O, A e B, e um ano depois, AB, estabelecendo o sistema de classificação sanguínea ABO. Neste tipo de testes, parte-se da análise do sangue e procede-se a uma comparação entre as características genéticas da criança e as dos presumíveis pais. Por exemplo, num caso de investigação de paternidade, depois de se constatar a presença das características herdadas da mãe o restante será, necessariamente, do presumível pai. Se os caracteres hereditários não coincidirem, a paternidade fica, desde logo, excluída. Só nos casos em que não há exclusão é que prossegue a investigação relativamente a esse indivíduo mas agora com o auxílio de outros meios de prova.

([972]) O sistema judicial germânico, que sempre deu grande ênfase ao princípio da verdade biológica, utilizava estes testes, antes do aparecimento dos exames de sangue. Posteriormente passaram a ser usados como seu complemento.

([973]) No entanto, têm, pelo menos, duas desvantagens: por um lado, os traços morfológicos das crianças não estão, muitas vezes, ainda, inteiramente definidos antes dos três anos; por outro lado, a eficácia deste exame está totalmente dependente da perícia do examinador e, assim sendo, por vezes, não é possível obter uma decisão judicial inteiramente objectiva.

([974]) Landsteiner ganhou o Prémio Nobel da Medicina ou Fisiologia, em 1930, pela descoberta dos grupos sanguíneos.

Tutela Jurídica do Genoma Humano em Especial 527

II. Em síntese, o exame de sangue só permite provar que aquela pessoa não é o progenitor daquela criança, mas não possibilita *de per si* confirmar que o é ([975]).

III. Quando os resultados dos exames não excluem a paternidade recorre-se ao método de Hummel ([976])([977]). A prova serológica positiva da paternidade assenta, apenas, num juízo de probabilidades. Para proceder a este cálculo é necessário analisar os grupos sanguíneos eritrocitários, plasmáticos, enzimáticos e leucocitários das pessoas envolvidas.

145. Testes genéticos: continuação; o teste de DNA

I. Ainda, nos exames genéticos, merece primordial destaque, pela sua extraordinária importância, o teste de DNA ([978])([979]) que veio revolucionar, por completo, o processo de investigação de paternidade/maternidade.

II. O genoma de cada ser humano é uma mistura exclusiva (com excepção dos gémeos monozigóticos) do genoma de ambos os progenitores.

O estudo comparativo do genoma do filho com o dos presuntivos pais permite o estabelecimento da paternidade com uma margem de certeza praticamente absoluta.

([975]) Cfr. KARL POPPER, *The logic of scientific discovery*, Hutchinson, London, 1972, pág. 21.

([976]) Embora não seja a única, a fórmula de Essen Möller utilizada por Hummel para aferir da probabilidade da paternidade é uma das mais conhecidas.

([977]) ANTÓNIO AMORIM/JORGE ROCHA, *A genética e a investigação da paternidade*, «Revista do Ministério Público», Ano 9.º, n.º 33 e 34, Lisboa, Janeiro-Junho de 1988, págs. 167 e seguintes.

([978]) ALEC JEFFREYS/V. WILSON/S. L. THEIN, *Hyper variable minisatellite regions in human DNA*, «Nature», 314, 1985, pág. 67; ALEC JEFFREYS/V. WILSON/S. L. THEIN, *Individual specific fingerprints of human DNA*, «Nature», 316, 1985, pág. 76.

([979]) Em virtude da importância que o teste de DNA reveste, as vantagens da sua utilização na investigação da filiação serão analisadas na secção seguinte. Cfr. Parte II, Título III, Capítulo II, Secção V, n.º 148.

528   *Direito do Genoma Humano*

Como todas as células do organismo surgem a partir de uma inicial ([980]) a informação genómica encontra-se perfeitamente salvaguardada e permanece inalterada ao longo da vida.

Estas características do genoma humano (património hereditário dos pais, individualidade e inalterabilidade) têm tornado viável o desenvolvimento de tecnologias indispensáveis para a investigação da filiação. O que é fundamental para a prova positiva de paternidade é a raridade da combinação de determinados elementos genéticos, que permitem definir a identidade de uma pessoa.

Uma vez que a informação genómica da pessoa está contida na molécula de DNA e esta forma se encontra presente em todas as células do corpo humano, o teste realizado sobre qualquer célula possibilita determinar as origens genómicas desse indivíduo. Além da prática convencional da colheita de sangue para posterior extracção do DNA é possível, também, usar, por exemplo, a saliva para a realização do teste ([981]). É importante sublinhar que não existe diferença entre o DNA extraído do sangue e o das células da boca. Após a obtenção do DNA procede-se ao estudo genético com os mesmos marcadores.

III. Os juristas terão cada vez maior interesse em recorrer aos métodos científicos para o estabelecimento da filiação. Dever-se-á proceder a uma perfeita articulação entre o Tribunal e o Laboratório Forense para se fazer uma pesquisa o mais completa possível.

([980]) A pessoa é o produto da união de duas células, o óvulo (célula materna) e o espermatozóide (célula paterna) que dão origem a uma nova célula, o zigoto, a partir do qual se desenvolvem cerca de 3 biliões de células que constituem o organismo adulto.

([981]) O DNA é retirado das células epiteliais da mucosa oral.

SECÇÃO V
Estabelecimento da filiação

146. Estabelecimento da maternidade
147. Estabelecimento da paternidade
148. Estabelecimento da filiação: continuação. Vantagens da utilização do teste de DNA
149. Estabelecimento da filiação e procriação medicamente assistida. Ordenamento jurídico português
150. Estabelecimento da filiação e procriação medicamente assistida. Proposta de legislação
    150.1. Princípios gerais
    150.2. Maternidade
    150.3. Paternidade
    150.4. Presunção de paternidade
    150.5. Mãe portadora
    150.6. Inseminação e fertilização *in vitro post-mortem*
    150.7. Implantação / transferência *post-mortem*

146. Estabelecimento da maternidade

I. O n.º 1 do artigo 1796.º do Código Civil consagra o princípio de que a maternidade resulta do nascimento e depende de simples declaração desde que observado o estipulado nos artigos 1803.º a 1805.º daquele Diploma. Isto é, a filiação jurídica (materna) corresponde à filiação biológica oriunda do nascimento [982][983].

---

[982] Contrariamente ao regime anterior à Reforma de 1977, a mãe deixou de ter a hipótese de impedir a respectiva constituição do vínculo jurídico. Só no caso de a declaração de nascimento não ser exacta no que diz respeito à menção da maternidade é que passou a ser possível à mulher impugnar a maternidade estabelecida desta forma, através da acção de impugnação de maternidade a que se reporta o artigo 1807.º do Código Civil.

[983] Sobre o estabelecimento da filiação, cfr., entre outros, GUILHERME DE OLIVEIRA, *Critério jurídico da Paternidade*, Ob. cit., GUILHERME DE OLIVEIRA, *Estabelecimento da*

530 *Direito do Genoma Humano*

Quando a maternidade não estiver mencionada no registo do nascimento deve o funcionário remeter ao tribunal certidão integral do registo bem como cópia do auto de declarações ([984]), de modo a se proceder à averiguação oficiosa da maternidade ([985]), nos termos do artigo 1808.º e seguintes do Código Civil.

O Código Civil prevê, nos artigos 1814.º e seguintes, a hipótese de a maternidade poder ser reconhecida em acção especialmente intentada pelo filho para esse efeito, quando não resulte de declaração.

147. Estabelecimento da paternidade

I. Por sua vez, a paternidade pode estabelecer-se pelos meios seguintes:

1 – No que diz respeito a filho nascido de mulher casada, através da presunção legal de paternidade do marido da mãe (artigos 1826.º ([986]) e 1835.º do Código Civil);

2 – No que concerne a filho de mulher não casada, por perfilhação (artigo 1849.º e seguintes do Código Civil e 120.º do Código de Registo Civil);

3 – Por decisão judicial em acção de investigação (quando não tiver havido reconhecimento voluntário da paternidade, com duas hipóteses):

a) Em acção oficiosa de investigação de paternidade, intentada pelo Ministério Público, precedidas de uma averiguação oficiosa da paternidade ([987]) (artigos 1864.º a 1868.º do Código

---

Filiação, Ob. cit.; José da Costa Pimenta, *Filiação*, Coimbra Editora, Coimbra, 1986; Rui Epifânio e António Farinha, *Organização tutelar de menores – contributo para uma visão interdisciplinar do direito de menores e de família*, Almedina, Coimbra, 1997.

([984]) Nos casos em que existirem declarações.

([985]) A averiguação oficiosa da maternidade não é admitida quando, existindo perfilhação, a pretensa mãe e o perfilhante forem parentes ou afins em linha recta ou parentes no segundo grau da linha colateral ou se já passaram dois anos sobre a data do nascimento. Cfr. artigo 1809.º do Código Civil.

([986]) Cfr. n.º 2 do artigo 1796.º do Código Civil.

([987]) A averiguação oficiosa da paternidade não pode ser intentada se a mãe e o pretenso pai forem parentes ou afins em linha recta ou parentes no segundo grau da linha colateral ou se já tiverem decorrido dois anos a contar do nascimento. Cfr. artigo 1866.º do Código Civil.

Civil, 121.º do Código de Registo Civil e 202.º a 207.º da Organização Tutelar de Menores);

b) Em acção não oficiosa de investigação de paternidade, especialmente intentada pelo filho se a maternidade já se encontrar estabelecida ou for pedido conjuntamente o reconhecimento de uma e outra. O filho pode intentar a acção por si, ou através de representante legal [988] ou, ainda, representado pelo Ministério Público, segundo o preceituado nos artigos 3.º, n.º 1, a) e 5.º, n.º 1, c), do Estatuto do Ministério Público, aprovado pela Lei n.º 47/86, de 15 de Outubro [989], e nos artigos 1869.º a 1873.º do Código Civil.

148. Estabelecimento da filiação: continuação. Vantagens da utilização do teste de DNA

I. Até há pouco tempo o Direito operava com relativa segurança quanto ao facto de a identidade da mãe ser sempre certa – *Mater semper certa est* –, enquanto a do pai presumida. Não havia, portanto, dúvidas que a mulher que concebeu, gestou e deu à luz era a mãe [990][991]. Na impossibilidade de se obter a certeza de quem era o pai [992], aplicava-se (e aplica-se) a velha máxima romana *pater is est*

---

[988] A mãe menor também tem legitimidade para intentar a acção em representação do filho sem necessitar de autorização dos pais. Todavia, terá sempre de ser representada na causa por curador especial nomeado pelo tribunal. Cfr. artigo 1870.º do Código Civil.

[989] Com as alterações introduzidas pela Lei n.º 2/90, de 20 de Janeiro, Lei n.º 23/92, de 20 de Agosto, Lei n.º 10/94, de 5 de Maio, Lei n.º 33-A/96, de 26 de Agosto e Lei n.º 60/98, de 27 de Agosto.

[990] TOMÁS OLIVEIRA E SILVA, *Filiação. Constituição e extinção do respectivo vínculo*, Almedina, Coimbra, 1989, pág. 16.

[991] Todavia, os progressos científicos operados na área da procriação medicamente assistida ao possibilitarem o recurso às denominadas mães portadoras vieram pôr em causa o princípio da maternidade sempre certa.

Em causa o velho axioma *mater semper certa est, etiam si vulgo conceperit* e a sua substituição por *mater non semper certa est*?

No caso das mães portadoras, de aluguer ou hospedeiras quem é a "verdadeira" mãe? A que deu o óvulo? A que gestou a criança? A que "encomendou"?

Cfr. Parte II, Título III, Capítulo II, Secção V, n.º 150.5.

[992] Como rezava o ditado popular: "Os filhos das minhas filhas meus netos são, os filhos dos meus filhos talvez sim ou talvez não."

532 · *Direito do Genoma Humano*

quem justae nuptiae demonstrant. Trata-se, no entanto, apenas de uma presunção *iuris tantum* estabelecida no artigo 1826.º [993] do Código Civil.

II. Por sua vez, o artigo 1838.º determina que a paternidade presumida, nos moldes do referido artigo 1826.º, só pode ser impugnada nos casos previstos no artigo 1839.º e seguintes.

III. Segundo o disposto no n.º 1 do artigo 1839.º, a paternidade pode ser impugnada pela mãe, pelo marido da mãe, pelo filho e pelo Ministério Público [994].

IV. Assim, e mais concretamente, a presunção de paternidade pode ser ilidida nas seguintes hipóteses: em acção judicial de impugnação da paternidade intentada pela mãe, nos dois anos subsequentes ao nascimento; ou pelo marido da mãe, nos dois anos posteriores ao conhecimento de circunstâncias de que possa concluir-se que não é o pai; ou pelo filho, até um ano após ter alcançado a maioridade ou ter sido emancipado, ou, dentro de um ano a contar do momento em que teve conhecimento de circunstâncias que permitam chegar à conclusão de que não é filho do marido da mãe [995][996].

A acção de impugnação da paternidade proposta pelo Ministério Público encontra-se disciplinada no artigo 1841.º do mesmo Diploma. O pai biológico não pode, só por si, impedir o estabelecimento da paternidade do filho a favor do marido da mãe nem, depois de estabelecida a paternidade, impugná-la directamente. Só o pode fazer por intermédio do Ministério Público, nos termos do preceituado nesta norma. Ou seja, se o requerer no prazo de sessenta dias a contar da data em que a paternidade do marido da mãe conste do

---

[993] Cfr., também, n.º 2 do artigo 1796.º do Código Civil.

[994] Na acção o autor deve provar que, tendo em conta as circunstâncias, é manifestamente improvável a paternidade do marido da mãe. Cfr. n.º 2 do artigo 1839.º do Código Civil.

[995] Relativamente aos prazos indicados, cfr. artigo 1842.º do Código Civil.

[996] Todavia, se o registo for omisso no que concerne à maternidade, os prazos que o filho e o marido da mãe têm para intentar a acção de impugnação de paternidade são contados a partir do estabelecimento da maternidade. Cfr. n.º 2 do artigo 1842.º do Código Civil.

Tutela Jurídica do Genoma Humano em Especial 533

registo, e, se a viabilidade do pedido for reconhecida pelo tribunal (em acção de averiguação oficiosa da paternidade disciplinada nos artigos 202.º e seguintes da Organização Tutelar de Menores).

V. Antigamente, nos casos de filhos concebidos ou nascidos na constância do casamento bem como dos concebidos ou nascidos fora do matrimónio, as provas que a Ciência podia produzir seguiam, como referi, o princípio da exclusão. As exclusões de paternidade são inúmeras, ao passo que a prova da paternidade dependia de estatísticas baseadas na ausência de uma exclusão.

VI. Actualmente, e embora esses métodos continuem, por vezes, a serem empregues ([997])([998]), o teste de DNA veio permitir que a ficção presumida da paternidade fosse substituída pela quase certeza sobre a paternidade. Isto é, as análises de DNA tornaram real o princípio *pater is est quem sanguis demonstrat.*

Este processo comprova a paternidade com um grau de acerto de 99, 999999 %. Ou seja, existe uma margem de erro de 1/100 milhões. Se a esse exame acrescentarmos as provas testemunhais e circunstanciais a hipótese de se errar é irrelevante ([999]).

VII. Com o Projecto do genoma humano ficou, definitivamente, comprovado que, com excepção dos gémeos monozigóticos, cada indivíduo é único e irrepetível. Esta individualidade permite, designa-

---

([997]) Os marcadores genéticos convencionais que podem ser utilizados incluem antigenios (também denominados antigénios ou antígenos) eritrocitários, antigenios HLA, enzimas eritrocitárias e leucocitárias, proteínas e enzimas séricas, com *locus* génico perfeitamente ubicado, hereditariedade estabelecida e taxas de alelos raros ou silenciosos conhecida.

([998]) Os erros mais frequentes resultam de recentes transfusões sanguíneas, da idade, de certas doenças, da existência dos denominados genes raros e genes silenciosos e de mutações espontâneas.

([999]) Em França, laboratórios privados, há já muitos anos, propõem ao público controlos genéticos de paternidade. JEAN-YVES NAU, num artigo publicado no «Le Monde», 17 de Janeiro de 1992, relata que o preço de uma marca genética (pago antes da análise) é de 2372 F TTC ou de 7116 F nos casos de um controlo de filiação realizado a partir de três marcas, da criança, da mãe, do presumível pai. Cfr. COMITÉ CONSULTATIF NATIONAL D'ÉTHIQUE POUR LES SCIENCES DE LA VIE ET DE LA SANTE, *Avis relatif à la diffusion des techniques d'identification par analyse de l' ADN,* du 15 décembre 1985, «Les Avis de 1983 a 1993», Inserm, 1993, págs. 257-260.

534 *Direito do Genoma Humano*

damente, o estabelecimento da paternidade e outros vínculos genéticos, a identificação de criminosos e vítimas, o aconselhamento genético e o diagnóstico pré-natal de doenças genéticas.

VIII. O teste de DNA acarreta todo um conjunto de vantagens, tais como:

- Pode ser executado a partir de qualquer material humano: sangue, esperma, saliva, unha, fios de cabelo ([1000]), amostras de tecido.
- Trata-se de um meio de prova mais simples e menos dispendioso que os tradicionais exames de sangue.
- O teste de DNA permite que a investigação de paternidade tenha lugar ainda na fase pré-natal, contrariamente ao que acontece com os outros exames que necessitam de elementos que demoram um certo tempo para se desenvolverem no fenótipo do embrião.
- Como o DNA não perde a sua eficácia com o tempo, é possível extraí-lo, nomeadamente, de amostras menos recentes de sangue.
- É viável obter o DNA, inclusivamente, de defuntos, possibilitando, assim, fixar a paternidade até nos casos em que o presumível pai já está morto ([1001]).
- É um método conclusivo nos casos de incesto. Também é fundamental quando dois irmãos disputam a paternidade. A única hipótese de falha ocorre quando os presumíveis pais

---

([1000]) A título de curiosidade, o fio de cabelo tem que ser arrancado pela raiz, caso contrário só possibilita uma análise de DNA mitocondrial. Este DNA contém apenas os dados genéticos transmitidos pela mãe.

([1001]) Um modo de estabelecer o vínculo genético é através da exumação do suposto pai e tentativa posterior de encontrar DNA viável para ser analisado. O estado de decomposição do material biológico, a humidade, a temperatura e a luminosidade são alguns dos factores que podem influenciar o exame. Nalguns casos o único material existente está desvitalizado (unhas e cabelo). Recomenda-se, nestas situações, evitar a exumação do cadáver devido à baixa qualidade do material biológico. Porém, se esta for a única hipótese, devem ser usados os ossos mais longos tais como o fémur, a tíbia e o úmero, uma vez que a molécula óssea destes ossos é a última a perder o material biológico viável. A técnica mais usada é a da *Polymerase Chain Reaction* (PCR) que permite a detecção de fragmentos de DNA em restos de material orgânico humano, apesar de já degradados. Este exame tem um grande poder de amplificação do DNA.

Tutela Jurídica do Genoma Humano em Especial 535

são irmãos gémeos monozigóticos já que o genótipo e o fenótipo são idênticos.

– O teste de DNA possibilita examinar directamente o material genético. Pelo contrário, os tradicionais exames de sangue dificilmente conseguem detectar um alelo silencioso do pai/mãe, o que pode levar a uma errónea exclusão da paternidade.

– A probabilidade de se encontrar duas pessoas de DNA iguais varia, aproximadamente, até mais de 10 triliões o que faz desse método uma verdadeira impressão digital genética, conhecido, por esse motivo, por DNA *fingerprints*.

149. Estabelecimento da filiação e procriação medicamente assistida. Ordenamento jurídico português

I. O artigo 20.º (Determinação da paternidade) da Lei n.º 32/2006, de 26 de Julho, sobre Procriação Medicamente Assistida, determina que nos casos de inseminação artificial heteróloga ([1002]) de que resulte o nascimento de um filho, é este tido como filho do marido ou daquele que vive em união de facto com a mulher que foi inseminada, desde que tenha prestado o seu consentimento nos termos fixados nesta Lei e sem prejuízo da presunção consagrada no artigo 1826.º do Código Civil. De acordo com o artigo 21.º (Exclusão da paternidade do dador de sémen) da referida Lei o dador não pode ser considerado pai da criança que vier a nascer.

II. No que diz respeito às mães portadoras, o artigo 8.º (Maternidade de substituição) deste Diploma determina que a mãe de substituição é tida, para todos os efeitos legais, como a mãe da criança que nascer.

([1002]) O artigo 27.º (Fecundação *in vitro* com gâmetas do dador) da Lei n.º 32/2006, de 26 de Julho, sobre Procriação Medicamente Assistida, estatui que se aplica com as necessárias adaptações o preceituado nos artigos 19.º a 21.º relativamente à fertilização *in vitro* com recurso a sémen ou ovócitos.

536   *Direito do Genoma Humano*

III. O n.º 1 do artigo 22.º (Inseminação *post-mortem*) proíbe a inseminação *post-mortem*, todavia em caso de violação desta proibição, o artigo 23.º (Paternidade) estabelece que a criança é filha do falecido ([1003]).

A transferência *post-mortem* de embriões é permitida nos termos do n.º 3 do artigo 22.º ([1004]).

150. Estabelecimento da filiação e procriação medicamente assistida. Proposta de legislação

I. Julgo que a legislação sobre Procriação medicamente assistida, no que diz respeito ao estabelecimento da filiação, poderia ter sido elaborada nos termos que se seguem:

150.1. *Princípios gerais*

CAPÍTULO ......
Estabelecimento da Filiação

Artigo ......
Princípios gerais

Às pessoas nascidas com recurso a técnicas de procriação medicamente assistida ou após adopção embrionária são aplicadas as regras gerais do estabelecimento da filiação, com as especialidades previstas nos artigos seguintes.

([1003]) Com as excepções previstas no n.º 2 desta disposição.

([1004]) O artigo 26.º (Fertilização *in vitro post-mortem*) deste Diploma determina que se aplica com as necessárias adaptações o preceituado nos artigos 22.º e 23.º no que diz respeito à fertilização *in vitro post-mortem*.

Tutela Jurídica do Genoma Humano em Especial 537

150.2. *Maternidade*

ARTIGO .....
Maternidade

1 – Relativamente à mãe, a filiação resulta do facto do nascimento, com a excepção prevista no artigo ..... ([1005]).

2 – A dadora de ovócitos que tiver dado o seu consentimento nos termos da presente lei não é considerada a mãe legal, não sendo titular de quaisquer direitos ou deveres relativamente à criança que vier a nascer.

3 – O preceituado no número anterior não obsta à admissibilidade, em processo preliminar de publicações, da prova da maternidade para efeitos das alíneas a) e b) do artigo 1602.º do Código Civil.

150.3. *Paternidade*

ARTIGO .....
Paternidade

1 – A paternidade presume-se em relação ao cônjuge ou ao indivíduo que vive em união de facto com a mãe da criança.

2 – O dador de sémen que tiver dado o seu consentimento nos termos da presente lei não é considerado o pai legal, não sendo titular de quaisquer direitos ou deveres relativamente à criança que vier a nascer.

3 – O preceituado no número anterior não obsta à admissibilidade, em processo preliminar de publicações, da prova de paternidade para efeitos das alíneas a) e b) do artigo 1602.º do Código Civil.

([1005]) Artigo referente à mãe portadora.

150.4. Presunção de paternidade

ARTIGO .....
Presunção de paternidade

1 – Não é permitida a impugnação da presunção de paternidade com fundamento na utilização de técnicas de procriação medicamente assistida heteróloga ao cônjuge ou ao indivíduo que viva em união de facto tutelada por lei que tenha dado o seu consentimento nos termos da presente lei.

2 – A presunção de paternidade referida no número anterior pode ser ilidida se o cônjuge ou o indivíduo que vive em união de facto provar que a criança não nasceu do processo para que foi dado o seu consentimento.

150.5. Mãe portadora ([1006])

ARTIGO ...
Mãe portadora

1 – Não é permitido o recurso às chamadas mães portadoras.

2 – Para efeitos do disposto no número anterior, por mãe portadora entende-se a mulher que se obriga a suportar uma gravidez por conta de outrem e a entregar a criança após o parto.

([1006]) Julgo que a regra de ouro de que a mãe é a mulher que gera e tem o parto (n.º 1 do artigo 1796.º do Código Civil), norma aliás comum aos quadros jurídicos da chamada cultura ocidental, tem de ser substituída pelo princípio do respeito ao direito da mãe genética.

A consideração de que a portadora seria sempre a mãe legal envolveria necessariamente uma contradição: é extraordinariamente difícil conceber que a mãe genética (dadora do óvulo) tivesse que recorrer ao tradicional processo de adopção para a criação de um vínculo de filiação com o seu próprio descendente genético.

A mãe hospedeira que forneceu o óvulo deve ser considerada a mãe legal. Foi ela que cedeu o material hereditário indispensável àquele nascimento. A individualidade do novo ser ficou definida a partir do momento da combinação entre os genes do pai e da mãe.

As mães de aluguer que contribuem também com os óvulos têm um papel activo fundamental no desenvolvimento da criança; o futuro do filho é condicionado, desde logo, pelo elemento fertilizante e pela vida intra-uterina.

Tutela Jurídica do Genoma Humano em Especial 539

3 – São nulos os negócios jurídicos, gratuitos ou onerosos, descritos no número anterior.

4 – No caso de incumprimento do disposto no número 1, a maternidade será estabelecida nos seguintes termos:

a) Se a inseminação for feita com a utilização de ovócitos da mulher que recorreu à portadora, a mãe será a genética;

b) Se a portadora contribuiu também com os seus próprios ovócitos será considerada a mãe;

c) Se os ovócitos são provenientes de uma terceira mulher, é tida como mãe a parturiente.

150.6. *Inseminação e fertilização in vitro post-mortem* [1007]

Artigo ...
Inseminação e fertilização *in vitro post-mortem*

1 – É proibida a inseminação ou fertilização *in vitro post-mortem*.

2 – Os gâmetas devem ser destruídos após a morte.

3 – Em caso de violação do disposto no número 1, a criança não é tida como filha do falecido.

Em Portugal, os interessados podem usar mecanismos jurídicos existentes e, por processos pouco *ortodoxos* mas possíveis, conseguirem registos de paternidade e maternidade. Uma solução seria a mãe de aluguer abandonar o recém-nascido e este ser adoptado plenamente pelo casal que recorreu à portadora. Se o casal viver em união de facto, um de ambos adoptaria a criança, ou o homem (no caso de ter fornecido o esperma) a reconheceria como filha podendo, ainda, a sua companheira adoptar a criança.

Stela Barbas, *O Contrato de Gestação à espera de novas leis*, «Forum Iustitiae. Direito & Sociedade», n.º 1, Lisboa, Junho de 1999, págs. 47-50.

[1007] A matéria da inseminação/implantação *post-mortem* suscita, também, inúmeras dificuldades no estabelecimento da filiação.

Numa perspectiva extrema, mas que é já uma realidade, assistimos a maternidades a transformarem-se em laboratórios de procriação, e a salas de reanimação e a alas dos hospitais de doentes terminais a evoluírem para um limbo mecânico ou antecâmaras do fim da existência física, onde os médicos são uma espécie de árbitros supremos da dialéctica vida/morte. O homem tende, cada vez mais, a "nascer *in vitro*" e a "morrer *in maquina*".

Os embriões (tal como o esperma ou os óvulos) podem permanecer em estado de vida latente durante dias, semanas ou anos desde que sejam conservados a uma temperatura de -196°.

540   *Direito do Genoma Humano*

Depois de descongelados e aquecidos podem utilizar-se normalmente. O velho sonho do homem - a conservação pelo frio - embora impraticável no ser já nascido é perfeitamente realizável no embrião. Poderemos chegar a situações que contrariam toda a lógica e princípios das leis naturais, como seria a hipótese de se criogenizar os embriões por mais de um século e só depois fazer a sua implantação.

Criação de um órfão cem anos antes do seu nascimento?!...

É, deste modo, possível gerar um ser humano após o falecimento dos progenitores biológicos.

Por outras palavras, as novas técnicas da procriação assistida permitem que a reprodução humana se dissocie do tempo, do espaço e do próprio contexto familiar.

Surgem problemas quando se ultrapassa artificialmente a vida dos pais biológicos; existe, desde logo, um ser potencial condenado à orfandade; uma criança que já é órfã antes de ser concebida. Estamos perante uma situação anómala no âmbito do estabelecimento da filiação e do direito das sucessões.

Independentemente dos complexos problemas jurídicos que a aceitação da inseminação e da fertilização póstuma necessariamente equaciona, o grande argumento para a sua proibição baseia-se no direito inderrogável de a criança beneficiar da estrutura biparental da filiação.

Para garantia do desenvolvimento integral da criança (artigo 69.º da Constituição da República Portuguesa) é fundamental ter pai e mãe, como decorre, também, do artigo 68.º do mesmo Diploma ao estatuir que os progenitores têm direito à protecção da Sociedade e do Estado na realização da sua insubstituível acção em relação aos filhos (n.º 1) e, ainda, que "a maternidade e a paternidade constituem valores sociais eminentes" (n.º 2).

É de condenar a criação voluntária de uma família unilinear póstuma.

Nesta orientação, uma vez que a criança tem direito à estrutura biparental da filiação para o seu mais perfeito desenvolvimento, a regra jurídica não deve promover a constituição de famílias monoparentais.

Chamo à colação a célebre decisão do Tribunal de Créteil em 1/8/1984 (Sentença do Tribunal de Créteil de 1/8/1984 - Parpalaix versus C. E. C. O. S.). Alain Parpalaix temendo ficar estéril com o tratamento químico-terápico e radioterápico dum tumor dos testículos (em 7 de Dezembro de 1981) resolveu crioconservar o seu esperma numa clínica (C. E. C. O. S. de Kremlin-Bicêtre). Todavia, em 25 de Dezembro de 1983 morreu. Corinne Parpalaix, sua viúva, pretendeu que a Clínica lhe devolvesse o esperma de Alain Parpalaix. Porém, o pedido não foi atendido. Corinne Parpalaix e sogros, devido a esta recusa, accionaram em co-autoria o C. E. C. O. S. no Tribunal de Créteil.

Os autores alegaram que tinha sido celebrado entre o C. E. C. O. S. e Alain Parpalaix um contrato de depósito (ao abrigo dos artigos 1915.º e seguintes do Código Civil Francês) nos termos dos quais o depositário deve restituir a coisa depositada e que no caso de o depositante morrer, a "coisa depositada" só pode ser entregue aos seus herdeiros nos termos do preceituado nos artigos 1932.º, 1939.º, 1951.º daquele Diploma.

O C. E. C. O. S. sustentou que o sémen não pode ser objecto de um contrato de depósito uma vez que se trata de uma "coisa" que está fora do comércio. Fundamentou, ainda, a sua recusa não só no facto da inseminação artificial *post-mortem* não estar consagrada na lei como, também, na inexistência de obrigações para o cumprimento do contrato

Tutela Jurídica do Genoma Humano em Especial 541

nestes termos. Deve, também, sublinhar-se que a Lei de 22 de Dezembro de 1976, relativa à colheita de órgãos *post-mortem* não se poderá aplicar ao sémen uma vez que este não é considerado órgão para esse efeito.

O C. E. C. O. S. tinha somente uma obrigação terapêutica para com Alain Parpalalaix, extinguindo-se esta obrigação com a sua morte.

O Tribunal de Créteil, por sentença de 1 de Agosto de 1984, condenou o C. E. C. O. S. a restituir ao médico designado pela viúva de Alain Parpalaix o esperma reclamado no prazo de um mês. Caso não o fizesse, o Centro teria que pagar a Corinne Parpalaix uma sanção pecuniária no valor de 1.000 francos por cada dia de mora. Cfr. COMITÉ CONSULTATIF NATIONAL D'ÉTHIQUE POUR LES SCIENCES DE LA VIE ET DE LA SANTE, *Avis n.º 40 sur le transfert d'embryons après décès du conjoint (ou du concubin), du 17 décembre 1993*; *Avis n.º 42 sur l'évolution des pratiques d' assistance médicale à la procréation, du 30 mars 1994*. Da jurisprudência francesa destaco, entre outros, *Tribunal de Grande Instance de Toulouse, 26 mars 1991: la question de l'insémination de la femme après la mort de son conjoint avec du sperme de celui-ci conservé par convention dans un C. E. C. O. S.; Cour de cassation, 1ere chambre civile, 9 janvier 1996: la question du transfert post-mortem d'embryons conçus du vivant du conjoint par procréation médicalement assistée.*

A nível da inseminação/implantação artificial *post-mortem* podem equacionar-se inúmeros problemas: uma vez que é tecnicamente possível criogenizar indefinidamente o esperma, durante quanto tempo terão de esperar os sucessores virtuais do *de cuius* para a abertura de uma herança equacionada em função de um ser que ainda não foi concebido?

A quem deve ser entregue o embrião nos casos de morte de um (ou de ambos) dos progenitores do embrião? Ao outro progenitor sobrevivo? Ao centro encarregue da criogenização do embrião? A um organismo estadual determinado? Ao Tribunal? Ou deverá o casal estipular previamente o destino a dar ao embrião nestas hipóteses?

Qualquer proposta apresentada não será pacífica.

Numa primeira aproximação, penso que para melhor defesa da "dignidade" do embrião, a entrega deverá ser feita, sob a supervisão do Tribunal, a Centro próprio. Embora, logicamente, este não tenha competência para decidir.

Mas, uma vez admitida a implantação artificial *post-mortem* é indispensável fixar os limites temporais dentro dos quais poderá ser realizada.

Entendo que, pelo menos à face do nosso Direito Civil, se a criança nascer passados mais de trezentos dias do falecimento do marido da mãe não vai ser titular da presunção de paternidade constante do artigo 1826.º, n.º 1 do Código Civil (Presunção de paternidade) na medida em que não teria sido concebida na constância do casamento. E, por seu turno, a acção judicial permitida na 2ª parte do n.º 1 do artigo 1800.º (Fixação judicial da concepção), se poderia funcionar no caso de o tempo da gestação ser, por exemplo, de trezentos e três dias ou trezentos e seis dias, já não teria qualquer justificação se tivesse decorrido um prazo de dois ou três anos, como é evidente.

A alínea a) do n.º 2 do artigo 2033.º do Código Civil reporta-se aos concepturos que sejam filhos de pessoa determinada (portanto, de outro que não o autor da sucessão). Contudo, como esclarece Luís Carvalho Fernandes, *Lições de Direito das Sucessões,* Quid Iuris, Lisboa, 2001, pág. 161, subsiste "proximidade suficiente entre os dois casos para nos

542   *Direito do Genoma Humano*

podermos socorrer do regime legal na resposta a dar à situação sucessória de filhos do autor da sucessão, derivados de espermatozóides ou embriões preservados." O Autor configura a hipótese de o *de cuius* estipular no seu testamento que, no caso de vir a nascer um filho seu, derivado da preservação de espermatozóides ou embriões, lhe atribui toda a quota disponível. Para que esta disposição seja válida é necessário indicar quem é ou será a mãe do beneficiário. E, além disso, para se poder aplicar analogicamente o preceituado na alínea a) do n.º 2 do artigo 2033.º, e a disposição testamentária poder valer, necessário se torna, ainda, que a mãe indicada pelo autor da sucessão seja viva ao tempo da abertura da sucessão, como ensina Carvalho Fernandes.

Não há uniformidade no direito comparado. Assim, em Espanha, o n.º 2 do artigo 9.º (*Premoriencia del marido*) da *Ley 14/2006, de 26 de mayo, sobre Técnicas de Reproducción Humana Asistida* (publicada no *Boletín Oficial del Estado*, n.º 126, de 27 de mayo de 2006, págs. 19947-19957) permite a inseminação póstuma sob determinadas condições: "*... el marido podrá prestar su consentimiento, en el documento a que se hace referencia en el artículo 6.3., en escritura pública, en testamento o documento de instrucciones previas, para que su material reproductor pueda ser utilizado en los 12 meses siguientes a su fallecimiento para fecundar a su mujer. Tal generación producirá los efectos legales que se derivan de la filiación matrimonial. El consentimiento para la aplicación de las técnicas en dichas circunstancias podrá ser revocado en cualquier momento anterior a la realización de aquéllas. Se presume otorgado el consentimiento a que se refiere el párrafo anterior cuando el cónyuge supérstite hubiera estado sometido a un proceso de reproducción asistida ya iniciado para la transferencia de preembriones constituidos con anterioridad al fallecimiento del marido*. E o n.º 3 deste artigo também possibilita que o "*varón no unido por vínculo matrimonial podrá hacer uso de la posibilidad prevista en el apartado anterior; dicho consentimiento servirá como título para iniciar el expediente del artículo 49 de la Ley del Registro Civil, sin perjuicio de la acción judicial de reclamación de paternidad*".

Já o n.º 2 do artigo 9.º da anterior *Ley 35/1988, de 22 de noviembre, sobre Técnicas de Reproducción Asistida* (publicada no *Boletín Oficial del Estado*, n.º 282, de 24 de noviembre de 1988) determinava que "*No obstante lo dispuesto en el apartado anterior, el marido podrá consentir, en escritura pública o testamento, que su material reproductor pueda ser utilizado, en los seis meses siguientes a su fallecimiento, para fecundar a su mujer, produciendo tal generación los efectos legales que se derivan de la filiación matrimonial*". Esta disposição não foi objecto de alteração pela Lei Espanhola - *Ley 45/2003, de 21 de noviembre, por la que se modifica la Ley 35/1988, de 22 de noviembre, sobre Técnicas de Reproducción Asistida*.

A Lei Francesa – *Loi n.º 94/654, du 29 juillet 1994, relative au don et à l'utilisation des elements et produits du corps humain, à l'assistance médicale, à la procréation et au diagnostic prénatal* (publicada no *Journal Officiel de la République Française, 30 juillet 1994*, págs. 11060-11068) -, no artigo L. 152-4, admitia a inseminação *post-mortem* desde que se observassem certos requisitos: "*...En cas de décès d' un membre du couple, le membre survivant est consulté par écrit sur le point de savoir s' il consent à ce que les embryons conservés soient accueillis par un autre couple dans les conditions prévues à l' article L. 152-5*".

A recente Lei Francesa - *Loi n.º 2004-800, du 6 août 2004, relative à la bioéthique* (publicada no *Journal Officiel de la République Française, 7 août 2004*) -, no artigo 24.º estatui: *"Le titre IV du livre Ier de la deuxième partie du code de la santé publique est ainsi modifié: ...*

1.º Les articles L. 2141-1 et L. 2141-2 sont ainsi rédigés:

Art. L. 2141-1. - ...

Art. L. 2141-2. - L'assistance médicale à la procréation est destinée à répondre à la demande parentale d'un couple.

Elle a pour objet de remédier à l'infertilité dont le caractère pathologique a été médicalement diagnostiqué ou d'éviter la transmission à l'enfant ou à un membre du couple d'une maladie d'une particulière gravité.

L'homme et la femme formant le couple doivent être vivants, en âge de procréer, mariés ou en mesure d'apporter la preuve d'une vie commune d'au moins deux ans et consentant préalablement au transfert des embryons ou à l'insémination. Font obstacle à l'insémination ou au transfert des embryons le décès d'un des membres du couple, le dépôt d'une requête en divorce ou en séparation de corps ou la cessation de la communauté de vie, ainsi que la révocation par écrit du consentement par l'homme ou la femme auprès du médecin chargé de mettre en œuvre l'assistance médicale à la procréation."

Em Itália, a *Legge 19 febbraio 2004, n.º 40 - Norme in materia di procreazione medicalmente assistita* - (publicada na *Gazzetta Ufficiale*, n.º 45 del 24 febbraio 2004), no artigo 5.º (*Requisiti soggettivi*), consagra: *"Fermo restando quanto stabilito dall'articolo 4, comma 1, possono accedere alle tecniche di procreazione medicalmente assistita coppie di maggiorenni di sesso diverso, coniugate o conviventi, in età potenzialmente fertile, entrambi viventi"*, e no n.º 2 do artigo 12.º (*Divieti generali e sanzioni*) prevê: *"Chiunque a qualsiasi titolo, in violazione dell'articolo 5, applica tecniche di procreazione medicalmente assistita a coppie i cui componenti non siano entrambi viventi o uno dei cui componenti sia minorenne ovvero che siano composte da soggetti dello stesso sesso o non coniugati o non conviventi è punito con la sanzione amministrativa pecuniaria da 200.000 a 400.000 euro."*

O n.º 3 do § 4 da Lei Alemã para a Defesa do Embrião, de 13 de Dezembro de 1990, - *Gesetz Zum Schutz von Embryonen* - (publicada no *Bundesgesetzblatt Teil I*, n.º 69, de 19 de Dezembro de 1990, págs. 2746-2748), pune com pena de prisão até três anos ou multa todo aquele que proceda à fertilização *in vitro post-mortem*.

Penso que é de aceitar a implantação / transferência *post-mortem* de embriões (mas não de esperma), não como um fim em si mesmo, mas como um meio para resolver um fim: a tutela do genoma daquele ser humano que está fixado desde o momento da concepção.

Caso contrário, e entre outros exemplos possíveis, se se perfilhar a inseminação artificial heteróloga, não me parece lógico admitir que essa mulher possa recorrer a um banco de dados e "adquirir" um embrião excedentário (pertencente a outrem) mas não possa "aproveitar" o seu próprio embrião?!...

Qual o destino dos embriões criogenizados se a implantação / transferência *post-mortem* fosse totalmente proibida? Destruição? Dação a outro casal? Nesta última hipótese, que legitimidade para proibir à viúva ser inseminada com o embrião (seu e do marido) mas, simultaneamente, permitir que uma outra mulher seja inseminada com esse mesmo embrião?!...

150.7. *Implantação / transferência post-mortem* ([1008])

Artigo ...
Implantação / transferência *post-mortem*

1 – Os embriões já concebidos com sémen do falecido cônjuge ou do indivíduo com quem a mulher vivia em união de facto devem ser transferidos para o útero da progenitora quando esta manifestar expressamente essa vontade.

2 – A criança nascida nos termos do número anterior é tida para todos os efeitos legais como filha do falecido, desde que a implantação / transferência se verifique no prazo máximo de 300 dias após a morte.

3 – A mãe biológica pode opor-se à implantação / transferência sendo, neste caso, os embriões destinados à adopção por outro casal.

4 – A decisão prevista no número anterior deve ser reduzida a escrito e assinada, sendo remetida uma cópia à Comissão Nacional de Procriação Medicamente Assistida.

É, ainda, viável argumentar que embora a criança nasça depois da morte do progenitor continua a ser biológica e geneticamente sua filha e parente dos seus ascendentes, nos mesmos termos do filho nascido antes da morte do pai. A criança é a "herança espiritual e física", é o laço, o elo de ligação entre a existência real, concreta, material (física) da mulher e a inexistência do marido na vida terrena. Podendo acrescentar-se que há filhos póstumos e que, nomeadamente nas designadas sociedades desenvolvidas, é cada vez maior o número de mães solteiras, divorciadas ou separadas.

Todavia, aceitar incondicionalmente a implantação / transferência *post-mortem* abriria, também, a hipótese às mulheres viúvas que quisessem recorrer a esses métodos apenas por motivações de natureza económica, de "fabricar" possíveis herdeiros.

Deste modo, e a título de conclusão, julgo que a solução de permitir a transferência *post-mortem* do embrião, desde que tenha sido autorizada pelo *de cuius* em documento autêntico, testamento ou escritura pública, e o embrião seja utilizado pela viúva ou companheira, num prazo estipulado (prazo que, necessariamente, deverá ser curto), é de atender em casos especiais, designadamente em situações de alto risco como as doenças terminais ou a guerra (a título de exemplo, no último conflito no Golfo, muitos soldados americanos criogenizaram embriões seus com o justificado receio de morte). Parece necessário que toda a situação fique sob a autorização e fiscalização do poder judicial.

Stela Barbas, *Aspectos jurídicos da inseminação artificial "post-mortem"*, sep. «Colectânea de Jurisprudência. Acórdãos do Supremo», Ano VII, Tomo II, Coimbra, 1999, págs. 21-24.

([1008]) Cfr. nota anterior.

SECÇÃO VI
Da recusa à sujeição a um teste

151. Introdução
152. Alguns exemplos de direito comparado
153. Ordenamento jurídico português
154. Posição adoptada
    154.1. Princípio geral
    154.2. Algumas especificidades
    154.3. Admissibilidade da sujeição compulsiva a testes genéticos? Necessidade de elaboração de uma lei específica que imponha a realização coerciva de testes de DNA para fins de determinação do perfil genómico do progenitor

151. Introdução

I. Três conceitos básicos devem estar presentes na utilização dos testes genéticos para estabelecimento da filiação: o melhor interesse da criança, a melhor prova e a melhor administração da justiça.

II. O primeiro tenta conjugar diversos interesses: genético, social, afectivo e/ou económico da criança. O segundo parte do princípio que o teste é realizado com o intuito de estabelecer ou de excluir um vínculo de paternidade com um elevadíssimo grau de certeza. O terceiro traduz a procura de uma justiça transparente e eficaz. Estes três conceitos tendem a coexistir.

III. Os exames de investigação da filiação constituem um meio de prova fundamental. Porém, nem sempre as partes e/ou terceiros aceitam submeter-se aos testes necessários.

Estes exames constituem, actualmente, um meio de prova determinante na investigação judicial da filiação, na medida em que

546 *Direito do Genoma Humano*

permitem não só a prova negativa como a prova positiva da paternidade, com índices de certeza científica praticamente de cem por cento.

152. Alguns exemplos de direito comparado

I. Nos países de influência nórdica e germânica, tradicionalmente, a prova da paternidade deve ser conseguida a todo o custo, com ou sem o consentimento dos interessados. A investigação da filiação está adstrita à máxima inquisitória (*inquisition maxime*) de tal forma que a procura da realidade biológica incumbe ao próprio juiz. As partes têm um dever de verdade (*wahrheitspflicht*). Por exemplo, na Alemanha onde impera a verdade genómica ([1009]), o direito alemão impõe a obrigação de submissão (*duldungspflicht*) aos exames ordenados, no âmbito do dever de verdade das partes e de terceiros chamados à causa, sob pena de multa ou prisão, ou mesmo execução forçada *manu militari*, desde que não ponham em risco a saúde do testado ([1010]).

II. Pelo contrário, em França ([1011]) o princípio da inviolabilidade da integridade física e da vida privada assume proporções obsessivas, chegando ao ponto de a não sujeição ao teste parecer estar, por definição, justificada.

No Québec, o juiz não pode impor, pela força, a realização de um exame de sangue para efeitos de determinação da filiação. Esta afirmação decorre dos princípios gerais da inviolabilidade da pessoa humana, do direito ao respeito da sua integridade física e do direito à

([1009]) Relativamente à dicotomia entre a verdade genómica e a realidade sociológica, cfr. Parte II, Título III, Capítulo II, Secção II.

([1010]) *ZPO - § 372.ª (Untersuchungen zur Feststellung der Abstammung).*

([1011]) Cfr. BERTRAND MATHIEU, *Génome Humain et Droits Fondamentaux*, Presses Universitaires D'Aix-Marseille, Economica, Paris, 2000, pág. 62; BARBIER, *L'examen du sang et le rôle du juge dans les procès relatifs à la filiation*, «Revue Trimestriel de Droit Civil», n.º 25, 1949, págs. 31-34; C. PANIER, *Problèmes de droit judiciaire relatifs à la filiation*, in «La filiation et l'adoption», Bruxelles, 1988, pág. 121; LURQUIN, *Traité de l'expertise en toutes matières*, t. I, n.º 72, Bruxelles, 1985, pág. 73; MARIE THÉRÈSE MEULDERS-KLEIN, *Le droit de disposer de soi-même*, in «Licéité en Droit positif et références légales aux valeurs», Ob. cit., pág. 222.

Tutela Jurídica do Genoma Humano em Especial 547

privacidade. O tribunal pode, no entanto, retirar desta recusa as conclusões que entenda acertadas. Curiosamente, a não submissão a estes exames converte-se, muitas vezes, quando corroborada por outros meios de prova, "numa presunção de facto de não paternidade" ([1012])([1013]).

III. No Brasil, como a prova cabe a quem alega o facto, *onus probandi*, o autor terá que provar o parentesco, com ou sem a colaboração do réu para obter a procedência do pedido, por se tratar de direito indisponível. É necessário provar a exclusividade das relações sexuais da mãe com o pretenso pai na época da concepção, quando este não aceita realizar, voluntariamente, o exame de DNA. Contudo, no entendimento de alguns processualistas brasileiros, o *onus probandi* não deve ser aplicado como regra pertinente à iniciativa da prova, porque existe norma expressa assegurando ao juiz o poder de determinar as provas necessárias ao julgamento da lide, tanto a requerimento da parte como oficiosamente (artigo 130.º do Código de Processo Civil). Assim, as regras sobre o ónus da prova destinam-se a orientar o juiz no momento do julgamento, quando toda a instrução probatória já se encontra concluída. A parte que não logrou trazer para os autos a prova convincente acerca dos factos necessários para a sua pretensão sofrerá a sucumbência inevitável. Ao juiz incumbe julgar conforme o alegado pelas partes e a prova disponível, sendo pouco relevante o facto de a sua produção ser ou não da iniciativa das partes ([1014])([1015]).

([1012]) Segundo o preceituado no artigo 535.1. do Código Civil do Québec (com as alterações operadas pela Reforma de 2002), C. c. Q., L. Q., 2002, c. 19, a. 5.: "*Toutefois, lorsque l'action vise à établir la filiation, le tribunal ne peut rendre une telle ordonnance que s'il y a commencement de preuve de la filiation établi par le demandeur ou si les présomptions ou indices résultants de faits déjà clairement établis par celui-ci sont assez graves pour justifier l'ordonnance. Le tribunal fixe les conditions du prélèvement et de l'analyse, de manière qu'elles portent le moins possible atteinte à l'intégrité de la personne qui y est soumise ou au respect de son corps. Ces conditions ont trait, notamment, à la nature et aux date et lieu du prélèvement, à l'identité de l'expert chargé d'y procéder et d'en faire l'analyse, à l'utilisation des échantillons prélevés et à la confidentialité des résultats de l'analyse. Le tribunal peut tirer une présomption négative du refus injustifié de se soumettre à l'analyse visée par l'ordonnance*".

([1013]) Cfr. Parte II, Título II, Capítulo II, Secção II, n.º 138.

([1014]) Mais especificamente, o artigo 130.º do Código de Processo Civil estatui que caberá ao juiz, de ofício ou a requerimento da parte, determinar as provas necessárias à instrução do processo, indeferindo as diligências inúteis ou meramente protelatórias.

548 *Direito do Genoma Humano*

A Constituição da República Federativa do Brasil, de 1988, preconizou a orientação da protecção da intimidade e intangibilidade ou intocabilidade do corpo humano [1016]. Como não existe lei a obrigar o pai, que se *escuda* com o anonimato, à realização forçada do *fingerprinting* do DNA, compeli-lo consubstanciaria constrangimento ilegal, face ao silêncio da lei relativamente a esta matéria.

153. Ordenamento jurídico português

I. Em Portugal, o conhecimento das raízes genéticas constitui um direito fundamental consagrado no n.º 1 do artigo 25.º e no n.º 2 do artigo 26.º da Constituição da República Portuguesa [1017].

II. Ao interesse individual do filho de conhecer o seu genoma acresce o interesse público de estabelecimento da filiação conforme ao princípio da verdade biológica. O interesse do Estado decorre, desde logo, de protecção da família como elemento fundamental da sociedade (artigo 67.º da Constituição da República Portuguesa), da paternidade e maternidade (artigo 68.º da Constituição da República Portuguesa) e da infância (artigo 69.º da Constituição da República

---

Por sua vez, o artigo 131.º determina que o juiz apreciará livremente a prova, atendendo aos factos e circunstâncias constantes dos autos, ainda que não alegados pelas partes. Mas, de acordo com esta disposição, o juiz deverá ainda indicar, na sentença, os motivos que lhe formaram o convencimento.

[1015] HUMBERTO THEODORO JR., *Prova e coisa julgada nas acções relativas à paternidade (DNA)*, «Revista Brasileira de Direito da Família», IBDFAM, Vol. 3, Editora Síntese, Porto Alegre, Outubro-Novembro-Dezembro de 1999, págs. 18-19.

[1016] Segundo o preceituado no artigo 5.º da Constituição da República Federativa do Brasil: "Todos são iguais perante a lei, sem distinção de qualquer natureza, garantindo-se aos brasileiros e aos estrangeiros residentes no País a inviolabilidade do direito à vida, à liberdade, à igualdade, à segurança e à propriedade, nos termos seguintes:...II - Ninguém será obrigado a fazer ou deixar de fazer alguma coisa senão em virtude de lei...III - Ninguém será submetido a tortura nem a tratamento desumano ou degradante...X - São invioláveis a intimidade, a vida privada, a honra e a imagem das pessoas, assegurado o direito a indenização pelo dano material ou moral decorrente de sua violação."

[1017] Nesta linha, cfr. Acórdãos do Tribunal Constitucional n.º 99/88, de 22 de Agosto, Diário da República, II Série, n.º 193, de 22 de Agosto, e n.º 370/91, de 25 de Setembro, «Boletim do Ministério da Justiça», n.º 409, 1991, págs. 317 e seguintes.

Tutela Jurídica do Genoma Humano em Especial 549

Portuguesa). A própria obrigação de averiguação oficiosa da maternidade (artigos 1808.º e seguintes do Código Civil) e de averiguação oficiosa da paternidade (artigos 1864.º e seguintes do Código Civil) é mais uma evidência do interesse do Estado na procura da realidade científica ([1018]).

III. O Código Civil, no artigo 1801.º, admite, como meios de prova, nas acções relativas à filiação, os exames de sangue e quaisquer outros métodos cientificamente comprovados ([1019]).

IV. Porém, por vezes, as partes recusam sujeitar-se a exames médicos.

V. A regra geral é a de que ninguém pode ser submetido a testes coactivamente ([1020])([1021]).

([1018]) João Vaz Rodrigues, *O consentimento informado para o acto médico no ordenamento jurídico português (Elementos para o estudo da manifestação da vontade do paciente)*, Ob. cit., págs. 336 e seguintes.

([1019]) Em igual sentido, na Argentina já a Ley 23/92, del 7/7/1992 dispunha: *"El poder judicial de la Nación anticipará el pago de los estudios de histocompatibilidad (HLA) y de immunogenética (ADN) cuando su realización fuere indispensable para el resultado del proceso, consecuencia de medida de oficio o pedida por quién actúa con beneficio de litigar sin gastos. En los restantes casos, el tribunal interveniente solicitará a la institución correspondiente su realización, corriendo su pago por cuenta del interesado."*

([1020]) Em defesa da possibilidade de intervenção compulsiva a exame, cfr., designadamente, Acórdão do Supremo Tribunal de Justiça, de 11 de Março de 1997, «Colectânea de Jurisprudência. Acórdãos do Supremo Tribunal de Justiça», tomo I, 1997, pág. 145, também transcrito no «Boletim do Ministério da Justiça», n.º 465, 1997, págs. 589-598; Acórdão da Relação de Évora, de 14 de Maio de 1992, «Boletim do Ministério da Justiça», n.º 417, 1992, págs. 840 e seguintes.

([1021]) Contra a sujeição compulsiva a exame, cfr., nomeadamente, Acórdão do Supremo Tribunal de Justiça, de 30 de Março de 1993, «Colectânea de Jurisprudência. Acórdãos do Supremo Tribunal de Justiça», tomo II, 1993, págs. 42-44; Acórdão do Supremo Tribunal de Justiça, de 20 de Maio de 1997, «Colectânea de Jurisprudência. Acórdãos do Supremo Tribunal de Justiça», tomo II, 1997, pág. 91; Acórdão da Relação de Coimbra, de 2 de Maio de 1989, «Boletim do Ministério da Justiça», n.º 387, 1989, pág. 662; Acórdão da Relação do Porto, de 13 de Março de 1990, «Boletim do Ministério da Justiça», n.º 395, 1990, pág. 665; Acórdão da Relação do Porto, de 13 de Maio de 1990, «Boletim do Ministério da Justiça», n.º 397, 1990, pág. 560; Acórdão da Relação do Porto, de 23 de Novembro de 1992, «Boletim do Ministério da Justiça», n.º 421, 1992, pág. 497; Acórdão da

VI. No Código de Processo Penal está consagrado o recurso ao uso da força em muitos casos (artigos 116.º, n.º 2, 172.º, 273.º e 323.º). De qualquer modo, o artigo 126.º (Métodos proibidos de prova) do referido Diploma comina com nulidade toda e qualquer prova conseguida por meio de tortura, coacção ou violação da integridade física ou moral das pessoas) [1022][1023].

No entendimento de Guilherme de Oliveira [1024], embora não estejamos no domínio do processo penal também não nos encontramos no âmbito do processo civil típico. Os interesses ligados ao estado das pessoas são de ordem pública, tendencialmente indisponíveis, a justificar, designadamente, não só uma ampla intervenção do Ministério Público como parte principal, mesmo a título oficioso, mas também o afastamento dos efeitos da revelia (artigo 485.º, c), do Código de Processo Civil). Foi precisamente a natureza destes interesses que permitiu justificar, no ordenamento jurídico alemão, o reconhecimento expresso da possibilidade de compelir pela força física o renitente a apresentar-se no laboratório para a realização das colheitas necessárias (parágrafo 372 a) (2) do ZPO) [1025].

Concordo, em certa medida [1026], com o Autor quando defende que se o direito alemão não puder ser modelo neste particular (mesmo para um sistema como o português que, a nível do processo civil, permite que uma testemunha possa ser obrigada a comparecer sob custódia perante o juiz – artigo 629.º, n.º 2 do Código de Processo Civil) – pelo menos que a consequência legal estipulada seja utilizada da forma mais eficaz possível. "Ao menos que os tribunais tendam a

---

Relação de Lisboa, de 19 de Janeiro de 1993, «Boletim do Ministério da Justiça» n.º 423, 1993, pág. 576; Acórdão da Relação de Évora, de 13 de Novembro de 1997, «Boletim do Ministério da Justiça», n.º 471, 1997, pág. 473; Acórdão da Relação do Porto, de 21 de Setembro de 1999, «Colectânea de Jurisprudência. Acórdãos da Relação», tomo IV, 1999, pág. 203.

[1022] Também, a Constituição da República Portuguesa, no n.º 8 do artigo 32.º, comina com nulidade as provas obtidas mediante tortura, coacção, ofensa da integridade física ou moral da pessoa.

[1023] Esta matéria será abordada em sede própria, cfr. Parte II, Título III, Capítulo VI.

[1024] GUILHERME DE OLIVEIRA, *A lei e o laboratório-observações acerca das provas periciais da filiação*, in «Temas de direito da família», Coimbra Editora, Coimbra, 1999, pág. 61.

[1025] Cfr. Parte II, Título III, Capítulo II, Secção II, n.º 138.

[1026] O desenvolvimento da posição por mim adoptada é feito na secção seguinte.

Tutela Jurídica do Genoma Humano em Especial 551

fundar nas recusas consequências probatórias desfavoráveis", criando, desta forma, uma "garantia suplementar da obrigação de cooperar para a descoberta da verdade. Seria pena que o exercício fraudulento dos direitos fundamentais levasse a desperdiçar a eficácia dos meios de prova pericial e, deste modo, comprometesse o direito do filho ao estabelecimento da paternidade" ([1027]).

VII. Até à entrada em vigor da Lei n.º 21/98, de 12 de Maio, aplicava-se o Assento do Supremo Tribunal de Justiça n.º 4/83, de 21 de Junho ([1028])([1029]). Na falta de presunção legal de paternidade, este

---

([1027]) GUILHERME DE OLIVEIRA, *A lei e o laboratório-observações acerca das provas periciais da filiação*, in «Temas de direito da família», Ob. cit., pág. 62.

([1028]) No Assento n.º 4/83, de 21 de Junho, do Supremo Tribunal de Justiça, votaram vencidos os Conselheiros Lima Cluny, Antero Pereira Leitão, Flamino Martins, Rodrigues Bastos, entre outros, alegando não ser ao autor que compete fazer a prova da exclusividade de tais relações, mas ao réu que incumbe provar a *exceptio plurium*. Porque a mãe do investigante goza de presunção natural de honestidade, no sentido de que não é mulher de mais de um homem simultaneamente e, porque a doutrina deste Assento fez recair sobre ela a prova de factos negativos, sempre extremamente difícil e por vezes quase impossível, razão bastante para se manter a seu favor, ou do investigante, o ónus da prova.

([1029]) O Assento do Supremo Tribunal de Justiça n.º 4/83, de 21 de Junho, ao estabelecer a prova da exclusividade das relações sexuais entre a mãe e o investigado como sendo o elemento de facto primordial para a determinação da filiação, face às deficiências científicas dos resultados dos exames hematológicos da época, condicionou bastante a jurisprudência posterior. Nesta linha, cfr., entre outros, Acórdão da Relação de Coimbra, de 9 de Dezembro de 1987, «Colectânea de Jurisprudência», tomo V, 1987, págs. 46-48; Acórdão do Supremo Tribunal de Justiça, de 6 de Janeiro de 1988, «Boletim do Ministério da Justiça», n.º 373, págs. 538 e seguintes; Acórdão da Relação de Lisboa, de 3 de Abril de 1990, «Colectânea de Jurisprudência», tomo II, 1990, págs. 146-148; Acórdão do Supremo Tribunal de Justiça, de 9 de Junho de 1993, «Colectânea de Jurisprudência. Acórdãos do Supremo Tribunal de Justiça», tomo III, 1993, págs. 8 e seguintes; Acórdão do Supremo Tribunal de Justiça, de 10 de Maio de 1994, «Colectânea de Jurisprudência. Acórdãos do Supremo Tribunal de Justiça», tomo II, 1994, págs. 89-91.

Porém, um forte sector da jurisprudência reconheceu a importância fundamental dos exames. Nesta orientação, cfr., Acórdão da Relação do Porto, de 21 de Junho de 1988, «Revista do Ministério Público», n.ºs 35 e 36, 1988, págs. 193-201; Acórdão da Relação de Lisboa, de 5 de Novembro de 1992, «Boletim do Ministério da Justiça», n.º 421, 1992, pág. 476; Acórdão da Relação de Lisboa, de 9 de Março de 1995, «Colectânea de Jurisprudência», tomo II, 1995, págs. 73 e seguintes; Acórdão da Relação de Coimbra, de 2 de Junho de 1995, «Colectânea de Jurisprudência», tomo III, 1995, págs. 37-39; Acórdão da Relação de Lisboa, de 10 de Outubro de 1995, «Colectânea de Jurisprudência», tomo IV, 1995, págs. 106-108; Acórdão da Relação do Porto, de 9 de Janeiro de 1997, «Colectânea de

552   *Direito do Genoma Humano*

Assento fazia recair sobre o autor, nas acções de investigação, o ónus da prova da exclusividade das relações sexuais da mãe do investigante com o pretenso pai durante todo o período legal da concepção ([1030]).

A Lei n.º 21/98, de 12 de Maio, estabeleceu uma nova presunção legal de paternidade fundada na prova da existência de relações sexuais entre a mãe e o pretenso pai durante o período legal da concepção ([1031]). Uma vez provada a existência de relações sexuais entre a mãe e o pretenso pai do investigante durante aquele período, só é possível afastar a presunção de paternidade na hipótese prevista no n.º 2 do artigo 1871.º do Código Civil. Ou seja, quando existirem dúvidas sérias sobre a paternidade do investigado. Nesta linha, o réu precisa demonstrar que a (s) referida (s) relação (ões) sexual (ais) "não foram procriantes", não sendo suficiente a pura e simples alegação e prova da denominada *exceptio plurium*. O exame de investigação da paternidade constitui o único meio de prova que possibilitará (ou não) excluir o réu da pretensa paternidade. Assim, é necessário

---

Jurisprudência», tomo I, 1997, págs. 193-196; Acórdão da Relação do Porto, de 15 de Maio de 1997, «Boletim do Ministério da Justiça», n.º 467, 1997, pág. 632; Acórdão da Relação do Porto, de 21 de Setembro de 1999, «Colectânea de Jurisprudência», tomo IV, 1999, págs. 203 e seguintes; Acórdão do Supremo Tribunal de Justiça, de 19 de Janeiro de 1993, «Colectânea de Jurisprudência. Acórdãos do Supremo Tribunal de Justiça», tomo I, 1993, págs. 67 e seguintes; Acórdão do Supremo Tribunal de Justiça, de 25 de Fevereiro de 1993, «Boletim do Ministério da Justiça», n.º 424, 1993, págs. 696-701; Acórdão do Supremo Tribunal de Justiça, de 18 de Abril de 1996, «Boletim do Ministério da Justiça», n.º 456, 1996, págs. 335 e seguintes; Acórdão do Supremo Tribunal de Justiça, de 18 de Junho de 1996, «Boletim do Ministério da Justiça», n.º 458, 1996, págs. 323-330; Acórdão do Supremo Tribunal de Justiça, de 24 de Setembro de 1996, «Boletim do Ministério da Justiça», n.º 459, 1996, págs. 543 e seguintes; Acórdão do Supremo Tribunal de Justiça, de 26 de Setembro de 1996, «Boletim do Ministério da Justiça», n.º 459, 1996, págs. 549 e seguintes; Acórdão do Supremo Tribunal de Justiça, de 16 de Abril de 1998, «Boletim do Ministério da Justiça», n.º 476, 1998, págs. 433-440.

([1030]) O período legal da concepção abrange os primeiros cento e vinte dias dos trezentos que precederam o nascimento do filho nos termos do artigo 1798.º do Código Civil.

([1031]) Na Argentina, uma forte corrente considera que as novas tecnologias de determinação da paternidade vêm diminuir a importância da prova das relações sexuais entre o pretenso pai e a mãe no período legal da concepção. Esta prova, tradicionalmente exigida, é hoje substituída pela prova biológica. Cfr. Zannoni, *Voto en Cám. Nac. Civ.*, Sala A, 7/3/1985, ED. 114-167.

que o réu se sujeite a exame para poder excluir a presunção de paternidade que sobre ele recai.

Com esta Lei o direito de cada indivíduo à verdade biológica recebe forte impulso. Com efeito, assiste-se a toda uma nova lógica de responsabilização das partes na prova judicial da paternidade por recurso aos métodos científicos e, consequentemente, à prova directa da paternidade.

VIII. Por seu turno, o princípio da cooperação intraprocessual, também, promove a descoberta da verdade biológica. Este princípio comporta duas vertentes:

a) O poder do tribunal de pedir esclarecimentos às partes relativamente à matéria de facto ou de direito (n.ºs 2 e 3 do artigo 266.º do Código de Processo Civil).

Nos termos do artigo 266.º, o juiz pode, em qualquer altura do processo, esclarecer junto das partes, seus representantes ou mandatários judiciais as dúvidas que tenha sobre as suas alegações ou posições em juízo, de forma a evitar que a decisão final seja proferida sem aprofundamento da verdade. Esta norma consagra, ainda, o dever de o tribunal informar as partes dos resultados das diligências feitas.

b) O dever das partes de colaboração no sentido da descoberta da verdade (artigo 519.º ([1032]) do Código de Processo Civil).

O dever de cooperação, previsto nesta disposição, impende sobre todas as pessoas, quer sejam ou não partes na causa, através da prestação da sua colaboração para o apuramento da verdade. Nesta linha, o n.º 1 do artigo 519.º determina, concretamente, que as pessoas devem responder ao que lhes for questionado, submeter-se às inspecções necessárias, fornecer o que lhes for requisitado bem como realizar os actos determinados pelo tribunal.

([1032]) Cfr. Acórdão n.º 166/98 do Tribunal Constitucional, de 21/10/1998, Diário da República, II Série, de 17 de Março de 1999, que se pronuncia pela constitucionalidade do artigo 519.º do Código de Processo Civil. Todavia, mais recentemente, o Acórdão n.º 241/02 do Tribunal Constitucional, de 23/07/2002, Diário da República, II Série, de 29 de Maio de 2003, julgou inconstitucional a alínea b) do n.º 3 do artigo 519.º, por infracção do preceituado nos artigos 26.º, n.º 1 e 34.º, n.º 1 e 4 da Constituição da República Portuguesa.

554 *Direito do Genoma Humano*

Por sua vez, o n.º 2 estatui que aqueles que recusem prestar a colaboração devida serão condenados em multa, sem prejuízo dos meios coercitivos que forem possíveis. Todavia, a recusa de colaboração da parte processual não é passível de multa, devendo ser apreciada para efeitos probatórios nos termos estabelecidos no n.º 2 desta disposição.

No entanto, este dever de colaboração no sentido do esclarecimento da verdade sofre limitações, excepcionalmente admitidas nas diversas alíneas do n.º 3 do 519.º, que respeitam ao direito/dever de sigilo ([1033]) e a direitos fundamentais como o direito à integridade física ou moral e o direito à reserva da vida privada.

IX. O n.º 2 do artigo 344.º do Código Civil, para que remete o n.º 2 do artigo 519.º do Código de Processo Civil, determina a inversão do ónus da prova, nos casos em que a parte contrária tiver culposamente tornado impossível a prova ao onerado, independentemente das sanções que a lei processual mande especialmente aplicar à desobediência ou às falsas declarações.

X. Procedendo à articulação do artigo 519.º, n.º 2, do Código de Processo Civil com o artigo 344.º, n.º 2, do Código Civil, como, aliás, faz Maria Isabel Costa ([1034]), é possível chegar às seguintes conclusões:

a) Deverá ser aplicada multa a todo aquele que não aceite prestar a necessária e devida colaboração.
b) O n.º 4 do artigo 629.º do Código de Processo Civil disciplina a comparência, sob custódia, da testemunha que tenha faltado sem justificação ([1035]). Por analogia com o n.º 4 do artigo 629.º do Código de Processo Civil, há quem considere que é viável sustentar que o juiz tem o poder de ordenar a

---

([1033]) O segredo profissional, o segredo de funcionários e o segredo de Estado a que o n.º 3 do artigo 519.º se reporta encontram-se disciplinados, respectivamente, nos artigos 135.º, 136.º e 137.º do Código de Processo Penal.

([1034]) Maria Isabel Costa, *O estabelecimento da filiação. A investigação forense e a prova judicial da filiação biológica*, Intervenção proferida no IML em 13 de Abril de 2000, pol., págs. 23-25.

([1035]) Sem prejuízo da multa aplicável, que é logo fixada em acta.

Tutela Jurídica do Genoma Humano em Especial 555

comparência sob custódia ao indivíduo que não seja (ou não seja tendencialmente) parte ([1036])([1037]). Todavia, este entendimento não é de modo algum pacífico e linear.

c) A sanção aplicável ao indivíduo que seja parte situa-se unicamente no plano da prova. A recusa de uma das partes é apreciada livremente pelo tribunal, segundo o preceituado no n.º 2 do artigo 357.º do Código Civil e, na hipótese de a recusa (culposa) inviabilizar a prova ao onerado com a sua produção, pode originar a inversão do ónus da prova, de acordo com o n.º 2 do artigo 344.º do Código Civil.

d) O regime de livre apreciação pelo tribunal tem lugar nos casos em que uma das partes, através de recusa ilegítima, inviabiliza à outra parte a produção de um meio de prova (entre outros existentes) de forma que essa atitude somente dificulta, mas não impede a produção de prova.

e) Pelo contrário, o regime de inversão do ónus da prova aplica-se nas hipóteses em que uma das partes, através de recusa ilegítima, inviabiliza um meio de prova de primordial importância. Por exemplo, a recusa ilegítima para impossibilitar a prova directa da procriação biológica vai inviabilizar um meio de prova de interesse capital, uma vez que, actualmente, graças aos progressos científicos, este meio de prova é já, *de per si*, suficiente para garantir o sucesso da acção.

([1036]) Nesta orientação, o Acórdão da Relação de Évora, de 14 de Maio de 1992, publicado no «Boletim do Ministério da Justiça», n.º 417, 1992, pág. 840, refere que é lícito ao juiz utilizar, na averiguação oficiosa de paternidade, meios coercivos contra as pessoas, quer sejam ou não partes na causa, que recusem prestar a colaboração prevista no artigo 519.º do Código de Processo Civil. E, nestes meios coercivos, é de admitir, por aplicação analógica do artigo 629.º do Código de Processo Civil, a comparência das pessoas em falta. O Acórdão considera que esta medida em nada viola a Constituição da República Portuguesa.

([1037]) Considerando que, no processo de averiguação oficiosa de paternidade, o indigitado pai não é parte em sentido formal, mas terceiro, e como tal sujeito à recolha de sangue para ser efectuado exame tendente a determinar a paternidade, cfr., designadamente, Acórdão da Relação do Porto, de 13 de Maio de 1990, publicado no «Boletim do Ministério da Justiça», n.º 397.º, 1990, págs. 560 e seguintes. A Relação do Porto entendeu, neste acórdão, que o acto de colheita de sangue não é atentatório da dignidade do pretenso pai, sendo, assim, a recusa ilegítima; todavia, sustentando que na averiguação oficiosa de paternidade, o pretenso pai não é terceiro, mas antes parte em sentido material, apesar de não o ser na rigorosa acepção técnico-processual, cfr. nomeadamente, Acórdão da Relação do Porto, de 23 de Novembro de 1992, publicado no «Boletim do Ministério da Justiça», n.º 421, 1992, págs. 497 e seguintes.

XI. Assim, neste momento, no ordenamento jurídico português, por falta de regras imperativas específicas não só não é possível impor coercivamente ao (aos) presumível (eis) progenitor (es) a colheita coactiva de DNA como também não é permitida a posterior análise genética desses elementos (sem consentimento do (s) próprio (s)) para fins de investigação da filiação.

O consentimento para a colheita do material necessário deve resultar de um acto de reflexão do réu que, por livre e espontânea vontade, queira colaborar para se cientificar da veracidade dos factos alegados.

Para cada acção resta uma reacção. E, este princípio nuclear da física também encontra acolhimento no universo do direito da filiação. Caso o réu recuse pesará nos seus ombros a suspeita de que na realidade ele é o pai genético, dependendo, logicamente, do cotejo das demais provas produzidas.

154. Posição adoptada

154.1. *Princípio geral*

I. Os testes não só não são legalmente proibidos como, pelo contrário, são permitidos pela nossa lei civil (artigo 1801.º do Código Civil) como meio de investigação da filiação.

II. Mas como, no nosso ordenamento jurídico, não é possível obrigar o presumível pai ou mãe a sujeitar-se ao teste, o Tribunal atribuirá a essa recusa as consequências jurídicas daí resultantes. De qualquer modo, a recusa não pode, *de per si*, ser interpretada como uma *ficta confessio* pois, se assim fosse, violar-se-ia o princípio da paternidade real. Não se pode imputar a paternidade a outro indivíduo que não o verdadeiro pai. O juiz deve decidir tendo em conta todos os elementos do processo e nunca *uti singuli.*

154.2. *Algumas especificidades*

I. Há, ainda, toda uma panóplia de hipóteses que podem rodear o caso em apreço ([1038]) e que merecem ser objecto de análise específica. Assim, por exemplo:

a) Nas situações em que o pretenso pai não aceite sujeitar-se a exame de sangue necessário para o estabelecimento da paternidade invocando motivos religiosos, é já possível substituir o sangue por fios de cabelo. Se, mesmo assim, não quiser colaborar, o tribunal pode apreciar livremente a recusa conjuntamente com os restantes meios de prova (artigo 519.º, n.º 2, do Código de Processo Civil) tendo lugar a inversão do ónus da prova sempre que a recusa impossibilite ao autor a prova da paternidade (artigo 344.º, n.º 2, do Código Civil).

b) Quando for impossível a colheita de tecido do pretenso pai (morte, recusa, doença, ausência, etc) é legítimo e cientificamente já viável recorrer aos parentes próximos (avós ([1039]), irmãos ([1040]), tios ([1041])) ou a irmãos consanguíneos do menor. O procedimento consiste na caracterização genética destes familiares directos, de modo a poder traçar o perfil genético do progenitor ausente e proceder à avaliação dos resultados obtidos na perícia, com o intuito de determinar se se verifica ou não exclusão de paternidade.

Nos casos de investigação biológica de paternidade é necessário ter em conta que o par mãe-filho é considerado par biológico.

([1038]) Nesta orientação, remeto para MARIA ISABEL COSTA, *O estabelecimento da filiação. A investigação forense e a prova judicial da filiação biológica*, Ob. cit., págs. 17-19, que alerta para situações particulares que o tribunal deve ter em conta na instrução dos processos (quer no processo de averiguação oficiosa de paternidade, quer na produção da prova pericial já no domínio da acção de investigação de paternidade).

([1039]) O DNA do filho depende, também, do DNA dos seus avós. Assim, o estudo da informação genética transmitida pelo pai ao filho pode ser substituído pela análise do DNA dos pais dos seus pais.

([1040]) Como parte da carga genética dos irmãos provém do presuntivo pai da criança, o DNA desta e dos irmãos têm, em princípio, grandes zonas em que coincidem.

([1041]) Uma vez que a origem do DNA dos tios do investigante é a mesma da do presuntivo progenitor destes, existe uma grande probabilidade de se registarem coincidências para a determinação da filiação.

As perícias sem um dos progenitores por meio da análise de marcadores genéticos designados "clássicos", tais como grupos sanguíneos, proteínas e enzimas, eram muito limitadas. A aplicação do estudo dos polimorfismos de DNA, graças ao seu grande poder informativo, veio possibilitar a resolução de casos extremamente complexos.

Na maior parte das situações, a chamada reconstituição genética do indivíduo ausente é obtida, possibilitando, assim, a conclusão das perícias, com o teor de exclusão ou de paternidade "praticamente provada".

c) Se o pretenso pai já faleceu, e não existem parentes próximos que se submetam ao teste, subsiste, ainda, como último recurso, a hipótese de se proceder à exumação do cadáver para a recolha do material necessário ao exame.

d) É difícil resolver os casos em que uma das partes não tem capacidade para dar consentimento para a realização do teste de investigação da filiação (pessoas em estado de coma, etc) uma vez que a sua vontade não pode ser conhecida e os seus direitos devem ser protegidos. Não me parece suficiente o consentimento dos parentes próximos ou dos representantes legais. É preciso obter uma autorização do tribunal. Por exemplo, proceder à referida hipótese de exumação de um cadáver para retirar os elementos necessários para o exame de averiguação da filiação constitui um atentado ao respeito devido aos mortos. Assim sendo, o tribunal só deve ordenar tal medida na falta de outros meios de prova (escritos, testemunhos, presunções, etc). As condições a que devem estar sujeitas estas investigações têm de estar consagradas na lei.

e) Outro exemplo possível é o de as pessoas examinadas terem sido objecto, recentemente, de transfusões de sangue ou de transplantes de órgãos. O tribunal deve comunicar este facto ao laboratório. Poderá, eventualmente, ser necessário repetir exames ou recorrer a parentes próximos.

f) É de admitir uma segunda perícia judicial, ao abrigo do disposto no artigo 589.º e seguintes do Código de Processo Civil, quando uma das partes invoque razões plausíveis que possam pôr em causa a credibilidade do relatório apresentado

Tutela Jurídica do Genoma Humano em Especial 559

pelos peritos ou quando o tribunal, oficiosamente, entenda ordená-la. Nesta linha, constituem exemplos a perícia demonstrativa da impossibilidade de o pretenso pai procriar por azoospermia ([1042]) ou por necrospermia ([1043]).

154.3. *Admissibilidade da sujeição compulsiva a testes genéticos? Necessidade de elaboração de uma lei específica que imponha a realização coerciva de testes de DNA para fins de determinação do perfil genómico do progenitor*

I. Penso que é urgente a elaboração de uma lei específica que imponha a realização coerciva de testes de DNA para fins de determinação do perfil genómico do progenitor.

Toda e qualquer investigação da filiação deve ser norteada, principalmente, pelos interesses da criança.

II. Há, neste momento, uma certa incoerência ([1044]) no nosso ordenamento jurídico. Por um lado, não é permitida a realização coactiva destes exames por se considerar que põem em causa direitos fundamentais mas, por outro lado, e simultaneamente, determina-se a inversão do ónus da prova nas hipóteses em que uma das partes, através de recusa (culposa), impossibilita um meio de prova de primordial importância.

Ou seja, como refere Paula Costa e Silva, se se considera que a obrigatoriedade de sujeição ao teste é ilegal porque viola direitos fundamentais, então, não se pode "condenar" o indivíduo que não quer submeter-se ao exame ([1045]).

([1042]) Falta de espermatozóides.

([1043]) Existência de espermatozóides sem actividade.

([1044]) Em defesa da existência de uma contradição, cfr. PAULA COSTA E SILVA, *A realização coerciva de testes de DNA em acções de estabelecimento da filiação*, in «Estudos em Homenagem à Professora Doutora Isabel de Magalhães Collaço», Vol. II, Almedina, Coimbra, 2002, pág. 596.

([1045]) PAULA COSTA E SILVA, *A realização coerciva de testes de DNA em acções de estabelecimento da filiação*, in «Estudos em Homenagem à Professora Doutora Isabel de Magalhães Collaço», Ob. cit., pág. 596.

560 *Direito do Genoma Humano*

III. Os direitos fundamentais usualmente invocados são o direito à integridade física e o direito à liberdade.

IV. No que diz respeito ao primeiro, poder-se-á alegar que a recolha coerciva de material para o teste viola o direito à integridade física estipulado no artigo 25.º da Constituição da República Portuguesa, não estando prevista nesta disposição qualquer restrição.

Porém, poder-se-á contra argumentar dizendo que a simples colheita de um fio de cabelo, ou de uma amostra de sangue ou de saliva ([1046]) não consubstancia uma violação deste direito ([1047]). E mesmo que se considerasse que esta recolha punha em causa o direito à integridade física, esta ofensa seria imprescindível para a perfeita aplicação do direito à identidade genética disciplinado no artigo 26.º daquele Diploma ([1048]).

V. No que concerne ao direito à liberdade ([1049]), poder-se-á sustentar que o artigo 27.º da Constituição não prevê qualquer restrição a este direito concretamente nos casos em que a parte deva ser coagida a apresentar-se no Instituto de Medicina Legal para a realização

---

([1046]) Permite uma análise eficaz, inclusivamente a saliva existente em filtros de cigarros fumados, em selos ou subscritos, etc.

([1047]) Todavia, considero tratar-se de situação diametralmente oposta se o teste puder pôr em risco a saúde do testado. Como, por exemplo, no caso de um hemofílico. A título de exemplo, um Tribunal Alemão, numa conhecida sentença (Olg. Koblenz,19/09/1975, NJW, 1976, pág. 379), atendeu a pretensão de uma mulher que recusou fazer um exame ao sangue para efeitos de averiguação da filiação. A mulher que padecia da doença de Sprtizen-Phobie alegou que tinha pavor de agulhas e que o teste podia causar-lhe graves danos psicológicos. Em virtude de se tratar de doença curável o tribunal decidiu adiar o exame.

([1048]) Nesta orientação, PAULA COSTA E SILVA, *A realização coerciva de testes de DNA em acções de estabelecimento da filiação*, in «Estudos em Homenagem à Professora Doutora Isabel de Magalhães Collaço», Ob. cit., págs. 597-598. A Autora acrescenta que não é possível afirmar que o direito à identidade "pode ser tutelado pelo exercício do também constitucionalmente consagrado direito à prova através da apresentação de outros meios de prova". Uma vez que no "estado actual do conhecimento o teste de ADN é a melhor prova num processo de estabelecimento da filiação fundada numa derivação genética". Considera que a "eventual restrição do direito à integridade física" resultante da "realização de um teste de ADN é absolutamente proporcionada e adequada aos fins que com essa restrição se visam obter": possibilitar um "resultado judicial nas acções de estabelecimento da filiação compatível com a realidade".

([1049]) *Volenti iniuira non fit.*

Tutela Jurídica do Genoma Humano em Especial

dos exames necessários. E os direitos fundamentais só podem ser restringidos nas hipóteses consagradas no artigo 18.º do referido Diploma ([1050]). Todavia, esta matéria também não é pacífica. Ainda que se possa entender que este facto consubstancia violação deste direito, poder-se-á alegar que se trata de uma violação indispensável para o exercício do direito à identidade genética previsto no citado artigo 26.º da Constituição da República Portuguesa ([1051]).

VI. Paula Costa e Silva ([1052]) questiona como é que se pode aceitar a conformidade constitucional da norma que admite a colheita de sangue no caso em que o condutor está em aparente estado de embriaguez e, concomitantemente, considerar inconstitucional a ordem judicial que estipule a recolha coerciva de sangue, de cabelo, ou de saliva indispensável para o estabelecimento da filiação. O direito à integridade, se impuser a impossibilidade de recolha de sangue ou de outro material, tanto não permite restrições constitucionais numa situação como na outra ([1053])([1054]).

([1050]) Relativamente à problemática da restrição de direitos, liberdades e garantias, cfr., por todos, JORGE MIRANDA, *Manual de Direito Constitucional, Tomo IV, Direitos Fundamentais*, Ob. cit., págs. 328 e seguintes.

([1051]) Chamo, novamente, à colação os ensinamentos de PAULA COSTA E SILVA, *A realização coerciva de testes de DNA em acções de estabelecimento da filiação*, in «Estudos em Homenagem à Professora Doutora Isabel de Magalhães Collaço», Ob. cit., págs. 597-598.

([1052]) PAULA COSTA E SILVA, *A realização coerciva de testes de DNA em acções de estabelecimento da filiação*, in «Estudos em Homenagem à Professora Doutora Isabel de Magalhães Collaço», Ob. cit., pág. 598.

([1053]) É importante referir os casos dos exames para detecção do excesso de álcool nos condutores e dos testes para verificação de *dopping*.

A título de exemplo, o artigo 158.º (Princípios gerais) do Código da Estrada (aprovado pelo Decreto-Lei n.º 114/94, de 3 de Maio. Revisto pelo Decreto-Lei n.º 2/98, de 3 de Janeiro, revisto e republicado pelo Decreto-Lei n.º 265-A/, 2001, de 28 de Setembro e alterado pela Lei n.º 20/2002, de 21 de Agosto) estatui que quem recusar sujeitar-se às provas estabelecidas para a detecção dos estados de influenciado pelo álcool ou por substâncias legalmente consideradas como estupefacientes ou psicotrópicas comete o crime de desobediência. O crime de desobediência encontra-se previsto no artigo 348.º (Desobediência) do Código Penal. Mais concretamente, o n.º 1 do artigo 158.º do Código da Estrada determina que os condutores, os peões (sempre que sejam intervenientes em acidentes de trânsito) bem como as pessoas que se propuserem iniciar a condução devem submeter-se às provas estabelecidas para a detecção dos estados de influenciado pelo álcool ou por substâncias

562 *Direito do Genoma Humano*

Aliás, é esta a orientação da Comissão Europeia dos Direitos Humanos que na sua decisão de 13 de Outubro de 1989, considera que uma intervenção banal como um exame de sangue não é uma intromissão do tipo proibido no artigo 21.º da Convenção Europeia.

Além de que existem situações análogas juridicamente tuteladas como é o caso da vacinação obrigatória e de outras medidas semelhantes por razões de saúde.

VII. Todavia, como referi, reconheço que se trata de matéria que não é pacífica nem a nível doutrinal nem jurisprudencial.

---

legalmente consideradas como estupefacientes ou psicotrópicas. E, de acordo com o n.º 3 desta norma, os condutores e os peões (que se encontrem na situação anteriormente referida) que recusem sujeitar-se às provas estabelecidas para a detecção do estado de influenciado pelo álcool ou por substâncias legalmente consideradas como estupefacientes ou psicotrópicas são punidas por desobediência.

Segundo o preceituado no n.º 7 do artigo 159.º (Fiscalização da condução sob influência de álcool) do Código da Estrada, quando não for possível fazer a prova por pesquisa de álcool no ar expirado, o examinando deve ser sujeito a colheita de sangue para análise ou, caso recuse, deve ser realizado exame médico, em estabelecimento oficial de saúde para se poder diagnosticar o estado de influenciado pelo álcool.

Também, o artigo 162.º (Exame em caso de acidente) estatui que os condutores e os peões que intervenham, em acidente de trânsito, devem, sempre que as suas condições de saúde não o impeçam, ser sujeitos a exame de pesquisa de álcool no ar expirado, de acordo com o artigo 159.º. E, disciplina, ainda que nas situações em que não tenha sido viável realizar aquele exame, o médico do estabelecimento oficial de saúde a que os intervenientes no acidente sejam conduzidos devem fazer a colheita da amostra de sangue para ulterior exame de diagnóstico do estado de influenciado pelo álcool. Todavia, quando o exame de pesquisa de álcool no sangue não puder ser feito, o médico tem de proceder a exame pericial para diagnosticar o estado de influenciado pelo álcool.

Cfr., ainda, Decreto Regulamentar n.º 24/98, de 30 de Outubro; Despacho n.º 7537/2000, de 7 de Abril; Portaria n.º 1005/98, de 30 de Novembro; Portaria n.º 1006/98, de 30 de Novembro; Despacho normativo n.º 4/2003, de 29 de Janeiro;

Cfr., também, artigos 291.º (Condução perigosa de veículo rodoviário) e 292.º (Condução de veículo em estado de embriaguez) do Código Penal.

Em sede de jurisprudência, cfr. Acórdão n.º 15/96, de 3 de Outubro de 1996, Diário da República, I Série A, n.º 280, de 4 de Dezembro de 1996; Acórdão n.º 4/97, de 19 de Dezembro de 1996, Diário da República, I Série A, n.º 65, de 18 de Março de 1997; Assento n.º 5/99, de 17 de Junho de 1999, Diário da República, I Série A, n.º 167, de 20 de Julho de 1999; Acórdão da Relação de Lisboa, de 28 de Outubro de 1998, «Boletim do Ministério da Justiça», n.º 480, 1999, págs. 534 e seguintes.

[1054] Contudo, é possível contra argumentar dizendo que não se pode comparar um simples exame de rotina para averiguar a taxa de alcoolémia no sangue com um teste de DNA que se imiscui na intimidade biológica mais profunda do ser humano.

Tutela Jurídica do Genoma Humano em Especial 563

VIII. Assim sendo, e tendo em consideração o direito do filho ao conhecimento das suas raízes genéticas bem como o interesse do Estado no estabelecimento de filiações que correspondam à verdade biológica é urgente a elaboração de normas específicas e inequívocas que imponham a realização coerciva dos testes genéticos para fins de determinação do perfil genómico do progenitor.

IX. De qualquer modo, a execução destes testes deve obedecer a quatro princípios fundamentais: privacidade, justiça, igualdade e qualidade. Com efeito, a informação resultante dos testes deve ser estritamente pessoal. De acordo com o princípio da privacidade, os resultados não podem ser comunicados a terceiros sem o consentimento do próprio. Por sua vez, o princípio da justiça determina que o perito seja imparcial na avaliação científica dos resultados dos testes de paternidade por ele feitos. O princípio da igualdade consagra que as perícias devem ser tratadas com igual seriedade, sem qualquer tipo de discriminação fundada na raça, religião, estatuto sócio-económico, etc. Por seu turno, segundo o princípio da qualidade todos os testes devem ser realizados com a melhor tecnologia possível, necessitando os relatórios de apresentar total fiabilidade.

X. Além disso, num processo de investigação de paternidade, o tribunal deve circunscrever-se à informação existente no DNA não codificante ([1055]).

O DNA codificante é responsável pelas características psíquicas do ser humano, pelas suas doenças ou predisposições genéticas. O tribunal não deve ter acesso aos dados médicos decorrentes do DNA codificante da pessoa identificada, pois trata-se de matéria do foro íntimo que ultrapassa os objectivos da identificação a que se destina.

Por sua vez, face ao estado actual da Ciência, o DNA não codificante não revela informação relativa às doenças ou predisposições genéticas do testado. Limita-se a identificar o indivíduo, que é precisamente o que se pretende com a investigação.

([1055]) Relativamente à relevância da distinção entre o DNA codificante e o DNA não codificante em sede do Direito à Privacidade Genómica e do Direito Processual Penal. DNA e investigação criminal, cfr., respectivamente, Parte II, Título II, Capítulo V, Secção V, n.º 111 e Parte II, Título III, Capítulo VI, Secção IV, n.º 188.

564   *Direito do Genoma Humano*

Visa-se, apenas, identificar, reconhecer a pessoa e não conhecê-la.

Devem, portanto, ser usados somente os elementos genómicos que revistam importância concreta para o caso em apreço e não permitam qualquer tipo de ilações sobre a totalidade da informação hereditária.

XI. Em síntese, o exame do genoma deve circunscrever-se ao DNA não codificante, ser feito em condições adequadas, por pessoal de saúde credenciado, numa instituição independente ([1056]), não pôr em causa a saúde do testado, e sempre sob a égide do tribunal.

([1056]) É de admitir que um laboratório privado possa reunir os requisitos necessários para a correcta execução dos testes, de acordo com as regras internacionais existentes, acompanhada pela devida fiscalização. Todavia, em qualquer caso a realização dos exames deve ser feita sempre sob a supervisão do tribunal.

CAPÍTULO III

GENOMA E DIREITO DO TRABALHO LIMITES DA ENTIDADE PATRONAL AO CONHECIMENTO DO GENOMA DO TRABALHADOR

Sumário

SECÇÃO I
Introdução

155. Problemas equacionados
156. Monitorização genética dos trabalhadores
157. Direitos do trabalhador, da entidade patronal e da sociedade
158. Opções legislativas

SECÇÃO II
Regime jurídico e soluções propostas

159. Síntese legislativa
160. Predição de doenças monogénicas
    160.1. Predição de doenças monogénicas incuráveis
    160.2. Predição de doenças monogénicas para as quais já há terapia disponível

161. Predisposição para doenças multifactoriais
161.1. Introdução
161.2. Carácter meramente probabilístico das predisposições genéticas
161.3. Direito à privacidade
161.4. Direito a não saber
161.5. Direito ao trabalho
161.6. Discriminação genómica
161.7. Criação de classes de saudáveis doentes
161.8. Procriação de seres humanos com o genoma procurado pelo mercado
161.9. Nota final

SECÇÃO I
Introdução

155. Problemas equacionados
156. Monitorização genética dos trabalhadores
157. Direitos do trabalhador, da entidade patronal e da sociedade
158. Opções legislativas

155. Problemas equacionados

I. A curto prazo, será viável descrever o perfil genético de todos os seres humanos, especificando a presença ou ausência de um ou vários genes determinantes de enfermidades de manifestação tardia ou de susceptibilidade a determinada doença. Isto é, neste último caso, avaliar a probabilidade de, em certas condições ambientais, padecermos de cancro do cólon, diabetes, afecções cardiovasculares, etc.

Algumas enfermidades diagnosticadas na análise do genoma humano já podem ser curadas.

O talento humano controla o destino quando detecta e cura enfermidades resultantes das fatalidades e perversões da hereditariedade.

II. A medicina predizente, embora tenha inúmeras vantagens, pode ([1057]) acarretar graves prejuízos por permitir diagnosticar, de modo precoce, características hereditárias das pessoas antes que se cheguem a revelar.

Qualquer indivíduo com interesse no estado de saúde presente ou futura de um terceiro pode pretender aceder a dados do seu foro

---

([1057]) Relativamente à medicina preditiva, cfr. Parte I, Título I, Capítulo II, Secção II.

568 *Direito do Genoma Humano*

genético. As entidades patronais sentir-se-ão tentadas a querer saber já hoje as doenças de que os seus trabalhadores poderão vir a padecer amanhã, prevenindo, assim, riscos, faltas, subsídios e outros encargos. O Projecto do genoma humano vai aumentar de forma substancial a quantidade de informação que é susceptível de ser obtida por esses indivíduos ou entidades.

A medicina preditiva abre a porta a novas e diferentes formas de discriminação social em questões laborais.

A discriminação de pessoas em função do seu genoma na celebração ou vigência dos contratos de trabalho é, já, uma dura realidade ([1058])([1059])([1060])([1061]). É, por exemplo, o caso dos que padecem de anemia das células falciformes ([1062]) ou da Coreia de Huntington.

([1058]) Há mesmo quem considere que pela primeira vez desde o século XVIII estamos prestes a substituir os Direitos do Homem pelos direitos de um homem em função das suas predisposições genéticas. Nesta linha, e entre outros, ALEX KAHN, *Un entretien avec le professeur Alex Kahn*, «Le Monde», 28 de Abril de 1993, citado por LUCIEN SÈVE, *Para uma Crítica da Razão Bioética*, Ob. cit., pág. 375, afirma tratar-se de uma reviravolta extraordinária das nossas sociedades baseadas na solidariedade. "Esse é o perigo, a extrema gravidade. É preciso vê-lo, dizê-lo, gritá-lo, e lançar acções legislativas aos níveis nacional e internacional. Não o fazer seria uma atitude suicidária."

([1059]) É curioso que, de uma maneira geral, vários países da Europa, relativamente à realização de testes genéticos, têm tido uma posição mais reservada que os Estados Unidos da América. Esta diferença pode ser, em parte, explicada pelo facto de nesses países europeus existirem sistemas de seguros sanitários de cobertura praticamente universal. Pelo contrário, grande parte dos trabalhadores americanos estão seguros através da própria entidade patronal. Assim, as empresas que praticam esta modalidade de auto-seguro, têm, em princípio, tendência para exigir que os seus trabalhadores se sujeitem a provas de detecção de enfermidades mesmo que estas não tenham relação directa com a actividade desempenhada.

Deste jeito, é possível chegar à conclusão que a problemática dos testes genéticos nas relações laborais não pode ser resolvida sem uma clara articulação com as normas reguladoras dos contratos de seguros.

Nos Estados Unidos da América, a maioria das entidades patronais providencia seguros de vida para os seus trabalhadores, apesar de estes pagarem uma percentagem desse custo. Existem duas maneiras principais de financiar o seguro de vida: as entidades patronais podem adquirir uma apólice de seguro de grupo directamente de uma companhia seguradora; outra hipótese, que, aliás, tem sido seguida por um número crescente de companhias nos Estados Unidos da América (82 % das entidades patronais com mais de 5000 trabalhadores) é a do auto-seguro. Quando os empregadores pagam os custos dos cuidados de saúde dos seus trabalhadores ou dependentes (em especial na modalidade de auto-seguro) têm um interesse substancial em empregar apenas as pessoas que presumem que sejam mais saudáveis, e consequentemente, lhes acarretem menos despesas médicas. Assim, a medicina preditiva pode revelar-se extremamente útil.

Tutela Jurídica do Genoma Humano em Especial

III. Neste capítulo, abordarei, designadamente, a questão de saber se o trabalhador tem o dever de revelar a informação que detém

Outra situação relevante é a de que, nos Estados Unidos da América, muitos empregadores e companhias seguradoras não querem realizar testes genéticos aos seus trabalhadores ou segurados por causa dos custos que essa prática lhes importaria. Mas têm cada vez maior interesse em obter os resultados dos testes genéticos já feitos por eles particularmente.

([1060]) M. Philippe Malhauk, Sénat de Bélgique, Session Extraordinaire de 1999, 14 de Julho de 1999, pág. 1, salientou que em certos países, o teste genético é utilizado como critério de selecção.

([1061]) Em 1991, o U.S. Congress Office of Technology Assessment, no *Genetic Monitoring and Screening in the Workplace*, relatou que nos Estados Unidos da América somente 1 % das companhias apresentava uma política formal relativamente aos testes. A maioria considerava a exigência dos exames genéticos uma prática institucionalizada e pacífica. E mais de um terço das empresas recorria aos testes para efeitos de selecção e de despedimento das pessoas que apresentavam susceptibilidade para determinadas doenças.

Em 2001, o U.S. Equal Employment Opportunity Commission (EEOC) teve a sua primeira acção judicial relativa aos testes genéticos no local de trabalho contra a Burlington Northern Santa Fe Railway. Esta companhia realizava os exames sem consentimento dos trabalhadores. Um dos trabalhadores chegou a ser ameaçado de despedimento caso não se submetesse a um exame de sangue. A Equal Employment Opportunity Commission exigiu que a companhia suspendesse imediatamente os testes e advertiu que "*it would respond aggressively to any evidence that employers are asking for or using tests in a manner which violates the Americans with Disabilities Act of 1990*".

Cfr. Opinion of the European Group on Ethics in Science and New Technologies to the European Commission, *Ethical Aspects of Genetic Testing in the Workplace*, n.° 18, 28th July 2003, 1. 6. 2., pág. 12.

([1062]) A anemia das células falciformes é uma doença genética que tem particular incidência nos africanos. Nos Estados Unidos da América, uma em cada quinhentas crianças da raça negra é homozigótica. A Academia da Força Aérea Americana, com receio de que a capacidade de oxigenação dos portadores de apenas uma cópia destas células pudesse ser afectado nos treinos para piloto ao voarem a altas altitudes, vedou, durante dez anos, o acesso destas pessoas à Academia. Esta clara discriminação acabou em 1981 em virtude da falta de provas científicas.

Também, nos Estados Unidos da América, durante os anos oitenta se verificou uma tendência para uma proliferação dos testes genéticos para a detecção do défice de glicose-6-fosfato-desidrogenase, do défice de alfa-1-antitripsina e de outras doenças genéticas. A justificação para a realização destes exames era a de que a presença de um desses traços genéticos aumentaria o risco do trabalhador que estivesse sujeito a determinadas condições de ambiente (por exemplo, aumento dos níveis de contaminantes no caso de défice de alfa-1-antitripsina).

O Relatório *The Role of Genetic Testing in the Prevention of Occupational Disease* apresentado pelo U.S. Congress Office of Technology Assessment, em 1983, contribuiu para a diminuição da procura destes testes ao estatuir que ainda não apresentavam resultados seguros do ponto de vista científico.

Todavia, posteriormente, verificaram-se melhorias significativas nestes exames, aumentando o recurso aos testes consideravelmente.

570   *Direito do Genoma Humano*

sobre a previsibilidade da sua saúde futura e a entidade patronal tem o direito de exigir que o candidato ao emprego ou o trabalhador se sujeite a testes genéticos predizentes para efeitos de selecção ou de despedimento ([1063]).

Depois de uma referência à monitorização genética dos trabalhadores e aos direitos dos trabalhadores, das entidades patronais e da sociedade, procedo a uma análise da legislação existente. Considero útil para resolver a problemática acima equacionada proceder a uma distinção entre as doenças monogénicas e as predisposições para enfermidades multifactoriais. Nesta linha, e com fundamentação designadamente na legislação existente, apresento algumas propostas.

156. Monitorização genética dos trabalhadores

I. Antes de iniciar o estudo propriamente dito dos testes genéticos no local de trabalho para efeitos de selecção ou de despedimento dos trabalhadores, parece-me importante tecer algumas breves alusões ao problema específico da monitorização genética.

II. Efectivamente, é necessário proceder à distinção entre a realização de exames genéticos para a selecção ou despedimento de pessoas e a concretização de medidas de medicina do trabalho. Ou seja, meios de monitorização do estado de saúde dos trabalhadores e das condições de trabalho ([1064]). A monitorização visa detectar os eventuais efeitos genotóxicos de substâncias ou outros factores existentes no local de trabalho ([1065])([1066])([1067]). Quando se esteja face a um resulta-

---

([1063]) Relativamente à problemática do acesso à informação genética pelas entidades empregadoras, cfr. o interessante estudo de BERNARDO XAVIER, *O acesso à informação genética*, in «Estudos de Direito da Bioética», I Curso de Pós-Graduação em Direito da Bioética na Faculdade de Direito da Universidade de Lisboa, Ob. cit., págs. 141-164.

([1064]) Cfr. *Opinion of the European Group on Ethics in Science and New Technologies to the European Commission, Ethical Aspects of Genetic Testing in the Workplace*, n.º 18, 28th July 2003, 1.2.3., pág. 8.

([1065]) No que diz respeito à legislação existente sobre a prevenção de riscos específicos no local de trabalho há que distinguir consoante se trate de agentes físicos (ruído e radiações ionizantes); químicos (cancerígenos, amianto, agentes químicos e valores limite de exposição, chumbo, atmosferas explosiva) ou biológicos (organismos geneticamente modificados).

Tutela Jurídica do Genoma Humano em Especial 571

do positivo generalizado, a entidade patronal deve tomar os procedimentos de higiene e segurança adequados.

Assim relativamente ao ruído: Decreto-Lei n.º 72/92, de 28 de Abril (Regime geral), Decreto Regulamentar n.º 9/92, de 28 de Abril (Normas técnicas), o ruído enquanto componente ambiental está disciplinado no Decreto-Lei n.º 292/2000, de 14 de Novembro; radiações ionizantes: Decreto-Lei n.º 165/2002, de 17 de Julho (Regime geral), Decreto-Lei n.º 180/2002, de 8 de Agosto (Regime Geral), Decreto-Lei n.º 348/89, de 12 de Outubro (Regime geral), Decreto Regulamentar n.º 9/90, de 19 de Abril (Normas técnicas); Cancerígenos: Decreto-Lei n.º 301/2000, de 18 de Novembro (Regime geral), Decreto-Lei n.º 479/85, de 13 de Novembro (Regime geral); Decreto-Lei n.º 275/91, de 7 de Agosto (Substâncias proibidas); amianto: Decreto-Lei n.º 284/89, de 24 de Agosto (Regime geral), Portaria n.º 1057/89, de 7 de Dezembro (Regime de notificação); agentes químicos e valores limite de exposição: Decreto-Lei n.º 290/2001, de 16 de Novembro (Agentes químicos e valores limite de exposição); chumbo: Decreto-Lei n.º 274/89, de 21 de Agosto (Chumbo); atmosferas explosiva: Decreto-Lei n.º 236/2003, de 30 de Setembro (Atmosferas explosiva); agentes biológicos: Decreto-Lei n.º 84/97, de 16 de Abril (Regime geral); Decreto-Lei n.º 2/2001, de 4 de Janeiro (Organismos geneticamente modificados).

[1066] O *screening* utilizado para identificar a predisposição genética que determina a hipersensibilidade a certas substâncias existentes no local de trabalho é objecto da denominada ecogenética. A ecogenética é um ramo da genética que estuda as reacções determinadas geneticamente do organismo humano relativamente a factores ambientais de ordem física, química, biológica e social. A ecogenética parte do pressuposto de que os caracteres bioquímicos individuais condicionam a reacção do organismo a um estímulo externo. Por exemplo, quer o défice de alfa-1-antitripsina quer o défice de glicose-6-fosfato-desidrogenase (G6P-DH) são afecções por etiopatogénese genética responsáveis pela diminuição dos mecanismos de defesa do organismo face a substâncias nocivas existentes em certos ambientes laborais.

[1067] As indústrias que usem maquinaria de uma forma sistemática, como é o caso da indústria têxtil, são afectadas pela poluição sonora. A doença vibroacústica está associada "à exposição prolongada a ruído de baixa frequência (< 500 Hz) e alta intensidade (> 90 dB)" e provoca diversas lesões a nível cardíaco e neurológico, vascular e respiratório. A hipertensão arterial, alterações da função reprodutora da mulher (tais como ciclos menstruais irregulares, dismenorreia, hipertensão na gravidez, abortos espontâneos) e no crescimento do embrião (podendo dar origem a nascimentos prematuros) são alguns efeitos conhecidos da exposição dos trabalhadores a ruído na indústria têxtil. Estes dados revestem especial importância uma vez que a maior parte dos trabalhadores destas indústrias são mulheres. Cfr. ANTÓNIO SOUSA PEREIRA, *Caracterização da patologia pulmonar induzida pela exposição ao ruído e poeiras de algodão na indústria têxtil*, in «IV Congresso Nacional de Saúde Ocupacional», org. da Faculdade de Medicina da Universidade do Porto, pol., Póvoa de Varzim, 29-31 de Outubro de 2002, págs. 141-142.

Outro exemplo que pode ser referido é o da indústria de calçado. Aqui, além dos riscos físicos (ruído, poeiras), existem riscos mecânicos, térmicos, eléctricos e químicos. Nesta indústria são manuseados diversos produtos químicos, tais como colas e diluentes. Estes compostos têm um "padrão de toxicidade" com potenciais efeitos nocivos no estado de saúde. Estudos recentes revelaram que uma exposição continuada destes compostos,

572 *Direito do Genoma Humano*

Como refere o nosso Conselho Nacional de Ética para as Ciências da Vida a monitorização interessa à saúde do trabalhador, ao dever do empregador de proporcionar segurança no trabalho e ao dever da sociedade de promover a saúde. Deve ser obrigatória sempre que se justifique. Todavia, se o trabalhador, depois de inteiramente esclarecido, não consentir, a sua vontade deve ser respeitada e não deve perder o emprego por esse motivo ([1068]).

Os materiais biológicos recolhidos dos trabalhadores não podem ser usados para fins distintos dos pretendidos com a monitorização devendo ser destruídos imediatamente após o uso prescrito.

Deve ser preservado o sigilo relativamente à informação genética recolhida.

157. Direitos do trabalhador, da entidade patronal e da sociedade

I. De uma maneira geral, o exame do genoma humano possibilitará todo um conjunto de melhorias significativas na área do direito do trabalho, tais como:

- Assegurar que o trabalhador está em boas condições de saúde para realizar os seus deveres.
- Prevenir faltas e correlativas consequências.
- Evitar encargos que se venham a demonstrar inúteis na especialização do trabalhador.
- Limitar as despesas de saúde e subsídios de invalidez ou morte.
- Impedir que as predisposições genéticas do trabalhador sejam agravadas em virtude de condições específicas da sua actividade profissional.

---

mesmo com baixas doses, pode, a longo prazo, provocar efeitos lesivos no sistema nervoso central. Cfr. FÁTIMA PINHO/GABRIELA KRAKHOFER/R. BRANCA MONTEIRO/MARIA NETO, *Segurança, higiene e saúde nas indústrias de calçado*, in «IV Congresso Nacional de Saúde Ocupacional», org. da Faculdade de Medicina da Universidade do Porto, Ob. cit., pág. 207.

([1068]) Cfr. CONSELHO NACIONAL DE ÉTICA PARA AS CIÊNCIAS DA VIDA, *Documento Preliminar de Trabalho sobre o Genoma Humano* (31/CNECV/2000), Documentação, Vol. VII, Presidência do Conselho de Ministros, Lisboa, 2001, págs. 30-36; e, também, CONSELHO NACIONAL DE ÉTICA PARA AS CIÊNCIAS DA VIDA, *Relatório e Parecer sobre Implicações Éticas da Genómica* (40/CNECV/2001), Documentação, Vol. VIII, Presidência do Conselho de Ministros, Lisboa, 2002, págs. 191-198.

Tutela Jurídica do Genoma Humano em Especial 573

– Reduzir o risco de danos provocados a terceiros, causados por acidentes de trabalho decorrentes do estado de saúde do trabalhador.

II. As primeiras quatro razões dizem respeito aos interesses da entidade patronal (redução dos custos de produção e aumento da efectividade dos investimentos). A quinta reporta-se, especialmente, aos interesses do trabalhador, com particular destaque para a protecção da sua saúde ([1069])([1070]). O último *item* tem como objectivo a tutela de terceiros.

([1069]) Vários documentos do Magistério da Igreja Católica, em especial de Leão XIII a João Paulo II, desenvolveram toda uma doutrina de ética social centrada no trabalho, mais concretamente no bem-estar do trabalhador: as *Encíclicas Rerum Novarum* de Leão XIII, de 1891; *Quadragesimo Anno* de Pio XI, de 1931; *Populorum Progressio* de Paulo VI, de 1966 e as *Encíclicas Laborem Exercens*, de 1981, e *Sollicitudo Rei Socialis,* de 1987, de João Paulo II. A doutrina do Concílio Vaticano II está contida na *Gaudium et Spes*, de 1964, no cap. III, págs. 63-72.

Julgo, também, oportuno lembrar dois discursos de Pio XII: *Discorso ai partecipanti al I Congresso Mondiale per la prevenzione degli infortuni sul lavoro*, 3-4-1955, in «Discorsi e Radiomessaggi di S.S. Pio XII», Vol. XVII, Tipografia Poliglota Vaticana, 1956, págs. 17-20; *Discorso ai componenti la Commissione Consultiva Internazionale di Imprenditori dell' Industria Chimica*, 10-1-1958, Vol. XIX, Tipografia Poliglota Vaticana, 1958, págs. 715-717. Nestes discursos o Santo Padre salienta a exigência de esforços para evitar acidentes e doenças profissionais. Alerta para a gravidade e a incidência psicológica de determinadas condições de trabalho e elogia os esforços empreendidos para eliminar riscos e criar melhores condições de trabalho. Reconhece que na vida é inevitável uma certa quota de risco e que enfrentá-lo com consciência e livremente constitui um estímulo civilizacional, porém o risco adicional, injustificado e evitável deve ser impedido. O que se afirma sobre a obrigação de salvaguardar o trabalhador das doenças profissionais e dos acidentes bem como relativamente à optimização da sua saúde fundamenta-se no dever de tutelar a vida e a integridade física de toda a pessoa.

([1070]) As recomendações emanadas da WHO (World Health Organization) e ILO (International Labour Organization) neste domínio podem resumir-se em cinco princípios descritos pela terminologia usada pelos alvos do *Health for All by the Year 2000*:

– Proteger os trabalhadores contra "azares" no trabalho (princípio da protecção e da prevenção).

– Adaptar o trabalho e as condições do local de trabalho às capacidades dos trabalhadores (princípio da adaptação).

– Melhorar o bem-estar mental, físico e social dos trabalhadores (princípio da promoção da saúde).

– Minimizar as consequências dos acidentes e das doenças profissionais (princípio da cura e da reabilitação).

– Providenciar cuidados gerais de saúde para os trabalhadores e suas famílias, não só a nível curativo mas também preventivo (princípio dos cuidados gerais de saúde).

III. É certo que, em princípio, o teste parece acarretar benefícios para o trabalhador uma vez que lhe possibilita proteger melhor a sua saúde. Porém, esta vantagem não deixa de suscitar inúmeros problemas como é o de saber qual o possível uso, pela entidade patronal, do resultado da análise do genoma humano ([1071]).

A informação pode ser usada não apenas para benefício do trabalhador mas, também, de terceiros (incluindo os colegas de trabalho), da entidade patronal e do Estado.

Estão, assim, pelo menos, quatro interesses em jogo:

a) O trabalhador tem a faculdade de optar por utilizar esses dados em benefício próprio, nomeadamente para escolher uma carreira, emprego, ou evitar doenças potencialmente causadas pelo ambiente de trabalho. Por outro lado, as suas aptidões (ou falta ([1072])) podem ajudá-lo a ter preferência

---

O Joint ILO/WHO Committee on Occupational Health na sua 9ª Sessão, em 1992, adoptou o *Consensus Statement and Recommendations on Occupational Health* que forneceu as linhas de orientação para a cooperação entre o ILO e o WHO e estabeleceu os objectivos comuns nesta área. Foi dada particular ênfase a três objectivos:
– Manutenção e promoção da saúde dos trabalhadores e das suas capacidades de trabalho.
– Melhoria das condições de trabalho de forma a permitir mais saúde e segurança.
– Desenvolvimento das organizações de trabalho que sustentam a saúde e segurança no trabalho, de molde a proporcionar um ambiente social positivo e estreita cooperação que, por seu turno, incrementará a produtividade.

([1071]) Na Suíça, já em 1989, a Commission d'experts pour la génétique humaine et la médecine de la reproduction, no *Rapport au Département fédéral de l'intérieur et au Département fédéral de justice et police*, Berna, 1988, págs. 1084-1086, advertiu que os resultados dos testes genéticos podem ser benéficos ou prejudiciais para os trabalhadores, dependendo das circunstâncias. Num número restrito de casos pode ser útil seleccionar os trabalhadores quando, por exemplo, não se conseguir evitar o risco de alergias ou outras enfermidades. De qualquer modo, os testes genéticos não devem ser realizados sem o consentimento informado do trabalhador. O resultado deve ser estritamente confidencial e estar ao abrigo da legislação sobre protecção de dados pessoais. Por sua vez, a Academia Suíça de Ciências Médicas, no *Bulletin des médecins suisses* 73, 1992, pág. 1411, e a Foederatio Medicorum Helveticorum, no *Bulletin des médecins suisses* 72, 1991, pág. 301, opuseram-se terminantemente à realização destes exames no local de trabalho, excepto quando advierem benefícios para o trabalhador ou estiver em perigo a saúde de terceiros.

([1072]) A título de exemplo, uma mulher geneticamente estéril que, numa candidatura a um emprego, usa o seu genoma como meio de prova para obter vantagem sobre uma mulher fértil. É de questionar a utilização voluntária de elementos desta natureza para obter vantagens contratuais.

num emprego, ser promovido, ser transferido para um lugar pretendido, etc.

b) Os colegas de trabalho e outros terceiros terão, eventualmente, interesse em aceder ao genoma do trabalhador (potencial ou efectivo) para evitar riscos resultantes da actividade de uma pessoa que é potencialmente inapta ou, mesmo, perigosa em virtude dos seus caracteres genéticos. Em certos empregos a segurança de terceiros depende não só da perícia do trabalhador, como, ainda, do seu estado de saúde.

c) Por seu turno, subsiste, ainda, a hipótese de a entidade patronal querer conhecer o genoma do trabalhador ou do candidato ao emprego para proteger a sua saúde, evitar indemnizações, reduzir os encargos financeiros, impedir que o ambiente de trabalho tenha repercussões negativas no genoma (agravando uma predisposição genética), justificar determinadas discriminações na selecção, evitar a realização de actividades que envolvam riscos maiores, proceder a transferências que tenham como objectivo reduzir os custos e aumentar a produtividade, etc. Precisamente um dos argumentos da entidade patronal para ter acesso a essa informação é que, deste modo, se a doença se puder agravar com o ambiente de trabalho tem a possibilidade de proceder à sua transferência para outro local [1073].

[1073] Há, muitas vezes, como que uma "tentação" de considerar que o risco reside, não no ambiente de trabalho, mas, sim, no candidato ao emprego ou no trabalhador. Uma vez que só as pessoas "fracas", "frágeis" com aquelas predisposições é que são afectadas. E, consequentemente, as entidades patronais optam pelo mais fácil: ou seja, pura e simplesmente não o contratam, ou despedem o trabalhador ou transferem-no para outro local. No entanto, trata-se de um argumento falacioso uma vez que se o factor responsável pela mutação é a substância presente no ambiente esta pode, também, afectar os restantes trabalhadores.

É indispensável evitar a selecção de trabalhadores resistentes a determinado ambiente com o objectivo de economizar despesas ligadas à melhoria das condições de trabalho.

Julgo necessário, em primeiro lugar, melhorar o ambiente de trabalho eliminando os factores de risco que atentam contra a saúde e, só depois, caso não seja possível, se deve proceder à transferência do trabalhador afectado. É esta, aliás, a orientação da citada Convenção sobre os Direitos do Homem e a Biomedicina (Parágrafo 118 do Relatório explicativo).

576   *Direito do Genoma Humano*

d) O Estado tem, desde logo, um interesse geral em assegurar adequada prevenção e protecção no campo da saúde a nível laboral ([1074]).

IV. Estas perspectivas têm que ser ponderadas face ao direito de todo o ser humano à privacidade, ao trabalho e a não ser discriminado em função do seu genoma ([1075])([1076]).

([1074]) São inúmeros os diplomas normativos internacionais que se reportam às condições de saúde e segurança no trabalho, refiro, entre outros:

United Nations:

1966 – International Covenant on Economic, Social and Cultural Rights (Resolution 2200 A (XXI)) – ICESCR.

1966 – International Covenant on Civil and Political Rights (Resolution 2200 A (XXI)) – ICCPR.

1979 – Convention (n.º 152) concerning Occupational Safety and Health (Dock Work) - International Labour Organization.

1981 – Convention (n.º 155) concerning Occupational Safety and Health - International Labour Organization.

1985 – Convention (n.º 161) concerning Occupational Health Services - International Labour Organization.

World Health Organization:

1946 – Constitutional of the World Health Organization.

Council of Europe:

1961 – European Social Charter.

1992 – Recommendation n.º R (92) 3 of the Committee of Ministers to Member States, on Genetic Testing and Screening for Health Care Purposes.

European Union:

1989 – Council Directive (89/391/CEE), 12/06/1989, on the introduction of measures to encourage improvements in the health and safety of workers at work.

1989 – European Community Charter of the Fundamental Social Rights of Workers.

([1075]) Nesta orientação, AGOSTINHO DE ALMEIDA SANTOS, *Os pilares da nova genética. Eficácia, prudência, razão*, «Communio. Revista Internacional Católica», Ob. cit., págs. 456-457, nota que "a questão que hoje se coloca, numa perspectiva de futuro, provavelmente não muito longínquo, é a de saber se cada indivíduo deve conhecer o seu próprio genoma e que uso pode ou deve ser feito de uma tal caracterização biológica tão profunda..."

"...O conhecimento do futuro sanitário dos indivíduos não deixa de interessar empresas e empregadores, companhias de seguros e instituições que gerem fundos sociais ou têm a seu cargo missões educativas".

O Autor reconhece que esta "problemática não está isenta de contradições e conflitos." E sustenta que "as informações obtidas sobre a susceptibilidade genética para certas doenças deverão servir apenas para benefício dos indivíduos e nunca para seu prejuízo.

Os resultados dos testes preditivos devem ser da exclusiva propriedade do indivíduo e ninguém mais terá o direito de solicitar tais informações para delas se servir em seu proveito próprio, evitando-se assim discriminações e até penalizações selectivas".

158. Opções legislativas

I. Qualquer legislação laboral relativa ao genoma humano deverá sempre optar por uma de entre três posições distintas:

A primeira sustenta que o genoma humano é algo estritamente privado e, como tal, só deve ser usado em benefício próprio.

A segunda, diametralmente oposta, defende que os elementos obtidos sobre o genoma humano pertencem à sociedade como um todo, podendo ser usados em benefício desta.

A terceira propõe uma posição ecléctica, sem radicalismos, considerando os dois interesses.

Esta última atitude parece-me a mais correcta. Com efeito, a informação sobre o genoma não deve ser do domínio exclusivo do indivíduo nem, pelo contrário, pertença total da sociedade. Seria esquecer que esses dados podem ter repercussões positivas ou negativas no próprio, em terceiros e na sociedade na sua totalidade.

É, portanto, necessário harmonizar os interesses das partes envolvidas, utilizando a informação recolhida, de modo justo e racional, consoante as circunstâncias.

([1076]) STELA BARBAS, *Contratos de trabalho em face das novas possibilidades de diagnóstico*, «Brotéria», Vol. 150, n.º 5/6, Lisboa, Maio/Junho de 2000, págs. 597-598.

SECÇÃO II
Regime jurídico e soluções propostas

159. Síntese legislativa
160. Predição de doenças monogénicas
    160.1. Predição de doenças monogénicas incuráveis
    160.2. Predição de doenças monogénicas para as quais já há terapia disponível
161. Predisposição para doenças multifactoriais
    161.1. Introdução
    161.2. Carácter meramente probabilístico das predisposições genéticas
    161.3. Direito à privacidade
    161.4. Direito a não saber
    161.5. Direito ao trabalho
    161.6. Discriminação genómica
    161.7. Criação de classes de saudáveis doentes
    161.8. Procriação de seres humanos com o genoma procurado pelo mercado
    161.9. Nota final

159. Síntese legislativa

I. O principal problema jurídico que se coloca, no âmbito das repercussões da análise do genoma humano no contrato de trabalho, é o de saber se o trabalhador tem o dever de revelar a informação que detém sobre a previsibilidade da sua saúde futura e a entidade patronal tem o direito de exigir que o candidato ao emprego ou o trabalhador se submeta a testes genéticos predizentes para efeitos de selecção ou de despedimento ou que divulgue resultados previamente obtidos. A decisão final do empregador teria por base, não uma incapacidade actual (pessoas presentemente aptas), mas uma mera predição de doenças futuras ou predisposições.

580 Direito do Genoma Humano

II. Julgo útil começar por sublinhar que, de uma maneira geral, sempre foi prática corrente as entidades patronais exigirem que o trabalhador (potencial ou efectivo) se submeta a exames médicos para averiguar se reúne as condições físicas necessárias para aquele trabalho concreto.

III. Mas a especificidade da análise do genoma humano está em permitir diagnosticar não só o estado de saúde actual como também prever, com um grau de acerto que varia consoante os casos, a saúde futura, com as consequências que daí poderão advir.

IV. São vários os diplomas legislativos que proíbem a discriminação em função do património genético.

V. Assim, e entre outros exemplos possíveis, a Resolução sobre os problemas éticos e jurídicos da manipulação genética, adoptada pelo Parlamento Europeu em 16 de Março de 1989, reclama a proibição de modo juridicamente compulsivo da selecção de trabalhadores com base em critérios genéticos (n.º 14), e solicita que os exames genéticos de trabalhadores...não sejam permitidos antes da sua contratação e só devam ser efectuados com carácter voluntário...; apenas os interessados terão acesso aos resultados destes exames...; e as violações punidas penalmente... (n.º 16).

VI. A Convenção sobre os Direitos do Homem e a Biomedicina, de 4 de Abril de 1997, no artigo 11.º (Não discriminação), veda toda e qualquer forma de discriminação da pessoa em razão do seu património genético ([1077]). E no artigo 12.º (Testes genéticos preditivos) proíbe a realização de testes preditivos de doenças genéticas ou que permitam quer a identificação do indivíduo como portador de um gene responsável por uma doença quer a detecção de uma predisposição ou de uma susceptibilidade genética a uma doença, salvo para fins médicos ou de investigação médica e sem prejuízo de um aconselhamento genético apropriado.

([1077]) De acordo com o Relatório explicativo da Convenção, a palavra discriminação deve ser entendida como "discriminação injustificada" não se reportando às medidas de "discriminação positiva" que possam ser realizadas com o objectivo de restabelecer um certo equilíbrio em prol das pessoas desfavorecidas em razão do seu património genético.

O artigo 1.º (Objecto e finalidade) deste Diploma estabelece o dever dos Estados de proteger o ser humano na sua dignidade e identidade e de assegurar a todas as pessoas, sem discriminação, o respeito pela sua integridade bem como pelos seus direitos e liberdades fundamentais face às aplicações decorrentes da Biologia e da Medicina.

VII. Por seu turno, a Declaração Universal sobre o Genoma Humano e os Direitos do Homem, de 11 de Novembro de 1997, estatui, no artigo 2.º, que a cada indivíduo deve ser assegurado o respeito da sua dignidade e dos seus direitos quaisquer que sejam as suas características genéticas. A proibição da discriminação com base nas características genéticas encontra-se patente no artigo 6.º.

VIII. A Carta dos Direitos Fundamentais da União Europeia, aprovada em Nice, em 7 de Dezembro de 2000, no n.º 2 do artigo 3.º (Direito à integridade do ser humano), veda as práticas eugénicas, designadamente as que têm por fim a selecção das pessoas, e no artigo 21.º (Não discriminação) proíbe a discriminação em razão, nomeadamente, das características genéticas. Por sua vez, o artigo 20.º (Igualdade perante a lei) estabelece a igualdade de todas as pessoas perante a lei.

IX. No Direito português, o artigo 13.º (Princípio da igualdade) da Constituição consagra o princípio da igualdade. É certo que esta disposição não se reporta concretamente à discriminação em função do património genético, mas a enumeração da norma não é taxativa. Os direitos dos trabalhadores são objecto de uma particular protecção constitucional, destacando-se o artigo 58.º (Direito ao trabalho) que determina que todos têm direito ao trabalho e o artigo 59.º (Direito dos trabalhadores) que, ao indicar os direitos dos trabalhadores, proíbe a discriminação.

X. Ainda antes do novo Código de Trabalho a Assembleia da República aprovou as Resoluções n.ºs 47/2001 e 48/2001, de 12 de Julho, onde expressamente se veda a discriminação em razão do património genético.

582 *Direito do Genoma Humano*

XI. O artigo 22.º (Direito à igualdade no acesso ao emprego e no trabalho) do Código de Trabalho estabelece que todos os trabalhadores têm direito à igualdade de oportunidades e de tratamento no que se refere ao acesso ao emprego, à formação e promoção profissionais e às condições de trabalho. Esta norma estatui que nenhum trabalhador ou candidato a emprego pode ser privilegiado, beneficiado, prejudicado, privado de qualquer direito ou isento de qualquer dever em razão, nomeadamente, do património genético, capacidade de trabalho reduzida, deficiência, doença crónica ([1078]).

Por sua vez, o artigo 23.º (Proibição de discriminação) disciplina que o empregador não pode praticar qualquer discriminação, directa ou indirecta, baseada, designadamente, no património genético, capacidade de trabalho reduzida, deficiência ou doença crónica. Mas, não constitui discriminação o comportamento baseado num dos factores indicados anteriormente, sempre que, em virtude da natureza das actividades profissionais em causa ou do contexto da sua execução, esse factor constitua um requisito justificável e determinante para o exercício da actividade profissional, devendo o objectivo ser legítimo e o requisito proporcional. Cabe a quem alegar a discriminação fundamentá-la, indicando o trabalhador ou trabalhadores em relação aos quais se considera discriminado, incumbindo ao empregador

---

([1078]) GUILHERME DRAY, anotação ao artigo 22.º, in PEDRO ROMANO MARTÍNEZ/LUÍS MIGUEL MONTEIRO/JOANA VASCONCELOS/PEDRO MADEIRA DE BRITO/GUILHERME DRAY/LUÍS GONÇALVES DA SILVA, *Código de Trabalho Anotado*, Almedina, Coimbra, 2004, págs. 115-117, refere que o artigo 22.º do Código de Trabalho tem antecedentes na legislação ordinária. Mais concretamente, no Decreto-Lei n.º 392/79, de 20 de Setembro; Lei n.º 105/97, de 13 de Setembro alterada pela Lei n.º 118/99, de 11 de Agosto; Lei n.º 134/99, de 28 de Agosto; Decreto-Lei n.º 111/2000, de 4 de Julho; Portaria n.º 1212/2000, de 26 de Dezembro. O princípio da igualdade tem assento, designadamente, no citado artigo 13.º da Constituição da República Portuguesa, nos artigos 1.º, 2.º e 9.º da Declaração Universal dos Direitos do Homem, no artigo 2.º do PIDCP, no artigo 2.º do PIDESC, e no artigo 14.º da Convenção Europeia dos Direitos do Homem.

O artigo 22.º transpõe algumas regras gerais existentes nas Directivas comunitárias n.º 75/117/CEE, de 10 de Fevereiro de 1975; n.º 76/207/CEE, de 9 de Fevereiro de 1976, alterada pela Directiva n.º 2002/73/CE, de 23 de Setembro de 2002; n.º 2000/43/CE, de 29 de Junho de 2000; e n.º 2000/78/CE, de 27 de Novembro de 2000.

Tutela Jurídica do Genoma Humano em Especial

provar que as diferenças de condições de trabalho não assentam em nenhum dos factores indicados no n.º 1 ([1079]).

O n.º 1 do artigo 19.º (Testes e exames médicos) do Código de Trabalho determina que o empregador, com excepção das situações previstas na legislação relativa a segurança, higiene e saúde no trabalho, não pode, para efeitos de admissão ou permanência no emprego, exigir ao candidato a emprego ou ao trabalhador a realização ou apresentação de testes ou exames médicos, de qualquer natureza, para comprovação das condições físicas ou psíquicas. Porém, a segunda parte deste número admite restrições ao princípio geral, quando os referidos testes ou exames médicos tenham por finalidade a protecção e segurança do trabalhador ou de terceiros, ou quando particulares exigências inerentes à actividade o justifiquem, devendo em qualquer caso ser fornecida por escrito ao candidato a emprego ou trabalhador a respectiva fundamentação ([1080])([1081])([1082])([1083]).

([1079]) Esta norma incorpora princípios gerais anteriormente consagrados no Decreto-Lei n.º 392/79, de 20 de Setembro; na Lei n.º 105/97, de 13 de Setembro alterada pela Lei n.º 118/99, de 11 de Agosto; na Lei n.º 134/99, de 28 de Agosto; no Decreto-Lei n.º 111/2000, de 4 de Julho e na Portaria n.º 1212/2000, de 26 de Dezembro. Tem, também, afinidades com as Directivas comunitárias citadas na nota anterior. Cfr. GUILHERME DRAY, anotação ao artigo 23.º, in PEDRO ROMANO MARTÍNEZ/LUÍS MIGUEL MONTEIRO/JOANA VASCONCELOS/PEDRO MADEIRA DE BRITO/GUILHERME DRAY/LUÍS GONÇALVES DA SILVA, Código de Trabalho Anotado, Ob. cit., págs. 117-118.

([1080]) Por seu turno, o n.º 2 do artigo 19.º determina que o empregador não pode, em circunstância alguma, exigir à candidata a emprego ou à trabalhadora a realização ou apresentação de testes ou exames de gravidez.

E o n.º 3 da referida disposição estabelece que o médico responsável pelos testes e exames médicos só pode comunicar ao empregador se o trabalhador está ou não apto para desempenhar a actividade, salvo autorização escrita deste.

([1081]) O artigo 19.º está relacionado com o artigo 26.º da Constituição da República Portuguesa, com os artigos 70.º a 81.º do Código Civil e com o artigo 272.º do Código de Trabalho. Tem, também, semelhanças com os artigos 328.º do Código Suíço, 373.º A da Consolidação das Leis do Trabalho do Brasil e 4.º do Estatuto de los Trabajadores espanhol. Cfr. GUILHERME DRAY, anotação ao artigo 19.º, in PEDRO ROMANO MARTÍNEZ/LUÍS MIGUEL MONTEIRO/JOANA VASCONCELOS/PEDRO MADEIRA DE BRITO/GUILHERME DRAY/LUÍS GONÇALVES DA SILVA, Código de Trabalho Anotado, Ob. cit., pág. 110.

([1082]) Cfr., entre outros, Acórdão do Tribunal Constitucional, de 12 de Julho de 1989, «Boletim do Ministério da Justiça», 389.º, pág. 214; Acórdão do Tribunal Constitucional, de 16 de Junho de 1993, Diário da República, I Série - A, de 29 de Setembro de 1993; Acórdão do Tribunal Constitucional, de 20 de Junho de 1995, Diário da República, II Série, de 2 de Novembro de 1995; Acórdão do Tribunal Constitucional, de 25 de Setembro de 2002,

584　　Direito do Genoma Humano

XII. O artigo 11.º (Princípio da não discriminação) da Lei n.º 12/2005, de 26 de Janeiro, sobre Informação genética pessoal e informação de saúde, proíbe a discriminação sob qualquer forma, em função dos resultados de um teste genético diagnóstico, de heterozigotia, pré-sintomático ou preditivo designadamente para efeitos de obtenção ou manutenção de trabalho.

Por seu turno, o artigo 13.º (Testes genéticos no emprego) determina que as empresas e outras entidades patronais não podem exigir aos trabalhadores ou candidatos a emprego a realização de testes genéticos ou a divulgação de resultados obtidos previamente. Todavia, nas situações em que o ambiente de trabalho possa originar riscos específicos para um trabalhador com uma determinada doença ou susceptibilidade, ou afectar a sua capacidade para desempenhar

---

Diário da República, II Série, de 25 de Outubro de 2002; Acórdão do Supremo Tribunal de Justiça, de 7 de Dezembro de 1994, «Colectânea de Jurisprudência. Acórdãos do Supremo Tribunal de Justiça», tomo III, 1994, pág. 303; Acórdão do Supremo Tribunal de Justiça, de 3 de Março de 1998, «Colectânea de Jurisprudência. Acórdãos do Supremo Tribunal de Justiça», tomo I, 1998, pág. 275; Acórdão da Relação de Lisboa, de 28 de Fevereiro de 1983, «Colectânea de Jurisprudência. Acórdãos da Relação», tomo I, 1983, pág. 197; Acórdão da Relação de Coimbra, de 28 de Janeiro de 1993, «Colectânea de Jurisprudência. Acórdãos da Relação», tomo I, 1993, pág. 85; Acórdão da Relação de Lisboa, de 17 de Junho de 1993, «Colectânea de Jurisprudência. Acórdãos da Relação», tomo III, 1993, pág. 187; Acórdão da Relação de Coimbra, de 1 de Junho de 1995, «Colectânea de Jurisprudência. Acórdãos da Relação», tomo III, 1995, pág. 85; Acórdão da Relação de Coimbra, de 1 de Outubro de 1998, «Colectânea de Jurisprudência. Acórdãos da Relação», tomo IV, 1998, pág. 72; Acórdão da Relação de Lisboa, de 15 de Dezembro de 1999, «Colectânea de Jurisprudência. Acórdãos da Relação», tomo V, 1999, pág. 169.

[1083] A título de exemplo, o Tribunal Constitucional, no referido Acórdão n.º 368/02, de 25 de Setembro, publicado no Diário da República, II Série, de 25 de Outubro de 2002, decidiu que "no âmbito das relações laborais, tem-se por certo que o direito à protecção da saúde, a todos reconhecido no artigo 64.º, n.º 1 da Constituição da República Portuguesa, bem como o dever de defender e promover a saúde, consignado no mesmo preceito constitucional, não podem deixar de credenciar suficientemente a obrigação para o trabalhador de se sujeitar, desde logo, aos exames médicos necessários e adequados para assegurar - tendo em conta a natureza e o modo de prestação do trabalho e sempre dentro de critérios de razoabilidade - que ele não representa um risco para terceiros: por exemplo, para minimizar os riscos de acidentes de trabalho de que outros trabalhadores ou o público possam vir a ser vítimas, em função de deficiente prestação por motivo de doença no exercício de uma actividade perigosa; ou para evitar situações de contágio para os restantes trabalhadores ou para terceiros, propiciadas pelo exercício da actividade profissional do trabalhador". Cfr. comentário de Lopes do Rego sobre este Acórdão, in http://www.tribunalconstitucional.pt/.

Tutela Jurídica do Genoma Humano em Especial 585

de modo seguro uma actividade, a informação genética considerada relevante nunca pode ser utilizada em prejuízo do trabalhador e tem que ter por objectivo a protecção da sua saúde e segurança bem como as dos demais trabalhadores. É necessário o prévio aconselhamento genético apropriado seguido de consentimento informado. Os resultados só podem ser entregues ao próprio e a sua condição laboral não pode ser posta em causa. A Lei estabelece um regime excepcional para as situações particulares que comportem riscos graves para a segurança ou saúde pública.

A legislação não faz, portanto, qualquer ressalva relativamente às doenças monogénicas ou às predisposições para enfermidades multifactoriais. Contudo, julgo que a lei deveria ter procedido à distinção entre a predição de doenças monogénicas que quase de certeza se vão manifestar mais tarde e as predisposições para doenças que só se manifestarão em certas condições de ambiente ([1084]).

160. Predição de doenças monogénicas

160.1. *Predição de doenças monogénicas incuráveis*

I. No que concerne à predição de doenças monogénicas ([1085]) que quase de certeza se vão manifestar mais tarde defendo, ainda, ser preciso, por sua vez, distinguir entre as que são actualmente incuráveis e aquelas para as quais já há terapia disponível.

II. Nas enfermidades monogénicas, como há uma certeza quase absoluta que a doença se vai manifestar ([1086]), sendo apenas uma

---

([1084]) STELA BARBAS, *Os Direitos Fundamentais na Europa. Testes Genéticos no Local de Trabalho – Uma Perspectiva Jurídica*, Comunicação apresentada no Congresso do *Groupe Européen d' Éthique des Sciences et des Nouvelles Technologies auprès de la Comission Européene*, Ordem dos Advogados, pol., Lisboa, 12 de Maio de 2000, pág. 19.

([1085]) São, por exemplo, os casos da Coreia de Huntington, da hemofilia, da fibrose quística e da anemia das células falciformes.

([1086]) Entre outros, o CONSELHO NACIONAL DE ÉTICA PARA AS CIÊNCIAS DA VIDA, no *Relatório e Parecer sobre Implicações Éticas da Genómica* (40/CNECV/ 2001), Ob. cit., pág. 192, reafirmou a alta fiabilidade dos testes genéticos pré-sintomáticos de doenças monogénicas de manifestação tardia.

586 Direito do Genoma Humano

questão de tempo, o trabalhador terá o dever de revelar a informação que detém sobre o seu estado de saúde e/ou a entidade patronal terá o direito de exigir a realização de exames ao genoma humano? É, sem dúvida, uma questão polémica.

III. Porém, a boa fé ([1087]) deve prevalecer como princípio fundamental ao contrato de trabalho.

O artigo 93.º (Culpa na formação do contrato) do Código de Trabalho determina que quem negoceia com outrem para a conclusão de um contrato de trabalho deve, tanto nos preliminares como na formação dele, proceder segundo as regras da boa fé, sob pena de responder pelos danos culposamente causados.

No entendimento de Pedro Romano Martínez, este dever de agir de acordo com as regras da boa fé na formação do contrato de trabalho já decorria do próprio princípio geral de Direito Civil consagrado no artigo 227.º do Código Civil ([1088]). O Autor acrescenta que, apesar de estarmos perante a transposição de um princípio geral, é importante a sua reiteração por três ordens de razões: facilita a exposição da matéria relativa à negociação do contrato de trabalho; justifica que o princípio seja reiterado em sede de negociação colectiva (artigo 547.º), bem como no que concerne ao dever de informação (artigo 97.º), de deveres na execução do contrato (artigo 119.º) e de conflitos colectivos (artigo 582.º) e destaca um princípio que pode não estar bem presente por parte dos negociadores de um contrato de trabalho ([1089]).

([1087]) STELA BARBAS, *Boa Fé*, sep. «Colectânea de Jurisprudência. Acórdãos do Supremo Tribunal de Justiça», Ano II, Tomo II, Coimbra, 1994, págs. 13-19.

([1088]) PEDRO ROMANO MARTÍNEZ, anotação ao artigo 93.º, in PEDRO ROMANO MARTÍNEZ/ LUÍS MIGUEL MONTEIRO/JOANA VASCONCELOS/PEDRO MADEIRA DE BRITO/GUILHERME DRAY/LUÍS GONÇALVES DA SILVA, *Código de Trabalho Anotado*, Ob. cit., págs. 226-227, esclarece que na hipótese de serem violadas as regras da boa fé aplica-se o regime da responsabilidade civil subjectiva, não tendo sido resolvidas as dúvidas de interpretação relacionadas com o regime regra consagrado no artigo 227.º do Código Civil, designadamente o problema de saber se a responsabilidade é contratual ou extracontratual. Cfr., também, ANTÓNIO MENEZES CORDEIRO, *Tratado de Direito Civil Português, I, Tomo I*, Ob. cit., págs. 180 e seguintes; ANTÓNIO MENEZES CORDEIRO, *A boa fé nos finais do século XX*, «Revista da Ordem dos Advogados», Ano 56, Lisboa, 1996, págs. 887-912.

([1089]) PEDRO ROMANO MARTÍNEZ, anotação ao artigo 93.º, in PEDRO ROMANO MARTÍNEZ/ LUÍS MIGUEL MONTEIRO/JOANA VASCONCELOS/PEDRO MADEIRA DE BRITO/GUILHERME DRAY/LUÍS GONÇALVES DA SILVA, *Código de Trabalho Anotado*, Ob. cit., pág. 226.

IV. Por sua vez, o artigo 119.º (Princípio geral) do Código de Trabalho estatui que o empregador e o trabalhador, no cumprimento das respectivas obrigações, assim como no exercício dos correspondentes direitos devem proceder de boa fé. Na execução do contrato de trabalho, as partes devem colaborar na obtenção da maior produtividade e na promoção humana, profissional e social do trabalhador.

Usando palavras de Pedro Romano Martínez, Pedro Madeira de Brito e Guilherme Dray, esta norma transpõe para o ordenamento jurídico-laboral o princípio geral da boa fé no cumprimento das obrigações disciplinado no artigo 762.º do Código Civil e no exercício de direitos previsto no artigo 334.º do referido Diploma [1090][1091].

V. A exigência da boa fé traduz-se no dever de agir segundo um comportamento de lealdade e correcção que tem por fim contribuir para a realização dos interesses legítimos que as partes pretendem obter com a celebração do contrato. Diz respeito não só aos deveres principais [1092] ou típicos de prestação e deveres secundários ou acidentais mas, também, aos deveres acessórios [1093] de conduta. Em

---

[1090] Pedro Romano Martínez, Pedro Madeira de Brito e Guilherme Dray, anotação ao artigo 119.º, in Pedro Romano Martínez/Luís Miguel Monteiro/Joana Vasconcelos/ Pedro Madeira De Brito/Guilherme Dray/Luís Gonçalves Da Silva, *Código de Trabalho Anotado*, Ob. cit., pág. 256, referem que, na sequência do preceituado no mencionado artigo 93.º e no artigo 97.º, esta norma estabelece um dever recíproco de boa fé na execução do contrato de trabalho. O tríptico normativo atende aos ditames da boa fé na formação e na execução do contrato. Cfr., ainda, Menezes Leitão, *Código do Trabalho Anotado*, Almedina, Coimbra, 2003, pág. 107.

[1091] No dizer de António Monteiro Fernandes, *Direito do Trabalho*, Almedina, Coimbra, 2003, pág. 228, entende-se que a exigência geral da boa fé na execução dos contratos – e que se exprime pela necessidade de obviar a que as prestações nele deduzidas sejam funcionalmente desvirtuadas pelo comportamento circunstancial das partes – assume particular acentuação no desenvolvimento de um vínculo que se caracteriza também pelo carácter duradouro e pessoal das relações emergentes.

[1092] Relativamente à violação de deveres principais na compra e venda e na empreitada, cfr. Pedro Romano Martínez, *Cumprimento defeituoso em especial na compra e venda e na empreitada*, Colecção Teses, Almedina, Coimbra, 2001, págs. 461-463.

[1093] No que diz respeito à violação de deveres secundários e acessórios de conduta na compra e venda e na empreitada, cfr. Pedro Romano Martínez, *Cumprimento defeituoso em especial na compra e venda e na empreitada*, Ob. cit., pág. 463. O Autor esclarece que "o cumprimento defeituoso pode advir tanto da violação de deveres principais como de

588 Direito do Genoma Humano

termos da Teoria Geral das Obrigações, os deveres acessórios são impostos pelo Direito; visam, genericamente, assegurar que os vínculos obrigacionais se mantenham dentro das exigências mínimas do sistema jurídico em que se consubstanciam e protagonizam a necessidade da prossecução efectiva dos objectivos por eles visados.

VI. Nestes deveres acessórios, destaco, pela sua relevância para o problema em apreço, os denominados deveres de lealdade. Nos termos do n.º 1 e) do artigo 121.º do Código de Trabalho, o trabalhador deve guardar lealdade ao empregador. Nos ensinamentos de António Menezes Cordeiro, os deveres de lealdade impõem às partes obrigações de actuação positiva e, ainda, a abstenção de atitudes, comportamentos que possam falsear os objectivos contratuais ou "desequilibrar o jogo das prestações por elas consignado". E acrescenta que a evolução registada na dogmática laboral tem recolocado os deveres de lealdade no lugar que lhes compete, como vinculações acessórias, ditadas pela boa fé ([1094]).

VII. Nesta linha, penso que, em obediência ao princípio da boa fé, o trabalhador (potencial ou real) tem o dever de revelar todos os dados sobre a sua saúde presente e futura ([1095]) (exceptuados, claro, estão os casos de meras predisposições que analisarei na secção seguinte) desde que essa informação tenha ou possa ter repercussões negativas no emprego em questão. O artigo 97.º (Dever de informação) do Código de Trabalho determina que o empregador tem o dever de informar o trabalhador sobre aspectos relevantes do contrato

---

deveres secundários e acessórios de conduta. Se a prestação defeituosa resulta, não da desconformidade do objecto imediato, mas do modo como foi realizada, o defeito prende-se, nesse caso, com a violação de deveres secundários ou de deveres acessórios de conduta. Em relação a estes últimos, neste domínio importa ter em especial atenção os deveres de informação e de colaboração."

([1094]) António Menezes Cordeiro, *Da Boa Fé no Direito Civil*, Vol. I, Colecção Teses, Almedina, Coimbra, 1984, págs. 606-607; António Menezes Cordeiro, *A boa fé nos finais do século XX*, Ob. cit., págs. 887-912.

([1095]) Uma vez que, como já mencionei, nas doenças monogénicas há uma certeza quase absoluta que a enfermidade se vai manifestar, sendo somente um problema de tempo.

de trabalho e o trabalhador tem o dever de informar o empregador sobre aspectos relevantes para a prestação da actividade laboral [1096]. Também me parece legítimo que a entidade patronal tenha o direito de exigir que aquele coopere submetendo-se a estes testes [1097]. Não é possível olvidar que é frequente, como é do conhecimento geral, a exigência da realização de *checkups*. Ora esse tipo de exame sobre o estado actual de saúde vai revelar inúmera informação de âmbito estritamente pessoal. Por conseguinte, esta analogia não pode ser esquecida. As actuais leis laborais já conferem ao empregador todo um conjunto de direitos antes de celebrar o contrato e durante a sua vigência com o objectivo de proteger a saúde do trabalhador e de terceiros no local de trabalho. Assim sendo, porque singularizar as doenças monogénicas? Chamo à colação novamente o artigo 19.º do Código de Trabalho que confere à entidade patronal o direito de exigir ao candidato a emprego ou ao trabalhador a realização ou apresentação de testes ou exames médicos, de qualquer natureza, para comprovação das condições físicas ou psíquicas quando estes tenham por finalidade a protecção e segurança do trabalhador ou de terceiros, ou quando particulares exigências inerentes à actividade o justifiquem. Além disso, esta disposição ressalva, também, as situa-

---

[1096] Como salienta PEDRO ROMANO MARTÍNEZ, anotação ao artigo 97.º, in PEDRO ROMANO MARTÍNEZ/LUÍS MIGUEL MONTEIRO/JOANA VASCONCELOS/PEDRO MADEIRA DE BRITO/ /GUILHERME DRAY/LUÍS GONÇALVES DA SILVA, *Código de Trabalho Anotado*, Ob. cit., págs. 231-232, o dever de informação do empregador já se encontrava disciplinado na Directiva n.º 91/533/CEE do Conselho, de 14 de Outubro de 1991, e no Decreto-Lei n.º 5/94, de 11 de Janeiro, que transpôs a Directiva. Porém, o artigo 97.º vem agora consagrar o carácter bilateral do dever de informação.

O Autor sublinha que este dever de informação de ambas as partes assenta no princípio da boa fé, pelo que decorreria, desde logo, das regras gerais. Contudo, a repetição, adaptada a uma situação concreta, tem a vantagem de demarcar o seu âmbito. Em particular porque a Directiva n.º 91/533/CEE, do Conselho, de 14 de Outubro de 1991, e o Decreto-Lei n.º 5/94, de 11 de Janeiro, só estabelecem o dever de informar do empregador, era importante o esclarecimento expresso de que o dever de informação não se circunscreve a uma visão unilateral. De qualquer modo, o dever de informação do trabalhador está limitado pela tutela da personalidade, prevista nos artigos 70.º a 81.º do Código Civil e artigos 16.º e seguintes do Código de Trabalho. Cfr., também, PEDRO ROMANO MARTÍNEZ, *Direito do Trabalho*, Almedina, Coimbra, 2002, págs. 397 e seguintes; MENEZES LEITÃO, *Código do Trabalho Anotado*, Ob. cit., pág. 93.

[1097] Desde que se observem as ressalvas que referi relativamente ao dever do trabalhador de revelar todos os dados sobre a sua saúde.

590   *Direito do Genoma Humano*

ções previstas na legislação relativa a segurança, higiene e saúde no trabalho ([1098])([1099]).

VIII. Nalgumas situações, a restrição do direito ao trabalho é justificada pelo dever de proteger o direito à saúde do trabalhador ([1100]). É o que acontece com determinados empregos que são

---

([1098]) O Decreto-Lei n.º 26/94, de 1 de Fevereiro, sobre Serviços de segurança, higiene e saúde no trabalho (alterado sucessivamente pela Lei n.º 7/95, de 29 de Março, pela Lei n.º 118/99, de 11 de Agosto, pelo Decreto-Lei n.º 109/2000, de 30 de Junho e pelo Decreto-Lei n.º 29/2002, de 14 de Fevereiro), no seu artigo 22.º (Dever de cooperação dos trabalhadores), determina que, no cumprimento das obrigações previstas no artigo 15.º do Decreto-Lei n.º 441/91, de 14 de Novembro, devem os trabalhadores cooperar para que seja assegurada a segurança, higiene e saúde nos locais de trabalho, cabendo-lhes, em especial, designadamente: "comparecer aos exames médicos e realizar os testes que visem garantir a segurança e saúde no trabalho" (alínea b)) e "prestar informações que permitam avaliar, no momento da admissão, a sua aptidão física e psíquica para o exercício das funções correspondentes à respectiva categoria profissional, bem como sobre factos ou circunstâncias que visem garantir a segurança e saúde dos trabalhadores, sendo reservada ao médico do trabalho a utilização da informação de natureza médica" (alínea c)).

Ora esta norma refere-se a testes mas não especifica de que testes se trata. Logo, poder-se-á abrir a hipótese de que abrangerá, também, os testes genéticos.

Por seu turno, o artigo 19.º (Exames de saúde) do referido Decreto-Lei n.º 26/94, de 1 de Fevereiro (alterado pela Lei n.º 7/95, de 29 de Março, e na redacção dada pelo Decreto-Lei n.º 109/2000, de 30 de Junho) disciplina que os empregadores devem promover a realização de exames de saúde, tendo em vista verificar a aptidão física e psíquica do trabalhador para o exercício da sua profissão, bem como a repercussão do trabalho e das suas condições na saúde do trabalhador.

Todavia, o mencionado artigo 13.º (Testes genéticos no emprego) da Lei n.º 12/2005, de 26 de Janeiro, sobre Informação genética pessoal e informação de saúde, só permite o recurso aos testes genéticos nos casos previstos nesse mesmo Diploma.

([1099]) Cfr., também, o artigo 14.º (Controle da saúde) da Directiva do Conselho (89/391/CEE), de 12 de Junho de 1989, relativa à aplicação de medidas destinadas a promover a melhoria da segurança e da saúde dos trabalhadores no trabalho.

([1100]) Nesta linha, *The ethical, social and scientific problems related to the application of genetic screening and monitoring for employees in the context of a European approach to health and safety at work (Biomedical and health research contract CT92-1213)*, Final Report, Project financed by Community funds under the 3d Framework Programme, pág. 67, refere exemplos elucidativos: o trabalhador que padece de anemia pode ser autorizado a trabalhar numa indústria de energia nuclear? O operário da construção civil que sofre de vertigens pode realizar tarefas que exijam uma certa acrobacia mesmo que não ponham em perigo terceiros?

Uma política de respeito extremo pelo princípio da autonomia da vontade do trabalhador que permita liberdade total de opções que inclusivamente ponham em causa a saúde deste deve ser restringida desde logo devido à sua incompatibilidade com normas ou questões sociais.

Tutela Jurídica do Genoma Humano em Especial 591

vedados aos menores e às mulheres grávidas. O Código de Trabalho confere particular tutela aos menores e às mulheres grávidas, respectivamente no artigo 60.º (garantias de protecção da saúde e educação) [1101] e no artigo 49.º (protecção da segurança e saúde) [1102][1103]. Na linha destas regras que limitam o direito ao trabalho com o intuito de salvaguardar o direito do trabalhador, o artigo 30.º do Código de Trabalho consagra expressamente a protecção do património genético. Segundo o preceituado no n.º 1 desta disposição, são proibidos ou condicionados os trabalhos que sejam considerados, por regulamentação em legislação especial, susceptíveis de implicar riscos para o património genético do trabalhador ou dos seus descendentes. O n.º 2 determina que as disposições legais previstas no n.º 1 devem ser revistas periodicamente, em função dos conhecimentos científicos e técnicos e, de acordo com esses conhecimentos, ser actualizadas,

---

[1101] O artigo 60.º é semelhante ao artigo 124.º da Lei do Contrato Individual de Trabalho (Decreto-Lei n.º 49408, de 24 de Novembro de 1969, com as alterações introduzidas pelo Decreto-Lei n.º 396/91, de 16 de Outubro e pela Lei n.º 58/99, de 30 de Junho).

[1102] O artigo 49.º corresponde no essencial ao artigo 21.º da Lei n.º 4/84, de 5 de Abril (Regime geral), com a redacção dada pelas Lei n.º 17/95, de 9 de Junho. Cfr., também, a regulamentação prevista na Portaria n.º 229/96, de 26 de Junho e na Portaria n.º 186/73, de 13 de Março por força do preceituado no n.º 1 do artigo 25.º do Decreto-Lei n.º 230/2000, de 23 de Setembro, que tipifica a sua violação como sendo uma contra-ordenação grave. Cfr., ainda, em geral, a Directiva n.º 92/85/CEE, de 19 de Outubro de 1992, e as alterações introduzidas à Lei n.º 4/84, de 5 de Abril, pela Lei n.º 102/97, de 13 de Setembro, pela Lei n.º 118/99, de 11 de Agosto e pela Lei n.º 142/99, de 31 de Agosto. Cfr., ainda, em geral, a Directiva n.º 92/85/CEE, de 19 de Outubro de 1992, e as alterações introduzidas à Lei n.º 4/84, de 5 de Abril, pela Lei n.º 102/97, de 13 de Setembro, pela Lei n.º 118/99, de 11 de Agosto e pela Lei n.º 142/99, de 31 de Agosto.

[1103] Antes da entrada em vigor do Código de Trabalho já se encontrava previsto um regime especial para os menores e para as grávidas. Cfr., designadamente, para os menores – Decreto-Lei n.º 49408, de 24 de Novembro de 1969, com as alterações introduzidas pelo Decreto-Lei n.º 396/91, de 16 de Outubro, pela Lei n.º 58/99, de 30 de Junho (Regime geral), pela Lei n.º 118/99, de 11 de Agosto e pelo Decreto-lei n.º 170/01, de 25 de Maio, Directiva n.º 94/33/CE, de 22 de Junho, relativa à protecção dos jovens no trabalho, Convenção 133/1973 da Organização Internacional do Trabalho, sobre a idade mínima de admissão ao emprego, Decreto-Lei n.º 107/2001, de 6 de Abril (Trabalhos leves e actividades proibidas ou condicionadas) – e para as grávidas – a referida Lei n.º 4/84, de 5 de Abril (Regime geral), Decreto-Lei n.º 230/2000, de 23 de Setembro (Regime geral), Portaria n.º 186/73, de 13 de Março, Portaria n.º 229/96, de 26 de Junho (Protecção da segurança e da saúde das trabalhadoras grávidas, puérperas e lactantes). Cfr. nota anterior.

592   *Direito do Genoma Humano*

revogadas ou tornadas extensivas a todos os trabalhadores. O n.º 3
estabelece que a violação do preceituado no n.º 1 confere ao trabalhador direito a indemnização, por danos patrimoniais e não patrimoniais, nos termos gerais. Ou seja, a violação constitui contra-ordenação
muito grave nos termos do n.º 1 do artigo 642.º ([1104]). Todos estes
casos de justificação de restrição do direito ao trabalho configuram
algumas das hipóteses análogas que é preciso ter em devida consideração no estudo das repercussões da análise do genoma humano no
direito laboral.

IX. De qualquer maneira, não podemos olvidar que os deveres
de lealdade e os de cooperação, impostos pela necessidade de tutela
da boa fé, constituem uma limitação ao direito à privacidade e, consequentemente, devem circunscrever-se ao mínimo possível. Assim, é
sempre necessário analisar caso a caso, dependendo do tipo de enfermidade genética e do trabalho em questão: uma doença pode ser
relevante para um emprego e para outro não o ser.

X. Mesmo os trabalhadores (potenciais ou efectivos) que padecem de doenças monogénicas (ainda sem cura) têm, no meu entendimento, o direito de trabalhar até ao momento em que a manifestação
da enfermidade impossibilite a prossecução daquele concreto trabalho, desde que o desempenho da actividade laboral não ponha em
risco a saúde do próprio ou de terceiros.

160.2. *Predição de doenças monogénicas para as quais já há terapia disponível*

I. Igual argumentação pode ser carreada relativamente a estas
enfermidades. No entanto, é necessário fazer uma ressalva. Os traba-

---

([1104]) O n.º 1 e o n.º 2 do artigo 30.º seguem de perto o teor do artigo 8.º do Decreto-
Lei n.º 392/79, de 20 de Setembro. No entanto, optou-se pela expressão "património genético" em detrimento de "função genética". O n.º 3 constitui uma explicitação da regra geral
fixada no n.º 1 do artigo 483.º do Código Civil. Cfr. GUILHERME DRAY, anotação ao artigo
30.º, in PEDRO ROMANO MARTÍNEZ / LUÍS MIGUEL MONTEIRO / JOANA VASCONCELOS / PEDRO
MADEIRA DE BRITO / GUILHERME DRAY / LUÍS GONÇALVES DA SILVA, *Código de Trabalho
Anotado*, Ob. cit., pág. 130.

Tutela Jurídica do Genoma Humano em Especial 593

lhadores (potenciais ou efectivos) que padecem destas doenças devem gozar de estatuto diferente daqueles que sofrem das doenças descritas no número anterior, se se comprometerem a proceder a tratamento viável. Por outras palavras, uma vez que estas enfermidades monogénicas já podem ser curadas, a causa responsável pela sujeição ao regime analisado no número anterior deixará de existir.

161. Predisposição para doenças multifactoriais

161.1. *Introdução*

I. No que diz respeito às predisposições para doenças genéticas multifactoriais, que são, aliás, a maioria, defendo que não existe um dever de informação por parte do candidato ao emprego ou do empregado e que a entidade patronal apenas pode inquirir da saúde actual ([1105]), pelas razões que de seguida se referem:

([1105]) Porém, reconheço que esta regra tem excepções. Também aqui é necessário analisar caso a caso. Nesta orientação, chamo à colação a situação particular dos pilotos de aviação, referida, aliás, por LUÍS ARCHER, *Looking for New Codes in the Field of Predictive Medicine*, in «Ethics Codes in Medicine. Foundations and achievements of codifications since 1947», Ed. Ulrich Throley and Stella Reiter-Theil, Ashgate Publishing, Aldershot, 1998, pág. 278. A detecção de um gene que predisponha o indivíduo para ataques cardíacos pode ajudar na prevenção de acidentes graves sendo, assim, eticamente, justificado. O Autor acrescenta que é preciso ter em atenção que abrir excepções desta natureza pode dar azo à sua generalização excessiva. É provável que as entidades patronais se sintam tentadas a exigir, com frequência, a realização destes exames com o pretexto de que pretendem, somente, proteger e tutelar os interesses de terceiros.

Outros exemplos possíveis são, os controladores de tráfego aéreo, maquinistas de transportes ferroviários, condutores de transportes rodoviários, etc.

Parece-me útil a adopção de medidas que restrinjam os testes genéticos no domínio laboral a casos específicos, como o referido. É vital, nestas situações, prevenir, e o teste genético pode ser determinante ao detectar que o trabalhador (potencial ou efectivo) tem uma predisposição para ataques cardíacos.

594 Direito do Genoma Humano

161.2. *Carácter meramente probabilístico das predisposições genéticas*

I. O primeiro argumento ([1106]) carreado é o de que nas predisposições genéticas a interacção entre os vários genes envolvidos não foi suficientemente investigada pelo que não há a certeza absoluta de que certa doença se irá manifestar ([1107])([1108]). Por outras palavras, nas doenças multifactoriais ou poligénicas, a detecção de um gene reconhecidamente associado a uma enfermidade influenciada pelo meio ambiente não garante que a doença se chegue a manifestar. Além de que a heterogeneidade genética implica que o próprio traço em questão se possa revelar de modo diferente de pessoa para pessoa, independentemente da influência dos factores ambientais.

Consequentemente, não me parece defensável negar emprego a pessoas portadoras de genes *deficientes* que, inclusivamente, poderão nunca se chegar a revelar.

161.3. *Direito à privacidade*

I. Em segundo lugar, o simples interesse da entidade patronal em contratar o candidato mais adequado não justifica, por si só, a intromissão na vida privada do trabalhador sob a forma compulsiva de um teste genético ([1109]). Estes exames constituem, sem dúvida, significativa ameaça à nossa privacidade genómica ([1110])([1111])([1112]).

([1106]) Este argumento é fundamental, volto a frisar, para justificar a diferenciação de regime jurídico a que, no meu entendimento, deverão estar sujeitos os trabalhadores que padecem de doenças monogénicas e os que têm meras predisposições para enfermidades genéticas multifactoriais.

([1107]) Com excepção das doenças monogénicas, como já foi dito, estamos a lidar com meras probabilidades.

([1108]) Nesta linha, *The ethical, social and scientific problems related to the application of genetic screening and monitoring for employees in the context of a European approach to health and safety at work (Biomedical and health research contract ct 92-1213), Final report*, Karel Van Damme and Ludwine Casteleyn, Project financed by Community funds under the 3ᵈ Framework Programme, pág. 47, "O pior inimigo da medicina preventiva é o crer irracional no carácter determinístico da susceptibilidade."

([1109]) A questão é completamente diferente quando estão em causa terceiros ou o Estado.

([1110]) Cfr. Parte II, Título II, Capítulo V.

Tutela Jurídica do Genoma Humano em Especial 595

II. Chamo à colação designadamente o artigo 26.º da Constituição da República Portuguesa e os artigos 70.º e 80.º do Código Civil.

III. O artigo 16.º do Código de Trabalho estabelece, como princípio geral, o dever de o empregador e o trabalhador respeitarem reciprocamente os direitos de personalidade da contraparte, em particular a reserva da intimidade da vida privada. Determina que este direito abrange não só o acesso como a divulgação de aspectos atinentes à esfera íntima e pessoal, designadamente os relacionados com a vida familiar, afectiva e sexual, com o estado de saúde e com as convicções políticas e religiosas [1113][1114].

IV. Por sua vez, o artigo 17.º do Código de Trabalho disciplina a matéria da protecção de dados pessoais. Contrariamente ao artigo 16.º, esta disposição circunscreve-se aos casos em que o empregador solicita ao trabalhador informações que dizem respeito à sua vida privada e regula o regime de protecção de dados pessoais que tenham

---

[1111] Uma das formas de salvaguardar a privacidade do trabalhador, é a de evitar que estes testes sejam realizados por médicos ou clínicas que tenham ligações com o empregador.

[1112] Por exemplo, em Espanha, já em 1993, o Conselho de Ética no Comentário à Lei do Ministério do Trabalho sobre proibição do uso de provas genéticas nas pensões e nos seguros considerou que a melhor solução seria preconizar a privacidade absoluta da informação genética relativamente às entidades patronais, companhias de seguros e fundos de pensões.

[1113] O artigo 16.º tem semelhanças com os artigos 328.º do Código Suíço, 373.º A da Consolidação das Leis do Trabalho do Brasil e 4.º do *Estatuto de los Trabajadores* espanhol. Cfr. GUILHERME DRAY, anotação ao artigo 16.º, in PEDRO ROMANO MARTÍNEZ / LUÍS MIGUEL MONTEIRO / JOANA VASCONCELOS / PEDRO MADEIRA DE BRITO / GUILHERME DRAY / LUÍS GONÇALVES DA SILVA, *Código de Trabalho Anotado*, Ob. cit., pág. 103; LUÍS MENEZES LEITÃO, *Código de Trabalho Anotado*, Ob. cit., págs. 36-37.

[1114] Cfr., entre outros, Acórdão do Tribunal Constitucional, de 20 de Junho de 1995, Diário da República, II Série, de 2 de Novembro de 1995; Acórdão do Tribunal Constitucional, de 7 de Junho de 1997, Diário da República, II Série, de 7 de Junho de 1997; Acórdão do Supremo Tribunal de Justiça, de 3 de Abril de 1991, «Boletim do Ministério da Justiça», n.º 406, pág. 433; Acórdão do Supremo Tribunal de Justiça, de 15 de Fevereiro de 1995, «Boletim do Ministério da Justiça», n.º 444, pág. 314; Acórdão da Relação de Lisboa, de 1 de Abril de 1992, «Colectânea de Jurisprudência. Acórdãos da Relação», tomo II, 1992, pág. 202; Acórdão da Relação de Lisboa, de 11 de Janeiro de 1996, «Colectânea de Jurisprudência. Acórdãos da Relação», tomo I, 1996, pág. 79.

596 *Direito do Genoma Humano*

sido fornecidos ao empregador. Além disso, reporta-se também ao candidato a emprego e não apenas ao trabalhador ([1115]).

V. É importante lembrar, como faz Guilherme Dray ([1116]), que o Tribunal Constitucional no Acórdão n.º 306/93, de 25 de Junho de 2003, se pronunciou no sentido da não inconstitucionalidade do artigo 17.º, na versão da Proposta de Lei n.º 29/IX, na parte em que nele se admite que o empregador pode, embora a título excepcional e nos termos especificados, exigir ao candidato a emprego ou ao trabalhador informações que digam respeito à sua saúde ou estado de gravidez. Contudo, o Tribunal Constitucional considerou inconstitucional a parte da disposição que permitia o acesso directo do empregador a essas informações. Assim, foi acrescentado o n.º 3 que determina que as informações exigidas ao trabalhador ou ao candidato a emprego têm de ser prestadas a médico, que só pode comunicar ao empregador se o trabalhador se encontra ou não apto para o desempenho da actividade, salvo autorização escrita deste.

([1115]) Este artigo tem algumas afinidades com os artigos 26.º e 35.º da Constituição da República Portuguesa, com a já mencionada Lei de Protecção de Dados Pessoais - Lei n.º 67/98, de 26 de Outubro -, que transpôs para o ordenamento português a Directiva n.º 95/46/CE, do Parlamento Europeu e do Conselho, de 24 de Outubro de 1995, com o Parecer n.º 8/03 da Comissão Nacional de Protecção de Dados, com o artigo 328.º do Código Civil Suíço e com a L. 121.6 e L. 121.7 do Código de Trabalho francês. Os n.ºs 4 e 5 do referido artigo 17.º concretizam o direito à protecção de dados pessoais, conferindo-se ao trabalhador o direito ao controlo dos respectivos dados pessoais. A violação do preceituado nos n.ºs 1, 2 e 3 desta norma constitui contra-ordenação muito grave segundo o disposto no n.º 1 do artigo 641.º. Cfr. GUILHERME DRAY, anotação ao artigo 17.º, in PEDRO ROMANO MARTÍNEZ/ LUÍS MIGUEL MONTEIRO/JOANA VASCONCELOS/PEDRO MADEIRA DE BRITO/GUILHERME DRAY/LUÍS GONÇALVES DA SILVA, *Código de Trabalho Anotado*, Ob. cit., págs. 106 e seguintes; LUÍS MENEZES LEITÃO, anotação ao artigo 17.º, in *Código de Trabalho Anotado*, Ob. cit., págs. 37-40.

([1116]) GUILHERME DRAY, anotação ao artigo 17.º, in PEDRO ROMANO MARTÍNEZ/LUÍS MIGUEL MONTEIRO/JOANA VASCONCELOS/PEDRO MADEIRA DE BRITO/GUILHERME DRAY/LUÍS GONÇALVES DA SILVA, *Código de Trabalho Anotado*, Ob. cit., pág. 108.

Tutela Jurídica do Genoma Humano em Especial 597

161.4. *Direito a não saber*

I. Há pessoas que não querem conhecer o seu genoma ([1117]).
O conhecimento das predisposições genéticas pode consubstanciar uma fonte de preocupação, de angústia, e, mesmo, de *terror* para o testado. Até, porque nem todas as enfermidades genéticas podem ser já tratadas ou prevenidas.

II. Cada vez mais se fala no direito a não saber ([1118]). Este direito está intimamente ligado ao direito à identidade pessoal, ao direito à liberdade, ao direito à integridade física e moral e ao direito à reserva da intimidade da vida privada e familiar.

III. Penso que todos temos direito à verdade que procuramos e todos temos direito a não sermos informados se, assim, o desejar--mos ([1119])([1120]).

161.5. *Direito ao trabalho*

I. Além disso, exigir que um candidato a um emprego ou o trabalhador se submeta a testes genéticos e em função do resultado da análise do seu genoma admitir a recusa da concessão de trabalho por causa da previsão de simples predisposições (pessoas presentemente aptas) e não por uma incapacidade actual consubstancia violação do direito ao trabalho consagrado no artigo 58.º da Constituição

---

([1117]) É claro que igual argumentação poderá ser aduzida nas enfermidades monogénicas desde que não haja uma relação directa com a actividade profissional. Porém, nas multifactoriais esse direito a não conhecer parece-me ainda mais justificado pelo facto de a pessoa poder não querer viver atemorizada com algo que pode nem acontecer.

([1118]) *Right of gene-informational self determination, recht auf geninformationelle Selbstbestimmung, derecho a la auto determinacion informativa.*

([1119]) Cfr. Parte II, Título II, Capítulo IV.

([1120]) Relembro o ponto n.º 12 da Resolução do Parlamento Europeu, aprovada em 16 de Maio de 1989, sobre os problemas éticos e jurídicos da manipulação jurídica e o n.º 2 do artigo 10.º da Convenção sobre os Direitos do Homem e a Biomedicina, de 4 de Abril de 1997, que consagram não só o direito de cada indivíduo conhecer toda a informação recolhida sobre a sua saúde como, também, o direito a não conhecer.

598 *Direito do Genoma Humano*

da República Portuguesa. Embora nenhum direito seja absoluto, ilimitado, incluindo os direitos à privacidade e à não discriminação, não é de aceitar que a predisposição genética revelada na análise do genoma humano possa ser suficiente para limitar o direito fundamental ao trabalho ([1121]).

161.6. *Discriminação genómica*

I. O acesso ao trabalho constitui um interesse público primordial. Para a maior parte das pessoas é a única fonte de subsistência. Discriminação por razões de simples predisposições acarreta um determinismo social negativo. A primeira decorrência seria a criação de grupos de indivíduos discriminados, estigmatizados, impossibilitados de aceder ao mercado de emprego ([1122])([1123])([1124]).

Todo aquele que por um critério mais ou menos arbitrário fosse considerado inapto teria como hipótese derradeira tentar encontrar outra profissão. Aquela que sempre desejou estava, à partida, vedada. Nunca teria *permissão*, *autorização* para *entrar*. Ou seja, mesmo em sociedades que se proclamam livres, democráticas, o ser humano seria prisioneiro do seu próprio genoma ([1125])!...

([1121]) Estou a pensar não só no acesso e manutenção no posto de trabalho, como também na possibilidade de formação profissional, promoção na carreira, programas de reforma antecipada, etc.

([1122]) Luís ARCHER, *A aventura da descoberta do genoma humano*, «Colóquio/Ciências. Revista de Cultura Científica», Ob. cit., pág. 57.

([1123]) JOÃO PAULO II, na *Carta Encíclica Laborem Exercens. O Trabalho Humano*, Ed. A.O. Braga, Braga, 1981, págs. 75-76, defende que os deficientes são sujeitos plenamente humanos, dotados dos correspondentes direitos inatos, sagrados e invioláveis, devendo facilitar-se-lhes a participação na vida social em todas as dimensões e a todos os níveis compatíveis com as suas possibilidades. Considera radicalmente indigno do homem e uma negação da Humanidade admitir à vida da sociedade, e portanto ao trabalho, só os membros na plena posse das funções do seu ser. "Com tal procedimento recair-se-ia numa forma grave de discriminação, a dos fortes e sãos contra os fracos e doentes".

([1124]) CARLOS DE SOLA, *Privacy and Genetic Data. Cases of Conflict (II)*, «Law and the Human Genome Review», 2, 1995, pág. 151.

([1125]) STELA BARBAS, *Implicações sociais, éticas e legais da informação genética para a gestão de riscos em saúde ocupacional*, in «IV Congresso Nacional de Saúde Ocupacional», org. da Faculdade de Medicina da Universidade do Porto, Ob. cit., pág. 3.

161.7. *Criação de classes de saudáveis doentes*

I. Por outro lado, e já sem referir as inúmeras repercussões sociais, e circunscrevendo-me a perspectivas económicas, estas pessoas, ao deixarem de poder trabalhar, tornar-se-iam num *fardo*, num *peso* para a comunidade aumentando, nomeadamente, os encargos da segurança social. Assim sendo, configuram-se duas alternativas possíveis: sustentar, através de fundos públicos, pessoas presentemente capazes de trabalhar, ou entender que apesar de a análise do genoma demonstrar que o trabalhador pode vir a padecer de determinada doença este deve trabalhar até que (e se) a doença se manifeste e só então ficar dependente da segurança social. Numa óptica macroeconómica parece mais correcta esta última opção. A primeira hipótese implica, desde logo, um aumento das despesas sociais em virtude do alargamento do período de assistência.

161.8. *Procriação de seres humanos com o genoma procurado pelo mercado*

I. Um outro argumento plausível é o de que a discriminação laboral em função do genoma humano tem, também, efeitos sociais a longo prazo. Poderá dar lugar a práticas eugénicas. O candidato ao emprego que não foi admitido ou o trabalhador que foi despedido ficando sem meios de subsistência, não se verá *coagido* a ter menos filhos?!...Quem correrá o risco de ter um filho que padeça da mesma deficiência genética e, que, posteriormente, também, será banido do mercado de trabalho?!...Os bebés passarão a ser previamente analisados e seleccionados em função do seu genoma?!...Eliminados se tiverem as deficiências genéticas dos pais?!... Reedição do eugenismo?!...O mercado é que define os critérios para uma boa força laboral?!...Procriação exclusiva de pessoas com o genoma procurado pelo mercado?!...

A lei da oferta e da procura a fixar que seres humanos *produzir* porque o mercado de trabalho os procura, e quais *rejeitar* porque não consubstanciam uma *oferta válida* para as necessidades desse mesmo mercado?!...

161.9. *Nota final*

I. As questões equacionadas neste capítulo reflectem algumas das inquietações, perigos ou fantasmas que já se perfilam no horizonte.

II. É fundamental a tomada de medidas que salvaguardem a dignidade da pessoa humana face ao universo de hipóteses abertas pelo Programa do genoma humano, designadamente na área do diagnóstico.

Mas, por outro lado, devem ser empreendidos esforços para o desenvolvimento de técnicas que permitam a cura de enfermidades ([1126]). Graças aos progressos da terapia génica, muitas mais deficiências genéticas poderão passar a ser tratadas, num futuro próximo. E, assim, algumas das interrogações que hoje se colocam deixarão de ter razão de existir. Convicta da força e eficácia da Ciência, acredito que a maior parte das condenações e dificuldades serão por ela própria ultrapassadas e resolvidas.

([1126]) Nesta linha, JOÃO PAULO II, *Discourse of Holy Father John Paul II*, in «Human Genome, Human Person and the Society of the Future», Ob. cit., págs. 8-9, defende que é urgente reforçar os baluartes jurídicos perante as imensas possibilidades diagnósticas que são apresentadas pelo Projecto sequencial do genoma humano. A Igreja Católica "insiste para que seja garantido também pela lei o reconhecimento da dignidade do ser humano como pessoa, desde o momento da concepção...Convida todos os responsáveis políticos e os cientistas a promoverem o bem da pessoa, através da investigação científica destinada a aperfeiçoar oportunas terapias também no âmbito genético, que sejam praticáveis e isentas de riscos desproporcionados".

CAPÍTULO IV

GENOMA E DIREITO DOS SEGUROS

LIMITES DAS SEGURADORAS AO CONHECIMENTO DO GENOMA DO SEGURADO

Sumário

SECÇÃO I
Problemas equacionados

162. Introdução
163. O risco como pressuposto causal do contrato de seguro
164. Colisão de interesses
165. De um dever de informação?
166. De um direito a exigir o teste?

SECÇÃO II
Regime jurídico

167. Síntese legislativa

SECÇÃO III
Soluções propostas

168. Introdução
169. Predição de doenças monogénicas. Fundamento e alcance da não existência de um regime jurídico privilegiado para estas enfermidades, em sede do Direito dos Seguros
170. Predisposições para doenças multifactoriais. Fundamento e alcance da criação de um regime jurídico diferenciado para estas enfermidades, em sede do Direito dos Seguros

SECÇÃO I
Problemas equacionados

162. Introdução
163. O risco como pressuposto causal do contrato de seguro
164. Colisão de interesses
165. De um dever de informação?
166. De um direito a exigir o teste?

162. Introdução

I. As indiscutíveis vantagens trazidas pela genética humana, na área do diagnóstico, vieram, no entanto, suscitar algumas dúvidas e inquietações, nomeadamente no domínio dos seguros pessoais: o potencial segurado ([1127]) ao saber que padece de uma doença genética ou tem uma predisposição para determinada enfermidade poder-se-á sentir aliciado a *esconder*, sonegar esses dados e contratar com a seguradora ([1128]) valor excessivo para seu benefício ou de terceiros ([1129])

([1127]) O segurado é todo aquele no interesse do qual o contrato é celebrado ou a pessoa (segura) cuja vida, saúde ou integridade física é objecto do contrato. Por segurando entende-se a pessoa que pretende celebrar o contrato de seguro com a companhia seguradora.

O tomador é a entidade que celebra o contrato com a companhia seguradora e que é responsável pelo pagamento do respectivo prémio. O Código Comercial, embora sem utilizar esta terminologia, admite a distinção entre as duas figuras, ao determinar, no artigo 428.º, que o seguro pode ser contratado por conta própria ou por conta de outrem, e também, o faz, no artigo 429.º, quando se reporta às inexactidões ou reticências de factos conhecidas pelo segurado ou por quem fez o seguro. Todavia, a palavra tomador de seguro surge, pela primeira vez, consagrada na letra da lei portuguesa, apenas em 1981, mais concretamente, no Decreto-Lei n.º 169/81, de 20 de Junho, que disciplinava o regime específico dos seguros de crédito e de caução.

([1128]) A terminologia usada para designar a entidade autorizada por lei para exercer a actividade seguradora varia: companhia seguradora, seguradora, segurador, empresa de seguros, etc.

604 *Direito do Genoma Humano*

podendo, assim, onerar as companhias com indemnizações que excedem largamente os prémios pagos. Se um número elevado de pessoas subscreverem contratos de seguros sob estas condições, as seguradoras terão que elevar os prémios ([1130]), forçando os *pequenos* segurados a desistirem dos seguros. A médio ou longo prazo, as consequências negativas deste ciclo vicioso darão origem a uma diminuição da procura e poderão levar à falência algumas companhias.

II. Por seu turno, a lógica dos seguros acarreta, por vezes, efeitos muito pejorativos. Acentua a desigualdade ao tirar o melhor partido dos clientes rentáveis, diminuindo o número de segurados com riscos e, na prática, aumentando os excluídos.

Assim, as seguradoras poderão ser tentadas, por razões económicas, a tirar partido dos genes de predisposição para enfermidades para o cálculo dos prémios respectivos ou mesmo para recusar celebrar o contrato.

Não se trata de questão a equacionar no futuro. Num relatório elaborado por Paul Bilings, em 1996, são referidas várias situações de profundas discriminações, por causas genéticas, na esfera dos seguros. O caso já clássico é o de uma mãe que resolveu fazer seguros de vida para os seus dois filhos. Uma das crianças padecia da síndroma de Hurler (condição genética que origina atraso mental por volta dos dez anos de idade). A seguradora recusou celebrar ambos os contratos, alegando "tratar-se de síndroma fatal". No entanto, não aduziu qualquer justificação relativamente à rejeição do contrato da criança saudável. Situação injusta que foi resolvida quando outra companhia aceitou segurar a criança que não sofria da mencionada enfermidade. Um estudo realizado, pela Universidade

---

Por exemplo, o Decreto-Lei n.º 94-B/98, de 17 de Abril, define "empresa de seguros...também designada seguradora ou resseguradora", como sendo "qualquer empresa que tenha recebido autorização administrativa para o exercício da actividade seguradora ou resseguradora".

([1129]) O beneficiário é a pessoa singular ou colectiva a favor de quem vai reverter a prestação da companhia seguradora resultante do contrato de seguro ou de uma operação de capitalização.

([1130]) O prémio consiste na prestação do tomador no contrato de seguro.

Georgetown, em 1997, revelou a existência de muitas outras situações de flagrantes e violentas discriminações [1131].

Segundo alguns autores, nos Estados Unidos da América [1132], em vinte por cento dos casos, faz-se apelo no contrato a testes que se podem assimilar aos genéticos [1133].

III. Face a estas tendências é imprescindível a tomada de medidas que previnam o aparecimento de mais e mais desigualdades. Há já quem [1134] sustente a necessidade de conceber uma nova e *revolucionária* modalidade de solidariedade que conjugue as funções de indemnização, de responsabilidade e de prevenção. Devem ser empreendidas diligências que proporcionem uma maior igualdade de acesso aos cuidados de saúde, o que, por seu turno, implica, por vezes, uma desigualdade dos esforços sociais, a designada "discriminação positiva" em prol dos mais carenciados. Ou seja, a lógica inversa à que preside ao lucro dos seguros.

A lógica dos seguros é, um tanto ou quanto, desresponsabilizante, uma vez que valoriza a indemnização em detrimento da prevenção,

---

[1131] Os pormenores do relatório de Paul Bilings e do referido estudo da Universidade Georgtown podem ser consultados em CHRISTOPHER M. KEEFER, *Bridging the gap between life insurer and consumer in the genetic testing era: the rf proposal*, «Indiana Law Journal», 74, 1375, Fall, 1999, págs. 7-8.

[1132] O caso dos Estados Unidos da América é muito aliciante. Os primeiros planos para reembolsar as despesas médicas surgiram principalmente na década de quarenta (Blue Shield y Blue Cross). Desde o início e até 1986 eram empresas não lucrativas e isentas de impostos. Inicialmente as provas baseavam-se no *community rating*, de tal modo que se aplicavam as mesmas quotas a todas as pessoas pertencentes a determinada área geográfica e, consequentemente, o segurando de baixo risco pagava o mesmo que o de alto risco. Ainda nos anos quarenta apareceram as primeiras seguradoras comerciais que, para poder competir e obter os seguros dos trabalhadores das empresas, começaram a oferecer prémios baseados na chamada *experience rating:* os prémios que se impunham aos empresários aplicavam-se de acordo com a experiência de facto das reclamações dos seus empregados. Os prémios calculados "pela experiência" foram mais baixos que os baseados no *community rating*. Deu origem a que as companhias não lucrativas tivessem que modificar as suas próprias práticas de cálculo do risco, perdendo a isenção tributária de que gozavam. Desta forma, chegou-se a uma situação em que os que estão doentes ou constituem grupo de risco têm que pagar prémios mais altos.

[1133] ALEX KAHN, *Un entretien avec le professeur Alex Kahn*, «Le Monde», 28 de Abril de 1993, citado por LUCIEN SÈVE, *Para uma Crítica da Razão Bioética,* Ob. cit., pág. 375.

[1134] DANIEL LE SCORNET, *Éloge du social*, Éd. Sociales, Paris, 1988, pág. 150.

606 *Direito do Genoma Humano*

ao ponto de o próprio contrato ser, no entendimento de alguns autores [1135], causa do aumento da probabilidade de ocorrência do acontecimento segurado.

IV. A *obsessão* com os genes de predisposição para determinadas doenças, ao transformar pessoas *sãs* em potenciais doentes, poderá conduzir a um perigoso e exagerado aumento da procura de seguros.

A supremacia da dimensão do risco na deferência da saúde parece, sem dúvida, propícia à transição para a já denominada "comunidade de seguros" [1136].

V. Nos seguros de vida, saúde e acidentes é necessário conhecer o estado de saúde do interessado através de questionários e, eventualmente, de exames médicos. É precisamente aqui que este tema assume particular acuidade.

Em todas estas classes de seguros colocam-se problemas em moldes muito semelhantes. Embora seja necessário referir que relativamente ao seguro de acidentes, o teste genético só tem razão de ser nas doenças que possam acarretar um aumento da possibilidade de risco de acidentes.

163. O risco como pressuposto causal do contrato de seguro

I. A função da seguradora é cobrir riscos [1137]. E será que a análise do genoma humano não põe em causa a existência desse factor essencial ao contrato do seguro de vida [1138]? Ou, por outras palavras, o conhecimento das características genéticas não transforma em certeza a incerteza (que, aliás, constitui a essência do seguro) de forma que o risco, como elemento definidor e típico do contrato, pode chegar a desaparecer?

[1135] PIERRE HUARD, *Panorame du médecin*, février 1988, citado por DANIEL LE SCORNET, *Éloge du Social*, Ob. cit., pág. 146.

[1136] FRANÇOIS EWALD, *L'État-Providence*, Grasset, 1986, págs. 10 e 373.

[1137] STELA BARBAS, *Dos novos contratos de seguro*, sep. «Direito e Justiça», Volume XIV, Tomo 3, Universidade Católica Editora, Lisboa, 2000, pág. 151.

[1138] Chamo à colação o caso do seguro de vida pois é principalmente em relação a este que se podem suscitar dúvidas relativas à existência ou não de risco.

II. No que concerne à questão de saber se, nos seguros de vida, o conhecimento do genoma humano faz desaparecer o risco como pressuposto causal do contrato há que tecer as seguintes considerações:

III. Em primeiro lugar, e como regra geral, a ideia base é que não há seguro sem risco.

IV. E para que haja risco é necessário poder falar em possibilidade, o que, por sua vez, pressupõe duas coisas distintas: o carácter futuro do acontecimento e a sua incerteza. Ora, esta incerteza não tem de ser absoluta – *incertus an, incertus quando* – pois nos seguros de vida para caso de morte só há uma incerteza relativa. Ou seja, o acontecimento (morte) terá necessariamente lugar. Todavia, não sabemos quando ocorrerá – *certus an, incertus quando* –.

V. Deste jeito, considero que a informação resultante da análise do genoma humano não põe em causa a existência do contrato de seguro de vida, uma vez que não elimina o factor incerteza relativo ao momento (quando) da morte. Incerteza essa, *de per si*, suficiente para que se possa falar, com todo o rigor técnico, em risco.

164. Colisão de interesses

I. Existe um conflito de interesses entre, por um lado, o futuro segurado e, por outro, a companhia de seguros: o primeiro pretende celebrar o contrato sem ter de se submeter a exames genéticos predizentes; a seguradora quer obter o maior número possível de dados sobre a saúde actual e futura do segurando para limitar ou, mesmo, excluir determinados riscos.

II. Neste capítulo analisarei, precisamente, a problemática de saber se há um dever de o segurando revelar a informação que detém sobre o seu genoma e se existe um direito de a companhia de seguros exigir que o potencial segurado se submeta a um teste genético predizente para que a seguradora possa, em função do resultado,

608   *Direito do Genoma Humano*

proceder ao cálculo do prémio ou, mesmo, recusar a celebração do contrato.

A resposta a qualquer uma destas questões terá sempre de ter presente que a boa fé deve prevalecer como princípio básico do contrato de seguro.

165. De um dever de informação?

I. Será defensável que o portador de doença grave não a revele e contrate com a seguradora valor excessivo para seu benefício ou de terceiros, mediante o pagamento de prémios calculados para a esperança média de vida da população a que pertence e não para condições particulares?

II. Os segurandos sustentam que têm o direito de *esconder*, de omitir o seu estado de saúde à companhia.

III. Contudo, neste conflito de interesses é posta em causa a ideia que os resultados da investigação médica são da exclusiva propriedade do doente e que não é legítimo a ninguém solicitar aquelas informações para proveito próprio ([1139]).

IV. As seguradoras argumentam que o direito à privacidade não pode justificar a má fé do segurando. As penalizações decorrentes da

---

([1139]) Parece-me, também, extremamente interessante a questão de saber se o futuro segurado tem o direito de voluntariamente submeter-se a testes genéticos ou apresentar os resultados dos exames previamente feitos com o objectivo de diminuir o prémio dos seguros. Se for escasso o número de pessoas que adoptem este procedimento, em princípio, não terá grande influência no cômputo geral. Porém, se a adesão for significativa, aumentará, necessariamente, o prémio dos que não querem sujeitar-se a testes ou revelar os exames já realizados. Assim sendo, o comportamento dos primeiros traduzir-se-á numa forte pressão nos segundos.

A submissão/divulgação voluntária dos testes consubstanciará, no fundo, uma limitação ao direito à autodeterminação informacional dos que não o querem fazer.

Todavia, é possível contra argumentar alegando que o direito à autodeterminação não é verdadeiramente afectado na medida em que o próprio tem sempre a oportunidade de optar, embora submetendo-se às consequências (tais como o aumento do prémio ou recusa do contrato) que daí resultam.

Tutela Jurídica do Genoma Humano em Especial 609

falta de boa fé de alguns segurandos poderão acarretar um aumento dos prémios a pagar pelos contraentes em geral, para cobrir o excesso de perdas das seguradoras. E acrescentam que, se lhes for revelada a verdade, podem diminuir os prémios dos que não têm predisposições genéticas para determinadas enfermidades, aumentando os prémios ou recusando a celebração de contratos com os restantes.

V. A lógica que preside a este raciocínio conduziria ao sacrifício de uns em benefício de outros.

No entanto, esse regime discriminatório já existe, por exemplo, nos seguros de vida, relativamente aos fumadores e aos alcoólicos. Prevalece a convicção generalizada de que o fumador ([1140]) ou o alcoólico terá maior propensão para adoecer e, por isso, é penalizado pelas seguradoras no cálculo do risco ([1141]).

VI. Porém, poder-se-á alegar que os fumadores ou os alcoólicos têm, em princípio, a possibilidade de se controlarem, fumando ou bebendo menos, fazendo tratamentos específicos, etc. Por outras palavras, têm (pelo menos alguma) responsabilidade no curso do seu destino.

Mas, o indivíduo que *herdou* uma predisposição genética poderá ser culpabilizado, responsabilizado por esse facto? Julgo, e salvo o devido respeito, que esta questão deveria ter sido devidamente ponderada na elaboração da legislação nesta área.

([1140]) CHRISTOPHER M. KEEFER, *Bridging the gap between life insurer and consumer in the genetic testing era: the rf proposal*, Ob. cit., pág. 19, nota 88, refere que "pelo menos seis por cento dos segurandos que declaram ser «não fumadores» são na realidade «fumadores»".

([1141]) BRONWER LODER, *El genoma humano y el contrato de seguro*, in «El Derecho ante el Proyecto Genoma Humano», Vol. III, Fundación BBV con la colaboración de Universidad de Deusto y Excma. Disputación Foral de Bizkaia, Bilbao, 1994, pág. 100, salienta que são poucos os não fumadores que estejam dispostos a pagar prémio idêntico ao dos fumadores pela mesma apólice de seguros. E acrescenta que no Reino Unido os jovens do sexo masculino que sejam solteiros têm que pagar um prémio muito superior por um seguro de vida, a não ser que se submetam a um teste de SIDA.

166. De um direito a exigir o teste?

I. As companhias de seguros terão direito de exigir que o segurando se submeta a teste genético antes da celebração do contrato?

II. As seguradoras alegam que os potenciais segurados têm de fazer o exame para que elas possam limitar ou excluir determinados riscos. Caso contrário teriam de elevar os prémios. Sustentam, ainda, que, se não realizarem o contrato por causa do segurando não se ter sujeitado ao teste, este não fica colocado numa insustentável situação de necessidade, na medida em que nem todas as pessoas têm seguros pessoais ([1142]).

III. No entanto, na perspectiva dos segurandos, o facto de as companhias recusarem o contrato por causa dos segurandos padecerem de enfermidades monogénicas ou de terem simples predisposições reveladas pelo exame, configura um ilegítimo instrumento de discriminação social.

Se o recurso às seguradoras puder ser negado em função das características do genoma do interessado, os avanços científicos acarretarão enormes vantagens para a companhia mas grandes prejuízos para aquele indivíduo.

IV. Trata-se, portanto, de matéria repleta de conflitos e contradições.

([1142]) A falta de seguros de saúde privados pode ser compensada (dentro do possível) por prestações de saúde estatais.

SECÇÃO II
Regime jurídico

167. Síntese legislativa

167. Síntese legislativa

I. A Declaração Universal sobre o Genoma Humano e os Direitos do Homem, de 11 de Novembro de 1997, estatui, no artigo 2.º, que cada indivíduo tem direito ao respeito da sua dignidade e dos seus direitos quaisquer que sejam as suas características genéticas e no artigo 6.º que ninguém pode ser discriminado por causa das suas características genéticas ([1143]).

II. A Convenção sobre os Direitos do Homem e a Biomedicina, de 4 de Abril de 1997, no artigo 11.º (Não discriminação) proíbe toda e qualquer forma de discriminação da pessoa em razão do seu património genético e no artigo 12.º (Testes genéticos preditivos) veda a realização de testes preditivos de doenças genéticas ou que possibilitem a identificação do indivíduo como portador de um gene responsável por uma doença ou a detecção de uma predisposição ou de uma susceptibilidade genética a uma doença, excepto para finalidades médicas ou de investigação médica e sem prejuízo de um aconselhamento genético apropriado.

([1143]) Cfr. também, a Resolução sobre os problemas éticos e jurídicos da manipulação genética, adoptada pelo Parlamento Europeu em 16 de Março de 1989.

612   *Direito do Genoma Humano*

III. No nosso ordenamento jurídico ([1144])([1145])([1146]) esta matéria encontra-se expressamente disciplinada pela Lei n.º 12/2005, de 26 de Janeiro, sobre Informação genética pessoal e informação de saúde.

([1144]) A legislação existente em Portugal relativa ao Direito dos Seguros não se encontra consagrada num único código mas em vários diplomas.

De entre a multiplicidade de leis em vigor, mas sem se reportar concretamente a esta problemática, é possível destacar: Código Comercial, em especial os artigos 425.º a 462.º e 595.º a 615.º; Código das Sociedades Comerciais; Decreto-Lei n.º 94-B/98, de 17 de Abril, que fixa as condições de acesso e de exercício da actividade seguradora (alterado pelos Decreto-Lei n.º 8-C/2002, de 11 de Janeiro (rectificado pela Declaração de Rectificação n.º 3/2002, de 26 de Janeiro), Decreto-Lei n.º 169/2002, de 25 de Julho, Decreto-Lei n.º 72-A/ 2003, de 14 de Abril, Decreto-Lei n.º 90/2003, de 30 de Abril, Decreto-Lei n.º 251/2003, de 14 de Outubro); Decreto-Lei n.º 388/91, de 10 de Outubro, que estabelece o regime jurídico da mediação de seguros (objecto da Declaração de Rectificação n.º 233/91, de 31 de Outubro); Decreto-Lei n.º 176/95, de 26 de Julho, que estabelece as regras de transparência para a actividade seguradora e disposições relativas ao regime jurídico do contrato de seguro (alterado pelo Decreto-Lei n.º 60/2004, de 22 de Março); Decreto-Lei n.º 475/99, de 9 de Novembro, que disciplina a constituição e o funcionamento dos fundos de pensões e das sociedades gestoras de fundos de pensões (alterado pelo Decreto-Lei n.º 292/2001, de 20 de Novembro); Decreto-Lei n.º 142/2000, de 15 de Julho, relativo ao pagamento dos prémios de seguros (alterado pelo Decreto-Lei n.º 150/2004, de 29 de Junho); Decreto-Lei n.º 289/ 2001, de 13 de Novembro, que aprova o Estatuto do Instituto de Seguros de Portugal (alterado pelo Decreto-Lei n.º 195/2002, de 25 de Setembro); Decreto-Lei n.º 90/2003, de 30 de Abril, respeitante ao saneamento e recuperação financeira de empresas de seguros e à sua liquidação; Lei n.º 27/2006, de 3 de Julho, que aprova a Lei de Bases da Protecção Civil; Decreto-Lei n.º 46/2006, de 28 de Agosto, que proíbe e pune a discriminação em razão de deficiência e de existência de risco agravado de saúde. Além destes diplomas existe toda uma panóplia de legislação específica de determinados ramos. Há, ainda, que destacar as normas regulamentares do Instituto de Seguros de Portugal, normas que são de cumprimento obrigatório pelas entidades sujeitas à sua supervisão (ISP – autoridade de supervisão da actividade seguradora, resseguradora, de mediação de seguros e de fundos de pensões criada pelo Decreto-Lei n.º 302/82, de 30 de Julho, sendo posteriormente revogado pelo Decreto-Lei n.º 251/97, de 26 de Setembro, que por sua vez foi revogado pelo Decreto-Lei n.º 289/2001, de 13 de Novembro, alterado pelo Decreto-Lei n.º 195/2002, de 25 de Setembro) que podem ser consultadas, nomeadamente, em http://www.isp.pt/. O nosso direito interno recebeu, também, importantíssimo contributo do direito comunitário dos seguros.

([1145]) O Projecto de Lei n.º 455/VIII, *Informação genética pessoal*, proposto pelos deputados do Bloco de Esquerda, no artigo 12.º (Testes genéticos e seguros) determina:

"1 – As seguradoras não podem pedir nem utilizar qualquer tipo de informação genética, para recusar um seguro de vida ou estabelecer prémios mais elevados.

2 – As seguradoras não podem pedir a realização de testes genéticos aos seus potenciais segurados para efeitos de seguros de vida ou de saúde.

O n.º 2 do artigo 11.º (Princípio da não discriminação) deste Diploma proíbe a discriminação, sob qualquer forma, em função dos resultados de um teste genético diagnóstico, de heterozigotia, pré--sintomático ou preditivo, incluindo para efeitos de obtenção ou manutenção de seguros de vida e de saúde.

O n.º 1 do artigo 12.º (Testes genéticos e seguros) desta Lei não permite às companhias de seguros pedir ou utilizar informação genética de qualquer tipo para recusar um seguro de vida ou estipular prémios mais elevados.

Por sua vez, o n.º 2 do artigo 2.º (Informação de saúde) não autoriza as companhias de seguros a solicitar a realização de testes genéticos aos seus potenciais segurados para efeitos de seguros de vida ou de saúde ou para outros fins. O acesso das seguradoras aos resultados dos testes previamente realizados encontra-se vedado pelo n.º 3 desta norma.

---

3 – As companhias de seguros não podem utilizar a informação genética obtida de testes previamente realizados nos seus clientes actuais ou potenciais, para efeitos de seguros de vida e de saúde.

4 – As seguradoras não podem utilizar a informação genética resultante da colheita e registo dos antecedentes familiares, para recusar um seguro ou estabelecer prémios aumentados."

O nosso CONSELHO NACIONAL DE ÉTICA PARA AS CIÊNCIAS DA VIDA, no *Relatório-Parecer 37/CNECV/01 Acerca do Projecto de Lei n.º 455/VIII "Informação genética pessoal" proposto pelos Deputados do Bloco de Esquerda*, considerou que o referido n.º 4 do artigo 12.º, "embora bem intencionado, padece de irrealismo". De facto, como se poderá na prática evitar que a seguradora peça ao candidato ao seguro que lhe comunique a informação genética de que dispõe? Como evitar que o candidato aquiesça a esta solicitação, se ele é o dono da informação? (disponível em http://www.cnecv.gov.pt/).

([1146]) Nos Estados Unidos da América, em 1999, cerca de metade dos Estados já tinham legislação nesta área.

O *Groupe Européen d'Éthique des Sciences et des Nouvelles Technologies Auprès de la Commission Européen*, na Recomendação de 21 de Julho de 1998, sustentou que os elementos nominativos relativos às amostras conservadas nos bancos de dados genéticos podem ser fonte de discriminação injustificada quando revelados a terceiros, em particular entidades patronais e companhias seguradoras. Deste modo, os bancos de dados devem evitar, por meio de todas as medidas possíveis, a revelação das informações de que dispõem.

SECÇÃO III
Soluções propostas

168. Introdução
**169. Predição de doenças monogénicas. Fundamento e alcance da não existên-
cia de um regime jurídico privilegiado para estas enfermidades, em sede
do Direito dos Seguros**
**170. Predisposições para doenças multifactoriais. Fundamento e alcance da
criação de um regime jurídico diferenciado para estas enfermidades, em
sede do Direito dos Seguros**

168. Introdução

I. Há um certo *alarmismo*, se me é permitida a expressão, relativamente a uma *pseudo-inclusão* das doenças genéticas nas categorias do contrato de seguro. As seguradoras sempre tiveram em devida
conta estas enfermidades na fixação dos prémios. A originalidade
reside no facto de ter passado a ser possível prever, com um certo
grau de acerto e bastante antecedência, a sua manifestação, com as
consequências que daí poderão decorrer.

II. Se não é de aceitar que as companhias tenham acesso a
predisposições genéticas para justificar a recusa do seguro, também
não é defensável que o portador de doença grave não a revele e
contrate com a seguradora valor excessivo para seu benefício ou de
terceiros ([1147]).

([1147]) Se o segurando quiser celebrar um contrato com um valor muito alto, a seguradora poderá, também, exigir requisitos especiais, como, por exemplo, a submissão a estes
testes.

616 *Direito do Genoma Humano*

III. Quero, desde já, sublinhar que não me parece defensável, e ressalvado o devido respeito por uma tese contrária comummente aceite, que o dever de informação do segurando esteja dependente do facto de este já ter ou não realizado o teste genético antes da celebração do contrato. Se as companhias tiverem direito de conhecer o genoma do candidato somente nos casos em que este se tenha previamente submetido ao exame, isto implicará uma redução da realização destas análises na medida em que as pessoas sentir-se-ão ameaçadas pelo facto dessa informação poder vir a ser usada pelas seguradoras e, consequentemente, poderem ser prejudicadas se forem portadoras de genes *defeituosos*.

Ora, nestes moldes, e em última instância, haverá perigo de ser posto em causa o próprio direito à saúde do interessado que através da análise do genoma e consequente terapia génica e/ou alteração do estilo de vida terá oportunidade de debelar eventuais doenças de que poderá vir a padecer.

IV. A solução para resolver os problemas que necessariamente decorrem do recurso aos testes genéticos também não está, logicamente, em proibir a sua utilização ([1148])([1149]).

V. Assim, considero que a Lei n.º 12/2005, de 26 de Janeiro, sobre Informação genética pessoal e informação de saúde, deveria ter procedido a uma distinção entre as denominadas doenças mono-

---

([1148]) Como é óbvio, não é de proibir, *tout court*, o recurso aos exames médicos. Aliás, os progressos científicos têm aumentado e não diminuído a percentagem de aceitação dos seguros, e várias situações que há alguns anos atrás não eram seguráveis hoje já o são. É o caso, por exemplo, das doenças cardiovasculares.

([1149]) O Conselho Dinamarquês de Ética, face a um projecto de lei que proibia os testes genéticos nos seguros de vida, sublinhou que era viável, sem recorrer às provas de DNA, determinar "a probabilidade da futura doença, a susceptibilidade à influência do meio ambiente ou a posse de certos genes". Por exemplo, o caso da *Alfa I antitripsina* pode provar-se, pura e simplesmente, com uma análise à presença da proteína no soro. Desta forma, o Conselho Dinamarquês de Ética chegou à conclusão que a proibição das provas de DNA não era suficiente para assegurar uma certa qualidade no acesso aos seguros se era essa a sua intenção. Nesta linha de raciocínio, a única opção seria vedar todo e qualquer teste, o que, naturalmente, não é possível nem sequer desejável. Cfr. BRONWER LODER, *El genoma humano y el contrato de seguro*, in «El Derecho ante el Proyecto Genoma Humano», Ob. cit., págs. 100-101.

génicas (incuráveis) e as simples predisposições para enfermidades que só se manifestarão em determinadas condições ambientais.

VI. Nas monogénicas, volto a frisar, existe uma certeza quase absoluta que a doença se manifestará; somente há incerteza relativamente ao momento (quando) da sua revelação. Pelo contrário, nas predisposições para enfermidades que só se concretizarão em certas condições de ambiente, não só o momento do seu aparecimento é incerto, como também o é o próprio facto de que a enfermidade, na realidade, se manifeste.

VII. Por outro lado, nas predisposições o interessado pode tomar medidas para impedir o surgimento da doença. Por exemplo, mudando alguns hábitos alimentares. Ao passo que nas monogénicas (incuráveis) a única possibilidade de reacção da pessoa geneticamente afectada é a sua mentalização, preparação psicológica.

VIII. Nesta orientação, procederei à análise destas duas situações, nos números seguintes (n.º 169 e n.º 170).

169. Predição de doenças monogénicas. Fundamento e alcance da não existência de um regime jurídico privilegiado para estas enfermidades, em sede do Direito dos Seguros

I. Nas monogénicas incuráveis ([1150]) como há uma probabilidade de cerca de 100 % de que a doença se vai manifestar mais tarde, sendo apenas uma questão de mais ou menos tempo, parece-me legítimo que a companhia de seguros tenha o direito de exigir que aquele se submeta ao teste. Pois não é possível esquecer que já é prática corrente o potencial segurado ter de se sujeitar a exames médicos (sobre a saúde actual) antes da celebração do contrato sem que isso seja posto em causa.

([1150]) Julgo útil sublinhar que me estou a reportar às doenças monogénicas para as quais ainda não pode ser feita qualquer prevenção ou terapia. Entendo que deverão gozar do mesmo estatuto aplicado às enfermidades não genéticas.

618 Direito do Genoma Humano

II. No que concerne ao dever de informação igual argumentação pode ser carreada. O segurando não pode mentir, omitir, falsear, esconder que padece de enfermidade monogénica incurável.

O contrato de seguro assenta numa declaração de boa fé por parte do requerente e o artigo 429.º do Código Comercial determina que toda a declaração inexacta, bem como a omissão de factos ou circunstâncias conhecidas pelo segurado ou por quem fez o seguro, e que teriam podido influir sobre a existência ou condições do contrato tornam o seguro nulo [1151]. Esta norma estabelece, ainda, que, se da parte de quem fez as declarações tiver havido má fé, o segurador terá direito ao prémio, excepcionando a obrigação recíproca de restituição que cabe às partes por força da nulidade, segundo o artigo 290.º do Código Civil.

Nesta linha, o requerente deve responder a todas as questões formuladas com veracidade.

A par dos tradicionais *experts* em fuga ao fisco surgirá uma nova classe de *peritos* especializados em *esconder* às seguradoras os seus defeitos genéticos.

O direito à privacidade não pode justificar a má fé do segurando. O princípio da boa fé deve presidir ao contrato de seguro. As partes têm deveres de lealdade a cumprir.

Além de que, os actuais questionários das companhias são cada vez mais completos e detalhados [1152], de tal forma que o dever de declaração do segurando se transformou num dever de resposta na medida em que tem de responder às perguntas equacionadas com verdade, sem reservas e sem omitir ou desvirtuar nenhum dado, tendo sempre em consideração que estas declarações constituem a base que a seguradora examina e estuda para uma adequada apreciação do risco.

[1151] De referir que o Tribunal da Relação de Lisboa, no Acórdão de 28/02/1991, publicado na Colectânea de Jurisprudência, Tomo I, Coimbra, 1992, pág. 172, considerou que "Não obstante a literalidade do artigo 429.º do Código Comercial, este normativo prescreve a simples anulabilidade do contrato de seguro, por via da declaração inexacta ou de reticência de factos ou circunstâncias, pelo segurado, conforme a relevância concreta dessa incorrecção".

[1152] Por exemplo, é prática corrente na celebração do contrato ter em consideração o consumo de bebidas alcoólicas e ou de tabaco, o peso em relação com a altura, o historial clínico do segurando bem como o dos seus antepassados, etc.

III. Assim, não encontro razões que justifiquem a criação de um regime jurídico privilegiado das doenças monogénicas incuráveis (que, volto a frisar, quase de certeza se vão concretizar), relativamente às restantes enfermidades (inclusivamente genéticas) também incuráveis que já são há muito tempo *penalizadas* pelas companhias.

IV. Se as seguradoras não puderem exigir que o segurando se submeta a estes exames ou se não existir um dever de informação sobre o estado de saúde, o segurando que tiver realizado previamente o teste poder-se-á aproveitar desse facto e contratar prémio excessivo.

Configurar-se-ão situações atentatórias do princípio da boa fé contratual.

170. Predisposições para doenças multifactoriais. Fundamento e alcance da criação de um regime jurídico diferenciado para estas enfermidades, em sede do Direito dos Seguros

I. Situação diametralmente oposta diz respeito às predisposições genéticas para doenças que só surgirão em determinadas condições ambientais. Nestes casos, defendo que prevalecem os direitos dos segurandos, pela seguinte ordem de razões:

a) Desde logo, é viável argumentar que as predisposições genéticas são meras probabilidades. A interacção entre os diversos genes envolvidos não foi suficientemente investigada de modo que não se pode afirmar com segurança que certa enfermidade se irá concretizar. E mesmo que se manifeste não é possível prever quanto tempo vai demorar até que isso aconteça. E não se pode saber qual o grau de gravidade com que se vai exteriorizar, pois depende de caso para caso.

Há todo um conjunto de factores, incluindo os ambientais, que podem exacerbar ou minimizar essas predisposições. Por exemplo, a idade, o sexo, a alimentação, os medicamentos, o *stress*, o tabaco, o consumo de drogas e/ou de álcool desempenham, frequentemente, um papel fundamental nesta área.

620 *Direito do Genoma Humano*

b) Além disso, ao interesse da companhia de seguros de excluir ou limitar certos riscos, contrapõe-se, desde logo, o interesse do potencial segurado em preservar a sua privacidade. A revelação do seu genoma é, por vezes, desvantajosa para o próprio não só por proporcionar condições de seguro desfavoráveis, como, também, pela possibilidade de revelar, a terceiros, dados do seu foro íntimo. Toda a pessoa deve ter o direito de conhecer os elementos de investigação médica que lhe digam respeito e em paralelo o direito de preservar o conhecimento desses dados exclusivamente para si numa concepção mais ampla de privacidade.

c) A sujeição a um exame genético pode pôr em causa direitos de personalidade. É necessário reconhecer a existência do já chamado direito a não saber. Este direito, também denominado de direito à autodeterminação informacional, consagra que compete apenas ao próprio decidir se quer ou não conhecer o seu mapa genético. Há pessoas que preferem não saber para não viverem atemorizadas com algo que até nem é certo acontecer.

d) O indivíduo que se sujeitou ao teste ao tomar conhecimento das suas características pode ficar com profundas perturbações do foro psíquico e viver num estado de permanente *stress*.

e) Subsiste o perigo de os médicos que trabalham para a companhia seguradora violarem o segredo médico a que estão adstritos e revelarem os resultados das análises.

E uma vez violado o direito à confidencialidade há hipótese de, por abuso ou negligência, terceiros acederem a essa informação do foro estritamente privado.

f) Acresce ainda que o direito à saúde é reconhecido como um direito social fundamental ([1153]).

No entanto, a efectividade deste direito está intimamente dependente da acessibilidade financeira dos cuidados de saúde.

As companhias de seguros ao pretenderem usar simples predisposições genéticas como instrumentos de discriminação ameaçam perigosamente este direito.

([1153]) Artigo 64.º da Constituição da República Portuguesa.

Tutela Jurídica do Genoma Humano em Especial 621

O acesso à saúde está, muitas vezes, dependente destas entidades. Assim sendo, as companhias têm um papel social importantíssimo a desempenhar.

E as predisposições não podem dar origem a tratamentos médicos diferenciados ou, mesmo, a situações de exclusão.

As consequências sociais negativas do conhecimento das predisposições genéticas do segurando ou segurado (exemplo, rejeição do seguro ou agravamento do prémio) são ainda mais graves pelo facto de se assistir a um progressivo aumento da necessidade de realizar seguros de vida e de saúde.

Se se mantiver a tendência internacional para reduzir os fundos públicos da segurança social e simultaneamente aumentar a interacção entre o emprego e o seguro privado as pessoas tornam-se, cada vez mais, dependentes deste sistema.

II. A eventual consagração de um direito de as seguradoras exigirem o teste genético poderia conduzir à criação de classes genéticas de *não segurados*, com todas as consequências que logicamente daí decorreriam. A passividade do ordenamento jurídico determinaria a rendição do direito ante um novo culto da desigualdade.

Quando hoje, por exemplo, se fala em *direito à diferença*, pode, desde logo, definir-se ao lado do *direito à saúde* o *direito à doença* que não permita qualquer discriminação por razões de inferioridade física.

A rotulagem e decorrente categorização da pessoa em função do seu genoma configuram uma inconcebível forma de discriminação ([1154])([1155])([1156]).

O conhecimento das características genómicas não pode ser usado para fins de discriminação.

([1154]) Como sustenta PAULO OTERO, *Personalidade e Identidade Pessoal e Genética do Ser Humano: Um perfil constitucional da bioética*, Ob. cit., pág. 66, "ninguém deverá ser objecto de discriminação fundada nas suas características genéticas."

([1155]) No impressionante dizer de JACQUES TESTART, *Le Désir du Gène*, Ob. cit., pág. 177, "o que me preocupa, mais do que o sacrifício de milhares de ovos, ao mesmo tempo em que a fome mata milhões de crianças, é o projecto assustador de triar os seres humanos".

([1156]) Usando palavras de JOÃO PAULO II, *Discourse of Holy Father John Paul II*, in «Human Genome, Human Person and the Society of the Future», Ob. cit., págs. 8-9, "faço votos por que a conquista deste novo continente do saber, o genoma humano, represente o início de novas possibilidades de vitória sobre as doenças e jamais seja confirmada uma orientação selectiva dos seres humanos."

CAPÍTULO V
GENOMA E CRIMINOLOGIA

Sumário

SECÇÃO I
Introdução

171. Genoma *deficiente*: maldição ou bênção?!...

SECÇÃO II
O Programa do genoma humano e a eventual determinante correlação entre a constituição genómica e a prática do crime

172. O carácter interdisciplinar do delito
173. Sanção criminal ou tratamento médico?
174. Antropologia criminal de Lombroso
175. Críticas às teorias antropológico-causais do determinismo lombrosiano
176. A componente biológica do crime é recorrente no caminhar da História
177. Mitificação dos genes
178. Determinismo
179. Livre arbítrio
180. De um Neolombrosianismo

SECÇÃO III
Posição adoptada

181. A indispensabilidade de afastar a tentação de outro determinismo
182. A componente genómica do crime não pode ser subestimada nem supervalorizada

SECÇÃO I
Introdução

171. Genoma *deficiente*: maldição ou bênção?!...

171. Genoma *deficiente*: maldição ou bênção?!...

I. A bibliografia existente nesta área é já vastíssima [1157]. Todavia, como esta tese é elaborada no âmbito do Direito Civil limitar-me-ei a algumas singelas considerações em sede de Criminologia.

II. Neste domínio, curiosamente, um genoma *deficiente* não constitui motivo, causa, razão, móbil de discriminação, como acontece,

---

[1157] J. Peris Riera, *La identificación genética y los derechos fundamentales (euforia criminalística y restricciones derivadas del principio de proporcionalidad de los sacrificios)*, «Arbor», CXLIII, Diciembre de 1992, págs. 45-47; J. Peris Riera, *Identificación personal: avances genéticos e interrogantes jurídicos,* «Revista General de Derecho», n.º 564, 1991, págs. 7111-7112; J. Peris, *La regulación penal de la manipulación genética en España*, Civitas, Madrid, 1995, págs. 23-28; Morales Prats, *Privacy y Reforma Penal: la Propuesta de Anteproyecto de nuevo Código Penal (1983)*, «Documentación Jurídica», n.º 37-40, Enero-Diciembre, 1983, págs. 43-44; F. Mantovani, *Problemi penali delle manipolazioni genetiche*, «Rivista italiana di Diritto e procedura penale», 1986, págs. 11-12; F. Mantovani, *Genetics of criminal and antisocial behaviour. Proceedings of a symposium,* 14-16 February 1995, Ciba Found Symp, 194, London, 1996, págs. 1-283; C. C. Mann, *Behavioural genetics in transition*, «Science», 264, 1994, págs. 1686-1689; M. Virkunen, *Metabolic dysfunctions among habitually violent offenders: reactive hypoglycemia and cholesterol levels*, in «The causes of crime, new biological approaches», S. Mednick/T. Moffitt & S. Stack (Eds.) Cambridge University Press, Cambridge, 1987; J. M. Bader, *Cerveau; la biochimie de la violence*, «Science & Vie», 925, 1994, págs. 48-54.

por exemplo, nos seguros ou no trabalho, mas sim pode consubstanciar um benefício para o portador desse genoma ([1158]).

III. Riscos de exclusão social fundados na raça, altura das pessoas, largura da sua fronte ou qualquer outra característica física dos criminosos estão ainda muito presente nas nossas consciências colectivas, fruto das teorias de Lombroso. Mais concretamente desde 1876 com a sua célebre obra *L' Uomo delinquente*.

Embora durante pouco tempo e sem grandes resultados práticos, as teses de Lombroso foram aplicadas em tribunais norte-americanos com o objectivo de tentar justificar o comportamento criminoso. A característica emblemática mais utilizada foi a síndroma XYY ([1159]).

IV. Este tipo de defesa, que não teve, regra geral, grande êxito, foi tentado noutros países. Em França, Daniel Hugon, acusado de homicídio de uma prostituta, conseguiu que a sua pena fosse reduzida em sete anos por padecer da síndroma XYY.

Estas teorias levadas ao extremo poderiam conduzir à situação absurda de aborto dos fetos que tivessem taras genéticas que os predispusessem para o crime.

([1158]) Por exemplo, o indivíduo A não é marginalizado pelo facto de ter determinados genes mas sim "desculpado", pois vê atenuada a sua responsabilidade penal, caso cometa algum crime.

([1159]) As teses de Lombroso tiveram grande impacto na Criminologia. A Criminologia baseia-se na observação, nos factos e na prática, mais que em opiniões e argumentos, é interdisciplinar e não se ocupa apenas do crime, mas também do criminoso, da vítima e do controlo social do delito. Como interdisciplinar, por sua vez, é constituída por toda uma série de ciências e disciplinas, como a Biologia, a Psicologia, a Sociologia, etc.

A Criminologia, inicialmente, tentava explicar a origem da delinquência utilizando o método das ciências, o esquema causal e explicativo, isto é, buscava a causa do efeito produzido. Pensou-se que erradicando a causa se eliminaria o efeito.

Destacam-se duas grandes tendências causais na Criminologia: a de Jean Jacques Rousseau e a de Lombroso. No entendimento de Rousseau, a Criminologia procurava encontrar a causa do delito na sociedade; ao passo que segundo Lombroso, para erradicar o crime era necessário encontrar essa eventual causa no próprio delinquente, e não no meio. Investigava-se o criminoso nato (um delinquente com traços morfológicos).

SECÇÃO II

O Programa do genoma humano e a eventual determinante correlação entre a constituição genómica e a prática do crime

172. O carácter interdisciplinar do delito
173. Sanção criminal ou tratamento médico?
174. Antropologia criminal de Lombroso
175. Críticas às teorias antropológico-causais do determinismo lombrosiano
176. A componente biológica do crime é recorrente no caminhar da História
177. Mitificação dos genes
178. Determinismo
179. Livre arbítrio
180. De um Neolombrosianismo

172. O carácter interdisciplinar do delito

I. O crime é, foi e será uma constante da História da Humanidade, dado estar presente em todos os cantos do mundo independentemente do tempo, espaço e grau civilizacional ([1160]).

Embora o crime pela sua permanência ao longo das épocas possa ser considerado uma categoria eterna, há que tentar compreender a moderna criminalidade, mais organizada e hostil, em toda a sua complexidade e extensão.

Com efeito, os desequilíbrios, a crise de determinados conceitos, hábitos e valores, as pressões, a instabilidade das estruturas, o esforço necessário para a adaptação a uma vida social e científica em cons-

---

([1160]) STELA BARBAS, *O Crime nas Novas Sociedades Pós-Industriais,* sep. «Colectânea de Estudos de Homenagem ao Prof. Doutor Francisco Lucas Pires», Universidade Autónoma de Lisboa, Lisboa, Julho de 1999, págs. 257-264.

tante mutação, as céleres e inúmeras modificações políticas, económicas e sociais, o desajuste entre diversas culturas e subculturas, as maiores e justas exigências nos domínios da saúde, do bem-estar material, da assistência, da cultura, da dignidade humana, das liberdades em geral, etc, podem conduzir a manifestações, cada vez mais generalizadas e significativas, de inadaptação social.

Deve, ainda, sublinhar-se que estes fenómenos se desenvolvem e se influenciam reciprocamente, num clima de significativo condicionamento dos espíritos pela inversão do circuito clássico da produção/consumo. Isto é, a força da produção inventa, cria as necessidades que depois se propõe satisfazer. Podemos mesmo dizer que, muitas vezes, o circuito clássico está invertido: a produção tenta comandar e orientar o consumo. O consumidor vergado a uma publicidade mais técnica e eficaz, decorrente dos modernos processos de comunicação, propende a aceitar as sugestões, as concepções e os estilos de vida que lhe são sugeridos, despojando-se lentamente da sua própria personalidade.

É o primado da tecnologia que indo ao encontro dos instintos, paixões, frustrações e complexos se apodera do homem, prometendo-lhe bem-estar, segurança, conforto nos tempos livres, no trabalho, na família, na saúde. A pessoa tende a alienar-se, e o próprio poder político – o Estado – corre o risco de se "despolitizar", na medida em que a sua legitimidade começa a ser aferida pela sua eficiência.

II. É costume o crime envolver toda uma série de reflexões e comentários que ultrapassam em muito o delito em si mesmo, são questões que resvalam na Ética, na Moral, na Sociologia e na Psicologia, simultaneamente. Há sempre alguém a associar ao criminoso traços e características psicopatológicas ou sociológicas: porque é que aquele indivíduo cometeu esse crime? Estaria perturbado psiquicamente? Estaria, digamos, assim, *encurralado* socialmente? Seria essa a sua única alternativa? Ou, pura e simplesmente, seria ele uma pessoa com uma personalidade perversa? Apesar de a Ciência não ter, ainda, um consenso definitivo sobre a questão, sabe-se, pelo menos, que qualquer abordagem isolada do ser humano corre o sério risco de estar errada. Assim sendo, são cada vez mais utilizados os modelos biológicos, psíquicos e sociais, na tentativa de tentar compreender as pessoas e os factores que influenciam e condicionam os seus comportamentos. Sem dúvida que entre esses três modelos, a abordagem biológica é a que mais polémica tem suscitado actualmente, em virtude dos progressos na área do genoma humano.

173. Sanção criminal ou tratamento médico?

I. Com efeito, o Programa do genoma humano veio *reacender* a velha chama, comum no século XIX, de que existe uma correlação determinante entre a constituição genómica e a prática do crime [1161].

II. Se se admitir que a actuação das pessoas pode ser explicada e, mesmo, prevista através da análise do genoma, é necessário rever toda a problemática da culpa para efeitos de responsabilidade penal. Nas situações em que a conduta delituosa possa estar relacionada com uma específica constituição genómica, poder-se-á considerar o autor responsável pelos seus actos?!...O indivíduo que padece dessa anomalia genética e que cometeu determinado acto reprovado deve ser julgado ou simplesmente tratado?!...

174. Antropologia criminal de Lombroso

I. Cesare Lombroso sustentou ser possível determinar as tendências criminosas das pessoas através da simples observação das suas caras. Porém, defendeu que havia uma série de criminosos cuja recuperação já seria impossível, restando apenas a hipótese da prisão perpétua ou da pena de morte.

Segundo Lombroso existe uma *species homini* específica – a do criminoso nato – impelida ao delito por factores congénitos ou hereditários.

Lombroso criticou os fracassos da escola clássica no tratamento da questão criminal. Esta escola representada pelo italiano Cesare Beccaria [1162] concentrou as suas preocupações no sistema penal

---

[1161] STELA BARBAS, *Genética e Direito Penal*, «Revista de Direito Penal», Ano II, n.º 1, Lisboa, 2003, págs. 37-43.

[1162] CESARE BECCARIA, *Dos delitos e das penas,* Ob. cit., págs. 20 e seguintes.

630 *Direito do Genoma Humano*

estabelecido de forma arbitrária. Porém, a criminalidade, em vez de reduzir, aumentou e diversificou-se, sem que a teoria clássica apresentasse razões plausíveis para esse facto. A escola positiva aparece, deste modo, num clima de instabilidade, como uma forma nova e alternativa de explicação das causas do crime. O âmbito da investigação criminal passa a concentrar-se no próprio delinquente e o delito é estudado através dos métodos preconizados pelas denominadas ciências exactas. Entre as características principais desta escola destaca-se o postulado determinista do comportamento e a recusa do livre arbítrio de cariz metafísico.

II. A formulação da antropologia criminal de Lombroso foi antecedida por alguns trabalhos que procuraram encontrar as causas do crime nos estigmas individuais do delinquente, caso das teorias fisiológicas (J.K. Lavatier, *Fragmentos Fisionómicos*, 1775) que queriam diferenciar o criminoso pelos seus traços fisionómicos, e das teorias frenológicas (F. Gall, *Sur les functions du cerveau*, 1791; C. Caldwell, *Elements of Phrenology*, 1829) que procuraram os sinais identificadores do delinquente no formato do crânio. A frenologia estudava o carácter e as funções intelectuais do homem a partir da conformação craniana. Foi com base em Charles Darwin (*The origin of species*, 1859) que Lombroso formulou uma tese fundada na natureza atávica dos criminosos – o delinquente seria reconhecível através de determinadas características físicas tais como a assimetria do rosto, estrabismo, molares salientes, correspondendo a um homem menos civilizado que os demais.

175. Críticas às teorias antropológico-causais do determinismo lombrosiano

I. Tanto a sociologia criminal (Lacassagne, Tarde e Durkeim) como a antropologia criminal (Baer e Garing), entre outros, criticaram as teorias antropológico-causais do determinismo lombrosiano. O pensamento de Lombroso tem sido objecto de contestação generalizada. A Ciência nunca conseguiu corroborar a existência concreta desta *species homini*.

176. A componente biológica do crime é recorrente no caminhar da História

I. Todavia, a ideia de que o crime é resultado de factores genéticos é recorrente ao longo da História.

II. A partir dos anos sessenta, assistiu-se a um ressurgimento das abordagens biológicas, não enquanto dado isolado mas integradas noutras perspectivas e principalmente em concatenação com o actual contexto científico.

III. Por sua vez, estudos publicados por eminentes autores ([1163]) demonstraram o dobro da correlação para o comportamento criminoso entre gémeos face ao de irmãos não gémeos ([1164]). Essas investigações revelaram, também, que os gémeos monozigóticos têm duas vezes mais correlações na conduta delituosa relativamente aos dizigóticos, sugerindo a existência de factores genéticos relacionados com a prática do crime.

Para contrariar o argumento de que os gémeos têm atitudes semelhantes porque compartilham os mesmos ambientes, um grupo de investigadores ([1165]) procedeu a experiências que envolviam pessoas adoptadas (umas não conheciam os seus pais biológicos e outras nem sequer sabiam que tinham sido adoptadas). Chegaram à conclusão que existia uma fortíssima relação entre o comportamento criminoso dos progenitores biológicos e o dos seus filhos (apesar de terem vivido com outras famílias).

([1163]) S. MEDNICK/E. KANDEL, *Genetic and perinatal factors in violence*, in «Biological contributions to crime causation», S. MEDNICK/T. MOFFITT & S. STACK (Eds.), Nato ASI series, Netherlands, 1988, págs. 121-131; S. MEDNICK/W. GABRIEL/B. HUTCHINGS, *Genetic factors in the etiology of criminal behaviour*, in «The causes of crime, new biological approaches», S. MEDNICK/T. MOFFITT & S. STACK (Eds.), Cambridge University Press, Cambridge, 1987, págs. 41-45.

([1164]) Uma outra investigação com 240 pares de gémeos suecos (todos com mais de 80 anos) publicada pela revista «Science» provou a existência não só de uma ligação de 70 % entre genes e inteligência, mas também de uma relação de rapidez de processamento de informação (62 %) e habilidade verbal (55 %). Mais subjectivas e difíceis de analisar, foram algumas das características apresentadas como a sofisticação (40 % a 50 %) e a simpatia (30% a 40 %).

([1165]) S. MEDNICK/W. GABRIEL/B. HUTCHINGS, *Genetic influences in criminal convictions: evidence from an adoption cohort*, «Science», 224, 1984, págs. 891-894.

632 *Direito do Genoma Humano*

IV. Na análise do comportamento agressivo reveste especial interesse uma anomalia cromossómica caracterizada por um Y a mais, isto é, um genótipo XYY em vez do XY normal ([1166])([1167])([1168]). Foi equacionada a hipótese de determinadas anomalias cromossómicas – trissomia XYY – condicionarem o comportamento criminoso. A presença de um cromossoma suplementar Y no homem deveria ser considerada responsável pela prática do delito. Investigações levadas a cabo num estabelecimento prisional revelaram a existência de uma incidência de 3,5 % de homens XYY, ao passo que na população em geral é estimada uma percentagem de 0,2 % a 0,7 %. De acordo com esta pesquisa, a configuração XYY constitui um factor de predisposição para o comportamento agressivo exagerado, apesar de não ser um elemento conclusivo responsável por essa conduta.

Porém, não houve, ainda, comprovação científica e, pelo contrário, algumas investigações permitiram concluir que os homens que padecem da síndroma XYY são menos agressivos que os XY. Outros estudos vieram sustentar que quem tem o cromossoma suplementar Y comete principalmente crimes contra o património e não contra as pessoas. Há, também, quem entenda, pura e simplesmente, que a maior estatura dos portadores da anomalia XYY favorece, do ponto de vista psicológico, a tendência à agressão. Sustentam que esses indivíduos são mais propensos a um comportamento violento, em virtude de se sentirem mais fortes do que a generalidade.

V. A polémica entre os que negam a liberdade de actuação do homem e os que a afirmam deu origem a um *non liquet* até ao momento.

([1166]) A citogenética possibilita uma identificação eficiente dos cromossomas humanos e algumas modificações relacionadas com a conduta mais agressiva.

([1167]) DAVID SUZUKI/PETER KNUDTSON, *Conflitos entre la ingeniería genética y los valores humanos,* Editorial Tecnos, SA, Madrid, 1991, reportam-se à associação paradigmática entre o cariótipo XYY – síndroma de Klinefelter – e um comportamento potencialmente perigoso.

([1168]) A revista «Nature» publicou um artigo, já em 1965, sobre o comportamento agressivo e o factor XYY, com o resultado de um importante estudo científico em que a maior parte dos 197 homens seleccionados revelava propensão para a violência. A investigação apresentou como conclusão final a existência de uma predeterminação genética para o comportamento criminoso.

Não há ainda certeza absoluta relativamente a um pseudo traço de personalidade invariavelmente herdado. Todavia, é dado adquirido que os factores ([1169]) de influência na agressividade podem ser transmitidos geneticamente ([1170]).

De dia para dia, novas descobertas sugerem que a agressividade ([1171])([1172]), dependência química, homossexualidade, entre outras características são determinadas em grande parte pela carga genética. Investigações como a do biólogo molecular Deam Hamer ([1173]) sobre os genes que estão por trás da homossexualidade e da tendência à depressão e ansiedade vêm somente acrescentar novas modalidades de análise do comportamento humano, além das teorias clássicas da evolução das espécies, do papel do ambiente, etc ([1174]).

([1169]) Esses factores abrangem, designadamente, o perfil da actividade hormonal, os limiares de activação das estruturas cerebrais e as epilepsias geneticamente transmitidas.

([1170]) Nos animais (mais concretamente, nos cães) está já comprovada cientificamente a potencialidade agressiva de certas linhagens.

([1171]) Um artigo publicado no dia 2 de Agosto de 2002, na revista «Science», revelou como o comportamento violento tem uma importantíssima influência genética. Com efeito, uma equipa de cientistas chegou à conclusão que o gene que controla a quantidade de serotonina pode originar uma conduta agressiva e que o excesso de serotonina provoca agressividade. Cfr. A. Caspi/J. Mcclay/J. Mill/J. Martin/W. Craig/A. Taylor/R. Poulton, *Role of genotype in the cycle of violence in maltreated children*, «Science», 297, 2002, págs. 851-854.

([1172]) Na década de oitenta, chegou-se à conclusão que determinadas perturbações da leitura estavam associadas a genes no cromossoma 15, e que a esquizofrenia ao cromossoma 5, a psicose ao cromossoma 11, e a psicose maníaco-depressiva aos cromossomas 11 e X. No princípio dos anos 90, Keneth Blum, da Universidade do Texas, e Ernest P. Noble, da Universidade da Califórnia, descobriram a existência de uma ligação genética entre o alcoolismo e o gene mutante para o receptor dopamina – 2 (DRD2). E demonstraram que este se encontra também intimamente ligado ao autismo, à síndroma de Tourett, à toxicodependência e à hiperactividade infantil. Cfr. Luís Archer, *O Homem perante o Tecnocosmos emergente da biologia*, «Brotéria», Ob. cit., pág. 70.

([1173]) Chefe do laboratório de bioquímica do Instituto Nacional do Cancro, nos Estados Unidos da América.

([1174]) A título de curiosidade, segundo alguns autores, os factores bioquímicos (colesterol, glicose, hormonas) são responsáveis pela prática do crime. Em 1987, M. Virkunen, *Metabolic dysfunctions among habitually violent offenders: reactive hypoglycemia and cholesterol levels*, in «The causes of crime, new biological approaches», S. Mednick/T. Moffitt & S. Stack (Eds.), Cambridge University Press, Cambridge, 1987, págs. 292-311, tentou demonstrar a diminuição dos níveis do colesterol em indivíduos com condutas criminosas, do mesmo modo como, também, se associava os níveis baixos de glicose. O álcool encontra-se, muitas vezes, ligado a comportamentos agressivos e, como

634 *Direito do Genoma Humano*

177. Mitificação dos genes

I. Assistimos hoje a um regresso ao determinismo que parece ter assumido a forma de uma verdadeira "mística" do genoma, onde o genoma detém uma dimensão quase semelhante à que a alma ocupa na religião.

Expressões como a "Bíblia da Vida" ou o "Santo Graal" utilizadas por cientistas para denominar o genoma contribuíram para a mitificação do genoma. A título de exemplo, Walter Gilbert iniciou algumas das suas conferências apresentando ao público um CD e dizendo: "Isto sois vós" [1175].

II. De facto, a melhor compreensão do papel desempenhado pelos nossos genes possibilitada pelos progressos operados na área da genética, em particular do Projecto do genoma humano, contribuiu para despoletar e exacerbar a questão do determinismo genético.

---

tal, foi analisada a sua relação com o colesterol e a glicose. Do ponto de vista fisiológico, o álcool diminui o açúcar no sangue por inibição da produção de glicose hepática. Desta forma, o álcool ao diminuir a percentagem de açúcar na corrente sanguínea é indicado como um móbil para a prática do crime. No que diz respeito ao colesterol, Virkunen demonstrou que a relação entre o colesterol e o álcool pode ser muito relevante. Este autor procedeu a experiências com dois grupos distintos: um constituído por pessoas que são agressivas quando bebem e outro composto por indivíduos que bebem mas não ficam violentos. O primeiro grupo revelou menor índice de colesterol que o segundo e este ainda menor nível que o de pessoas não delinquentes, constatando-se que a violência maior se encontra relacionada com a quantidade menor de colesterol.

Nesta linha de raciocínio, julgo que é caso para colocar a questão de saber se uma pessoa pratica um crime por causa das suas características e se estas podem ser facilmente identificadas através da medição do colesterol ou da glicose, nestas hipóteses a criminalidade poderia ser prevenida, através de uma alimentação adequada? Ou seja, a título de prevenção, os indivíduos que apresentam estas características mas que ainda não cometeram nenhum delito devem ser *convenientemente alimentados* e medicados?!...

[1175] DEMETRIO NERI, *Problemas bioéticos da medicina baseada nos genes*, in «Genética Humana. A hora do legislador», Coord. Jorge Moreira da Silva, Debates. Resposta Global, Cabográfica, 2002, pág. 75.

178. Determinismo

I. Os deterministas defendem que tudo decorre segundo uma sucessão de causas e efeitos dentro de um sistema predeterminado: um gene, um traço. Argumentam com o factor da causalidade existente na natureza. Todos os fenómenos naturais se traduzem em causa e efeito. O resultado de qualquer fenómeno antecede e dá origem ao fenómeno seguinte. Os deterministas entendem que a existência tem sido programada e fixada com antecedência. Falam, mesmo, em "essencialismo genético". Hoje, em dia, poder-se-á falar já em essencialismo genómico. A actividade do ser humano não depende da sua livre vontade, mas é o resultado de *linhas* de actuação previamente estipuladas que escapam ao seu controlo. Deste modo, o livre arbítrio é uma simples ilusão.

179. Livre arbítrio

I. Pelo contrário, os defensores do livre arbítrio sustentam que os acontecimentos não se encontram predeterminados por nenhum tipo de regras. A experiência demonstra que o indivíduo é livre de escolher o seu curso de acção. O próprio facto de se poder duvidar na hora de decidir já demonstra, por si só, que a sua escolha é produto de reflexão e não de imposição.

180. De um Neolombrosianismo

I. Ainda que reconhecendo as limitações genéticas, o homem é responsável pelas próprias opções.

II. Os arquétipos, as raízes do determinismo desmoronaram-se a partir do momento em que se começou a aceitar a lógica da probabilidade. A ideia aparentemente simples da ordem absoluta e das leis da natureza ou da causalidade predefinida deixaram de ser consideradas realidades certas e seguras.

A natureza produz, por vezes, resultados completamente inimagináveis.

III. Assim sendo, o delinquente goza de livre arbítrio ou é *prisioneiro* do seu genoma?

Está prestes a surgir um novo Direito Penal? O Direito Penal protector dos delinquentes? Caminhamos a passos largos para um Neolombrosianismo?!...

SECÇÃO III
Posição adoptada

181. A indispensabilidade de afastar a tentação de outro determinismo
182. A componente genómica do crime não pode ser subestimada nem supervalorizada

181. A indispensabilidade de afastar a tentação de outro determinismo

I. É necessário afastar a tentação de outro determinismo [1176] como o económico para voltar a reconhecer a correlação existente entre genoma e meio ambiente, genótipo e fenótipo, na proporção que os dados objectivos nos facultam. Ainda que não seja possível ressuscitar, na sua íntegra, as teorias lombrosianas do criminoso nato, há o risco de, num futuro que poderá ser próximo, se verificar a substituição das noções de delito e delinquente por sociopatia e sociopata com a consequente alteração da pena por tratamento terapêutico.

II. Se se aceitar a exclusividade de uma premissa genómica do comportamento [1177], a própria personalidade humana poderia ser concebida como expressão de factores genómicos preexistentes.

[1176] É preciso ter em atenção os perigos das teses vitimalistas que progressivamente se instalam nas nossas sociedades e mais concretamente nos estabelecimentos prisionais. Verifica-se uma inversão do estado de espírito dos presos: muitos já não se sentem presos para pagar uma dívida, mas sim os sacrificados, os cordeiros imolados do próprio sistema.

Nesta orientação, há toda uma estratégia de discurso para minimizar a responsabilidade dos seus actos, até para tentar diminuir a pena. Os presos cada vez mais se consideram os ofendidos e falam de si como vítimas e não das verdadeiras vítimas dos actos por eles praticados.

Cfr. PASCAL BRUCKNER, *La tentation de l'innocence*, Grasset, Paris, 1995, págs. 134-135.

[1177] Se assim for, não subsistirá um direito ou mesmo uma obrigação de proceder a uma terapia génica nas pessoas (inclusivamente, logo na fase embrionária) que apresentam a este nível alterações identificadas como características típicas de um criminoso?

638 — *Direito do Genoma Humano*

III. No entanto, a existência da legalidade genómica não foi ainda confirmada cientificamente.

182. A componente genómica do crime não pode ser subestimada nem supervalorizada

I. A importância da perspectiva genómica na análise e abordagem do crime não deve ser negada nem supervalorizada.

Em suma, apesar de a genética poder ter alguma influência nesta área, não é possível falar num único factor determinante da conduta criminosa.

II. Qualquer comportamento, incluindo o criminoso, é produto de vários processos em completa interacção; é resultado de diversos factores.

Com efeito, há todo um conjunto de factores, nomeadamente, biológicos, psicológicos, económicos e sociais, a ter em consideração para explicar a prática de determinado delito e não apenas razões de natureza genómica.

Se assim não fosse, uma explicação dessa ordem poderia ser considerada, por si própria, causa de desresponsabilização do delinquente!...

CAPÍTULO VI
GENOMA E DIREITO PROCESSUAL PENAL
DNA E INVESTIGAÇÃO CRIMINAL

Sumário

SECÇÃO I
Introdução

183. O maior avanço na Medicina Legal. Problemas equacionados

SECÇÃO II
Vantagens da utilização do DNA na investigação criminal

184. Análise do DNA
185. Importância capital da aplicação do estudo do DNA na resolução de perícias médico-legais

SECÇÃO III
Admissibilidade da sujeição compulsiva a testes de DNA? Síntese legislativa

186. Direito comparado
187. Ordenamento jurídico português

SECÇÃO IV
Posição adoptada

188. Necessidade de elaboração de uma lei específica que autorize a recolha coactiva de DNA e o posterior teste genético

SECÇÃO I
Introdução

183. O maior avanço na Medicina Legal. Problemas equacionados

183. O maior avanço na Medicina Legal. Problemas equacionados

I. A possibilidade de identificação de um indivíduo, através da análise do DNA, foi o maior avanço científico verificado no campo da Medicina Legal [1178][1179][1180].

Actualmente, os novos progressos científicos permitem já decifrar o código genético de uma pessoa ou de um cadáver praticamente decomposto com uma quantidade mínima de material orgânico.

II. No entanto, a aplicação prática desta técnica não foi pacífica [1181].

[1178] Alec Jeffreys, da Universidade de Leicester (Reino Unido), em 1984, desenvolveu a técnica que possibilita identificar indivíduos a partir de pequenas sequências de DNA.

[1179] A. J. JEFFREYS/V. WILSON/S. L. THEIN, *Hyper variable minisatellite regions in human DNA*, «Nature», 314, 1985, págs. 67-73; A. J. JEFFREYS/V. WILSON/S. L. THEIN, *Individual-specific «fingerprints» of human DNA*, «Nature», 316, 1985, págs.76-79.

[1180] Como refere LUÍS ARCHER, *A aventura da descoberta do genoma humano*, «Colóquio/Ciências. Revista de Cultura Científica», Ob. cit., págs. 53-54, o genoma de cada um origina um perfil de bandas que é único para cada indivíduo, do nascimento à morte, independentemente do que ele faça da sua vida. Identifica a pessoa (não distinguindo apenas os gémeos univitelinos). Possibilita identificar o autor de um crime, desde que no local tenha ficado cabelos, espermatozóides ou outras células. Através da comparação do perfil de bandas obtido a partir dessas células e do sangue do suspeito, é possível provar se ele é inocente ou culpado. É, no dizer do Autor, "uma impressão digital, não de superficialidade dérmica mas de profundidade genómica, que decide dos suspeitos nos tribunais".

[1181] Os problemas decorrentes da utilização do DNA como meio de prova tiveram início nos Estados Unidos da América numa série de casos bem documentados que foram objecto de grande divulgação não só a nível nacional como internacional. É importante

642 *Direito do Genoma Humano*

III. Com efeito, a análise do DNA implica uma extracção que invade a privacidade e a autonomia de cada ser humano, uma vez que utiliza um material biológico do qual se pode extrair, além do perfil de bandas do DNA, muitos outros elementos genéticos que podem vir a ser usados contra o próprio.

IV. Suscita-se a polémica de saber se todas as pessoas devem ser obrigatoriamente *etiquetadas* de forma a melhor se poder combater a criminalidade.

Justificáveis os temores de que mais cedo ou mais tarde todos seremos registados e *rotulados* [1182][1183][1184] em benefício da segurança comum?!...

---

referir que nos Estados Unidos da América, embora a maior parte do trabalho nesta área da biologia forense seja feito pelo FBI, um volume considerável é realizado por laboratórios privados, contrariamente ao que se passa na Europa em que a participação do sector privado é, ainda, escassa. Cfr. A. ANDERSON, *DNA fingerprinting on trial*, «Nature», 342, 1989, pág. 44; C. NORMAN, *Maine case deals blow to DNA fingerprinting*, «Science», 246, 1989, págs. 1555-1558; E. S. LANDER, *DNA fingerprinting on trial*, «Nature», 339, 1989, pág. 501.

[1182] Para evitar a dispersão deste trabalho, não analiso o tema das bases de dados, limitando-me às singelas considerações expostas. Cfr., designadamente, artigos 7.º (Bases de dados genéticos), 18.º (Obtenção e conservação de material biológico), 19.º (Bancos de DNA e de outros produtos biológicos) da Lei n.º 12/2005, de 26 de Janeiro, sobre Informação genética pessoal e informação de saúde.

[1183] O potencial do DNA como meio de identificação levou já à criação de bancos de dados de criminosos que praticaram delitos graves e com altas taxas de reincidência. A título de exemplo, num relatório da Technical Work Group for DNA Analysis Methods, *Technical Work Group for DNA Analysis Methods (TWGDAM), The Combined DNA Index System (CODIS): A theoretical model*, FBI laboratory. Quantico, Virgínia, October 15, 1989, pág. 284, o FBI propôs, pela primeira vez, a criação de bases de dados nacionais de DNA. O poder da tecnologia do DNA aumentou de modo significativo nos EUA, no final de 1998, quando o FBI activou um Sistema de Indexação Combinada de DNA.

É cada vez maior o número de Estados que prescrevem que os presos por crimes de natureza sexual devem fornecer, antes de saírem da prisão, uma amostra biológica que possibilite obter o perfil de bandas do DNA (perfil esse que é armazenado num banco de dados). Se a análise se circunscrever a esse perfil e apenas ele for arquivado, e tendo em consideração a reincidência dos crimes sexuais, coloca-se a questão de saber se os benefícios para a sociedade de uma identificação mais eficiente dos criminosos prevalece sobre o direito individual à privacidade e à autonomia. As vantagens são inúmeras, como é presumível e lógico. No entanto, as razões aduzidas contra a implantação das bases de dados vão desde a confidencialidade da informação genética até às dificuldades inerentes ao problema do consentimento por parte dos suspeitos, na obtenção de amostras para comparação.

Tutela Jurídica do Genoma Humano em Especial 643

Não consubstanciará esta proposta a possibilidade de um desvio na investigação do que é justo, característica do Direito e da Ética?

V. A Ciência avança a um ritmo tão alucinante que, por vezes, o Direito e as próprias Instituições têm dificuldade em acompanhá-la. É o que se passa com as técnicas de identificação através do DNA que, desde a sua introdução em meados da década de oitenta, têm sofrido alterações radicais.

VI. São vários os problemas que podem ser equacionados, entre os quais: é ou não admissível a sujeição compulsiva a teste genético para efeitos de investigação criminal? A investigação dever-se-á circunscrever ao DNA não codificante? E este DNA não merece ser objecto de tutela específica? O teste genético viola o direito à integridade física e à liberdade?

VII. Em sede de investigação processual penal, o DNA vem permitir um melhor acesso à verdade ao possibilitar estabelecer a culpabilidade ou a inocência de uma pessoa. Porém, a execução deste processo tem que ter em conta princípios fundamentais como a dignidade do homem, o respeito do corpo humano, os direitos de defesa, a autonomia, etc.

As bases de dados são constituídas, regra geral, com elementos de três tipos: material recolhido no local do crime, amostras genéticas de indivíduos que cometeram crimes graves (por exemplo, violação) e com elevadas taxas de reincidência, amostras obtidas em cadáveres cuja identificação ainda não foi possível.

([1184]) O CAHBI propôs ao Comité de Ministros do Conselho da Europa a constituição de um grupo de trabalho para analisar esta problemática. O grupo, criado em 1990, foi constituído por peritos de oito estados membros do Conselho da Europa: Áustria, Bélgica, França, Alemanha, Malta, Suécia, Suíça e Reino Unido.

Posteriormente, o Conselho da União Europeia, na Resolução de 9 de Junho de 1997, relativa ao intercâmbio de resultados de análises de DNA, convidou e incentivou os Estados membros a criarem bases nacionais de dados de DNA.

Mais recentemente foi aprovada, por unanimidade e aclamação, na 32.ª sessão da Conferência Geral da UNESCO, em 16 de Outubro de 2003, a Declaração Internacional sobre os Dados Genéticos Humanos.

644 *Direito do Genoma Humano*

Não há dúvida que a introdução da prova, através do método de DNA, constitui um importante desafio ao equilíbrio entre, por um lado, a protecção da sociedade e a boa administração da justiça, e por outro, o respeito das liberdades individuais e dos direitos de defesa ([1185]).

([1185]) M. LORENTE/J. A. LORENTE/E. VILLANUEVA, *La medicina clínica ante los indicios biológicos criminales y la identificación genética*, «Medicina Clínica», 102, 1994, págs. 113-115; M. LORENTE/J. A. LORENTE/E. VILLANUEVA, *Science and Conscience: regulations or guidelines for forensic haemogenetics?*, «Advances in Forensic Haemogenetics», 6, 1996, págs. 61-69; A. FIORI, *I polimorfismi del DNA, nuove frontiere e problemi del laboratorio medico-legale*, «Riv. Ita. Med. Leg.», X, 1988, págs. 395-396; A. J. JEFFREYS/ V. WILSON/S. L. THEIN, *Hyper variable minisatellite regions in human DNA*, «Nature», Ob. cit., pág. 67; A. J. JEFFREYS/V. WILSON/S. L. THEIN, *Individual-specific fingerprints of human DNA*, «Nature», Ob. cit., pág. 76; AKHIL REED AMAR, *The Supreme Court, 1999 Term, Foreword: the document and the doctrine*, «Harvard Law Review», Vol. 114, 1, Cambridge, November 2000, pág. 125.

SECÇÃO II
Vantagens da utilização do DNA
na investigação criminal

184. Análise do DNA
185. Importância capital da aplicação do estudo do DNA na resolução
de perícias médico-legais

184. Análise do DNA

I. A análise de DNA é, actualmente, o modelo padrão para o estudo forense de vestígios biológicos.

II. Para este exame é preciso qualquer tipo de amostra ou produto que tenha material genético.

O material genético está presente em todas as células nucleadas do organismo. Sangue ([1186]), pêlos, esperma ([1187]), saliva ([1188]), restos de cadáveres ([1189]) são alguns dos tipos de amostras mais frequentemente analisadas.

([1186]) O sangue é extraído dos leucócitos (e não dos eritrócitos) e pode ser analisado inclusivamente a partir de resíduos secos.

([1187]) O facto de existir mistura de esperma de vários homens ou das amostras de esperma poderem estar misturadas com DNA das células do epitélio vaginal da vítima de violação não inviabiliza a resolução dos casos. É já possível identificar os diversos indivíduos bem como proceder a uma eficiente dissociação do DNA dos espermatozóides, do DNA de produtos biológicos da vítima.

([1188]) A saliva apesar de não conter células na sua constituição, como transporta células epiteliais da cavidade bucal, possui DNA.

A saliva pode ser obtida em filtros de cigarros, selos, envelopes, copos, garrafas, etc.

([1189]) Com o objectivo de tentar identificar esses cadáveres são recolhidos, com prévia autorização judicial, elementos que permitam a identificação. Por exemplo, amostras de

646   *Direito do Genoma Humano*

185. Importância capital da aplicação do estudo do DNA na resolução de perícias médico-legais

I. A identificação correcta das pessoas tem sido desde sempre uma necessidade social tutelada, designadamente, pelo Direito Civil e Penal.

II. A aplicação do estudo do DNA ([1190]) na resolução de perícias médico-legais reveste importância capital ([1191]).

III. São já inúmeros os casos internacionalmente conhecidos em que foram utilizadas metodologias de estudo do DNA ([1192])([1193])([1194]) ([1195])([1196])([1197]).

---

sangue antigas, cigarros, roupa interior, escovas de dentes, cabelos que estejam em escovas ou pentes.

Pretende-se, desta forma, conseguir uma cópia exacta do material genético que possibilite uma comparação directa, rápida, económica e eficaz.

Porém, há situações em que não é viável proceder a uma comparação directa do material genético porque não existe material válido (consequência, por exemplo, da antiguidade do caso em apreço).

Nestas hipóteses, é necessário recorrer aos familiares próximos: pais, avós, filhos, netos ou irmãos para se poder deduzir parcial ou, mesmo, totalmente o genótipo da pessoa desaparecida. Como é lógico, este método é bastante mais lento e complexo.

A falta de identificação de cadáveres origina graves questões, com consequências nefastas, na medida em que encarece e atrasa estes processos que têm de se basear em estudos de tipo antropométrico e odontológico e que nem sempre podem ser realizados.

([1190]) Reporto-me ao DNA nuclear e mitocondrial.

([1191]) Relativamente às vantagens da utilização do teste de DNA no estabelecimento da filiação, cfr. Parte II, Título III, Capítulo II, Secção V, n.º 148.

([1192]) A genética tem dado um precioso auxílio à antropologia, partindo de estudos que revelam que 500 ancestrais migraram da África Oriental há 140 mil anos e povoaram o mundo.

([1193]) Uma das histórias mais citadas a nível da literatura científica que melhor permitiu ilustrar a aplicação do DNA mitocondrial à investigação forense foi o estudo da família Romanov, efectuado no Forensic Science Service e publicado por Peter Gill e colaboradores, em 1994. Em 1992, foi solicitada ao Forensic Science Service a investigação, por técnicas de DNA, da autenticidade de ossadas humanas encontradas em Julho de 1991, em Ekaterinburg, Rússia. Suspeitava-se que essas ossadas pertenciam à família imperial russa, mais concretamente ao Czar Nicholas II, à Czarina Alexandra, a três filhos do casal, ao médico Eugeny Botkin e a três criados. Foi possível identificar este grupo familiar pela análise do DNA mitocondrial, através da comparação do DNA mitocondrial com familiares

Tutela Jurídica do Genoma Humano em Especial 647

IV. O perfil de DNA de uma pessoa pode ser obtido a partir de qualquer tipo de células, contrariamente ao que acontecia com os marcadores genéticos convencionais ([1198]). Além disso, como o DNA resiste melhor à degradação do que as proteínas é extraordinariamente

---

da mesma linha materna, detectando-se, todavia, uma heteroplasmia no DNA mitocondrial do Czar. Para maior desenvolvimento, cfr. PETER GILL/PAVEL L. IVANOV/COLIN KIMPTON/ROMELLE PIERCY/NICOLA BENSON/GILLIAN TULLY/IAN EVETT/ERIKA HAGELBERG/KEVIN SULLIVAN, *Identification of the remains of the Romanov family by DNA analysis*, «Nature Genetics», 6, 1994, págs. 130-135.

([1194]) A título de curiosidade, refiro o caso do exame de DNA de quatro esqueletos encontrados no Vale dos Templos, Egipto, para poder provar se se trata de filhos do faraó Ramsés II, morto em 1233 A. C. (cuja múmia se encontra no museu do Cairo). Acredita-se que um deles pode ser Amon-Her-Khopeshef, primogénito de Ramsés II.

([1195]) Lembro o célebre julgamento de O. J. Simpson, antigo jogador americano de futebol, (People c. O. J. Simpson, Superior Court of the State of California for the County of Los Angeles, Case n.º BA 097211, Motion to Exclude DNA Evidence, dated October 4, 1994). O. J. Simpson, devido a ciúmes, matou a sua ex-mulher Nicole Brown bem como o companheiro desta.

A acusação baseou a sua argumentação não só na fuga de Simpson ao volante do seu carro, perseguido pela polícia nas auto-estradas californianas (fuga essa transmitida em directo pela cadeia de televisão CNN) como, também, na prova de DNA obtida a partir de um par de luvas manchadas de sangue. Uma das luvas foi encontrada no local do crime e a outra na residência de Simpson. Além disso, uma das meias de Simpson estava manchada com sangue das vítimas.

A defesa sustentou que a luva foi colocada propositadamente na residência de Simpson pelo detective Mark Fuhrman (artigo publicado a 7 de Março de 1995, em Los Angeles, pela agência Reuter). No que diz respeito à meia, a defesa alegou que o sangue continha uma substância química para a sua conservação, constituindo, deste modo, mais um indício no sentido de que se tratava de provas simuladas.

Como há sempre risco de as provas serem forjadas é preciso tomar medidas para tentar evitar a troca dos elementos recolhidos no local do crime bem como assegurar que os exames sejam realizados segundo normas de qualidade precisas e de total segurança num processo judicial.

([1196]) Mais recentemente, o DNA possibilitou a identificação do herdeiro do trono francês, Luís XVII, morto na Prisão do Templo, em Paris, em 1795.

([1197]) Estas técnicas permitiram, também, identificar os restos de um cadáver que se pensava ser de Josef Mengele, "O Anjo da Morte", do campo de concentração de Auschwitz. Cfr. A. J. JEFFREYS/M. J. ALLEN/E. HAGELBERG/A. SONNBERG, *Identification of the skeletal remains of Josef Mengele by DNA analysis,* «Forensic Sci. Int.», 56, 1992, págs. 65-76.

([1198]) Os marcadores genéticos convencionais foram utilizados exclusivamente nestas investigações até meados dos anos 80.

648 *Direito do Genoma Humano*

importante, nomeadamente nos casos em que há apenas restos de cadáveres (tais como ossos, músculos, dentes ou tecidos mumificados) ([1199]).

V. Depois de identificado o gene com o auxílio de sondas especiais, o procedimento mais usado na maior parte dos laboratórios é a *Polymerase Chain Reaction (PCR)* ([1200]). Esta técnica, muito utilizada pela medicina forense, ao possibilitar a amplificação *in vitro* de pequenas sequências de DNA, permite examinar o perfil genético de amostras que tenham apenas quantidades reduzidas de DNA ([1201]).

VI. A sequenciação do DNA mitocondrial reveste grande importância nesta área, ao tornar viável, designadamente, a identificação de restos de um cadáver, pela comparação da sequência de DNA mitocondrial deste com a sequência do DNA mitocondrial de parentes (na linha materna) do *de cuius*. Apesar de o "poder de discriminação do DNA mitocondrial" ser baixo, a sua utilização ajuda a resolver situações excepcionais ([1202]) em que os resultados conseguidos através do DNA nuclear não são muito seguros ([1203]).

VII. Actualmente, e por circunstâncias várias, existem inúmeros casos de crianças raptadas, imigrantes ilegais, indivíduos vítimas de crimes relacionados com droga, prostituição, cuja identificação seria praticamente impossível sem recorrer ao DNA.

VIII. A prova de DNA é fundamental para demonstrar a culpabilidade ou inocência de uma pessoa. A identificação através desta

---

([1199]) M. FÁTIMA PINHEIRO, *Contribuição do estudo do DNA na resolução de casos criminais,* «Revista do Ministério Público», Ano 19.º, n.º 74, Lisboa, Abril-Junho de 1998, pág. 150.

([1200]) Esta técnica foi inventada pelo Prémio Nobel da Química Kary Mullis nos anos 80.

([1201]) Porém, estes métodos requerem uma análise muito rigorosa para excluir a eventual contaminação do material de modo a não inviabilizar o resultado final. Cfr. M. FÁTIMA PINHEIRO, *Contribuição do estudo do DNA na resolução de casos criminais,* «Revista do Ministério Público», Ob. cit., pág. 151.

([1202]) Por exemplo, análise de fezes.

([1203]) M. FÁTIMA PINHEIRO, *Contribuição do estudo do DNA na resolução de casos criminais,* «Revista do Ministério Público», Ob. cit., pág. 152.

Tutela Jurídica do Genoma Humano em Especial 649

análise não é subjectiva, não está imbuída por emoções humanas: é um facto ([1204])([1205]). Chegou mesmo a ser considerado o elemento de prova forense mais preciso jamais criado ([1206]).

IX. O teste permite condenar uma pessoa sem necessidade de recolha e apresentação das provas anteriormente exigidas.

Nos casos de delitos em que o autor tenha deixado no local alguns restos de material genético (por exemplo, sémen no caso de violação), o perfil de bandas de DNA obtido a partir daí e o seu confronto com os perfis conseguidos com o exame dos suspeitos possibilitará identificar o criminoso ([1207]).

Por exemplo, no crime de violação, graças ao DNA é possível obter provas conclusivas mesmo nas situações em que existe uma impossibilidade de identificação por parte da vítima ([1208]).

([1204]) No entanto, há que não esquecer que a análise genética se baseia num indício (meio de prova indirecta) encontrado no local do crime mas que pode ter sido forjado.

Além de que muitos dos vestígios recolhidos no local do crime não têm qualquer relação com o caso em apreço. E se esse material for inserido numa base de dados, é viável que dela passe a constar a identificação de uma pessoa que não tem nada a ver com aquele crime. Assim sendo, subsiste o perigo de um dia o perfil genético desse indivíduo ser comparado com o de cenas de outros crimes.

([1205]) Já em 1992, o FBI considerava que as possibilidades de existirem coincidências no DNA de duas pessoas eram de 1 entre 10 000 a 1 entre 100 000, Conselho de Governos Estatais, Ministério da Saúde e Assistência Social, *Avanços na Informação Genética*, Lexington, Kentucky, 1992, pág. 82.

([1206]) X. WILLIAMS, *Conviction by Chromosome,* Student Law, December 1989, págs. 26-29; J. C. GALLOUX, *L'empreinte génétique: la preuve parfaite?*, «Semaine Juridique», 1, 3497, 1991, pág. 106.

([1207]) E. G. BURLEY, *A Study in Scarlet: Criminal DNA Typing Reaches the Court and Legislatures*, «Journal of Law & Pol.», 6, 755, 1990, pág. 755.

([1208]) Na casa de saúde de Lawrence, no Massachussets, EUA, em Outubro de 1998, uma mulher de 24 anos, que tinha estado em coma durante mais de três meses, deu à luz uma menina. Apenas uns dias antes do nascimento é que se constatou a gravidez e se descobriu que tinha resultado de violação. Foram colhidas amostras de sangue do bebé e dos parentes da mulher assim como do pessoal masculino da casa de saúde e de todos os homens que podiam ter tido acesso à parturiente. Através da comparação do DNA da criança com o dos homens foi possível identificar o violador.

Porém, esta rede genética de Lawrence suscitou grande polémica.

650 *Direito do Genoma Humano*

X. Mas, o DNA é utilizado tanto pela acusação como pela defesa [1209][1210][1211]. Pode servir para identificar uma pessoa como autora de um crime ou para provar a inocência de outrem. A amostragem de DNA pode auxiliar, de modo significativo, os indivíduos acusados de crimes. Nos EUA, desde 1976, centenas de condenados à morte já foram poupados à execução, tendo, pelo menos, um terço dessas ilibações resultado de novas provas de DNA [1212].

XI. Poder-se-á sustentar que mesmo nas situações em que um indivíduo dê o seu consentimento se trata de um procedimento invasivo da sua liberdade e intimidade. Mas, toda esta polémica em torno da inviolabilidade do arguido é, por vezes, um tanto ou quanto curiosa, em especial nos casos em que estamos perante um violador: inviolabilidade da pessoa do violador?!...

[1209] T. GAMBIER, *La défense des droits de la personne dans la recherche modernes des preuves en procédure pénale française,* «Droit Pénal», n.º 12, Ed. Techniques, décembre 1992, pág. 3.

[1210] Relembro, também, o processo de Guy Paul Morin – R.c.Morin, (1995) 37 C.R. (4 th) 395 (C.A.O.) (Ontario). Este caso reveste grande interesse na medida em que a análise genética foi determinante para inocentar Morin. Morin foi acusado e declarado culpado pelo rapto, violação e homicídio de Christine Jessop, de oito anos de idade. As suspeitas recaíram sobre Morin, vizinho da vítima, cujo equilíbrio mental era questionável. Chegou, mesmo, a ser equacionada a hipótese de este padecer de esquizofrenia. Foi absolvido em primeira instância. Todavia, o Ministério Público apelou alegando que tinham sido cometidos vários erros pelo juiz em matéria de Direito. Na segunda instância Morin foi declarado culpado. Morin intentou recurso. Antes da data da audiência, um laboratório americano independente que tinha sido incumbido de proceder à comparação do esperma encontrado na roupa de Christine Jessop com o de Morin chegou à conclusão que não se tratava do mesmo esperma. Graças a esta nova prova, Morin foi absolvido.

[1211] National Academy of Sciences, *DNA Technology in Forensic Science*, National Research Council, USA, National Academy Press, Washington DC, 1992.

[1212] O primeiro caso em que se utilizaram provas de DNA para inocentar uma pessoa, injustamente acusada, teve como protagonista Gary Dotson. A acusação apresentou depoimentos de testemunhas e alegou que o grupo sanguíneo de Dotson era compatível com o sémen encontrado na roupa da vítima. Antes do uso do DNA, as análises de sangue constituíam a arma mais poderosa para corroborar um testemunho ocular bem como outras provas no crime de violação. Posteriormente, em 1985, a pessoa que acusou Dotson declarou que tinha mentido. Contudo, este continuou preso. Somente em 1989, um médico forense da Califórnia demonstrou a sua inocência comparando o DNA de Dotson com as manchas de sangue encontradas na roupa da vítima. Só nessa altura o Ministério Público retirou a acusação, sendo Dotson libertado. Cfr. KAREN DILLON, *Paradox of Rape Cases: DNA Convicts*, Frees, The Kansas City Star, 13/3/1993, pág. 1.

Em matéria de prova de DNA, a defesa alega, frequentemente, que a denominada verdade social é mais importante que a Verdade. Todavia, esta verdade social não considera os direitos das vítimas, em especial nas agressões sexuais. Não é precisamente neste domínio que a análise genética oferece um potencial fundamental?

É importante lembrar que esta verdade social, em nome da qual algumas regras foram elaboradas (especialmente nos países de *common law*) para evitar a condenação de inocentes, viabilizou a libertação de violadores de mulheres e crianças.

XII. Em síntese, estes testes permitem identificar um indivíduo com um grau de certeza muito elevado e possibilitam relacionar essa mesma pessoa com outra com a qual existe um laço de parentesco, ou associar esse indivíduo a um certo lugar ou objecto.

Graças à técnica de DNA tem sido possível libertar os falsos suspeitos e, simultaneamente, provar a culpa dos reais agressores que só podem cruzar os braços perante as evidências científicas.

SECÇÃO III
Admissibilidade da sujeição compulsiva a testes de DNA?
Síntese legislativa

186. Direito comparado
187. Ordenamento jurídico português

186. Direito comparado

I. A nível de legislação internacional refiro a Convenção Europeia n.º 108 para a protecção das pessoas relativamente ao tratamento automatizado de dados de carácter pessoal (Estrasburgo, 28 de Janeiro de 1981); a Recomendação n.º R 15 (1987), de 17 de Setembro de 1987, do Comité de Ministros do Conselho da Europa, destinada a regulamentar a utilização de dados de carácter pessoal no sector da polícia; a Recomendação n.º R 1 (1992), de 10 de Fevereiro de 1992, do Comité de Ministros do Conselho da Europa, relativa à utilização de análises de DNA no âmbito do sistema de justiça criminal; a Resolução do Conselho da União Europeia, de 9 de Junho de 1997 e a Resolução do Conselho da União Europeia de 25 de Junho de 2001, ambas concernentes ao intercâmbio de resultados de testes de DNA.

Pela particular importância que reveste para o tema em apreço destaco a Recomendação n.º R 1 (1992), de 10 de Fevereiro de 1992. Esta Recomendação traça as primeiras linhas directrizes a seguir na regulamentação da prática das análises genéticas. Não se limita a referir as citadas Convenção Europeia n.º 108 para a protecção das pessoas relativamente ao tratamento automatizado de dados de carácter pessoal e a Recomendação n.º R 15 (1987), de 17 de Setembro de 1987. Efectivamente, vem não só precisar determinadas garantias relativas à utilização e à conservação de dados, mas, também,

654   *Direito do Genoma Humano*

enunciar vários princípios relativos à protecção das amostras e dos dados de informação que contêm as características genéticas de cada indivíduo.

A Recomendação n.º R 1 (1992), de 10 de Fevereiro de 1992, estatui que a recolha de elementos biológicos só pode ser feita nos termos previstos em cada ordenamento jurídico. Na esteira desta Recomendação, diversos países elaboraram legislações específicas para disciplinar estas questões. Assim, e a título de exemplo, o Reino Unido ([1213]) e a Holanda ([1214]) permitem a realização dos testes genéticos mesmo sem o consentimento do testado para fins de investigação criminal.

Em Espanha, a *Ley Orgánica* 15/2003, de 25 de Novembro, e a *Ley de Enjuiciamento Criminal* vieram possibilitar a realização de testes genéticos mesmo sem o consentimento do próprio testado.

Na Alemanha, o § 81 a) (recolha de sangue e outros exames corporais) do Código de Processo Penal (StPO) já autorizava a recolha coerciva de sangue para efeitos de processo penal. Embora esta disposição legitimasse o uso da força para a recolha de sangue, tanto a doutrina como a jurisprudência levantavam sérias dúvidas relativamente à questão de saber se o § 81 a) permitia, também, a recolha de sangue para fins de determinação do perfil genético. São questões completamente distintas. A análise do DNA implica uma ingerência no direito à autodeterminação informacional ([1215]), direito esse qualificado como direito fundamental na Sentença de 15 de Dezembro de 1983 na *Bundesverfassungsgericht*. Nesta linha, foi elaborada a Lei de 17 de Março 1997 e a Lei de 10 de Setembro de 1998, tendo sido acrescentados o § 81 e), o § 81 f) e o § 81 g) ao (StPO), passando a ser disciplinada autonomamente a colheita de sangue para efeitos de ulterior teste genético. Assim, o material recolhido de acordo com o preceituado no § 81 a) só pode ser objecto de posterior análise

---

([1213]) Cfr., designadamente, o *Criminal Justice and Public Order Act* de 3 de Novembro de 1994 e a *Circ.*n.º 16/95, de 31 de Março (esta circular autorizou a criação de uma base nacional de dados genéticos).

([1214]) Cfr. Lei n.º 596/1993, de 8 de Novembro, e Decreto n.º 522/94, de 4 de Julho. A título de exemplo, o Acórdão *Hoge Raad*, 18 de Junho de 1993, n.º 15015, RvdW 1993, 136, determina que a vítima de uma violação tem direito de exigir que o violador se submeta a um exame de sangue para saber se ele é portador do vírus da SIDA.

([1215]) Cfr. Parte II, Título II, Capítulo IV.

Tutela Jurídica do Genoma Humano em Especial 655

genética mediante uma ordem judicial prévia e expressa por escrito; os exames devem circunscrever-se ao estritamente necessário para fins de identificação e o material recolhido deve ser imediatamente destruído.

187. Ordenamento jurídico português

I. O direito português admite a sujeição compulsiva a exame mediante prévia decisão da autoridade judiciária competente para a obtenção de provas para a descoberta de um crime, sendo cometidos os exames médico-legais a peritos, nos termos do n.º 1 do artigo 159.º (Perícia médico-legal e psiquiátrica) do Código de Processo Penal.

Segundo o preceituado no n.º 1 do artigo 172.º (Sujeição a exames) daquele Diploma, todo aquele que pretenda eximir-se ou obstar a qualquer exame devido ou a facultar coisa que deva ser examinada, pode ser compelido por decisão da autoridade judiciária competente. E o n.º 2 desta disposição consagra que os exames susceptíveis de ofender o pudor das pessoas devem respeitar a dignidade e, na medida do possível, o pudor de quem a eles se sujeitar. Ao exame só assiste quem a ele proceder e a autoridade judiciária competente, e se não houver perigo na demora, o examinando pode fazer-se acompanhar de pessoa da sua confiança.

II. Por seu turno, a Lei n.º 45/2004, de 19 de Agosto, estabelece o regime jurídico das perícias médico-legais e forenses. O n.º 1 do artigo 6.º (Obrigatoriedade de sujeição a exames) estatui que ninguém pode eximir-se a ser submetido a qualquer exame médico-legal perante uma ordem da autoridade judiciária competente, nos termos da lei do processo, determinada pela necessidade de investigação em inquérito ou instrução de qualquer processo. O n.º 2 deste artigo impõe o dever de comparência, no dia, hora e local estipulados, de toda e qualquer pessoa que tenha sido devidamente notificada ou convocada pelo director de delegação do Instituto ou pelo coordenador do gabinete médico-legal para a realização de uma perícia. A não

656 Direito do Genoma Humano

comparência é comunicada, para os devidos efeitos, à autoridade judiciária competente ([1216]).

III. Todavia, estas normas não podem ser usadas para legitimar a recolha coactiva de DNA e o posterior teste genético. Trata-se de realidades completamente distintas. O grau de lesividade que estes testes podem acarretar relativamente aos direitos fundamentais não é comparável nem compatível com o previsto para os exames e perícias tutelados pelas referidas disposições legais. O teste de DNA viabiliza uma intromissão na intimidade genómica mais profunda do ser humano, pondo em causa, designadamente, o seu direito à autodeterminação informacional genómica e o seu direito à privacidade genómica.

Já em 1992, Costa Andrade escreveu que estas práticas carecem no direito português de legitimação: "Uma legitimação que, a não passar necessariamente pelo consentimento, não vemos em qualquer caso que possa pura e simplesmente pedir-se às normas que prevêem a submissão a exames da pessoa" ([1217]). Posição essa que continuou a subscrever posteriormente ([1218]).

([1216]) Já o n.º 1 do artigo 43.º do Decreto-Lei n.º 11/98, de 24 de Janeiro, relativo à organização do sistema médico-legal, impunha, em matéria de exames e perícias médico-legais, a obrigatoriedade de sujeição a exames sempre que estes fossem considerados necessários ao inquérito ou à instrução de qualquer processo e desde que tivessem sido ordenados pela autoridade judiciária competente, de acordo com a lei. O artigo 44.º deste Diploma estabelecia que toda e qualquer pessoa que tivesse sido devidamente convocada pelo responsável do serviço do instituto ou pelo coordenador do gabinete para a realização de uma perícia deveria comparecer no dia, hora e local estipulados. A não comparência estava sujeita às sanções previstas na lei processual.

O Decreto-Lei n.º 96/2001, de 26 de Março, revogou os capítulos I, II, VII, com excepção do artigo 90.º, do Decreto-Lei n.º 11/98, de 24 de Janeiro, mantendo em vigor, com as necessárias adaptações, as matérias relativas a exames e perícias médico-legais, autópsias médico-legais e pessoal. Posteriormente, os artigos 40.º a 54.º e 78.º a 82.º do Decreto-Lei n.º 11/98, de 24 de Janeiro, foram revogados pela referida Lei n.º 45/2004, de 19 de Agosto.

([1217]) MANUEL DA COSTA ANDRADE, Sobre as Proibições de Prova em Processo Penal, Coimbra Editora, Coimbra, 1992, pág. 80.

([1218]) MANUEL DA COSTA ANDRADE, Direito Penal Médico. Sida: testes arbitrários, confidencialidade e segredo, Ob. cit., págs. 140 e seguintes.

Tutela Jurídica do Genoma Humano em Especial 657

IV. O ordenamento jurídico português ([1219]) confere ao juiz o poder e o dever de investigar para descobrir a verdade e decidir a causa que lhe é cometida.

Para o efeito, pode ordenar, oficiosamente ou a requerimento, a produção dos meios de prova que considere necessários para a descoberta da verdade e a boa decisão da causa, nos termos do artigo 340.º (Princípios gerais) do Código de Processo Penal. A finalidade é determinar os factos juridicamente relevantes para a existência ou inexistência de um crime, a punibilidade ou não punibilidade do arguido e a determinação da pena ou da medida de segurança aplicáveis, segundo o disposto no n.º 1 do artigo 124.º (Objecto da prova) ([1220])([1221]) do referido Diploma. O artigo 340.º consagra o princípio da verdade material.

V. Todavia, a busca da verdade não legitima a utilização de todo e qualquer meio de prova. Aliás, o referido artigo 340.º do Código de Processo Penal estatui que só são admissíveis os meios de prova cujo conhecimento se afigure necessário à descoberta da verdade e à boa decisão da causa (princípio da necessidade – n.º 1); sejam adequados ao objecto da prova (princípio da adequação – n.º 3); sejam legalmente admissíveis (princípio da legalidade – n.º 3 ([1222])); e sejam de obtenção viável (princípio da obtenibilidade ou obtenção – n.º 4, alínea b)).

O artigo 125.º (Legalidade da prova) deste Diploma estabelece a regra geral da admissibilidade das provas que não estejam proibidas por lei.

Nesta linha, o n.º 1 do artigo 126.º (Métodos proibidos de prova) do Código de Processo Penal proíbe a utilização de provas ([1223])

([1219]) Relativamente à problemática da admissibilidade ou não da sujeição compulsiva a exame de DNA em sede de investigação da filiação, cfr. Parte II, Título III, Capítulo II, Secção II e Secção VI.

([1220]) O artigo 124.º do Código de Processo Penal define o tema da prova.

([1221]) De acordo com o preceituado no n.º 2 do artigo 124.º constituem também objecto da prova os factos que tenham relevância para a determinação da responsabilidade civil conexa.

([1222]) Cfr. artigo 125.º do Código de Processo Penal.

([1223]) No nosso direito vigora o princípio da livre apreciação da prova. O artigo 127.º (Livre apreciação da prova) do Código de Processo Penal estatui que a prova é apreciada segundo as regras da experiência e a livre convicção da entidade competente.

658   *Direito do Genoma Humano*

obtidas mediante tortura, coacção ou ofensa da integridade física ou moral das pessoas, sob pena de nulidade. E o n.º 2 considera ofensivas da integridade física ou moral as provas obtidas, mesmo que com consentimento das próprias pessoas, através da utilização da força (fora dos casos e dos limites permitidos pela lei), perturbação da capacidade de memória ou de avaliação, promessa de vantagem legalmente inadmissível, etc.

Além do Código de Processo Penal, a própria Constituição da República Portuguesa, no n.º 8 do artigo 32.º (Garantias de processo criminal), comina com nulidade as provas obtidas mediante tortura, coacção, ofensa da integridade física ou moral da pessoa, abusiva intromissão na vida privada, no domicílio, na correspondência ou nas telecomunicações ([1224]).

([1224]) A Convenção Europeia dos Direitos do Homem, no artigo 3.º, estabelece que ninguém pode ser submetido a torturas, penas ou tratamentos desumanos ou degradantes e, no artigo 8.º, consagra o direito à privacidade. O princípio da proibição de prova está também disciplinado, nomeadamente, nos artigos 5.º e 12.º da Declaração Universal dos Direitos do Homem e no artigo 7.º do Pacto Internacional sobre os Direitos Civis e Políticos.

SECÇÃO IV
Posição adoptada

188. Necessidade de elaboração de uma lei específica que autorize a recolha coactiva de DNA e o posterior teste genético

188. Necessidade de elaboração de uma lei específica que autorize a recolha coactiva de DNA e a posterior análise genética

I. Em síntese, os artigos do Código de Processo Penal relativos a perícias (artigos 151.º e seguintes) e a exames (artigos 171.º e seguintes ([1225])) e as disposições constantes da Lei n.º 45/2004, de 19 de Agosto, não legitimam a sujeição coactiva a testes genéticos para fins de investigação criminal. Neste momento só o consentimento informado ([1226]) pode legitimar a recolha coactiva de DNA e a posterior análise genética, como meio de prova em processo penal.

II. Este procedimento encontra-se proibido pelo direito processual penal português não só a nível de produção de prova como de valoração de prova.

Com efeito, o nosso ordenamento impõe uma proibição de produção de prova, por "ofensa da integridade física ou moral das pessoas"

([1225]) O Código de Processo Penal distingue meios de obtenção de prova – artigos 171.º e seguintes – e meios de prova – artigos 128.º e seguintes. Cfr., por todos, GERMANO MARQUES DA SILVA, *Curso de Processo Penal*, Vol. II, Editorial Verbo, Lisboa, 2002, págs. 209 e seguintes.

Os exames são considerados meios de obtenção de prova ao passo que as perícias constituem meios de prova.

([1226]) Questão também interessante é a de saber se pode ser o próprio arguido a solicitar a realização do teste genético para efeitos de provar a sua inocência. Penso que o direito à autodeterminação informacional genómica tutela estes casos. Cfr., também, em abono desta ideia o n.º 3 d) do artigo 7.º da referida Lei de Protecção de Dados Pessoais.

660   *Direito do Genoma Humano*

nos termos do n.º 1 do artigo 126.º (Métodos proibidos de prova) do Código de Processo Penal e, especificamente pela "utilização da força, fora dos casos e dos limites permitidos pela lei" de acordo com a alínea c) do n.º 2 do artigo 126.º do referido Diploma ou, ainda, por "intromissão na vida privada", fora das hipóteses previstas na lei, segundo o n.º 3 mencionado artigo. Proibição essa que se não for respeitada tem como consequência a correlativa proibição de valoração das provas obtidas.

IV. Nesta orientação, é possível sustentar que os bens, valores e interesses tutelados pelo nosso ordenamento jurídico justificam a elaboração de uma lei específica que autorize a colheita coactiva de DNA e a posterior análise genética (não consentida) para fins de investigação criminal.

V. Só, assim, será admissível uma restrição dos direitos fundamentais do indivíduo que não quer sujeitar-se a testes genéticos (n.º 2 do artigo 18.º (Força jurídica) da Constituição da República Portuguesa).

VI. E uma vez elaborada a lei, não é viável considerar, por exemplo, que estamos perante uma violação do direito à integridade física quando se procede a uma banal recolha de um fio de cabelo ou de uma amostra de sangue ou de saliva necessários para o teste genético ([1227]). Em virtude dos progressos científicos, os métodos usados necessitam de colheitas cada vez menos *agressivas* (saliva, pêlos, etc). Este tipo de comportamento tem como objectivo aceder ao DNA de um indivíduo para se poder proceder à sua correcta identificação. A finalidade desta intervenção justifica os meios usados sem que este direito fundamental seja posto em causa ([1228]).

([1227]) Relativamente aos procedimentos para a fiscalização da condução sob influência do álcool, de estupefacientes ou de psicotrópicos, os procedimentos de diagnóstico e os exames periciais necessários à caracterização do estado de toxicodependência, cfr. Parte II, Título III, Capítulo II, Secção VI, 154.3.

([1228]) Desde que estes meios obedeçam a determinadas exigências. Pois, mesmo essas intervenções simples necessitam, obviamente, de um enquadramento jurídico face ao direito à integridade física.

Cfr. J. C. GALLOUX, *L'empreinte génétique: la preuve parfaite?*, Ob. cit., pág. 106.

Tutela Jurídica do Genoma Humano em Especial 661

VII. A futura legislação nesta área deve ter em devida conta o facto de o genoma humano ser constituído por DNA codificante e não codificante ([1229]). No meu modesto entendimento, nestes processos de investigação criminal, o tribunal deve circunscrever-se à informação existente no DNA não codificante. Não pode ter acesso aos dados médicos decorrentes do DNA codificante da pessoa identificada, trata-se de matéria do foro íntimo que ultrapassa as finalidades da identificação a que se destina.

VIII. Curiosamente, a referida Recomendação n.º R 1 (1992), adoptada em 10 de Fevereiro de 1992, pelo Comité de Ministros do Conselho da Europa, relativa à utilização de análises de DNA no âmbito do sistema de justiça criminal, não proíbe explicitamente a detenção de DNA codificante pelas autoridades policiais. Visa apenas proteger a confidencialidade total das informações detidas pela polícia. A Recomendação deveria ter interditado a detenção de DNA codificante, uma vez que o conhecimento de DNA não codificante é suficiente para estabelecer a identificação do visado.

IX. De qualquer forma, o DNA não codificante merece também ser objecto de garantias particulares, não só porque permite, nomeadamente, inocentar uma pessoa, como ainda porque futuramente a Ciência poderá extrair dele elementos que transcendem a simples identificação ([1230]).

X. Assim, e para concluir, a colheita coactiva de DNA e a posterior análise genética (não consentida) para fins de investigação criminal só é de aceitar quando existir uma lei que expressamente discipline esta matéria. Os testes genéticos só devem ser realizados, regra geral, sob a tutela do poder judicial e com estrita especificação

---

([1229]) No que diz respeito à relevância da distinção entre o DNA codificante e o DNA não codificante em sede do Direito à Privacidade Genómica e do Direito da Família. DNA e investigação da filiação, cfr., respectivamente, Parte II, Título II, Capítulo V, Secção V, n.º 111 e Parte II, Título III, Capítulo II, Secção VI, n.º 154.3.

([1230]) A estabilidade do DNA (quando bem conservado) possibilitará, num futuro próximo, graças aos progressos científicos, a resposta a questões inimagináveis no momento da colheita da amostra.

dos seus objectivos e do teste a usar. Apenas deve ser utilizado DNA não codificante, sendo de proibir expressamente a detenção de DNA codificante pelas autoridades policiais. A informação obtida só pode ser usada para os fins permitidos por lei e circunscrita ao objectivo da investigação, isto é, a identificação do presumível delinquente. O acesso a esses dados deve ser limitado de forma a salvaguardar a privacidade do testado.

CONCLUSÕES

CONTENTS

I

Indiquei como tese (como objecto da dissertação) da qual se parte e com a qual se conclui, o Direito do genoma humano. Um corte horizontal do Direito – sobretudo do Direito mais próximo da pessoa –. Por isso, a *conclusão* tem de se transformar em *conclusões* reflectindo cada uma das (sub) problemáticas abordadas.

Comecei pelos factos (o que é o genoma humano e como é que foi sendo conhecido). A este *é* associou-se constantemente um *dever ser*. Tentei criar um Direito do genoma humano (e um Direito ao genoma humano) na dupla perspectiva que referi na Introdução. Este percurso levou-me a encontrar constantemente a pessoa. Assim, o genoma no campo do Direito começou por aparecer e me aparecer como um direito da pessoa, o direito ao seu genoma. Mas, simultaneamente esta pessoa encontrou os outros, não como opositores mas como elementos constitutivos do seu ser, tanto como o próprio genoma. A partir daqui, a pessoa e o seu genoma passaram a ficar indissoluvelmente inseridos num tecido social que explica e cria a pessoa tanto quanto é explicado e criado por esta. Foi nesta interacção que o meu discurso se passou a situar, dizendo o Direito para as situações mais frequentes de diálogo da pessoa com os outros em que era preciso falar de genoma. A minha dissertação passou pois a ser uma criação/descrição do Direito do genoma humano por grandes capítulos.

II

A descoberta do genoma humano facilita a compreensão do facto de todas as pessoas serem portadoras de uma ou mais anomalias genéticas.

É a essência da ideia de que afinal o ser humano é um doente a curto, médio ou longo prazo; o homem é apenas um doente saudável que não o sabe!... A figura pessoana de o homem ser um cadáver adiado é, assim, cada vez mais actual.

Nesta perspectiva, o Programa do genoma humano contribui, de modo significativo, para afastar o espectro do eugenismo.

Porém, por outro lado, e numa visão diametralmente oposta, a descoberta do genoma pode dar origem a uma (re) edição do eugenismo.

De facto, concretiza grave perigo a faculdade de um programa genético permitir escolher, em larga escala, as características que definem uma sociedade e que devem ser mantidas, copiadas, melhoradas ou, pelo contrário, destruídas.

A ânsia pela *aquisição* do filho com as características pretendidas e idealizadas pelos pais pode implicar a eliminação dos embriões que não correspondam a essas expectativas.

A par da tentação de inviabilizar a procriação disgénica dos *piores* é encorajada a reprodução eugénica dos *melhores*.

O Programa do genoma humano é frequentemente considerado a via que permitirá a *construção* do indivíduo perfeito, genomicamente falando. É o homem predeterminado desde a cor dos cabelos, dos olhos, da pele até à altura e dotes intelectuais. Este ser humano, cujo genoma se encontra imaculado de qualquer defeito, é um novo Adão que representa a pessoa e as suas pretensões de perfeição. O Adão da Bíblia é o homem criado por Deus, colocado no Jardim do Éden, porém ingénuo, *naif*. Este novo *Adão* é científico, é completo, não tem genes *deficientes*: é genomicamente programado.

Considero que esta *obsessão* de perfeição subjacente ao eugenismo consubstancia, no fundo, uma forma de recusa patológica de aceitação dos limites e do fim da pessoa.

III

Generalizou-se o conceito de *genetização* para descrever os mecanismos de relação entre a Ciência e a Sociedade, a Medicina e a Genética. O comportamento humano passou a ser explicado e descrito através de uma vasta gama de termos técnicos tais como *blueprints*, *fingerprints*, cartografia genómica, mapa genómico e predisposições genéticas.

Difundiu-se a crença de que a pessoa, em toda a sua complexidade, é produto de um guião molecular. Afirmou-se que o conhecimento do genoma fornece a cartografia integral de todas as nossas frustrações, sofrimentos, alegrias e sonhos. Aceitou-se como verdade dogmática que o ser humano não pode ser responsabilizado pelos seus actos, uma vez que está fatal e necessariamente manipulado pelo seu genoma. A liberdade é mera utopia. O destino já não está nas estrelas mas sim no genoma!...

A exagerada popularização dos objectivos e resultados do Projecto do genoma humano contribuiu, de modo significativo, para a *genetização* de vários aspectos e vertentes da Humanidade. O genoma transformou-se, ou, melhor, foi transformado no novo *código da vida*.

O genoma passou a ser encarado como um elemento imprescindível para o entendimento da identidade da espécie humana, do comportamento quotidiano, das relações entre as pessoas e das questões sócio-culturais.

A cultura da Biotecnologia fez do determinismo genómico um mito que muito esclarece e justifica. O genoma humano assumiu os fundamentos sociais, culturais e científicos da alma e tornou-se sinónimo da nossa própria humanidade. Tenho genoma, logo existo.

O genoma é a nova metáfora da *alma*. O homem morre mas o genoma fica. O genoma não se extingue; passa de geração em geração; é imortal. Assistimos a uma genomização da alma. Esta alma já não é objecto de especulações teológicas, metafísicas ou filosóficas. Ela é *comprovada*, *certificada*, *autenticada* pela própria Ciência.

Vivemos na era da descoberta da metafórica versão genómica da alma.

IV

O exercício da nossa autonomia passa necessariamente pela opção racional das diversas alternativas que a vida nos coloca. Ora, uma avaliação racional implica uma análise perfeita das variáveis que estão por detrás de cada determinante. Porém questiono: se não formos verdadeiramente livres como poderemos proceder a uma escolha racional e autónoma? Não estaremos, no fundo, a responder, pura e simplesmente, a impulsos ditados pelo genoma que possuímos? A nossa vontade não estará, à partida, definida?!...

Nascemos ou fazemo-nos? Os traços são genomicamente determinados ou concernem a um modo de ser que escapa ao modelo sumário da causa estritamente genética?

O grau de influência exercido pelo meio ambiente ainda permanece, em certos casos, uma incógnita.

Entendo que cada um de nós é produto da interacção do genoma humano com o meio ambiente, primeiro intra-uterino, e, posteriormente, extra-uterino.

Assim, o homem não se circunscreve ao seu genoma; ele transporta em si próprio também a *marca* do ambiente. De facto, genótipo e fenótipo são realidades distintas: uma coisa é o que está escrito, gravado na profundidade dos nossos genes outra é o que, ou no que os genes se exprimem.

Uma ênfase exagerada na constituição genómica da Humanidade poderia fazer com que esquecêssemos que a vida humana é mais do que a simples expressão de um programa genómico escrito na química do DNA.

A descoberta do genoma humano permite escrever o dicionário dos genes que compõem o ser humano. Todavia, defendo que não escreve, *de per si*, o ser humano. O homem é uma obra prima. Mas, uma obra prima inacabada. Que embora tenha início com a escrita desses genes, está sempre sujeita às inúmeras vírgulas, pontos e reticências do seu percurso existencial.

V

Caminhamos para uma situação em que a Ciência tem como meta precípua dominar o próprio ser humano.

A Ciência conquistou o seu lugar na sociedade; contudo, não pode por si só satisfazer o espírito ou preencher a alma humana.

Agita-se o mundo jurídico na procura de soluções para conflitos que nem sequer eram cogitados há três décadas. Os direitos fundamentais do homem são reexaminados e alguns deles postos em causa. O direito à vida, à liberdade, à privacidade, à integridade física, à identidade e à dignidade do ser humano estão em jogo.

Meditam os juristas e os laboratórios fazem mais e mais descobertas, avançando a uma velocidade que o Direito necessita acompanhar.

A novos poderes da Ciência correspondem novos direitos e deveres do homem.

Os direitos humanos são pertença de todos, a todos comprometem, a todos atribuem o mesmo preço ético a nível de direitos e obrigações.

A liberdade de investigação é um direito constitucionalmente consagrado (artigo 42.º da CRP), porém, não significa que não tenha limites. Os direitos e valores protegidos no nosso ordenamento jurídico (dignidade humana, respeito à integridade, etc) não só podem como devem circunscrever a investigação. É necessário encontrar uma solução de compromisso razoável entre o direito à identidade (artigo 26.º da CRP) e o direito à investigação (artigo 42.º do mesmo diploma).

A utilização do genoma como fonte de investigação sem limites ontológicos consubstanciaria grave atentado à dignidade humana. A razão científica não legitima um *uso contra natura*. O valor intrínseco do genoma não pode estar dependente da utilidade para os demais. Efectivamente, há que evitar a experimentação no genoma com finalidades instrumentalizadas aos interesses científicos que *desconheçam* que se está a investigar sobre alguém e não sobre algo. Não estamos na presença de meros objectos ou produtos científicos. A vida é um valor fundamental que não pode estar condicionada por simples raciocínios utilitaristas. Não é, de modo algum, defensável uma concepção de nítido utilitarismo científico contrário aos direitos intangíveis, imutáveis e inalienáveis da pessoa. São de rejeitar os postulados utilitaristas em que a razão é substituída pelo sentimento, e onde se desconhece tanto a dignidade humana como os seus ontológicos direitos naturais, dando prioridade ao positivismo mais absoluto ao confundir sujeito e objecto, pessoa e coisa.

O ser humano nunca pode ser uma coisa, já que lhe corresponde uma personalidade, de forma que deve proibir-se de modo categórico que a pessoa se encontre à disposição das demais. O genoma é o código da estrutura e da identificação da corporalidade; é o suporte e o caracterizador físico e psíquico da personalidade humana; é coessencial ao ser humano. Assim, a vida do genoma deve ser defendida como dever primeiro da pessoa; a intangibilidade da vida e a defesa da sua integridade constituem o primeiro direito e o primeiro dever.

Com efeito, o genoma humano deve ser respeitado pelo que nesta linha de reflexão se deve entender que existe um direito essencial a que nada altere arbitrariamente o genoma.

Deste jeito, o Direito do genoma deve impor-se sem fissuras face ao Direito ao genoma.

É importante lembrar que a manipulação com os genes não equivale à manipulação nos genes. A primeira concerne à terapia genética; a segunda, pelo contrário, suscita inúmeras questões éticas, pois acarreta alterações das características intangíveis da própria expressão genética.

Em síntese, todo o homem goza de direitos humanos inalienáveis, o primeiro dos quais o direito à vida (artigo 24.° da Constituição da República Portuguesa). O respeito à intangibilidade do seu genoma será mais uma manifestação de um seu direito básico, porque o genoma de cada um distingue-se de qualquer outro precisamente em virtude do seu carácter substantivamente pessoal.

Defendo que a integridade do genoma humano participa na dignidade da pessoa. Portanto, o respeito incondicional pela integridade de cada genoma reflecte, de modo particular, o respeito pelo indivíduo. Simultaneamente, o desrespeito pela integridade genómica da pessoa implica o desrespeito pela dignidade sublime do ser humano.

VI

A Ciência está prestes a descobrir o ponto mais íntimo da constituição biológica do ser humano.

Estamos a um milésimo da última fronteira de a pessoa se conhecer a si própria na sua integralidade genómica. Será a conquista da velhíssima aspiração do *nosce te ipsum* !...

A análise do genoma humano pode constituir, sem dúvida, significativa ameaça à nossa privacidade genómica.

Os dados do foro genómico constituem um exemplo do que pode ser designado como núcleo duro da privacidade. Face a qualquer outro tipo de intromissão, o exame do genoma afecta, imiscui-se na intimidade biológica mais profunda do indivíduo, constitutiva da essência do ser humano.

No meu entendimento, e, do ponto de vista da privacidade, a informação genómica parece revestir, ainda, maior importância que a médica (em geral). O genoma de cada indivíduo deve merecer especial protecção por conter informação única diferente de todos os outros tipos de informação pessoal. Não se trata apenas de um relatório de exame clínico de rotina cujos dados podem ser alterados com dieta ou medicamentos. O resultado do teste genético não muda; mantém-se durante toda a vida do indivíduo e permite analisar o presente, o historial clínico do paciente bem como predizer o seu futuro.

Penso que o núcleo do direito à privacidade genómica não se deve, de modo algum, circunscrever a uma perspectiva negativa, entendida, essencialmente, como um direito de defesa, de protecção que se limite a punir, no âmbito civil ou penal, as agressões já realizadas. Reveste, também, uma visão positiva que se traduz no direito de autodeterminação do próprio relativamente à informação genómica que a ele diga respeito. Este entendimento permite uma aproximação do conceito de privacidade com o de autonomia e, inclusivamente, com o de igualdade. Uma vez que, no fundo, se trata da possibilidade de cada indivíduo decidir relativamente aos seus dados genómicos, sem por isso poder ser discriminado.

Toda a pessoa deve ter o direito de preservar o conhecimento dos dados de investigação médica que lhe digam respeito numa concepção mais ampla de privacidade.

Porém, o direito à privacidade genómica não é absoluto. Este direito entra, frequentemente, em colisão com outros direitos. Colisão essa que está, muitas vezes, condicionada pelo grau de divulgação que se pretende fazer dos resultados dos testes genéticos. Um exemplo possível de ser trazido à colação diz respeito aos casos em que o doente recusa revelar à família a existência de riscos eventualmente transmissíveis. A informação genómica individual é, também, transgeracional, sendo necessária a participação de outros membros da família para muitos diagnósticos e consequentes tratamentos. Assim, têm de ser revistos os deveres familiares clássicos.

Nestas situações, defendo que o direito à privacidade genómica deve ceder perante o direito à saúde de terceiros. Igual solução nas hipóteses de investigação criminal em que o direito à privacidade tem, por vezes, que ceder face à necessidade imperiosa da descoberta da verdade.

Em síntese, o princípio da autonomia e o direito à privacidade devem ter sempre em linha de conta que o indivíduo não está isolado numa ilha; ele pertence a uma família, a um grupo, a uma sociedade, pelo que é necessário ponderar os interesses de terceiros envolvidos.

O direito à privacidade genómica não é, pois, absoluto.

VII

Cada ser humano vive necessariamente a sua solidão genética. Ele é único, indivisível e irrepetível.

Tradicionalmente, uma das manifestações dos direitos da personalidade, como elemento de identificação, vinha configurada pelo nome da pessoa na medida em que através dele o ser humano distingue a sua individualidade dos demais; actualmente, a análise do genoma determina, de modo categórico, a identificação como uma manifestação indiscutível da própria personalidade, sem nenhuma hipótese de confusão.

Do ponto de vista jurídico, a identificação da pessoa pelo genoma possibilitará uma individualização de todo o ser humano como sujeito e unidade na vida jurídica, que servirá para distingui-lo dos demais, para identificá-lo na generalidade das suas relações jurídicas, tanto do ponto de vista da sua integral personalidade como do interesse público e privado na sua posição social – *uti socius, uti singuli.*

De facto, o genoma produz um perfil de bandas que é único para cada indivíduo, da concepção à morte.

Marca a singularidade das pessoas, é um elemento constitutivo da identidade genética de cada um de nós.

É um *motor* indispensável designadamente para as acções de investigação da filiação e para a investigação criminal.

Contudo, há que ter em atenção que as amostras colhidas para os testes contêm DNA não codificante e codificante.

O primeiro permite identificar o indivíduo; define a nossa individualidade, o nosso carácter único e irrepetível. Por sua vez, o DNA codificante é responsável pelas características psíquicas da pessoa, pelas suas doenças ou predisposições genéticas.

Defendo que num processo de investigação de paternidade, o tribunal deve circunscrever-se à informação existente no DNA não codificante. Não deve ter acesso aos dados médicos decorrentes do DNA codificante da pessoa identificada, na medida em que se trata de matéria do foro íntimo que ultrapassa os objectivos da identificação a que se destina. Igual argumentação pode ser carreada em sede de investigação criminal: só deve ser usado DNA não codificante. Deve ser proibida explicitamente a detenção de DNA codificante pelas autoridades policiais. A informação obtida só pode ser usada para os fins permitidos por lei e circunscrita ao objectivo da investigação, isto é, a identificação do presumível delinquente. O acesso à informação genética deve ser limitado de forma a salvaguardar a privacidade do testado.

De qualquer modo, o DNA não codificante merece também ser objecto de tutela, não só porque possibilita, nomeadamente, excluir a paternidade (ao demonstrar que x não é pai de y), como ainda porque futuramente a Ciência poderá extrair dele informações que transcendem a mera identificação.

Assim, parece-me útil a elaboração de normas jurídicas que circunscrevam a utilização da investigação à finalidade pretendida, isto é, a pura e simples identificação do indivíduo em causa.

Há que ter sempre presente que a análise genética para estas finalidades deve ser utilizada unicamente para identificar, reconhecer a pessoa e não para a conhecer na sua integralidade.

VIII

Ao lado da medicina curativa surgiu a preventiva que propõe, designadamente, a adopção de determinadas medidas sobre o estilo de vida e hábitos alimentares a seguir de forma a evitar a doença. Por seu turno, ambas foram completadas com a medicina preditiva, predizente ou de predição que preconiza a despistagem de riscos de enfermidades entre indivíduos actualmente sãos.

Os testes genéticos possibilitam aceder ao céu e ao inferno, identificando males ainda não instalados mas, também, enfermidades incuráveis.

Algumas doenças detectadas nos testes já podem ser curadas através da terapia genética: nestes casos, a profecia precede a cura, ou, por outras palavras, a medicina preditiva antecede a curativa.

A terapia génica consiste na introdução de um gene funcional que supra as deficiências do gene alterado: uma espécie de *enxerto* de material genético hereditário. Cada vez mais o ser humano será reciclado.

A nível da terapia génica é necessário distinguir as tentativas de restituição de uma função por correcção genética, incidindo sobre células somáticas ou sobre células germinais, da denominada engenharia genética de melhoramento.

Defendo que quando a terapia somática e a terapia germinativa forem viáveis sem riscos, a sua utilização é não só legítima como louvável, consagrando o próprio Direito do genoma humano a tratamento genético positivo.

Posição diferente quanto à engenharia genética de melhoramento do genoma de terceiros, uma vez que esta tem como finalidade a *produção*, a *fabricação* de um homem *à la carte*; pretende a introdução ou a modificação de um ou mais genes com o objectivo de aperfeiçoar certa característica física, traço morfológico ou psicoafectivo. A pessoa transformada em projecto de outrem? !... Cada indivíduo tem semelhanças com os demais mas é unicamente idêntico a si mesmo. O homem tem direito a ser ele próprio e não o produto daquilo que os outros programaram que ele fosse. O projecto racional de retalhamento, correcção integral e melhoramento total do genoma de outrem conduziria a uma diferença ontológica entre os indivíduos e os seus papéis sociais, entre *fabricante* e *fabricado*, entre os que detêm os processos de melhoramento da espécie e os que constituem a própria matéria-prima desse mesmo projecto, isto é, cada portador do genoma. As modificações genéticas que viessem provocar distinções raciais, étnicas ou de classe e, por maioria de razão, qualquer ideia de criar uma nova raça ofenderia os princípios da dignidade, da igualdade e da liberdade de todos os seres humanos na nossa sociedade. A engenharia genética de melhoramento das gerações futuras colide com o princípio da não instrumentalização da pessoa.

IX

A medicina predizente, embora tenha incontáveis vantagens, como é presumível e lógico, constitui, também, uma ameaça ao possibilitar a *rotulagem* de seres humanos. Quando orientada para certas finalidades, abre a hipótese de originar resultados bastante pejorativos ao permitir diagnosticar, de modo precoce, características hereditárias das pessoas antes que se cheguem a revelar. Pode dar origem à criação de *classes biológicas* com consequências inevitáveis na obtenção de seguros, créditos, empregos e noutras formas de participação na vida em sociedade.

Quando hoje, por exemplo, se fala em direito à diferença, pode, desde logo, definir-se ao lado do direito à saúde o direito à doença que não permita qualquer discriminação por razões de inferioridade genómica.

No domínio dos contratos de trabalho e de seguro coloca-se a questão essencial de saber se o trabalhador/segurado tem o dever de revelar a informação que detém sobre a previsibilidade da sua saúde futura e a entidade patronal/companhia seguradora tem o direito de exigir que o trabalhador/segurado se submeta a testes genéticos predizentes para efeitos de selecção (ou de despedimento)/celebração do contrato de seguro. A decisão final do empregador/seguradora teria por base não uma incapacidade actual (pessoas presentemente aptas) mas, uma mera predição de doenças futuras ou predisposições.

A eventual consagração de um direito de as entidades patronais e de as companhias seguradoras exigirem livremente testes genéticos poderia conduzir à criação de classes genéticas de *não trabalhadores* e de *não segurados*, com as consequências que logicamente daí decorreriam. A passividade do ordenamento jurídico determinaria a rendição do Direito ante um novo culto da desigualdade.

Para se tentar evitar a criação de classes genómico-sociais distintas defendo ser indispensável traçar uma clara e nítida distinção entre a predição de doenças monogénicas que quase de certeza se vão revelar mais tarde e as predisposições para doenças que só se manifestarão em certas condições de ambiente.

Penso que, em obediência ao princípio da boa fé, o trabalhador/segurado tem o dever de revelar todos os dados sobre a sua saúde presente e futura (exceptuadas, claro, estão as situações de meras predisposições) desde que essa informação tenha ou possa ter repercussões negativas no emprego/seguro em questão. Também me parece legítimo que a entidade patronal/companhia seguradora tenha o direito de exigir que aquele coopere submetendo-se a estes testes.

Situação diametralmente oposta diz respeito às predisposições genéticas para doenças que só surgirão em determinadas condições ambientais.

Nestas hipóteses, defendo que prevalecem os direitos dos trabalhadores/segurados.

Para justificar esta minha tese apresentei todo um conjunto de razões, designadamente: as predisposições genéticas são meras probabilidades. A interacção dos diversos genes envolvidos não foi suficientemente investigada de modo que não se pode afirmar com segurança que determinada enfermidade se irá concretizar. Mesmo que se manifeste não é possível prever quanto tempo vai demorar até que isso aconteça. E não se pode saber qual o grau de gravidade com que se vai exteriorizar, pois depende de caso para caso. Há todo um conjunto de factores, incluindo os ambientais, susceptíveis de aumentar ou minimizar essas predisposições. Por exemplo, a idade, o sexo, a alimentação, os medicamentos, o *stress*, o tabaco, o consumo de drogas e ou de álcool desempenham, frequentemente, um papel fundamental nesta área.

Consequentemente, não me parece defensável recusar a celebração de um contrato de trabalho/seguro a pessoas com predisposições genéticas para enfermidades que, inclusivamente, poderão nunca se chegar a revelar.

O indivíduo não deve ser já considerado *incapaz* antes de o ser e sem ter a certeza de que nele se tornará.

X

Não pretendo concluir que tudo se encontra no genoma ou que o genoma tenha maior relevância do que todos os outros factores. Mas tem seguramente uma importância capital na vida.

Entendo que estamos envolvidos numa mecânica própria, com efeitos perversos, na medida em que somos deuses, senhores e actores da nossa existência e simultaneamente escravos e espectadores do futuro por nós traçado.

Escrevemos, interpretamos e vivemos uma peça teatral cujos limites e perigos da intriga desconhecemos por completo.

O homem deixou de ser o protagonista da sua própria história e da História do mundo em que vive. Ele é o produto, o fruto das forças que ele próprio gerou.

É, sem dúvida, o desafio superior, a grande *aposta* deste século.

BIBLIOGRAFIA

ABRANTES, José João; *Vinculação de entidades privadas aos direitos fundamentais*, Lisboa, 1990.
– *Contrato de trabalho e direitos fundamentais*, in «Congresso Nacional de Direito do Trabalho», Almedina, Coimbra, 1999.
ALARCÃO, Rui de; *Do Negócio Jurídico/Anteprojecto para um novo Código*, «Boletim do Ministério da Justiça», n.º 105, 1961.
– *Breve motivação sobre o negócio jurídico na parte relativa ao erro, dolo, coacção, representação, condição e objecto negocial*, «Boletim do Ministério da Justiça», n.º 138, 1964.
– *A confirmação dos negócios anuláveis*, Coimbra, 1971.
– *Direito das Obrigações*, Texto elaborado pelos Drs. J. Sousa Ribeiro, J. Sinde Monteiro, Almeno de Sá e J. C. Proença, com base nas Lições do Prof. Doutor Rui de Alarcão ao 3.º ano jurídico, Coimbra, 1983.
ALBUQUERQUE, Martins de; *Da igualdade. Introdução à jurisprudência*, com a colaboração de Eduardo Vera CRUZ, Almedina, Coimbra, 1993.
ALBUQUERQUE, Paulo Pinto de; *A reforma da justiça criminal em Portugal e na Europa*; Colecção Teses, Almedina, Coimbra, 2003.
ALBUQUERQUE, Pedro de; *Autonomia da vontade e negócio jurídico em Direito da Família*, «Cadernos de Ciência e Técnica Fiscal», n.º 146, Centro de Estudos Fiscais, Ministério das Finanças, Lisboa, 1986.
ALDHOUS P./C. ANDERSON; *Human Genome Project. Still room for Hugo?*, «Nature», 355, 1992.
ALDHOUS P./S. DICKMAN; *Helping Europe compete in human genome research*, «Nature», 350, 1991.
ALLEN, M. J./A. J. JEFFREYS/E. HAGELBERG/A. SONNBERG; *Identification of the skeletal remains of Josef Mengele by DNA analysis*, «Forensic Sci. Int.», 56, 1992.
ALMEIDA, Carlos Ferreira de; *Interpretação do contrato*, sep. «O Direito», Ano 124, IV, Lisboa, 1992.
– *Texto e enunciado na teoria do negócio jurídico*, Colecção Teses, Almedina, Coimbra, 1992.
– *Os contratos civis de prestação de serviço médico*, in «Direito da Saúde e Bioética», A.A.F.D.L., Lisboa, 1996.
– *Introdução ao Direito Comparado*, Almedina, Coimbra, 1998.
– *Contratos*, Almedina, Coimbra, 2000.
ALMEIDA, Reginaldo Rodrigues de; *Sociedade Bit: Da Sociedade da Informação à Sociedade do Conhecimento*, Fomento, Maiadouro, 2004.
ALMEIDA, Silmara Chinelato e; *Direito do Nascituro a Alimentos: uma contribuição do Direito Romano*, Comunicação apresentada no VII Congresso Latino-Americano, Rio de Janeiro, 1990.

682 *Direito do Genoma Humano*

– *O Direito da Família e a Constituição de 1988,* Coord. Carlos Alberto Bittar, Saraiva, São Paulo, 1989.

– *Tutela civil do nascituro,* Editora Saraiva, São Paulo, 2000.

AMAR, Akhil Reed; *The Supreme Court, 1999 Term, Foreword: the document and the doctrine,* «Harvard Law Review», Vol. 114, 1, Cambridge, November 2000.

AMARAL, Diogo Freitas do; *Natureza da responsabilidade civil por actos médicos praticados em estabelecimentos públicos de saúde,* in «Direito da Saúde e Bioética», Lex, Lisboa, 1991.

– *A execução das sentenças dos tribunais administrativos,* Colecção Teses, Almedina, Coimbra, 1997.

– *Curso de Direito Administrativo,* Vol. I, Almedina, Coimbra, 2003.

– *Curso de Direito Administrativo,* Vol. II, Almedina, Coimbra, 2003.

AMBROSELLI, Claire; *L'Éthique médicale,* Presses Universitaires de France, Paris, 1988.

AMORIM, António/Jorge ROCHA; *A genética e a investigação da paternidade,* «Revista do Ministério Público», Ano 9.º, n.ºs 33 e 34, Lisboa, Janeiro-Junho de 1988.

ANDERSON, A.; *DNA fingerprinting on trial,* «Nature», 342, 1989.

ANDERSON, C./P. ALDHOUS; *Human Genome Project. Still room for Hugo?,* «Nature», 355, 1992.

ANDERSON, W. French; *Prospects for human gene therapy,* «Science», 226, 1984.

– *Human Gene Therapy: Scientific and ethical considerations,* «Journal of Medicine and Philosophy», 10, 1985.

– *Human Gene Therapy: Why draw a line?,* «Journal of Medicine and Philosophy», 14, 1989.

– *Human Gene Therapy,* «Nature», 392, 1998.

– *Gene Therapy: The Best of Times, the Worst of Times,* «Science», 288, 2000.

ANDRADE, José Carlos Vieira de; *O dever de fundamentação expressa de actos administrativos,* Colecção Teses, Almedina, Coimbra, 1992.

– *Procriação Assistida com Dador; o problema do ponto de vista dos direitos fundamentais,* in «Procriação Assistida, Colóquio Interdisciplinar», (12-13 de Dezembro de 1991), Centro de Direito Biomédico da Faculdade de Direito da Universidade de Coimbra, Coimbra, 1993.

– *Declaração Universal dos Direitos do Homem,* in «Dicionário Jurídico da Administração Pública», 1.º suplemento, 1998.

– *Os direitos fundamentais na Constituição Portuguesa,* Almedina, Coimbra, 2001.

ANDRADE, Manuel A. Domingues de; *Teoria Geral da Relação Jurídica* – Sujeitos e Objecto –, por A. FERRER CORREIA e RUI DE ALARCÃO, Vol. I, Almedina, Coimbra, 1960.

– *Ensaio sobre a teoria da interpretação das leis,* Arménio Armado Editor, Coimbra, 1978.

ANDRADE, Manuel da Costa; *Direito Penal e modernas técnicas biomédicas,* «Revista de Direito e Economia», 12, Coimbra, 1986.

– *Consentimento e Acordo em Direito Penal,* Coimbra Editora, Coimbra, 1991.

– *A "dignidade penal" e a "carência de tutela penal" como referências de uma doutrina teleológico-racional do crime,* «Revista Portuguesa de Ciência Criminal», Ano 2.º, Coimbra Editora, Coimbra, Janeiro-Março de 1992.

– *Sobre as Proibições de Prova em Processo Penal,* Coimbra Editora, Coimbra, 1992.

Bibliografia 683

– Anotações aos artigos 135.º, 149.º, 150.º, 156.º e 157.º, in «Comentário Conimbricense do Código Penal. Parte Especial», Coord. Jorge de Figueiredo Dias, Tomo I, Coimbra Editora, Coimbra, 1999.

– *Direito Penal Médico. Sida: testes arbitrários, confidencialidade e segredo*, Coimbra Editora, Coimbra, 2004.

ANIONWU, E./M. PEMBREY; *Principles and Practice of Medical Genetics*, Churchill Livingstone, New York, 1996.

ANTUNES, Maria João; *Medidas de segurança de internamento e facto de inimputável em razão de anomalia psíquica*, Coimbra Editora, Coimbra, 2002.

AQUINO, S. Tomás de; *Sententia libri Ethicorum Aristotelis,* lib. I, Casale Monferrato, Marietti, 1949.

– *Summa Theologica*, trad. espanhola, *Summa de Teología*, I, Biblioteca de Autores Cristianos, Madrid, 1993.

ARANGUREN, José Luis; *Ética*, Ed. Alianza Universidad, Madrid, 1981.

ARAÚJO, Fernando; *A procriação assistida e o problema da santidade da vida*, Almedina, Coimbra, 1999.

– *Adam Smith – O Conceito Mecanicista de Liberdade*, Colecção Teses, Almedina, Coimbra, 2001.

ARCHER, Luís; *A culpa não será dos genes ? A Sociobiologia*, «Brotéria», Vol. 112, n.º 2, Lisboa, Fevereiro de 1981.

– *O Homem perante o Tecnocosmos emergente da biologia*, «Brotéria», Vol. 122, n.º 1, Lisboa, Janeiro de 1986.

– *Gerar ou produzir vida humana*, «Brotéria», Vol. 124, n.º 5/6, Lisboa, Maio/Junho de 1987.

Procriação Artificial - Reflexão sobre pessoas e coisas, «Revista Jurídica da Faculdade de Direito da Universidade de Lisboa», n.ºs 13 e 14, A.A.F.D.L, n.ᵒˢ 13 e 14, Lisboa, 1990.

– *Desafios da Nova Genética*, Ed. Brotéria, Lisboa, 1992.

– *Bioética de onde veio e até onde vai*, «O Biólogo», n.º 20, Lisboa, 1992.

– *Ética da Reprodução Medicamente Assistida*, «Brotéria», Vol. 135, n.º 5, Lisboa, Novembro de 1992.

– *Terapia génica humana,* in «Ética y Biotecnología», Fundación Humanismo y Democracia, Universidad Pontificia Comillas, Madrid, 1993.

– *Bioética: avassaladora, porquê ?*, «Brotéria», Vol. 142, n.º 4, Lisboa, Abril de 1996.

– *Terapia génica e engenharia genética de melhoramento*, in «Bioética», Coord. Luís Archer/Jorge Biscaia/Walter Osswald, Editorial Verbo, Lisboa-São Paulo, 1996.

– *A aventura da descoberta do genoma humano*, «Colóquio/Ciências. Revista de Cultura Científica», n.º 20, Fundação Calouste Gulbenkian, Lisboa, Dezembro de 1997.

– *Palavras de Abertura do IV Seminário Nacional, Poderes e Limites da Genética do Conselho Nacional de Ética para as Ciências da Vida*, in «Poderes e Limites da Genética», Actas do IV Seminário do Conselho Nacional de Ética para as Ciências da Vida, 17-18 de Novembro de 1997, Presidência do Conselho de Ministros, Lisboa, 1998.

– *Dimensões éticas da investigação biomédica*, «Brotéria», Vol. 146, n.º 2, Lisboa, Fevereiro de 1998.

– *Predizer o futuro, já hoje*, «Brotéria», Vol. 146, n.º 3, Lisboa, Março de 1998.

694 *Direito do Genoma Humano*

– *O projecto do genoma humano na perspectiva católica*, «Brotéria», Vol. 147, n.º 1, Lisboa, Junho de 1998.

– *Genética predizente* e eugenismo, in «Bem da Pessoa e Bem Comum. Um Desafio à Bioética», Centro de Estudos de Bioética, Gráfica de Coimbra, Coimbra, 1998.

– *Looking for New Codes in the Field of Predictive Medicine*, in «Ethics Codes in Medicine. Foundations and achievements of codifications since 1947», Ed. Ulrich Tröhler and Stella Reiter-Theil, Ashgate Publishing, Aldershot, 1998.

– *Ainda os Direitos do Homem. O consentimento informado*, «Brotéria», Vol. 148, n.º 2, Lisboa, Fevereiro de 1999.

– *Clonagem – verdade científica e sonho mítico*, «Brotéria-Genética», XX, (XCV), n.º 3, Lisboa, 1999.

– *Clonagem não reprodutiva*, «Cadernos de Bioética», n.º 22, Centro de Estudos de Bioética, Coimbra, Abril de 2000.

– *O genoma humano*, in «Novos Desafios à Bioética», Coord. Luís Archer/Jorge Biscaia/Walter Osswald/Michel Renaud, Porto Editora, Porto, 2001.

– *Comentário ao protocolo adicional que proíbe a clonagem de seres humanos*, in «Direitos do Homem e Biomedicina», Instituto de Bioética, U.C.P., Universidade Católica Editora, Lisboa, 2003.

– *Da Genética à Bioética*, Colectânea Bioética Hoje XI, Serviço de Bioética e Ética Médica, Faculdade de Medicina da Universidade do Porto, Gráfica de Coimbra, Coimbra, 2006.

ASCENSÃO, José de Oliveira; *A patente de processo de fabrico de um produto novo e a inversão do ónus da prova*, sep. «Revista da Faculdade de Direito da Universidade de Lisboa», XXV, Lisboa, 1984.

– *Direito e Bioética*, «Revista da Ordem dos Advogados», Ano 51, Lisboa, Julho de 1991.

– *Direito Civil – Reais*, Coimbra Editora, Coimbra, 1993.

– *O Projecto do Código da Propriedade Industrial e a lei de autorização legislativa*, «Revista da Faculdade de Direito da Universidade de Lisboa», Vol. 36, n.º 1, Lisboa, 1995.

– *O herdeiro legitimário*, «Revista da Ordem dos Advogados», Ano 57, Lisboa, Janeiro de 1997.

– *Embrião e personalidade jurídica*, in «Vida e Direito – Reflexões sobre um Referendo», Principia, Cascais, Junho de 1998.

– *Direito Civil. Teoria Geral, Vol. I, Introdução. As Pessoas. Os Bens*, Coimbra Editora, Coimbra, 2000.

– *Direito Civil – Sucessões*, Coimbra Editora, Coimbra, 2000.

– *Procriação assistida e direito*, sep. «Estudos em Homenagem ao Prof. Doutor Pedro Soares Martínez», Vol. I, Almedina, Coimbra, 2000.

– *Direito Civil. Teoria Geral, Vol. III, Relações e Situações Jurídicas*, Coimbra Editora, Coimbra, 2002.

– *Direito Civil. Teoria Geral, Vol. II, Acções e Factos Jurídicos*, Coimbra Editora, Coimbra, 2003.

– *O Direito. Introdução e Teoria Geral. Uma perspectiva Luso-Brasileira*, Almedina, Coimbra, 2003.

Bibliografia

ASCENSÃO, José de Oliveira/Manuel Carneiro da FRADA; *Contrato celebrado por agente de pessoa colectiva. Representação, responsabilidade e enriquecimento sem causa*, sep. «Revista de Direito e Economia», Universidade de Coimbra, Coimbra, 1990-1993.

ASIMOV, Isaac; *O Código Genético*, trad. de Luís Edmundo de Magalhães, Editora Cultrix, S. Paulo, 1962.

ATIAS, Christian; *Les personnes. Les incapacités*, P. U. F., Paris, 1985.

– *Le contrat de substitution de mère*, «Recueil Dalloz Sirey», Cahier Chronique IX, Paris, 1986.

– *Droit Civil. Les Biens*, Litec, Paris, 1999.

ATLAN, Henri; *Personne, espèce, humanité*, in «Vers un anti-destin», Coord. François Gros/Gérard Huber, Éditions Odile Jacob, Paris, 1992.

AUSTIN, C. R.; *Human Embryos,* Oxford University Press, New York, 1989.

BADER, J. M.; *Cerveau; la biochimie de la violence*, «Science & Vie», 925, 1994.

BADIOU, Alain; *L'Éthique. Essai sur la conscience du mal*, Hatier, Coll., Optiques, Paris, 1993.

BAECK, Léo; *L'essence du Judaïsme*, Presses Universitaires de France, Paris, 1930.

BAKER, R./M. BELLIS; *Human sperm competition,* Chapman Hall, New York, 1995.

BALINT, John; *Issues of Privacy and Confidentiality in the new genetics*, «Albany Law Journal of Science and Technology 27», 1998.

BAPTISTA, Manuel Manet; *Ética: A Tentação da Eugenia,* «O Biólogo», n.º 18/19, Associação Portuguesa de Biólogos, Lisboa, Janeiro-Julho de 1992.

BARBAS, Orbílio; *Alguns aspectos da Criminologia*, pol., Lisboa, 1971.

BARBAS, Stela Marcos de Almeida Neves; *Consequências da manipulação genética no direito das pessoas e na condição jurídica dos nascituros*, «Tribuna da Justiça», n.º 6, Lisboa, Outubro-Dezembro de 1990.

– *Boa fé*, sep. «Colectânea de Jurisprudência. Acórdãos do Supremo», Ano II, Tomo II, Coimbra, 1994.

– *Justiça e Criminalidade*, «Janus 1997», Anuário de Relações Exteriores, Público, UAL, Lisboa, 1996.

– *A Livre Circulação de Pessoas e os Refugiados no Espaço Schengen*, «Janus 1997», Anuário de Relações Exteriores, Público, UAL, Lisboa, 1996.

– *Virtuais Implicações Jurídico-Civilísticas da Clonagem,* sep. «Colectânea de Jurisprudência. Acórdãos do Supremo», Ano V, Tomo III, Coimbra, 1997.

– *Direito ao Património Genético*, Almedina, Coimbra, 1998.

– *O início da Personalidade Jurídica. O artigo 66.º do Código Civil Português perdido no tempo e contra a ciência*, «Brotéria», Vol. 148, n.º 5/6, Lisboa, Maio/Junho de 1999.

– *O novo poder da genética,* «Secção "Falar Direito" do Diário de Notícias», 12 de Abril de 1999.

– *O contrato de gestação à espera de novas leis,* «Forum Iustitiae. Direito & Sociedade», n.º 1, Lisboa, Junho de 1999.

– *A "ressurreição"(juridicamente) controlada*, «Secção "Falar Direito" do Diário de Notícias», 17 de Maio de 1999.

– *Ser mãe da própria irmã gémea,* «Secção "Falar Direito" do Diário de Notícias», 12 de Julho de 1999.

686 *Direito do Genoma Humano*

– *O Crime nas Novas Sociedades Pós-Industriais*, sep. «Colectânea de Estudos de Homenagem ao Prof. Doutor Francisco Lucas Pires», Universidade Autónoma de Lisboa, Lisboa, Julho de 1999.

– *Direito à identidade genética*, «Forum Iustitiae. Direito & Sociedade», n.º 6, Lisboa, Novembro de 1999.

– *Aspectos jurídicos da inseminação artificial "post-mortem"*, sep. «Colectânea de Jurisprudência. Acórdãos do Supremo», Ano VII, Tomo II, Coimbra, 1999.

– *Da problemática jurídica dos embriões excedentários*, sep. «Revista de Direito e de Estudos Sociais», Ano XXXXI, n.º 1-2, Verbo, Lisboa, 2000.

– *Contratos de trabalho em face das novas possibilidades de diagnóstico*, «Brotéria», Vol. 150, n.º 5/6, Lisboa, Maio/Junho de 2000.

– *Do direito à autodeterminação informativa - O direito de não saber o seu estado de saúde*, «Forum Iustitiae. Direito & Sociedade», n.º 12, Lisboa, Junho de 2000.

– *Genoma Humano – O livro da vida*, «Secção "Falar Direito" do Diário de Notícias», 3 de Julho de 2000.

– *Da privacidade dos dados genéticos*, «Forum Iustitiae. Direito & Sociedade», n.º 15, Lisboa, Setembro de 2000.

– *Genomacracia*, «Informação UAL. Revista da Universidade Autónoma de Lisboa», Ano 6, n.º 21, Lisboa, Dezembro de 2000.

– *Dos novos contratos de seguro*, sep. «Direito e Justiça», Vol. XIV, Tomo 3, Universidade Católica Editora, Lisboa, 2000.

– *Os Direitos Fundamentais na Europa. Testes Genéticos no Local de Trabalho - Uma Perspectiva Jurídica*, Comunicação apresentada no Congresso do Groupe Européen d' Éthique des Sciences et des Nouvelles Technologies auprès de la Comission Européene, Ordem dos Advogados, pol., Lisboa, 12 de Maio de 2000.

– *O direito ao trabalho e a genética*, «Secção "Falar Direito" do Diário de Notícias», 5 de Fevereiro de 2001.

– *Direito e Clonagem: Uma Profecia ?*, in «A investigação Portuguesa: desafios de um novo milénio», Actas do II Encontro de Investigadores Portugueses (Setembro 1998), Ed. pat. por Fundação Calouste Gulbenkian, Caixa Geral de Depósitos e Fundação Luso-Americana para o Desenvolvimento, Universidade dos Açores, Ponta Delgada, 2001.

– *Barriga de aluguer: vazio legislativo*, «Secção "Falar Direito" do Diário de Notícias», 14 de Maio de 2001.

– *O consentimento para actos médicos*, «Secção "Falar Direito" do Diário de Notícias», 25 de Junho de 2001.

– *A genetização do ser humano*, «Secção "Falar Direito" do Diário de Notícias», 13 de Agosto de 2001.

– *Consentimento informado: meio de tutela ou obstáculo à saúde?*, «Tempo Medicina», 8 de Outubro de 2001.

– *Direito e Medicina Preditiva*, «Direito em Revista», n.º 4, Lisboa, Outubro - Dezembro de 2001.

– *O dever de saber: uma nova figura jurídica ?*, «Secção "Falar Direito" do Diário de Notícias», 14 de Janeiro de 2002.

– *Seguros e testes genéticos*, «Secção "Falar Direito" do Diário de Notícias», 25 de Fevereiro de 2002.

– Globalização e individualidade, «Humanidades», n.º 6, Lisboa, Abril-Junho de 2002.

– Implicações sociais, éticas e legais da informação genética para a gestão de riscos em saúde ocupacional, in «IV Congresso Nacional de Saúde Ocupacional», org. da Faculdade de Medicina da Universidade do Porto, pol., Póvoa de Varzim, 29-31 de Outubro de 2002.

– Responsabilidade penal, «Secção Jurídica do Diário de Notícias», 19 de Maio de 2003.

– Genética e Direito Penal, «Revista de Direito Penal», Ano II, n.º 1, Lisboa, 2003.

– Clonagem, alma e direito, in «Comemorações dos 35 anos do Código Civil e dos 25 anos da Reforma de 1977», Vol. I, Direito da Família e das Sucessões, Coimbra Editora, Coimbra, 2004.

– Testes genéticos, terapia génica, clonagem, in «Estudos de Direito da Bioética», I Curso de Pós-Graduação em Direito da Bioética na Faculdade de Direito da Universidade de Lisboa, Coord. José de Oliveira Ascensão, Almedina, Coimbra, 2005.

– Direito ao Património Genético, Reimpressão, Almedina, Coimbra, 2006.

– Um novo contrato?, in «Colectânea de Estudos de Homenagem ao Dr. Jorge Tracana de Carvalho» (no prelo).

– Investigação da Filiação, in «Estudos de Direito da Bioética II», Coord. José de Oliveira Ascensão (no prelo).

BARBAS, Stela/Diogo Leite de CAMPOS; *O início da pessoa humana e da pessoa jurídica*, X Congresso de la Federación Internacional de Estudios sobre América Latina y el Caribe – FIEALC, Academia de Ciências da Rússia, Moscovo, 25-29 de Junho de 2001.

BARBAS, Stela/Diogo Leite de CAMPOS; *O início da pessoa humana e da pessoa jurídica*, «Revista da Ordem dos Advogados», Edição Comemorativa, Ano 61, Lisboa, Dezembro de 2001.

BARBAS, Stela/Diogo Leite de CAMPOS; *O início da pessoa humana e da pessoa jurídica*, «Revista Doutrinária», n.º 5, Instituto Ítalo-Brasileiro de Direito Privado e Agrário Comparado, Maanaim, Rio de Janeiro, 2002.

BARBIER; *L'examen du sang et le rôle du juge dans les procès relatifs à la filiation*, «Revue Trimestriel de Droit Civil», n.º 25, 1949.

BARKER, Ernest; *Greek Political Theory. Plato and his Predecessors*, Methuen, London, 1970.

BARNARD, N. D./S. R. KAUFMAN; *Animal Research is Wasteful and Misleading*, «Scientific American», 276, (2), February 1997.

BARRETO, Ireneu Cabral; *A Convenção Europeia dos Direitos do Homem Anotada*, Coimbra Editora, Coimbra, 1999.

BARRETO, João; *O internamento forçado nas doenças mentais*, in «Bem da Pessoa e Bem Comum. Um Desafio à Bioética», Centro de Estudos de Bioética, Gráfica de Coimbra, Coimbra, 1998.

BARROS, Alberto; *Genoma Humano*, in «Direitos do Homem e Biomedicina», Instituto de Bioética, U. C. P., Universidade Católica Editora, Lisboa, 2003.

BARTHOLOME, W. A.; *A new understanding of consent in pediatric practice: consent, parental permission and child assent*, «Pediatric Ann», 18, (4), 1995.

BARROS, José Manoel de Aguiar; *Filosofia do Direito. Ensaios. Revolução biotecnológica e revolução jurídica*, Editora Juarez de Oliveira, São Paulo, 2004.

688   *Direito do Genoma Humano*

BATESON, W.; *Materials for the study of variation*, Macmillan, London, 1894.

– *Mendel's principles of heredity*, Cambridge University Press, Cambridge, 1909.

BAUDOUIN, Jean Louis/Catherine LABRUSSE-RIOU; *Produire l'homme. De quel Droit?*, Presses Universitaires de France, Paris, 1987.

BEAUCHAMP, T. L./J. F. CHILDRESS; *Principles of Biomedical ethics,* Oxford, New York, 1994.

BEAUMONT, William; *Experiments and observations in the gastric juice and the physiology of digestion*, Minneola, Dover, New York, 1833.

BECCARIA, Cesare; *Dos delitos e das penas,* trad. de José de Faria Costa, Fundação Calouste Gulbenkian, Lisboa, 1998.

BECKWITH, J.; *Social and Political Uses of genetics in the United States: past and present,* «Annals New York Academy», 265, New York, 1976.

BELEZA, José; *A ortotanásia como problema jurídico-penal,* in «As técnicas modernas de reanimação; conceito de morte; aspectos médicos, teológicos, morais e jurídicos», Porto, 1973.

BELEZA, Maria Teresa Pizarro; *Mulheres, Direito, Crime, ou a perplexidade de Cassandra,* A.A.F.D.L., Lisboa, 1990.

– *Apontamentos de Direito Processual Penal,* Vol. II, A.A.F.D.L., Lisboa, 1993.

– *Género e Direito: da igualdade ao "Direito das Mulheres",* «Themis», Ano I, n.º 2, 2000.

BELLER, F. / G. ZLATNIK; *The beginning of human life: medical observations and ethical reflections,* «Clinical Obstetrics and Gynaecology», 35, 1992.

BELLINCIONI, M.; *Il termine persona da Cicerone a Seneca,* «Quattro studi latini», Università di Parma-Istituto di Lingua e Letteratura Latina, Parma, 1981.

BELLIS, M. / R. BAKER; *Human sperm competition,* Chapman Hall, New York, 1995.

BENATAR, Solly; *Imperialism, research ethics and global health,* «J. Med. Ethics», 24, 4, 1998.

BENSON, Nicola / Peter GILL / Pavel L. IVANOV / Colin KIMPTON / Romelle PIERCY / Gillian TULLY / Ian EVETT / Erika HAGELBERG / Kevin SULLIVAN; *Identification of the remains of the Romanov family by DNA analysis,* «Nature Genetics», 6, 1994.

BERG; *Confidentiality issues in medical genetics: the need for laws, rules and good practices to secure optimal disease control,* in «Ethics and Human Genetics», Council of Europe, 2nd Symposium on Bioethics, 1994.

BERISTAIN, António; *Bioética e novos deveres-direitos humanos,* «Direito e Justiça», Vol. X, Tomo 2, Universidade Católica Editora, Lisboa, 1996.

BERLIN, I.; *Dos conceptos de libertad,* in «Cuatro ensayos sobre la libertad», trad. de J. Bayón, Ed. Alianza, Madrid, 1988.

BERNARD, Jean; *De la biologie à l'éthique,* Buchet-Chastel, Paris, 1990.

– *La Bioéthique,* Flammarion, Paris, 1994.

– *La Médecine de demain,* Flammarion, Paris, 1996.

– *Droits de l'Homme et manipulations génétiques, Bioéthique et Génétique,* Thème de la deuxième session, Académie du Royaume du Maroc, 1997.

BISCAIA, Jorge; *Ética da relação médico-doente,* in «O Consentimento Informado», Actas do I Seminário do Conselho Nacional de Ética para as Ciências da Vida, 30-31 de Março de 1992, Presidência do Conselho de Ministros, Imprensa Nacional-Casa da Moeda, Lisboa, 1995.

Bibliografia

– *Limites éticos da experimentação clínica*, «Brotéria», Vol. 143, n.º 6, Lisboa, Dezembro de 1996.

– *O período perinatal,* in «Bioética», Coord. Luís Archer/Jorge Biscaia/Walter Osswald, Editorial Verbo, Lisboa-São Paulo, 1996.

– *Imperativos éticos,* «Brotéria», Vol. 144, n.º 5/6, Lisboa, Maio/Junho de 1997.

– *Consentimento,* in «Direitos do Homem e Biomedicina», Instituto de Bioética, U.C.P., Universidade Católica Editora, Lisboa, 2003.

BLEICH, J. David; *Bioethical dilemmas. A Jewish perspective,* Ktav Pub. House, Hoboken N.J., 1998.

BLITZ, Nick / Peter MINY / Peter MIDDLETON; *Genetic disabilities - predictive diagnosis, gene therapy and communal care,* in «The future of DNA», Kluwer Academic Publishers, Netherlands, London, 1996.

BODMER, W.F.; *Genome research in Europe,* «Science», 256, 1992.

BODMER, W. / R. MCKIE; *The book of man,* Little, Brown, London, 1994.

BOETHIUS, *Theological Tractates,* Harvard University Press, Cambridge, London, 1973.

BONNECASSE; *Elementos de Derecho Civil,* T. I, Ed. Cajica, Puebla, 1945.

BONNET, C.; *Geste d'amour, l'accouchement sous X,* Éditions Odile Jacob, Paris, 1990.

BOURGEAULT, Guy; *Qu'est-ce que la Bioéthique - Bioéthique, méthodes et fondements,* Marie-Hélène Parizon Ed., L' Association Canadienne - Montréal, Québec, 1989.

BOYLE, Joseph; *The roman catholic tradition and bioethics,* in «Bioethics Yearbook. Theological Developments in Bioethics», 1992-1994, Coord. B. Andrew Lustig, Vol. 5, Kluwer Academic Publishers, Boston, 1997.

BRAVO, F. de Castro Y; *Los llamados derechos de la personalidad,* Anuario de Derecho Civil, T. XII, 1959.

– *El negocio jurídico,* Madrid, 1971.

BRITO, Maria Helena; *A Representação nos Contratos Internacionais,* Colecção Teses, Almedina, Coimbra, 1999.

BRITO, Pedro Madeira de/Pedro Romano MARTÍNEZ/Luís Miguel MONTEIRO/Joana VASCONCELOS, Guilherme DRAY/Luís Gonçalves da SILVA; *Código de Trabalho Anotado,* Almedina, Coimbra, 2004.

BROCK, D. J. H./A. E. SHRIMPTON; *Non-paternity prenatal genetic screening,* «Lancet», 338, 1991.

BRODZINSKY, D. M.; *The psychology of adoption,* Oxford University Press, 1990.

BRONZE, Fernando José; *A metodonomologia entre a Semelhança e a Diferença (Reflexão problematizante dos pólos da radical matriz analógica do discurso jurídico),* Coimbra Editora, Coimbra, 1994.

BRUCKNER, Pascal; *La tentation de l'innocence,* Grasset, Paris, 1995.

BRUN, Jean; *Platon et l'Académie,* Presses Universitaires de France, Paris, 1963.

BURLEY, E. G.; *A Study in Scarlet: Criminal DNA Typing Reaches the Court and Legislatures,* «Journal of Law & Pol.», 6, 755, 1990.

CABRAL, Rita Amaral; *O Direito à Intimidade da Vida privada (Breve reflexão acerca do artigo 80.º do Código Civil),* sep. «Estudos em Memória do Prof. Doutor Paulo Cunha», Lisboa, 1989.

CABRAL, Roque; *Os princípios de autonomia, beneficência, não maleficência e justiça,* in «Bioética», Coord. Luís Archer/Jorge Biscaia/Walter Osswald, Editorial Verbo, Lisboa-São Paulo, 1996.

690 *Direito do Genoma Humano*

– *A dignidade da pessoa humana*, in «Poderes e Limites da Genética», Actas do IV Seminário do Conselho Nacional de Ética para as Ciências da Vida, 17-18 de Novembro de 1997, Presidência do Conselho de Ministros, Lisboa, 1998.

CALCERRADA, Luis Martínez; *Derecho Tecnológico la Nueva Inseminación Artificial*, Madrid, 1989.

CALLAHAN, Daniel; *Bioethics as a Discipline,* Hasting Centre, Studies, 1, n.º 1, 1973.

CALOGERO, M.; *Procreazione artificiale: Una recognizione dei problemi,* 1990.

CAMPBELL, A. / D. LLOYD / P. DUFFY; *Treatment dilemmas in neonatal care: who should survive and who should decide?*, «Annals of the New York Academy of Sciences», 530, 1988.

CAMPBELL, S. B./L. A. WEITHON; *The competency of children and adolescent to make informed treatment decisions,* «Child Dev.», 53, 1982.

CAMPOS, Diogo Leite de; *A indemnização do dano da morte,* sep. do Vol. L do «Boletim da Faculdade de Direito da Universidade de Coimbra», Coimbra, 1974.

– *Parentesco, Casamento e Sucessão*, «Revista da Ordem dos Advogados», Ano 45, Lisboa, Abril de 1985.

– *O estatuto sucessório do cônjuge sobrevivo*, «Revista da Ordem dos Advogados», Ano 50, Lisboa, Julho de 1990.

– *Lições de Direitos da Personalidade*, sep. do Vol. LXVIII do «Boletim da Faculdade de Direito da Universidade de Coimbra», Coimbra, 1992.

– *O Direito e os Direitos da Personalidade*, «Revista da Ordem dos Advogados», Ano 53, Lisboa, Abril-Junho de 1993.

– *Lições de Direito da Família e das Sucessões*, Almedina, Coimbra, 1997.

– *A Génese dos Direitos da Pessoa*, in «Nós. Estudos sobre o Direito das Pessoas», Almedina, Coimbra, 2004.

– *A Criança-Sujeito: A Vida Intra-Uterina*, in «Nós. Estudos sobre o Direito das Pessoas», Almedina, Coimbra, 2004.

– *O Estatuto Jurídico do Nascituro*, in «Nós. Estudos sobre o Direito das Pessoas», Almedina, Coimbra, 2004.

– *A Relação da Pessoa Consigo Mesma*, in «Nós. Estudos sobre o Direito das Pessoas», Almedina, Coimbra, 2004.

– *A imagem que dá Poder: Privacidade e Informática Jurídica*, in «Nós. Estudos sobre o Direito das Pessoas», Almedina, Coimbra, 2004.

– *O Cidadão-Absoluto e o Estado, o Direito e a Democracia*, in «Nós. Estudos sobre o Direito das Pessoas», Almedina, Coimbra, 2004.

– *Os Direitos da Personalidade: Categoria em Reapreciação*, in «Nós. Estudos sobre o Direito das Pessoas», Almedina, Coimbra, 2004.

– *A vida, a morte e a sua indemnização*, in «Nós. Estudos sobre o Direito das Pessoas», Almedina, Coimbra, 2004.

CAMPOS, Diogo Leite de / Stela BARBAS; *O início da pessoa humana e da pessoa jurídica, X Congresso de la Federación Internacional de Estudios sobre América Latina y el Caribe* – FIEALC, Academia de Ciências da Rússia, Moscovo, 25-29 de Junho de 2001.

CAMPOS, Diogo Leite de / Stela BARBAS; *O início da pessoa humana e da pessoa jurídica,* «Revista da Ordem dos Advogados», Edição Comemorativa, Ano 61, Lisboa, Dezembro de 2001.

Campos, Diogo Leite de / Stela Barbas; *O início da pessoa humana e da pessoa jurídica*, «Revista Doutrinária», n.º 5, Instituto Ítalo-Brasileiro de Direito Privado e Agrário Comparado, Maanaim, Rio de Janeiro, 2002.

Campos, Diogo Leite de / Paulo Mota Pinto; *Direitos fundamentais "da terceira geração"*, in «Direito Contemporâneo Português e Brasileiro», Coord. Ives Gandra da Silva Martins/Diogo Leite de Campos, Almedina, Coimbra, 2003.

Campos, Diogo Leite de / Rogério Erhardt Soares; *A Família em Direito Constitucional Comparado*, «Revista da Ordem dos Advogados», Ano 50, Lisboa, Abril de 1990.

Canas, Vitalino; *O princípio da proibição do excesso na Constituição: arqueologia e aplicações*, in «Perspectivas Constitucionais. Nos 20 anos da Constituição de 1976», Org. Jorge Miranda, Vol. II, Coimbra Editora, Coimbra, 1997.

Canotilho, J.J. Gomes; *Direito Constitucional*, Almedina, Coimbra, 1991.

– *Direito Constitucional e Teoria da Constituição*, Almedina, Coimbra, 1999.

Canotilho, J.J. Gomes / Jónatas Machado; *Bens culturais, propriedade privada e liberdade religiosa*, sep. «Revista do Ministério Público», Ano 16.º, n.º 64, Lisboa, Outubro-Dezembro de 1995.

Canotilho, J.J. Gomes/Vital Moreira; *Constituição da República Portuguesa Anotada*, Coimbra Editora, Coimbra, 1993.

Cantalejo/Lorda; *La capacidad de los menores para tomar decisiones sanitarias: un problema ético y jurídico*, «Esp. Pediatr.», 53, (2), 1997.

Cantor, C. R.; *Orchestrating the Human Genome Project*, «Science», 248, 1990.

Carbonnier, Jean; *Flexible Droit, Textes pour une Sociologie du Droit sans rigueur*, Librairie Générale de Droit et de Jurisprudence, Paris, 1971.

– *Sur les traces du non sujet de Droit*, «Archives de Philosophie du Droit», Vol. 34, Sirey, Paris, 1989.

– *Droit Civil, Les Personnes*, Presses Universitaires de France, Paris, 1994.

Cardoso, Augusto Lopes; *Alguns aspectos jurídicos da eutanásia*, sep. «Boletim do Ministério da Justiça», n.º 401, Lisboa, 1990.

– *Procriação humana assistida (alguns aspectos jurídicos)*, «Revista da Ordem dos Advogados», Ano 51, Lisboa, Abril de 1991.

– *Papel do Conselho Nacional de Ética Para as Ciências da Vida e em especial a sua auto-responsabilidade*, «Brotéria», Vol. 141, n.º 5, Lisboa, Novembro de 1995.

– *Direito e Ética*, in «Bioética», Coord. Luís Archer/Jorge Biscaia/Walter Osswald, Editorial Verbo, Lisboa-São Paulo, 1996.

– *Os desafios do Direito face às actuais questões de reprodução humana assistida*, «Cadernos de Bioética», n.º 17, Centro de Estudos de Bioética, Coimbra, Novembro de 1998.

– *Da dimensão jurídica da intervenção genética*, in «Poderes e Limites da Genética», Actas do IV Seminário do Conselho Nacional de Ética para as Ciências da Vida, 17-18 de Novembro de 1997, Presidência do Conselho de Ministros, Lisboa, 1998.

Carnellutti, *Nuovo profilo dell' istituzione dei nascituro*, «Foro Italiano», 1954, IV, C. 57.

– *Logica e metafísica nello studio del diritto*, «Foro Italiano», 1955, IV, C. 59.

Carter, Rita; *Mapping the mind*, Weindenfeld and Nicholson, London, 1998.

Carvalho, Armando/Armando Porto; *Doenças infecciosas*, in «Comissões de Ética. Das bases teóricas à actividade quotidiana», Coord. Maria do Céu Patrão Neves, Centro de Estudos de Bioética, Pólo Açores, Gráfica de Coimbra, Coimbra, 2002.

692 *Direito do Genoma Humano*

CARVALHO, Nunes de/Bernardo XAVIER; *Princípio da igualdade: a trabalho igual, salário igual*, «Revista de Direito e de Estudos Sociais», n.º 4, Verbo, Lisboa, 1997.

CARVALHO, Orlando de; *Os Direitos do Homem no Direito Civil Português*, Vértice, Coimbra, 1973.

– *Direitos das Coisas*, Centelha, Coimbra, 1977.

– *Teoria Geral do Direito Civil–Sumários desenvolvidos para uso dos alunos do 2º ano (1ª turma) do Curso Jurídico de 1980/81*, Centelha, Coimbra, 1981.

CASABONA, Carlos Maria Romeo; *El médico ante el Derecho*, Ministério de Sanidad y Consumo, 1990.

– *El Derecho y la Bioética ante los limites de la vida humana*, Ed. Ramón Areces, Madrid, SA, 1994.

CASCAIS, António Fernando; *A emergência da Bioética, ou: da maturidade de Prometeu*, «Ética e Comunicação. Revista de Comunicação e Linguagens», n.ºs 15-16, Edições Cosmos, Lisboa, 1992.

– *A Ética da experimentação em seres humanos*, «R. C. L.», 25, 1999.

CASPI, A./J. MCCLAY/J. MILL/J. MARTIN/W. CRAIG/A. TAYLOR/R. POULTON; *Role of genotype in the cycle of violence in maltreated children*, «Science», 297, 2002.

CATALA, Pierre; *Le droit des successions et des libéralités au regard de la procréation artificielle*, «Revista da Ordem dos Advogados», Ano 46, Lisboa, Setembro de 1986.

CATECISMO DA IGREJA CATÓLICA, Gráfica de Coimbra, Coimbra, 1993.

CAUPERS, J.; *Os direitos fundamentais dos trabalhadores e a Constituição*, Almedina, Coimbra, 1985.

CAVOUKIAN, Ann; *Confidentiality issues in genetics: the need for privacy and the right "not to know"*, «Law & Genome Review», 2, University of Deusto, Bilbao, 1995.

CHARDIN, P. Teilhard de; *Il fenomeno humano*, Il Saggiatore, Turim, 1973.

CHARLESWORTH, M.; *La Bioética en una sociedad liberal*, Cambridge, Cambridge, 1996.

CHIABERGE, Ricardo/Renato DULBECCO; *Engenheiros da vida*, Editorial Presença, Lisboa, 1988.

CHILDRESS, J. F./T. L. BEAUCHAMP; *Principles of Biomedical ethics*, Oxford, New York, 1994.

CHORÃO, Mário Bigotte; *Direitos Humanos, Direito Natural e Justiça*, sep. «O Direito», Ano 121, IV, Lisboa, 1989.

– *O problema da natureza e tutela jurídica do embrião humano à luz de uma concepção realista e personalista do direito*, sep. «O Direito», Ano 123, IV, Lisboa, 1991.

– *Temas fundamentais de direito*, Almedina, Coimbra, 1991.

CLARKE, Robert; *Os Filhos da Ciência*, trad. de Maria Adozinda de Oliveira Soares, Editora Verbo, Lisboa, 1985.

CLUNY, António; *O Ministério Público e o princípio constitucional de igualdade*, in «O Ministério Público, a Democracia e a Igualdade dos Cidadãos», Edições Cosmos, Lisboa, 2000.

CODEX JURIS CANONICI, Libreria Editrice Vaticana, Vatican City, 1983.

COELHO, A. Pereira; *Estrutura jurídica do acto médico, consentimento informado e responsabilidade civil da equipa de saúde ou do médico*, in «O Consentimento Informado», Actas do I Seminário do Conselho Nacional de Ética para as Ciências da Vida, 30-31 de Março de 1992, Presidência do Conselho de Ministros, Imprensa Nacional-Casa da Moeda, Lisboa, 1995.

Bibliografia

COELHO, Francisco Pereira; *Curso de Direito das Sucessões*, pol., Coimbra, 1974.
– *Casamento e família no direito português*, in «Temas de Direito da Família», Almedina, Coimbra, 1986.
– *Curso de Direito da Família*, pol., Coimbra, 1987.
– *Procriação assistida com gâmetas do casal*, in «Procriação Assistida, Colóquio Interdisciplinar», (12-13 de Dezembro de 1991), Centro de Direito Biomédico da Faculdade de Direito da Universidade de Coimbra, Coimbra, 1993.
– *O Problema da Causa Virtual na Responsabilidade Civil*, Colecção Teses, Almedina, Coimbra,1998.

COLLI, A. S.; *A consulta do adolescente*, «Pediatria Básica», Sarvier, São Paulo, 1992.

COLLINS, F. S./D. GALAS; *A new five-years plan for the U. S. Human Genome Project*, «Science», 262, 1993.

COLLINS, F. S./A. PATRINOS; *New goals for the U. S. Human Genome Project: 1998-2003*, «Science», 282, 1998.

COMTE-SPONVILLE, André; *Morale ou éthique*, in «La Lettre internationale», 1991.
– *Bom dia, angústia*, Martins Fontes, São Paulo, 1997.

CONCETTI, Gino; *L'eutanasia, aspetti giuridici, teologici, morale*, Ave, Roma, 1987.

CONDE, José; *Ética da relação médico-doente*, in «O Consentimento Informado», Actas do I Seminário do Conselho Nacional de Ética para as Ciências da Vida, 30-31 de Março de 1992, Presidência do Conselho de Ministros, Imprensa Nacional-Casa da Moeda, Lisboa, 1995.

CONGREGAÇÃO DA DOUTRINA DA FÉ, *Instrução sobre o respeito à vida humana nascente e a dignidade da procriação Donum Vitae*, 22 de Fevereiro de 1987, I, 3: AAS 80, 1988.

CORDEIRO, António Menezes; *Da Boa Fé no Direito Civil*, Colecção Teses, Almedina, Coimbra, 1984.
– *Lei (aplicação da)*, «Enciclopédia Pólis», 3.º Vol., Verbo, Lisboa, 1985.
– *Norma jurídica*, «Enciclopédia Pólis», 4.º Vol., Verbo, Lisboa, 1986.
– *Obrigação*, «Enciclopédia Pólis», 4.º Vol., Verbo, Lisboa, 1986.
– *Princípios gerais de Direito*, «Enciclopédia Pólis», 4.º Vol., Verbo, Lisboa, 1986.
– *Teoria Geral do Direito Civil*, I, Lisboa, A. A. F. D. L., Lisboa, 1988.
– *Teoria Geral do Direito Civil. Relatório*, sep. «Revista da Faculdade de Direito da Universidade de Lisboa», Lisboa, 1988.
– *Do Contrato de Franquia («Franchising»)* – *Autonomia privada versus tipicidade negocial*, «Revista da Ordem dos Advogados», Ano 48, I, Lisboa, Abril de 1988.
– *Direito das Obrigações*, I, A. A. F. D. L., Lisboa, 1994.
– *Manual de Direito do Trabalho*, Almedina, Coimbra, 1994.
– *A boa fé nos finais do século XX*, «Revista da Ordem dos Advogados», Ano 56, III, Lisboa, Dezembro de 1996.
– *Direitos Reais. Sumários*, A. A. F. D. L., Lisboa, 1998.
– *O respeito pela esfera privada do trabalhador*, in «Congresso Nacional de Direito do Trabalho», Almedina, Coimbra, 1998.
– *A liberdade de expressão do trabalhador*, in «Congresso Nacional de Direito do Trabalho», Almedina, Coimbra, 1999.
– *Tratado de Direito Civil Português, I, Tomo I, Parte Geral*, Almedina, Coimbra, 1999.

694 *Direito do Genoma Humano*

– *Tratado de Direito Civil Português, I, Tomo II, Parte Geral, Coisas,* Almedina, Coimbra, 2002.

– *Os direitos de personalidade na civilística portuguesa,* in «Estudos em Honra do Prof. Doutor Inocêncio Galvão Telles», Vol. I, Direito Privado e Vária, Almedina, Coimbra, 2002.

– *Tratado de Direito Civil Português, I, Tomo III, Parte Geral. Pessoas,* Almedina, Coimbra, 2004.

CORDEIRO, António Menezes/Manuel Carneiro da FRADA; *Da inadmissibilidade da recusa de ratificação por venire contra factum proprium,* Anotação ao Acórdão da Relação do Porto de 18 de Novembro de 1993, sep. «O Direito», Ano 126, III-IV, Lisboa, 1994.

CORNU, Gérard; *Droit Civil, La Famille,* Précis Domat, Ed. Montchrestien, Paris, 1984.

– *La procréation artificielle et les structures de la parenté,* «Revista da Ordem dos Advogados», Ano 46, Lisboa, Setembro de 1986.

CORREIA, Clara Pinto; *O essencial sobre os "bebés-proveta",* Imprensa Nacional-Casa da Moeda, Lisboa, 1986.

CORREIA, Eduardo Henrique da Silva; *A Teoria do Concurso em Direito Criminal. I- Unidade e pluralidade de infracções. II- Caso julgado e poderes de cognição do juiz,* Colecção Teses, Almedina, Coimbra, 1996.

CORREIA, Fernando Alves; *O plano urbanístico e o princípio da igualdade,* Colecção Teses, Almedina, Coimbra, 1989.

CORREIA, José M. Sérvulo; *Legalidade e Autonomia Contratual nos Contratos Administrativos,* Colecção Teses, Almedina, Coimbra, 1987.

– *Introdução ao Direito da Saúde,* in «Direito da Saúde e Bioética», Lex, Lisboa, 1991.

CORTE-REAL, Francisco/Duarte Nuno VIEIRA/Ascenção, REBELO; *Temas de Medicina Legal,* IML, Coimbra, 1998.

CORTINA, Adela; *Razón comunicativa y responsabilidad solidaria,* Sígueme, Salamanca, 1985.

COSTA, António Manuel de Almeida; *Aborto e Direito Penal. Algumas considerações a propósito do novo regime de interrupção voluntária da gravidez,* «Revista da Ordem dos Advogados», Ano 44, Lisboa, Dezembro de 1984.

– *A criminalização do aborto,* «Brotéria», Vol. 141, n.º 5, Lisboa, Novembro de 1995.

COSTA, António Pereira; *Dos animais (o Direito e os Direitos),* Coimbra Editora, Coimbra, 1998.

COSTA, J. M. M. Cardoso da; *Genética e pessoa humana - Notas para uma perspectiva jurídica,* «Revista da Ordem dos Advogados», Ano 51, Lisboa, Julho de 1991.

COSTA, José de Faria; *O valor do silêncio do legislador penal,* in «Transplantações», Colóquio Interdisciplinar, Centro de Direito Biomédico da Faculdade de Direito da Universidade de Coimbra, Coimbra, 1993.

– *Direito Penal, a Informática e Reserva da Vida Privada,* in «Direito Penal da Comunicação. Alguns escritos», Coimbra Editora, Coimbra, 1998.

– *Anotação ao artigo 139.º,* in «Comentário Conimbricense do Código Penal. Parte Especial», Coord. Jorge de Figueiredo Dias, Tomo I, Coimbra Editora, Coimbra, 1999.

COSTA, J. Pinto da; *Interferência do Consentimento Informado no Aspecto Técnico-científico do Exercício da Medicina,* in «O Consentimento Informado», Actas do I Seminário do Conselho Nacional de Ética para as Ciências da Vida, 30-31 de Março de 1992, Presidência do Conselho de Ministros, Imprensa Nacional-Casa da Moeda, Lisboa, 1995.

Bibliografia 695

– *Perícia médico-legal no diagnóstico da tóxico-dependência*, «Revista do Ministério Público», Ano 18.°, n.° 72, Lisboa, Outubro-Dezembro de 1997.

COSTA, Maria Isabel; *O estabelecimento da filiação. A investigação forense e a prova judicial da filiação biológica*, pol., Intervenção proferida no IML em 13 de Abril de 2000.

COSTA, Mário Júlio de Almeida; *Cláusulas de inalienabilidade*, sep. «Revista de Legislação e de Jurisprudência», n.° 3812-3815, Coimbra Editora, Coimbra, 1992.

– *Nótula sobre o regime das cláusulas contratuais gerais após a revisão do diploma que instituiu a sua disciplina*, «Direito e Justiça», Vol. XI, Tomo 2, Universidade Católica Editora, Lisboa, 1997.

– *Contrato-promessa. Uma síntese do regime vigente*, Almedina, Coimbra, 2001.

– *Direito das Obrigações*, Almedina, Coimbra, 2001.

– *Noções Fundamentais de Direito Civil*, Almedina, Coimbra, 2001.

CRAIG, W. / A. CASPI / J. MCCLAY / J. MILL / J. MARTIN / A. TAYLOR / R. POULTON; *Role of genotype in the cycle of violence in maltreated children*, «Science», 297, 2002.

CRUZ, Guilherme Braga da; *Direitos de Família, Vol. I, Constituição do Estado de Casado*, Coimbra Editora, Coimbra, 1942.

– *Regimes de bens do casamento. Disposições gerais. Anteprojecto de um capítulo do novo Código Civil (articulado e exposição de motivos)*, «Boletim do Ministério da Justiça», n.° 53, Lisboa, 1956.

– *O problema do regime matrimonial de bens supletivos no novo Código Civil Português*, «Boletim do Ministério da Justiça», n.° 53, Lisboa, 1956.

– *Capacidade patrimonial dos cônjuges. Anteprojecto dum Título do futuro Código Civil (articulado e exposição dos motivos)*, «Boletim do Ministério da Justiça», n.° 69, Lisboa, 1957.

CUNHA, Paulo; *Teoria Geral da Relação Jurídica*, Vol. I, Lições Policopiadas, Lisboa, 1960.

– *Teoria Geral de Direito Civil*, Lisboa, 1971-1972.

CUNHA, Jorge Teixeira da; *Bioética Breve*, Paulus Editora, Apelação, 2002.

CUNHA, J.M. Damião da; *Anotação aos artigos 140.° e 283.°*, in «Comentário Conimbricense do Código Penal. Parte Especial», Coord. Jorge de Figueiredo Dias, Tomo I, Coimbra Editora, Coimbra, 1999.

CUNHA, Paulo; *Teoria Geral de Direito Civil*, Lisboa, 1971-1972.

CUPIS, Adriano de; *I diritti della personalità*, in «Trattato de Diritto Civile e Commerciale», IV, Giuffrè Editore, Milano, 1982.

CUYÁS S.J., Manuel; *Perspectivas históricas e actuais para uma ética da vida*, «Brotéria», Vol. 135, n.° 4, Lisboa, Outubro de 1992.

DAMÁSIO, António; *O Erro de Descartes - Emoção, Razão e Cérebro Humano*, Publicações Europa-América, Mem Martins, 1995.

– *O Sentimento de Si. O Corpo, a Emoção e a Neurobiologia da Consciência*, Publicações Europa-América, Mem Martins, 2000.

DARWIN, C.; *The origin of species by means of natural selection*, John Murray, London, 1859.

DAVID, A. / M.G. LEROUX / M.T. PASCAL / O. HERBERT / J.P. MOISAN; *Non-paternity and genetic counselling*, «Lancet», 340, 1992.

DAWKINS, Richard; *The blind watchmaker*, Longman, Essex, 1986.

696 *Direito do Genoma Humano*

DAWSON, K.; *Segmentation and moral status in vivo and in vitro: a scientific perspective,* «Journal of Medical Ethics», 13, 1987.

– *River out of Eden,* Weidenfeld and Nicholson, London, 1995.

DEMENET, Philippe; *Ils cultivent les graines de bébé,* «La vie», n.° 2485, 15 avril 1993.

DESCARTES; *Discours de la Méthode,* Flammarion, Paris, 1966.

– *Oeuvres philosophique,* VI, T. II, Garnier, Paris, 1973.

DIAS, João Álvaro; *Breves considerações em torno da natureza da responsabilidade civil médica,* «Revista Portuguesa do Dano Corporal», Ano II, n.° 3, Coimbra, 1993.

– *Responsabilidade, informação, consentimento e confidencialidade,* «Revista Portuguesa do Dano Corporal», Ano II, n.° 4, Coimbra, 1994.

– *Culpa Médica: algumas ideias-força,* «Revista Portuguesa do Dano Corporal», Ano IV, n.° 5, Coimbra, 1995.

– *Procriação assistida e Responsabilidade Médica,* Stvdia Ivridica, 21, Coimbra Editora, Coimbra, 1996.

– *Procriação medicamente assistida, dignidade e vida,* in «Ab uno ad omnes», Coord. Antunes Varela/D. Freitas do Amaral/Jorge Miranda/J. J. Gomes Canotilho, Coimbra Editora, Coimbra, 1998.

– *Dano corporal. Quadro epistemológico e aspectos ressarcitórios,* Colecção Teses, Almedina, Coimbra, 2001.

DIAS, J. Figueiredo; *O problema da Ortotanásia: Introdução à sua Consideração Jurídica,* in «As técnicas modernas de reanimação; conceito de morte; aspectos médicos, teológicos, morais e jurídicos», Conselho Distrital do Porto da Ordem dos Advogados, Porto, 1973.

– *Direito Processual Penal,* Coimbra Editora, Coimbra, 1981.

– *Os novos rumos da política criminal e o direito penal português do futuro,* «Revista da Ordem dos Advogados», Ano 43, Lisboa, Janeiro-Abril de 1983.

– *O Problema da Consciência da Ilicitude em Direito Penal,* Coimbra Editora, Coimbra, 1987.

– *Direito Processual Penal,* (Ed. Polic. das Lições por M. J. ANTUNES), Coimbra, 1988-1989.

– *As consequências jurídicas do crime,* Editorial Notícias, Lisboa, 1993.

– *Anotação aos artigos 131.° e seguintes e 142.°,* in «Comentário Conimbricense do Código Penal. Parte Especial», Coord. Jorge de Figueiredo Dias, Tomo I, Coimbra Editora, Coimbra, 1999.

– *Sobre a inimputabilidade jurídico-penal em razão de anomalia psíquica: a caminho de um novo paradigma?,* in «Temas Básicos da Doutrina Penal, sobre a Doutrina Geral do Crime», Coimbra Editora, Coimbra, 2001.

DIAS, J. Figueiredo/J. Sinde MONTEIRO; *Responsabilidade médica em Portugal,* «Boletim do Ministério da Justiça», n.° 332, Lisboa, 1984.

– *Medical Responsability in Western Europe,* Ed. E. Deutsch/H. C. Schreiber, Springer Verlag, 1985.

DICKMAN, S./P. ALDHOUS; *Helping Europe compete in human genome research,* «Nature», 350, 1991.

DILLON, Karen; *Paradox of Rape Cases: DNA Convicts,* Frees, The Kansas City Star, 13/3/1993.

Bibliografia 697

DINIS, Joaquim de Sousa; *Procriação Assistida: Questões Jurídicas*, «Colectânea de Jurisprudência», Ano XVIII, Tomo IV, 1993.

DOLTO, F.; *Génétique, Procréation et Droit*, in «Acte du Colloque», Actes Sud, Paris, 1985.

DORFF, Elliot N.; *Review of recent work in Jewish Bioethics*, in «Bioethics Yearbook. Theological Developments in Bioethics», 1992-1994, Coord. B. Andrew Lustig, Vol. 5, Kluwer Academic Publishers, Boston, 1997.

DORIA, Giovanni; *Autonomia privata e "causa" familiare, gli accordi translativi tra coniugi in occasione della separazione personale e del divorzio*, Dott. A. Giuffrè Editore, Milano, 1966.

DRAY, Guilherme/Pedro Romano MARTÍNEZ/Luís Miguel MONTEIRO/Joana VASCONCELOS/ Pedro Madeira de BRITO/Luís Gonçalves da SILVA; *Código de Trabalho Anotado*, Almedina, Coimbra, 2004.

DUARTE, Mária de Fátima Abrantes; *O Poder Paternal. Contributo para o Estudo do seu Actual Regime*, A. A. F. D. L., Lisboa, 1989.

DUARTE, Rui Pinto, *Tipicidade e atipicidade dos contratos*, Colecção Teses, Almedina, Coimbra, 2000.

DUFFY, P. / D. LLOYD / A. CAMPBELL; *Treatment dilemmas in neonatal care: who should survive and who should decide?*, «Annals of the New York Academy of Sciences», 530, 1988.

DULBECCO, Renato; *A turning point in cancer research: sequencing the human genome*, «Science», 231, 1986.
– *Ingegneri della vita*, Sperling & Kupfer, Milano, 1988.
– *The Italian genome project*, «Genomics», 7, 1990.
– *Human genome project: Italian contribution. Future directions*, «Journal of Cell Physiology», 173, 1997.

DURFY S.J.; *Human Genome Project*, «Canadian Journal of Public Health», 81, 1990

DWORKIN, Ronald; *Life's Dominion. An argument about abortion and euthanasia*, HarperCollins, London, 1993.

ECCLES, J./K. POPPER; *L'io e il suo cervello*, Armando, Roma, 1982.

EDELMAN, Bernard; *L'Homme, la nature et le Droit*, Christian Bourgois, Paris, 1988.
– *L'Homme aux cellules d'or*, «Recueil Dalloz Sirey», Paris, 1989.
– *La personne en danger*, Presses Universitaires de France, Paris, 1999.

EDGES, Richard; *Bioethics, Health Care and the Law. A Dictionary*, ABC-CLIO, Santa Barbara, California, 1999.

EDWARDS, Robert G.; *Maturation in vitro of human ovarian oocytes*, «The Lancet», 2, 1965.
– *The pre-embryo saga*, in «Medical Law-Text and Materials», Butterworth's, London, 1989.

EIBACH, Ulrich/Martin GMEINDL; *Heredity, gene therapy and religion,* in «The future of DNA», Kluwer Academic Publishers, Netherlands, London, 1996.

ELIZARI, Francisco Javier; *Praxis Cristiana*, Vol. 2, Paulinas, Madrid, 1981.
– *Questões de Bioética. Vida em Qualidade*, Ed. Perpétuo Socorro, Porto, 1996.

ENGELHARDT, H. Tristan; *The foundations of bioethics*, Oxford University Press, New York, 1986.

ENGLISH, A.; *Treating adolescents: legal and ethical considerations*, «Med. Clin. North Ann», 74, (5), 1990.

698   *Direito do Genoma Humano*

Epifânio, Rui/António Farinha; *Organização tutelar de menores, Contributo para uma visão interdisciplinar do direito de menores e de família*, Almedina, Coimbra, 1997.

Eser, Albin; *Genética humana. Aspectos jurídicos e sócio-políticos*, «Revista Portuguesa de Ciência Criminal», Ano 2.º, Coimbra Editora, Coimbra, Janeiro-Março de 1992.

Estal, Gabriel del; *Derecho a la vida y institución familiar*, Eapsa, Madrid, 1979.

Estorninho, Maria João; *Princípio da Legalidade e Contratos da Administração*, sep. «Boletim do Ministério da Justiça», n.º 368, Lisboa, 1987.

– *Requiem pelo Contrato Administrativo*, Almedina, Coimbra, 1990.

– *A fuga para o Direito Privado. Contributo para o estudo da actividade de direito privado da Adminstração Pública*, Colecção Teses, Almedina, Coimbra, 1999.

Evett, Ian/Peter Gill/Pavel L. Ivanov/Colin Kimpton/Romelle Piercy/Nicola Benson/ Gillian Tully/Erika Hagelberg/Kevin Sullivan; *Identification of the remains of the Romanov family by DNA analysis*, «Nature Genetics», 6, 1994.

Ewald, François; *L'État-Providence*, Grasset, 1986.

Fagot-Largeault, A. / Geneviève Delaisi de Parseval; *Les droits de l'embryon (fœtus) humain et la notion de personne humaine potentielle*, «Revue de métaphysique et de morale», n.º 3, 1987.

– *Qu'est-ce qu'un embryon*, «Esprit», Juin 1989.

Faria, Jorge Leite Ribeiro de; *Direito das Obrigações*, Vol. I, Almedina, Coimbra, 2001.

– *Direito das Obrigações*, Vol. II, Almedina, Coimbra, 2001.

Faria, Maria Paula Ribeiro de; *Aspectos jurídico-penais dos transplantes*, Universidade Católica Editora, Porto, 1995.

– *Os transplantes de órgãos*, Edições Asa, Porto, 1995.

– *"A lei do sangue" - ou o conflito entre o respeito pela autonomia da pessoa e a defesa da vida e da integridade física*, «Direito e Justiça», Vol. XII, Tomo I, Universidade Católica Editora, Lisboa, 1998.

– *Anotação aos artigos 142.º a 148.º*, in «Comentário Conimbricense do Código Penal. Parte Especial», Coord. Jorge de Figueiredo Dias, Tomo I, Coimbra Editora, Coimbra, 1999.

– *Colheita de órgãos e de tecidos de dadores vivos para fins de transplante - Comentário*, in «Direitos do Homem e Biomedicina», Instituto de Bioética, U.C.P., Universidade Católica Editora, Lisboa, 2003.

Faria, Paula Lobato de; *A protecção jurídica de dados médicos informatizados*, in «Direito da Saúde e Bioética», Lex, Lisboa, 1991.

Farinha, António/Rui Epifânio; *Organização tutelar de menores-contributo para uma visão interdisciplinar do direito de menores e de família*, Almedina, Coimbra, 1997.

Feder, T.; *Germany to launch new gene programme*, «Nature», 375, 1995.

Feinberg, J., *The child's right to open future. Whose child? Children's rights, parental authority and state power*, William Aiken and Hugh LaFollette Editors, Littlefield, Adams & Co., Totowa, N. J., 1980.

Fellous, Michèle; *Écographie, personne, foetus*, in «Biomédecine et devenir de la personne», Coord. Simone Novaès, Éd. du Seuil, Paris, 1991.

Fernandes, António Monteiro; *Direito do Trabalho*, Almedina, Coimbra, 2003.

Fernandes, Luís Carvalho; *Teoria Geral do Direito Civil*, Vol. II, A.A.F.D.L., Lisboa, 1983.

– *Da Sucessão dos Parentes Ilegítimos*, dissertação no Curso Complementar de Ciências Jurídicas, Coimbra, 1963.

– Erro na Declaração, sep. «O Direito», Ano 120, I-II, Lisboa, 1988.
– A Conversão dos Negócios Jurídicos Civis, Dissertação de Doutoramento, Quid Iuris, Lisboa, 1993.
– As Pessoas Colectivas em geral e no Direito Privado, in «Dicionário Jurídico da Administração Pública», Vol. VI, Lisboa, 1994.
– Teoria Geral do Direito Civil, Vol. I, Lex, Lisboa, 1995.
– Teoria Geral do Direito Civil, Vol. II, Lex, Lisboa, 1996.
– Lições de Direito das Sucessões, Quid Juris, Lisboa, 2001.
– Teoria Geral do Direito Civil, I, Introdução. Pressupostos da Relação Jurídica, Universidade Católica Editora, Lisboa, 2001.
– Teoria Geral do Direito Civil, II, Fontes, conteúdo e garantia da relação jurídica, Universidade Católica Editora, Lisboa, 2001.
– A definição de morte – transplantes e outras utilizações do cadáver, «Direito e Justiça», Vol. XVI, Tomo 2, Universidade Católica Editora, Lisboa, 2002.
– Simulação e Tutela de Terceiros, in «Estudos sobre a Simulação», Quid Iuris, Lisboa, 2004.
FERRARA, Francesco; *Trattato di Diritto Civil Italiano,* Vol. I, Roma, 1921.
FERREIRA, João Pratas; *Procriação Artificial Humana. Perspectiva Médica. Situação em Portugal,* «Revista Jurídica da Faculdade de Direito da Universidade de Lisboa», n.ºs 11 e 12, Janeiro-Junho de 1989.
FIORI, A.; *I polimorfismi del DNA, nuove frontiere e problemi del laboratorio medico-legale,* «Riv. Ita. Med. Leg.», X, 1988.
FISCHER, Ronald; *The genetical theory of natural selection,* Oxford University Press, Oxford, 1930.
FLETCHER, J.C.; *Four indicators of human hood: the enquiry matures,* 4, (6), Hastings Center Report, 1974.
– Ethical issues in and beyond prospective clinical trials of human gene therapy, «Journal of Medicine and Philosophy», 10, 1985.
– Ética y genética humana una vez cartografiado el genoma humano, in «Proyecto Genoma Humano: Ética», Fundación BBV, Bilbao, 1991.
FLETCHER, J.C. / D C. WERTZ; *Ethics and prenatal diagnosis: past, present and future,* in «Prenatal diagnosis and screenings», Churchill Livingstone, Edimburgh, 1990.
FLORES, Francisco Moita; *Histórias e factos da Criminalidade Feminina,* Editorial Polemos, Lisboa, s/d.
FONTENAY, Élisabeth De; *La raison du plus fort,* in «Trois Traités pour les animaux», pol., Paris, 1992.
FRACALOSSI, José Antônio; *Amor X Conhecimento: inter-relação ético-conceitual em Max Scheler,* EDIPUCRS, Porto Alegre, 1994.
FRADA, Manuel A. Carneiro da; *Contrato e Deveres de Protecção,* Almedina, Coimbra, 1994.
– Uma «Terceira Via» no Direito da Responsabilidade Civil?, Almedina, Coimbra, 1997.
– A responsabilidade objectiva por facto de outrem face à distinção entre responsabilidade obrigacional e aquiliana, sep. «Direito e Justiça», Vol. XII, Tomo I, Universidade Católica Editora, Lisboa, 1998.

700   *Direito do Genoma Humano*

– *Vinho novo em odres velhos?* A *responsabilidade civil das "operadoras de Internet" e a doutrina comum da imputação de danos*, sep. da «Revista da Ordem dos Advogados», Ano 59, Lisboa, Abril de 1999.

– *Teoria da Confiança e Responsabilidade Civil*, Colecção Teses, Almedina, Coimbra, 2004.

FRADA, A. Manuel Carneiro da/António Menezes CORDEIRO; *Da inadmissibilidade da recusa de ratificação por venire contra factum proprium*, Anotação ao Acórdão da Relação do Porto de 18 de Novembro de 1993, sep. «O Direito», Ano 126, III-IV, Lisboa, 1994.

FRADA, Manuel Carneiro da/José de Oliveira ASCENSÃO; *Contrato celebrado por agente de pessoa colectiva. Representação, responsabilidade e enriquecimento sem causa*, sep. «Revista de Direito e Economia», Universidade de Coimbra, Coimbra, 1990-1993.

FRANÇA, Genival Veloso de; *O Direito Médico*, Fundo editorial Byk-Procienx, São Paulo, 1976.

FRANCK, R.; *La signification différente attachée à la filiation par le sang en droit allemand et français de la famille*, «Revue Internationale de Droit Comparé», 1993.

FRANCO, António de Sousa; *Prefácio*, in «Vida e Direito-Reflexões sobre um Referendo», Principia, Cascais, 1998.

FRANCO, António de Sousa/Guilherme d' Oliveira MARTINS; *A Constituição Económica Portuguesa. Ensaio Interpretativo*, Almedina, Coimbra, 1993.

FRANCOEUR, Robert; *Evolving World, Converging Man,* Holt Rinehart. Winston, New York, 1970.

– *Utopian Motherhood,* A. S. Barnes, New York, 1972.

FREEMAN, D.; *Margaret Mead and Samoa: the Making and Unmaking of an Anthropological Myth*, MA, Harvard University Press, Cambridge, 1983.

– *Frans Boas and the flower of heaven*, Penguin, London, 1997.

FREITAS, Falcão de; *O consentimento informado enquadrado no tema global da decisão médica*, in «O Consentimento Informado», Actas do I Seminário do Conselho Nacional de Ética para as Ciências da Vida, 30-31 de Março de 1992, Presidência do Conselho de Ministros, Imprensa Nacional-Casa da Moeda, Lisboa, 1995.

FREUD, Sigmund; *Essais de psychanalyse*, Payot, Paris, 1951.

FRYDMAN, René; *La médecine et l'embryon*, Éditions Odile Jacob, Paris, 1997.

FUNDER, C.; *Constitutional Principle and the Establishment of the Legal Relationship between the Child and the Non-Marital Father: A Study in Germany, the Netherlands and England*, «Inter. Journal of Law and the Family», 1993.

GABRIEL, W. / S. MEDNICK / B. HUTCHINGS; *Genetic influences in criminal convictions: evidence from an adoption cohort*, «Science», 224, 1984.

GABRIEL, W. / S. MEDNICK / B. HUTCHINGS; *Genetic factors in the etiology of criminal behaviour*, in «The causes of crime, new biological approaches», S. MEDNICK/T. MOFFITT & S. STACK (Eds.), Cambridge University Press, Cambridge, 1987.

GAFO, J.; *El hombre ante la alternativa de la manipulación de su propia biología*, Sal Terrae, 67, 1979.

– *Problemas éticos del Proyecto Genoma Humano*, in «Ética y Biotecnología», Universidad Pontificia Comillas, Madrid, 1993.

GALAS, D. / F.S. COLLINS; *A new five-years plan for the U.S. Human Genome Project*, «Science», 262, 1993.

GALLOUX, J.C.; *L'empreinte génétique: la preuve parfaite?*, «Semaine Juridique», 1, 3497, 1991.

GALTON, Francis; *A Nova Atlântida*, Minerva, Lisboa, 1976.

GAMBIER, T.; *La défense des droits de la personne dans la recherche modernes des preuves en procédure pénale française*, «Droit Pénal», n.º 12, Ed. Techniques, décembre 1992.

GERMOND, Marc; *Promulgation of laws and regulations affecting medically assisted procreation in Switzerland is on the way* - Focus in Reproduction, 1993.

GEVAERT, J.; *Il problema dell'uomo*, LDC, Lewmann, Turim, 1984.

GILL, Peter / Pavel L. IVANOV / Colin KIMPTON / Romelle PIERCY / Nicola BENSON / Gillian TULLY / Ian EVETT / Erika HAGELBERG / Kevin SULLIVAN; *Identification of the remains of the Romanov family by DNA analysis*, «Nature Genetics», 6, 1994.

GILSON, Étienne; *Discours de la Méthode. Introduction et notes*, Vrin, Paris, 1976.

GLASS, Kathleen Cranley; *Challenging the Paradigm: Stored Tissue Samples and Access to Genetic Information*, in «The Human DNA: Law and Policy», International and Comparative Perspectives, Ed. Bartha Maria Knoppers, Kluwer Law International, The Hague, London, Boston, 1997.

GLOVER, Jonathan; *What sort of people should there be?*, Penguin Books, Middlesex, England, 1984.
– *Mapping the human genome: some implications. Mapping our genes contractor reports*, Vol. 1, National Technical Information Service, Springfield, V. A., 1988.

GLOVER, William Kevin; *Artificial insemination among human beings*, Washington, 1948.

GMEINDL, Martin / Ulrich EIBACH; *Heredity, gene therapy and religion,* in «The future of DNA», Kluwer Academic Publishers, Netherlands, London, 1996.

GOBERT, Michelle; *Les incidences juridiques des progrès des sciences biologiques et médicale sur le droit des personnes,* in «Actes du Colloque Génétique, Procréation et Droit», Actes Sud, Paris, 1985.
– *Réflexions sur les sources du Droit et les principes d'indisponibilité du corps humain et de l'état des personnes,* «Revue Trimestriel de Droit Civil», 3, Paris, 1992.

GOBRY, Ivan; *Un crime: l'avortement*, Nouvelles Éd. Latines, Paris, 1970.

GOLDENRING, J.; *The brain-life theory: towards a consistent biological definition of humanness,* «Journal of Medical Ethics», 11, 1985.

GOMES, Carla Amado; *Defesa da Saúde Pública vs. Liberdade Individual - Casos da vida de um médico de saúde pública*, A.A.F.D.L., Lisboa, 1999.

GOMES, Manuel Januário da Costa; *Em tema de revogação do mandato civil*, Almedina, Coimbra, 1989.

GOMES, Orlando; *Direito da Família*, Ed. Forense, Rio de Janeiro, 1977.

GONÇALVES, Luis Couto; *Função disitintiva da marca*, Colecção Teses, Almedina, Coimbra, 1999.

GONÇALVES, Nilo Jorge Rodrigues; *Estudo Médico-legal da Fertilização "in vitro"*, Faculdade de Ciências Médicas da U.E.R.J., Rio de Janeiro, 1988.

GOULD, Stephen Jay; *Le sourire du flamant rose*, Éd. du Seuil, Paris, 1988.

GOUVEIA, Jorge Bacelar de; *Os direitos fundamentais à protecção de dados pessoais informatizados,* sep. «Revista da Ordem dos Advogados», Lisboa, Dezembro de 1991.
– *A protecção de dados informatizados e o fenómeno religioso em Portugal*, «Revista da Faculdade de Direito da Universidade de Lisboa», Lisboa, 1993.

702   *Direito do Genoma Humano*

– *A Declaração Universal dos Direitos do Homem e a Constituição Portuguesa*, in «Ab uno ad omnes», Coord. Antunes Varela/D. Freitas do Amaral/Jorge Miranda/J.J. Gomes Canotilho, Coimbra Editora, Coimbra, 1998.

– *O Estado de Excepção no Direito Constitucional*, Colecção Teses, Almedina, Coimbra, 1999.

GOYRI, Victor; *Genética Humana y Derecho a la Vida Privada*, in «Genética Humana y Derecho a la Intimidad», Universidad Nacional Autónoma de México, México, 1995.

GRACIA, Diego; *Historia de la Eugenesia*, in «Consejo Genético: Aspectos biomédicos e implicaciones éticas», Universidad Pontificia Comillas de Madrid, Madrid, 1995.

GREEN, Ronald M.; *Justice and the Claims of Future Generations*, in «Justice and Health Care», Shelf, Earl ed., Reidel, Dordrecht, 1981.

GROPALLI, Alessandro; *Introdução ao Estudo do Direito*, trad. de Manuel de Alarcão, Coimbra Editora, Coimbra, 1978.

GRUBB, A. / I. KENNEDY; *Medical Law: text and materials*, Butterworth's, London, 1989.

GUISÁN, Esperanza; *Introducción a la Ética*, Ediciones Cátedra, Madrid, 1995.

HABERMAS, Jungen; *De l'éthique de la discussion*, Éd. du Cerf, Paris, 1992.

HAGELBERG, E. / A.J. JEFFREYS / M.J. ALLEN / A. SONNBERG; *Identification of the skeletal remains of Josef Mengele by DNA analysis*, «Forensic Sci. Int.», 56, 1992.

HAGELBERG, Erika / Peter GILL / Pavel L. IVANOV / Colin KIMPTON / Romelle PIERCY / Nicola BENSON / Gillian TULLY / Ian EVETT / Kevin SULLIVAN; *Identification of the remains of the Romanov family by DNA analysis*, «Nature Genetics», 6, 1994.

HALACY JR., D.S.; *A Revolução Genética. Modelando a vida de amanhã*, Editora Cultrix, São Paulo, 1976.

HALEEM, M.A.S. Abdel; *Medical ethics in Islam*, in «Choices and decisions in health care», Coord. Andrew Grubb/Wiley, New York, 1993.

HÄRING, Bernard; *Medicina e Moral no Século XX*, Verbo, Lisboa, 1974.

– *New dimensions of responsible parenthood*, «Theological Studies», 37, 1976.

HARLOW, H.F. / M.K. HARLOW / S.J. SUOMI; *From thought to therapy: lessons from a primate laboratory*, «American Scientist», 59, 1971.

HARLOW, M.K. / H.F. HARLOW / S.J. SUOMI; *From thought to therapy: lessons from a primate laboratory*, «American Scientist», 59, 1971.

HAVE, Henk Ten; *Ethical dimension of the genome project. Geneticization and the sociocultural impact of genetic information*, in «Poderes e Limites da Genética», Actas do IV Seminário do Conselho Nacional de Ética para as Ciências da Vida, 17-18 de Novembro de 1997, Presidência do Conselho de Ministros, Lisboa, 1998.

HEANEY, S.J.; Aquinas and the Presence of the Human Soul in the Early Embryo, «The Tomist», 56, 1992.

HEDGES, Richard; *Bioethics, Health Care, and the Law. A Dictionary*, Contemporary Legal Issues, ABC-CLIO, California, 1999.

HEGEL; *Principes de la Philosophie du Droit*, Gallimard, Paris, 1940.

HEIDEGGER, Martin; *Lettre sur l'humanisme*, Aubier, Paris, 1964.

HERBERT, O. / M.G. LEROUX / M.T. PASCAL / A. DAVID / J.P. MOISAN; *Non-paternity and genetic counselling*, «Lancet», 340, 1992.

HERMITTE, Marie-Angèle; *L'embryon aléatoire*, in «Le Magasin des enfants», Coord. Jacques Testart, François Bourin, Paris, 1990.

HERRANZ, G., *Ética de las intervenciones sobre el embrión preimplantado*, «Anuario Filosófico», XXVII, 1994.

HESPANHA, A. M.; *Panorama histórico da cultura jurídica europeia*, Publicações Europa-América, Mem Martins, 1997.

HIRSCH, E.; *Médecine et Éthique. Le devoir d'humanité*, Cerf, Paris, 1990.

HOLDER, A.; *Minors's right to consent to medical care*, «JAMA», 275, (24), 1987.

HOLLEAUX, G.; *De la filiation en droit allemand, suisse et français*, Cujas, Paris, 1966.

HOLMES, O.W.; *The path of Law*, «The Holmes Reader», Oceania, New York, 1955.

HÖRSTER, Heinrich Ewald; *A Parte Geral do Código Civil Português. Teoria Geral do Direito Civil*, Almedina, Coimbra, 1992.

– *Consentimento – Comentário*, in «Direitos do Homem e Biomedicina», Instituto de Bioética, U.C.P., Universidade Católica Editora, Lisboa, 2003.

HOTTOIS, Gilbert; *Pour une éthique dans un univers technicien*, Ed. de l' Université de Bruxelles, Bruxelles, 1984.

HUET, Sylvestre; *Bioéthique: Faut-il une loi?*, «Sciences et Avenir», n.º 526, Paris, décembre 1990.

HUNTINGTON, George; *On chorea*, «Medical and Surgical Reporter», 26, 1872.

HUTCHINGS, B./S. MEDNICK/W. GABRIEL; *Genetic influences in criminal convictions: evidence from an adoption cohort*, «Science», 224, 1984.

HUTCHINGS, B./S. MEDNICK/W. GABRIEL; *Genetic factors in the etiology of criminal behaviour*, in «The causes of crime, new biological approaches», S. MEDNICK/T. MOFFITT & S. STACK (Eds.), Cambridge University Press, Cambridge, 1987.

HUXLEY, ALDOUS; *Admirável Mundo Novo*, Ed. «Livros do Brasil» Lisboa, n.º 25, Lisboa, 1957.

ISAMBERT, François-André; *Aux sources de la Bioéthique*, in «Le Débat», n.º 25, Mai, 1983.

IVANOV, Pavel L. / Peter GILL / Colin KIMPTON / Romelle PIERCY / Nicola BENSON / Gillian TULLY / Ian EVETT / Erika HAGELBERG / Kevin SULLIVAN; *Identification of the remains of the Romanov family by DNA analysis*, «Nature Genetics», 6, 1994.

JACOB, François; *La Logique du Vivant*, Gallimard, Paris, 1970.

– *La souris, la mouche et l'homme*, Éditions Odile Jacob, Paris, 1997.

JACQUARD, Albert; *Les hommes et leurs gènes*, Flammarion, Paris, 1964.

– *O Elogio da Diferença. A Genética e os Homens*, Publicações Europa-América, Mem-Martins, D. L. 1989.

JAMETON, A.L./A.R. JONSEN/A. LYNCH; *Medical ethics, history of north America in the twentieth century*, in «Encyclopaedia of Bioethics», Coord. Warren T. Reich, The Free Press, New York, 1978.

JAYARAMAN, K. S.; *Indian takes French route to genome project*, «Nature», 386, 1997.

JEFFREYS, A.J. / M.J. ALLEN / E. HAGELBERG, A. SONNBERG; *Identification of the skeletal remains of Josef Mengele by DNA analysis*, «Forensic Sci. Int.», 56, 1992.

JEFFREYS, A.J. / V. WILSON / S. L. THEIN; *Hyper variable minisatellite regions in human DNA*, «Nature», 314, 1985.

– *Individual-specific fingerprints of human DNA*, «Nature», 316, 1985.

JOÃO XXIII; *Discorsi, messagi; colloqui del S. Padre Giovanni XXIII*, Vols. 1-5, Tipografia Poliglotta Vaticana, Città del Vaticano, 1967.

JONAS, Hans; *Le principe responsabilité. Une éthique pour la civilisation technologique*, trad. de Jean Greisch, Le Cerf., Paris, 1995.

704 *Direito do Genoma Humano*

JONES, D. G.; *Brain birth and personal identity*, «Journal of Medical Ethics», 15, 1989.

JONES, Steve; *A Linguagem dos Genes: Biologia, História, Evolução*, Difusão Cultural, Lisboa, 1995.

JONSEN, A.R./A.L. JAMETON/A. LYNCH; *Medical ethics, history of north America in the twentieth century*, in «Encyclopaedia of Bioethics», Coord. Warren T. Reich, The Free Press, New York, 1978.

JORDAN, Bertrand; *Les Cartes du Génome Humain*, «La Recherche», n.° 216, décembre 1989.

JOYCE, Gerald; *L'évolution moléculaire dirigée*, «Pour la Science», n.° 184, Février 1993.

JUDSON, Horace; *The eight day of creation*, Jonathan Cape, London, 1979.

JUNG, Carl Gustav; *A dinâmica do inconsciente*, Vol. VIII, Ed. Vozes, Petrópolis, 1998.

JUNKERMAN, C. / D. SCHIEDERMAYER; *Practical ethics for resident physicians: a short reference manual*, M.C.W., Wisconsin, 1993.

KAHN, Alex; *La médicine du XXe siècle. Des gènes et des hommes*, Bayard Éditions, Paris, 1996.

KAHN, P.; *Germany warily maps genome project*, «Science», 268, 1995.
– *German genome program. The right mix of form and function*, «Science», 273, 1996.

KAHN, T.J./L. WALTERS; *Bibliography of Bioethics*, Vol. 17, Kennedy Institute of Ethics, Washington, 1991.

KANDEL, E./S. MEDNICK; *Genetic and prenatal factors in violence*, in «Biological contributions to crime causation», S. MEDNICK/T. MOFFITT & S. STACK (Eds.), Nato ASI series, Netherlands, 1988.

KANT, Immanuel; *Fondements de la métaphysique des moeurs*, Delagrave, Paris, 1952.
– *Crítica da Razão Pura*, trad. de Manuela Pinto dos Santos e Alexandre Fradique Morujão, Fundação Calouste Gulbenkian, Lisboa, 1985.
– *Crítica da Razão Prática*, trad. de Artur Morão, Edições 70, Lisboa, 1986.
– *Métaphysique des moeurs*, in «Oeuvres philosophiques», T. III, Gallimard, La Pléiade, Paris, 1986.

KAUFMAN, S.R./BARNARD, N.D.; *Animal Research is Wasteful and Misleading*, «Scientific American», 276, (2), February 1997.

KEEFER, Christopher M.; *Bridging the gap between life insurer and consumer in the genetic testing era: the rf proposal*, «Indiana Law Journal», 74, 1375, Fall, 1999.

KELSEN, Hans; *Teoria Pura do Direito*, trad. de Baptista Machado, Arménio Amado, Coimbra, 1976.

KENNEDY, I./A. GRUBB; *Medical Law: text and materials*, Butterworth's, London, 1989.

KIMPTON, Colin / Peter GILL / Pavel L. IVANOV / Romelle PIERCY / Nicola BENSON / Gillian TULLY / Ian EVETT / Erika HAGELBERG / Kevin SULLIVAN; *Identification of the remains of the Romanov family by DNA analysis*, «Nature Genetics», 6, 1994.

KIRBY, M.; *Looking forward, looking back*, «Medical Journal of Australia», 168, 1998.

KNUDTSON, P.; *Genética. Conflictos entre la Ingeniería Genética y los valores humanos*, trad. de J. Sanmarín/M. Vicedo, Tecnos, Madrid, 1991.

KNUDTSON, Meter/David SUZUKI; *Conflictos entre la ingeniería genética y los valores humanos*, Editorial Tecnos, SA, Madrid, 1991.

KOECHLIN, Florianne; *The genetification of our culture*, in «The future of DNA», Kluwer Academic Publishers, Netherlands, London, 1996

Bibliografia

KOKKONEN, Paula; *Informed consent. A nordic perspective*, in «O Consentimento Informado», Actas do I Seminário do Conselho Nacional de Ética para as Ciências da Vida, 30-31 de Março de 1992, Presidência do Conselho de Ministros, Imprensa Nacional-Casa da Moeda, Lisboa, 1995.

KRAKHOFER, Gabriela/Fátima PINHO/R. Branca MONTEIRO/Maria NETO; *Segurança, higiene e saúde nas indústrias de calçado*, in «IV Congresso Nacional de Saúde Ocupacional», org. da Faculdade de Medicina da Universidade do Porto, pol., Póvoa de Varzim, 29-31 de Outubro de 2002.

KUNG, Hans; *Proyecto de Ética Mundial*, Trotta, Madrid, 1991.

LABBÉE, Xavier; *Condition juridique du corps humain avant la naissance et après la mort*, Presses Universitaires de Lille, Lille, 1990.

LABESCAT, João; *Saúde, privacidade e informática - uma breve abordagem*, «Revista da Ordem dos Médicos», n.ºs 26-27, Julho-Agosto de 1996.

LABRUSSE-RIOU, Catherine/Jean Louis BAUDOUIN; *Produire l'homme. De quel Droit?*, Presses Universitaires de France, Paris, 1987.

LACADENA, Juan Ramón; *El Proyecto Genoma Humano y sus derivaciones*, in «Ética y Biotecnología», Universidad Pontificia Comillas, Madrid, 1993.

LADRIÈRE, Paul; *Personne humaine potentielle et procréation*, in «Éthique et biologie», Cahiers STS, Ed. du CNRS, n.º 11, 1986.

LANDER, E. S.; *DNA fingerprinting on trial*, «Nature», 339, 1989.

LANTOS, J. D./S. H. MILES; *Autonomy in adolescent medicine*, «J. Adolescent Health Care», 10, 1989.

LARENZ, Karl; *Derecho Justo. Fundamentos de Ética Jurídica*, trad. de L. Díez-Picazo, Civitas, Madrid, 1985.

LATORRE, Angel; *Introdução ao Direito*, trad. de Manuel de Alarcão, Coimbra, 1978.

LEITÃO, José; *O consentimento informado nos ensaios clínicos*, in «O Consentimento Informado», Actas do I Seminário do Conselho Nacional de Ética para as Ciências da Vida, 30-31 de Março de 1992, Presidência do Conselho de Ministros, Imprensa Nacional-Casa da Moeda, Lisboa, 1995.

LEITÃO, Luís Manuel Menezes; *Código do Trabalho Anotado*, Almedina, Coimbra, 2003.
– *Direito das Obrigações, Vol. I, Introdução. Da Constituição das Obrigações*, Almedina, Coimbra, 2006.
– *Direito das Obrigações, Vol. II, Transmissão e Extinção das Obrigações. Não cumprimento e Garantias de Crédito*, Almedina, Coimbra, 2006.
– *Direito das Obrigações, Vol. III, Contratos em Especial*, Almedina, Coimbra, 2006.
– *Garantias das Obrigações*, Almedina, Coimbra, 2006.
– *Temas Laborais - Estudos e Pareceres*, Almedina, Coimbra, 2006.

LEITE, Jorge; *Direito do Trabalho*, Serviço de Textos dos Serviços de Acção Social da Universidade de Coimbra, Coimbra, 1998.

LENOIR, F.; *Le temps de la responsabilité*, Fayard, Paris, 1990.

LENOIR, Noelle; *Aux frontières de la vie, Rapport au Premier Ministre*, T. I, La Documentation Française, Paris, 1991.

LEROI-GOURHAN, André; *Le geste et la parole*, in «La mémoire et les rythmes», T. II, Albin Michel, 1965.

LEROUX, M.G. / M.T. PASCAL / O. HERBERT / A. DAVID / J.P. MOISAN; *Non-paternity and genetic counselling*, «Lancet», 340, 1992.

706 *Direito do Genoma Humano*

LEVINE, R.J.; *Ethics and regulation of clinical research*, Urban & Schwarzenberg, Baltimore, 1986.

LÉVI-STRAUS, C.; *Structures élémentaires de la parenté*, E. Hess, Paris, 1967.

LEVITIN, C.; *Russia approves gene therapy research grants*, «Nature», 379, 1996.

LEWIN, R.; *Proposal to sequence the human genome stirs debate*, «Science», 232, 1986.

LI, Y. K.; *China launches genome project*, «Nature», 365, 1993.

LIMA, Madalena; *Transplantes, relevância jurídico-penal*, Almedina, Coimbra, 1996.

LINDEC, M.S./D. NELKIN; *The DNA mystique: the gene as a cultural icon*, New York, 1995.

LIPPMAN, A./K. MESSING/F. MAYER; *Is genome mapping the way to improve Canadian's health?*, «Canadian Journal of Public Health», 81, 1990.

LLEWLLYN, Karl; *The Bramble Bush: On Our Law and its Study*, New York, 1930.

LLOYD, D./P. DUFFY/A. CAMPBELL; *Treatment dilemmas in neonatal care: who should survive and who should decide?*, «Annals of the New York Academy of Sciences», 530, 1988.

LLOYD, Ger; *Hippocratic writings*, Penguin, London, 1983.

LLUSIA, José Botella; prólogo do livro *Derecho a la vida y institución familiar*, de GABRIEL DEL ESTAL, Eapsa, Madrid, 1979.

LOCK, M.; *Interrogating the Human Genome Diversity Project*, «Science and Medicine», 39, 1994.

LOCKE, John; *An Essay Concerning Human Understanding*, J. M. Dent, London, 1977.

LODER, Bronwer; *El genoma humano y el contrato de seguro*, in «El Derecho ante el Proyecto Genoma Humano», Vol. III, Fundación BBV con la colaboración de Universidad de Deusto y Excma. Disputación Foral de Bizkaia, Bilbao, 1994.

LOPEZ, Angeles; *Presupuestos bioéticos y biojurídicos para una crítica a la ley española sobre técnicas de reproducción asistida*, «O Direito», Ano 121, IV, Lisboa, Outubro-Dezembro de 1989.

LORDA/CANTALEJO; *La capacidad de los menores para tomar decisiones sanitarias: un problema ético y jurídico*, «Esp. Pediatr.», 53 (2), 1997.

LORENTE, J.A. / M. LORENTE / E. VILLANUEVA; *La Medicina clínica ante los indicios biológicos criminales y la identificación genética*, «Medicina Clínica», 102, 1994.

LORENTE, J.A. / M. LORENTE / E. VILLANUEVA; *Science and Conscience: regulations or guidelines for forensic haemogenetics?*, «Advances in Forensic Haemogenetics», 6, 1996.

LORENTE, M. / J.A. LORENTE / E. VILLANUEVA; *La Medicina clínica ante los indicios biológicos criminales y la identificación genética*, «Medicina Clínica», 102, 1994.

LORENTE, M. / J.A. LORENTE / E. VILLANUEVA; *Science and Conscience: regulations or guidelines for forensic haemogenetics?*, «Advances in Forensic Haemogenetics», 6, 1996.

LÚCIO, Álvaro Laborinho; *A genética e a pessoa. O direito à identidade*, «Revista do Ministério Público», Ano 22.°, n.° 88, Lisboa, Outubro-Dezembro de 2001.

LUÍS, A. SALLES; *Medicina predizente*, in «Poderes e Limites da Genética», Actas do IV Seminário do Conselho Nacional de Ética para as Ciências da Vida, 17-18 de Novembro de 1997, Presidência do Conselho de Ministros, Lisboa, 1998.

LUÑO, A.E. PÉREZ; *Derechos Humanos, Estado de Derecho y Constitución*, Tecnos, Madrid, 1986.

Bibliografia 707

LUÑO, A. Rodriguez/R. López MONDÉJAR; *La Fecundación in vitro*, Ediciones Palabra, Madrid, 1986.

LUPTON, D.; *Medicine as culture. Illness, disease and the body in western societies*, Sage Publications, London, 1994.

LURQUIN; *Traité de l'expertise en toutes matières*, t. I, n.º 72, Bruxelles, 1985.

LUSKY, L.; *Invasion of Privacy: a Clarification of Concepts*, «Law Review», n.º 72, Columbia, 1971.

LUSTIG, B. Andrew; *Recent trends in theological bioethics*, in «Bioethics Yearbook. Theological Developments in Bioethics», 1992-1994, Coord. B. Andrew Lustig, Vol. 5, Kluwer Academic Publishers, Boston, 1997.

LYNCH, A./A.R. JONSEN/A.L. JAMETON; *Medical ethics, history of north America in the twentieth century*, in «Encyclopaedia of Bioethics», Coord. Warren T. Reich, The Free Press, New York, 1978.

MACHADO, João Baptista; *Introdução ao Direito e ao Discurso Legitimador*, Almedina, Coimbra, 1999.

– *Âmbito de Eficácia e Âmbito de Competência das Leis*, Colecção Teses, Almedina, Coimbra, 1999.

MACHADO, Joaquim Pinto; Prefácio ao livro «A Ética e o Direito no Início da Vida Humana», Colectânea Bioética Hoje III, Serviço de Bioética e Ética Médica, Faculdade de Medicina da Universidade do Porto, Gráfica de Coimbra, Coimbra, 2001.

– *Problemas éticos relativos à reprodução/procriação medicamente assistida*, in «Novos Desafios à Bioética», Coord. Luís Archer/Jorge Biscaia/Walter Osswald/Michel Renaud, Porto Editora, Porto, 2001.

– *Colheita de órgãos e de tecidos de dadores vivos*, in «Direitos do Homem e Biomedicina», Instituto de Bioética, U.C.P., Universidade Católica Editora, Lisboa, 2003.

MACHADO, Jónatas E.M.; *Pré-compreensões na disciplina jurídica do fenómeno religioso*, sep. do Vol. LXVIII do «Boletim da Faculdade de Direito da Universidade de Coimbra», Coimbra, 1992.

– *A Constituição e os Movimentos Religiosos Minoritários*, sep. do Vol. LXXII do «Boletim da Faculdade de Direito da Universidade de Coimbra», Coimbra, 1996.

– *Liberdade de expressão. Dimensões constitucionais da esfera pública no sistema social*, Stvdia Ivridica, 65, Coimbra Editora, Coimbra, 2002.

MACHADO, Jónatas / J.J. Gomes CANOTILHO; *Bens culturais, propriedade privada e liberdade religiosa*, sep. «Revista do Ministério Público», Ano 16.º, n.º 64, Lisboa, Outubro-Dezembro de 1995.

MACIA, Borreli; *La Persona Humana*, Bosch, Barcelona, 1954.

MACINTYRE, S./A. SOOMON; *Non-paternity prenatal genetic screening*, «Lancet», 338, 1991.

MADIOT, Y.; *Droits de l'homme*, Masson, Paris, 1991.

MAGALHÃES S. J., Vasco Pinto de; *A pessoa humana*, in «Bioética», Coord. Luís Archer/ Jorge Biscaia/Walter Osswald, Editorial Verbo, Lisboa-São Paulo, 1996.

MALDONADO, J.; *La condición jurídica del nasciturus en el Derecho Español*, Madrid, 1946.

MALHERBE, J.; *Médecine et Droit Moderne*, Masson Éd., Paris, 1969.

MANN, C. C.; *Behavioural genetics in transition*, «Science» 264, 1994.

708   Direito do Genoma Humano

MANTOVANI, Fernando; *I trapianti e la sperimentazione umana nel diritto italiano e straniero*, Cedam, Pádua, 1974.

– *Problemi penali delle manipolazioni genetiche*, «Rivista italiana di Diritto e procedura penale», 1986.

– *Genetics of criminal and antisocial behaviour. Proceedings of a symposium*, 14-16 February 1995, Ciba Found Symp, 194, London, 1996.

MARCEL, Gabriel; *Être et avoir*, Aubier, Paris, 1935.

– *Du refus à l'invocation*, Gallimard, Paris, 1940.

MARI, M.; *Per um chiarimento delle diverse prospettive etiche sottese alla Bioetica*, Angeli, Milano, 1990.

MARINHO, Josaphat; *Os direitos da personalidade no Projecto do novo Código Civil Brasileiro*, in «Temas de Direito da Medicina», Coimbra Editora, Coimbra, 1999.

MARITAIN, J.; *Neuf leçons sur les notions premières de la philosophie morale*, Té qui, Paris, 1951.

– *I diritti dell' uomo e la legge naturale*, Vita e Pensiero, Milano, 1977.

– *Metafisica e morale*, in «Ragione e ragioni», Vita e Pensiero, Milano, 1982.

MARQUES, João Paulo Remédio; *Algumas notas sobre alimentos (devidos a menores) versus o direito de assistência dos pais para com os filhos (em especial filhos menores)*, Centro de Direito da Família da Faculdade de Direito da Universidade de Coimbra, Coimbra Editora, Coimbra, 2000.

– *Patentes de genes humanos?*, Centro de Direito Biomédico da Faculdade de Direito da Universidade de Coimbra, Coimbra Editora, Coimbra, 2001.

MARQUES, José Dias; *Teoria Geral da Relação Jurídica*, pol., A. A. F. D. L., Lisboa, 1955.

– *Teoria Geral do Direito Civil*, Vol. I, Coimbra Editora, Coimbra, 1958.

– *Teoria Geral do Direito Civil*, Vol. II, Coimbra Editora, Coimbra, 1959.

– *Noções elementares de Direito Civil*, Lisboa, 1973.

– *Introdução ao Estudo do Direito*, Danúbio, 1986.

MARSHALL, V. S./J. A. THOMSON/M. A. WAKNITZ/J. J. SWIERGIEL; *Embryonic stem cell lines derived from human blastocists*, «Science», 282, 1998.

MARTIN, J./A. CASPI/J. MCCLAY/J. MILL/W. CRAIG/A. TAYLOR/R. POULTON; *Role of genotype in the cycle of violence in maltreated children*, «Science», 297, 2002.

MARTIN, Raymond; *Personne et Sujet de Droit*, «Revue de Droit Civil», LXXIX, Paris, 1981.

MARTINEZ, Jaime Vidal; *Las nuevas formas de reproducción humana*, Madrid, 1988.

MARTÍNEZ, Pedro Romano; *O Subcontrato*, Almedina, Coimbra, 1989.

– *Contrato de empreitada*, in «Direito das Obrigações», Vol. III, Contratos em Especial, Org. António Menezes Cordeiro, A.A.F.D.L., Lisboa, 1991.

– *Os novos horizontes do direito do trabalho*, «III Congresso Nacional de Direito do Trabalho-Memórias», Coord. António José Moreira, Almedina, Coimbra, 2001.

– *Cumprimento defeituoso em especial na compra e venda e na empreitada*, Colecção Teses, Almedina, Coimbra, 2001.

– *Direito das Obrigações (Parte Especial)*, Almedina, Coimbra, 2001.

– *Direito do Trabalho*, Almedina, Coimbra, 2002.

– *Considerações Gerais sobre o Código do Trabalho*, «Revista de Direito e de Estudos Sociais», Ano XLIV, n.ºs 1 e 2, Verbo, Lisboa, Janeiro-Junho de 2003.

Balanço de um encontro. Aspectos cruciais em debate, in «Código do Trabalho. Alguns aspectos cruciais», Faculdade de Direito da Universidade Católica Portuguesa, Gabinete de Estudos do Trabalho, Principia, Cascais, 2003.

MARTÍNEZ, Pedro Romano/Joana VASCONCELOS; *Vício na formação do contrato, interpretação do negócio jurídico, condição resolutiva e incumprimento contratual*, «Revista de Direito e de Estudos Sociais», Ano XLIV, n.ºs 1 e 2, Verbo, Lisboa, Janeiro-Junho de 2003.

MARTÍNEZ, Pedro Romano/Luís Miguel MONTEIRO/Joana VASCONCELOS/Pedro Madeira de BRITO/Guilherme DRAY/Luís Gonçalves da SILVA; *Código de Trabalho Anotado*, Almedina, Coimbra, 2004.

MARTÍNEZ, Pedro Soares; *Textos de Filosofia do Direito*, Almedina, Coimbra, 1993.

– *Filosofia do Direito*, Almedina, Coimbra, 1995.

MARTINS, António Carvalho; *Bioética e Diagnóstico Pré-Natal (aspectos jurídicos)*, Coimbra Editora, Coimbra, 1996.

MARTINS, Fernando António Maymone; *Contribuição para a revisão do sistema de saúde em Portugal*, «Brotéria», Vol. 143, n.º 5, Lisboa, Novembro de 1996.

MARTINS, Guilherme d' Oliveira/António de Sousa FRANCO; *A Constituição Económica Portuguesa. Ensaio Interpretativo*, Almedina, Coimbra, 1993.

MARTINS, Henrique Sousa; *Responsabilidade Civil dos obrigados à vigilância da pessoa naturalmente incapaz*, Universidade Católica Editora, Lisboa, 2000.

MARX, Karl; *Contribution à la critique de l'économie politique*, Éd. Sociales, 1977.

– *Le Capital*, I, trad. de Jean Pierre Lefebvre, Éd. Sociales, 1983.

MATEO, Ramón Martín; *Bioética y Derecho*, Barcelona, 1987.

MATHIEU, Bertrand; *Génome Humain et Droits Fondamentaux*, Presses Universitaires D'Aix-Marseille, Economica, Paris, 2000.

MAURON, Alex; *L'établissement de la carte du génome humain et les choix pour la société: Les politiques de recherche, Bioéthique et Pouvoirs*, «Jal. Inter. Bioéth.», Vol. 4, n.º 2, 1993.

MAUSS, Marcel; *Sociologie et anthropologie*, Presses Universitaires de France, Paris, 1991.

MAYER, F./K. MESSING/A. LIPPMAN; *Is genome mapping the way to improve Canadian's health?*, «Canadian Journal of Public Health», 81, 1990.

MCCLAY, J./A. CASPI/J. MILL/J. MARTIN/W. CRAIG/A. TAYLOR/R. POULTON; *Role of genotype in the cycle of violence in maltreated children*, «Science», 297, 2002.

MCGOURTY, C.; *A new direction for Hugo*, «Nature», 342, 1989.

MCKIE, R. / W. BODMER; *The book of man*, Little, Brown, London, 1994.

MCLAREN, Anne; *Ethical and Social Considerations of Stem Cell Research*, «Nature», 414, 2001.

MEDEIROS, Rui de; *Estrutura e âmbito da acção para o reconhecimento de um direito ou interesse legalmente protegido*, sep. «Revista de Direito e de Estudos Sociais», Ano XXXI, n.ºs 1 e 2, Verbo, Lisboa, 1989.

– *Ensaio sobre a responsabilidade civil do Estado por actos legislativos*, Almedina, Coimbra, 1992.

– *A Decisão de Inconstitucionalidade. Os Autores, o Conteúdo e os Efeitos da Decisão de Inconstitucionalidade da Lei*, Universidade Católica Editora, Lisboa, 1999.

MEDNICK, S. / E. KANDEL; *Genetic and prenatal factors in violence*, in «Biological contributions to crime causation», S. MEDNICK/T. MOFFITT & S. STACK (Eds.), Nato ASI series, Netherlands, 1988.

710 *Direito do Genoma Humano*

MEDNICK, S./W. GABRIEL/B. HUTCHINGS; *Genetic influences in criminal convictions: evidence from an adoption cohort*, «Science», 224, 1984.

MEDNICK, S. / W. GABRIEL / B. HUTCHINGS; *Genetic factors in the etiology of criminal behaviour*, in «The causes of crime, new biological approaches», S. MEDNICK/T. MOFFITT & S. STACK (Eds.), Cambridge University Press, Cambridge, 1987.

MELDEN, A. I.; *Human rights*, Wandsworth Publ. Co., Belmont, 1970.

MELO, João Queiroz e; *Interferência do Consentimento Informado no Aspecto Técnico-científico do Exercício da Medicina*, in «O Consentimento Informado», Actas do I Seminário do Conselho Nacional de Ética para as Ciências da Vida, 30-31 de Março de 1992, Presidência do Conselho de Ministros, Imprensa Nacional-Casa da Moeda, Lisboa, 1995.

MELO, Helena; *Aspectos éticos e jurídicos do diagnóstico pré-natal de doenças de manifestação tardia*, in «Poderes e Limites da Genética», Actas do IV Seminário do Conselho Nacional de Ética para as Ciências da Vida, 17-18 de Novembro de 1997, Presidência do Conselho de Ministros, Lisboa, 1998.

– *Problemas jurídicos suscitados pela inseminação artificial com recurso a dador de gâmetas*, in «Genética e Reprodução Humana», Colectânea Bioética Hoje I, Coord. Rui Nunes/Helena Melo, Serviço de Bioética e Ética Médica, Faculdade de Medicina da Universidade do Porto, Gráfica de Coimbra, Coimbra, 2000.

– *O embrião e o Direito*, in «A Ética e o Direito no Início da Vida Humana», Colectânea Bioética Hoje III, Serviço de Bioética e Ética Médica, Faculdade de Medicina da Universidade do Porto, Gráfica de Coimbra, Coimbra, 2001.

MENDES, João de Castro; *Teoria Geral do Direito Civil*, Vol. I, A. A. F. D. L., Lisboa, 1978.

MENDES, João de Castro/Miguel Teixeira de SOUSA; *Direito da Família*, Ed. Revis., A. A. F. D. L., Lisboa, 1991.

MESQUITA, Manuel Henrique; *Obrigações reais e ónus reais*, Colecção Teses, Almedina, Coimbra, 2000.

MERLEAU-PONTY, M.; *La struttura del comportamento*, Bompiani, Milano, 1963.

– *Fenomenologia della percezione*, Il Saggiatore, Milano, 1965.

MESSINEO, F.; *Manuale di diritto civile e commerciale*, I, Dott, A. Giuffrè, Milano, 1957.

MESSING, K./F. MAYER/A. LIPPMAN; *Is genome mapping the way to improve Canadian's health?*, «Canadian Journal of Public Health», 81, 1990.

MEULDERS-KLEIN, Marie Thérèse; *Le droit de disposer de soi-même*, in «Licéité en droit positif et références légales aux valeurs», Bruylant, Bruxelles, 1982.

– *Le droit de l'enfant face au droit à l'enfant et les procréations médicalement assistées*, «Revue Trimestriel de Droit Civil», 4, Paris, 1988.

– *Vie privée et vie familiale*, «Revue Internationale de Droit Comparé», 4, Paris, 1992.

MIDDLETON, Peter/Peter MINY/Nick BLITZ; *Genetic disabilities - predictive diagnosis, gene therapy and communal care*, in «The future of DNA», Kluwer Academic Publishers, Netherlands, London, 1996.

MIETH, D.; *Ética teológica e bioética*, Concilium, Maio, 1989.

MIGNAULT, Pierre Basile; *Droit Civil Canadien*, t. 2., Théoret, Montréal, 1996.

MILES, S. H./J. D. LANTOS; *Autonomy in adolescent medicine*, «J. Adolescent Health Care», 10, 1989.

MILHAUD, Alain; *Testament de vie*, Ed. Bernard Barrault, 1988.

MILL, J. / A. CASPI / J. MCCLAY / J. MARTIN / W. CRAIG / A. TAYLOR / R. POULTON; *Role of genotype in the cycle of violence in maltreated children*, «Science», 297, 2002.

MINY, Peter/Nick BLITZ/Peter MIDDLETON; *Genetic disabilities - predictive diagnosis, gene therapy and communal care*, in «The future of DNA», Kluwer Academic Publishers, Netherlands, London, 1996.

MIRALLES, Angela Aparisi; *El Proyecto Genoma Humano: algunas reflexiones sobre sus relaciones con el Derecho*, Universidad de Valencia, Tirant lo Blanch, Valencia, 1997.

MIRANDA, Jorge; *Liberdade de trabalho e profissão*, «Revista de Direito e de Estudos Sociais», Ano XXX, Verbo, Lisboa, 1988.

– *Contributo para uma Teoria da Inconstitucionalidade*, Coimbra Editora, Coimbra, 1996.

– *La dignité de la personne comme principe constitutionnel dans les constitutions portugaise et frnaçaise*, in «Perspectivas Constitucionais. Nos 20 anos da Constituição de 1976», Org. Jorge Miranda, Vol. I, Coimbra Editora, Coimbra, 1996.

– *Sobre a reserva constitucional da função legislativa*, in «Perspectivas Constitucionais. Nos 20 anos da Constituição de 1976», Org. Jorge Miranda, Vol. II, Coimbra Editora, Coimbra, 1997.

– *Manual de Direito Constitucional, Tomo III, Estrutura Constitucional do Estado*, Coimbra Editora, Coimbra, 1998.

– *A Constituição e a dignidade da pessoa humana*, «Didaskalia», n.º 29, Revista da Faculdade de Teologia, Lisboa, 1999.

– *Sobre a Carta dos Direitos Fundamentais da União Europeia. Parecer breve*, «Revista da Faculdade de Direito da Universidade de Lisboa», Lisboa, 2000.

– *Manual de Direito Constitucional, Tomo II, Constituição*, Coimbra Editora, Coimbra, 2000.

– *Manual de Direito Constitucional, Tomo IV, Direitos Fundamentais*, Coimbra Editora, Coimbra, 2000.

– *Manual de Direito Constitucional, Tomo V, Actividade Constitucional do Estado*, Coimbra Editora, Coimbra, 2000.

– *O Constiucionalismo liberal luso-americano*, Comissão Nacional para as Comemorações dos Descobrimentos Portugueses (Outras Margens), Lisboa, 2001.

– *Manual de Direito Constitucional, Tomo I, Preliminares - O Estado e os Sistemas Constitucionais*, Coimbra Editora, Coimbra, 2003.

MOISAN, J. P./M. G. LEROUX/M. T. PASCAL/O. HERBERT/A. DAVID; *Non-paternity and genetic counselling*, «Lancet», 340, 1992.

MONCADA, Cabral de; *Lições de Direito Civil, Parte Geral*, 1931-1932, Vol. I, Vol. II, Atlântida Livraria Editora, Coimbra, 1932.

– *Filosofia do Direito e do Estado*, I, Arménio Amado, Coimbra, 1955.

MONDÉJAR, R. López/A. Rodriguez LUÑO; *La Fecundación in vitro*, Ediciones Palabra, Madrid, 1986.

MONIZ, Helena; *Notas sobre a protecção de dados pessoais perante a informática (O caso especial dos dados pessoais relativos à saúde)*, «Revista Portuguesa de Ciência Criminal», Ano 7.º, Coimbra Editora, Coimbra, 1997.

– *Os problemas jurídico-penais da criação de uma base de dados genéticos para fins criminais,*), «Revista Portuguesa de Ciência Criminal», Ano 12.º, Coimbra Editora, Coimbra, 2002.

712 *Direito do Genoma Humano*

Monod, J.; Le hasard et la nécessité, Seuil, Paris, 1970.

Monteiro, António Pinto; *Cláusulas limitativas e de exclusão de responsabilidade civil,* sep. do Vol. XXVIII do Suplemento ao «Boletim da Faculdade de Direito da Universidade de Coimbra», Coimbra, 1985.

– *Contratos de adesão. O regime jurídico das cláusulas contratuais gerais instituído pelo Decreto-Lei n.º 446/85, de 25 de Outubro,* sep. «Revista da Ordem dos Advogados», Ano 46, Lisboa, 1986.

– *Cláusula penal e indemnização,* Colecção Teses, Almedina, Coimbra, 1999.

– *Sobre a reparação de danos morais,* «Revista Portuguesa do Dano Corporal», n.º 1, Coimbra, 1992.

– *O novo regime jurídico dos contratos de adesão – Cláusulas contratuais gerais,* «Revista da Ordem dos Advogados», Ano 62, Lisboa, Janeiro de 2002.

– *Erro e vinculação negocial,* Almedina, Coimbra, 2002.

Monteiro, Jorge F. Sinde; *Análise económica do Direito,* «Boletim da Faculdade de Direito da Universidade de Coimbra», Vol. LVII, Coimbra, 1981.

– *Estudos sobre a responsabilidade civil,* Almedina, Coimbra, 1983.

– *Responsabilidade por Conselhos, Recomendações ou Informações,* Colecção Teses, Almedina, Coimbra, 1989.

– *Aspectos particulares da responsabilidade médica,* in «Direito da Saúde e Bioética», Lex, Lisboa, 1991.

– *Genome analysis and civil culpability in Portugal,* in «Genome Analysis. Legal Rules. Practical Applications», Reports of the Workshop 11th - 14th June 1992, Almedina, Coimbra, 1994.

Monteiro, J. Sinde / J. Figueiredo DIAS; *Responsabilidade médica em Portugal,* «Boletim do Ministério da Justiça», n.º 332, 1984.

– *Medical Responsability in Western Europe,* Ed. E. Deutsch/H. C. Schreiber, Springer Verlag, 1985.

Monteiro, Luís Miguel/Pedro Romano Martínez / Joana Vasconcelos / Pedro Madeira de Brito / Guilherme Dray / Luís Gonçalves da Silva; *Código de Trabalho Anotado,* Almedina, Coimbra, 2004.

Monteiro, R. Branca/Fátima Pinho/Gabriela Krakhofer/Maria Neto; *Segurança, higiene e saúde nas indústrias de calçado,* in «IV Congresso Nacional de Saúde Ocupacional», org. da Faculdade de Medicina da Universidade do Porto, pol., Póvoa de Varzim, 29-31 de Outubro de 2002.

Montesquieu; *Del espírito de las leyes,* trad. de Blásquez/P. de Vega, Tecnos, Madrid, 1987.

Moraczewski, Albert S.; *The human genome Project and the Catholic Church,* «Journal International de Bioéthique», n.º 4, Vol. 2, Editions Alexandre Lacassagne/Editions Techniques, Lyon, Paris, décembre 1991.

Morais, Carlos Blanco de; *Liberdade religiosa e direito de informação - o direito de antena das confissões religiosas e o serviço público de televisão,* in «Perspectivas Constitucionais. Nos 20 anos da Constituição de 1976», Org. Jorge Miranda, Vol. II, Coimbra Editora, Coimbra, 1997.

Moreira, Vital /J.J. Gomes Canotilho; *Constituição da República Portuguesa Anotada,* Coimbra Editora, Coimbra, 1993.

MORETTI, Jean Marie/Olivier DINECHIN; *O Desafio da Genética*, trad. de Luis Almeida Campos, Editorial Notícias, Lisboa, 1988.

MORIN, Edgar; *Science avec conscience*, Arthemé Fayard, Paris, 1982.

MOROUX, J.; *Sens chrétien de l'homme*, Aubier, Paris, 1945.

MOUNIER, Emmanuel; *Le Personnalisme*, Presses Universitaires de France, Paris, 1992.

MOURA, José Souto de; *O diagnóstico pré-natal*, «Revista Portuguesa de Ciência Criminal», Ano 4.º, Coimbra Editora, Coimbra, 1994.

– *Acesso à filiação, procriação medicamente assistida e filiações enxertadas*, «Revista do Ministério Público», Ano 19.º, n.º 73, Lisboa, Janeiro-Março de 1998.

MÜLLER, Hans Jakob; *The role of genetic disposition in human health and disease - bioethical aspects of DNA testing*, in «The future of DNA», Kluwer Academic Publishers, Netherlands, London, 1996.

MURRAY, T. H.; *Genetics and the Moral Mission of Health Insurance*, «Hasting Center Report», 22, n.º 6, 1992.

NABAIS, José Casalta; *Algumas reflexões críticas sobre os direitos fundamentais*, in «Ab uno ad omnes», Coord. Antunes Varela/D. Freitas do Amaral/Jorge Miranda/J. J. Gomes Canotilho, Coimbra Editora, Coimbra, 1998.

– *O dever fundamental de pagar impostos*, Colecção Teses, Almedina, Coimbra, 1998.

NAU, Jean-Yves; La féminité peut-elle être mise en cartes génétiques?, «Le Monde», 28 janvier 1992.

NEIRINK, Claire; *De la Bioéthique au Bio-Droit*, Librairie Générale de Droit et de Jurisprudence, Paris, 1994.

NELKIN, D./M. S. LINDEC; *The DNA mystique: the gene as a cultural icon*, New York, 1995.

NERI, Demetrio; *Problemas Bioéticos da Medicina baseada nos genes*, in «Genética humana. A hora do legislador», Coord. Jorge Moreira da Silva, Debates, Resposta Global, Cabográfica, 2002.

NERSON, Roger; *L'influence de la biologie et de la médecine moderne sur le droit civil*, «Revue Trimestriel de Droit Civil», 4, Paris, 1970.

NETO, F. Amaral; *A autonomia privada como princípio fundamental da ordem jurídica. Perspectivas estrutural e funcional*, in «Estudos em Homenagem ao Prof. Doutor Ferrer Correia», II, Coimbra Editora, Coimbra, 1989.

NETO, Maria/Fátima PINHO/Gabriela KRAKHOFER/R. Branca MONTEIRO; *Segurança, higiene e saúde nas indústrias de calçado*, in «IV Congresso Nacional de Saúde Ocupacional», org. da Faculdade de Medicina da Universidade do Porto, pol., Póvoa de Varzim, 29-31 de Outubro de 2002.

NEVES, António Castanheira; *Justiça e Direito*, sep. do Vol. LI do «Boletim da Faculdade de Direito da Universidade de Coimbra», Coimbra, 1976.

– *Metodologia Jurídica. Problemas Fundamentais*, «Boletim da Faculdade de Direito da Universidade de Coimbra», *Stvdia Ivridica*, Coimbra Editora, Coimbra, 1993.

– *Digesta*, Coimbra Editora, Coimbra, 1995.

NEVES, Joaquim Carreira das; *A Justiça dos Homens e a Justiça de Deus*, sep. «Itinerarium», Anos X e XI, n.º 46 e 48, Braga, 1965.

NEVES, Maria do Céu Patrão Neves; *Autonomia e responsabilidade da pessoa*, in «Poderes e Limites da Genética», Actas do IV Seminário do Conselho Nacional de Ética para as Ciências da Vida, 17-18 de Novembro de 1997, Presidência do Conselho de Ministros, Lisboa, 1998.

714 *Direito do Genoma Humano*

– *Os progressos da genética: um desafio para a reflexão ética*, «Brotéria», Vol. 148, n.º 2, Lisboa, Fevereiro de 1999.

– *A teorização da bioética*, in «Comissões de Ética. Das bases teóricas à actividade quotidiana», Coord. Maria do Céu Patrão Neves, Centro de Estudos de Bioética, Pólo Açores, Gráfica de Coimbra, Coimbra, 2002.

– *O genoma e a identidade da pessoa*, in «Genoma e Dignidade Humana», Coord. Rui Nunes/Helena Melo/Cristina Nunes, Serviço de Bioética e Ética Médica, Faculdade de Medicina da Universidade do Porto, Gráfica de Coimbra, Coimbra, 2002.

NEVES, M. Patrão/Daniel SERRÃO; *A institucionalização da bioética*, in «Comissões de Ética. Das bases teóricas à actividade quotidiana», Coord. Maria do Céu Patrão Neves, Centro de Estudos de Bioética, Pólo Açores, Gráfica de Coimbra, Coimbra, 2002.

NEWMAN, E. Louis; *Jewish theology and bioethics*, «The Journal of Medicine and Philosophy», 17, 1992.

NIETZSCHE, Friedrich; *La volontà di potenza*, Aforisma, Milano, 1927.

– *Par-delà le bien et le mal*, ed. U.G.E., Paris, 1973.

NOGUEIRA, Cláudia de Almeida; *O exame de DNA e as Acções de Investigação de Paternidade*, in «Temas de Direito Privado», Coord. J. M. Leoni Lopes de Oliveira, Editora Lumen Juris, Rio de Janeiro, 2001.

NORMAN, C.; *Maine case deals blow to DNA fingerprinting*, «Science», 246, 1989.

NORMILE, D.; *Is Japan a step behind on genome?*, «Science», 269, 1995.

– *Japan centres in on genome work*, «Science», 278, 1997.

NUNES, Rui; *Dimensões éticas da terapia génica*, in «Poderes e Limites da Genética», Actas do IV Seminário do Conselho Nacional de Ética para as Ciências da Vida, 17-18 de Novembro de 1997, Presidência do Conselho de Ministros, Lisboa, 1998.

– *O diagnóstico pré-natal da doença genética*, in «Genética e Reprodução Humana», Colectânea Bioética Hoje I, Coord. Rui Nunes/Helena Melo, Serviço de Bioética e Ética Médica, Faculdade de Medicina da Universidade do Porto, Gráfica de Coimbra, Coimbra, 2000.

– *A natureza do embrião humano*, «Humanística e Teologia», Ano 21, n.º 1, Faculdade de Teologia da Universidade Católica Portuguesa, Porto, Janeiro-Abril de 2000.

– *Artigo 4.º. Obrigações profissionais e regras de conduta*, in «Direitos do Homem e Biomedicina», Instituto de Bioética, U.C.P., Universidade Católica Editora, Lisboa, 2003.

– *Regulação da Saúde*, Vida Económica, Porto, 2005.

OLIVECRONA, Karl; *El derecho como hecho*, trad. de Luis Lopez Guerra, Barcelona, 1980.

OLIVEIRA, Guilherme Freire Falcão de; *O estabelecimento da filiação: mudança recente e perspectivas*, in «Temas de Direito da Família», Almedina, Coimbra, 1986.

– *Aspectos jurídicos da procriação assistida*, «Revista da Ordem dos Advogados», Ano 49, Lisboa, Dezembro de 1989.

– *Mãe há só (uma) duas! O contrato de gestação*, Argumentum 2, Coimbra Editora, Coimbra, 1992.

– *Legislar sobre Procriação Assistida*, Centro de Direito Biomédico da Faculdade de Direito da Universidade de Coimbra, Coimbra, 1993.

– *O fim da «arte silenciosa»*, «Revista de Legislação e de Jurisprudência», Ano 128, n.ºˢ 3852 e 3853, Julho e Agosto de 1995.

Bibliografia 715

– *Estrutura jurídica do acto médico, consentimento informado e responsabilidade civil da equipa de saúde ou do médico*, in «O Consentimento Informado», Actas do I Seminário do Conselho Nacional de Ética para as Ciências da Vida, 30-31 de Março de 1992, Presidência do Conselho de Ministros, Imprensa Nacional-Casa da Moeda, Lisboa, 1995.

– *Estabelecimento da Filiação*, Almedina, Coimbra, 1997.

– *Direito Biomédico e Investigação Clínica*, «Revista de Legislação e de Jurisprudência», Ano 130, n.ᵒˢ 3881, 3882, Coimbra Editora, Coimbra, 1997 e 1998.

– *Critério jurídico da Paternidade*, Colecção Teses, Almedina, Coimbra, 1998.

– *O direito da filiação na jurisprudência recente*, in «Temas de Direito da Família», Coimbra Editora, Coimbra, 1999.

– *Estabelecimento da Filiação, mudança recente e perspectivas*, in «Temas de Direito da Família», Coimbra Editora, Coimbra, 1999.

– *A lei e o laboratório-observações acerca das provas periciais da filiação*, in «Temas de Direito da Família», Coimbra Editora, Coimbra, 1999.

– *O direito da família*, in «Temas de Direito da Família», Coimbra Editora, Coimbra, 1999.

– *A prova directa do vínculo biológico*, in «Temas de Direito da Família», Coimbra Editora, Coimbra, 1999.

– *Estrutura Jurídica do acto médico, consentimento informado e responsabilidade médica*, in «Temas de Direito da Medicina», Coimbra Editora, Coimbra, 1999.

– *O fim da «arte silenciosa»*, in «Temas de Direito da Medicina», Coimbra Editora, Coimbra, 1999.

– *Implicações jurídicas do conhecimento do genoma*, in «Temas de Direito da Medicina», Coimbra Editora, Coimbra, 1999.

– *Direito biomédico e investigação clínica*, in «Temas de Direito da Medicina», Coimbra Editora, Coimbra, 1999.

– *O direito do diagnóstico pré-natal*, in «Temas de Direito da Medicina», Coimbra Editora, Coimbra, 1999.

– *O acesso dos menores aos cuidados de saúde*, in «Temas de Direito da Medicina», Coimbra Editora, Coimbra, 1999.

OMMEN, G. J. VAN; *Advances in genome research and molecular diagnostics*, «Keijo Journal of Medicine», 43, 1994.

OPPO, G; *L'inizio della vita umana, Il diritto e la vita materiale*, in «Atti dei Convegni Lincei», n.º 61, Roma, 1984.

– *Note sull'istituzione di non concepiti, I, La disposizione testamentaria*, «Rivista Trim. di Diritto e Proc. Civile», 1948.

OSSWALD, Walter; *O consentimento informado enquadrado no tema global da decisão médica*, in «O Consentimento Informado», Actas do I Seminário do Conselho Nacional de Ética para as Ciências da Vida, 30-31 de Março de 1992, Presidência do Conselho de Ministros, Imprensa Nacional-Casa da Moeda, Lisboa, 1995.

– *A genética e o homem programável*, «Brotéria», Vol. 144, n.º 3, Lisboa, Março de 1997.

– *Hello, Dolly, Hans Jonas e seis caveats*, «Brotéria», Vol. 144, n.º 5/6, Lisboa, Maio/Junho de 1997.

716   *Direito do Genoma Humano*

   – *Da bipolarização à triangulação: a relação médico-doente*, «Brotéria», Vol. 148, n.º 5/6, Lisboa, Maio/Junho de 1999.
   – *Encruzilhada bioética*, «Brotéria», Vol. 149, n.º 2/3, Lisboa, Agosto/Setembro de 1999.
   – *Que futuro para as células estaminais*, «Brotéria», Vol. 157, n.º 1, Lisboa, Julho de 2003.

OTERO, Paulo; *Ensaio sobre o caso julgado inconstitucional*, Lex, Lisboa, 1993.
   – *O poder de substituição em direito administrativo: enquadramento dogmático constitucional*, 11, Lex, Lisboa, 1995.
   – *Direitos históricos e não tipicidade pretérita dos direitos fundamentais*, in «Ab uno ad omnes», Coord. Antunes Varela/D. Freitas do Amaral/Jorge Miranda/J. J. Gomes Canotilho, Coimbra Editora, Coimbra, 1998.
   – *Proibição da Privação Arbitrária da Vida*, in «Vida e Direito – Reflexões sobre um Referendo», Principia, Cascais, 1998.
   – *Lições de Introdução ao Estudo do Direito*, 1.º Tomo, Edição distribuída pela A. A. F. D. L., Lisboa, 1998.
   – *Lições de Introdução ao Estudo do Direito*, 2.º Tomo, Edição distribuída pela A. A. F. D. L., Lisboa, 1999.
   – *Personalidade e Identidade Pessoal e Genética do Ser Humano: Um perfil constitucional da bioética*, Almedina, Coimbra, 1999.

PAGE, Henri de; *Traité Élémentaire de Droit Civil Belge*, Vol. I, Ed. Etablissements Émile Bruylant, Bruxelles, 1948.

PALASÍ, Villar; *Introducción Jurídica*, in «El Derecho ante el Proyecto Genoma Humano», Vol. I, Fundación BBV, Madrid, 1994.

PALAZZANI, Laura; *Genetic engineering and human nature*, in «Man-made Man. Ethical and Legal Issues in Genetics», Ed. Peter Doherty, Agneta Sutton, Open Air, Dublin, 1997.
   – *The meanings of the philosophical concept of person and their implications in the current debate on the status of the human embryo*, in «Identity and statute of human embryo», Proceedings of Third Assembly of the Pontifical Academy for Life, February 14-16, 1997, Juan de Dios Vial Correa and Elio Sgreccia (eds.), Libreria Editrice Vaticana, Città del Vaticano, 1998.

PALMA, Maria Fernanda; *Constituição e Direito Penal - As questões inevitáveis*, in «Perspectivas Constitucionais. Nos 20 anos da Constituição de 1976», Org. Jorge Miranda, Vol. II, Coimbra Editora, Coimbra, 1997.

PANGALLO, M.; *Actu essendi tomistico e spiritualità dell' anima*, «Medicina e Morale», 2, 1986.

PANIER, C.; *Problèmes de droit judiciaire relatifs à la filiation*, in «La filiation et l'adoption», Bruxelles, 1988.

PARFIT, Derek; *Raggione e persona*, Il Saggiatore, Milano, 1989.

PARSEVAL, Geneviève Delaisi de; *Le désir d'enfant géré par la médecine et par la loi*, in «Le Magasin des enfants», Coord. Jacques Testart, François Bourin, Paris, 1990.

PARSEVAL, Geneviève Delaisi de/Anne FAGOT-LARGEAULT; *Les droits de l'embryon (fœtus) humain et la notion de personne humaine potentielle*, «Revue de métaphysique et de morale», n.º 3, 1987.
   – *Qu'est-ce qu'un embryon*, «Esprit», Juin 1989.

Bibliografia

PARSEVAL, Geneviève Delaisi de/P. VERDIER; *Enfant de personne*, Éditions Odile Jacob, Paris, 1994.

PASCAL, M. T./M. G. LEROUX/O. HERBERT/A. DAVID/J. P. MOISAN; *Non-paternity and genetic counselling*, «Lancet», 340, 1992.

PASSARELLI, Santoro; *Su un nuovo profilo dell'istituzione dei nascituro,* «Foro Pad.», IV, C. 65, 1954.

PATALANO, Vicenzo; *I delitti contro la vita,* Cedam, Pádua, 1984.

PATRINOS A./F. S. COLLINS; *New goals for the U.S. Human Genome Project: 1998-2003,* «Science», 282, 1998.

PAULA, Ignazio Carrasco de; *Persona, Verità e Morale,* in «Atti del Congresso Internazionale di Teologia Morale», Roma, 1-12 Aprile 1986, Città Nuova Editrice, Roma, 1988.

PAULO II, JOÃO; *Discorso per l'inaugurazione della III Conferenza Generale dell'Episcopato Latino-americano a Puebla (28/1/1979),* in «Insegnamenti di Giovanni Paolo II», Libreria Editrice Vaticana, Città del Vaticano, 1979.

– *Discurso à Assembleia Geral das Nações Unidas (2 de Outubro de 1979), 21*: AAS 71 (1979), 1159, in «Familiaris Consortio», Exortação Apostólica de João Paulo II sobre a Família, 1981.

– *Carta Encíclica Laborem Exercens. O Trabalho Humano,* Ed. A.O. Braga, Braga, 1981.

– *Address to the participants to a Congress of the Pontifical Academy of Sciences,* 23 October 1982, in «Insegnamenti di Giovanni Paolo II», V, 2, Libreria Editrice Vaticana, Città del Vaticano, 1982.

– *Discorso ai partecipanti al I Convegno Medico Internazionale promosso dal Movimento per la Vita,* in «Insegnamenti di Giovanni Paolo II», 3/12/1982, Vol. V, 3, Libreria Editrice Vaticana, Città del Vaticano, 1982.

– *Discorso all' Associazione Medica Mondiale (29/10/1983),* in «Insegnamenti di Giovanni Paolo II», VI, 2, Libreria Editrice Vaticana, Città del Vaticano, 1983.

– *Insegnamenti di Giovanni Paolo II,* Vols. 1-14, Libreria Editrice Vaticana, Città del Vaticano, 1983.

– *Varcare la soglia della speranza,* Arnoldo Mondadori Editore, Milano, 1994.

– *Carta Encíclica «Evangelium Vitae» sobre o Valor e a Inviolabilidade da Vida Humana,* Secretariado Geral do Episcopado, Editora Rei dos Livros, Lisboa, 1995.

– *Address to a Working Party of the Pontifical Academy of Sciences on the legal and ethical aspects of the Human Genome Project,* November 20, 1993, in «The legal and ethical aspects related to the Project of the Human Genome», B. PULLMAN/C. ROMEO CASABONA (eds.), Pontificia Academia Scientiarum, Città del Vaticano, 1995.

– *Discourse of Holy Father John Paul II,* in «Human Genome, Human Person and the Society of the Future», Proceedings of Fourth Assembly of the Pontifical Academy for Life, February 23-25, 1998, Juan de Dios Vial Correa and Elio Sgreccia (eds.), Libreria Editrice Vaticana, Città del Vaticano, 1999.

PAULO VI; *Insegnamenti di Paolo VI,* Vols. 1-16, Libreria Editrice Vaticana, Città del Vaticano, 1979.

PEMBREY, M./E. ANIONWU; *Principles and Practice of Medical Genetics,* Churchill Livingstone, New York, 1996.

PENDE, Nicola; *Trattato di Biotipologia Umana,* Milano, 1939.

718 *Direito do Genoma Humano*

Pereira, André Gonçalves/Fausto de Quadros; *Manual de Direito Internacional Público*, Almedina, Coimbra, 1993.

Pereira, António Sousa; *Caracterização da patologia pulmonar induzida pela exposição ao ruído e poeiras de algodão na indústria têxtil*, in «IV Congresso Nacional de Saúde Ocupacional», org. da Faculdade de Medicina da Universidade do Porto, pol., Póvoa de Varzim, 29-31 de Outubro de 2002.

Pereira, Rui/Lesseps Lourenço Reys; *Introdução ao Estudo da Medicina Legal*, Vol. 1, A. A. F. D. L., Lisboa,1990.

Peris, J.; *La regulación penal de la manipulación genética en España*, Civitas, Madrid, 1995.

Piacentini; *La cosidetta istituzione di nascituri non concepiti*, «Rivista di Diritto Civile», 5, Padova, 1923.

Piercy, Romelle / Peter Gill / Pavel L. Ivanov / Colin Kimpton / Nicola Benson / Gillian Tully / Ian Evett / Erika Hagelberg / Kevin Sullivan; *Identification of the remains of the Romanov family by DNA analysis*, «Nature Genetics», 6, 1994.

Pimenta, José da Costa; *Filiação*, Coimbra Editora, Coimbra, 1986.

Pina, J. A. Esperança; *A necessidade de ensinar Deontologia Médica perante os grandes problemas da Medicina Contemporânea*, «Acção Médica», Ano LI, Lisboa, 1987.
– *A responsabilidade dos médicos*, Lidel, Lisboa, 1998.

Pineau, Jean; *La famille: droit applicable au lendemain de la «Loi 89», suivi d'un addendum sur les dispositions mises en vigueur le 1.º décembre 1982*, Montréal, P.U.M., 1983.

Pinheiro, Luís de Lima; *Contrato de empreendimento comum (joint venture) em Direito Internacional Privado*, Colecção Teses, Almedina, Coimbra, 2003.

Pinheiro, M. Fátima; *Contribuição do estudo do DNA na resolução de casos criminais*, «Revista do Ministério Público», Ano 19.º, n.º 74, Lisboa, Abril-Junho de 1998.

Pinho, Fátima/Gabriela Krakhofer/R. Branca Monteiro/Maria Neto; *Segurança, higiene e saúde nas indústrias de calçado*, in «IV Congresso Nacional de Saúde Ocupacional», org. da Faculdade de Medicina da Universidade do Porto, pol., Póvoa de Varzim, 29-31 de Outubro de 2002.

Pinker, Steven; *The language Instinct: the new science of language and mind*, Penguin, London, 1994.

Pintasilgo, Maria de Lurdes; *A Bioética e os países em desenvolvimento*, «Brotéria», Vol. 140, n.º 1, Lisboa, Janeiro de 1995.
– *Uma perspectiva sócio-cultural do* consentimento informado, in «O Consentimento Informado», Actas do I Seminário do Conselho Nacional de Ética para as Ciências da Vida, 30-31 de Março de 1992, Presidência do Conselho de Ministros, Imprensa Nacional-Casa da Moeda, Lisboa, 1995.

Pinto, Carlos Mota; *Cessão da posição contratual*, Colecção Teses, Almedina, Coimbra, 1982.
– *Teoria Geral do Direito Civil*, Coimbra Editora, Coimbra, 1983.

Pinto, Fernando Ferreira; *Filiação Natural*, Coimbra, 1983.

Pinto, Maria da Glória Ferreira (Dias Garcia); *Princípio da Igualdade de Fórmula Vazia ou "Carregada" de Sentido*, sep. «Boletim do Ministério da Justiça», n.º 358, 1987.
– *Da justiça administrativa em Portugal. Sua origem e evolução*, Universidade Católica Portuguesa, Lisboa, 1994.

Bibliografia

– *Liberdade de consciência e liberdade religiosa*, «Direito e Justiça», Vol. XI, Tomo 2, Universidade Católica Editora, Lisboa, 1997.

– *A Constituição e a construção da democracia*, in «Perspectivas Constitucionais. Nos 20 anos da Constituição de 1976», Org. Jorge Miranda, Vol. II, Coimbra Editora, Coimbra, 1997.

– *A Responsabilidade Civil do Estado e Demais Pessoas Colectivas Públicas*, Conselho Económico e Social, Lisboa, 1999.

PINTO, Mário; *Direito do Trabalho*, Universidade Católica Editora, Lisboa, 1996.

PINTO, Paulo Mota; *O Direito à Reserva sobre a Intimidade da Vida Privada,* sep. do Vol. LXIX do «Boletim da Faculdade de Direito da Universidade de Coimbra», Coimbra, 1993.

– *O direito ao livre desenvolvimento da personalidade*, in «Portugal-Brasil. Ano 2000. Tema Direito», *Stvdia Ivridica*, 40, Coimbra Editora, Coimbra, 1999.

PINTO, Paulo Mota/Diogo Leite de CAMPOS; *Direitos fundamentais "da terceira geração"*, in «Direito Contemporâneo Português e Brasileiro», Coord. Ives Gandra da Silva Martins/Diogo Leite de Campos, Almedina, Coimbra, 2003.

PINTO, Pe Victor Feytor; *Ética da relação médico-doente,* in «O Consentimento Informado», Actas do I Seminário do Conselho Nacional de Ética para as Ciências da Vida, 30-31 de Março de 1992, Presidência do Conselho de Ministros, Imprensa Nacional-Casa da Moeda, Lisboa, 1995.

PIO XII; *Allocutio ad participantibus conventus internationalis quarti medicorum catholicorum*, Romae Coadunatis, in «Acta Apostalicae Ledis», 1949.

– *Iis quae interfuerunt Conventui Unionis Catholicae Italicae inter Ostetrices, Roma Habito*, in «Acta Apostolicae Ledis», 1951.

– *Iis qui interfuerunt Conventui Universali de fecundidate et sterilitate humana*, Napoli Indicto, in «Acta Apostolicae Ledis», 1956.

– *Discorso ai partecipanti al I Congresso Mondiale per la prevenzione degli infortuni sul lavoro*, 3/4/1955, in «Discorsi e Radiomessaggi di S.S. Pio XII», Vol. XVII, Tipografia Poliglota Vaticana, 1956.

– *Discorso ai componenti la Commissione Consultiva Internazionale di Imprenditori dell' Industria Chimica,* 10-1-1958, Vol. XIX, Tipografia Poliglota Vaticana, 1958.

– *Discorsi e Radiomessaggi di Sua Santità Pio XII,* Vols. 1-20, Tipografia Poliglotta Vaticana, Città del Vaticano, 1959.

– *Allocuzione all'Unione Italiana Medico-Biologica di "San Luca"* (12/11/1944), in «Discorsi e Radiomessaggi», VI, Tipografia Poliglotta Vaticana, Cidade do Vaticano, 1960.

– *Discorso ai partecipanti alla VIII Assemblea dell'Associazione Medica Mondiale* (30/09/1954), in «Discorsi e Radiomessaggi», XVI, Tipografia Poliglotta Vaticana, Città del Vaticano, 1969.

PIRES, Francisco Lucas; *Aborto e Constituição*, in «Vida e Direito – Reflexões sobre um Referendo», Principia, Cascais, 1998.

PLATÃO; *O Banquete ou do Amor*, Atlântida Editora, Coimbra, 1968.

– *A República. Diálogos*, Publicações Europa-América, Mem Martins, 1987.

PLOSCOWE, Morris; *Sex and the Law*, New York, 1951.

PLUTARCO; *Trois Traités pour les animaux*, pol., Paris, 1992.

POPPER, Karl; *The logic of scientific discovery*, Hutchinson, London, 1972.

720 *Direito do Genoma Humano*

POPPER, K./J. ECCLES; *L'io e il suo cervello*, Armando, Roma, 1982.

PORTO, Armando/Armando de CARVALHO; *Doenças infecciosas*, in «Comissões de Ética. Das bases teóricas à actividade quotidiana», Coord. Maria do Céu Patrão Neves, Centro de Estudos de Bioética, Pólo Açores, Gráfica de Coimbra, Coimbra, 2002.

POSSENTI, V.; *Sobre el estatuto ontológico del embrión humano*, in «El derecho a la vida», EUNSA, Ediciones Universidad de Navarra, SA, Pamplona, 1998.

POTTER, Van Rensselaer; *Bioethics, The Science of Survival*, «Perspectives in Biology and Medicine», 14, 1, 1970.

– *Bioethics, Bridge to the Future*, Englewood Cliffs, N. J., Prentice Hall, 1971.

– *Global Bioethics. Building on the Leopold Legacy*, Michigan State University Press, East Lansing, 1988.

POULTON, R./A. CASPI/J. MCCLAY/J. MILL/J. MARTIN/W. CRAIG/A. TAYLOR; *Role of genotype in the cycle of violence in maltreated children*, «Science», 297, 2002.

PRATA, Ana; *A tutela constitucional da autonomia privada*, Almedina, Coimbra, 1982.

– *Claúsulas de exclusão e limitação da responsabilidade contratual*, Almedina, Coimbra, 1985.

PRATS, Morales; *Privacy y Reforma Penal: la Propuesta de Anteproyecto de nuevo Código Penal (1983)*, «Documentación Jurídica», n.º 37-40, Enero-Diciembre, 1983.

PRECHTL, Heinz; *Novos Conceitos em Desenvolvimento Fetal Humano-Bebé XXI*, Fundação Calouste Gulbenkian, Lisboa, 1995.

PUGLIESE, G.; *Il ciclo della vita individuale nell' esperienza giuridica romana, Il Diritto e la vita materiale*, in «Atti dei Convegni Lincei», n.º 61, Roma, 1984.

PURSSEL, E.; *Listening to children: medical treatment and consent*, «J. Adv. Nurs.», 21, (4), 1995.

QUADROS, Fausto de; *Direito das Comunidades Europeias e Direito Internacional Público*, Colecção Teses, Almedina, Coimbra, 1991.

QUADROS, Fausto de/André Gonçalves PEREIRA; *Manual de Direito Internacional Público*, Almedina, Coimbra, 1993.

QUOIST, Michel; *Parle-Moi d'Amour*, Les Éditions Ouvrières, Paris, 1985.

RAMALHO, Maria do Rosário Palma; *Do Fundamento do Poder Disciplinar Laboral*, Almedina, Coimbra, 1993.

– *Da Autonomia Dogmática do Direito do Trabalho*, Almedina, Coimbra, 2001.

– *Contrato de trabalho e direitos fundamentais*, in «Estudos em Homenagem à Professora Doutora Isabel Magalhães Collaço», Vol. II, Almedina, Coimbra, 2002.

RAMOS, Rui Manuel Gens de Moura; *Da Lei Aplicável ao Contrato de Trabalho Internacional*, Colecção Teses, Almedina, Coimbra, 1991.

– *A Carta dos Direitos Fundamentais da União Europeia e a protecção dos direitos fundamentais*, «Cadernos de Deusto», n.º 25, Bilbao, 2001.

RAMSEY, Paul; *The patient is a person*, Yale University Press, New Haven, 1970.

RAPOSO, Mário; *Procriação Assistida - Aspectos Éticos e Jurídicos*, in «Direito da Saúde e Bioética», Lex, Lisboa, 1991.

– *Bioética e Biodireito*, «Revista do Ministério Público», Ano 12.º, n.º 45, Lisboa, Janeiro-Março de 1991.

– *Consentimento informado na relação médico-doente*, «O Direito», Ano 124, III, Lisboa, Julho-Setembro de 1992.

Bibliografia 721

– *Testamento de vida*, in «Novos Desafios à Bioética», Coord. Luís Archer/Jorge Biscaia/Walter Osswald/Michel Renaud, Porto Editora, Porto, 2001.

RASSAN, Joseph; *Tomás de Aquino*, Biblioteca Básica de Filosofia, Edições 70, Lisboa, 1980.

RATZINGER; *Le Don de la Vie*, «Cahiers de l' Actualité Religieuse et Sociale», avril 1987.

RAYMOND, G.; *La volonté individuelle en matière de filiation*, «Revue Trimestriel de Droit Civil», 1982.

RAYNAUD, Pierre; *L'enfant peut-il-être object de droit?* «Recueil Dalloz Sirey», Cahier Chronique XVI, n.º 15, Paris, 1988.

REAL, Carlos Pamplona Corte; *Direito Sucessório: linhas gerais sobre os seus aspectos substantivos e fiscais*, «Cadernos de Ciência e Técnica Fiscal», n.º 122, Centro de Estudos Fiscais, Ministério das Finanças, Lisboa, 1981.

– *Curso de Direito das Sucessões*, «Cadernos de Ciência e Técnica Fiscal», n.º 136, Centro de Estudos Fiscais, Ministério das Finanças, Lisboa, 1985.

– *Direito da Família e das Sucessões,* Lex, Lisboa, 1993.

– *Direito da Família e das Sucessões*, Relatório, Suplemento da Revista da Faculdade de Direito da Universidade de Lisboa, Lex, Lisboa, 1995.

REALE, Miguel; *Nova fase do Direito Moderno*, Saraiva, São Paulo, 1990.

REBELO, Ascenção/Duarte Nuno VIEIRA/Francisco CORTE-REAL; *Temas de Medicina Legal*, IML, Coimbra, 1998.

REGATEIRO, Fernando; *Doenças genéticas*, in «Comissões de Ética. Das bases teóricas à actividade quotidiana», Coord. Maria do Céu Patrão Neves, Centro de Estudos de Bioética, Pólo Açores, Gráfica de Coimbra, Coimbra, 2002.

– *Manual de Genética Médica*, Imprensa da Universidade, Coimbra, 2003.

REGOURD, Serge; *Les droits de l'homme devant les manipulations de la vie et de la mort*, «Revue du Droit Public», 2, Paris, 1981.

RENAUD, Isabel; *Ética e Cuidados da Saúde*, «Brotéria», Vol. 148, n.º 2, Lisboa, Fevereiro de 1999.

RENAUD, Michel; *O Devir pessoal e a exigência ética*, «Cadernos de Bioética», n.º 1, Centro de Estudos de Bioética, Coimbra, Julho de 1990.

– *Análise filosófica acerca do embrião humano*, in «A Ética e o Direito no Início da Vida Humana», Colectânea Bioética Hoje III, Serviço de Bioética e Ética Médica, Faculdade de Medicina da Universidade do Porto, Gráfica de Coimbra, Coimbra, 2001.

REVEL, Janine; *La filiation*, Presses Universitaires de France, Paris, 1998.

REYS, Lesseps L.; *A experimentação no homem*, Bioética, Verbo, Lisboa, 1996.

REYS, Lesseps L./Rui PEREIRA; *Introdução ao Estudo da Medicina Legal*, Vol. I, A.A.F.D.L., Lisboa, 1990.

RIBEIRO, Joaquim de Sousa; *O Problema do Contrato. As Claúsulas Contratuais Gerais e o Princípio da Liberdade Contratual*, Colecção Teses, Almedina, Coimbra, 1999.

RICO, J. Toscano; *O consentimento informado nos ensaios clínicos*, in «O Consentimento Informado», Actas do I Seminário do Conselho Nacional de Ética para as Ciências da Vida, 30-31 de Março de 1992, Presidência do Conselho de Ministros, Imprensa Nacional-Casa da Moeda, Lisboa, 1995.

RICOEUR, Paul; *Soi-même comme un autre*, Éd. du Seuil, Paris, 1990.

RICOU, Miguel; *Inseminação artificial com recurso a dação de gâmetas: implicações psicológicas*, in «Genética e Reprodução Humana», Colectânea Bioética Hoje I, Coord. Rui

722   *Direito do Genoma Humano*

Nunes/Helena Melo, Serviço de Bioética e Ética Médica, Faculdade de Medicina da Universidade do Porto, Gráfica de Coimbra, Coimbra, 2000.

RIDLEY, Matt; *Genoma. Autobiografia de uma espécie em 23 capítulos*, Gradiva, Lisboa, 2001.

RIERA, J. Peris; *La identificación genética y los derechos fundamentales (euforia criminalística y restricciones derivadas del principio de proporcionalidad de los sacrificios)*, «Arbor», CXLIII, Diciembre de 1992.

– *Identificación personal: avances genéticos e interrogantes jurídicos*, «Revista General de Derecho», n.º 564, 1991.

ROBERT, Jacques; *La révolution biologique et génétique face aux exigences du droit*, «Revue de Droit Public et de la Science Politique en France et a l'Étranger», n.º 5, Librairie Générale de Droit et de Jurisprudence, Paris, 1984.

– *Éthique et Droit. Légiférer?*, in «Procréation Artificielle. Où en sont l'éthique et le droit?», Edit. Alessandre Lacassagne, Lyon, 1989.

ROBERTS, L.; *Japan boosts genome research*, «Science», 246, 1989.

ROBINSON, A.; *Learning the secrets of human chromosomes: Canada's role in an international project*, «Canadian Medical Association Journal», 148, 1993.

ROCHA, Gelásio; *Os direitos da família e as modificações das estruturas sociais a que respeitam*, in «Temas de Direito da Família», Almedina, Coimbra, 1986.

ROCHA, Jorge/António AMORIM; *A genética e a investigação da paternidade*, «Revista do Ministério Público», Ano 9.º, n.ºs 33 e 34, Lisboa, Janeiro-Junho de 1988.

ROCHA, Manuel A. Lopes; *Bioética e nascimento-O diagnóstico pré-natal-Perspectiva jurídico-penal*, «Revista da Ordem dos Advogados», Ano 51, Lisboa, Julho de 1991.

RODRIGUES, Anabela Miranda; *A posição jurídica do recluso na execução da pena privativa da liberdade*, sep. do Vol. XXIII do Suplemento ao «Boletim da Faculdade de Direito da Universidade de Coimbra», Coimbra, 1976.

– *Anotação ao artigo 168.º*, in «Comentário Conimbricense do Código Penal. Parte Especial», Coord. Jorge de Figueiredo Dias, Tomo I, Coimbra Editora, Coimbra, 1999.

– *Novo olhar sobre a questão penitenciária – Estatuto jurídico do recluso e socialização, jurisdicionalização, consensualismo e prisão*, Coimbra Editora, Coimbra, 2000.

RODRIGUES, Cunha; *Sobre o estatuto jurídico das pessoas afectadas de anomalia psíquica*, in «Lugares do Direito», Coimbra Editora, Coimbra, 1999.

RODRIGUES, João Vaz; *O consentimento informado para o acto médico no ordenamento jurídico português (Elementos para o estudo da manifestação da vontade do paciente)*, Centro de Direito Biomédico da Faculdade de Direito da Universidade de Coimbra, Coimbra Editora, Coimbra, 2001.

ROUBIER, P; *Droits subjectifs et situations juridiques*, Paris, 1963.

ROUGER, Philippe; *L'empreinte humaine. De l'Éthique à la Génétique*, Mercure de France, Paris, 1992.

ROVIGHI, S. Vanni; *Elementi di filosofia*, Vol. III, La Scuola, Brescia, 1963.

– *L'antropologia filosofica de S. Tommaso d'Aquino*, Vita e Pensiero, Milano, 1965.

RUBELLIN-DEVICCHI, Jacqueline; *Insémination Artificielle "Post-Mortem"*, «Revue Trimestriel de Droit Civil», 4, Paris, 1984.

– *Les procréations assistées: état des questions*, «Revue Trimestriel de Droit Civil», 3, Paris, 1987.

Bibliografia 723

– *Jurisprudence française en matière de droit civil - Personnes et droits de la famille*, «Revue Trimestriel de Droit Civil», 4, Paris, 1987.
– *Une importante réforme en droit de la famille. La Loi 93-22 du 8 janvier 1993*, «J.C.P.», 3659, 1993.

Sá, Eduardo; *Problemas psicológicos da fecundação com esperma de dador*, Centro de Direito Biomédico da Faculdade de Direito da Universidade de Coimbra, Coimbra, 1993.

Saegusa, A.; *Genome research strategy splits Japanese scientists*, «Nature», 389, 1997.

Saleilles; *De la personnalité juridique*, Paris, 1910.

Salmon, Denise; *La preuve scientifique de la paternité: état de la Science et Déontologie*, in «Droit de la Filiation et progrès scientifiques», Coord. Catherine Labrusse/Gérard Cornu, Économica, Paris, 1981.

Samper, Sergio Llebaría; *Hacia la familia no matrimonial*, Cedecs Editorial S.L., Barcelona, 1997.

Santiago, Rodrigo; *Do crime de violação de segredo bancário no Código Penal de 1982*, Almedina, Coimbra, 1992.

Santo Agostinho; *Confessione*, Paoline, Roma, 1981.

Santos, Agostinho de Almeida; *À procura do «Consenso Amplo»*, «Notícias Médicas», Ano XXII, 1993.

– *Razões de Ser, Genética e Reprodução Humanas. Conflitos e Contradições*, Gráfica de Coimbra, Coimbra, 1994.

– *Fecundidade e família, presente e futuro*, Ministério da Solidariedade e da Segurança Social, Lisboa, 1996.

– *Os pilares da nova genética. Eficácia, prudência, razão*, «Communio. Revista Internacional Católica», Ano XIV, n.º 5, Universidade Católica Portuguesa, Lisboa, Outubro de 1997.

– *Diagnóstico genético pré-implantatório*, in «Poderes e Limites da Genética», Actas do IV Seminário do Conselho Nacional de Ética para as Ciências da Vida, 17-18 de Novembro de 1997, Presidência do Conselho de Ministros, Lisboa, 1998.

– *Clonagem humana*, in «Andrologia Clínica», Sociedade Portuguesa de Andrologia, Saúde, Sá – Artes Gráficas, 2000.

– *Os inícios da vida*, in «A investigação Portuguesa: desafios de um novo milénio», Actas do II Encontro de Investigadores Portugueses (Setembro 1998), Ed. pat. por Fundação Calouste Gulbenkian, Caixa Geral de Depósitos e Fundação Luso-Americana para o Desenvolvimento, Universidade dos Açores, Ponta Delgada, 2001.

– *Medicina e Sociedade*, «Jornal de Coimbra», Coimbra, 8 de Janeiro de 2003.

Santos, Alexandre Laureano; *Questões éticas no fim da vida humana*, in «Comissões de Ética. Das bases teóricas à actividade quotidiana», Coord. Maria do Céu Patrão Neves, Centro de Estudos de Bioética, Pólo Açores, Gráfica de Coimbra, Coimbra, 2002.

Santos, António Marques dos; *As normas de aplicação imediata no Direito Internacional Privado*, Colecção Teses, Almedina, Coimbra, 1991.

Santos, Luís A. Duarte; *Biotipologia Humana*, Coimbra, 1941.

Santos, Maria Celeste Cordeiro Leite dos; *Imaculada Concepção*, Editora Académica, São Paulo, 1993.

Santos, Victor Marques dos; *A Humanidade e o seu património*, Lisboa, 2001.

724 *Direito do Genoma Humano*

Santosuosso, Fernando; *La fecundazione artificiale nella donna*, Giuffrè Editore, Milano, 1961.

Sass, H.; *Brain life and brain death: a proposal for a normative agreement*, «Journal of Medicine and Philosophy», 14, 1989.

Savatier; *L'Évolution de la condition juridique des enfants naturels en droit français: Le statut juridique de l'enfant naturel*, Brussels, 1965.

Scheler, Max; *Nature et formes de sympathie*, Paris, 1950.

– *Visão Filosófica do Mundo*, trad. Regina Winberg, Perspectiva, São Paulo, 1986

Schiedermayer, D./C. Junkerman; *Practical ethics for resident physicians: a short reference manual*, M.C.W., Wisconsin, 1993.

Schiermeier, Q.; *German trace on genome data access*, «Nature», 388, 1997.

Schuhl, Pierre-Maxime; *Essai sur la formation de la pensée grecque*, Presses Universitaires de France, Paris, 1949.

Scornet, Daniel Le; *Éloge du social*, Éd. Sociales, Paris, 1988.

Sébag; *La condition juridique des personnes physiques et des personnes morales avant leur naissance,* Thèse, Paris, 1938.

Sequeiros, Jorge; *Do Presente e do Futuro da Predição de Doenças Genéticas de Manifestação Tardia*, in «Poderes e Limites da Genética», Actas do IV Seminário do Conselho Nacional de Ética para as Ciências da Vida, 17-18 de Novembro de 1997, Presidência do Conselho de Ministros, Lisboa, 1998.

Sériaux, Alain; *Procréation artificielle sans artifices: illicéité et responsabilités*, «Recueil Dalloz Sirey», Cahier Chronique XXXI, n.º 26, Paris, 1988.

Serrão, Daniel; *Responsabilidade médica*, «Acção Médica», Ano LIV, n.º 2, Lisboa, 1990.

– *Bioética. Perspectiva Médica* «Revista da Ordem dos Advogados», Ano 51, Lisboa, Julho de 1991.

– *Uma perspectiva sócio-cultural do* consentimento informado, in «O Consentimento Informado», Actas do I Seminário do Conselho Nacional de Ética para as Ciências da Vida, 30-31 de Março de 1992, Presidência do Conselho de Ministros, Imprensa Nacional-Casa da Moeda, Lisboa, 1995.

– *Direito das pessoas doentes; uma revolução tranquila e benfazeja*, «Brotéria», Vol. 143, n.º 5, Lisboa, Novembro de 1996.

– *A Unesco e o Genoma Humano*, «Brotéria», Vol. 143, n.º 6, Lisboa, Dezembro de 1996.

– *Consentimento informado*, in «Bioética», Coord. Luís Archer/Jorge Biscaia/Walter Osswald, Editorial Verbo, Lisboa-São Paulo, 1996.

– *A 3.ª Assembleia Plenária da Academia Pontifícia para a Vida*, «Brotéria», Vol. 144, n.º 5/6, Lisboa, Maio/Junho de 1997.

– *Consentimento informado: novo paradigma*, «Brotéria», Vol. 148, n.º 4, Lisboa, Abril de 1998.

– *Genoma humano e sociedade*, Vol. 146, n.º 5/6, Lisboa, Maio/Junho de 1998.

– *A defesa da vida: um direito da pessoa, um dever da sociedade*, «Acção Médica», Ano LXIII, n.º 3, Lisboa, 1999.

– *Relações entre os profissionais de saúde e os pacientes*, in «Comissões de Ética. Das bases teóricas à actividade quotidiana», Coord. Maria do Céu Patrão Neves, Centro de Estudos de Bioética, Pólo Açores, Gráfica de Coimbra, Coimbra, 2002.

– *Que estatuto para um "clone" humano?*, «Boletim da Ordem dos Advogados», n.º 24/25, Lisboa, Janeiro-Fevereiro, Março-Abril de 2003.

SERRÃO, Daniel/M. Patrão NEVES; *A institucionalização da bioética*, in «Comissões de Ética. Das bases teóricas à actividade quotidiana», Coord. Maria do Céu Patrão Neves, Centro de Estudos de Bioética, Pólo Açores, Gráfica de Coimbra, Coimbra, 2002.

SÈVE, Lucien; *Para uma Crítica da Razão Bioética*, Epistemologia e Sociedade, Instituto Piaget, Lisboa, 1997.

SGRECCIA, Elio; *Manual de Bioética. I. Fundamentos e Ética Biomédica*, Edições Loyola, São Paulo, 1996.

SHATTUCK, J. H. F.; *Rights of Privacy*, National Textbook Co. & American Civil Liberties Union, Skokie, New York, 1977.

SHRIMPTON, A. E./D. J. H. BROCK; *Non-paternity prenatal genetic screening*, «Lancet», 338, 1991.

SICHES, L. Recasens; *Tratado General de Filosofia del Derecho*, México, 1970.
– *Introducción al Estudio del Derecho*, México, 1970.
– *Nueva Filosofía de la interpretación del Derecho*, México, 1973.

SILLENCE, D.; *The human genome project*, «Medical Journal of Australia», 152, 1990.

SILVA, Germano Marques; *Curso de Processo Penal*, Vol. I, Editorial Verbo, Lisboa, 1996.
– *Da prudência à jurisprudência*, «Communio. Revista Internacional Católica», Ano XIV, n.º 5, Universidade Católica Portuguesa, Lisboa, Outubro de 1997.
– *A Ética Profissional*, «Direito e Justiça», Vol. XIII, Tomo 3, Universidade Católica Editora, Lisboa, 1999.
– *Curso de Processo Penal*, Vol. II, Editorial Verbo, Lisboa, 2002.
– *Introdução ao Estudo do Direito*, Universidade Católica Editora, Lisboa, 2006.

SILVA, Isabel Marques da; *Dever de correcta notificação dos meios de defesa ao dispor dos contribuintes, boa fé e protecção da confiança*, «Direito e Justiça», Vol. XIV, Tomo 2, Universidade Católica Editora, Lisboa, 2000.

SILVA, João Calvão da; *Responsabilidade Civil do Produtor*, Colecção Teses, Almedina, Coimbra, 1990.
– *Contrato em fraude à lei e resolução por alteração das circunstâncias*, in «Estudos de Direito Civil e Processo Civil», Pareceres, Almedina, Coimbra, 1996.
– *Compra e venda de coisas defeituosas*, Almedina, Coimbra, 2002.

SILVA, Luís Gonçalves da/Pedro Romano MARTÍNEZ/Luís Miguel MONTEIRO/Joana VASCON-CELOS/Pedro Madeira de BRITO/Guilherme DRAY; *Código de Trabalho Anotado*, Almedina, Coimbra, 2004.

SILVA, Manuel Gomes da; *Esboço de uma Concepção Personalista do Direito*, «R. F. D. U. L.», Lisboa, XVII, 1964, XVIII, 1964.

SILVA, Paula Costa e; *A realização coerciva de testes de DNA em acções de estabelecimento da filiação*, in «Estudos em Homenagem à Professora Doutora Isabel de Magalhães Collaço», Vol. II, Almedina, Coimbra, 2002.

SILVA, Paula Martinho da; *O anonimato do dador*, «Boletim da Ordem dos Advogados», II série, n.º 1, Lisboa, 1987.
– *A bioética, o direito e um breve resumo sobre o quadro legislativo português*, «Revista do Ministério Público», Ano 11.º, n.º 43, Lisboa, Julho-Setembro de 1990.
– *Procriação Assistida – Aspectos Jurídicos*, Moraes Editores, Colecção Livros de Direito, Lisboa, 1986.

726 Direito do Genoma Humano

– *Estrutura jurídica do acto médico, consentimento informado e responsabilidade civil da equipa de saúde ou do médico*, in «O Consentimento Informado», Actas do I Seminário do Conselho Nacional de Ética para as Ciências da Vida, 30-31 de Março de 1992, Presidência do Conselho de Ministros, Imprensa Nacional-Casa da Moeda, Lisboa, 1995.

– Convenção dos Direitos do Homem e da Biomedicina anotada, Edições Cosmos, Lisboa, 1997.

– *Internamento forçado dos doentes mentais. Breve perspectiva a partir dos quadros "O Louco"* de Dominguez Alvarez e a *"Antítese da Calma"* de António Dacosta, in «Bem da Pessoa e Bem Comum. Um Desafio à Bioética», Centro de Estudos de Bioética, Gráfica de Coimbra, Coimbra, 1998.

Silva, Tomás Oliveira e; *Filiação. Constituição e extinção do respectivo vínculo*, Almedina, Coimbra, 1989.

Silva, Vasco Manuel Pascoal Dias Pereira; *A natureza jurídica do recurso directo de anulação*, Almedina, Coimbra, 1985.

– *Estruturas da Sociedade: Liberdade e Solidariedade*, in «Gaudium et Spes», Rei dos Livros, Lisboa, 1988.

– *Para um contencioso administrativo dos particulares - Esboço de uma teoria subjectivista do recurso directo de anulação*, Almedina, Coimbra, 1989.

– *Em busca do acto administrativo perdido*, Colecção Teses, Almedina, Coimbra, 1998.

Singer, Peter; *Practical Ethics,* Cambridge Univ. Press, Oxford, 1979.

Soares, Rogério Erhardt/Diogo Leite de CAMPOS; *A Família em Direito Constitucional Comparado*, «Revista da Ordem dos Advogados», Ano 50, Lisboa, Abril de 1990.

Sola, Carlos De; *Privacy and Genetic Data. Cases of Conflict (II)*, «Law and the Human Genome Review», 2, 1995.

Sommerville, Margaret A.; *Pain and suffering at interfaces of medicine and law*, in «Jus Medicum», Gent, 1985.

Sonnberg, A./A. J. Jeffreys/M. J. Allen/E. Hagelberg; *Identification of the skeletal remains of Josef Mengele by DNA analysis*, «Forensic Sci. Int.», 56, 1992.

Soomon, A./S. Macintyre; *Non-paternity prenatal genetic screening*, «Lancet», 338, 1991.

Sottomayor, Maria Clara; *Regulação do exercício do poder paternal nos casos de divórcio*, Almedina, Coimbra, 2002.

– *Exercício do poder paternal relativamente à pessoa do filho após o divórcio ou a separação judicial de pessoas e bens*, Universidade Católica Editora, Porto, 2002.

– *Quem são os «verdadeiros» pais? Adopção plena do menor e oposição dos pais biológicos*, «Direito e Justiça», Vol. XVI, Tomo 1, Universidade Católica Editora, Lisboa, 2002.

Sousa, Marcelo Rebelo de; *Direito Constitucional. I- Introdução à Teoria da Constituição*, Livraria Cruz, Braga, 1979.

– *Introdução ao Estudo do Direito*, (com a colaboração de Sofia Galvão), Publicações Europa-América, Mem Martins, 1991.

– *Administração Pública e Direito Administrativo em Portugal*, A.A.F.D.L., Lisboa, 1992.

– *Responsabilidade dos estabelecimentos públicos de saúde: culpa do agente ou culpa da organização?*, in «Direito da Saúde e Bioética», A.A.F.D.L., Lisboa, 1996.

Sousa, Marcelo Rebelo de/José de Melo Alexandrino; *Constituição da República Portuguesa Comentada*, Lex, Lisboa, 2000.

Sousa, Mário; *Que Clonagem*, «Boletim da Ordem dos Advogados», n.º 24/25, Lisboa, Janeiro-Fevereiro, Março-Abril de 2003.

Sousa, Miguel Teixeira de; *O regime jurídico do divórcio*, Almedina, Coimbra, 1991.

– *Sobre o ónus da prova nas acções de responsabilidade civil médica*, «Direito da Saúde e Bioética», A.A.F.D.L., Lisboa, 1996.

Sousa, Miguel Teixeira de/João de Castro MENDES; *Direito da Família*, Ed. Revis., A. A. F. D. L., Lisboa, 1991.

Sousa, Pais de; *Da incapacidade jurídica dos menores, interditos e inabilitados no âmbito do Código Civil*, Almedina, Coimbra, 1971.

Sousa, Rabindranath V. A. Capelo de; *A adopção, constituição da relação adoptiva*, Coimbra, 1973.

– *A Constituição e os Direitos de Personalidade*, in «Estudos sobre a Constituição», Coord. Jorge Miranda, II, Petrony, Lisboa, 1978.

– *O Direito Geral de Personalidade*, Coimbra Editora, Coimbra, 1995.

– *Lições de Direito das Sucessões*, Coimbra Editora, Coimbra, Vol. I, 2000, Vol. II, 2002.

Spaemann, R.; *Lo natural y lo racional: Ensayos de antropología*, trad. de D. Innerarity y Javier Olmo, Rialp, Madrid, 1989.

Spagnolo, A. G.; *Predictive and presymptomatic genetic testing: service or sentence?*, in «Human Genome, Human Person and the Society of the Future», Proceedings of Fourth Assembly of the Pontifical Academy for Life, February 23-25, 1998, Juan de Dios Vial Correa and Elio Sgreccia (eds.), Libreria Editrice Vaticana, Città del Vaticano, 1999.

Spurgeon, D.; *Canada commits money for human genome research*, «Nature», 357, 1992.

Steinbock, B.; *Life before birth*, Oxford University Press, New York, 1992.

Stoyanovitch, K; *La légitimité des enfants nés par suite de l' insémination artificielle, en France et aux États-Unis d' Amérique*, «Revue Internationale de Droit Comparé», Ano VIII, Paris, 1956.

Sullivan, Kevin / Peter Gill/ Pavel L. Ivanov / Colin Kimpton / Romelle Piercy / Nicola Benson / Gillian Tully / Ian Evett / Erika Hagelberg; *Identification of the remains of the Romanov family by DNA analysis*, «Nature Genetics», 6, 1994.

Sunkel, Cláudio; *As questões emergentes da investigação sobre o Genoma Humano*, in «Poderes e Limites da Genética», Actas do IV Seminário do Conselho Nacional de Ética para as Ciências da Vida, 17-18 de Novembro de 1997, Presidência do Conselho de Ministros, Lisboa, 1998.

Suomi, S.J. / H.F. Harlow / M.K. Harlow; *From thought to therapy: lessons from a primate laboratory*, «American Scientist», 59, 1971.

Sutter, J.; *L'Eugénique*, PUF-INED, Paris, 1950.

Suzuki, David/Peter Knudtson; *Conflictos entre la ingeniería genética y los valores humanos*, Editorial Tecnos, SA, Madrid, 1991.

Swiergiel, J.J. / J.A. Thomson / M.A. Waknitz / V.S. Marshall; *Embryonic stem cell lines derived from human blastocists*, «Science», 282, 1998.

Swinbanks, D.; *Japan still seeking a role*, «Nature», 342, 1989.

– *Human genome sequencing. Japan gets its act together*, «Nature», 347, 1990.

728 Direito do Genoma Humano

– *Human genome. Japan's project stalls,* «Nature», 349, 1991.

– *Japan's human genome project takes shape,* «Nature», 351, 1991.

TAVARES, Amândio; *Eugenia e Sociedade,* in «Bioética», Coord. Luís Archer / Jorge Biscaia / Walter Osswald, Editorial Verbo, Lisboa-São Paulo, 1996.

– *Problemática da Genética Molecular Aplicada ao Homem,* in «Poderes e Limites da Genética», Actas do IV Seminário do Conselho Nacional de Ética para as Ciências da Vida, 17-18 de Novembro de 1997, Presidência do Conselho de Ministros, Lisboa, 1998.

TAVARES, José Rueff; *O consentimento informado nos ensaios clínicos,* in «O Consentimento Informado», Actas do I Seminário do Conselho Nacional de Ética para as Ciências da Vida, 30-31 de Março de 1992, Presidência do Conselho de Ministros, Imprensa Nacional-Casa da Moeda, Lisboa, 1995.

– *Das possibilidades actuais de predizer a saúde e a doença da pessoa,* in «Poderes e Limites da Genética», Actas do IV Seminário do Conselho Nacional de Ética para as Ciências da Vida, 17-18 de Novembro de 1997, Presidência do Conselho de Ministros, Lisboa, 1998.

TAYLOR, A. / A. CASPI / J. MCCLAY / J. MILL / J. MARTIN / W. CRAIG / R. POULTON; *Role of genotype in the cycle of violence in maltreated children,* «Science», 297, 2002.

TEIXEIRA, António Braz; *Sentido e Valor do Direito. Introdução à Filosofia Jurídica.,* Imprensa Nacional-Casa da Moeda, 1990.

TELES, Natália Oliva; *Bioética em Genética. Historial, problemas e princípios éticos,* in «Genética e Reprodução Humana», Colectânea Bioética Hoje I, Coord. Rui Nunes/ Helena Melo, Serviço de Bioética e Ética Médica, Faculdade de Medicina da Universidade do Porto, Gráfica de Coimbra, Coimbra, 2000.

TELLES, Inocêncio Galvão; *Direito das Sucessões. Noções Fundamentais,* Coimbra Editora, Coimbra, 1996.

– *Direito das Obrigações,* Coimbra Editora, Coimbra, 1997.

– *Introdução ao Estudo do Direito,* Vol. I, Coimbra Editora, Coimbra, 2001.

– *Introdução ao Estudo do Direito,* Vol. II, Coimbra Editora, Coimbra, 2001.

– *Manual dos Contratos em Geral,* Coimbra Editora, Coimbra, 2002.

TERRÉ, François; *L'enfant de l'esclave. Génétique et Droit,* Flammarion, Paris, 1987.

TERTULLIANO; *Apologeticum de Carne Christi,* trad. italiana, *Apologia del Cristianesimo. La Carne di Cristo,* Biblioteca Universale Rizzoli, Classici della Bur, Milano, 1996.

TESTART, Jacques; *L'Oeuf Transparent,* Flammarion, Paris, 1986.

– *Le Désir du Gêne,* François Bourin, Paris, 1992.

THEIN, S.L. / A.J. JEFFREYS / V. WILSON; *Hyper variable minisatellite regions in human DNA,* «Nature», 314, 1985.

– *Individual-specific «fingerprints» of human DNA,* «Nature», 316, 1985.

THEODORO JR., Humberto; *Prova e coisa julgada nas acções relativas à paternidade (DNA),* «Revista Brasileira de Direito da Família», IBDFAM, Vol. 3, Editora Síntese, Porto Alegre, Outubro/Novembro/Dezembro de1999.

THÉRY, René; *La condition juridique de l'embryon et du foetus,* «Recueil Dalloz Sirey», Cahier Chronique, n.º 33, Paris, 1982.

THOMAS, Stephen; *Genetic risk,* Pelican, London, 1986.

THOMSON, J. A./M. A. WAKNITZ/J. J. SWIERGIEL/V. S. MARSHALL; *Embryonic stem cell lines derived from human blastocists,* «Science», 282, 1998.

Tomé, Maria João; *O direito à pensão de reforma enquanto bem comum do casal*, Coimbra Editora, Coimbra, 1997.

Touraine, Jean-Louis; *Hors de la bulle*, Flammarion, Paris, 1985.

Trabucchi, A.; *La procreazione, Il diritto e la vita materiale*, in «Atti dei Convegni Lincei», n.º 61, Roma, 1967.

– *Istituzioni di Diritto Civile*, Ed. Cedam, Padova, 1968.

Tripiccione; *La delazione legittima dell' eredità nel caso di mancato avvento dei nascituri non concepitti*, «Rivista di Diritto Civile», 4, Padova, 1922.

Trudel, Gérard; *Traité de Droit Civil du Québec*, t. 2., Wilson, Lalfeur, Montréal, 1943.

Tully, Gillian / Peter Gill / Pavel L. Ivanov / Colin Kimpton / Romelle Piercy / Nicola Benson / Ian Evett / Erika Hagelberg / Kevin Sullivan; *Identification of the remains of the Romanov family by DNA analysis*, «Nature Genetics», 6, 1994.

Umiastowski, Jerzy; *Expanded interpretation of human genome protection by article 13 of the European Convention on human rights and bioethics*, in «Human Genome, Human Person and the Society of the Future», Proceedings of Fourth Assembly of the Pontifical Academy for Life, February 23-25, 1998, Juan de Dios Vial Correa and Elio Sgreccia (eds.), Libreria Editrice Vaticana, Città del Vaticano, 1999.

Unterhuber, R.; *Germany gets warning on access to sequence data*, «Nature», 387, 1997.

Vacquin, Monette; *Le face-à-face de la Science et du sexuel*, in «Le Magasin des enfants», Coord. Jacques Testart, François Bourin, Paris, 1990.

Valadier, Paul; *Inévitable moral*, Éd. du Seuil, Paris, 1990.

Vallauri, Luigi Lombardi; *Manipolazione genetiche e diritto*, «Rivista di Diritto Civile», 1, Padova, 1985.

Varela, João Antunes; *Direito da Família*, Petrony, Lisboa, 1987.

– *Das Obrigações em Geral*, Almedina, Coimbra, 2000.

Vasconcelos, Joana/Pedro Romano Martínez; *Vício na formação do contrato, interpretação do negócio jurídico, condição resolutiva e incumprimento contratual*, «Revista de Direito e de Estudos Sociais», Ano XLIV, n.ºs 1 e 2, Verbo, Lisboa, Janeiro-Junho de 2003.

Vasconcelos, Joana/Pedro Romano Martínez/Luís Miguel Monteiro/Pedro Madeira de Brito/Guilherme Dray/Luís Gonçalves da Silva; *Código de Trabalho Anotado*, Almedina, Coimbra, 2004.

Vasconcelos, Pedro Pais de; *Contratos atípicos*, Colecção Teses, Almedina, Coimbra, 1995.

– *Teoria Geral do Direito Civil*, Lex, Lisboa, 1999.

Vaz, Manuel Afonso; *Regime das confissões religiosas*, in «Perspectivas Constitucionais. Nos 20 anos da Constituição de 1976», Org. Jorge Miranda, Vol. III, Coimbra Editora, Coimbra, 1998.

Velazquez, A.; *Impacto del proyecto genoma humano sobre la epidemiología y la salud publica*, «Gaceta Medica de Mexico», 133, 1997.

Verdier, P. / Geneviève Delaisi de Parseval; *Enfant de personne*, Éditions Odile Jacob, Paris, 1994.

Verhoog, Henk; *Practising a power free dialogue in the plenary sessions about modern biotechnology*, in «The future of DNA», Kluwer Academic Publishers, Netherlands, London, 1996.

730 — Direito do Genoma Humano

VERSCHUER, Otmar Von; *Manuel d'eugénique et Hérédité Humaine*, Masson, Paris, 1943.

VIANA, Marco Aurélio S.; *Da inseminação artificial*, «Revista da Faculdade de Direito da Universidade das Minas Gerais», Ano 27, n.º 21, 1979.

VICENTE, Dário Moura; *Da Responsabilidade Pré-contratual em Direito Internacional Privado*, Colecção Teses, Almedina, Coimbra, 2001.

VICKERS, T.; *Un enfoque Británico*, in «Proyecto Genoma Humano: Ética», Proyecto Genoma Humano: Ética», Fundación BBV, Bilbao, 1991.

VIDAL, Joana Marques; *Adopção - Confiança administrativa e confiança judicial*, «Revista do Ministério Público», Ano 19.º, n.º 75, Lisboa, Julho-Setembro de 1998.

VIDE, Roger; *Bienes de la personalidad, derechos fundamentales y libertades públicas*, Publicaciones del Real Colegio de España, Bolonia, 1985.

VIEIRA, Duarte Nuno/Ascenção REBELO/Francisco CORTE-REAL; *Temas de Medicina Legal*, I.M.L., Coimbra, 1998.

VIGNEAU, Daniel; *L' enfant à naître*, Toulouse, 1989.

VILLANUEVA, E./M. LORENTE/J. A. LORENTE; *La Medicina clínica ante los indicios biológicos criminales y la identificación genética*, «Medicina Clínica», 102, 1994.

VILLANUEVA, E. / M. LORENTE / J.A. LORENTE; *Science and Conscience: regulations or guidelines for forensic haemogenetics?*, «Advances in Forensic Haemogenetics», 6, 1996.

VILLEY, M; *Le droit et les droits de l'homme*, Paris, 1983.

VIRKUNEN, M.; *Metabolic dysfunctions among habitually violent offenders: reactive hypoglycemia and cholesterol levels*, in «The causes of crime, new biological approaches», S. MEDNICK/T. MOFFITT & S. STACK (Eds.), Cambridge University Press, Cambridge, 1987.

WAKNITZ, M.A. / J.A. THOMSON / J.J. SWIERGIEL / V.S. MARSHALL; *Embryonic stem cell lines derived from human blastocists*, «Science», 282, 1998.

WALLACE, R.W.; *The Human Genome Diversity Project: medical benefits versus ethical concerns*, «Molecular Medicine Today», 4, 1998.

WALTERS, L. / T.J. KAHN; *Bibliography of Bioethics*, Vol. 17, Kennedy Institute of Ethics, Washington, 1991.

WATSON, J.D.; *The Human Genome Project: past, present and future*, «Science», 248, 1990.

WEATHERWALL, D.J.; *The new genetics and clinical practice*, Oxford Univ. Press, Oxford, 199.

WEITHON, L.A. / S.B. CAMPBELL; *The competency of children and adolescent to make informed treatment decisions*, «Child Dev.», 53, 1982.

WERTZ, D.C. / J.C. FLETCHER; *Ethics and prenatal diagnosis: past, present and future*, in «Prenatal diagnosis and screenings», Churchill Livingstone, Edimburgh, 1990.

WESTIN, A.F.; *Privacy and Freedom*, Atheneum, New York, 1967.

WEXLER, Alice; *Mapping fate*, University California Press, Los Angeles, 1995.

WEXLER, Nancy; *Clairvoyance and caution: repercussions from the Human Genome Project*, in «The Code of Codes», Ed. D. Kevles/L. Hood, Harvard University Press, 1992.

WILLIAMS, X.; *Conviction by Chromosome*, Student Law, December 1989.

WILMUT, Ian; *Viable offspring derived from foetal and adult mammalian cells*, «Nature», 385, 1997.

WILSON, V. / A.J. JEFFREYS / S.L. THEIN; *Hyper variable minisatellite regions in human DNA*, «Nature», 314, 1985.

– *Individual-specific «fingerprints» of human DNA*, «Nature», 316, 1985.

WOJTYLA, Karol; *Amore e Responsabilità*, Marietti, Turim, 1966.

– *Amor e Responsabilidade*, Ed. A.O. Braga, Braga, 1979.

– *I fondamenti dell' ordine etico*, C.S.E.O., Bolonha, 1989.

WOLF, T.; *Sorry but your soul just died*, «The independent on Sunday», 02/02/1997.

XAVIER, Bernardo; *Curso de direito do trabalho*, Verbo, Lisboa, 1993.

– *O acesso à informação genética. O caso particular das entidades empregadoras*, «Revista de Direito e de Estudos Sociais», Ano XLIV, n.ºs 3 e 4, Verbo, Lisboa, Julho-Dezembro de 2003.

– *O acesso à informação genética*, in «Estudos de Direito da Bioética», I Curso de Pós-Graduação em Direito da Bioética na Faculdade de Direito da Universidade de Lisboa, Coord. José de Oliveira Ascensão, Almedina, Coimbra, 2005.

XAVIER, Bernardo/Nunes de CARVALHO; *Princípio da igualdade: a trabalho igual, salário igual*, «Revista de Direito e de Estudos Sociais», n.º 4, Verbo, Lisboa, 1997.

XAVIER, M. Rita Aranha da Gama Lobo; *Limites à autonomia privada na disciplina das relações patrimoniais entre os cônjuges*, Colecção Teses, Almedina, Coimbra, 2000.

ZLATNIK, G. / F. BELLER; *The beginning of human life: medical observations and ethical reflections*, «Clinical Obstetrics and Gynaecology», 35, 1992.

ZOHAR, J. Noam; *Human action and God's will: a problem of consistency in Jewish Bioethics*, «The Journal of Medicine and Philosophy», 20, 1995.

ÍNDICE

INDEX

INTRODUÇÃO
O PROBLEMA

SECÇÃO I
Delimitação do objecto da dissertação

1. Os factos: genoma humano; a *tese* da vida 11
2. Tese: do Direito ao genoma humano ao Direito do genoma humano 14

SECÇÃO II
Plano da exposição

3. Ordem de análise 19

PARTE I
GENOMA HUMANO. PROLEGÓMENOS

TÍTULO I
ENQUADRAMENTO CIENTÍFICO

CAPÍTULO I
DESCOBERTA DO GENOMA HUMANO

SECÇÃO I
Antes do DNA

4. Até Mendel 37
5. Mendel e após Mendel 39

736 *Direito do Genoma Humano*

SECÇÃO II
Depois do DNA

6. Descoberta do DNA	43
7. "Segundo código genético"	45
8. Início do Projecto do genoma humano	48
9. Alguns avanços	50
10. Primeira divulgação do mapa do código genético	56
11. Lições do Livro da Vida	56
12. Descodificação de genomas de animais	59
13. Continuação da descodificação do genoma humano	61
14. Ainda em aberto	65

CAPÍTULO II
PROJECTO DO GENOMA HUMANO

SECÇÃO I
Introdução

15. Quarta revolução da Medicina	69
16. A investigação e os inalienáveis direitos fundamentais do ser humano	70
17. Objectivos do Projecto	73
18. Internacionalização do Projecto	76

SECÇÃO II
Medicina preditiva e testes genéticos

19. Medicina preditiva	85
20. Tipos de testes	87
20.1. Diagnóstico pré-sintomático de doenças monogénicas	87
20.2. Diagnóstico de predisposições	88
20.3. Diagnóstico de predição de riscos para futuras gerações	88
20.4. Rastreio	88

SECÇÃO III
Terapia génica e engenharia genética de melhoramento

21. Introdução	91
22. Terapia génica somática	94
23. Terapia génica germinativa	96
23.1.Objecções	97
23.2.Posição adoptada	98
24. Engenharia genética de melhoramento	100

TÍTULO II
ENQUADRAMENTO RELIGIOSO

SECÇÃO I
Introdução

25. A necessidade de uma inteligência superior na suprema organização do código da vida 105
26. O ser humano e a Religião 106

SECÇÃO II
Posição da Religião Católica

27. Considerações gerais 107
28. Magistério da Igreja e engenharia genética 109
29. Princípios 113

SECÇÃO III
Posição da Religião Muçulmana

30. Princípios 119

SECÇÃO IV
Posição da Religião Judaica

31. Princípios 121

TÍTULO III
ENQUADRAMENTO BIOÉTICO

SECÇÃO I
Introdução

32. Revolução genómica 127
33. Despotismo da era genómica 128

SECÇÃO II
Noção de Bioética. Génese e evolução

34. Tentativas de aproximação conceptual 131
35. Van Potter. Outros contributos 133

738   *Direito do Genoma Humano*

36. Raízes da Bioética 137
37. Controlo da investigação 139

SECÇÃO III
A Bioética como abordagem pluridisciplinar

38. Metodologia 141
39. Sociedade e progressos genómicos 142

SECÇÃO IV
Regulamentação da Bioética

40. Textos com aplicação na Bioética 145

SECÇÃO V
Conclusão

41. Alguns princípios essenciais para a nova área genómica 149
42. Genoma humano, Bioética, direitos, deveres e gerações futuras 150
43. O decifrar do ser humano na singularidade da sua individualidade
e na universalidade da Humanidade 151

PARTE II
GENOMA HUMANO E DIREITO

TÍTULO I
GENOMA HUMANO, PESSOA E BIODIREITO

CAPÍTULO I
TENTATIVA DE DELIMITAÇÃO CONCEPTUAL DA PESSOA

SECÇÃO I
Introdução

44. Genoma humano e limites da pessoa 161
45. A crise da perda da identidade do homem 165

Índice   739

SECÇÃO II
Pessoa e Filosofia

46. Introdução	167
47. Contributos para uma definição de pessoa	168
48. Posição adoptada	172

SECÇÃO III
Pessoa e início da vida humana
Algumas teses sobre uma cronologia da pessoa

49. Objecto e justificação da presente secção	177
50. Nem sequer o nascimento!	179
51. Nascimento	183
52. Viabilidade fetal	184
53. Organogénese	185
54. Nidação	189
55. Concepção. Posição adoptada	197

SECÇÃO IV
Genoma humano, Pessoa e Personalismo

56. Personalismo cristão	209
57. Ontologia e Direito	211
58. Personalismo jurídico	212

CAPÍTULO II
INÍCIO DA PERSONALIDADE JURÍDICA

SECÇÃO I
Conceito de personalidade jurídica

59. *Persona*	219
60. Pessoa humana e pessoa jurídica	220
61. As raízes da personalidade jurídica	221

SECÇÃO II
Debate doutrinal

62. O nascituro ainda não tem personalidade jurídica mas goza de determinados direitos	227
63. O nascituro já tem personalidade jurídica	232

740   *Direito do Genoma Humano*

SECÇÃO III
Posição adoptada

64. A força juscientífica da ectogénese 235

CAPÍTULO III
PESSOALIZAÇÃO VERSUS OBJECTIVAÇÃO / REIFICAÇÃO DO GENOMA HUMANO

SECÇÃO I
Introdução

65. Uma possível subversão terminológica 245

SECÇÃO II
Reificação do corpo humano?

66. Os progressos biotecnológicos e uma nova visão do corpo 249
67. O corpo como um conjunto de peças desmontáveis 253
68. Redução do corpo a *res commerciabilis* 257

SECÇÃO III
O genoma humano não é um objecto / *res*. Conclusões

69. A pessoa como ser *corpore et anima unus* 261
70. A vida genómica é o valor em que se alicerçam todos os desenvolvimentos
sucessivos da pessoa 267

TÍTULO II
O PRINCÍPIO DA AUTONOMIA PRIVADA POSTO EM CAUSA?

CAPÍTULO I
RAZÕES DA INTERROGAÇÃO

71. O homem predeterminado pelo genoma? 279
72. A nova versão da alma humana: o genoma 283
73. Determinismo genómico e determinismo ambiental 284

Índice 741

CAPÍTULO II
AUTONOMIA, ERA GENÓMICA E DIREITO

SECÇÃO I
Introdução

74. Noção de autonomia 289
75. A autonomia privada como um princípio característico do Direito Civil 291

SECÇÃO II
Fabricação do ser humano *à la carte*

76. Genoma humano, o moderno oráculo 295
77. O novo *Adão* genomicamente programado 301

SECÇÃO III
(Re) edição do eugenismo?

78. Introdução 307
79. Noção de eugenismo 309
80. Eugenismo: génese e evolução 311
81. Novas perspectivas jurídicas equacionadas pelo actual eugenismo 315

SECÇÃO IV
Posição adoptada

82. A pessoa *sã* é um "cadáver adiado"? 321
83. Soluções propostas 322

CAPÍTULO III
CONSENTIMENTO INFORMADO PARA O CONHECIMENTO
E INTERVENÇÃO NO GENOMA HUMANO

SECÇÃO I
Introdução

84. O adágio *noli me tangere* 327
85. O consentimento informado como um meio de tutela jurídica do doente 328
86. O consentimento informado como um meio de tutela jurídica do médico 329
87. A problemática da aplicação prática do consentimento informado 330

742   *Direito do Genoma Humano*

SECÇÃO II
Elementos do consentimento

88. Noções gerais 333
89. Capacidade 334
   89.1. Introdução 334
   89.2. Síntese de diplomas legislativos que acentuam o princípio da autonomia
      do incapaz 336
   89.3. Incapazes 340
      89.3.1. Interditos e inabilitados. Razão de ordem 340
      89.3.2. O caso particular dos menores como modelo da incapacidade
         jurídica 341
         89.3.2.1. Tutela jurídica de situações de "maioridade antecipada" 341
         89.3.2.2. Poder paternal 345
             89.3.2.2.1. Conteúdo e limites do poder paternal 345
             89.3.2.2.2. Singularidade da confissão religiosa
                    Testemunhas de Jeová 347
         89.3.2.3. Tutela, administração de bens e regimes especiais
             de suprimento da incapacidade dos menores 351
         89.3.2.4. Participação de menores em investigações biomédicas ... 354
90. Voluntariedade 356
91. Informação 358
   91.1. Noção e âmbito 358
   91.2. Critérios. Posição adoptada 359

SECÇÃO III
Síntese legislativa

92. Introdução 363
93. Declarações, Resoluções, Convenções e Recomendações Internacionais 364
94. Direito português 366

SECÇÃO IV
A relação da pessoa consigo mesma e o consentimento informado

95. Relevância crescente do princípio da autonomia privada do doente 373
96. Valor jurídico das directrizes prévias; nomeação de um representante
   e testamento vital 377
97. Eventuais conflitos entre o doente e o médico na tomada de determinadas
   decisões 382
   97.1. Dissentimento do doente: fundamentação jurídica 382
   97.2. Objecção de consciência do médico 386
98. Alguns limites à autonomia do doente 387

Índice 743

CAPÍTULO IV
DIREITO À AUTODETERMINAÇÃO INFORMACIONAL GENÓMICA

SECÇÃO I
Direito a ser informado do resultado dos testes genéticos

99. Introdução 391
100. O direito a ser informado e o princípio da autonomia privada 394
101. Excepções 396

SECÇÃO II
Direito a não ser informado do resultado dos testes genéticos

102. Introdução 399
103. O direito a não ser informado e o princípio da autonomia privada 399
104. Excepções 402
105. Um dever de saber? 404
106. Sigilo médico 407

CAPÍTULO V
DIREITO À PRIVACIDADE GENÓMICA

SECÇÃO I
Introdução

107. Necessidade de registo 417
108. Genoma e identificação 418
109. O equacionar de alguns problemas 421

SECÇÃO II
Síntese legislativa

110. Privacidade e informação de saúde 423

SECÇÃO III
A conquista do *nosce te ipsum*

111. Conhecimento do homem na sua integralidade 429

744 *Direito do Genoma Humano*

SECÇÃO IV
Privacidade genómica ou discriminação genómica

112. Autonomia, privacidade e igualdade... 433
113. A pessoa *prisioneira* do seu próprio genoma 435
114. Alguns limites ao direito à privacidade genómica 436

CAPÍTULO VI
CLONAGEM HUMANA

SECÇÃO I
Introdução

115. Clonagem terapêutica e clonagem reprodutiva 441
116. O clone tem a sua autonomia privada coarctada *ab initio* 443

SECÇÃO II
Clonagem terapêutica

117. Âmbito da clonagem terapêutica.. 447
118. A problemática da criação e utilização de embriões humanos obtidos
por clonagem 448
119. Outros grupos de células estaminais humanas 449
    119.1. Noção de células estaminais (*stem cells*) 449
    119.2. Origem das células estaminais 451
    119.3. Células estaminais embrionárias (*embryonic stem cells*) 451
    119.4. Células estaminais provenientes de tecido fetal humano obtido
        na sequência de um aborto (*embryonic germ cells*) 453
    119.5. Células estaminais oriundas de órgãos de um indivíduo
        adulto (*adult stem cells*) 453
    119.6. Células estaminais extraídas de estruturas biológicas que se assemelhem
        a embriões humanos mas que são incapazes de dar origem a um ser
        humano e de linhas celulares previamente existentes obtidas a partir
        de células estaminais embrionárias 456
120. Proposta de legislação 458
    120.1. Investigação em células estaminais 459
    120.2. Comissão Nacional para a avaliação e autorização de projectos
        de investigação em células estaminais embrionárias 460
    120.3. Bancos de linhas celulares estaminais 460

SECÇÃO III
Clonagem reprodutiva de seres humanos

121. Âmbito da clonagem reprodutiva de seres humanos 461
122. Dúvidas e contradições suscitadas no nosso Direito Civil pela clonagem
reprodutiva de seres humanos 462
123. Síntese legislativa.. 467
124. Proposta de legislação 474
    124.1. Clonagem reprodutiva de seres humanos 474

SECÇÃO IV
Posição adoptada

125. O recurso a outras células estaminais como fonte alternativa 475
126. Condenação da clonagem reprodutiva 475
127. Expressão de um novo materialismo: a genomania? 476
128. O ser humano não se reduz ao genoma 476

TÍTULO III
TUTELA JURÍDICA DO GENOMA HUMANO EM ESPECIAL

CAPÍTULO I
GENOMA E DIREITO CONSTITUCIONAL

SECÇÃO I
Até ao Direito Constitucional

129. Problemas equacionados 489

SECÇÃO II
Conclusões a partir da pessoa?

130. A vida humana como valor anterior e superior à Constituição 493
131. Liberdade de investigação e direitos constitucionais 495
132. Direito à identidade. Identidade pessoal e identidade genómica 496
133. Direito à diferença. Democracia ou "genomacracia" 498
134. Enigmas 501
135. Biodireito e direitos constitucionais.. 501

746   *Direito do Genoma Humano*

CAPÍTULO II
GENOMA E DIREITO DA FAMÍLIA
DNA E INVESTIGAÇÃO DA FILIAÇÃO

SECÇÃO I
Introdução

136. A questão essencial da identidade 505

SECÇÃO II
Verdade genómica ou realidade sociológica? Síntese legislativa

137. Introdução 509
138. Do realismo germânico ao voluntarismo de inspiração francesa.
Algumas soluções de direito comparado 510
139. Ordenamento jurídico português 515
140. Proposta de legislação 517

SECÇÃO III
Direito à identidade genómica

141. Razão de ser 519

SECÇÃO IV
Tipos de testes

142. Introdução 525
143. Testes médicos 525
144. Testes genéticos 526
145. Testes genéticos: continuação; o teste de DNA 527

SECÇÃO V
Estabelecimento da filiação

146. Estabelecimento da maternidade 529
147. Estabelecimento da paternidade 530
148. Estabelecimento da filiação: continuação. Vantagens da utilização do teste
de DNA 531
149. Estabelecimento da filiação e procriação medicamente assistida.
Ordenamento jurídico português 535
150. Estabelecimento da filiação e procriação medicamente assistida.
Proposta de legislação 536
150.1. Princípios gerais 536

Índice

150.2. Maternidade 537
150.3. Paternidade 537
150.4. Presunção de paternidade 538
150.5. Mãe portadora 538
150.6. Inseminação e fertilização *in vitro post-mortem* 539
150.7. Implantação / transferência *post-mortem* 544

SECÇÃO VI
Da recusa à sujeição a um teste

151. Introdução 545
152. Alguns exemplos de direito comparado 546
153. Ordenamento jurídico português 548
154. Posição adoptada 556
154.1. Princípio geral 556
154.2. Algumas especificidades 557
154.3. Admissibilidade da sujeição compulsiva a testes genéticos?
Necessidade de elaboração de uma lei específica que imponha
a realização coerciva de testes de DNA para fins de determinação
do perfil genómico do progenitor 559

CAPÍTULO III
GENOMA E DIREITO DO TRABALHO
LIMITES DA ENTIDADE PATRONAL AO CONHECIMENTO
DO GENOMA DO TRABALHADOR

SECÇÃO I
Introdução

155. Problemas equacionados 567
156. Monitorização genética dos trabalhadores 570
157. Direitos do trabalhador, da entidade patronal e da sociedade 572
158. Opções legislativas 577

SECÇÃO II
Regime jurídico e soluções propostas

159. Síntese legislativa 579
160. Predição de doenças monogénicas 585
160.1. Predição de doenças monogénicas incuráveis 585
160.2. Predição de doenças monogénicas para as quais já há terapia
disponível 592

748   *Direito do Genoma Humano*

161. Predisposição para doenças multifactoriais 593
    161.1. Introdução 593
    161.2. Carácter meramente probabilístico das predisposições genéticas 594
    161.3. Direito à privacidade 594
    161.4. Direito a não saber 597
    161.5. Direito ao trabalho 597
    161.6. Discriminação genómica 598
    161.7. Criação de classes de saudáveis doentes 599
    161.8. Procriação de seres humanos com o genoma procurado pelo mercado.... 599
    161.9. Nota final 600

CAPÍTULO IV
GENOMA E DIREITO DOS SEGUROS
LIMITES DAS SEGURADORAS AO CONHECIMENTO
DO GENOMA DO SEGURADO

SECÇÃO I
Problemas equacionados

162. Introdução 603
163. O risco como pressuposto causal do contrato de seguro 606
164. Colisão de interesses 607
165. De um dever de informação? 608
166. De um direito a exigir o teste? 610

SECÇÃO II
Regime jurídico

167. Síntese legislativa 611

SECÇÃO III
Soluções propostas

168. Introdução 615
169. Predição de doenças monogénicas. Fundamento e alcance da não existência de um regime jurídico privilegiado para estas enfermidades, em sede do Direito dos Seguros 617
170. Predisposições para doenças multifactoriais. Fundamento e alcance da criação de um regime jurídico diferenciado para estas enfermidades, em sede do Direito dos Seguros 619

Índice   749

CAPÍTULO V
GENOMA E CRIMINOLOGIA

SECÇÃO I
Introdução

171. Genoma *deficiente*: maldição ou bênção?! 625

SECÇÃO II
O Programa do genoma humano e a eventual determinante correlação entre a constituição genómica e a prática do crime

172. O carácter interdisciplinar do delito 627
173. Sanção criminal ou tratamento médico? 629
174. Antropologia criminal de Lombroso 629
175. Críticas às teorias antropológico-causais do determinismo lombrosiano 630
176. A componente biológica do crime é recorrente no caminhar da História 631
177. Mitificação dos genes 634
178. Determinismo 635
179. Livre arbítrio 635
180. De um Neolombrosianismo 635

SECÇÃO III
Posição adoptada

181. A indispensabilidade de afastar a tentação de outro determinismo 637
182. A componente genómica do crime não pode ser subestimada nem supervalorizada 638

CAPÍTULO VI
GENOMA E DIREITO PROCESSUAL PENAL
DNA E INVESTIGAÇÃO CRIMINAL

SECÇÃO I
Introdução

183. O maior avanço na Medicina Legal. Problemas equacionados 641

750 *Direito do Genoma Humano*

SECÇÃO II
Vantagens da utilização do DNA na investigação criminal

184. Análise do DNA 645
185. Importância capital da aplicação do estudo do DNA na resolução de perícias médico-legais 646

SECÇÃO III
Admissibilidade da sujeição compulsiva a testes de DNA? Síntese legislativa

186. Direito comparado 653
187. Ordenamento jurídico português 655

SECÇÃO IV
Posição adoptada

188. Necessidade de elaboração de uma lei específica que autorize a recolha coactiva de DNA e o posterior teste genético 659

CONCLUSÕES 663

BIBLIOGRAFIA 679

ÍNDICE 733